Innovationsmanagement im Mittelstand

Lizenz zum Wissen.

Sichern Sie sich umfassendes Wirtschaftswissen mit Sofortzugriff auf tausende Fachbücher und Fachzeitschriften aus den Bereichen: Management, Finance & Controlling, Business IT, Marketing, Public Relations, Vertrieb und Banking.

Exklusiv für Leser von Springer-Fachbüchern: Testen Sie Springer für Professionals 30 Tage unverbindlich. Nutzen Sie dazu im Bestellverlauf Ihren persönlichen Aktionscode **C0005407** auf *www.springerprofessional.de/buchkunden/*

Jetzt 30 Tage testen!

Springer für Professionals.
Digitale Fachbibliothek. Themen-Scout. Knowledge-Manager.

🔍 Zugriff auf tausende von Fachbüchern und Fachzeitschriften

🕑 Selektion, Komprimierung und Verknüpfung relevanter Themen durch Fachredaktionen

✎ Tools zur persönlichen Wissensorganisation und Vernetzung

www.entschieden-intelligenter.de

Springer für Professionals

 Springer

Martin Kaschny · Matthias Nolden ·
Siegfried Schreuder

Innovationsmanagement im Mittelstand

Strategien, Implementierung, Praxisbeispiele

Prof. Dr. Martin Kaschny
Hochschule Koblenz
Koblenz, Deutschland

Prof. Dr. Siegfried Schreuder
Hochschule Koblenz
Koblenz, Deutschland

Matthias Nolden
Consulting – Coaching – Interimsmanagement
Jüchen, Deutschland

ISBN 978-3-658-02544-1
DOI 10.1007/978-3-658-02545-8

ISBN 978-3-658-02545-8 (eBook)

Die Deutsche Nationalbibliothek verzeichnet diese Publikation in der Deutschen Nationalbibliografie; detaillierte bibliografische Daten sind im Internet über http://dnb.d-nb.de abrufbar.

Springer Gabler
© Springer Fachmedien Wiesbaden 2015

Lektorat: Manuela Eckstein

Gedruckt auf säurefreiem und chlorfrei gebleichtem Papier.

Springer Fachmedien Wiesbaden GmbH ist Teil der Fachverlagsgruppe Springer Science+Business Media (www.springer.com)

Geleitwort

Innovationen schaffen Wohlstand

Innovationen sind die treibenden Faktoren des Wohlstands. Die wichtigsten Ideen stammen dabei häufig aus mittelständischen Unternehmen. Deshalb macht sich der Bundesverband mittelständische Wirtschaft (BVMW) auf sämtlichen politischen Ebenen dafür stark, ein positives Bild des klassischen Unternehmertums zu zeichnen. Sehr häufig ist er es, der die Innovationen am Markt durchsetzt. Der BVMW versteht sich in diesem Sinne als starke Solidargemeinschaft mit über 20 Mitgliedsverbänden und spricht für mehr als 270.000 Unternehmen mit rund 9 Mio. Beschäftigten.

Nur aus dem freien Spiel der Wettbewerbskräfte auf ordnungspolitisch geregelten Märkten lassen sich auf Dauer die Einführung neuer Produkte und Dienstleistungen sicherstellen und damit auch die Wettbewerbsfähigkeit und den Wohlstand sichern.

Klar ist: Ideen entstehen in den Köpfen der Menschen, die sich, berufsbedingt in der Forschung und Wirtschaft oder auch privat, intensiv mit Fragestellungen auseinandersetzen, die Endkunden oder Unternehmen weiterbringen. Um dies zu bewerkstelligen, kommt Wissen eine wichtige Schlüsselfunktion zu. Dieses gilt es im Sinne des lebenslangen Lernens zu fördern.

Wissen, Erfahrungen und betriebliche Weiterbildung spielen eine wesentliche Rolle im Mittelstand und sind Voraussetzung für Innovationen. Dies wird in Kap. 7 (Innovationsfähigkeit) und Kap. 8 (Wissensmanagement) ausführlich beleuchtet. Eine erfolgreiche Standortförderung muss sich auch daran messen lassen, inwieweit Menschen die Gelegenheit erhalten, ihre fachlichen Kenntnisse zu erweitern, um auf dieser Basis besser Innovationen umzusetzen und damit die Wettbewerbsfähigkeit von Betrieben zu stärken. Hier liegt die Chance des Mittelstands. Und auch hier sichert der BVMW mit mehr als 2000 Veranstaltungen und Seminaren jährlich vor Ort mit aktuellen Informationen den Unternehmern entscheidende Wissensvorsprünge im Wettbewerb. Diese praxisbezogenen und innovativen Veranstaltungen unterstützen die Unternehmensleitungen bei der Beantwortung rechtlicher und betriebswirtschaftlicher Fragestellungen – schnell und kompetent. Zusätzlich unterstützt der BVMW an verschiedenen Stellen Kooperationen zwischen Bildungsträgern, wie weiterführenden Schulen oder Stätten der Erwachsenenbildung, und der mittelständischen Wirtschaft vor Ort.

V

Ein weiterer Aspekt zur Stärkung der Innovationsfähigkeit bezieht sich auf das Funktionieren des Miteinanders zwischen den Trägern der Grundlagenforschung und dem Mittelstand, aber auch zwischen mittelständischen Unternehmen selbst. An dieser Stelle sei verwiesen auf das BVMW-Grundsatzprogramm „Wachstumsmotor Mittelstand" mit den Kernforderungen „Hightech-Offensive – Vorfahrt für Forschung" und „Gründungsklima verbessern – Neue Kultur der Selbständigkeit". Gemeinsame Projekte mit Hochschulen und Stiftungen bieten innovativen Unternehmen die Möglichkeit, auf bestehende Ressourcen zuzugreifen, die sie alleine kaum finanzieren könnten. Die steigende Zahl erfolgreicher Start-ups unmittelbar aus dem Umfeld der Hochschulen heraus bestätigt diese These. Auf der Basis der Verflechtung von Hochschulen und Mittelstand lassen sich immer wieder aufs Neue volkswirtschaftliche Potenziale nutzen. Derart vernetzte Standorte sind „Brutstätten" des Wohlstands und des ökonomischen Strukturwandels. Diesen thematischen Rahmen ergänzt das vorliegende Buch in Kap. 6 (Innovation durch Kooperation) in idealer Weise.

Innovationsprozesse binden Kapital und bringen nicht unerhebliche finanzielle Risiken für den Mittelstand mit sich. Um dennoch erfolgreich in F&E zu investieren, ist es wichtig, vorhandene Förderprogramme zu kennen und auszuschöpfen. Aber auch andere Möglichkeiten der Innovationsfinanzierung gilt es aufzuzeigen und zu nutzen. Auch hierfür setzt sich der BVMW aktiv ein und bietet regelmäßige Informationsveranstaltungen mit entsprechenden Spezialisten an. Diese Aspekte werden in Kap. 4 (Finanzierung von Innovationen) berücksichtigt.

Die Vielzahl der bereits erwähnten Veranstaltungen und Seminare dienen aber nicht nur dem Informationstransfer, sondern ermöglichen den mittelständischen Unternehmern auch einen intensiven Austausch untereinander, bieten die Chance zur Bildung von (Innovations-)Kooperationen und sind im gewissen Maße eine Plattform für ein Eigen- bzw. Innovationsmarketing. Hier finden sich Sparringspartner gleichermaßen wie potenzielle Kunden.

Alle oben angesprochenen Themen sowie zahlreiche weitere Aspekte werden von den Autoren in diesem Buch aufgegriffen und anschaulich dargestellt. Den Autoren gelingt es dabei darzustellen, welche Bedeutung der Mittelstand für das Innovationsklima der deutschen Wirtschaft besitzt und warum es so wichtig ist, die Innovationsprozesse und -fähigkeiten im eigenen Unternehmen ständig auf den Prüfstand zu stellen und weiterzuentwickeln. Dabei helfen neben einem Innovationsaudit auch Checklisten und Praxisbeispiele, um wichtige Aspekte im eigenen Unternehmen erfolgreich zu implementieren.

Kurt-Herbert Derichs
Bundesverband mittelständische Wirtschaft (BVMW)

Vorwort

Dieses Buch wendet sich an Entscheider, Strategen, Lenker und alle, die erkannt haben, dass die Innovationsfähigkeit eines Unternehmens immer mehr der entscheidende Wettbewerbsvorteil in der zunehmenden Globalisierung wird. Zielgruppe unseres Buches ist der Mittelstand. Kleine und mittlere Unternehmen (KMU) stellen 99,3 % aller Unternehmen in Deutschland dar. Somit ist der Mittelstand zwar eine der tragenden Säulen unserer Volkswirtschaft, was sich nicht immer in der zur Verfügung stehenden Literatur niederschlägt. Er hat aber in Bezug auf die gezielte Organisation im Vergleich zu den Großunternehmen noch Nachholbedarf. Aus diesem Grund soll dieses Buch mittelständische Unternehmen dazu motivieren, an der einen oder anderen Stelle genauer hinzuschauen, und Denkanstöße liefern.

Wir haben uns bemüht, viele der oft recht abstrakten Begriffe und komplexen Zusammenhänge rund um das Thema „Innovationen" durch möglichst anschauliche Beispiele zu verdeutlichen und Hilfestellungen zu bieten, wie die Innovationskraft von kleineren und mittleren Unternehmen gesteigert werden kann. Dabei gilt es nicht immer, sofort die großen Veränderungen herbeizuführen. Auch viele kleine Verbesserungen können Großes bewirken.

Aufgrund der Zusammensetzung des Autorenteams erfolgt eine ausgewogene Darstellung des strategischen und operativen Innovationsmanagements in allen seinen Facetten. Auf der einen Seite stehen die lehrenden Akademiker, die sowohl aus der (ingenieur-) technischen wie auch aus der betriebswirtschaftlichen Sicht mit vielen praktischen Erfahrungen aus der Zusammenarbeit mit Mittelständlern das Thema strukturiert und wissenschaftlich angehen. Aus diesem Grunde kann das vorliegende Buch auch gut an Hochschulen und in der betrieblichen Weiterbildung eingesetzt werden. Werden hierfür Abbildungen benötigt, können diese unter kaschny@hs-koblenz.de angefordert werden. Auf der anderen Seite steht der pragmatische Umsetzer, der aufgrund seiner vielfältigen operativen Linienerfahrung und seiner beratenden Tätigkeit im Mittelstand den Umsetzungsaspekt stets im Auge hat. Somit ergänzen sich die unterschiedlichsten Anforderungen an das Innovationsmanagement. Zudem wird ein ausgewogener Mix aus Wissenschaft, mittelständischem Erfahrungspotenzial und Umsetzungsexpertise gegeben.

Somit liegt der Fokus nicht allein auf der Vermittlung theoretischer Grundlagen, sondern auch auf der Umsetzbarkeit von Maßnahmen. Hierzu sollen einerseits die vielen Unternehmensbeispiele und Checklisten beitragen, andererseits aber auch die umsetzungs-orientierte Struktur des Buches, wie sie im ersten Kapitel beschrieben wird.

Es war uns wichtig, nicht nur die Vielzahl an Themen aneinander zu reihen, sondern auch aufzuzeigen, dass es zwischen den Themen Abhängigkeiten gibt und dass es auf die richtige Reihenfolge bei der Einführung von Maßnahmen bzw. der Umsetzung von Verbesserungspotenzialen ankommt. Bei einer falschen Reihenfolge kann es schnell passieren, dass sich die Wirkung verschiedener Maßnahmen gegenseitig aufhebt oder gar blockiert.

Koblenz, im Januar 2015   Martin Kaschny
                                                                                              Matthias Nolden
                                                                                              Siegfried Schreuder

Danksagung

Das vorliegende Buch zum Thema „Innovationsmanagement" ist durch umfassende Teamarbeit zustande gekommen. Wir möchten daher herzlich jenen Personen danken, die die Erstellung des Buches mit möglich gemacht haben!

Ziel war es, in den Kapiteln neben den praktischen Erfahrungen der Autoren auch den jeweiligen aktuellen Stand der Forschung zu berücksichtigen. Aus diesem Grunde wurden entsprechende Master- und Bachelorarbeiten vergeben und deren Ergebnisse in das Buch eingearbeitet. Es ist uns daher ein Bedürfnis, für die inhaltliche Mitarbeit von Eike Albert, Anastasia Anton, Daniel Balthasar, Sara Bermani, Nelli Campailla, Nicole Dillmann, Anna Lena Denter, Julia Döhring, Ulrike Flackus, Rafael Gorecki, Jan Hamann, Lisa Kölmel, Florian Krämer, Mara Lewe, Björn Malessa, Elena Müllinger, Jennifer Mürtz, Simone Pusch, Sylvia Reuter, Helene Schaaf, Martina Schleich, Le Minh Schulz, Bianka Stak, Nicole Tillack, Christina Torner und Alexander Zimmermann zu danken.

Auch galt es umfangreiche redaktionelle Tätigkeiten zu bewältigen. Hierfür bedanken wir uns bei Simeon Atanasov, Sebastian Beuth, Marc Ehmann, Daniel El Kohli, Christian Frank, Sebastian Freund, Fabian Hardt, Ann-Christin Heibel, Peter Hinzmann, Marion Keller, Dominika Koziollek, Lukas Krämer, Björn Malessa, Annika Sophie Posselt, Stephan Purrmann, Nelli Rusch, Thomas Schleimer, Jana Schubert, Michael Stienen, Sebastian Weinläder und Martin Zerwas.

Unser Dank richtet sich ebenfalls an Andreas Over, der unseren Darstellungen im Buch einen einheitlichen Stil angedeihen ließ und hierfür unermüdlich seine Vorschläge mit uns abstimmte.

Bedanken wollen wir uns auch bei Christoph Graf (AS Tech Industrie- und Spannhydraulik GmbH), Herbert Schacht (Axcom Battery Technology GmbH), Walter Bähren, Swen Eschmann und Daniel Finke (Wilhelm Bähren GmbH & Co. KG), Werner Koslowski (BEKO TECHNOLOGIES GMBH), Peter Hintzen (Hintzen GmbH), Johanna Bronek und Anita Gilges (BLUE MOON CC GmbH), Norbert Wimmers (KALOG GmbH & Co. KG), Thomas Patalas (MAKS – Büro für Marketing-Soziologie Patalas), Kurt Jungnitsch (SOLIT FINANCE GmbH), David Heckner und Jonas Mitschang (Picotronic GmbH), Karl-Heinz Fellenzer (EDEKA-Markt Fellenzer) und Ivica Varvodic (Modix GmbH), die durch intensive und angeregte Gespräche maßgeblich zu den Unternehmensbeispielen beigetragen haben.

Nicht zuletzt bedanken wir uns bei unseren Familien. Sie hatten während der Arbeit an diesem Buch viel Geduld und Nachsicht mit uns. Diese moralische Unterstützung hat uns nicht nur dann geholfen, wenn es abends oder am Wochenende mal später wurde.

Vielen lieben Dank an alle, auch an die, die wir in der Aufzählung möglicherweise vergessen haben sollten.

Koblenz, im Januar 2015   Martin Kaschny
                                                                                    Matthias Nolden
                                                                              Siegfried Schreuder

Inhaltsverzeichnis

Abbildungsverzeichnis

Tabellenverzeichnis

Die Autoren

Prof. Dr. Martin Kaschny geboren 1964, ist seit 2002 Inhaber der Professur für Allgemeine Betriebswirtschaftslehre, insbesondere Mittelstandsmanagement und Unternehmertum an der Hochschule Koblenz. Er studierte an den Universitäten Bamberg, Montréal (Kanada) und Köln Betriebswirtschaftslehre mit den Vertiefungsfächern Industriebetriebslehre, Handel und Absatz sowie Wirtschafts- und Sozialpsychologie. Nach seinem Abschluss als Diplom-Kaufmann begann er sein Promotionsstudium an der Universität zu Köln am Lehrstuhl von Prof. Dr. Dr. h.c. Günter Beuermann. Von 1999 bis 2002 war er Unternehmensberater bei der Handwerkskammer Düsseldorf.

Matthias Nolden Jahrgang 1964, war nach seinem Studium zum Diplom-Informatiker an der RWTH Aachen über 15 Jahre in Führungspositionen bei einem international ausgerichteten Konzern tätig. Dabei hat er u. a. mehrere Kompetenzcenter zur Markteinführung und Vermarktung innovativer Lösungen aufgebaut. Seit 2007 ist Matthias Nolden selbstständiger Unternehmensberater, u. a. mit den Schwerpunkten Strategie-Implementierung, Vertriebsprozesse und Innovationsmanagement. Matthias Nolden ist Autor von Fachartikeln zu diversen Innovationsthemen.

Prof. Dr.-Ing. Siegfried Schreuder geboren 1957 ist Professor im Fachbereich Ingenieurwesen und Leiter des Kompetenzzentrums für Wissensmanagement an der Hochschule Koblenz. Er studierte Maschinenbau an der RWTH Aachen und promovierte dort 1988 am Institut für Arbeitswissenschaft und Forschungsinstitut für Rationalisierung. Seit 10 Jahren ist er Juror des jährlichen Innovationspreises Rheinland-Pfalz. Zu seinen Lehrgebieten zählen Projekt- und Qualitätsmanagement, Industrial Engineering, E-Business und Innovationsmanagement. Er ist Verfasser von Fachartikeln im Bereich Organisationsentwicklung, Projektmanagement, E-Business und Kompetenzentwicklung.

Wirkliche Innovationen sind nicht nur der Treibstoff unserer Wirtschaft – sie sind überlebenswichtige Voraussetzung für westliche Industrienationen, um im globalen Wettbewerb zu bestehen (Thomas Ganswindt).

Im ersten Kapitel des Buches werden zunächst die Zielsetzung und der prozessorientierte Aufbau des Buches erläutert. Darauf basierend soll die Relevanz von Innovationen auf die Volkswirtschaft – sowohl auf nationaler als auch internationaler Ebene – betrachtet werden. Zudem wird beschrieben, welche Faktoren Einfluss auf den Innovationserfolg eines Unternehmens haben können.

Im vorliegenden Buch werden im Wesentlichen nur Aspekte betrachtet, die für die Innovationsfähigkeit kleiner und mittlerer Betriebe relevant sind. Daher wird auch auf Charakteristika kleiner und mittlerer Unternehmen sowie die Struktur des Mittelstands im deutschsprachigen Raum eingegangen. Abschließend wird die betriebswirtschaftliche Bedeutung von Innovationen für mittelständische Unternehmen aufgezeigt.

Zielsetzung und Vorgehensweise

Warum ist eine Steigerung der Innovationsfähigkeit so bedeutend? Sollte man sich überhaupt damit beschäftigen? Um diese Fragen zu beantworten, können zwei Studien der Strategieberatung Arthur D. Little (vgl. Arthur D. Little 2005, 2010) herangezogen werden. Beide Studien wurden durch Befragung von Unternehmen in verschiedenen Branchen durchgeführt. Auch wenn dabei vorrangig größere Unternehmen und Konzerne befragt wurden, lässt sich aus den Ergebnissen vieles für den Mittelstand ableiten.

Bei der ersten Untersuchung wurden die Unternehmen gefragt, welche Maßnahmen die größte Auswirkung auf Unternehmenswachstum und -profitabilität haben. Das Ergebnis ergab, dass der Steigerung der eigenen Innovationsfähigkeit die größte Bedeutung zugesprochen wurde, noch vor der Erschließung neuer Märkte und Maßnahmen zur Kostensenkung.

In der zweiten Studie wurde u. a. erforscht, in welchen Bereichen aktuell die strategischen Prioritäten liegen. Hier wurden an zweiter Stelle die Entwicklung von neuen

© Springer Fachmedien Wiesbaden 2015   1
M. Kaschny et al., *Innovationsmanagement im Mittelstand*,
DOI 10.1007/978-3-658-02545-8_1

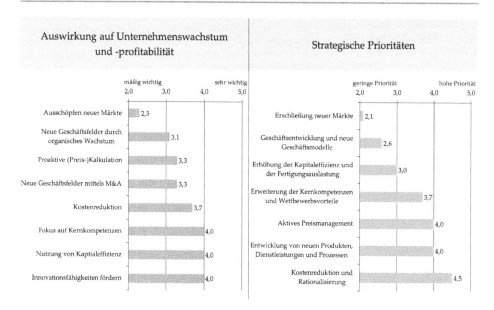

Abb. 1.1 Hebel zur Profitabilitäts- und Wachstumssteigerung, Strategische Prioritäten (eigene Darstellung in Anlehnung an Arthur D. Little 2005, 2010)

Produkten und Dienstleistungen, an sechster Stelle die Geschäftsentwicklung und neue Geschäftsmodelle genannt. Somit wird der Steigerung der Innovationsfähigkeit die größte Wirkung in Bezug auf das Wachstum beigemessen. Auszüge aus den Ergebnissen beider Studien sind in Abb. 1.1 dargestellt.

Andererseits werden die Erkenntnisse jedoch nicht in den Unternehmen umgesetzt: Hier stehen an erster Stelle immer noch Kostenreduktion und Rationalisierung.

Ein Grund dafür ist, dass das Kürzen vorhandener Ausgaben einfacher ist als die Rentabilität über innovative Produkte oder Prozesse zu steigern. Jedes Unternehmen verfügt über eine Buchhaltung, eine Kostenrechnung und erstellt eine GuV sowie eine Bilanz. Aus diesen Zahlen lässt sich vieles ableiten, z. B. an welchen Stellen Kosten eingespart werden können und wie sich diese Einsparung u. U. auf andere Positionen auswirkt.

Dieses Zahlenwerk ist in der einen oder anderen Ausprägung in jedem Unternehmen vorhanden. Aber worauf greifen Sie zurück, wenn Sie Ihre Innovationsfähigkeit steigern wollen? Besitzen Sie dafür auch ein Zahlenwerk? Sind Sie im Besitz von Zahlen, Daten, Fakten, die Ihnen aufzeigen, wo Ihr Unternehmen beim Thema „Innovationsfähigkeit" steht und wo Sie ansetzen können? Kennen Sie die Methoden und wichtigen Stellhebel, mithilfe derer Sie sich hier verbessern können? Viele werden jetzt mit „Nein" antworten. Und dies ist wahrscheinlich ein wesentlicher Grund, warum dem Thema „Steigerung der Innovationsfähigkeit" keine große Priorität beigemessen wird. Abbildung 1.1 gibt einen Überblick zu Hebeln zur Profitabilitäts- und Wachstumssteigerung sowie zu strategischen Prioritäten.

Die Einführung eines systematischen Innovationsmanagements oder dessen Optimierung stellt in den meisten Fällen eine Unternehmenstransformation dar. Das heißt, dass das gesamte Unternehmen hiervon betroffen ist. Es ist nicht ausreichend, lediglich einen einzelnen Prozess für die Ideengenerierung und Bewertung oder für die effiziente Einführung von neuen Produkten und Dienstleistungen einzuführen. Vielmehr gilt es, zahlreiche Abhängigkeiten im Unternehmen zu beachten, die mit dazu beitragen, ob ein Innovationsmanagement erfolgreich ist. Gelingt es nicht, ein erfolgreiches Innovationsmanagement einzurichten, liegt dies oftmals daran, dass diese gegenseitigen Abhängigkeiten nicht bzw. nicht ausreichend beachtet werden.

Wenn es sich beim Innovationsmanagement also um einen unternehmensweiten Transformationsprozess handelt, bedarf es einer Systematik, die alle relevanten Aspekte berücksichtigt. Was sind aber die wesentlichen Themen? Was sollte bei einer solchen Transformation beachtet werden?

Wie bei jedem Projekt, welches die Unternehmensentwicklung in sich schnell verändernden Märkten betrifft, sollten zunächst die folgenden Aspekte betrachtet werden:

Wesentliche Aspekte des Transformationsprozesses

- Positionierung, Strategie und Geschäftsmodell: Welches Ziel wird mit der Transformation verfolgt? Welcher Markt wird adressiert? Wo stehen Wettbewerber und Partner? u. v. m.
- Wertschöpfungsprozess: Hier geht es im Wesentlichen darum, Prozessbeschreibungen für die Wertschöpfungs-, Führungs- und Unterstützungsprozesse zu definieren sowie Prozessverantwortliche zu benennen.
- Rollen und Verantwortlichkeiten: Wer ist wofür verantwortlich und welche Kompetenzen werden hierfür benötigt?
- Optimierte Organisationsstruktur: Jede Transformation hat Auswirkungen auf die Organisationsstruktur bzw. hat die Aufgabe, diese zu optimieren. Welche Kriterien werden hier angelegt? Welche rechtlichen Aspekte sind zu beachten? Welche Organisationseinheiten werden benötigt und wie könnten die Geschäftsaufträge für die Organisationseinheiten aussehen?
- Fähigkeiten und Personal: Neben der quantitativen und qualitativen Arbeitsplanung – abgeleitet aus den Rollen – sind hier die Bedarfsanalyse und der Personalplan abzuleiten. Dazu gehören auch Mitarbeiterentwicklung, ggf. Recruiting, Zielvereinbarungen u. v. m.
- Unterstützende Methoden und Informationssysteme: Es müssen die Methoden für die Prozesse und Aufgaben festgelegt und Mitarbeiter qualifiziert werden. Es ist zu klären, welche prozess- und methodenunterstützenden Informationssysteme geplant, eingeführt und betrieben werden müssen.

- Controlling und Governance: Schlussendlich müssen die Ziele mittels geeigneter Kennzahlen und entsprechendem Reporting kontrolliert und ggf. weitere Anpassungen vorgenommen werden (vgl. Morgenstern und Nolden 2013, S. 10–12).

Um dies systematisch durchzuführen, hat die Beratungs- und Projektunternehmung „TCI Transformation Consulting International" aus der Erfahrung zahlreicher Transformationsprojekte ein Vorgehensmodell entwickelt, der sog. Enterprise Transformation Cycle, welcher in Abb. 1.2 dargestellt wird, welches in vielen derartigen Projekten mit Erfolg eingesetzt wurde.

Was bedeutet dies übertragen auf das Innovationsmanagement und das vorliegende Buch? Ziel ist es nicht, einfach nur die relevanten Themen aufzuzeigen, sondern genau jedem dieser Ansprüche, die in den Überschriften formuliert werden in Bezug auf die notwendige Transformation, gerecht zu werden und zu beantworten. Dabei werden wichtige Themen ausführlicher, andere weniger tiefgreifend betrachtet.

Positionierung, Strategie und Geschäftsmodell In diesem Kontext ist es wichtig, sich über die eigene Positionierung im Markt Klarheit zu verschaffen, sowohl im Hinblick auf den Wettbewerb als auch bezüglich der Nachfrager und der Umwelt. Aus dieser Positionierung lassen sich geeignete Strategien für kleine und mittlere Unternehmen und für das

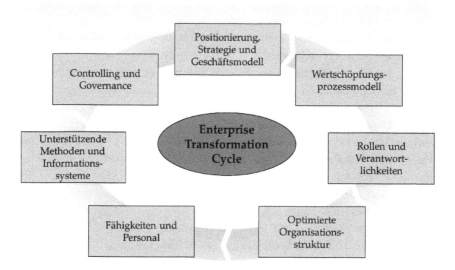

Abb. 1.2 Der Enterprise Transformation Cycle als Methode zur systematischen Transformationsplanung und deren Implementierung (eigene Darstellung in Anlehnung an TCI Transformation Consulting International GmbH 2013)

Innovationsverhalten ableiten. Diese Strategien haben in Folge wiederum Einfluss auf die Formulierung des Geschäftsmodells.

Wertschöpfungsprozessmodell An dieser Stelle sollten die relevanten Prozesse formuliert werden, die im Rahmen des Innovationsmanagements auf die Wertschöpfung des Unternehmens Einfluss haben. Um es vorweg zu nehmen, es sind fast alle Unternehmensprozesse beteiligt. Dies liegt nicht zuletzt daran, dass ein Unternehmen, welches sich nicht rein auf die Imitation von Vorhandenem fokussiert, auf Innovationen angewiesen ist und davon lebt.

Demzufolge sind nicht nur das strategische und operative Innovationsmanagement zu betrachten, sondern unter anderem auch Themen wie bspw. Finanzierung, Marketing, und Marktführung.

Rollen und Verantwortlichkeiten Wer im Unternehmen ist dafür verantwortlich, dass Innovationen zur Wertschöpfung beitragen? Der Innovationsmanager? Der Geschäftsführer? Nein! Das ganze Unternehmen! Jeder einzelne Mitarbeiter ist in ihrem/seinem Verantwortungsbereich mitverantwortlich, dass aus Ideen vermarktungsfähige Produkte und Dienstleistungen entstehen, die sich erfolgreich vermarkten lassen und somit auch zum Erhalt von Arbeitsplätzen beitragen. Diese Verantwortung, aber auch die Erwartungshaltung, die in diesem Zusammenhang an jeden Mitarbeiter gestellt wird, muss jedem bewusst sein.

Optimierte Organisationsstruktur Die Struktur im Unternehmen muss so ausgerichtet sein, dass sie Innovationen fördert und nicht behindert. Einerseits sollte sie flexibel und nicht starr sein, andererseits ist es aber wichtig, dass die Strukturen beschrieben und kommuniziert sind. Dies fängt bereits bei den Werten und Normen des Unternehmens an, geht über die Unternehmens- und Innovationskultur bis hin zur Ausrichtung des Unternehmens, in der festgelegt wird, wie Innovationen entstehen.

Fähigkeiten und Personal Dies sind die wahrscheinlich wichtigsten Aspekte in Bezug auf das Thema „Innovationen". Innovationen entstehen durch die Mitarbeiter eines Unternehmens und setzen voraus, dass neben der Unternehmenskultur auch ausreichend Wissen und Fähigkeiten vorhanden sind. In den nachfolgenden Kapiteln wird bspw. erläutert, was unter Innovationsfähigkeit oder innovationsorientierten Personalstrategien verstanden wird.

Unterstützende Methoden und Informationssysteme Das Buch bietet ferner Einblicke, wie das Innovationsmanagement durch geeignete Methoden und durch den Einsatz von Informationssystemen unterstützt werden kann. Hier spielen Kreativitätstechniken und praktiziertes Wissensmanagement genauso eine Rolle wie der Einsatz von Social Media, Wikis und Blogs zur Ideengenerierung.

Controlling und Governance Nicht zuletzt soll überprüft werden, ob die beschlossenen Maßnahmen auch greifen. Oft wird der Begriff Controlling mit Kontrolle verwechselt. Es geht aber eher um das Steuern und Regeln von Prozessen. Auch ein Innovationsmanagement muss anhand geeigneter Kennzahlen gesteuert und geregelt werden.

Wie schon erwähnt, handelt es sich beim Innovationsmanagement um einen Transformationsprozess. Einige der angesprochenen Themen werden in kleinen und mittleren Unternehmen möglicherweise schon ganz gut implementiert sein, bei anderen besteht noch Optimierungspotenzial. Das Besondere an diesem Enterprise Transformation Cycle ist, dass Sie an jeder beliebigen Stelle „einsteigen" und beliebige Transformationszyklen durchführen können, je nach Bedarf. Und genauso ist dieses Buch aufgebaut.

Sie können an jeder Stelle des Buches beginnen zu lesen. Sie müssen sich nur bewusst sein, dass die Themen aufeinander aufbauen und Abhängigkeiten erzeugen. Es reicht nicht, nur eine Facette zu betrachten, diese zu implementieren und dann darauf zu bauen, dass Ihr Innovationsmanagement nennenswerte Erfolge erzielt.

1.1 Volkswirtschaftliche Bedeutung von Innovation

Innovationen sind heute die Basis für die Wettbewerbsfähigkeit (vgl. Ganswindt 2004, S. 13). Dies sehen auch die Unternehmen selbst so (vgl. Arthur D. Little 2005, 2010). Viele der Produkte, die heute wie selbstverständlich eingesetzt werden, gab es vor einigen Jahren noch nicht. So waren vor wenigen Jahrzehnten PCs, Tablets, mobiles Telefonieren, von E-Mail ganz zu schweigen, noch nicht bekannt (vgl. Kotler und Bliemel 2001, S. 303).

Innovationen haben für die Volkswirtschaft vielfältige und weitreichende Bedeutung. So wird vielfach auf eine bessere Wettbewerbsfähigkeit des betreffenden Unternehmens und auch des entsprechenden Landes hingewiesen (vgl. Stubbe). Patentanmeldungen dienen unter anderem als Indikator für die Innovationskraft eines Landes. Die Statistik zeigt, dass im Jahr 2012 von den fast 73.000 Patentanmeldungen beim europäischen Patentamt (EPO – European Patent Office) über 27.000 (37 %) aus Deutschland kamen. Deutschland wird derzeit als eines der wettbewerbsfähigsten Länder der EU angesehen. Ein vergleichbares Bild ergibt sich für Österreich (2,6 %) und die Schweiz (9,1 %), die als relativ kleine Länder vergleichsweise gut positioniert sind (vgl. Europäisches Patentamt).

Ein weiterer Grund für die hohe volkswirtschaftliche Bedeutung von Innovationen ist die damit zusammenhängende Schaffung und Sicherung von Arbeits- und Ausbildungsplätzen. Deutschland, Österreich und die Schweiz besitzen zurzeit eine der niedrigsten Arbeitslosenquoten in Westeuropa (vgl. Eurostat); auch dies dürfte ein einleuchtendes Indiz bzw. eine Bestätigung für diese These sein.

Zusätzliche Auswirkungen sind eine höhere Lebensqualität, z. B. durch Innovationen in der medizinischen Versorgung und die Weiterentwicklung von Wirtschaft und Gesellschaft, Letzteres bspw. durch die Einführung und Nutzung der sog. Social Media.

Darüber hinaus sind Innovationen oft die Grundlage für eine bessere Ertragskraft von Unternehmen und schaffen damit die Basis für den Wohlstand einer Gesellschaft.

1.2 Innovationserfolg

Erfolgreiche Innovationen werden durch zwei Schlüsselfaktoren gebildet: zum einen durch Invention (Erfindung), die grundsätzlich auf die Generierung und Umsetzung neuartiger Ideen ausgerichtet ist, zum anderen durch deren erfolgreiche Umsetzung am Markt. Der Übergang zwischen Invention und Innovation ist folglich die erfolgreiche Vermarktung von Ideen. Die Anzahl der Patentanmeldungen bringt die Höhe der Inventionen zum Ausdruck. Deutlich geringer fällt hingegen die Anzahl der Innovationen aus. Der Unterschied lässt sich durch die fehlende erfolgreiche Umsetzung und Vermarktung von Inventionen bzw. der damit verbundenen Patente erklären (vgl. Richter 2006, S. 17).

Der österreichische Nationalökonom Joseph Schumpeter erkannte zuerst, dass das Wechselspiel zwischen Innovationen und deren Imitationen als eine entscheidende Triebfeder des Wettbewerbs fungiert. Er definierte Innovation als Prozess der Umsetzung einer Erfindung in eine Marktanwendung (vgl. Stern und Jaberg 2007, S. 6). Der zentrale Aspekt ist hierbei die Anwendung bzw. Einführung in den Markt. Im Mittelpunkt soll dabei der Kundennutzen stehen, denn der Kunde entscheidet letztendlich über Erfolg oder Misserfolg von Innovationen. Je höher der Kundennutzen, desto Erfolg versprechender ist die Innovation und somit der Wettbewerbsvorsprung für die Märkte von heute und morgen. Innovation muss dabei stets als permanenter Prozess verstanden werden, um sich flexibel an die veränderten Marktbedingungen anzupassen (vgl. Richter 2006, S. 16, 20).

Erfolgreiche Unternehmen bringen ihre Innovationsziele häufig in Übereinstimmung mit ihrer Unternehmensstrategie, was letztendlich dazu beiträgt, eine führende Marktposition zu erreichen. Da Innovationen „unsicher, riskant und nicht vorhersehbar" (Dold und Gentsch 2007, S. 377) sind, stellen sie ein Risiko dar, welches Unternehmen trotz allem eingehen müssen, um ihre Wettbewerbsfähigkeit zu sichern und Wachstum zu generieren. Ein Verzicht auf Innovationen ist für Unternehmen mit noch größeren Risiken behaftet. Innovative Unternehmen nutzen die Veränderungsdynamik der Märkte und gehen bewusst noch einen Schritt weiter. Anstatt mit sicherheitsorientierten Strategien Trends hinterherzulaufen (sog. reaktive Strategien), versuchen sie selbst das Innovationstempo vorzugeben (vgl. Richter 2006, S. 65).

Strategien, die in der Vergangenheit zum Erfolg geführt haben, erweisen sich u. U. in der Zukunft nicht mehr als gewinnbringend. Um die Innovationsfähigkeit eines Unternehmens langfristig zu sichern, gilt es daher, diese in der strategischen Planung des Unternehmens zu verankern (vgl. Richter 2006, S. 20). Als Beispiel dafür, dass die Implementierung anspruchsvoll ist, kann die zunehmende Verdrängung der traditionellen Printausgabe durch die seit Jahren existierende Internetzeitung genannt werden. Viele Zeitungen haben auf diese Entwicklung noch nicht angemessen reagiert. Dabei stellt sich die Frage, ab wann eine Innovation erfolgreich ist und wie sich dieser Erfolg im Detail messen lässt.

Häufig wird mit der Verwendung des Begriffs Innovation unterschwellig angenommen, dass Innovationen immer zum Erfolg führen. Diese Vermutung trifft nicht auf jede Innovation zu (vgl. Dold und Gentsch 2007, S. 377). Innovationen sind grundsätzlich mit Risiken und Gefahren behaftet, jedoch gibt es Strategien, diese Risiken zu minimieren.

Bei den Einflussgrößen, die auf den Innovationserfolg einwirken, werden innovationsspezifische, unternehmensexterne, -interne und sonstige Einflussgrößen differenziert (vgl. Vahs und Burmester 2002, S. 362 ff.).

Die innovationsspezifischen Einflussgrößen umfassen Reifegrad, Beobachtbarkeit bzw. Erprobbarkeit, Komplexität, Kompatibilität sowie die relative Vorteilhaftigkeit einer Innovation. Zu den wichtigsten unternehmensinternen Einflussgrößen zählen das Alter des Unternehmens, die finanziellen Ressourcen, die Unternehmensgröße sowie die Innovationshistorie. Die Größe und Dynamik des Marktes sowie die Kooperationsmöglichkeiten stellen die unternehmensexternen Einflussgrößen dar. Außerdem gilt es, die sonstigen Einflussgrößen zu benennen, zu denen bspw. gesetzliche Rahmenbedingungen zählen (vgl. Vahs und Burmester 2002, S. 362 ff.).

Grundsätzlich lässt sich sagen, dass eine Innovation dann erfolgreich ist, wenn sich das eingesetzte Kapital zielentsprechend verzinst (vgl. Vahs und Burmester 2002, S. 362 ff.). Innovationserfolg als solcher lässt sich jedoch meist erst im Nachhinein ermitteln und steht einem weiteren Problem gegenüber – dem Messkonzept. Ein einheitliches Messkonzept liegt nicht vor, was nicht zuletzt auch an den unterschiedlichen Messbedingungen der vielen verschiedenen Innovationen liegen dürfte (Produktinnovation, Prozessinnovation, Sozialinnovation u. a.).

Ein Innovationserfolg kann ebenso durch die Befragung unterschiedlicher Interessengruppen im Unternehmen ermittelt werden. Bei dieser Art der Erfolgsermittlung steht das subjektive Empfinden verschiedener Personengruppen im Vordergrund und kann von der Person sowie deren Funktion im Unternehmen abhängen.

Unabhängig davon, aus welcher Perspektive Innovationen betrachtet werden, sollte der Innovationserfolg, wie bereits erwähnt, als Teil des Unternehmenserfolges betrachtet werden. Diese Sichtweise vertreten vor allem Führungskräfte und leitende Angestellte. Gerade bei diesen Personengruppen erweist sich eine Befragung hinsichtlich des Erfolges als sinnvoll, da sie den Beitrag zum Unternehmenserfolg gut und realistisch beurteilen können. Befragt man bspw. Projektleiter, werden diese erfahrungsgemäß den Innovationserfolg am Grad der Erreichung der eigenen Ziele festmachen. Oftmals wird eine Innovation als erfolgreich bewertet, sofern sie bestimmte Vergleichsgrößen erfüllt oder sogar übertrifft. Bei der Wahl der Referenzgröße sollten nicht nur theoretische, sondern auch empirische Größen herangezogen werden.

Eine weitere Größe zur Bestimmung des Innovationserfolgs können sog. Spill-over-Effekte (Ausstrahlungseffekte, Wirkungsübertragung) darstellen. Diese Effekte führen dazu, dass zusätzliche Lerneffekte (Wissens- und Fähigkeitszugewinn) erreicht werden. Das gewonnene Wissen kann in anderen Projekten erneut genutzt werden (vgl. Altmann 2003, S. 16 ff.).

Es gibt zahlreiche Einflussgrößen, die den Erfolg einer Innovation beeinflussen können. Faktoren, die sich bei vorangegangenen Innovationen als Erfolg versprechend erwiesen haben, sollten daher erneut in den Innovationsprozess eingebunden werden. Hierbei spielt die Einführung eines systematischen Innovationsmanagements mit dem dazugehörigen Wissensmanagement eine entscheidende Rolle. Als weiterer Aspekt hinsichtlich des Erfolges von Innovationen lässt sich die richtige Wahl des passenden Messkonzeptes nennen, um durch Berücksichtigung relevanter Vor- und Nachteile eine effiziente Erfolgsmessung sicherzustellen. Anregungen zum Thema „Innovationscontrolling und Messgrößen" werden im weiteren Verlauf erläutert.

1.3 Innovationsfähigkeit im internationalen Vergleich

Es ist weltweit anerkannt, dass Innovationen der entscheidende Faktor sind, um internationale Wettbewerbsfähigkeit und Wohlstand sicherzustellen. Deshalb existiert international das Bestreben, die Innovationsfähigkeit der eigenen Volkswirtschaft zu beurteilen.

Hierbei stellt sich die Frage, welche Aspekte bei der Beurteilung der Innovationsfähigkeit herangezogen werden sollten. Bei einem Ländervergleich wird oft die Anzahl der Patentanmeldungen verglichen. Doch sind Patentanmeldungen ein Indikator für Innovationen und Innovationskraft? Oder spielt bei der Beurteilung der Innovationskraft der Anteil der Wirtschaftssektoren am Bruttoinlandsprodukt (BIP) eine Rolle? Aber welche Wirtschaftssektoren sind innovativ? Sind es die Dienstleistungen und hier speziell die IT-Dienstleistungen? Dort wiederum spielen Forschung und Entwicklung eine eher untergeordnete Rolle.

Man könnte auch den Anteil der Aufwendungen für F&E im Verhältnis zum BIP vergleichen oder die Anzahl der Bevölkerung zwischen 25 und 65 Jahren, die einen Hochschulabschluss haben. Aber gibt ein solcher Vergleich wirklich Auskunft darüber, wie innovativ ein Land ist?

Die Europäische Union hat sich mit dem Innovation Union Scoreboard 2013 (vgl. European Commission 2013) an einem solchen Vergleich versucht. Dabei wurde ein Innovations-Framework definiert, welches drei Dimensionen abdeckt: Enablers (Befähiger), Firm Activities (Unternehmensaktivitäten) und Outputs (Ergebnisse, Auswirkungen).

Die sogenannten Enabler erfassen die wesentlichen Treiber der Innovationsfähigkeiten, in diesem Fall das Humankapital, das Hochschul- und Forschungssystem und die öffentlichen finanziellen Unterstützungen.

Unter Firm Activities werden die Innovationsanstrengungen auf der Firmenebene betrachtet: die Firmeninvestitionen in Forschung und Entwicklung, das Unternehmertum und die Bereitschaft zu Kooperationen sowie die intellektuellen Stärken und Gegenstände, wie z. B. Patente u. Ä.

Die Auswirkungen der Innovationstätigkeiten werden als Outputs gewertet. Hier sind im Wesentlichen zwei Aspekte zu nennen, nämlich die Wahrnehmung als Innovator und die ökonomischen Effekte.

Hauptsächlich wurden hierbei KMU betrachtet. Basierend auf den Ergebnissen, wurden die Länder in vier Leistungsgruppen eingeteilt: Innovation Leaders (Innovationsfüh-

Wert des Gesamtindikators nach Bundesländern, 2012

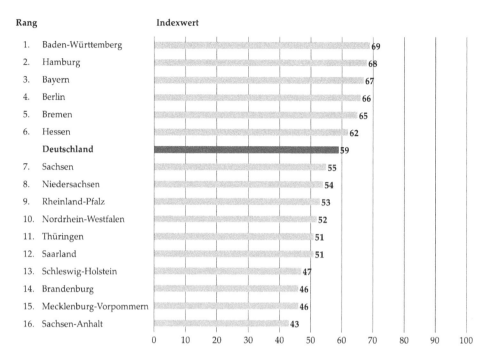

Abb. 1.3 Wert des Innovationsgesamtindikators nach Bundesländern 2012 (eigene Darstellung in Anlehnung an Deutsche Telekom Stiftung und Bundesverband der Deutschen Industrie e. V. 2013, S. 31)

rer), Innovation Followers (Innovationsfolger), Moderate Innovators (moderate Innovatoren) und Modest Innovators (mäßige Innovatoren).

Wie schon bei der letzten Untersuchung im Jahr 2011 (vgl. European Commission 2011) wurde Deutschland neben Dänemark, Finnland und Schweden in die Gruppe der Innovation Leaders, also der europäischen Länder aufgenommen, die bei Innovationen führend sind, wobei die Bewertung von Deutschland nicht in allen Bereichen führend ist. Auch innerhalb der einzelnen deutschen Bundesländer ergeben sich im Vergleich zum gesamtdeutschen Wert unterschiedliche Werte für den ermittelten Gesamtindikator und es kann eine Abstufung vorgenommen werden, wie dies Abb. 1.3 entnommen werden kann.

Im weltweiten Vergleich belegt der EU-Durchschnitt in dieser Studie „nur" den vierten Platz hinter Südkorea, USA und Japan.

Eine weitere Fragestellung im Zusammenhang der Beurteilung ist, wie offen die Bevölkerung eines jeweiligen Landes gegenüber Innovationen ist. Hier wurden Probanden in einer weiteren Studie der EU (vgl. European Commission 2005, S. 12) u. a. gefragt, wie schnell sie bereit seien, ein innovatives Produkt oder eine innovative Dienstleistung zu nutzen, welche ein bereits vorhandenes und bekanntes Produkt/eine vorhandene Dienstleistung ersetzt.

Für einen schnellen Wechsel entschieden sich im EU-Durchschnitt 45 % der Bürger. Deutschland liegt mit 43 % knapp unterhalb dieses Durchschnitts, d. h. Innovationen werden in Deutschland nicht so schnell angenommen wie im EU-Durchschnitt. Spitzenreiter in dieser Befragung ist Malta mit 70 %, Schlusslicht ist Polen mit 31 %.

Es bleibt also festzuhalten, dass Deutschland sowohl im europäischen wie auch im internationalen Vergleich eine gute Position einnimmt, die sich aber durchaus weiter ausbauen lässt, sowohl in den Punkten, die hier unter Enablers (Befähigter) aufgeführt wurden, als auch im Bereich des Unternehmertums und der Vernetzung.

1.4 Bedeutung und Struktur des Mittelstands in Deutschland, Österreich und der Schweiz

Wie eingangs erwähnt, richtet sich das Buch an mittelständische Unternehmen, die ihre Innovationsfähigkeit steigern möchten. Daher ist zu berücksichtigen, welche Charakteristika den Mittelstand und dessen Innovationsfähigkeit prägen.

Der Begriff des Mittelstands ist ein Begriff, der im deutschsprachigen Raum historisch gewachsen ist. Hieraus ergibt sich in der betriebswirtschaftlichen Literatur eine Vielzahl verschiedener Versuche einer möglichst genauen Begriffsdefinition (vgl. Becker und Ulrich 2011).

Hinsichtlich der KMU finden in Deutschland hauptsächlich zwei Definitionen Anwendung: die KMU-Definition des Instituts für Mittelstandsforschung, kurz IfM, in Bonn (siehe auch Abschn. 1.1), und die KMU-Definition der Europäischen Kommission (vgl. Institut für Mittelstandsforschung).

Die Europäische Kommission hat sich mit diesem Thema beschäftigt und als Lösungsvorschlag einen europaweit gültigen Vorschlag zur Einteilung der kleinen und mittleren Unternehmen (KMU) veröffentlicht, welcher in Abb. 1.3 dargestellt ist (vgl. Statistisches Bundesamt). Hierbei werden die Unternehmen nach den quantitativen Merkmalen Anzahl der Beschäftigten, Jahresumsatz und Bilanzsumme abgegrenzt. Zur Einordnung in die einzelnen Größenklassen sind dabei jeweils die Mitarbeiterzahl sowie der Jahresumsatz oder die Bilanzsumme entscheidend, wie in Abb. 1.4 dargestellt.

Größenklasse	Beschäftigte	Jahresumsatz	oder Bilanzsumme
Kleinstunternehmen	≤ 9	≤ 2 Mio. EUR	≤ 2 Mio. EUR
Kleine Unternehmen	≤ 49	≤ 10 Mio. EUR	≤ 10 Mio. EUR
Mittlere Unternehmen	≤ 249	≤ 50 Mio. EUR	≤ 43 Mio. EUR
Großunternehmen	> 249	> 50 Mio. EUR	> 43 Mio. EUR

Abb. 1.4 Größenklassen der Unternehmen (eigene Darstellung in Anlehnung an Europäische Kommission 2014)

Für eine weitere Unterscheidung zwischen KMU und Großunternehmen existiert eine zusätzliche Empfehlung der EU-Kommission, wonach neben den bisherigen quantitativen nun auch qualitative Merkmale wie die Eigentums- und Entscheidungsverhältnisse mit einbezogen werden (vgl. Institut für Mittelstandsforschung).

Die KMU-Definition der europäischen Kommission wird dabei dem Anspruch dieses Buches eher gerecht, da sie heute europaweit üblich und akzeptiert ist.

Im deutschsprachigen Raum wird oftmals der Begriff „Mittelstand" als Synonym für kleine und mittlere Unternehmen verwendet. In allen anderen Ländern spricht man von KMU und bezieht sich damit zumeist auf einen rein statistisch definierten Teil der Gesamtwirtschaft. Dabei können viele KMU zum Mittelstand gezählt werden, aber der Begriff „Mittelstand" beinhaltet neben ökonomischen auch weitere gesellschaftliche und psychologische Aspekte und geht dementsprechend über eine lediglich quantitative Abgrenzung hinaus. International wird der deutsche Begriff „Mittelstand" zudem nicht übersetzt (vgl. Institut für Mittelstandsforschung).

Als Folge daraus ist es schwierig, von „dem Mittelstand" zu sprechen. Wenn wir als Autoren in diesem Buch vom Mittelstand sprechen, adressieren wir Unternehmen bis 249 Mitarbeiter. Die untere Grenze ist dabei, wie in Abb. 1.4 dargestellt, fließend, wobei eine gewisse Arbeitsteilung und Abteilungsstruktur im Unternehmen erkennbar sein sollte.

Strukturen von KMU

In Deutschland existieren rund 3,6 Mio. Unternehmen, von denen etwa 99,3 % zu den KMU und somit auch dem Mittelstand zugerechnet werden (vgl. Statistisches Bundesamt 2010). Diese Unternehmen sind in allen Branchen vertreten. Wie in Abb. 1.5 zu sehen ist, haben 60,9 % der Beschäftigten in Deutschland einen Arbeitsplatz in kleinen und mittleren Unternehmen, wobei 34,3 % des Gesamtumsatzes auf KMU entfallen (vgl. Statistisches Bundesamt).

In Österreich zählen 99,6 % von über 311.000 Unternehmen zu den KMU und 66,8 % der Beschäftigten arbeiten in solchen Unternehmen. Der Anteil am Gesamtumsatz liegt

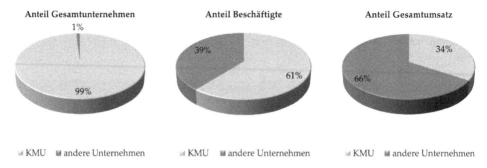

Abb. 1.5 Anteile der KMU an Gesamtunternehmen, Beschäftigten und Gesamtumsatz in Deutschland (eigene Darstellung in Anlehnung an Statistisches Bundesamt 2013)

hier mit 63,4 % somit sogar deutlich höher als in Deutschland (vgl. Wirtschaftskammer Österreich 2011).

Ähnlich wie in Deutschland und Österreich sieht es in der Schweiz aus. KMU bilden hier 99,7 % von knapp 550.000 Unternehmen und stellen 68 % der Arbeitsplätze. Umsatzdaten aus der Schweiz wurden bisher noch nicht veröffentlicht (vgl. Schweizerische Eidgenossenschaft 2011).

Volkswirtschaftliche Bedeutung des Mittelstands

Kleine und mittlere Unternehmen gelten als Rückgrat der Wirtschaft im deutschsprachigen Raum (vgl. Statistisches Bundesamt, Kleine und mittlere Unternehmen in Deutschland). Die Bedeutung der kleinen und mittleren Unternehmen variiert allerdings je nach Wirtschaftsbereich. In Bezug auf die Beschäftigungszahlen im Verhältnis zwischen KMU und Großunternehmen dominieren KMU in Deutschland im Bau- und Gastgewerbe, haben eine führende Rolle im Handel und bei allgemeinen Dienstleistungen, sind aber in der Energieversorgung und im verarbeitenden Gewerbe eher weniger bedeutend (vgl. Statistisches Bundesamt). Werden die Umsatzzahlen innerhalb der Wirtschaftsbereiche betrachtet, ergibt sich ein entsprechendes Bild: Gastgewerbe und Baugewerbe liegen vorn. Hier beträgt der Umsatzanteil der KMU am Gesamtumsatz mehr als 80 %. Schlusslicht sind die Energie- und Wasserversorger mit 8 % (vgl. Statistisches Bundesamt).

Die Bedeutung des Mittelstandes wird auch daraus ersichtlich, dass sich über 160.000 kleine und mittlere Unternehmen mit ca. 4,3 Mio. Arbeitnehmern im Bundesverband der mittelständischen Wirtschaft (BVMW) organisiert haben. Schwerpunkt der Verbandsarbeit sind die Bildung von Netzwerken, die Organisation von Veranstaltungen und die politische Interessenvertretung (Bundesverband mittelständischer Wirtschaft, eigene Angaben).

Auch in Österreich dominieren bei KMU die Sparten Gewerbe, Handwerk und Handel. In den Sparten Banken und Versicherungen sowie Industrie sind KMU weniger vertreten (vgl. Wirtschaftskammer Österreich 2011). Die Schweiz unterscheidet sich dabei von Deutschland und Österreich. Im Dienstleistungsbereich sind KMU in der Schweiz am stärksten vertreten. Dazu gehören zum Beispiel der sogenannte Detailhandel, der Großhandel, die Gastronomie oder auch die Telekommunikationsdienste (vgl. Schweizerische Eidgenossenschaft 2011).

Demzufolge leisten sowohl in Deutschland, Österreich und der Schweiz KMU in den Dimensionen Anzahl der Unternehmen, Anzahl der Beschäftigten und Jahresumsatz einen wichtigen Beitrag zur gesamtwirtschaftlichen Entwicklung.

Charakteristika

Zusammenfassend sollen im Folgenden die Besonderheiten kleiner und mittlerer Unternehmen verdeutlicht werden, indem in der Tab. 1.1 Differenzierungsmerkmale aufgezeigt werden.

Tab. 1.1 Charakteristika von KMU (eigene Darstellung in Anlehnung an Dömötör 2011, S. 16)

Positive Charakteristika	Negative Charakteristika
Hohe Flexibilität: – Wenige Hierarchieebenen/ flache Organisationsstrukturen – Kurze Informationswege – Direkte Kommunikation zwischen Mitarbeiter und Unternehmensführung – Schnelle Entscheidungen – Kurze Entscheidungswege – Direkter Kundenkontakt	Mangelnde finanzielle Ressourcen: – Erschwerter Zugang zu Eigen- und Fremdkapital – Informationsdefizite bez. Förderung
Geringe Arbeitsteilung: – Höhere Transparenz – Komplexitätsreduktion durch das Denken im Gesamtzusammenhang	Mangelnde personelle Ressourcen: – Erschwerter Zugang zu qualifizierten Mitar- beitern – Mangelnde Entwicklung der Mitarbeiter
Geringe Bürokratie	Geringe Kooperationsbereitschaft, insbesonde- re in Bezug auf Wettbewerber
	Fehlende strategische Planung
	Geringes Methodenwissen
Innovationsfördernde Unternehmenspersön- lichkeit: – Liefert Impulse für Innovationen – Regalität und Anpassungsfähigkeit sind dy- namischer – Stellt Ressourcen bereit – Verfügt über reiches persönliches Netzwerk – Überwindet innerbetriebliche Widerstände – Hohe Motivation des Managements und der Mitarbeiter – Stärkere Eigenverantwortung – Technologie und Marktlücken können besetzt werden, die von Großunternehmen im Hinblick auf die Kapazitätsbelastungsbedürfnisse nicht ausgefüllt werden können	Innovationshemmende Unternehmenspersön- lichkeit: – Überlastung durch Aufgabenfülle im Tages- geschäft/Priorität der Tagesgeschäfte – Autoritärer Führungsstil – Mangelnde Bereitschaft zur Delegation – Mangelnde Planung und Steuerung von Innovationsprojekten/F&E-Budget nicht ausrei- chend – Erforderliches Instrumentarium zur Markt- analyse nicht vorhanden – Geringe systematische Marktorientierung – Nicht konsequent und kooperativ genug

Aus der Tabelle wird ersichtlich, dass KMU durch spezifische Merkmale gekennzeichnet sind. Die Stärken und Schwächen von KMU ergeben sich aus ihren Charakteristika,
welche es bei der Innovationstätigkeit zu berücksichtigen gilt.

1.5   Betriebswirtschaftliche Bedeutung von Innovationen für den Mittelstand

Die Bedeutung kleiner und mittlerer Unternehmen bei der Schaffung von Innovationen wird oftmals unterschätzt. Dies liegt daran, dass KMU im Vergleich zu Großbetrieben viel seltener in der Öffentlichkeit stehen.

Eine der Stärken des Mittelstands ist die flache Hierarchie: kleine Teams, die direkte Einbindung der Mitarbeiter in die Produktentwicklung und ihr persönlicher Kontakt zu den Kunden. Daher sind Mittelständler oft schneller und somit innovativer und erfolgreicher als viele Konzerne (vgl. Groh-Kontio 2012).

Andererseits ist der Mittelstand oft im Hinblick auf seine finanziellen Möglichkeiten eingeschränkter als große Unternehmen. Daher stellen bei KMU mangelnde finanzielle Ressourcen eine der wichtigsten Barrieren in Verbindung mit Produktinnovationen dar (vgl. Dömötör 2011, S. 12).

Bedingt durch diese Erkenntnisse, wurden in den letzten Jahren vielfältige Förderprogramme für den deutschen Mittelstand initiiert. So bietet das Bundesministerium für Wirtschaft und Technologie (BMWi) im Rahmen der Initiative „go-Inno" Innovationsgutscheine für die Beratung zu Innovationsthemen an.[1]

Im Rahmen des Programms „Zentrales Innovationsprogramm Mittelstand" (ZIM) werden konkrete Innovationsthemen gefördert, um einerseits die Forschungs- und Innovationsanstrengungen auf hohem Niveau zu halten, und andererseits verstärkt neue Projekte zu initiieren (vgl. Bundesministerium für Wirtschaft und Technologie).

An der Vielzahl dieser Programme ist ersichtlich, dass dem Thema „Innovationen" eine große Bedeutung für den Mittelstand zugesprochen wird. Somit sind Innovationen für den Mittelstand mit Chancen und Risiken verbunden. Dies gilt insbesondere in einer Zeit, die von immer kürzer werdenden Produktlebenszyklen geprägt ist. Einerseits können die Unternehmen nur durch Innovationen im Wettbewerb bestehen, andererseits ist ihr Handlungsspielraum durch begrenzte Ressourcen, vor allem an Finanzmitteln, beschränkt. Ein Fehlschlag würde somit höher ins Gewicht fallen als es bei Großunternehmen der Fall wäre.

Bevor erläutert wird, wie KMU ihre Innovationskraft steigern, wird im nachfolgenden Kapitel dargestellt, was Innovationen sind.

Literatur

Buchquellen
Altmann, G. 2003. *Unternehmensführung und Innovationserfolg: Eine empirische Untersuchung im Maschinenbau*. München: Deutscher Universitätsverlag.

---

[1] Vgl. Bundesministerium für Wirtschaft und Technologie: Initiative go-Inno. Das Bundesministerium für Wirtschaft und Technologie (BMWi) per Organisationserlass durch das Kabinett Merkel III am 17. Dezember 2013 in Bundesministerium für Wirtschaft und Energie (BMWi) umbenannt.

Becker, Wolfgang, und Patrick Ulrich. 2011. *Mittelstandsforschung*. Stuttgart: Kohlhammer.

Dömötör, Rudolf 2011. *Erfolgsfaktoren der Innovativität von kleinen und mittleren Unternehmen*. Wiesbaden: Gabler.

Dold, Edelbert, und Peter Gentsch. 2007. *Innovation möglich machen. Handbuch für effizientes Innovationsmanagement*. Düsseldorf: Symposion Publishing.

Ganswindt, Thomas 2004. *Innovationen – Versprechen an die Zukunft*. Hamburg: Hoffmann und Campe.

Kotler, Philip, und Friedhelm Bliemel. 2001. *Marketing-Management*. Stuttgart: Schäffer-Poeschel.

Porter, Michael 2009. *Wettbewerbsstrategie – Methoden zur Analyse von Branchen und Konkurrenten*. Frankfurt und New York: Campus.

Richter, Hans 2006. *Das Handbuch zur Integralen InnovationsStrategie*. Berlin: Eigenverlag. und eBook

Stern, Thomas, und Helmut Jaberg. 2007. *Erfolgreiches Innovationsmanagement: Erfolgsfaktoren – Grundmuster – Fallbeispiele*. Wiesbaden: Gabler.

Vahs, Dietmar, und Ralf Burmester. 2002. *Innovationsmanagement – Von der Produktidee zur erfolgreichen Vermarktung*. Stuttgart: Schäffer-Poeschel.

Zeitschriften/Schriften

Hauschildt, Jürgen 1991. Zur Messung des Innovationserfolgs. *ZfB* 61: 451–476.

Morgenstern, Benjamin, und Matthias Nolden. 2013. Der Kunde – Ideenlieferant Nr. 1. *Management und Qualität* (4): 10–12.

Internetquellen

Little, Arthur D. 2005. *Innovation Excellence Study*. http://www.adlittle.de/uploads/tx_extthoughtleadership/ADL_Innovation_excellence_erfahrungen_adl.pdf. Zugegriffen: 20.10.2013.

Little, Arthur D. 2010. *Pathways to Innovation Excellence, Results of a Global Study*. http://www.adlittle.de/uploads/tx_extthoughtleadership/ADL_InnoEx_Report_2010_01.pdf. Zugegriffen: 20.10.2013.

Bundesministerium für Wirtschaft und Technologie: Initiative go-Inno, http://www.bmwi-innovationsgutscheine.de/go-inno/index.php. Zugegriffen: 21.10.2013.

Bundesministerium für Wirtschaft und Technologie: Zentrales Innovationsprogramm Mittelstand (ZIM), http://www.zim-bmwi.de/. Zugegriffen: 21.10.2013.

Deutsche Telekom Stiftung/Bundesverband der Deutschen Industrie e. V. 2013. *Innovationsindikator*. http://www.innovationsindikator.de/fileadmin/user_upload/Dokumente/Innovationsindikator_2013.pdf. Zugegriffen: 17.11.2014.

Europäische Kommission: Definition von KMU – Was ist ein KMU?, http://ec.europa.eu/enterprise/policies/sme/facts-figures-analysis/sme-definition/index_de.htm. Zugegriffen: 19.11.2014.

Europäisches Patentamt: Europäische Patentanmeldungen, http://www.epo.org/about-us/annual-reports-statistics/annual-report/2012/statistics-trends/patent-applications_de.html#tab=3. Zugegriffen: 20.10.2013.

European Commission 2011. *Innovation Union Scoreboard*. http://ec.europa.eu/enterprise/policies/innovation/files/ius-2011_en.pdf. Zugegriffen: 21.10.201.

European Commission 2013. *Innovation Union Scoreboard*. http://ec.europa.eu/enterprise/policies/innovation/facts-figures-analysis/innovation-scoreboard/index_en.htm. Zugegriffen: 21.10.2013.

European Commission 2005. *Population Innovation Readiness*. http://ec.europa.eu/public_opinion/archives/ebs/ebs_236_en.pdf. Zugegriffen: 21.10.2013.

Eurostat: Harmonisierte Arbeitslosenquote nach Geschlecht, http://epp.eurostat.ec.europa.eu/tgm/table.do?tab=table&language=de&pcode=teilm020&tableSelection=1. Zugegriffen: 20.10.2013.

Groh-Kontio, Carina 2012. *Mittelständler sind oft innovativer als große Konzerne, in Handelsblatt 03.09.*. http://www.handelsblatt.com/unternehmen/mittelstand/inqa-unternehmenscheck/interview-mittelstaendler-sind-oft-innovativer-als-grosse-konzerne/7087690.html. Zugegriffen: 21.10.2013.

Institut für Mittelstandsforschung: KMU-Definition des IfM Bonn, http://www.ifm-bonn.org/mittelstandsdefinition/definition-kmu-des-ifm-bonn/. Zugegriffen: 20.10.2013.

Institut für Mittelstandsforschung: Mittelstandsdefinition, http://www.ifm-bonn.org/mittelstandsdefinition/. Zugegriffen: 21.10.2013.

Schweizerische Eidgenossenschaft: KMU-Portal, http://wko.at/Statistik/kmu/LSE_BbisN_S95.pdf. Zugegriffen: 10.06.2014.

Statistisches Bundesamt: Anteil der KMU an der Beschäftigung, https://www.destatis.de/DE/Publikationen/STATmagazin/UnternehmenGewerbeInsolvenzen/_Grafik/BeschaeftigungKMU.html. Zugegriffen: 21.10.2013.

Statistisches Bundesamt: Ausgewählte Ergebnisse für kleine und mittlere Unternehmen in Deutschland, https://www.destatis.de/DE/Publikationen/WirtschaftStatistik/UnternehmenGewerbeanzeigen/KMUDeutschland2009122011.pdf?__blob=publicationFile. Zugegriffen: 21.10.2013.

Statistisches Bundesamt: Kleine und mittlere Unternehmen in Deutschland, https://www.destatis.de/DE/Publikationen/STATmagazin/UnternehmenGewerbeInsolvenzen/2008_08/2008_8KMU.html. Zugegriffen: 21.10.2013.

Statistisches Bundesamt 2010. *Umsatzsteuerstatistik*. https://www.destatis.de/DE/ZahlenFakten/GesamtwirtschaftUmwelt/UnternehmenHandwerk/KleineMittlereUnternehmenMittelstand/Aktuell.html. Zugegriffen: 20.10.2013.

Stubbe, Heidrun: Die Bedeutung von Innovationen in der Wirtschaft, http://www.authorstream.com/Presentation/Mee12-27559-bedeutung-innovation-Die-von-Innovationen-der-Wirtschaft-Welche-kennen-Sie-finden-besonders-gut-bedeuten-f-r-as-Entertainment-ppt-powerpoint/. Zugegriffen: 20.10.2013.

TCI Transformation Consulting International GmbH: Enterprise Transformation Cycle, http://www.tci-partners.com/index.php/de/ueber-tci/unser-loesungsansatz. Zugegriffen: 20.10.2013.

Wirtschaftskammer Österreich 2011. *Strukturstatistik*. http://wko.at/Statistik/kmu/LSE_BbisN_S95.pdf. Zugegriffen: 10.05.2014.

Wirtschaftskammer Österreich 2011. *KMU Daten Österreich*. http://wko.at/Statistik/KMU/WKO-BeschStatSparten.pdf. Zugegriffen: 10.05.2014.

Forschung ist die Umwandlung von Geld in Wissen, Innovation ist die Umwandlung von Wissen in Geld (Dr. Alfred Oberholz).

Nachdem in Kap. 1 die Motivation und Zielsetzung dieses Buches beschrieben wurden, befasst sich Kap. 2 mit den grundlegenden Begriffserklärungen der Innovation, Invention und des Innovationsmanagements. Abgrenzungsmerkmale der Begriffe sind das Ausmaß der Neuartigkeit, wie z. B. eine Invention als erstmaliges Auftauchen einer Neuheit, und der Gegenstandsbereich, bezogen auf bspw. Produkte oder Prozesse. Eine entscheidende Rolle für die Generierung von Innovationen spielt die „Forschung und Entwicklung" (kurz F&E).

Das Innovationsmanagement stellt in diesem Zusammenhang eine Funktion dar, die das gesamte Unternehmen betrifft. Auch der Begriff des Entrepreneurs soll im Rahmen dieses Kapitels erläutert werden, da sich dieser durch das Erkennen von Chancen, durch das Durchsetzen von Innovationen und durch Wandel auszeichnet. Innovationen verschaffen Wettbewerbsvorteile und sichern damit das Wachstum und die Existenz des Unternehmens.

2.1 Abgrenzung der Begriffe Innovation, Entdeckung, Erfindung sowie Forschung und Entwicklung

Der Innovationsbegriff wird sehr unterschiedlich verwendet. Der diesem Buch zugrunde liegende Innovationsbegriff wird im Folgenden erläutert und aus unterschiedlichen Blickwinkeln kommentiert.

© Springer Fachmedien Wiesbaden 2015
M. Kaschny et al., *Innovationsmanagement im Mittelstand*,
DOI 10.1007/978-3-658-02545-8_2

Definition von Innovation

Allen Definitionen von Innovation ist gemeinsam, dass es sich bei einer Innovation um einen willentlichen, gezielten Veränderungsprozess hin zu etwas (erstmalig) „Neuem" (Heesen 2009, S. 18) handelt. Etwas Neues kann allerdings, je nachdem, auch

- von Menschen vermeintlich erstmalig entdeckt worden sein (Entdeckung),
- objektiv gesehen erstmalig entstanden sein (Erfindung),
- im subjektiven Kontext als solches erstmalig wahrgenommen worden sein (etwas wird für neu gehalten),
- für die soziale, wirtschaftliche, ökologische etc. Zukunft hochgradig relevant (bspw. Penicillin) oder vergleichsweise irrelevant (bspw. Butterfleckverhinderer) sein,
- derart sein, dass es das betrachtete Objekt eben nur in dieser Form noch nicht gab,
- gewollt oder ungewollt entstehen, z. B. durch spontane Einfälle oder aber auch durch lange Planung und Entwicklung.

Eine Innovation kann vereinfacht als Umsetzung von etwas Neuem – wie einer Erfindung oder einer Entdeckung (Penicillin) – in einen Markterfolg verstanden werden. Innovationen sind also neuartige Produkte, Prozesse oder Konzepte (vgl. Ahmed und Shepherd 2010, S. 5; Kaschny und Hürth 2010, S. 22). Dadurch bedingt, dass auch innovative Konzepte Berücksichtigung finden, werden bspw. ebenso Geschäftsmodellinnovationen (vgl. Vahs und Brem 2013, S. 61 f.) oder neuartige Formen der Aufbauorganisation (Strukturinnovationen) einbezogen.

Umstritten ist, inwiefern in diesem Kontext „etwas Neues" für ein Unternehmen subjektiv als Innovation verstanden werden kann. Mit der Frage, welche Kriterien auch von außen angelegt werden, um dem Anspruch einer Innovation gerecht zu werden, hat sich die Organisation für wirtschaftliche Zusammenarbeit und Entwicklung (OECD) in dem im Jahr 2005 herausgegebenen Oslo-Manual (OECD 2005), das sich mit der Definition und Messung von marktwirtschaftlich relevanten Innovationen beschäftigt, auseinandergesetzt. Innovationen können demnach durchaus als „subjektiv" bezeichnet werden. So kann eine Neuerung oder merkliche Verbesserung auch nur aus Sicht des Unternehmens erstmalig sein und muss nicht notwendigerweise eine Neuheit aus Sicht des Marktes darstellen.

Allerdings besitzen Innovationen charakteristische, beschreibbare Merkmale wie Neuheitsgrad, Unsicherheit, Komplexität und Konfliktgehalt (vgl. Vahs und Brem 2013, S. 31 ff.). Diese Eigenschaften glaubhaft darstellen und belegen zu können, wird bspw. in den meisten nationalen und internationalen Innovationsförderprogrammen verlangt.

Neuheitsgrad

Als neu oder neuartig gilt eine Problemlösung dann, wenn sie über den bisherigen Erkenntnis- und Erfahrungsstand hinausgeht (Vahs und Brem 2013, S. 31).

Hierbei sind unterschiedliche Grade der Neuartigkeit möglich. Produkte oder Prozesse können geringfügig von Bekanntem abweichen, aber auch durch fundamentale Neuerungen gekennzeichnet sein. Mit dem Neuheitsgrad soll demzufolge die Unterschiedlichkeit zum Ausdruck gebracht werden (vgl. Hauschild 2004, S. 14). Diese Einschätzung hat einen statischen Charakter, da sie zu einem bestimmten Zeitpunkt stattfindet. Dabei erfolgt ein Vergleich der Innovation mit einer bereits existierenden Lösung (vgl. Schlaak 1999, S. 16 ff.).

In der Literatur wird der Begriff der Neuartigkeit oft nach weiteren Kriterien untergliedert:

- Tatsache und Ausmaß: Ist die Innovation wirklich neu in Bezug auf den aktuellen Wissensstand?
- Wahrnehmung der Neuartigkeit: Von wem wird die Innovation als neuartig wahrgenommen?
- Erstmaligkeit der Neuartigkeit: Was genau macht die Erstmaligkeit aus? (vgl. Hauschild 2004, S. 4 ff.)

Unsicherheit

Das Kriterium der Unsicherheit beschreibt Situationen, in denen für den Eintritt der relevanten Ereignisse weder aus der Erfahrung heraus subjektive noch statistisch ermittelbare objektive Wahrscheinlichkeiten angegeben werden können. Insbesondere in den ersten Phasen einer Innovation herrscht ein hohes Maß an Unklarheit über das zu erwartende Ergebnis. Dabei sind sowohl Erfolg als auch Misserfolg möglich. Es stellen sich charakteristische Fragen wie:

Fragen in den ersten Phasen einer Innovation

- Gibt es möglicherweise bereits konkurrierende Entwicklungen von Wettbewerbern?
- Können u. U. neue Gesetze bzw. Verordnungen signifikanten Einfluss auf die Erfolgsaussichten der neuen Idee, des neuen Produktes, des neuen Verfahrens haben?
- Wird die neu verwendete Technologie vom eigenen Unternehmen hinreichend „beherrscht"?
- Hat das Unternehmen qualitativ und/oder quantitativ die geeigneten/notwendigen Mitarbeiter?
- Ist die Finanzierung des Vorhabens bei allen potenziellen Risiken sicher? (vgl. Vahs und Brem 2013, S. 32).

Da oftmals sowohl die Kosten von Innovationen als auch die entsprechend erwarteten Erträge mit großen Unsicherheiten verbunden sind, gilt es, diese frühzeitig zu identifizieren und zu quantifizieren bzw. abzuschätzen.

Komplexität

Unter Komplexität ist der Grad der Überschaubarkeit zu verstehen, gemessen an der Anzahl der Elemente sowie der Anzahl und der Verschiedenartigkeit der Beziehungen dieser Elemente zueinander (vgl. Vahs und Brem 2013, S. 33).

Konfliktgehalt

Der potenzielle Konfliktgehalt einer Innovation beschreibt verschiedene unvereinbare Zustände. So können erwünschten positiven Folgen einer beabsichtigten Innovation gleichzeitig auch potenzielle negative Folgen (Unzufriedenheit, Störungen der Kommunikation und Kooperation etc.) entgegenstehen. Es ist sinnvoll, frühzeitig derartige konträre Aspekte für die maßgeblich Beteiligten transparent zu machen und getroffene bzw. zu treffende Entscheidungen aus der Abwägung dieser Überlegungen zu begründen (vgl. Vahs und Brem 2013, S. 35 ff.).

Zudem können Innovationen nach verschiedenen weiteren Kriterien unterschieden werden: dem Gegenstandsbereich, den Auslösern der Innovation, der Höhe der Innovation und der Art der Transferleistung bei der Ideengenerierung (Vgl. Vahs und Burmester 2005, S. 72).

Gegenstandsbereich

Bei dem Kriterium des Gegenstandsbereichs wird der Frage nachgegangen, was eine Innovation kennzeichnet. Allgemein lässt sich eine Innovation unterscheiden in eine ergebnisorientierte und in eine prozessuale Innovation. Bei ergebnisorientierten Innovationen handelt es sich um Produktinnovationen, wie bspw. die Entwicklung der Motorsäge durch die Firma Stihl oder den Weber-Grill, der durch sein kugelförmiges Design bekannt wurde. Ebenso kann den ergebnisorientierten Innovationen die Veränderung bzw. die Entwicklung eines Geschäftsmodells zugeordnet werden. Unter den prozessualen Innovationen werden Prozessinnovationen verstanden. Beispielhaft kann hierbei die Einführung der Fließbandfertigung in der Automobilindustrie durch Henry Ford im Jahre 1913 angeführt werden. Die Ford Motor Company konnte durch diesen neuen Prozess die Produktionsgeschwindigkeit und -menge deutlich steigern. Einschneidende Prozessinnovationen können eine Veränderung der Aufbauorganisation zur Folge haben.

Produktinnovationen sind neuartige Produkte. Dabei kann es sich um neuartige Waren, aber auch um neuartige Dienstleistungen handeln. Bei den neuen Produkten kann zwischen absoluter und relativer Neuerung differenziert werden (vgl. Vahs und Burmester 2005, S. 74 f.). Bei der relativen Neuerung wird ein vorhandenes Produkt variiert. Die Produktinnovation kann sich dabei auf den Produktkern (Grundfunktion des Produkts), das Produktäußere (vom Kunden wahrgenommene Eigenschaften, wie z. B. das Design) oder auf die Zusatzleistungen beziehen (vgl. Vahs und Brem 2013, S. 53).

Prozessinnovationen umfassen hingegen Änderungen in einem Produktions- oder Geschäftsprozess. Durch technische oder organisatorische Modifikationen wird der Leistungserstellungsprozess verändert bzw. optimiert. Dadurch können z. B. Produkte kostengünstiger, in einer höheren Qualität oder mit einem geringeren Zeitaufwand hergestellt werden. Die Steigerung der Produktivität, die Produktion neuer Produkte oder die Vermeidung von Umweltschäden sind typische Ziele einer Prozessinnovation (vgl. Heesen 2009, S. 28). Die Verbesserung des Prozesses kann sich jedoch ebenso auf Veränderungen im personellen oder organisatorischen Bereich eines Unternehmens beziehen. Im personellen Bereich stehen die Mitarbeiter eines Unternehmens und bspw. deren Zufriedenheit oder Arbeitsplatzsicherheit im Fokus. Bei Prozessinnovationen im gesamten organisatorischen Bereich erfolgt gelegentlich auch eine entsprechende Änderung bzw. Anpassung der Aufbauorganisation.

Oftmals hängen Produkt- und Prozessinnovationen unmittelbar zusammen. Innovative Produkte sind in der Regel erst durch neue Produktionsprozesse möglich. Ein Beispiel hierfür ist die Privatbrauerei Peter KG, ein ehemals mittelständisches Unternehmen, welches die Biolimonade „Bionade" entwickelte. Die Herstellung der Limonade erfolgt durch ein patentiertes Verfahren. Sie wird aus Wasser und Malz gebraut, jedoch ohne dass dabei Alkohol entsteht (vgl. Bionade). Neben dem innovativen Bioprodukt „Bionade" (Produktinnovation) ist der Herstellungsprozess ebenso neu- und einzigartig (Prozessinnovation).

Des Weiteren gibt es neben der Produkt- und Prozessinnovation einen dritten Aspekt innerhalb des Gegenstandsbereichs, die Geschäftsmodellinnovation. Bei der Geschäftsmodellinnovation wird entweder ein bereits existierendes Geschäftsmodell, also letztendlich die Art und Weise, wie ein Unternehmen funktioniert, fundamental geändert oder ein völlig neues Geschäftsmodell geschaffen. Dadurch sollen bspw. die Kundenbedürfnisse besser befriedigt werden und das Unternehmen soll Wettbewerbsvorteile gegenüber der Konkurrenz herausarbeiten (vgl. Franken und Franken 2011, S. 199). Unter einem Geschäftsmodell wird die Art und Weise verstanden, wie ein Unternehmen die eigenen Wertschöpfungsaktivitäten gestaltet und durchführt (vgl. Vahs und Brem 2013, S. 61). In den 50er- und 60er-Jahren des letzten Jahrhunderts bot IKEA ein neuartiges Geschäftsmodell, durch welches Möbel auf fortschrittliche Weise – z. B. durch die Einbindung der Kunden beim Transport – verkauft wurden. Entsprechendes galt – nach dem zweiten Weltkrieg – für den neuartigen Verkauf von Schrauben und Werkzeugen durch Würth. Durch die Möglichkeiten, die das Internet bietet, entstehen auch heute noch zahlreiche neuartige Geschäftsmodelle, wie z. B. YouTube oder WhatsApp. Neuartige Geschäftsmodelle bedingen auch neuartige Prozesse. Oftmals werden auch neuartige Produkte oder Dienstleistungen angeboten. Beispielhaft können hierbei das Start-up-Unternehmen mymuesli, bei dem der Kunde aus über 80 verschiedenen Zutaten sein individuelles Biomüsli selbst online zusammenstellen kann (vgl. mymuesli), oder Jochen Schweizer, der u. a. Erlebnis- und Wellnessgutscheine neuartig verkauft, genannt werden.

Auslöser
Ein weiteres Differenzierungskriterium für Innovationen beschäftigt sich mit den Auslösern der Innovation. Dabei wird der Frage nachgegangen, was die Ursachen für die Innovationen sind. Zumeist wird zwischen Market Pull sowie Technology Push unterschieden (vgl. Heesen 2009, S. 35; Vahs und Brem 2013, S. 63). Market-Pull-Innovationen werden durch bestehende Kundenwünsche am Markt ausgelöst und sind demnach nachfrageindu-

ziert (vgl. Heesen 2009, S. 35). Die konkrete Nachfrage der Kunden beim Anbieter macht deren Bedürfnisse erkennbar und führt zu Innovationen, um auf diesem Wege der Nachfrage gerecht zu werden. Diese Market-Pull-Innovationen besitzen aufgrund ihres nachfrageinduzierten Charakters eine hohe Erfolgswahrscheinlichkeit (vgl. Vahs und Brem 2013, S. 63). Typische Beispiele sind hier die Neuentwicklungen eines Ingenieurbüros, die vom Kunden in Auftrag gegeben werden. Beispielsweise konnte der Kundenwunsch nach einem dynamischen Energiespeichersystem (DES), mit dem Bremsenergie im Bereich der elektronischen Antriebe nutzbar gemacht werden kann, von der Michael Koch GmbH in Baden-Württemberg umgesetzt werden; mithilfe dessen kann Bremsenergie umgewandelt, gespeichert und wieder in das betriebliche Stromsystem zurückgeleitet werden. Vor der Entwicklung des DES sahen sich viele Betriebe mit dem Problem konfrontiert, dass es bei dem Vorhaben, den Strom beim Abbremsen der Maschine wieder zurück ins Stromnetz zu speisen, zu schwierig zu kontrollierenden Schwankungen der Netzspannung kam und dadurch die Elektronik der Maschine zerstört werden konnte. Aus diesem Grund nutzten viele Unternehmen die Bremsenergie nicht (vgl. Wirtschaftswoche 2013). Dank DES ist dies jedoch möglich geworden. Für diese Innovation bekam die Michael Koch GmbH sogar 2013 einen Innovationspreis in Baden-Württemberg verliehen.

Beim Technology Push werden hingegen Innovationen überwiegend durch neu entwickelte Technologien oder Produkte, die aus den Forschungs- und Entwicklungsbereichen (F&E-Bereichen) kommen, ausgelöst, wie zum Beispiel der erste im Jahre 1941 entwickelte, funktionsfähige Computer Z3 von Konrad Zuse, der den Grundstein für das heutige digitale Zeitalter darstellt. Für diese, vom Anbieter bereitgestellten, Produkte besteht meist noch kein aufnahmebereiter Markt. Die Kunden müssen zuerst von ihnen überzeugt werden. Aufgrund dieser Problematik sind die Erfolgsaussichten im Vergleich zu den Market-Pull-Innovationen geringer (vgl. Vahs und Brem 2013, S. 63). Eine Technology-Push-Innovation war der Fischer-Dübel, der von Artur Fischer im Jahr 1958 entwickelt und zu einem Markterfolg gemacht wurde. Die Kunden wussten seinerzeit nicht, dass sie einen Bedarf für diesen Werkstoff hatten; sie konnten allerdings rasch davon überzeugt werden.

Neuigkeitsgrad
Bei dem Differenzierungskriterium des Grades der Neuartigkeit wird der Frage nachgegangen, wie neu eine Innovation ist. Dabei wird eher die zeitliche Abfolge betrachtet. Grundsätzlich lassen sich nach dem Grad der Neuartigkeit zwei Arten von Innovationen unterscheiden: die Basisinnovation und die Nachfolgeinnovation.

Unter Basisinnovationen wird etwas grundsätzlich Neues verstanden, was in dieser Art und Weise noch nicht auf dem Markt vorzufinden ist bzw. war. Sie beeinflussen – auch interdisziplinär – andere Problemlösungen und lösen eine Vielzahl an Nachfolgeinnovationen mit weitreichenden wirtschaftlichen und gesellschaftlichen Konsequenzen aus (vgl. Trommsdorff und Schneider 1990, S. 4). Zu den wohl bedeutendsten Basisinnovationen des letzten Jahrtausends zählen der Buchdruck, die Erfindung des Verbrennungsmotors, die Nutzung der Elektrizität und die Erfindung des Computers. Diese legten den Grundstein für zahlreiche weitere Innovationen.

Nachfolgeinnovationen bauen auf die Basisinnovationen auf. Bei Nachfolgeinnovationen lassen sich des Weiteren vier Ausprägungen unterscheiden: Verbesserungs-, Anpassungs-, Scheininnovationen und Imitationen.

Werden bei einem bereits existierenden Produkt einzelne oder mehrere Nutzenparameter verbessert, ohne dass die grundlegenden Funktionen und Eigenschaften verändert werden, wird von Verbesserungsinnovationen gesprochen (vgl. Pleschak und Sabisch 1996, S. 4). So wurde der Hochdruckreiniger der Firma Alfred Kärcher GmbH & Co. KG seit der Entwicklung im Jahre 1950 immer wieder optimiert, ohne dass die grundlegende Eigenschaft der Hochdruckreinigung verändert wurde.

Sobald aufgrund bestimmter Kundenwünsche oder Kundenbedingungen vorhandene Problemlösungen speziell angepasst werden, wird von Anpassungsinnovationen gesprochen. Die technologische Anpassung in der Stallklimagestaltung bei Milchkühen soll bspw. zum einen den neuen klimawandelbedingten Anforderungen gerecht werden und zum anderen aber auch das Leistungsvermögen der Tiere sicherstellen. Ein weiteres Beispiel für eine Anpassungsinnovation stellt der Aufdruck von Blindenschrift auf Medikamenten oder Pflasterpackungen dar.

Wird bspw. ausschließlich das Design eines Produktes verändert, ohne das zusätzlich nützliche Produkteigenschaften für den Kunden optimiert werden, handelt es sich um Scheininnovationen. Diese „Pseudoverbesserungen" stellen für den Kunden keinen nennenswerten zusätzlichen Nutzen dar (vgl. Vahs und Burmester 2005, S. 24).

Bei einer Imitation wird eine Problemlösung, welche von anderen Unternehmen bereits erfolgreich eingesetzt wird, absichtlich nachgeahmt (vgl. Vahs und Brem 2013, S. 65). Dadurch wird versucht, an den Erfolg der anderen Unternehmen anzuknüpfen und an der Problemlösung, die nicht die eigene ist, zu partizipieren. Bei der Imitation ist die Höhe der Erfindung demnach niedrig. Beispielhaft können die Isoliergefäße von Alfi oder andere Arten von Kaffeekannen genannt werden, welche von anderen Unternehmen imitiert werden. Typische Imitationen von Geschäftsmodellen sind myVideo (Original: YouTube), Ryanair (Southwest Airlines) oder Zalando (Zappos). Geschäftsmodelle können insofern leicht kopiert werden, als dass sie nicht rechtlich schützbar sind.

Erfindungshöhe

Abschließend soll beim Differenzierungskriterium der Höhe der Erfindung darauf hingewiesen werden, dass eine solche bei vielen Innovationen relativ niedrig ist. Das niederländische Fernsehproduktionsunternehmen Endemol hat mit dem Fernsehformat „The Voice" ein Konzept entwickelt, das vom Grundgedanken her ähnlich wie die anderen Casting-show-Konzepte aufgebaut ist. Lediglich der Aspekt, dass die Juroren die Kandidaten bei ihrem ersten Auftritt nur hören und nicht sehen können, ist neuartig. So liegt auch beim Produkt Red Bull eine sehr geringe Erfindungshöhe vor. Trotzdem ist das Produkt – unterstützt durch Prozess-, Geschäftsmodell- und Marketinginnovationen – sehr erfolgreich.

Abb. 2.1 Transferinnovation
(eigene Darstellung in Anlehnung an Kaschny 2011, S. 62)

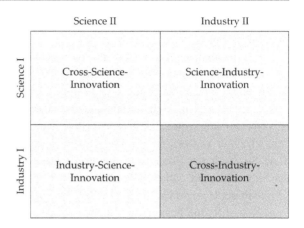

Bei den meisten unternehmensbezogenen Innovationen geht es letztendlich darum, dass Gewinne generiert werden. Überspitzt formuliert gilt daher für viele Unternehmen, dass es besser ist, mit einer Nachfolgeinnovation hohe Gewinne zu machen, als mit einer Basisinnovation oder einer reinen Erfindung Verluste.

Quelle der zugrundeliegenden Idee
Innovationen können auch danach unterschieden werden, woher das entscheidende Wissen bzw. die Ideen stammten, um die Innovation zu realisieren. „80 % aller Innovationen sind eine Rekombination bereits vorhandenen Wissens. Nur eine sehr kleine Anzahl von technologischen Neuerungen oder Produkten basiert auf wirklich neuen Erkenntnissen und Entwicklungen." (Enkel und Horvath 2010, S. 293) Beim Ansatz der Transferinnovation machen sich z. B. Unternehmen bereits vorhandenes Wissen zu eigen und wenden es auf die eigenen Produkte oder Prozesse an. Dazu werden externes Wissen, Konzepte oder Technologien aus anderen Wirtschaftszweigen auf den eigenen übertragen, umgesetzt und genutzt (vgl. Bader et al. 2013, S. 12). Aufgrund des Wissenstransfers innerhalb verschiedener Wirtschaftsbereiche sowie der im Anschluss daran stattfindenden Verknüpfung von unterschiedlichem Fachwissen kann die unternehmensinterne Innovationsfähigkeit vorangetrieben werden.

In der Abb. 2.1 sind die verschiedenen Möglichkeiten der Transferinnovation dargestellt. Es existieren vier unterschiedliche Kombinationsmöglichkeiten zwischen Wirtschafts- und/oder Wissenschaftszweigen. Ein solcher Wissenstransfer ermöglicht Innovationen in den verschiedensten Bereichen und nicht nur in gewerblichen Unternehmen.

Fachliche Zuordnung
Innovationen können auch nach Fachgebieten unterschieden werden. Beispiele hierfür sind soziale, philosophische, juristische oder kulturelle Innovationen (vgl. Ahmed und Shepherd 2010, S. 7 ff.). Als Marketinginnovationen können der Onlinewahlkampf von Barack Obama bei den amerikanischen Präsidentschaftswahlen im Jahre 2009, die Etablierung der Adidas AG als erste allgemeine Sportmarke der Welt spätestens seit dem

Wunder von Bern im Jahre 1954 oder die Gründung des Bio-Logos „Frosch" durch die Erdal-Rex GmbH 1986, die mit dieser Marke ein „Synonym für umweltbewusste Haushaltspflege" (Erdal-Rex 2014) geschaffen hat, genannt werden. Die Einführung der Demokratie, die Schaffung des dualen Ausbildungssystems, die Gründung des Deutschen Roten Kreuzes im Jahre 1921, die Einführung von Kindergärten oder des metrischen Einheitssystems sowie auch das Entstehen des Sit-ins als gewaltfreier Protest in Form eines Sitzstreiks – vor allem Letzteres, welches in den 1960er-Jahren durch die Studentenbewegungen bei deren Kampf gegen Rassendiskriminierung geprägt wurde – stellen Beispiele für soziale bzw. gesellschaftliche Innovationen dar.

Auch die Schaffung der Geschäftsmodelle von Volksbanken und Sparkassen zur Finanzierung mittelständischer Betriebe kann als gesellschaftliche Innovation betrachtet werden.

Die Einführung des Schweizer Bankgeheimnisses im Jahre 1934 (juristische Innovation) oder die Darstellung von Comicfiguren als Kunst, so wie es Roy Lichtenstein tat (Kunstinnovation), sind weitere Beispiele für (Fachgebiets-)Innovationen. Sie zeigen, dass Innovationen Wettbewerbsvorteile schaffen, generell den Erfolg befördern und unternehmensübergreifend stattfinden.

Veränderungsumfang

Neben den vorstehend dargestellten Differenzierungskriterien lassen sich Innovationen ebenso anhand des Veränderungsumfangs unterscheiden. Bei einer Radikalinnovation handelt es sich um Innovationen mit einer umfangreichen Höhe der Erfindung, die einschneidende Veränderungen im Unternehmen hervorrufen. Sie erfolgen oftmals auf neuen Märkten oder erschaffen diese sogar. Dadurch liegt auf der einen Seite ein relativ hohes wirtschaftliches Risiko vor. Auf der anderen Seite bestehen jedoch ebenso große Marktchancen, wenn die Innovationen bedürfnis- und/oder technologieinduziert sind. Unternehmen können durch Radikalinnovationen für eine gewisse Zeit eine Monopolstellung erzielen, welche hohe Umsätze sowie Gewinne mit sich bringt (vgl. Vahs und Brem 2013, S. 67). Eine Radikalinnovation im Mittelstand kann eine neue Vertriebsform darstellen, welche die Vertriebsstruktur maßgeblich beeinflusst. Um den Markt für Bürobedarf besser durchdringen zu können, entschied sich der Bürobedarfshändler Schäfer Shop ein eCommerce-System aufzubauen. Dieses Vertriebssystem hilft dem Schäfer Shop, neue Kunden zu generieren, langfristig am Markt bestehen zu können sowie die Vorteile des Internets zu nutzen. Aus betrieblicher Sicht handelt es sich bei dieser Umstrukturierung um eine radikale Innovation, auch wenn es vergleichbare eCommerce-Systeme bei anderen Unternehmen bereits gab.

Bei Inkrementellinnovationen hingegen sind die Risiken sowie Marktchancen deutlich geringer, da diese Verbesserungen bereits bestehender Produkte, Prozesse oder Geschäftsmodelle auf einem bekannten Markt darstellen. Die Verbesserungen erfolgen dabei sukzessive (vgl. Die Ideeologen 2014). Bei der schrittweisen Vorgehensweise ist die Höhe der Erfindung niedriger als bei der Radikalinnovation. Inkrementelle Innovationen sind die im Mittelstand mit Abstand am häufigsten realisierten Formen zur Produkt-/

Prozessverbesserung, Erweiterung des Angebots und/oder Preis-Leistungs-Optimierung. Als Beispiele können die schrittweise Verbesserung der Teflonbeschichtung bei Pfannen, Produktion und Verkauf von besonders frischem Salat mit Wurzelballen oder die kontinuierliche Optimierung von Apps genannt werden.

Nach der differenzierten Betrachtung des Begriffs Innovation, soll dieser noch von den Begriffen Entdeckung, Erfindung und Forschung und Entwicklung bzw. F&E abgegrenzt werden. Von einer Entdeckung wird gesprochen, wenn etwas aufgefunden wird, das in der Natur bereits vorhanden ist. Eines der bekanntesten Beispiele stellt Columbus mit der Entdeckung Amerikas dar. Weitere typisch historische Beispiele sind die im Jahre 1729 von Stephen Gray entdeckten elektrischen (Nicht-)Leiter, das im Jahre 1766 von Henry Cavendish entdeckte Element Wasserstoff oder das 1928 von Alexander Fleming zufällig entdeckte Antibiotikum Penicillin.

Eine Erfindung entsteht dadurch, dass vorhandenes Wissen und besonderes Können genutzt werden, um erstmals eine (neue) Problemlösung zu verwirklichen. Jedoch ist die reine Erfindung nicht automatisch eine Innovation. Erst wenn sie implementiert, d. h. der entsprechende Prozess wirklich eingesetzt wird oder ein neues Produkt am Markt eingeführt wird, liegt eine Innovation vor.

Eine Erfindung kann grundsätzlich entweder auf zufälliger Basis beruhen oder sie kann durch F&E gezielt herbeigeführt werden. Ist aufgrund des F&E-Prozesses innerhalb eines Unternehmens eine Erfindung entstanden, so besteht prinzipiell die Möglichkeit, dass hieraus eine Innovation gemacht wird.

Möchten Unternehmen im technischen Bereich Wettbewerbsvorteile gegenüber ihren Wettbewerbern herausarbeiten, ist es hilfreich, konsequent in der F&E weiterzuarbeiten, um so kontinuierlicher zu neuen Innovationen zu gelangen.

Zusammenfassend kann gesagt werden, dass die Begrifflichkeiten Erfindung, F&E sowie Innovation aufeinander aufbauen und sich gegenseitig bedingen. Entdeckungen können – wie die Erfindung – auch zu Innovationen führen. Historische Beispiele hierfür sind das Röntgengerät, der Kernreaktor, die Glühbirne oder die erste Quarzuhr der Welt aus dem Jahre 1967, die CEH Beta 1, von Centre Electronique Horloger.

Bevor im anschließenden Abschnitt näher auf die charakteristischen Elemente eines unternehmensbezogenen systematischen Innovationsmanagements eingegangen wird, sei hier auf eine mögliche konkrete Nützlichkeit der Auseinandersetzung mit eigenen Innovationsdefinitionen bzw. -beschreibungen hingewiesen. So ist es für zahlreiche betriebliche Innovationsvorhaben sinnvoll, in einer frühen Phase eine Art Steckbrief zu erstellen, aus dem Ziel und Ansatz bzw. die Begründung für die intendierte Innovation eindeutig hervorgehen. Nicht zuletzt, wenn landes-, bundes- oder europaweite Förderprogramme hierzu u. U. Mittel beitragen können oder sollen. Beispielsweise verlangt die Investitions- und Strukturbank Rheinland-Pfalz (ISB) bei einer möglichen Vergabe von Fördermitteln aus Landesprogrammen eine präzise Darlegung von:

- **Gegenstandsbereich der Innovation**
  Hier sind insbesondere neue Produkte und Prozesse zu nennen.

- **Neuartigkeitsgrad**

  Ein Produkt oder Produktionsverfahren gilt als „nach dem Stand der Technik" neu, wenn es in der europäischen Union noch nicht auf dem Markt ist. Tatsache und Ausmaß, Wahrnehmung sowie (relative) Erstmaligkeit der Neuartigkeit sind hier detailliert und nachprüfbar zu beschreiben.

- **Eigene (Neu-)Entwicklungsleistungen**

  Hier gilt es darzulegen, ob die mit dem Vorhaben verbundenen Aufgaben der „vorwettbewerblichen Entwicklung" oder der „industriellen Forschung" zuzuordnen sind; ferner, ob die entsprechende organisatorische und qualifikatorische Innovationsfähigkeit des Unternehmens (entsprechende personelle und sächliche Ausstattung) gegeben sind. Industrielle Forschung ist zu verstehen als planmäßiges Forschen oder kritische Erforschung mit dem Ziel, die hieraus gewonnenen Erkenntnisse zur Entwicklung neuer Produkte oder Verfahren nutzen zu können, vorwettbewerbliche Entwicklung als Umsetzung von Erkenntnissen der industriellen Forschung in neue, wesentlich geänderte oder wesentlich verbesserte Produkte oder Produktionsverfahren einschließlich des Aufbaus eines ersten, nicht zur kommerziellen Verwendung geeigneten Prototyps.

- **Technisch/technologische Unsicherheiten bzw. Risiken**

  Welche technischen Realisierungsrisiken werden erwartet? Wie werden diese Risiken bewertet, wie deren technische Realisierungsmöglichkeiten (Lösungsansätze, Alternativen etc.)? So lassen sich Risikoklassen von Klasse zu Klasse bewerten:

  1. Die Entwicklungsaufgaben sind mit Schwierigkeiten verbunden, die eine Lösung (auch nach ingenieurmäßigen Gesichtspunkten) auf Anhieb nicht erwarten lassen.
  2. Es stehen Entwicklungsaufgaben an, die mit der Lösung von in der Branche nicht geläufigen technischen Problemstellungen verbunden, aber unter ingenieurmäßigen Gesichtspunkten noch beherrschbar sind.
  3. Es stehen nach ingenieurmäßigen Gesichtspunkten noch erhebliche, allerdings noch mit ingenieurmäßigen Methoden beherrschbare Entwicklungsaufgaben an.
  4. Es handelt sich um komplexe Forschungsaufgaben, die mit einigen Schwierigkeiten verbunden sind und den Einsatz von in der Branche nicht geläufigen Technologien oder Materialien erforderlich machen.
  5. Bei der Lösung der Forschungsaufgaben wird der Einsatz von neuen Technologien erforderlich bzw. werden in Teilbereichen technische Machbarkeitsgrenzen tangiert.
  6. Es stehen Forschungsaufgaben an, bei denen neue Technologien für bestimmte Entwicklungen erschlossen werden, auf die dann bislang nicht gekannte Produkte oder Produktionsverfahren aufbauen. Mit den Forschungsaufgaben werden technische Machbarkeitsgrenzen tangiert.

- **Betriebs- und volkswirtschaftliche Einschätzungen**

  Lässt das Vorhaben mittelfristig die Aussicht auf eine wirtschaftliche Verwertbarkeit erkennen? Mit welchen evtl. vergleichbaren Verfahren muss das Vorhaben konkurrieren? Kommt dem Innovationsvorhaben eine volkswirtschaftliche Bedeutung zu (Sicherung oder Schaffung von Arbeitsplätzen, umweltfreundliche Substitution vorhandener Produkte oder Produktionsverfahren etc.)?

2.2 Innovationsmanagement

Hintergrundinformation
Der Begriff des Innovationsmanagements verknüpft die im vorangegangen Kapitel thematisierte Innovation mit dem Begriff des Managements. Es handelt sich hierbei um eine gesamtunternehmerische Funktion, die der Ausrichtung des Unternehmens auf die systematische Identifizierung und Umsetzung neuer Produkte, Prozesse und Geschäfte dient. „Das Innovationsmanagement umfasst alle Planungs-, Entscheidungs-, Organisations- und Kontrollaufgaben im Hinblick auf die Generierung und die Umsetzung von neuen Ideen in marktfähige Leistungen (Vahs und Brem 2013, S. 28)." Des Weiteren werden einige unterstützende Funktionen und Prozesse der Wertschöpfungskette, wie bspw. Personalmanagement, Organisation, Rechnungswesen und Finanzierung, einbezogen (vgl. Vahs und Brem 2013, S. 27). Durch die von der Unternehmensführung festgelegten Strategien und Ziele sowie die Berücksichtigung der Maßnahmen (innerhalb eines Innovationsprozesses) im gesamten Unternehmen dient das Innovationsmanagement als Treiber für neue Produkte und Prozesse. Hierbei gilt es, wie bereits Joseph Schumpeter festgestellt hat, den Fokus der Betrachtung auf den Innovationsprozess zu legen und diesen in das bestehende System der Unternehmung zu integrieren (vgl. Hauschild und Salomo 2011, S. 30 f.).

Um den Innovationsprozess mit Blick auf das gesamte Unternehmen integrieren zu können, sollte dieser auf drei Ebenen des Innovationsmanagements erfolgen: normativ, strategisch und operativ (vgl. Gassmann und Sutter 2011, S. 7).

Das normative Innovationsmanagement bezieht aktiv Vision, Mission, Werte und Leitbilder der Unternehmung in den Innovationsprozess ein. Auf der strategischen Ebene steht das übergeordnete Ziel des Generierens von Wettbewerbsvorteilen im Vordergrund. Dabei ist das Innovationsmanagement die zentrale Quelle der Kostenreduktion und der Differenzierung. Insbesondere in Hochlohnländern ist die Differenzierung gegenüber der Kostenreduktion die wichtigere, da Einzigartigkeit der Produkte unempfindlich gegenüber dem Preiswettbewerb macht.

Im Gegensatz dazu hat die strategische Ebene u. a. zur Aufgabe, die Innovationsziele zu definieren, die Innovationsstrategie festzulegen sowie die benötigten Technologien bereitzustellen. Die operative Ebene beschäftigt sich hingegen ausschließlich mit der Steuerung und Planung der Umsetzung der entwickelten Innovation. Dabei stehen die Durchführung des Innovationsprozesses sowie das Management der Innovationsprojekte im Mittelpunkt (vgl. Vahs und Brem 2013, S. 28). Mittels des optimalen Managements von Leistung, Qualität, Kosten und weiteren betriebswirtschaftlichen Faktoren soll eine optimale Wertschöpfung sichergestellt werden (vgl. Gassmann und Sutter 2011, S. 7 ff.). Die optimale Wertschöpfung kann nur dann langfristig sichergestellt werden, wenn das Unternehmen innovationsfähig ist (vgl. Kaschny und Hürth 2009, S. 32). Werden die normative, strategische und operative Ebene im Unternehmen im Blick behalten und zu einer ganzheitlichen

Unternehmensperspektive geformt, kann sich der gewünschte Unternehmenserfolg einstellen.

Im betrieblichen Innovationssystem werden die verschiedenen Aufgaben des Managements für die Gestaltung und Bereitstellung von Innovationen konkretisiert. Diese umfassen u. a. Planung und Steuerung, Führung, Organisation und Führungskräfteentwicklung sowie Ethik.

In der Innovationsplanung und -steuerung sind dabei zwei wesentliche Ebenen zu betrachten:

- Auf der Unternehmensebene oder innerhalb eines Unternehmensbereiches wird bspw. ein langfristiges Innovationsportfolio, d. h. die Kombination der zu verfolgenden Innovationsprojekte, geplant und kontrolliert.
- Auf der Ebene einzelner Projekte muss der Verlauf der einzelnen Innovationsprojekte geplant und gesteuert werden. Im Rahmen der Innovationsplanung und -kontrolle müssen die Absatz-, Produktions- und Personalplanung eines Unternehmens einbezogen werden (vgl. Gabler Wirtschaftslexikon, Innovationsmanagement).

Um das Innovationssystem und die Integration von Prozessen zu verdeutlichen, werden häufig Innovationsprozessmodelle verwendet, welche den Innovationsprozess und damit den Ablauf des Innovationsmanagements darstellen. Diese prozessualen Abläufe (und Modelle) werden in Kap. 4 näher erläutert. An dieser Stelle soll aber kurz auf das Innovationssystem, welches in der Abb. 2.2 skizziert ist, eingegangen werden.

Das Innovationssystem beinhaltet die verschiedenen Bestandteile und Abläufe, die innerhalb einer Organisation zu berücksichtigen sind. Jeder Bereich trägt zum optimalen Innovationsoutput bei und muss in einer ganzheitlichen Betrachtungsweise mit den jeweils anderen abgestimmt werden. Die interne Kommunikation im Unternehmen zwischen den einzelnen Bereichen sollte dabei möglichst reibungslos verlaufen, da eine wechselseitige Abhängigkeit zwischen den einzelnen Aufgabenbereichen besteht. Es ist wichtig, nicht nur den Innovationsprozess als solchen vorzubereiten, sondern das gesamte Unternehmen und dessen Mitarbeiter. Alle Bereiche müssen auf die künftige Veränderung bzw. ihre Aufgabenbereiche vorbereitet und ggf. geschult werden.

Abschließend soll der Zusammenhang von Technologie-, F&E- sowie Innovationsmanagement dargestellt werden. Aus der Abb. 2.3 wird ersichtlich, dass das Technologiemanagement die angewandte Forschung sowie die Vorentwicklung umfasst. Ziel ist es, neue Technologien und neue Produkte zu entwickeln. Das F&E-Management umfasst diese beiden Bereiche ebenso, ergänzt sie jedoch mit der Grundlagenforschung und der Entwicklung. Dem übergeordnet steht das Innovationsmanagement. Dieses schließt Technologie- und F&E-Management ein und umfasst zusätzlich die Produktion sowie die anschließende Markteinführung. Das Innovationsmanagement enthält somit alle wesentlichen Prozesse im Unternehmen und zeigt auf, wie sich aus theoretischem Wissen schrittweise eine anwendungsorientierte Innovation entwickelt (vgl. Vahs und Brem 2013, S. 30).

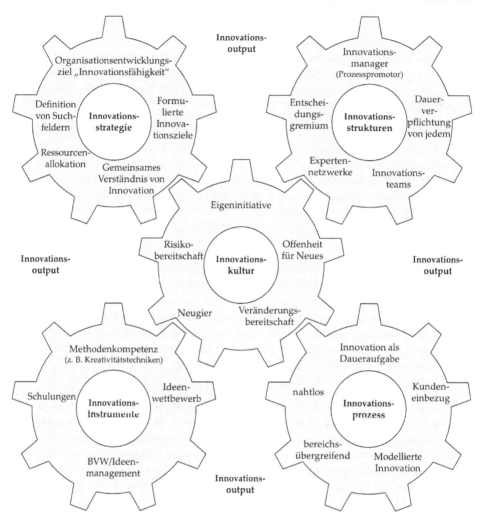

Abb. 2.2 Innovationssystem (eigene Darstellung in Anlehnung an B'Results, zitiert in Herstatt 2009, S. 33)

2.3 Innovationsfähigkeit als Kernkompetenz des Entrepreneurs

Nachdem die begrifflichen Grundlagen der Innovation sowie des Innovationsmanagements erläutert wurden, soll im Folgenden auf den Begriff Entrepreneur eingegangen werden. Dies ist sinnvoll, da die Art und Weise, wie ein typischer Entrepreneur managt, eng mit dem Begriff Innovation verbunden ist. Der Begriff des Entrepreneurs lässt sich ins Deutsche am ehesten mit der Bezeichnung des Unternehmers übersetzen. Im klassischen Sinne ist er somit der Inhaber eines Unternehmens. Er haftet, im Gegensatz zum

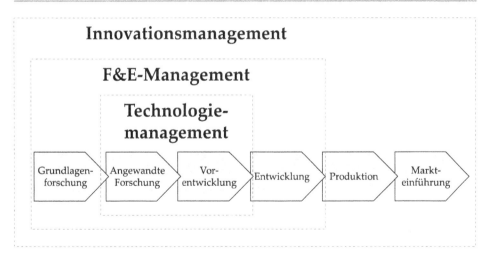

Abb. 2.3 Reichweite von Innovations-, F&E- und Technologiemanagement (eigene Darstellung in Anlehnung an Macharzina und Wolf 2008, S. 752)

angestellten Manager, mit seinem Vermögen. Jedoch ist nicht jeder Unternehmer auch ein Entrepreneur, da ihn besondere unternehmerische Merkmale auszeichnen. Er besitzt die Fähigkeit, immer wieder neue Innovationen hervorzubringen und somit einen Wandel – im Unternehmen selbst, aber auch auf Märkten – voranzutreiben (vgl. Horneber 2012, S. 8 ff.). Gleichzeitig gilt es ihm auf Chancen zu reagieren, die sich durch den Wandel – z. B. im technischen, juristischen, ökonomischen Umfeld – ergeben. Zielorientiert arbeitet der Entrepreneur darauf hin, Chancen zu nutzen und Wettbewerbsvorteile zu schaffen. Auf diese Weise soll die Wettbewerbsfähigkeit gesteigert und das Wachstum des Unternehmens vorangetrieben werden.

Innovationen sind so wichtig, weil sie „der Weg" sind, um Wettbewerbsvorteile herauszuarbeiten. Dabei lassen sich zwei Arten von Wettbewerbsvorteilen unterscheiden: zum einen können Kostenvorteile gegenüber Wettbewerbern erzielt werden. Dies kann bspw. durch eine Prozessinnovation geschehen. Zum anderen können Innovationen zu besonderen Leistungsmerkmalen wie Dauerqualität, Schnelligkeit, Design etc. und damit zu Differenzierungsvorteilen führen. Diese Merkmale schaffen einen besonderen Nutzen für den Kunden. Sind diese positiven Eigenschaften bei einem Produkt oder einer Dienstleistung stärker ausgeprägt als bei den Wettbewerbern, können diese im Rahmen der Kommunikationsmaßnahmen positiv hervorgehoben werden (vgl. Jones und Bouncken 2008, S. 54). Differenzierungsvorteile führen dazu, dass Produkte entweder teurer verkauft und/oder Marktanteile gewonnen werden können. Die Innovationsfähigkeit ist das wesentlichste Merkmal des Entrepreneurs.

Wird dieser innovations- und wettbewerbsorientierte Managementstil von einem Angestellten gepflegt, spricht man von einem Intrapreneur.

Abb. 2.4 Fokus auf Wandel,
Erkennen von Chancen und
Durchsetzen von Innovationen,
Bereitschaft zu investieren,
Wachstum (eigene Darstel-
lung)

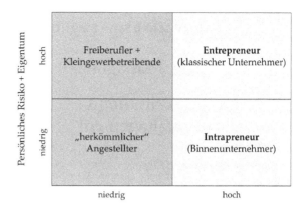

Fokus auf Wandel, Erkennen von Chancen, Durchsetzen
von Innovationen, Grad an Führung, Bereitschaft zu
investieren und zu wachsen

Dieses Wort setzt sich aus den beiden englischen Wörtern **intra**corporate und entre**pre-
neur** zusammen. Ein Intrapreneur ist somit ein Mitarbeiter eines Unternehmens oder einer
öffentlichen Einrichtung, der durch unternehmerisches Talent und Erfindungsreichtum
Visionen entwickelt und eigeninitiativ zu verwirklichen versucht, vergleichbar mit der
Aufgabe eines selbständigen Unternehmers (Entrepreneurs) (vgl. Vahs und Brem 2013,
S. 179 f.).

Neben der klassischen Form eines Entrepreneurs gibt es zudem auch Social Entrepreneure. Diese Unternehmer setzen sich langfristig für einen wesentlichen und auch
positiven Wandel in einer Gesellschaft ein. Hierzu zählen Gebiete wie Bildung, Umwelt-
schutz, Armutsbekämpfung und Menschenrechte. Ein Beispiel hierfür ist der Gründer der
Robert Bosch Stiftung. Sie verfolgte ausschließlich und unmittelbar gemeinnützige Zwecke. Robert Bosch sicherte seine unternehmerischen und gemeinnützigen Ziele über sein
Ableben im Jahr 1942 hinaus, indem er sie an seine Gesellschafter übertrug.

In Abb. 2.4 werden die zentralen Unterschiede zwischen Entrepreneuren, Intrapreneuren, Freiberuflern und Kleingewerbetreibenden sowie Angestellten dargestellt.

Der Fokus auf einen möglichen Wandel, das Erkennen von Chancen und das Durchsetzen von Innovationen ist bei Intrapreneuren und Entrepreneuren stark ausgeprägt. Der
Unterschied der beiden Typen liegt im persönlichen Risiko bzw. in einem möglichen Ei-
gentumsverlust, aber auch in der Chance, das eigene Vermögen zu steigern. Im weiteren
Verlauf schließt der Begriff Entrepreneur auch die Intrapreneure ein.

Der Entrepreneur legt seinen Fokus jedoch nicht ausschließlich auf einzelne Bereiche
des Unternehmens, wie beispielsweise der Produktion. Vielmehr hat er das gesamte Unternehmen im Auge. Neben dem Blick für einen möglichen Wandel erkennt er ebenso
Möglichkeiten. Dazu zählen bspw. die systematische Generierung von Geschäftsideen,
deren Bewertung und Auswahl sowie die Wahrnehmung und Umsetzung betrieblicher
Chancen.

Zusammenfassend kann gesagt werden, dass das unternehmerische Handeln eines Entrepreneurs im Kern darin besteht, Chancen zu erkennen, Innovationen durchzusetzen, Ressourcen optimal zu nutzen sowie Risiken zu tragen (vgl. Voigt und Weißbach 2005, S. 9 ff.).

Heutzutage herrscht weitgehend Konsens darüber, dass die erforderlichen Kompetenzen, die ein Entrepreneur braucht, erlernbar sind. Somit könnte ein „Großteil der benötigten Voraussetzungen als lehrbare Teile oder zumindest förderbare Eigenschaften im Rahmen eines Lernprozesses entwickelt werden" (vgl. Kailer und Neubauer 2008, S. 58).

Literatur

Buchquellen

Ahmed, P.K., und Charles D. Shepherd. 2010. *Innovation Management; Context, strategies, systems and processes*, 1. Aufl., Harlow: Financial Times Prentice Hall.

Enkel, Ellen, und Annette Horvath. 2010. Mit Cross-Industry-Innovation zu radikalen Neuerungen. In *Open Innovation umsetzen – Prozesse, Methoden, Systeme, Kultur*, 1. Aufl., Hrsg. S. Ili, 293–314. Düsseldorf: Symposium Publishing.

Franken, Rolf, und Swetlana Franken. 2011. *Integriertes Wissens- und Innovationsmanagement; Mit Fallstudien und Beispielen aus der Unternehmenspraxis*, 1. Aufl. Wiesbaden: Gabler.

Gassmann, Oliver, und Philipp Sutter. 2011. *Praxiswissen Innovationsmanagement: Von der Idee zum Markterfolg*, 2. Aufl., München: Carl Hanser.

Hauschild, Jürgen 2004. *Innovationsmanagement*, 3. Aufl., München: Franz Vahlen.

Hauschild, Jürgen, und Sören Salomo. 2011. *Innovationsmanagement*, 5. Aufl., München: Franz Vahlen.

Heesen, Marcel 2009. *Innovationsportfoliomanagement: Bewertung von Innovationsprojekten in kleinen und mittelgroßen Unternehmen der Automobilzulieferindustrie*, 1. Aufl. Wiesbaden: GWV Fachverlage.

Horneber, Christian 2012. *Der kreative Entrepreneuer: Eine empirische Multimethoden-Studie*. Gabler, Wiesbaden: Springer.

Jones, Gareth R., und Ricarda B. Bouncken. 2008. *Organisation: Theorie, Design und Wandel*, 5. Aufl., München: Pearson Studium.

Macharzina, und Wolf. 2008. *Unternehmensführung: Das internationale Managementwissen – Konzepte – Methoden – Praxis*

Kaschny, Martin, und Nadine Hürth. 2010. *Innovationsaudit; Chancen erkennen – Wettbewerbsvorteile sichern*, 1. Aufl., Berlin: Erich Schmidt.

OECD. 2005. *Statistical Office of the European Communities: Oslo Manual – Guidelines for Collecting and Interpreting Innovation Data*, 3. Aufl. Paris: OECD Publishing.

Pleschak, Franz, und Helmut Sabisch. 1996. *Innovationsmanagement*, 1. Aufl., Stuttgart: Schäffer-Poeschel.

Schlaak, Thomas M. 1999. *Der Innovationsgrad als Schlüsselvariable: Perspektiven für das Management von Projektentwicklungen*. Wiesbaden: Dt. Universitätsverlag.

Trommsdorff, Volker, und Peter Schneider. 1990. Grundzüge des betrieblichen Innovationsmanagement. In *Innovationsmanagement in kleinen und mittleren Unternehmen – Grundzüge und Fälle – ein Arbeitsergebnis des Modellversuchs Innovationsmanagement*, Hrsg. Volker Trommsdorff, 1–25. München: Vahlen.

Vahs, Dietmar, und Alexander Brem. 2013. *Innovationsmanagement; Von der Idee zur erfolgreichen Vermarktung*, 4. Aufl., Stuttgart: Schäffer-Poeschel.

Vahs, Dietmar, und Ralf Burmester. 2005. *Innovationsmanagement: Von der Produktidee zur erfolgreichen Vermarktung*, 3. Aufl., Praxisnahes Wirtschaftsstudium. Stuttgart: Schäffer-Poeschel.

Zeitschriften/Schriften

Bader, Karoline, Ellen Enkel, Charlotte Buchholz, und Lorenz Bohn. 2013. A view beyond the horizon: cross-industry innovation in the health care sector. *Journal Performance* 5(2): 10.

Herstatt: Skript Vorlesung. 2009. *Innovationsmanagement*. Sommersemester, S. 33

Kailer, Norbert, und Neubauer, Herbert. 2008. Beiträge zur Betriebswirtschaftslehre für Klein- und Mittelbetriebe. *Zeitschrift für KMU und Entrepreneurship* Sonderheft 7, S. 58. St. Gallen: Dunker & Humblot. Heft 2

Kaschny, Martin 2011. Cross-Industry-Innovationen: Einordnung und Potentiale. *Ideenmanagement* 2(2): 62–63.

Voigt, Martina, und Hans Jürgen Weißbach. 2005. *Kompetenzentwicklung von Start-ups: Herausforderungen und Strategien* QUEM-Report: Kompetenzentwicklung in Start-up-Unternehmen, Bd. 93, 9–116. Berlin: Arbeitsgemeinschaft Betriebliche Weiterbildungsforschung e. V.

Internetquellen

Bionade: So wird sie gemacht, http://www.bionade.de/de/unser-produkt/herstellung. Zugegriffen: 15.03.2014.

Die Ideeologen: Inkrementelle Innovation, http://innovationsmanagement.ideeologen.de/innovationsmanagement/was-ist-innovation/inkrementelle-innovation. Zugegriffen: 03.06.2014.

Erdal-Rex: Das Unternehmen mit den Vertrauens-Marken, http://www.erdal-rex.de/deDE/erdal-rex-gmbh.html. Zugegriffen: 04.06.2014.

Mymuesli, http://www.mymuesli.com. Zugegriffen: 04.05.2014.

Gabler Wirtschaftslexikon, Springer Gabler Verlag (Hrsg.), Stichwort: Innovationsmanagement, online im Internet: http://wirtschaftslexikon.gabler.de/Archiv/11723/innovationsmanagement-v8.html. Zugegriffen: 18.03.2014.

Wirtschaftswoche: Die spannendsten Innovationen des Jahres geehrt, http://www.wiwo.de/technologie/forschung/innovationspreis-finalist-mittelstand-michael-koch/8126316-3.html. Zugegriffen: 29.05.2014.

Strategie, Positionierung und Geschäftsmodell

3

Bei Erfindungen ist der Erste immer der Dumme; den Ruhm kassiert der Zweite und das Geschäft macht erst der Dritte (Martin Kessel).

Gerade in einer immer komplexer und unsicherer werdenden Umwelt erweisen sich Strategien als wichtige Orientierung und Entscheidungshilfe. Der Transformationszyklus, wie er in Kap. 1 beschrieben ist und der sich mit seinen Themen durch alle Kapitel zieht, beginnt mit dem Entwurf der richtigen Strategien für das Unternehmen, speziell im Hinblick auf die Innovationsaktivitäten. Dies gilt für Unternehmensstrategien, Geschäftsfeldstrategien und Funktionalstrategien, wie z. B. Personalstrategien. Insbesondere mit Blick auf die Schaffung von Wettbewerbsvorteilen ist auch eine Innovationsstrategie erforderlich. Deshalb bedarf es eines systematischen und methodischen Vorgehens, um damit das Entstehen von Innovationen weg von der reinen Willkür hin zu gezielten Entscheidungen und wirtschaftlich erfolgreichen Umsetzungen zu bringen.

Aufbauend auf diesen Entscheidungen gilt es, die Positionierung und die Fragestellung, welche Märkte und Kunden mit welchen Produkten und Dienstleistungen bedient werden sollen, zu definieren. Um dies herauszufinden, bedarf es der gezielten Beobachtung der oft schnelllebigen und turbulenten Märkte und des Wettbewerbs. Hierbei kann die strategische Frühaufklärung helfen. KMU können demnach erfolgreicher sein, wenn sie schnell und zielgerichtet auf Umweltsignale reagieren. Die Folgen können schwerwiegend sein, wenn Unternehmen die Zeichen kleiner Veränderungen nicht rechtzeitig erkennen oder falsch einschätzen.

Ist die Innovationsstrategie definiert und die Positionierung (s. Abschn. 3.2.6) abgeschlossen, muss ein passendes Geschäftsmodell entwickelt werden, in dem das Portfolio festgelegt und die Ziele definiert werden. Dazu zählen auch die Überlegungen, wie das Unternehmen sich langfristig vom Wettbewerb differenzieren will.

© Springer Fachmedien Wiesbaden 2015
M. Kaschny et al., *Innovationsmanagement im Mittelstand*,
DOI 10.1007/978-3-658-02545-8_3

Zielsetzung

Dieses Kapitel verfolgt das Ziel, die zahlreichen Zusammenhänge zwischen Innovationsmanagement und strategischem Management herauszustellen. So wird im Abschnitt „Wesen der Strategie" dargestellt, dass Innovationen aus wirtschaftlicher Sicht dazu dienen, Wettbewerbsvorteile zu erlangen. Speziell bei Produktinnovationen ist die Wahl der richtigen Eintrittsstrategie wiederum hilfreich, diese erfolgreich am Markt zu platzieren.

Auch helfen strategische Instrumente dabei, dass im Innovationsmanagement die richtigen Entscheidungen getroffen werden. So unterstützt beispielsweise die strategische Frühaufklärung dabei, rechtzeitig Bedarfe für Innovationen zu erkennen. Insbesondere kleinere und mittlere Unternehmen sollten durch das rechtzeitige Erkennen von entsprechenden Signalen in ihrem Umfeld Chancen früh genug nutzen. Diese Signale ermöglichen die rechtzeitige Schaffung von Wettbewerbsvorteilen. Damit sind KMU eher in der Lage, sich trotz knapper Ressourcen gezielt auf einen bestimmten Geschäftsbereich oder ein konkretes Produkt zu fokussieren.

3.1   Wesen der Strategie

Strategie setzt den Rahmen für alle Entscheidungen, welche die Art und Ausrichtung des Unternehmens bestimmen. Die klassische Sichtweise von Strategie geht davon aus, dass zur Erreichung eines angestrebten Ziels eine Vielzahl von Einzelmaßnahmen zu realisieren sind, die in einem stimmigen Verhältnis zueinander stehen. So wird ein mittelständisches Unternehmen, das in den kommenden Jahren seinen Marktanteil erhöhen will, i. Allg. parallel verschiedene Maßnahmen initiieren, um das angestrebte Ziel zu erreichen. Zu diesen Maßnahmen gehören z. B. die Verbesserung der Produktqualität, der Auf- bzw. Ausbau eines Distributions- und Servicenetzes oder die verbesserte Innovationsaktivität. Diese Einzelmaßnahmen ergeben zusammen ein Maßnahmenbündel zur Erreichung eines Zieles. Sie ergänzen sich im Idealfall gegenseitig und verstärken ihre Wirkung. Dies kann auf Unternehmensebene, Geschäftsfeldebene oder auf Funktionalebene – bspw. durch Marketing- oder Beschaffungsstrategien – erfolgen.

Folgende Eigenschaften des klassischen Strategieverständnisses können festgehalten werden:

Eigenschaften der klassischen Strategie

- Strategien bestehen aus einer Vielzahl miteinander verwobener Einzelentscheidungen und binden das Unternehmen auf längere Frist.
- Strategien werden bewusst gestaltet, geplant und berücksichtigen die fundamentalen Ziele der Unternehmensführung.

- Strategien sind die vorgelagerten Planungen und Absichten eines Unternehmens und nicht die Maßnahmen selbst.
- Strategien sind eher der Weg als das Ziel und leiten sich aus den Unternehmenszielen ab.
- Strategien beeinflussen die Interaktion zwischen Unternehmen und Umwelt substanziell (vgl. Macharzina und Wolf 2008, S. 251).

Aus den genannten Eigenschaften wird u. a. ersichtlich, dass mit der Strategieformulierung unternehmensinterne und -externe Faktoren aufeinander abgestimmt werden müssen.

Wie erwähnt, handelt es sich bei Strategien um Rahmenpläne. Bedingt durch Änderungen in der Umwelt kann eine Neuausrichtung der Strategie erforderlich werden. Diese Änderungen können beispielsweise technischer, juristischer, gesellschaftlicher oder ökologischer Natur sein. Die Strategie bedarf daher kontinuierlicher Überprüfungen und ggf. auch Anpassungen.

3.1.1 Kernbestandteile der Strategie

Unabhängig von der Art und Weise der Strategieformulierung stellt sich die Frage, was die zentralen Bestandteile einer Strategie sind. Abbildung 3.1 vermittelt hier einen Überblick.

Die dargestellten vier Faktoren bilden die Kernbestandteile einer erfolgreichen Strategie. Der Bestandteil „Effiziente Umsetzung/Implementierung" wird durch den Aufbau einer Organisation und der Führung der Menschen, die in dieser Organisation arbeiten,

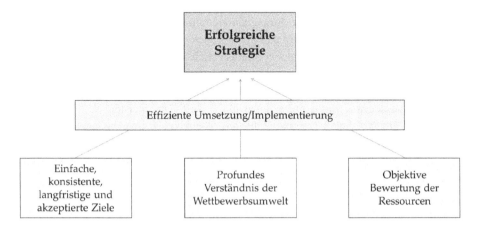

Abb. 3.1 Elemente erfolgreicher Strategien (eigene Darstellung in Anlehnung an Grant und Nippa 2006, S. 28)

zur Geltung gebracht (vgl. Grant und Nippa 2006, S. 31). Letztendlich handelt es sich hier aber schlichtweg um das Management und das Handeln, das zum Ziel führt. Eine effiziente Umsetzung bzw. Implementierung ist nur möglich, wenn die unteren drei Bereiche der Grafik berücksichtigt und umgesetzt werden (vgl. Grant und Nippa 2006, S. 31):

Ziele sind der wichtigste Bestandteil einer Strategie. Sie müssen – im Idealfall „genial" – einfach und akzeptiert sein, damit es gelingt, sie im Unternehmen verständlich zu kommunizieren und so alle Mitarbeiter mitzunehmen. Zudem sollten strategische Ziele langfristig und konsistent sein, weil das Unternehmen nur vorankommt, wenn langfristig die Richtung beibehalten wird und nicht durch unnötige Richtungswechsel und „Hin- und Herspringen" Ressourcen und Zeit verschwendet werden. Primärer Sinn und Zweck der Strategie ist die Zielerreichung.

Ein tiefgreifendes Verständnis des Wettbewerbsumfeldes ist erforderlich, weil Zielerreichung nur dann realistisch ist, wenn die „Spielregeln" verstanden werden. So wie ein Fußballtrainer nur erfolgreich sein kann, wenn er etwas von Fußball versteht, so können Unternehmen nur ihre Ziele erreichen, wenn sie den entsprechenden Markt, die relevante Branche und die relevanten Umweltfaktoren verstehen.

Die Ressourcen, wie bspw. finanzielle Ressourcen, die zur Erreichung des Zieles zur Verfügung stehen, können nur dann zielführend eingesetzt werden, wenn diese realistisch eingeschätzt werden. So ist bspw. die realistische Einschätzung, dass die vorhandenen Ressourcen nicht reichen, um das Ziel alleine zu erreichen, eine grundlegende Voraussetzung dafür, dass rechtzeitig die richtigen Kooperationspartner gesucht werden.

3.1.2 Strategien auf unterschiedlichen organisatorischen Ebenen

Das Ziel einer Unternehmensstrategie ist es u. a., die Werthaltigkeit des Unternehmens zu sichern oder zu steigern. Dafür ist der Aufbau und Erhalt von Wettbewerbsvorteilen notwendig. Primäres Ziel ist somit, Strategien zu definieren, mit denen die entscheidenden Wettbewerbsvorteile geschaffen und genutzt werden können (vgl. Grant und Nippa 2006, S. 44 f.). Strategien können dabei grundsätzlich auf drei Ebenen ansetzen: auf der Unternehmens-, der Geschäftsfeld- und der Funktionalebene.

Auf Unternehmensebene wird vor allem festgelegt, wo – also auf welchen Märkten oder Geschäftsfeldern – das Unternehmen aktiv wird. Die meisten mittelständischen Betriebe sind nur auf einem Geschäftsfeld tätig. Denkbar ist aber beispielsweise, dass ein Softwareunternehmen auch erfolgreich mit Hardware handelt. Anhand der Abb. 3.2 wird u. a. verdeutlicht, dass dann, wenn unterschiedliche Geschäftsfelder vorliegen, unterschiedliche Wettbewerbsstrategien und damit auch unterschiedliche Funktionalstrategien verfolgt werden.

Mittels der Geschäftsfeldstrategie wird entschieden, wie das Unternehmen auf den einzelnen Geschäftsfeldern in den Wettbewerb tritt und seine Wettbewerbsvorteile herausarbeitet. Dies kann bspw. durch eine besonders günstige Kostenposition geschehen.

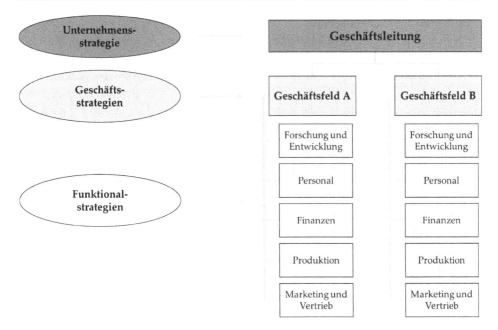

Abb. 3.2 Strategie und Organisationsstruktur (eigene Darstellung in Anlehnung an Grant und Nippa 2006, S. 50)

Die große Mehrheit der KMU grenzt sich gegenüber den Wettbewerbern jedoch durch besondere Leistungsmerkmale ab.

Typischerweise sind Geschäftsfelder klar voneinander abgegrenzt, sodass dort auch eine spezifische Beschaffungs-, Personal- oder Marketingstrategie verfolgt wird. Diese werden Funktionalstrategien genannt.

3.1.3 Unternehmensinterne Funktion der Strategie

Bei der Strategieformulierung innerhalb von Organisationen stechen drei wesentliche Aufgaben hervor (vgl. Grant und Nippa 2006, S. 50):

Aufgaben unternehmensinterner Strategie

- Strategie als Entscheidungshilfe
- Strategie als Koordinationsmechanismus
- Strategie als Ziel

Strategie als Entscheidungshilfe

Strategien gelten als Schlüsselelemente für den Erfolg und ermöglichen, dass die vielfältigen und heterogenen Entscheidungen eines Unternehmens einen logischen Zusammenhang haben. Strategische Prinzipien können den Entscheidungsprozess vereinfachen, indem sie die Anzahl der zu berücksichtigenden Alternativen eingrenzen. Demnach vereinfachen Strategien nicht nur die Entscheidungsfindung, sondern verbessern auch die Qualität des Entscheidungsprozesses. Verfolgt ein Mittelständler das strategische Prinzip „Die besten Produkte" des Marktes anzubieten, dann wird er sich im Zweifelsfall immer so entscheiden, dass er dieser bewährten Maxime gerecht wird.

Strategie als Koordinationsmechanismus

Bei der Umsetzung der Strategie sind nahezu alle Mitglieder einer Organisation beteiligt. Die Formulierung einfacher, klarer strategischer Prinzipien hilft dabei, dass alle Mitglieder der Organisation die Strategie verstehen und damit in dieselbe Richtung wirken. Mit der sogenannten Mission soll die Strategie gegenüber Anspruchsgruppen, wie Mitarbeiter, Kunden oder Kooperationspartner, kommuniziert werden.

KMU-Praxisbeispiel

Strategische Leitsätze bei der fischer Holding GmbH & Co. KG

Die Unternehmensgruppe fischer aus Waldachtal, bekannt durch ihre Dübel und das Konstruktionsspielzeug fischertechnik, wurde 1948 gegründet. Artur Fischer hatte bis zum Jahre 2013 mehr als 1100 Patente und Gebrauchsmuster angemeldet. Die Innovationskraft des Unternehmensgründers gilt als einer der Gründe, warum das Unternehmen zu einem „international agierenden Mittelständler" mit weltweit über 4000 Mitarbeitern gewachsen ist (Fischer-Unternehmensgruppe).

Durch den Leitsatz „innovative solutions" und den dazugehörigen strategischen Leitsätzen, abgeleitet aus den Zielen und Werten des Unternehmens, wird der strategische Entscheidungsprozess vereinfacht, da sie „als Maßstäbe für unsere tägliche Arbeit und die erfolgreiche Gestaltung unserer Zukunft" gelten (vgl. fischer-Unternehmensgruppe).

In den Leitsätzen selbst wird dabei ausführlich auf die Themen Mitarbeiter, Führung, Umgang miteinander, Produkte und Dienstleistungen sowie die Zukunft eingegangen. So wird unter dem Punkt „Die Zukunft" Folgendes ausgeführt:

Wir erstreben stetiges, profitables Wachstum. Durch kontinuierliche Verbesserung und Innovationen – in allen Bereichen der Unternehmensgruppe – gestalten wir die Märkte, in denen wir tätig sind, aktiv mit und fördern die Wettbewerbsposition und den Erfolg der Unternehmensgruppe. Wir unterstützen die Grundlagenforschung privater und öffentlicher Institutionen, soweit sie mit unseren Unternehmenszielen und Werten in Einklang steht (Fischer-Unternehmensgruppe).

Entscheidungen, welche diesen Zielsetzungen zuwiderlaufen, werden besonders kritisch geprüft.

Strategie als Ziel

Aufgabe der Strategie ist es auch, ein Bild zu skizzieren, das zeigt, wie das Unternehmen in Zukunft aussehen soll. Ein solches „Motiv" dient u. a. dazu, motivierend zu wirken. Das Bild vom zukünftigen Unternehmen wird oft in einer sogenannten Vision festgehalten. Auf diesem Wege werden ambitionierte Ziele festgelegt, die eine motivierende Wirkung auf die Mitglieder einer Organisation haben können (vgl. Grant und Nippa 2006, S. 44). Typisch für die Strategie von besonders erfolgreichen Unternehmen sind sogenannte Big, Hairy, Ambitious Goals (vgl. Collins und Porras 1995, S. 52). Diese können z. B. zum Inhalt haben, in einem bestimmten Bereich die technologische Führerschaft zu erlangen. Bekannte Beispiele für ehemalige KMU, bei denen die Gründer sehr ambitionierte, visionäre Ziele verfolgten, sind Apple, Ford und Walt Disney. In Deutschland trifft dies bspw. auf Würth und SAP zu.

Die Diskrepanz, die zwischen den verfügbaren Ressourcen und den hochgesteckten Zielen besteht, kann zur treibenden Kraft für Innovationen und kontinuierlichen Verbesserungen werden (vgl. Prahalad und Hamel 1989, S. 67). Dagegen können – wie bei Großkonzernen gelegentlich zu beobachten ist – reichlich vorhandene Ressourcen zu Selbstzufriedenheit führen.

3.1.4 Aufgabe der strategischen Analyse

Viele Managementkonzepte sind zu statisch, konservativ, risikoscheu, unflexibel, kurzfristig und schädlich für Innovationen (vgl. Abernathy und Hayes 1980, S. 70). Deshalb muss der Zugang des Managements zur Strategie dynamisch, flexibel und innovativ sein. Es muss erkannt werden, welche bedeutende Rollen Werte und Ziele innerhalb der Organisation spielen und wie wichtig der Strategieprozess für die Kommunikation und Koordination ist.

Neben der klassischen, wissenschaftlichen Analyse muss die Bedeutung der Intuition und des impliziten Wissens akzeptiert werden (vgl. Grant und Nippa 2006, S. 53 f.). Unter Berücksichtigung dieser Aspekte kann gegen die oben genannten Kritikpunkte leichter vorgegangen und ein flexibleres, innovativeres und dynamischeres Umfeld in der Organisation gewährleistet werden.

Strategische Analysen sollen Strukturierungsansätze bieten, die es erlauben, die wichtigsten Einflussfaktoren der strategischen Entscheidungsfindung zu identifizieren, zu klassifizieren, zu verstehen und zu bewerten. Ein solcher Strukturierungsrahmen leistet somit einen Beitrag zur Problemidentifikation und kann ein effektives Problemverständnis unterstützen.

Entsprechende Methoden sind allgemeingültig und in nahezu allen Unternehmen anwendbar. Unter Beachtung der wichtigsten Einflussfaktoren kann ein vertieftes Verständnis für Wettbewerbsvorteile, Kundenbedürfnisse und Unternehmensressourcen geschaffen werden, welche sich im Anschluss auf mögliche Innovationen positiv auswirken können.

3.1.5 Wechselspiel von Strategie und Struktur

In der Wissenschaft wurde über Jahrzehnte immer wieder das Wechselspiel zwischen Strategie und Struktur diskutiert. Die These „Structure follows strategy!" von Alfred D. Chandler Jr. fand hierbei breite Zustimmung. Sie brachte zum Ausdruck, dass es zunächst darum geht, Ziele bzw. eine Strategie festzulegen. Die Struktur (Aufbauorganisation oder das Geschäftsmodell) hatten sich danach zu richten. Wird beispielsweise durch eine Prozessinnovation Massenproduktion ermöglicht, ändern sich zunächst die Prozesse, der eigentliche Wettbewerbsvorteil – günstigere Stückkosten – kann erlangt werden. Die Aufbauorganisation ist den neuen Prozessen in einem zweiten Schritt anzupassen. Im Vordergrund stehen bei dieser Auffassung somit die Prozesse und das Handeln. Die Aufbauorganisation oder das Geschäftsmodell sind kein Selbstzweck, sie dienen primär der Zielerreichung.

Gleichwohl lassen sich auch Beispiele für die Antithese von David J. Hall und Maurice A. Saias finden. Sie behaupten „Strategy follows structure". So könnte beispielsweise eine – bereits gegebene – Aufbauorganisation die Umsetzung bestimmter Strategien begünstigen. Diese würden dann im Rahmen der bereits gegebenen Struktur auch eher umgesetzt. Hier beeinflusst somit die Struktur die Strategie.

Die Synthese dieser beiden Auffassungen erfolgte von Henry Mintzberg: „Structure follows strategy … as the left foot followst the right." Dies bringt u. a. zum Ausdruck, dass eine wechselseitige Abstimmung von Strategie und Unternehmensstruktur notwendig ist. Beides wirkt sich aber auch auf andere Bereiche, wie beispielsweise die Unternehmenskultur bzw. die Innovationskultur, aus. Die Aufgabe des Managements besteht darin, zu erkennen, wo die größten Engpässe vorliegen und entsprechend einzugreifen.

In Kap. 3 wird mit den unterschiedlichen Arten von Strategien auch das Thema „Struktur" angesprochen. Explizit geschieht dies im Kapitel zum Thema „Geschäftsmodell". Dabei ist zu beachten, dass es – was die Reihenfolge der zu bearbeitenden Praxisthemen angeht – kein Patentrezept gibt. Bei einem Start-up stehen zunächst mehr grundsätzliche Themen an, wie bspw. das Geschäftsmodell oder die Aufbauorganisation. Etablierte Unternehmen können sich – insbesondere, wenn sich die gegebenen Strukturen bewährt haben – stärker auf Geschäftsfeld- und Funktionalstrategien konzentrieren.

3.1.6 Wettbewerb als Wechselspiel von Innovation und Imitation

Dynamischer Wettbewerb wird maßgeblich durch Innovationen geprägt. Neue Märkte entstehen durch erfolgreiche Innovationen, die von „Pionierunternehmen" unter Inkaufnahme von Unsicherheit und Risiko vorgenommen und durchgesetzt werden. Der Pionierunternehmer hat zunächst eine Monopolstellung auf dem Markt und die Möglichkeit, sog. Pioniergewinne zu realisieren (vgl. Kampmann und Walter 2010, S. 156).

Durch diesen vorstoßenden Wettbewerb durch Innovatoren werden alte Produkte und Verfahren be- bzw. verdrängt. Nach Joseph Schumpeter wird dieser Prozess als „schöpferische Zerstörung" bezeichnet.

Die Pioniergewinne regen i. d. R. andere Unternehmen dazu an, als Nachahmer die Produktion des neuen Gutes oder eines ähnlichen Gutes aufzunehmen und dadurch in den Markt einzudringen. Dieses Vorgehen wird auch als „nachstoßender Wettbewerb" bezeichnet (vgl. Kampmann und Walter 2010, S. 178). Die anfängliche Monopolstellung des Pioniers geht verloren und mindert darüber hinaus dessen Gewinn.

Ein dynamischer Wettbewerb besteht somit aus einer Abfolge von Innovationen und Imitationen. Dadurch wird ein ständiger Entdeckungsprozess gewährleistet, welcher somit als Triebfeder für die wirtschaftliche Entwicklung einzelner Unternehmen dient.

3.2 Arten von Strategien

Innovationen sind generell mit großen Unsicherheiten behaftet. Auch sind die Elemente einer Innovationsstrategie, welche Aussagen zu neuen, zukünftigen Produkten bzw. Dienstleistungen treffen, nicht immer klar formuliert.

Trotzdem legen Innovationsstrategien Ziele und Rahmenbedingungen des Handelns fest. Darüber hinaus sollten sie mit der Unternehmensstrategie, der Geschäftsfeldstrategie und den Funktionalstrategien abgestimmt sein.

Die Innovationsstrategie stellt – als „Königsweg" zur Erzielung von Wettbewerbsvorteilen – einen integralen Bestandteil der Unternehmensstrategie dar. Sie trägt zur zukünftigen Weiterentwicklung der Unternehmensstrategie bei und lässt Aussagen über die Zukunftsfähigkeit des Unternehmens zu. Die Innovationsstrategie enthält als wesentliches Element Ziele und Aktivitäten für die zukünftige Positionierung in der Branchenumwelt und damit auch angestrebte Innovationen für Produkte, Prozesse oder Geschäftsmodelle. Dazu müssen Annahmen getroffen werden, bspw. bezüglich der technologischen Machbarkeit, der Marktentwicklung, des Wettbewerberverhaltens oder des Kundenverhaltens (vgl. Gassmann und Sutter 2008, S. 25 ff.).

3.2.1 Wettbewerbsstrategien

Um im Wettbewerb bestehen zu können, ist eine Wettbewerbsstrategie essenziell. Wettbewerbsstrategien bestimmen, in welcher Form ein Unternehmen mit seinen Wettbewerbern in Konkurrenz treten will. Laut Michael E. Porter ist der Wettbewerb die Keimzelle des Erfolgs oder Misserfolgs von Unternehmen. Deshalb muss jedes Unternehmen – seien es mittelständische oder größere Unternehmen, – die Wettbewerbssituation und die eigene strategische Position verstehen und herausarbeiten. Nur so können Unternehmen langfristig im Wettbewerb bestehen (vgl. Macharzina und Wolf 2008, S. 272).

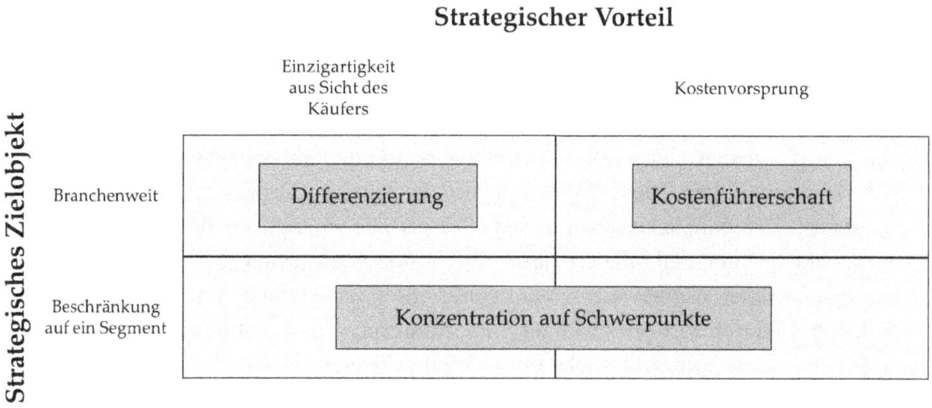

Strategischer Vorteil

Abb. 3.3 Wettbewerbsstrategien nach Porter (eigene Darstellung in Anlehnung an Macharzina und Wolf 2008, S. 272 f.)

Porter zeigt mit seinen „generischen Wettbewerbsstrategien", dass ein Unternehmen zwischen drei grundlegenden Wettbewerbsstrategien wählen sollte. Dies sind, wie in Abb. 3.3 dargestellt, die Strategie der Kostenführerschaft, die Strategie der Differenzierung und die Konzentration auf Schwerpunkte, auch Nischenstrategie genannt (vgl. Macharzina und Wolf 2008, S. 273). Die zentrale Aussage von Porter ist dabei, dass Unternehmen, die „zwischen den Stühlen" sitzen und sich für keine der drei Normstrategien entscheiden, weniger rentabel wirtschaften oder sogar aus dem Markt ausscheiden („Unvereinbarkeitshypothese").

Der Lebensmitteleinzelhandel ist einer der Märkte, wo die tendenzielle Gültigkeit der Unvereinbarkeitshypothese zu erkennen ist. Hier haben sich in den letzten Jahrzehnten jene Unternehmen durchgesetzt, die erkennbar eine der drei Strategien verfolgten. Bei den Kostenführern sind bspw. Aldi, Lidl, Norma oder Penny zu nennen, die vergleichsweise wenige Produkte (ca. 700 bis 1700) zu einem niedrigen Preis anbieten. Dagegen haben sogenannte Differenzierer, wie EDEKA oder REWE, mit ca. 30.000 Produkten ein deutlich größeres Sortiment und auch sonst, was Öffnungszeiten oder Beratung angeht, ein erkennbar umfangreicheres Leistungsangebot. Anbieter, die zwischen den „Extremen" Kostenführer und Differenzierer liegen, sind nicht mehr existent. Diese ehemaligen Wettbewerber saßen „zwischen den Stühlen" und bekamen von zwei Seiten – also den preisgünstigen und den leistungsstarken Anbietern – Konkurrenz.

Die dritte Gruppe von Anbietern, die im Wettbewerb gut bestehen konnte, hat sich auf Nischen konzentriert. Diese Nischen können sich, wie bei Wein-, Tee- oder Gemüsehandlungen, auf Produktgruppen oder auch auf Kundengruppen (z. B. Biosupermarkt Alnatura, Feinkostgeschäfte), konzentrieren. Lebensmittelhändler, die halb Nischenanbieter und halb Vollsortimentsanbieter sind, konnten sich ebenfalls nicht am Markt durchsetzen.

Die aktuelle Struktur des Lebensmitteleinzelhandels zeigt erkennbar, dass sich die existierenden Lebensmitteleinzelhändler eindeutig einer der drei genannten Strategien zuordnen lassen. Anbieter, die sich – wie die Tante-Emma-Läden – nicht an den Normstrategien orientiert haben, weisen eine erkennbar niedrigere Rentabilität auf oder sind inzwischen aus dem Markt ausgeschieden.

Ausgehend von den drei oben genannten Beispielen soll nachfolgend nochmals auf die Strategien Kostenführerschaft, Differenzierung und Konzentration als Schwerpunkt eingegangen werden.

Die Grundidee der Kostenführerschaft besteht darin, dass das jeweilige Unternehmen Wettbewerbsvorteile erringen kann, indem es im Vergleich zu Wettbewerbern stärker die Kosten im Blick behält. Dies ist oftmals nur möglich, wenn größere Stückzahlen erreicht werden. Auf diese Weise können sogenannte Betriebsgrößenersparnisse oder Economies of Scale erzielt werden. Diese können u. a. dann erzielt werden, wenn hohe Kosten für besonders effiziente Maschinen oder auch für die Kommunikationspolitik auf eine sehr große Zahl von Produkten umgelegt werden können (Fixkostendegression). Typischerweise ist dies bei Massenproduktion, aber auch bei vielen Einzelhandelsketten der Fall. Auf individuelle Sonderwünsche kann bei der Strategie der Kostenführerschaft i. d. R. nicht eingegangen werden.

Damit die Strategie der Kostenführerschaft erfolgreich umgesetzt werden kann, müssen gewisse Voraussetzungen geschaffen werden (vgl. Hax und Majluf 1991):

- Aufbau von Produktionsanlagen und/oder Produktion in Ländern mit niedrigen Personalkosten,
- laufende Verfahrensinnovation zum Zweck der Prozessrationalisierung,
- Standardisierung der Abläufe,
- Vereinfachung der Produkte sowie des Produktprogramms,
- Konzentration auf Großkunden.

Die Strategie der Kostenführerschaft ist insbesondere dann vorteilhaft, wenn in einer Branche noch nicht alle Skaleneffekte ausgeschöpft worden sind, die Produktionsprozesse große Verbesserungsmöglichkeiten aufweisen und wenn auf dem Markt hohe Preiselastizitäten herrschen (vgl. Macharzina und Wolf 2008, S. 273).

Die Anzahl der mittelständischen Betriebe, welche die Strategie der Kostenführerschaft verfolgen, wird auf maximal 10 % geschätzt. Beispiele hierfür sind landwirtschaftliche Großbetriebe oder der Reclam-Verlag, der mit ca. 130 Mitarbeitern die aus dem Schulunterricht bekannten gelben Klassikerausgaben herstellt. Aber: Diese Beispiele sind der rechten Hälfte des Feldes „Konzentration auf Schwerpunkte" zuzuordnen. Typische Beispiele für branchenweite Kostenführerschaft sind in aller Regel nur unter Großbetrieben zu finden.

Die Wettbewerbsstrategie Differenzierung unterscheidet sich von jener der Kostenführerschaft in der Weise, dass strategische Vorteile aus der Einzigartigkeit des Produktes oder der Dienstleistung generiert werden. Diese Unternehmen zeichnen sich durch unverwechselbare Produkteigenschaften aus, die bei den Kunden eine hohe Wertschätzung genießen und von den Wettbewerbern in dieser Qualität nicht angeboten werden. Die

Quelle der höheren Rentabilität liegt darin, dass es genügend Kunden gibt, die bereit sind, einen höheren Preis für die gehobenen Produktmerkmale zu bezahlen.

Nachfolgend werden wichtige Voraussetzungen für die Differenzierungsstrategie aufgezeigt (vgl. Hax und Majluf 1991):

Voraussetzungen der Differenzierungsstrategie

- Vorzügliche Produkteigenschaften (technische Funktion, Design)
- Hohes Innovationspotenzial und eine hohe Innovationsfreudigkeit
- Hoch qualifizierte, flexible, unternehmerisch denkende Mitarbeiter
- Intensive Öffentlichkeitsarbeit

Die Differenzierungsstrategie bietet sich dann an, wenn Marktleistungen noch stark verbessert werden können und geringe Preiselastizitäten am Markt herrschen.

Bekannte ehemalige KMU, die eine Strategie der Differenzierung verfolgen, sind bspw. der Hersteller von Schreibgeräten Edding, der Polstermöbelhersteller Rolf Benz, Hersteller hochwertiger Armbanduhren oder Modelabels wie Jil Sander oder das Schmuckunternehmen Charlotte (Ehinger-Schwarz). Gleichwohl gilt auch hier, dass diese ehemaligen KMU – in einem gewissen Grade – in der Nische eine Strategie der Differenzierung verfolgen.

Während die branchenübergreifende Kombination der Strategien Differenzierung und Kostenvorteil als problematisch gilt, kann dies in der Nische durchaus gelingen. Dies liegt u. a. daran, dass Nischen so klein sein können, dass durch die fehlenden Vergleichsmöglichkeiten eine eindeutige Zuordnung zu Kostenführung oder Differenzierung nicht eindeutig möglich ist.

Bei der Nischenstrategie konzentrieren sich Anbieter auf die Bearbeitung einzelner Marktsegmente. Dabei versucht das Unternehmen präziser als seine Konkurrenten, auf die Bedürfnisstrukturen seiner Zielgruppe einzugehen und daraus Wettbewerbsvorteile zu erzielen. Das Marktsegment kann hierbei eine bestimmte Abnehmergruppe, eine bestimmte Art von Produkten oder auch ein geografisch abgegrenzter Markt sein.

Die Globalisierung trägt dazu bei, dass sich für Nischenanbieter zusätzliche Wachstumschancen auf internationalen Märkten ergeben.

KMU-Praxisbeispiel

Nischenstrategie der ergobag GmbH

Mit dem Know-how von Ergonomieexperten gründeten 2010 zwei Wirtschaftswissenschaftler, Sven Pink und Florian Michajlezko, die ergobag GmbH in Köln. 2013 wurden 49 Mitarbeiter beschäftigt.

Der Markt der Schultaschen wird auch heute noch u. a. von den bekannten Marken McNeill, Scout oder 4You dominiert. Eine Nische in dem gesättigten Markt war bis 2009 kaum zu erkennen. Doch Freunde und Bekannte, sowie eine Physiotherapeutin der Uniklinik Marburg und der Chefarzt einer Rehabilitationsklinik, lieferten den Unternehmensgründern die grundlegenden Impulse für die Umsetzung der Idee der beiden Geschäftsführer:

Sie kombinieren die Eigenschaften eines ergonomischen Trekkingrucksackes mit den Anforderungen einer Schultasche, mit dem Ziel, den Rücken der Schulkinder zu entlasten. Seit 2010 sind sie aufstrebender Hersteller ergonomischer Schultaschen für Kinder ab dem Kindergarten. Mit diesem Konzept verfolgte das Unternehmen die Strategie der Differenzierung auf eine Nische und ist damit ein passendes Beispiel für die Platzierung einer Innovation in einem gesättigten Markt. In den Jahren 2011 und 2012 verkaufte ergobag knapp 100.000 Rucksäcke, was für ein zwei Jahre junges Unternehmen einen außerordentlichen Erfolg darstellt (vgl. ergobag GmbH).

3.2.2 Konkurrenzgerichtete Strategien

Konkurrenzgerichtete Strategien beschreiben das strategische Verhalten, wie ein Unternehmen langfristig mit seinen Konkurrenten in den Wettbewerb treten möchte (vgl. Meffert 1994, S. 155 ff.). Dieses Verhalten kann entweder aktiv oder passiv sein.

Passives Verhalten zeigt sich, wenn die Aktivitäten der Konkurrenten nicht in die Unternehmensentscheidungen einbezogen werden. Weniger stark ausgeprägte, auf die Wettbewerber ausgerichtete Aktivitäten verfolgen eher größere Unternehmen, die über eine dominierende Marktposition verfügen. Gleichwohl müssen auch diese bei strategischen Entscheidungen zu einem gewissen Grade ihre Konkurrenten einbeziehen.

Aktives Verhalten setzt explizite kompetitive Aktivitäten in der Planung voraus. Konkurrenzgerichtete Strategien werden daher nur von Unternehmen umgesetzt, die den Wettbewerbern aktiv gegenüberstehen (vgl. Meffert et al. 2012, S. 317).

Tabelle 3.1 zeigt eine Typologie des aktiven, konkurrenzgerichteten Verhaltens. Hierbei wird zwischen den Dimensionen „Innovation" und „Imitation" unterschieden. Bei einer Imitation werden Verhalten und Technologie von den Wettbewerbern übernommen. Bei Innovationen werden Prozesse oder Produkte neu entwickelt. Diese verdrängen bisherige Verfahren oder Produkte. Darüber hinaus wird in der Tabelle zwischen den Dimensionen „Wettbewerbsvermeidend" und „Wettbewerbsorientiert" unterschieden.

Unternehmen, die die Ausweichstrategie wählen, entgehen dem erhöhten Wettbewerbsdruck durch innovative Aktivitäten (Prozesse, Produkte, Marketing etc.).

Tab. 3.1 Typologie konkurrenzgerichteter Strategien (eigene Darstellung in Anlehnung an Meffert 1994, S. 157)

Verhaltensdimensionen	Innovativ	Imitativ
Wettbewerbsvermeidend	Ausweichen	Anpassung
Wettbewerbsorientiert	Konflikt	Kooperation

Verfolgt das Unternehmen eine Anpassungsstrategie, ist es lediglich an der Erhaltung der Marktposition interessiert. Diese passive, wettbewerbsvermeidende Vorgehensweise kann nur solange durchgeführt werden, bis die Konkurrenz selbst in die Offensive geht und versucht, die Position ihrer Konkurrenten zu schwächen.

Konfliktstrategien verfolgen meistens das Ziel, durch Innovationen Marktanteile zu gewinnen und diese soweit auszubauen, dass eine Marktführerschaft erreicht werden kann. Konfrontationen mit den Konkurrenten werden bewusst in Kauf genommen. Folgende Umsetzungsmöglichkeiten ergeben sich dabei für eine Konfliktstrategie:

- Direktangriff auf Kernprodukte, z. B. durch neue oder verbesserte eigene Produkte oder Preisreduzierungen,
- Angriff auf die Marktposition des Wettbewerbers, z. B. durch ein Angebot einer eigenen Produktalternative zum Konkurrenzprodukt,
- Angriff auf ungeschützte „Stellen" des Konkurrenten, z. B. durch ein Angebot einer innovativen Produktvariante, zu deren Entwicklung der Konkurrent nicht oder nur bedingt fähig ist.

Kooperationsstrategien sind vor allem dann erstrebenswert, wenn kein eindeutiger Wettbewerbsvorteil vorliegt und die Ressourcen, um sich mit der Konkurrenz auseinanderzusetzen, nicht vorhanden sind. Dabei wird zwischen den Konkurrenten ein kooperatives Wettbewerbsgebaren vereinbart (vgl. Stender-Monhemius 2002, S. 111 ff.).

Unternehmen, die sich letztlich für eine wettbewerbsorientierte Strategie (Kooperationsstrategie oder Konfliktstrategie) entscheiden, können oft Zeitvorteile gegenüber ihrer Konkurrenten erlangen, wenn sie die Bedürfnisse ihrer Kunden frühzeitig erkennen. Dies kann zu Ertrags- und Imagevorteilen führen, wenn es dem Unternehmen gelingt, sich durch eine aktive Entwicklung und Umsetzung von innovativen Produkt- und Prozesstechnologien am Markt als Technologieführer zu profilieren (vgl. Meffert et al. 2012, S. 319).

Kooperationen können auch als „Innovationstreiber" gesehen werden, denn Unternehmen, die nicht mit anderen kooperieren, fällt es zunehmend schwerer, den Anschluss nicht zu verlieren und Innovationen mit derselben Geschwindigkeit in ihrem Unternehmen zu integrieren wie der Großteil des (kooperierenden) Marktumfeldes (vgl. Bräutgam und Gerybadze 2011, S. 150 ff.; www.DLR.de).

3.2.3 Make-or-Buy-Entscheidungen

Bei Make-or-Buy-Entscheidungen handelt es sich um Prozesse, die in einem frühen Stadium der strategischen Entscheidung durchgeführt werden, oftmals schon vor Beginn des eigentlichen Entwicklungs- und Innovationsprozesses.

Grundsätzlich wird mit der Make-or-Buy-Entscheidung die Fertigungstiefe eines Unternehmens festgelegt. Diese Entscheidung hat somit eine größere unternehmenspolitische und strategische Tragweite (vgl. Piontek 2005, S. 44). Auch hat sie Auswirkungen auf ope-

Tab. 3.2 Aspekte für Make-or-Buy-Entscheidungen (eigene Darstellung in Anlehnung an Piontek 2005, S. 51)

Aspekte für den Fremdbezug	Aspekte für die Eigenfertigung
Bestehende Patente/Rechte anderer Unternehmungen	Es besteht ein produktionswirtschaftlicher Zwang zur Eigenfertigung
Fremdbezogene Vorprodukte weisen eine bessere Qualität auf	Eigenerstellung erreicht eine bessere Qualität
Erfahrungen spezialisierter Lieferanten kommen eigener F&E zugute	Eigenerstellung ist mit geringeren Materialbereitstellungsrisiken verbunden
Fremdbezug ermöglicht vollbeschäftigten Unternehmen eine Ausweitung des Produktions- und Absatzvolumens	Eigenerstellung kann sich auf langjährige Erfahrungen stützen
Fremdbezug ist mit generell geringeren finanziellen Belastungen verbunden	Eigenerstellung ermöglicht eine bessere Kapazitätsauslastung
Fremdbezug ermöglicht Fokussierung auf absatzwirtschaftliche Vorgänge	Eigenerstellung bringt zeitliche Vorteile, weil schneller auf Bedarfsveränderungen reagiert werden kann
	Eigenerstellung erweitert den wirtschaftlichen Einflussbereich

rative und strategische Ebenen und beeinflusst demnach Unternehmensbereiche, wie z. B. die Materialwirtschaft, die Personalplanung und die Finanz- und Investitionsplanung.

Make-or-Buy-Entscheidungen werden i. d. R. dann zu einem Entscheidungsproblem, wenn ein neuer Bedarf an Leistungen entsteht oder Veränderungen der Rahmen- und Umweltverhältnisse zu einem Auslöser der Make-or-Buy-Entscheidung werden (vgl. Welker 1993, S. 17). Zwei grundlegende Voraussetzungen müssen bei der Frage nach Make-or-Buy erfüllt sein. Zum einen müssen bei Entscheidungen zugunsten der Eigenfertigung ausreichende Produktionskapazitäten, finanzielle Mittel, fundiertes Know-how und Einsatzgüter und -leistungen gegeben sein. Zum anderen müssen beim Fremdbezug die Anlieferung der Güter und Leistungen in der benötigten Menge, zur richtigen Zeit, am richtigen Ort und Qualität gewährleistet sein.

Um eine Entscheidung über die Eigen- oder Fremdfertigung treffen zu können, werden oftmals Make-or-Buy-Teams gegründet, deren Mitglieder aus verschiedenen Bereichen des Unternehmens stammen und die entsprechenden Entscheidungsszenarien abwägen. Die letztliche, definitive Entscheidung fällt i. d. R. im Anschluss die Unternehmensführung.

Als Entscheidungskriterien dienen dabei der Preis-/Kostenvergleich, die Qualität sowie die mengenmäßige und terminliche Verfügbarkeit der Materialien (vgl. Piontek 2005, S. 46). Um einen Kostenvergleich der beiden Alternativen durchführen zu können, muss geprüft werden, welche Kosten beeinflusst werden. Als relevante Kosten dürfen nur die variablen Kosten herangezogen werden, die bei einer Entscheidung entweder für eine Eigenfertigung oder für den Fremdbezug zusätzlich entstehen.

Zu den zusätzlichen Kosten der Eigenfertigung zählen die Material- und Fertigungskosten des Bauteils sowie Rüstkosten, Opportunitätskosten und Fertigungslohnkosten
(vgl. Piontek 2005, S. 46 f.). Wenn diese variablen Kosten im Anschluss mit den be-
schaffungsrelevanten Kosten verglichen werden, ergeben sich entweder Mehrkosten bei
der Eigenfertigung oder beim Fremdbezug und diese beeinflussen somit maßgeblich die
Make-or-Buy-Entscheidung.

Neben der rein kostentechnischen Betrachtung lassen sich die folgenden Aspekte (s.
Tab. 3.2) für die Eigenfertigung oder für den Fremdbezug festhalten (vgl. Piontek 2005,
S. 51).

3.2.4 Timing-Strategien

Während das Unternehmen die Märkte und auch die Strategie der Marktbearbeitung festlegt, muss auch über das Timing des Markteintritts entschieden werden. Hierbei wird
zwischen der länderspezifischen und länderübergreifenden Timing-Strategie unterschieden (vgl. Camphausen 2013, S. 204).

Bei der länderspezifischen Timing-Strategie wird unterschieden zwischen jenen Unternehmen, die als Erstes einen Markt eines konkreten Landes betreten, und jenen Wettbewerbern, die erst nach deren Eintritt folgen.

Diese beiden Herangehensweisen werden als „First Mover Strategy" bzw. „Follower
Strategy" bezeichnet. Jene Strategieansätze gelten auch dann, wenn ein internationales
Unternehmen in einen neuen Markt im Ausland vor bzw. nach den lokalen Wettbewerbern
eintritt oder auf jenen Märkten neue innovative Technologien entwickelt wurden.

Die beiden strategischen Ansätze werden oft auf die Frage zugespitzt, ob die erste oder
die zweite Maus den Käse isst. Tabelle 3.3 soll helfen, diese Frage zu beantworten (vgl.
Camphausen 2013, S. 205).

Um eine klare Abgrenzung zur „First Mover Strategy" gewährleisten zu können, werden in Tab. 3.4 auch die Vor- und Nachteile der „Follower Strategy" erläutert.

KMU präferieren erwiesenermaßen die First-Mover-Strategie, damit sie sich gegenüber der Konkurrenz schnell Vorteile sichern können. Dagegen tendieren Großunterneh-

Tab. 3.3 Vor- und Nachteile der „First Mover Strategy" (eigene Darstellung in Anlehnung an Aaker
und Day 1986, S. 409 ff.)

Vorteile der „First Mover Strategy"	Nachteile der „First Mover Strategy"
Pioniergewinne durch Vorsprung	Sehr hohe Markterschließungskosten
Aufbau einer Marktposition und Kundenbin-dung	Hohes Risiko des Scheiterns
Setzen von Standards (Technologie, Produkte etc.)	Wenige Kenntnisse über Marktgegebenheiten
Aufbau eines Images und Bekanntheitsgrades	Gefahr, dass Folger-Unternehmen mit besonde-ren Fähigkeiten, z. B. überlegenen Ressourcen, aufholen

Tab. 3.4 Vor- und Nachteile der „Follower Strategy" (eigene Darstellung in Anlehnung an Aaker und Day 1986, S. 409 ff.)

Vorteile der „Follower Strategy"	Nachteile der „Follower Strategy"
Lernen aus Fehltritten der First Mover	Hohe Markteintrittsbarrieren
Übernahme bewährter Standards und Verhaltensweisen	Wettbewerbsvorteile der First Mover müssen kompensiert werden
Bessere Marktinformationen	Eigene Standards sind nur schwer einführbar

men eher zu der Follower-Strategie, da sie über die entsprechenden Ressourcen verfügen, ggf. im Zielmarkt Akquisitionen tätigen, um somit eine erfolgreichere Marktfeldbearbeitung erreichen zu können (vgl. Klein 2004, S. 16).

Die vorstehenden Timing-Strategien können weiter aufgesplittet werden nach: Pionierstrategie, Frühe-Folger-Strategie (follow the leader, second to market), Modifikator bzw. Späte-Folger-Strategie und Mee-too-Strategie.

Bei den länderübergreifenden Timing-Strategien werden die Wasserfallstrategie (auch Konzentrationsstrategie) und die Sprinklerstrategie (auch Diversifikationsstrategie) unterschieden. Bei der Wasserfallstrategie werden einzelne Ländermärkte nacheinander bearbeitet. Erst nach Erreichen der gesetzten Ziele erfolgt der Eintritt in den nächstfolgenden Ländermarkt. Der sukzessive Eintritt in unterschiedliche Ländermärkte trägt dazu bei, dass Fehler in Grenzen gehalten und vor Eintritt in den nachfolgenden Markt bereits korrigiert werden können.

Bei der Sprinklerstrategie erfolgt ein gleichzeitiger Eintritt in mehrere Ländermärkte. Die wachsende Bedeutung des Internets trägt dazu bei, dass diese Form des Markteintritts auch vermehrt durch KMU verfolgt wird. Typische Beispiele hierfür sind sogenannte Born Globals.

3.2.5 Forschungs- und Entwicklungsstrategien

Der zunehmende internationale Wettbewerb sorgt in Kombination mit immer schneller erfolgenden, technologischen Entwicklungen für steigenden Innovationsdruck. Werden gezielt unternehmenseigene Forschungs- und Entwicklungsstrategien verfolgt, trägt dies dazu bei, dem Innovationsdruck standzuhalten.

Forschung und Entwicklung (F&E) beschreibt das bewusste Erarbeiten von neuen Erkenntnissen, wobei die Forschung den generellen Erwerb neuer Kenntnisse bezeichnet und die Entwicklung die erstmalige Anwendung und praktische Umsetzung beschreibt (vgl. Pekrul 2006, S. 111 ff.).

Abbildung 3.4 zeigt die Einbettung der Tätigkeiten im Rahmen der F&E in den Innovationsprozess auf.

Hieraus wird ersichtlich, dass am Ende der F&E als Ergebnis die Erfindung steht. Diese Erfindung kann entweder geplant oder ungeplant sein. Verspricht diese Erfindung

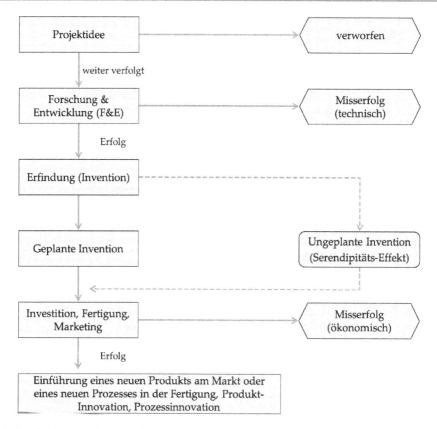

Abb. 3.4 Einbettung der F&E in den Innovationsprozess (eigene Darstellung in Anlehnung an Gangl 2008, S. 35)

einen wirtschaftlichen Erfolg, so werden Investitionen für die Fertigungsvorbereitung und Markterschließung notwendig.

Folgende Punkte sollen die Auswirkungen von Forschung und Entwicklung näher erläutern:

Auswirkungen von F&E

- Herstellung eines neuen Gutes oder in einer neuen Qualität
- Einführung einer neuen Produktionsmethode
- Erschließung eines neuen Absatzmarktes
- Eroberung einer neuen Bezugsquelle (Rohstoffe/Halbfabrikate)
- Durchführung einer Neuorganisation (Monopolschaffung oder Monopoldurchbrechung) (vgl. Schumpeter 1987, S. 100 ff.)

Durch die genannten Punkte wird deutlich, welchen Stellenwert die F&E für die Unternehmensentwicklung hat.

F&E birgt große Chancen für KMU. Jedoch sind mittelständische Unternehmen in ihren personellen und finanziellen Ressourcen im Vergleich zu Großunternehmen eingeschränkt. Sie haben, wie bereits erwähnt, eine geringere Anzahl von Mitarbeitern. Dies hat Auswirkungen auf die Verteilung der Kenntnisse, Fähigkeiten und Fertigkeiten innerhalb des Unternehmens. Daher ist auch die Bandbreite an Qualifikationen und Kompetenzen der Mitarbeiter oftmals generalistischer und weniger spezifisch als in Großunternehmen (vgl. Grasernick et al. 2009, S. 61 ff.). Dies hat zur Folge, dass die F&E-Strategie von KMU stark vom Know-how einzelner Mitarbeiter abhängig ist. Daher ist es u. U. schwieriger, unternehmensintern interdisziplinäre Projektteams für die Forschung und Entwicklung zusammenzustellen. Auch in finanzieller Hinsicht haben KMU wesentliche Nachteile gegenüber größeren Unternehmen. Aufgrund der geringeren finanziellen Ressourcen steht weniger Fremd- oder Eigenkapital zur Verfügung. Ein Misserfolg einer Innovation könnte für KMU dementsprechend existenzbedrohend sein.

KMU-Praxisbeispiel

F&E-Strategie bei der Luxerna LED Lighting GmbH

Die Luxerna LED Lighting GmbH aus Kleve entwickelt und produziert LED-basierte Beleuchtungslösungen für den industriellen und öffentlichen Bereich.

Die besonderen Anforderungen an die Notbeleuchtung bei komplettem Netzausfall bedingte eine Weiterentwicklung energieeffizienter und leistungsfähiger LED-Module (vgl. Luxerna). Aufgrund dieser Anforderung hat das mittelständische Unternehmen nach Möglichkeiten gesucht, um diese Herausforderung anzunehmen.

Die notwendigen Weiterentwicklungen sind möglich, da ein akademisches Lehr- und Forschungsinstitut für die Forschung gefunden wurde. Die Beauftragung der Hochschule fand im Rahmen des Programms „Mittelstand innovativ" statt. Dieses Förderprogramm des Landes Nordrhein-Westfalen soll die Wachstumsfähigkeit und Innovationskraft der KMU stärken, indem Innovationsgutscheine ausgegeben werden. Die entsprechenden Hochschulen, die die notwendige Unterstützung bieten können, begleiten die mittelständischen Unternehmen bei den Projekten. So ist in diesem Beispiel die Luxerna LED Lighting GmbH in Zusammenarbeit mit der Hochschule in der Lage, ein Konzept für die globalen Forderungen an die LED-Module zu entwickeln und letztlich umzusetzen (vgl. Hasken 2013).

3.2.6   Positionierung als strategisches Fein-Tuning

Unter Positionierung wird die Herausstellung der Besonderheiten eines Produktes oder des gesamten Unternehmens im Vergleich zu den direkten Wettbewerbern verstanden. Dies können Leistungsmerkmale, wie z. B. besondere Dauerqualität, ausgeprägte Sicherheit, Ästhetik, aber auch psychologische Merkmale wie „Sportlichkeit" sein. Auf diesem

Wege werden in einem Markt oder Marktsegment die Unterschiede gegenüber den direkten Wettbewerbern herausgearbeitet. Die Marktpositionierung zeigt somit die Abgrenzung gegenüber Wettbewerbern im selben Marktsegment (vgl. Kotler et al. 2007, S. 118).

Beispielsweise positioniert sich der Getränkehersteller true fruits aus Bonn als umweltbewusster Hersteller von besonders gesunden und hochwertigen Smoothies und Säften. Diese Abgrenzung erfolgt im Rahmen der Kommunikationspolitik über besonders gesunde Produkte, wie den – für den deutschen Markt innovativen – Green Smoothie (Spinat, Grünkohl und Matcha) oder getönte Glasflaschen. Letzteres bringt zum Ausdruck, dass Vitamine besonders geschützt werden. Damit grenzt sich true fruits von Konkurrenten desselben Zielsegments ab, die ihre – de facto sehr ähnlichen – Produkte in Plastikflaschen bei Discountern anbieten.

3.3 Strategische Instrumente

Strategische Instrumente helfen dabei, bei der strategischen Planung systematisch vorzugehen. Im nachfolgenden Abschnitt werden einige dieser Instrumente mit ihrer Bedeutung und ihren Anwendungsbedingungen näher erläutert. Dabei wird vom Allgemeinen zum Speziellen vorgegangen. Dies bedeutet, dass die Analyse der Umwelt zuerst durchgeführt wird. Hier geht es darum, Gegebenheiten, wie technische Entwicklungen oder Gesetze, wahrzunehmen, die das Unternehmen als gegeben hinnehmen muss, aber nicht beeinflussen kann. Dagegen kann das Produktportfolio, das in der Portfolioanalyse betrachtet wird, durchaus aktiv gestaltet werden.

3.3.1 Umweltanalyse: Analyse von Branche und Wettbewerb

Das Erkennen sogenannter schwacher Signale hilft dabei, rechtzeitig auf Veränderungen der Umwelt zu reagieren. Nach Harry Igor Ansoff sind schwache Signale frühe Hinweise auf wirkungsstarke Veränderungen oder Trends in der Unternehmensumgebung, die mittels strategischer Frühaufklärung (s. Abschn. 3.3.3) ermittelt werden können. Das Ziel ist dabei, auf diesem Wege die Chancen und Risiken der damit verbundenen Entwicklungen rechtzeitig zu erkennen.

Auf diesem Wege können Umweltereignisse und externe Trends in den Strategien rechtzeitig berücksichtigt werden. Auf diese Weise sollen negative Auswirkungen vermieden und Entwicklungen oder Trends berücksichtigt werden (vgl. Schreyögg 1993, S. 100). Veränderungen – beispielsweise technischer, gesellschaftlicher, demografischer oder rechtlicher Art – führen dazu, dass die „Karten neu gemischt" werden. Durch die Umweltanalyse können somit erste Anhaltspunkte für sich bietende Chancen und Risiken bestimmt werden.

Um herausfinden zu können, welche Umweltfaktoren bei der strategischen Innovationsplanung berücksichtigt werden sollten, wird zwischen Makro- und Mikroumwelt unterschieden. Diese Ebenen werden in den folgenden Abschnitten näher erläutert.

Von der Makroumwelt zur Branchenumwelt

Unter dem Begriff Makroumwelt werden Umweltfaktoren verstanden, die einen eher mittelbaren Einfluss auf die Unternehmensführung haben. Es handelt sich hierbei um Einflussfaktoren sozialer, politisch-rechtlicher, technischer, ökonomischer und ökologischer Art. Unter Berücksichtigung der weitreichenden Konsequenzen dieser Faktoren auf die Unternehmen erscheint es nützlich, eine fortwährende und systematische Beobachtung und Bewertung der gesamten Bandbreite an externen Einflüssen durchzuführen. Jedoch ist eine solche extensive Umweltanalyse kostenintensiv und verursacht u. U. eine Informationsüberflutung (vgl. Grant und Nippa 2006, S. 99).

Die Grundvoraussetzung für eine effiziente Umweltanalyse ist deshalb die Unterscheidung zwischen Wichtigem und weniger Wichtigem (vgl. Grant und Nippa 2006, S. 99). Um dies zu erreichen, sollten sich KMU, aufgrund der begrenzten zeitlichen, personellen und finanziellen Ressourcen, auf ihre Kernkompetenzen besinnen. Auf diesem Wege kann eine Fokussierung auf die für das Unternehmen wesentlichen Aspekte eher erreicht werden. Um entscheiden zu können, was wichtig ist, müssen Kunden, Lieferanten und Wettbewerber verstanden werden. Nur so kann eine Aussage über die jeweilige Marktsituation getroffen werden, in der sich das entsprechende Unternehmen befindet.

Diese drei Akteure (Kunden, Lieferanten und Wettbewerber) bilden somit, durch deren Beziehung mit dem Unternehmen, den Kern des Geschäftsumfelds. Dieses Geschäftsumfeld wird auch als Branchenumwelt oder Mikroumwelt bezeichnet. Aufgrund der begrenzten Ressourcen stellt sich die Kernfrage, welche allgemeinen Umweltfaktoren der Makroumwelt die Branchenumwelt eines Unternehmens beeinflussen. So ist z. B. die Einführung des Dosen- und Flaschenpfands für betroffene mittelständische Produzenten von Dosen oder Getränken ein wichtiges strategisches Thema. Es gilt stets zu erkennen, welche Auswirkungen Veränderungen für eine Branche haben, um diese bewerten zu können. Eine mögliche Konsequenz könnte z. B. ein verändertes Nachfrageverhalten der Kunden sein. Dies hat dann nicht nur Einfluss auf die Getränkehersteller selbst, sondern auch auf deren Zulieferer.

Wettbewerbsanalyse

Die Umweltanalyse ist in den meisten Fällen zu allgemein gefasst, um auch das engere Umfeld der Unternehmen zu beleuchten. Aus diesem Grunde sollte zusätzlich eine Wettbewerbsanalyse durchgeführt werden. Die Wettbewerbsanalyse berücksichtigt die Marktfaktoren, die durch das Umfeld des Unternehmens beeinflusst werden (vgl. Hauer und Ultsch 2010, S. 20; Porter 1999, S 35 ff.).

Nach Michael E. Porter existieren fünf grundlegende Triebkräfte des Wettbewerbs. Diese werden in Abb. 3.5 dargestellt.

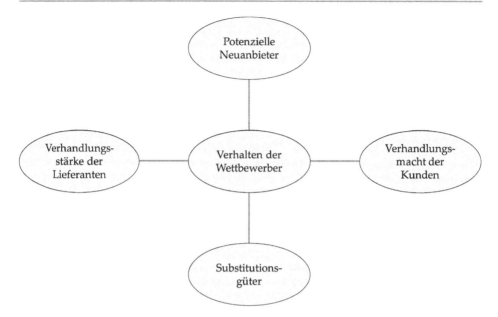

Abb. 3.5 Triebkräfte des Wettbewerbs (eigene Darstellung in Anlehnung an Porter 1980)

Eine Abhängigkeit vom Lieferanten kann existieren, da deren Leistungen aus der Sicht des Abnehmers nicht austauschbar sind. Auf Märkten, auf denen verschiedene Lieferanten zur Verfügung stehen, ist die Abhängigkeit von Anbietern weniger stark ausgeprägt. Bei einem mittelständischen Betrieb kann beispielsweise – aufgrund eines Lock-in-Effektes – der Wechsel zu einem anderen Lieferanten mit hohen Wechselkosten, wie beispielsweise erneuten Schulungen, verbunden sein. Abhängigkeiten von Lieferanten können auch bei Lizenzgebern oder exklusiven Lieferanten eines bestimmten Rohstoffs oder Bauteils bestehen. Der Lock-in-Effekt beschreibt dabei den Sachverhalt, dass die Kosten für den Wechsel des Lieferanten höher sind als der daraus resultierende Nutzen.

Die Intensität des Wettbewerbs zwischen den aktuellen Konkurrenten ist jener Faktor, der am häufigsten mit Wettbewerb in Verbindung gebracht wird. Wichtige Faktoren, die hier über die Wettbewerbsintensität bestimmen, sind der Grad der Konzentration bzw. die Anzahl der Wettbewerber und der Grad der Produktdifferenzierung.

Auch durch die bestehende Verhandlungsmacht des Kunden kann die Verhandlungsposition des Anbieters deutlich geschwächt werden. So besteht beispielsweise beim Groß- und Einzelhandel die Gefahr, dass Anbieter, aufgrund existierender Oligopolstrukturen, nur auf wenige Vertriebskanäle zurückgreifen können und somit kaum Ausweichmöglichkeiten auf andere Abnehmer haben (vgl. Hauer und Ultsch 2010, S. 21). Mittelständische Unternehmen haben bei Verhandlungen mit großen Handelsunternehmen oftmals einen größenbedingten Nachteil.

Die Verhandlungsmacht der Kunden steigt zudem mit dem Standardisierungsgrad der angebotenen Produkte oder Dienstleistungen. Je höher die Standardisierung ist, desto austauschbarer ist das angebotene Produkt oder die Dienstleistung für den Kunden. Dies erschwert die Generierung von Alleinstellungsmerkmalen für Unternehmen. Häufig werden zur Abgrenzung zusätzliche Dienstleistungen angeboten, die einer gewissen Austauschbarkeit entgegenwirken sollen.

Neben den drei sogenannten horizontalen Faktoren existieren auch zwei vertikale Faktoren, welche die Wettbewerbsintensität bestimmen. Dies ist zum einen die drohende Konkurrenz durch potenzielle Neuanbieter und zum anderen drohender Wettbewerb durch Substitute.

Jeder neue Anbieter auf dem Markt stellt grundsätzlich ein Risiko für die etablierten Marktteilnehmer dar. Entscheidend für die Ermittlung des Gefahrenpotenzials sind die Markteintrittsbarrieren. Eintrittsbarrieren können struktureller Art (Betriebsgröße, Kapitalbedarf) oder strategischer Art (Kundenloyalität bzw. Differenzierung, Exklusivität von Vertriebskanälen, Umstellungsaufwand für Kunden) sein. Je höher diese Markteintrittsbarrieren für potenzielle Neuanbieter sind, umso attraktiver werden Märkte für etablierte Marktteilnehmer (vgl. Hauer und Ultsch 2010, S. 22).

Durch Substitute können Produkte oder Dienstleistungen aus Sicht der Kunden austauschbarer sein. So ist es denkbar, dass die Postkarten eines mittelständischen Verlages teilweise durch E-Mails oder WhatsApp-Nachrichten, denen ein Foto angehängt wird, ersetzt werden. Dies schwächt letztlich die Wettbewerbssituation des Anbieters, obwohl der Wettbewerber in einem anderen Markt aktiv ist. So stellt die ehemalige Geschäftsmodellinnovation YouTube ein Substitut für Musiksender wie MTV oder Viva dar.

3.3.2 Konzeption von Geschäftsmodellen

Die Beachtung des Themas Geschäftsmodell – also die prinzipielle Funktionsweise eines Unternehmens, mit Aspekten wie Erlösmodell und Wertschöpfung – hat in den letzten Dekaden, aufgrund erheblicher Veränderungen der Wettbewerbsbedingungen, stark zugenommen. Dies liegt an der wachsenden Erkenntnis, dass nicht nur entscheidend ist, was man verkauft (z. B. Müsli), sondern vielmehr auch, wie man dies tut (z. B. mymuesli.com). Die zunehmende Globalisierung, schnellere Innovationszyklen und ein hoher wirtschaftlicher Verflechtungsgrad haben die Märkte dynamischer, wettbewerbsintensiver und komplexer gemacht. Unternehmen, die früh erkannten, wie man sich zu organisieren hat, um im internationalen Wettbewerb zu bestehen, konnten eher Wettbewerbsvorteile erlangen. Diese neue Formen sich zu organisieren, stellen auch Innovationen dar.

Damit Unternehmen im globalen Wettbewerb bestehen können, müssen sie bestrebt sein, sich den stetig wechselnden Marktbedingungen bestmöglich anzupassen (vgl. Wirtz 2010, S. 3). Strategien, Organisationen und Produkte unterliegen daher einem stetigen Wandel. Das Management von Geschäftsmodellen unterstützt Unternehmen bei der Entwicklung neuer Geschäftsideen, der Überprüfung der Geschäftsaktivitäten, der Analyse der Erfolgsfaktoren und bei der Veränderung der bisherigen Strategien und Strukturen. Geschäftsmodelle bilden somit die Essenz unternehmerischer Tätigkeit ab.

Geschäftsmodelle stellen in vereinfachter Form dar, welche Ressourcen in das Unternehmen fließen und wie diese durch den innerbetrieblichen Wertschöpfungsprozess in Informationen, Produkte oder Dienstleistungen transformiert werden. Geschäftsmodelle geben somit Auskunft darüber, durch welche Kombination von Produktionsfaktoren die Geschäftsstrategie eines Unternehmens umgesetzt wird und welche Funktionen die involvierten Akteure dabei einnehmen. Daher kann durch die systematische und zielgenaue Anwendung der Geschäftsmodelle der unternehmerische Erfolg verbessert und die Nachhaltigkeit von Wettbewerbsvorteilen gewährleistet werden (vgl. Wirtz 2010, S. 3).

Darüber hinaus stellt das Konzept Geschäftsmodell ein Managementtool dar, um sich gegenüber Wettbewerbern der Branche langfristig zu differenzieren. Durch die Analyse von Geschäftsmodellen kann ein Unternehmen die relevanten Wettbewerber, und insbesondere deren Produkte und Dienstleistungen, besser beurteilen. Werden dabei bspw. Schwächen innerhalb einzelner Partialmodelle des Wettbewerbers festgestellt, so kann ein Unternehmen sich in diesem Bereich besonders engagieren, um dadurch beispielsweise neue Kunden zu gewinnen.

Durch den Umbau von Geschäftsmodellen können ganze Branchen verändert oder starke Wettbewerbsvorteile generiert werden. Dies geschieht insbesondere im Bereich des Handels, wo die technischen Möglichkeiten, die das Internet bietet, zu immer neuen Geschäftsmodellen führen. Ein bekanntes Beispiel für die erfolgreiche Etablierung eines neuen Geschäftsmodells ist Apples iPod und der iTunes Store. Aus der Kombination von tragbarem Mediaplayer und digitalem Musikgeschäft erreichte Apple nicht nur eine Reform des gesamten Unternehmens, sondern schuf auch einen völlig neuen Markt. Die eigentliche Innovationsleistung lag dabei nicht in den verschiedenen Produkten bzw. Dienstleistungen, sondern vor allem im Bereich des etablierten Geschäftsmodells (vgl. Johnson et al. 2008, S. 51 ff.). Dabei zeigt sich, dass das Internet auch mittelständischen Betrieben große Chancen bietet. Dies gilt nicht nur für den Handel, wo zahlreiche junge Unternehmen ehemaligen „Platzhirschen" wie dem Otto-Versand Paroli bieten. Auch diverse kleine und mittlere Unternehmen aus dem produzierenden Gewerbe, die früher schwer Zugang zu den Regalen des Fachhandels gefunden hätten, können ihre Kunden nun direkt – unter Umgehung des Groß- und Einzelhandels – über das Internet erreichen. Beispiele für die Bildung eines neuen Geschäftsmodells durch das Internet sind der deutsche Fahrradhersteller Canyon Bicycles GmbH oder der Vertreiber von Lasermodulen, Picontronic.

Geschäftsmodelle besitzen somit höchste strategische Relevanz und wirken sich auf sämtliche Funktionen und Bereiche des Unternehmens aus (vgl. Zollenkop 2006, S. 33).

3.3.3 Strategische Frühaufklärung (SFA) und ihre Bedeutung für den Innovationsprozess

Wie das Thema „Strategie" hat auch die strategische Frühaufklärung (SFA) ihren Ursprung im militärischen Bereich. Dort ist es seit jeher das Ziel, Systeme zu entwickeln, die es ermöglichen, Angriffe des Gegners so frühzeitig wahrzunehmen, dass für die Vorbereitung und Realisierung von „Auffang- oder Konteraktionen" ausreichend Zeit zur Verfügung steht (vgl. Hammer 1988, S. 171).

Seit 1967 ist die strategische Frühaufklärung Gegenstand der betriebswirtschaftlichen Forschung. Ihre Vertreter fordern eine Systematisierung ihrer Prozesse, Überwachung der relevanten Unternehmungsumwelt sowie eine bewusstere Einbeziehung ihrer Erkenntnisse in Managemententscheidungen. Außerdem hat die Suche nach geeigneten Instrumenten für technische Prognosen die Entwicklung der strategischen Frühaufklärung mit beeinflusst (vgl. Hammer 1988, S. 171). Beispielsweise reicht es nicht aus, aktuell technisch konkurrenzfähig zu sein. Vielmehr soll die Notwendigkeit eines neuen technologischen Wandels rechtzeitig erkannt werden, um dauerhaft wettbewerbsfähig zu sein (vgl. Bright 1970, S. 62–70).

Der entscheidende Impuls für die Konstruktion und das Betreiben eines Frühwarnsystems ging vom US-amerikanischen Wirtschaftswissenschaftler Harry Igor Ansoff aus. Von ihm stammt die Konzeption der „schwachen Signale" (sog. weak signals), die die Grundphilosophie einer strategischen Frühaufklärung darstellt. Schwache Signale sind, wie in Abschn. 3.3.1 bereits erwähnt, frühzeitige Anzeichen dafür, dass sich Veränderungen abzeichnen (vgl. Lasinger 2011, S. 23).

Für die Unternehmensführung ist es wichtig, die relevanten schwachen Signale zu erkennen, ihre Bedeutung abzuschätzen und die entsprechenden Gestaltungsmaßnahmen zu treffen. Unternehmen sollten Netzwerke aufbauen, um diese Signale zu empfangen, zu bearbeiten und weiterzuleiten. Folgende Quellen können dabei helfen, innovative Ideen aufzuspüren (vgl. Lasinger 2011, S. 24):

- Externe Ideenquellen (Kunden, Innovationsexperten, Trendforscher),
- Interne Wissensquellen (Mitarbeiter, systematisches Innovationsmanagement, Teambesprechungen, betriebliches Vorschlagwesen),
- Brainstorming.

Weitere Quellen für schwache Signale sind z. B. Zeitschriften, Bücher, Datenbanken, Forschungsinstitute, Internet oder Netzwerke. Diese Quellen nehmen Hinweise von Sendern, wie Experten, Trendsettern, Erfindern, Wissenschaftlern u. a., entgegen und verarbeiten diese weiter.

Erfolgreiche Unternehmen erkennen frühzeitig Veränderungen der Unternehmensumwelt und bringen Innovationen auf den Weg, um die sich hieraus ergebenden Chancen aktiv zu nutzen. Somit unterscheiden sich erfolgreiche Unternehmen von weniger erfolgreichen u. a. dadurch, dass sie nicht auf Krisen warten, die entsprechende Handlungen erzwingen, sondern aktiv agieren.

Der SFA-Prozess wird in drei Phasen unterteilt. Der Prozess startet mit einer Aktivierung, die die Wahrnehmung eines schwachen Signals zur Folge hat (Activation). Darauf aufbauend werden Interpretationen, Diagnosen und Analysen angestellt (Assessment), die in einer Reaktion, z. B. in Form eines Veränderungsprozesses, enden (Action). Der SFA-Prozess ist dem Innovationsmanagement vorgeschaltet.

SFA-Phase: Activation

Ein wesentlicher Aspekt der SFA ist die Wahrnehmung und Erkennung schwacher Signale. Es wird zwischen zwei Varianten unterschieden: Scanning und Monitoring.

Mit dem Begriff des Scannings wird die erste Stufe der Informationsgewinnung bezeichnet. Hierbei soll kontinuierlich eine allgemeine und wertungsfreie Beobachtung des Marktumfeldes durchgeführt werden. Dadurch können dem Unternehmen Anzeichen für neue Entwicklungen aufgezeigt werden (vgl. Sepp 1996, S. 237).

Ziel des Scannings ist, diejenigen Entwicklungen herauszufiltern, welche einer vertiefenden Beobachtung im Zuge des Monitorings bedürfen. Es geht demnach um die Identifikation der richtigen, wichtigen und für das Unternehmen bedeutenden Signale. Somit sollen die schwachen Signale, denen ein strategisches Chancenpotenzial zugesprochen werden kann, zusammengetragen, verdichtet und zur weiteren Bearbeitung aufbereitet werden (vgl. Deichmann 2005, S. 72).

Die auf das Scanning aufbauende, weitere Variante der Informationsgewinnung ist das Monitoring. Hierbei handelt es sich um eine dauerhafte und vertiefte Beobachtung der durch das Scanning herausgefilterten Entwicklungen sowie eine zielgerichtete Suche nach Hinweisen, wie bspw. neuen technischen Möglichkeiten, neuen juristischen Erfordernissen oder neuen Trends. Diese zusätzlichen Informationen sollen dazu beitragen, eventuell vorhandene Informationslücken oder Unsicherheiten bez. der zukünftig relevanten Entwicklungen zu beseitigen (vgl. Liebl 1996, S. 12).

SFA-Phase: Assessment

Nachdem die schwachen Signale erkannt wurden, werden sie interpretiert und Zusammenhänge sowie Ursachen und deren Auswirkungen auf das Unternehmen ermittelt. Ein geeignetes Hilfsmittel ist die Wechselwirkungsanalyse (Cross-Impact-Analyse) (vgl. Lasinger 2011, S. 50).

In dieser Analyse werden potenzielle Umweltentwicklungen in den Rahmenbedingungen, wie z. B. höhere gesetzliche Auflagen, in Beziehung zu Unternehmensaspekten, wie z. B. Wettbewerbsfähigkeit, Gewinn oder Mitarbeiter, gesetzt und anhand ihrer Wirkungsrichtung beurteilt. Dadurch entsteht ein Beziehungsgeflecht, welches durch eine Kreuzmatrix visualisiert wird. Die Cross-Impact-Analyse erlangt durch die Bewertung der Einflüsse auf die Unternehmensziele und -strategien eine entsprechende Aussagekraft (vgl. Burschel et al. 2004, S. 365). Dabei können auf der einen Seite sowohl deutlich positive als auch negative Bewertungen Unternehmensentscheidungen zulassen. Jedoch können auf der anderen Seite auch Felder erkannt werden, die keine eindeutige Wirkungsweise auf die Unternehmensziele und -strategien aufweisen.

Eine ernsthafte, ausführliche Interpretation der schwachen Signale ist somit von großer Bedeutung, da sie die nachfolgenden Aktivitäten maßgeblich beeinflusst. Das Ergebnis dieser Phase ist das interpretierte und verstandene Signal.

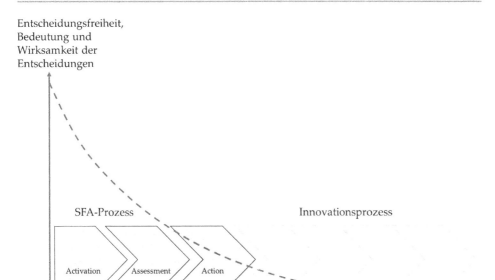

Abb. 3.6 Exponentialgesetz des Prozessmanagements (eigene Darstellung in Anlehnung an Lasinger 2011, S. 44)

SFA-Phase: Action

Für den SFA-Prozess ist diese letzte Stufe von besonderer Bedeutung. So trifft das schwache Signal nicht nur auf das Ziel, innovativ zu sein, sondern auch auf die prinzipielle Bereitschaft und die Werte der betreffenden Person, wie z. B. Neugierde, Experimentierfreude oder auch Risikobereitschaft (vgl. Lasinger 2011, S. 53 f.).

Die besondere Bedeutung des SFA-Prozesses für den weiteren Innovationsfortschritt wird durch die Abb. 3.6 zum Ausdruck gebracht. Anhand der Grafik ist ersichtlich, dass die zeitlich vorgelagerten Prozessschritte im Verhältnis zu den Folgeaktivitäten eine besondere Bedeutung haben. Die Entscheidungsfreiheit und Wirksamkeit nimmt im Zeitablauf eher exponentiell als linear ab. Deshalb verdienen diese drei Phasen eine besonders hohe Aufmerksamkeit.

KMU-Praxisbeispiel

Strategische Frühaufklärung bei der Modix GmbH

Ein Beispiel für strategische Frühaufklärung bietet das mittelständische Unternehmen Modix. Die Modix GmbH ist Marktführer IT-basierter Marketing- und Sales-Lösungen für die Automobilwirtschaft. Als Innovationsführer ist sie neben dem deutschen Markt auch in zahlreichen weiteren europäischen Staaten vertreten und unterstützt Automobilhändler in allen wesentlichen Vertriebskanälen, wie z. B. Kfz-Börsen, Onlineauktionen, Zeitungen sowie B2B- und B2C-Plattformen.

Gerade die Fähigkeit zur Innovation wird von der Geschäftsführung als maßgeblicher Erfolgsmotor für die Unternehmensentwicklung genannt. Durch die rasche Identifikation einer strategischen Chance auf diesem Markt konnte sich Modix als maßgeblicher Impulsgeber für die IT-basierende Fahrzeugvermarktung positionieren.

Bei Modix werden Netzwerke gepflegt, Fachzeitschriften aufmerksam gelesen sowie Seminare und Messen besucht. Modix hält seine Mitarbeiter und Mitarbeiterinnen dazu an, mitzudenken und neue Trends zu registrieren. Nur so können die Rahmenbedingungen für eine große Vielfalt an neuen Ideen geschaffen sowie eine Identifikation und Weiterverarbeitung von schwachen Signalen sichergestellt werden (vgl. Modix GmbH).

3.3.4 Portfolioanalyse

Unternehmen stehen oftmals vor dem Problem, eine größere Anzahl von unterschiedlichen Geschäftsbereichen koordinieren zu müssen. Die Schwierigkeit für die Unternehmensführung liegt darin, die gesamten Ressourcen zielgerichtet auf die verschiedenen strategischen Geschäftseinheiten und Produkte aufzuteilen. Mithilfe der Portfolioanalyse kann untersucht werden, ob die Ist-Situation der Geschäftsbereiche auch künftig die Existenz des Unternehmens gewährleisten kann. Je nach Ergebnis ist entweder eine Verstärkung, Beibehaltung oder Verminderung der Aktivitäten in dem entsprechenden Geschäftsbereich durchzuführen. Grundsätzlich können zwei Funktionen der Portfolioanalyse festgehalten werden (vgl. Olbrich 2006, S. 81):

• Vermittlung eines Überblicks über die Tätigkeitsbereiche des Unternehmens,
• Vermittlung eines Ausgangspunktes zur Ableitung von strategischen Stoßrichtungen und Lieferant von Normstrategien.

Ziel der Portfolioanalyse ist, neben der Darstellung der Ist-Situation, eine ausgewogene sachliche und zeitliche Kombination der Geschäftsbereiche unter Berücksichtigung von Interdependenzen herbeizuführen, um nachhaltige Erfolgspotenziale zu sichern. Um die strategischen Geschäftseinheiten positionieren zu können, ist es notwendig, diese voneinander abzugrenzen, damit die strategische Ausrichtung einer Geschäftseinheit nicht in Konflikt mit einer anderen Geschäftseinheit gerät.

Im Rahmen der Portfolioanalyse werden die verschiedenen Geschäftseinheiten anhand von zwei Bestimmungsfaktoren bewertet. I. d. R. erfolgt dies über den relativen Marktanteil und das Marktwachstum. Dadurch können die strategischen Geschäftseinheiten in einer zweidimensionalen Matrix positioniert werden. Diese in der Matrix dargestellten Geschäftseinheiten bilden das Ist-Portfolio. Damit Strategien für die einzelnen Geschäftseinheiten formuliert werden können, sind Zielpositionen notwendig. Auf dieser Basis ist infolgedessen ein Vergleich zwischen der Soll- und der Ist-Situation einer Geschäftsein-

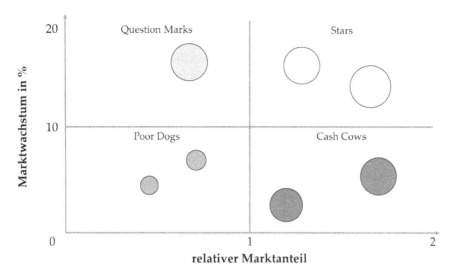

Abb. 3.7 Vier-Felder-Matrix der Boston Consulting Group (eigene Darstellung in Anlehnung an Rechnungswesen-verstehen 2013)

heit möglich und Abweichungen können durch die Ableitung entsprechender Strategien beseitigt werden (vgl. Olbrich 2006, S. 82).

Mithilfe der Vier-Felder-Matrix der Boston Consulting Group (BCG-Matrix) können die Geschäftseinheiten anhand der Kriterien „Marktwachstum" und „Relativer Marktanteil" dargestellt werden. Beide Kriterien werden jeweils in „niedrig" und „hoch" eingeteilt, sodass letztlich die Vier-Felder-Matrix entsteht.

Zentrale Zielgröße der Portfolioanalyse ist der Cashflow[1]. Hierbei wird untersucht, wie sich der relative Marktanteil und das Marktwachstum auf das Cashflow-Gleichgewicht des Unternehmens auswirken. Um das Marktwachstum einer Geschäftseinheit zu bestimmen, sind Umweltinformationen in Form von Chancen und Risiken zu ermitteln und auszuwerten. Der relative Marktanteil zeigt an, wie groß der eigene Marktanteil im Verhältnis zum Marktvolumen des stärksten Konkurrenten ist. Falls das eigene Unternehmen selbst die stärkste Position in der Branche innehat, ist der erste nachfolgende Mitbewerber als Vergleichsobjekt heranzuziehen (vgl. Jung 2007, S. 314).

Anschließend werden die einzelnen Geschäftsfelder des eigenen Unternehmens und die der Konkurrenz als Kreise in der Vier-Felder-Matrix positioniert. Die jeweilige Größe der Kreise entspricht dabei der Umsatzhöhe, die in diesem Geschäftsfeld erzielt wird. Abbildung 3.7 zeigt eine beispielhafte Vier-Felder-Matrix.

Die dargestellten Geschäftsfelder sind gekennzeichnet durch den zu erwartenden Cashflow. „Question Marks" sind Geschäftsfelder, deren Zukunft offen ist. Im günstigsten Fall

---

[1] Mit Cashflow wird die Differenz zwischen den Einzahlungen und den Auszahlungen eines Unternehmens bezeichnet.

entwickeln sich diese zu „Stars" oder später zu „Cash Cows". Dies ist jedoch nur möglich, wenn der relative Marktanteil erhöht werden kann. Dieses innovative Geschäftsfeld ist durch einen hohen Finanzmittelbedarf gekennzeichnet, wie er für Unternehmen eines neuen Marktes typisch ist. Der Finanzmittelbedarf kann entweder durch externe Kapitalzuführungen oder durch interne Umverteilungen von Cashflows, z. B. aus dem Bereich der „Cash Cows", gedeckt werden.

Trotz des hohen finanziellen Risikos ist dieses Geschäftsfeld von großer Bedeutung, da hier die Grundlagen für den Cashflow der folgenden Jahrzehnte gelegt werden (vgl. Wöhe 2005, S. 110 ff.).

Konkret bedeutet dies für das Geschäftsfeld der „Question Marks", dass hier eine Forcierung des Geschäftsfelds angestrebt werden sollte. Diese jungen Produkte besitzen bereits hohes Marktpotenzial und könnten zeitnah in den Bereich der „Stars" aufrücken.

Geschäftsfelder im Bereich der „Stars" zeichnen sich durch ein hohes Marktwachstum und einen hohen Reinvestitionsbedarf des selbsterzeugten Cashflows aus. Damit der hohe Marktanteil weiterhin sichergestellt oder ausgebaut werden kann, ist eine Reinvestition eines Teils der erwirtschafteten Überschüsse notwendig.

„Cash Cows" bezeichnen Geschäftsfelder, die sich in der Reifephase befinden. Die Stückkosten sind niedrig und die erwirtschafteten Deckungsbeiträge sind hoch. Es sind keine großen Reinvestitionen und Ausgaben für Marketingaktivitäten notwendig, da ein vergleichsweise guter Netto-Cashflow erwirtschaftet wird. Dieser Netto-Cashflow kann zur Subventionierung der übrigen Geschäftsfelder, insbesondere der „Question Marks" und „Stars" im dargestellten Beispiel, eingesetzt werden.

„Poor Dogs" beschreiben strategisch uninteressante Geschäftsfelder. Diese Geschäftsfelder befinden sich in der Sättigungs- bzw. in der Degenerationsphase. Es werden keine oder nur noch geringe Deckungsbeiträge erwirtschaftet, was auf sinkende Absatzpreise und steigende Stückkosten zurückzuführen ist. Demnach werden ebenso keine oder nur noch geringe Cashflows generiert. In solch einem Fall ist zu prüfen, ob in diesem Geschäftsfeld nicht desinvestiert werden sollte (vgl. Wöhe 2005, S. 111).

Letztlich ist die Positionierung der Geschäftsfelder in die Vier-Felder-Matrix nur eine grobe Orientierung, die eine Ableitung von Normstrategien, wie zuvor erläutert, ermöglicht. Es ist jedoch davor zu warnen, dass „blind" auf die Normstrategien aus den Lehrbüchern vertraut wird. Die Portfolioanalyse dient primär dazu, sehr komplizierte Sachverhalte zu ordnen. Die Realität kann so besser verstanden werden, sie kann jedoch nicht mittels zweier Dimensionen exakt abgebildet werden. Um je nach Segment die richtigen Strategien ableiten zu können, ist eine profunde Kenntnis der betreffenden Märkte unbedingt notwendig. Dies hilft beispielsweise, die Verbundeffekte zwischen den Produkten oder die zeitliche Entwicklung der Geschäftsfelder oder Produkte zu verstehen.

3.4 Zusammenfassung, Checklisten und Tipps

Aus betriebswirtschaftlicher Sicht besteht der Zweck von Innovationen darin, Wettbewerbsvorteile zu erlangen. Und um dieses Ziel zu erreichen, bedarf es der Entwicklung
und Umsetzung unterschiedlicher Strategien.

Auf Geschäftsfeldebene existieren im Wesentlichen zwei Strategiealternativen, die Präferenzstrategie mit dem typischen „Markenkäufer" und die Preis-Mengen-Strategie mit
dem typischen „Preiskäufer". Diese werden in Tab. 3.5 näher erläutert.

Kombinationen dieser Strategien können dann vertretbar sein, wenn ein Anbieter klar
in der Nische positioniert ist und vergleichsweise wenig Wettbewerb ausgesetzt ist.

Aber auch diese eingeschlagenen Strategien müssen immer wieder hinterfragt und
überprüft werden, wobei die Checkliste in Tab. 3.6 helfen kann.

Nachdem anhand der Strategie skizziert wurde, wie die gesteckten Ziele erreicht werden sollen, beschreibt die Positionierung, wo das Unternehmen im Markt steht und welche
Position es dort im Vergleich zu den direkten Wettbewerbern einnimmt.

Die Herausforderung besteht darin, im Rahmen der eigenen Positionierung entsprechende Hinweise, auch schwache Signale genannt, zu erkennen, sie richtig zu deuten und
daraus die passenden Aktionen abzuleiten. Besonders von Bedeutung sind diese schwachen Signale in der frühen Phase des Innovationsprozesses der strategischen Frühaufklärung. Neben den externen Einflüssen wie Branchenentwicklungen, Umweltveränderungen
und technischen Entwicklungen fließt auch das Verhalten der Wettbewerber in die Umweltanalyse ein.

Tab. 3.5 Merkmale der Präferenz- und der Preis-Mengen-Strategie (eigene Darstellung in Anlehnung an Trommsdorff 2013)

Präferenzstrategie	Preis-Mengen-Strategie
Marketing-Mix	
– Überdurchschnittliche Produktqualität – Attraktive Verpackung – Imageorientierte Markenprofilierung – Persönlicher Verkauf/Service – Hoher Preis	– Durchschnittliche Produktqualität – Rationelle Verpackung – Keine Marke – Wenig Kommunikation – Niedriger Preis
Voraussetzungen zur Umsetzung	

– Exklusiver Ruf des Unternehmens
– Kostenintensive Maßnahmen
  – F&E
  – Produktdesign
  – Materialien hoher Qualität
  – Intensive Kundenbetreuung
– Kostenorientierung
– Aktualisierung der Markenführung
	– Hoher Marktanteil (Erfahrungskurveneffekte)
	– Kostenvorteile gegenüber des Wettbewerbs
	– Produktionsanlagen effizienter Größe
	– Strenge Aufwandskontrolle
	Nutzung von Kostensenkungspotenzialen bei F&E,
	Service, Außendienst und Kommunikation

Tab. 3.6 Checkliste Strategie (eigene Darstellung in Anlehnung an STRIMconsult 2013)

Checkliste: Hinterfragen Sie Ihre Strategie		
Frage	Ja	Nein
Sind Sie mit der Stoßrichtung Ihres Unternehmens überdurchschnittlich erfolgreich?		
Können Sie mit diesen Strategien noch in Zukunft überdurchschnittlich erfolgreich sein?		
Können Sie gravierende Veränderungen bez. der Kundenbedürfnisse, Technologien, Markt und Konkurrenz, die Sie zum einschneidenden Handeln zwingen könnten, ausschließen?		
Haben Sie eine klare Antwort auf die Frage, wo Ihr Unternehmen in drei bis fünf Jahren sein soll?		
Wissen Sie, welche Fähigkeiten zusätzlich aufzubauen sind, um dieses Ziel zu erreichen?		
Haben Sie klare Schwerpunkte bez. Ihres zukünftigen Leistungsangebotes definiert?		
Sind die Möglichkeiten, durch Verbesserung an Produkt und Leistungen für (potenzielle) Bewerber noch attraktiver zu sein, genutzt?		
Sind die Schwerpunkte bez. Zielgruppen, Markt- und Kundensegmente klar definiert?		
Setzen Sie die finanziellen und personellen Mittel gemäß diesen Schwerpunkten ein?		
Ermöglicht die gewählte Segmentierung eine spezifische Ansprache einzelner Zielgruppen?		
Überlegten Sie sich bereits, ob Sie das Geschäft auch auf eine ganz andere Art machen könnten?		
Kommen Sie ohne starke Abhängigkeit, z. B. von einem Hauptkunden, einem Hauptprodukt, einem Hauptmarkt etc., aus?		

Die Hinweise in Tab. 3.7 sollen dabei helfen, die Positionierung des eigenen Unternehmens zu entwickeln, um daraus u. a. die Innovationsstrategie ableiten zu können.

Gerade das nutzenorientierte Unternehmensziel, welches dabei helfen soll, am Markt eine klare Positionierung kommunizieren zu können, wird von den meisten Unternehmen nicht definiert. Dabei existieren – zumindest bei Großunternehmen – eine Vielzahl an positiven Beispielen, die uns ansprechen (vgl. St. Gallen Managementberatung AG):

Tab. 3.7 Strategie für eine erfolgreiche Positionierung (eigene Darstellung in Anlehnung an Jager PR 2013)

Thema	Inhalte
Analyse der Ist-Situation	– Eckdaten über die Unternehmensleistung, Produkte, Finanzen, wichtige Mitbewerber – Überblick über mögliche Risiken und Chancen in Bezug auf zukünftige Innovationstätigkeiten
Besondere Stärken	– Aus eigener Sicht und im Vergleich zu den Wettbewerbern – Aus Sicht Ihrer Zielgruppe – Aus Sicht Ihrer Kunden (z. B. durch Kundenbefragung) Zusätzlich wertvolle Informationen können durch neutrale Bewertungen und Sichtweisen von außen erhalten werden.
Ausbau/ Ausweitung der Stärken	– Welche bestehenden und neuen Zielgruppen können zusätzlich bedient werden? – Welchen zusätzlichen Nutzen können Sie sonst noch bieten? Neue Positionierungsideen und klare Abgrenzungsmöglichkeiten können durch die Kombination von Know-how und Kompetenz im Unternehmen entstehen.
Klar definierte Zielgruppen	Zielgruppen sind Menschen mit gleichen Wünschen, Problemen und Bedürfnissen – Welche Zielgruppen werden bisher bedient? – Welche Zielgruppen haben gleiche oder ähnliche Bedürfnisse und können zusätzlich bedient werden? – Welche Zielgruppen stehen eher im Hintergrund und verursachen überwiegend nur Aufwand? – Welche ist die 20 %-Zielgruppe, mit der Sie 80 % Ihres Umsatzes generieren? – Für welche Zielgruppen sind Ihr Angebot und Ihre Leistungen heute und in Zukunft interessant? – Wo besteht der größte Bedarf für Ihr Produkt und wo ist der beste Kontakt zur Zielgruppe?
Probleme der Zielgruppen	– Was sind die größten Probleme Ihrer Zielgruppe? – Was sind die größten Ziele und Wünsche Ihrer Zielgruppe? – Welche Kunden haben Sie in der Vergangenheit hinzugewonnen oder verloren? Und warum?
Innovationen und Angebote einführen	– Welche Probleme Ihrer Zielgruppe können Sie lösen? – Welche Ihrer Leistungen lösen das größte Problem Ihrer Zielgruppe? – Wer oder was möchten Sie für Ihre Zielgruppe sein? – Was müssen Sie tun, damit Ihre Zielgruppe positiv von Ihnen spricht und Sie weiterempfiehlt? – Wann würde Ihre Zielgruppe Ihre Leistung auf jeden Fall als etwas Neues annehmen?
Kooperationspartner	– Welche Kundenprobleme können Sie mithilfe eines Kooperationspartners lösen? – Welche Vorteile hätte Ihr Partner? – Was ist das gemeinschaftliche Ziel? – Wie eng wollen Sie kooperieren?
Unternehmensziele	– Orientieren sich nicht an Gewinnmaximierung, sondern an der Nutzenoptimierung – Orientieren sich keinesfalls an Trends oder Zeitgeist – Richten sich immer an Grundbedürfnisse – Definieren sich an anhaltender Leistungsverbesserung und Innovationsbereitschaft

Positive Beispiele für klare Positionierung

- Einfache, klare Markenbotschaft: „FedEx: Overnight 10 a. m."
- Auf relevante Kundenbedürfnisse zielen: Erfrischung ist für den Coca-Cola-Konsumenten relevanter als Gesundheit.
- Einmaligkeit, sich abheben: Avis verspricht: „We try harder."
- In die Zukunft schauen: „Nokia: connecting people" klingt heute banal, war damals aber visionär.
- Langfristigkeit (mindestens fünf Jahre): „IWC: Seit 1868. Und solange es noch Männer gibt."

Nicht zuletzt gilt es, eine geeignete Geschäftsidee zu entwickeln und die Mittel und Wege zu dokumentieren, wie diese Ideen erfolgreich umgesetzt werden können. Hierbei soll das Geschäftsmodell folgende Fragen beantworten:

Fragen

- Wo ist das Unternehmen tätig: Geschäftsfeld?
- Was ist das Neuartige und Nutzbringende?
- Welche Ziele verfolgt das Unternehmen: Vision und Mission?
- Worin besteht die Wertschöpfung: Geschäftsumfang?
- Welches Bedürfnis wird beim Kunden erfüllt?
- Wie werden diese Ziele erreicht: Strategie?
- Was bietet das Unternehmen an: Portfolio?
- Wodurch positioniert und differenziert sich das Unternehmen: USP/Kernkompetenzen?
- Welches Erfolgspotenzial hat das Unternehmen? (vgl. Nagl 2006, S. 21)

An den Fragestellungen lässt sich erkennen, dass Positionierung, Strategie und Geschäftsmodell nicht losgelöst voneinander betrachtet werden können. Vieles wiederholt sich, wird aber jeweils auch aus einem anderen Blickwinkel behandelt.

Literatur

Buchquellen

Aaker, David, und George Day. 1986. *Marketing Research*. New York: Wiley.

Bräutgam, Klaus-Reiner, und Alexander Gerybadze. 2011. *Wissens- und Technologietransfer als Innovationstreiber*. Berlin: Springer.

Burschel, Carlo, Dirk Losen, und Andreas Wiendl. 2004. *Betriebswirtschaftslehre der Nachhaltigen Unternehmung – Lehr- und Handbücher zur ökologischen Unternehmensführung und Umweltökonomie*. München: Oldenbourg.

Camphausen, Bernd 2013. *Strategisches Management – Planung – Entscheidung – Controlling*. München: Oldenbourg.

Collins, J.C., und J.J. Porras. 1995. *Built to Last: Successfull Habits of Visionary Companies*. New York: HarperCollins.

Deichmann, Diemo 2005. *Die Früherkennung von Chancen als Handlungsfeld des strategischen Management*. Norderstedt: GRIN.

Gangl, Bertram 2008. *Beschaffung von F&E-Leistungen – Sourcing-Strategien für Forschungs- und Entwicklungsleistungen*. Graz: Verlag der Technischen Universität.

Gassmann, Oliver, und Philipp Sutter. 2008. *Praxiswissen Innovationsmanagement: von der Idee zum Markterfolg*. München: Hanser.

Grant, Robert.M., und Michael Nippa. 2006. *Strategisches Management – Analyse, Entwicklung und Implementierung von Unternehmensstrategien*. Hallbergmoos: Addison-Wesley.

Hammer, Richard 1988. *Strategische Planung und Frühaufklärung*. München: Oldenbourg.

Hauer, Georg, und Michael Ultsch. 2010. *Unternehmensführung kompakt*. München: Oldenbourg.

Hax, Arnoldo, und Nicolas Majluf. 1991. *Strategisches Management – Ein integratives Konzept aus dem MIT*. Frankfurt: Campus.

Jung, Hans 2007. *Controlling*. München: Oldenbourg.

Kampmann, Ricarda, und Johann Walter. 2010. *Mikroökonomie – Markt, Wirtschaftsordnung, Wettbewerb*. München: Oldenbourg.

Klein, Ingo 2004. *Strategie und Marketing-Mix internationaler Unternehmen im Hinblick auf den Bottom-of-the-Pyramid-Ansatz*. Norderstedt: GRIN.

Kotler, Philip, Gary Armstrong, John Saunders, und Veronica Wong. 2007. *Grundlagen des Marketing*, 4. Aufl. München: Pearson Studium.

Lasinger, Donia, und Manfred Lasinger. 2011. *Der Signalnavigator – Frühsignale aufspüren und Innovationen anstoßen – Mit Best-Practice-Beispielen und Handlungsempfehlungen*. Wiesbaden: Gabler.

Liebl, Franz 1996. *Strategische Frühaufklärung: Trends – Issues – Stakeholders*. München: Oldenbourg.

Macharzina, Klaus, und Joachim Wolf. 2008. *Unternehmensführung – Das internationale Managementwissen – Konzepte – Methoden – Praxis*. Wiesbaden: Gabler.

Meffert, Heribert 1994. *Marketing-Management: Analyse – Strategie – Implementierung*. Wiesbaden: Gabler.

Meffert, Heribert, Christoph Burmann, und Manfred Kirchgeorg. 2012. *Marketing: Grundlagen marktorientierter Unternehmensführung*. Wiesbaden: Gabler.

Nagl, Anna 2006. *Der Businessplan*. Wiesbaden: Gabler.

Olbrich, Rainer 2006. *Marketing – Eine Einführung in die marktorientierte Unternehmensführung*. Berlin: Springer.

Piontek, Jochem 2005. *Controlling – Managementwissen für Studium und Praxis*. München: Oldenbourg.

Porter, Michael E. 1980. *Competitive Strategy – Techniques for Analyzing Industries and Competitors*. New York: The Free Press.

Porter, Michael E. 1999. *Wettbewerbsstrategie: Methoden zur Analyse von Branchen und Konkurrenten*, 10. Aufl. Frankfurt: Campus.

Schreyögg, Georg 1993. *Unternehmensstrategie – Grundfragen einer Theorie strategischer Unternehmensführung*. Berlin, New York: de Gruyter.

Schumpeter, Joseph A. 1987. *Theorie der wirtschaftlichen Entwicklung*. Berlin: Duncker & Humblot. unveränderter Nachdruck der 1934 erschienenen 4. Aufl.

Sepp, Holger 1996. *Strategische Frühaufklärung*. Wiesbaden: Deutscher Universitäts-Verlag.

Stender-Monhemius, Kerstin 2002. *Marketing: Grundlagen mit Fallstudien – Managementwissen für Studium und Praxis*. München: Oldenbourg.

Welker, Carl Burkhard 1993. *Produktionstiefe und vertikale Integration – Eine organisationstheoretische Analyse*. Wiesbaden: Deutscher Universitäts-Verlag.

Wirtz, Bernd W. 2010. *Business Model Management – Design – Instrumente – Erfolgsfaktoren von Geschäftsmodellen*. Wiesbaden: Gabler.

Wöhe, Günter 2005. *Einführung in die allgemeine Betriebswirtschaftslehre*. München: Vahlen.

Zollenkop, Michael 2006. *Geschäftsmodellinnovation – Initiierung eines systematischen Innovationsmanagements für Geschäftsmodelle auf Basis lebenszyklusorientierter Frühaufklärung*. Wiesbaden: Deutscher Universitäts-Verlag.

Zeitschriften/Schriften

Abernathy, William J., und Robert H. Hayes. 1980. *Managing Our Way to Economic Decline. In: Harvard Business Review July – August*, 67–77.

Bright, James R. 1970. Evaluating Signals of Technological Change. *Havard Business Review* 1: 62.

Johnson, Mark W., Clayton M. Christensen, und Henning Kagermann. 2008. Reinventing Your Business Model. *Harvard Business Review* 89(12): 51.

Pekrul, Steffen 2006. *Strategien und Maßnahmen zur Steigerung der Wettbewerbsfähigkeit deutscher Bauunternehmen* Mitteilungen, Bd. 32. Berlin: Technische Universität Berlin.

Prahalad, Coimbatore, K., und Gary Hamel. 1989. Strategic Intent. *Harvard Business Review* May June: 63–77.

Internetquellen

DLR: Innovationstreiber Kooperation – Chancen für den Mittelstand, http://www.dlr.de/dlr/presse/portaldata/1/resources/documents/2013/mittelstandsstudie_dlr.pdf. Zugegriffen: 10.10.2014.

Ergobag GmbH: Geschichte, http://www.ergobag.de/ueber-uns/geschichte. Zugegriffen: 06.07.2014.

Fischer-Unternehmensgruppe: Ein innovatives Familienunternehmen, http://www.fischer.de/ueber-uns.aspx. Zugegriffen: 03.02.2014.

Fischer-Unternehmensgruppe: Unternehmensphilosophie und Leitsätze von Fischer, http://www.fischer.de/ueber-uns/Philosophie.aspx. Zugegriffen: 14.11.2013.

Gabler Wirtschaftslexikon: Positionierung, http://wirtschaftslexikon.gabler.de/Definition/positionierung.html. Zugegriffen: 12.11.2013.

Grasernick, Karin, Marlies Windhaber, und Robert Hutter. 2009. *Unternehmenskultur und Innovationen – Ein Projekt zur Entwicklung einer innovationsfördernden Unternehmenskultur in Netzwerken von steirischen Klein- und Mittelbetrieben*. http://www.convelop.at/wp-content/uploads/2011/10/ukult_grundlagen100209erweitert.pdf. Zugegriffen: 11.11.2013.

Hasken 2013. *Innovationsgutscheine für den Mittelstand*. http://www.idw-online.de/de/news540799. Zugegriffen: 11.11.2013.

Jager PR: Strategie für eine erfolgreiche Positionierung, http://www.jager-pr.at/files/branding-checklist.pdf. Zugegriffen: 15.11.2013.

Luxerna: Luxerna im Kurzporträt, http://www.luxerna.de/luxerna. Zugegriffen: 04.02.2014.

Modix GmbH: Unternehmensportrait der Modix GmbH, http://www.modix.de/go.to/modix/now/ueber-modix.html. Zugegriffen: 04.11.2013.

OVB online: Pressemitteilung Strategische Partnerschaft (2013), http://www.ovb-online.de/rosenheim/chiemgau/strategische-partnerschaft-2984577.html. Zugegriffen: 08.11.2013.

Pohlig GmbH: Firmengeschichte, http://www.pohlig.net/historie.html. Zugegriffen: 04.02.2014.

Rechnungswesen-verstehen.de: Portfolio-Analyse (BCG Matrix), http://www.rechnungswesen-verstehen.de/bwl-vwl/marketing/BCG-matrix.php. Zugegriffen: 12.11.2013.

St. Gallen Managementberatung AG: Checkliste Markenaufbau und -führung, www.htp-sg.ch. Zugegriffen: 15.11.2013.

STRIMconsult: Checkliste Strategie, http://www.bib-info.de/fileadmin/media/Dokumente/Kommissionen/Kommission%20f%FCr%20Management%20und%20betriebliche%20Steuerung/Checkliste_Strategie.pdf. Zugegriffen: 15.11.2013.

Trommsdorff, Volker: Normstrategien und Segmentierung, http://www.marketing.tu-berlin.de/fileadmin/fg44/download_strat/ws1112/06_Normstrategien__Segmentierung_reduziert.pdf. Zugegriffen: 15.11.2013.

Prozesse im Innovationsmanagement 4

Wer aufhört, besser zu werden, hat aufgehört, gut zu sein (Philip Rosenthal).

Um, wie in Kap. 3 beschrieben, die festgelegten Ziele zu erreichen und Innovationen als strategisch differenzierten Wettbewerbsfaktor zu nutzen, sind die erforderlichen Prozesse entsprechend zu designen, einzuführen und zu optimieren. Hierdurch soll sichergestellt werden, dass das Unternehmen in der Lage ist, wiederholbar neue und auch neuartige Kundenerwartungen zu erfüllen. Diese Aufgabe stellt KMU vor umfangreiche und komplexe Herausforderungen, zu deren Bewältigung es eines systematischen und strategischen Innovationsmanagements sowie einer konsequenten Ausrichtung des Unternehmens auf das spezifische Innovationsziel bedarf.

Es existieren zahlreiche Einflussgrößen, die den Erfolg einer Innovation beeinflussen können. Hierzu zählen Prozessmodelle für das operative Innovationsmanagement genauso wie die erfolgreiche Ideengenerierung. Darüber hinaus müssen Innovationen finanziert und vermarktet werden. Letztendlich müssen Innovationen angemessen geschützt werden, um zu verhindern, dass der Wettbewerb die hart erarbeiteten Innovationen mit weniger Aufwand, und somit mit Kostenvorteilen, selbst vermarktet.

Zielsetzung

In diesem Kapitel werden die Prozesse des Innovationsmanagements in den Fokus gerückt. Dabei wird zuerst die Verknüpfung des strategischen Managements mit dem Innovationsmanagement erläutert und eine mögliche Vorgehensweise bei der Einführung eines strategischen Innovationsmanagements unter Berücksichtigung der betreffenden Strukturen und Ressourcen aufgezeigt.

Anschließend werden Prozessmodelle des operativen Innovationsmanagements dargestellt. Diese dienen dazu, eine standardisierte Projektstruktur zu schaffen und dadurch ein systematisches Projektmanagement zu gewährleisten. Dabei soll aufgezeigt werden, welche Phasenmodelle Verwendung finden, welche besonderen Funktionsweisen diese

© Springer Fachmedien Wiesbaden 2015
M. Kaschny et al., *Innovationsmanagement im Mittelstand*,
DOI 10.1007/978-3-658-02545-8_4

aufweisen und wie diese methodischen Grundlagen für Unternehmen im Mittelstand genutzt werden können.

In einem weiteren Abschnitt wird auf die Prozesse im Rahmen des Ideenmanagements eingegangen. Ideenmanagement hat zur Aufgabe, Ideen systematisch zu erfassen und entlang eines strukturierten Innovationsprozesses schrittweise zu entwickeln. Daher werden die einzelnen Arbeitsschritte, wie die Planung, Realisierung und Kontrolle der systematischen Suche, Bewertung, Verwaltung, Vorselektion und Auswahl von Ideen, beschrieben, die notwendig sind, erfolgreiche Ideen zu generieren und auszuwählen.

Ferner werden die wichtigsten Instrumente der Innovationsfinanzierung erläutert sowie einige erfolgreiche Praxisbeispiele zur Innovationsfinanzierung von KMU vorgestellt. Um einen besseren Überblick zu ermöglichen, findet in diesem Kapitel eine Trennung der Finanzierungsmöglichkeiten nach Eigen-, Fremd- und Mezzanine-Finanzierung statt, wobei die Eigenfinanzierung in Innen- und Außenfinanzierung unterteilt wird. Erwähnt werden in diesem Zusammenhang auch staatliche Förderprogramme, wobei hier nur die wichtigsten Förderprogramme zur Innovationsfinanzierung im Mittelstand vorgestellt werden.

Ebenso wird erläutert, welche Rolle das Marketing im Innovationsprozess hat und welche Maßnahmen und Instrumente zum Einsatz kommen können. Die Aufgabenbereiche des Marketings im Innovationsprozess umfassen das Sicherstellen der Markt- und Kundenorientierung sowie die kundenorientierte Vermarktung der Innovation.

Im vorletzten Abschnitt wird ein Überblick über technische und nichttechnische Schutzrechte und Schutzstrategien gegeben, um Wettbewerbsvorteile sichern zu können. Innovationen alleine bieten Unternehmen noch keinen gesicherten Vorsprung, da die Konkurrenz die Innovation bspw. nachahmen kann. Daher sind diese Schutzmechanismen auch für KMU von großer Bedeutung.

Abschließend soll darauf eingegangen werden, wie die Markteinführung von Innovationen durchgeführt werden kann und welche Schritte erforderlich sind, um neue Produkte und Dienstleistungen erfolgreich in den Markt einzuführen.

4.1 Prozess des strategischen Innovationsmanagements

Das strategische Innovationsmanagement beschäftigt sich mit grundsätzlichen Fragen, die mit dem Blick auf die zukünftige Innovationstätigkeit langfristig festzulegen sind. Dazu gehört bspw. der Unternehmenszweck oder die Festlegung der Märkte, auf denen das Unternehmen langfristig tätig sein möchte. Das strategische Innovationsmanagement ist prinzipiell auf eine ganzheitliche Unternehmensplanung ausgelegt. Zur schematischen Darstellung wird auf das bekannte konzeptionelle Referenzmodell von Martin K. Welge/Andreas Al-Laham zurückgegriffen. In diesem wird das strategische Management anhand eines Prozessmodells abgebildet, in Anlehnung an das klassische Strategieverständnis der Harvard Business School. Dieses Prozessmodell in Abb. 4.1 bildet die Grundlage, um den strategischen Innovationsprozess im Unternehmen zu integrieren.

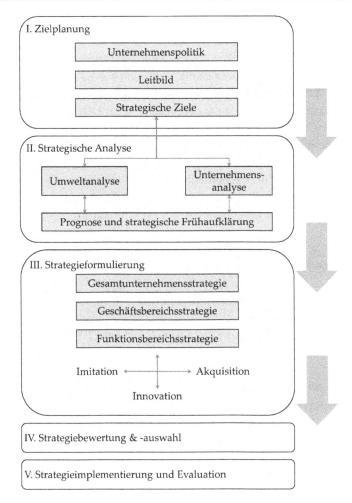

Abb. 4.1 Strategischer Innovationsprozess (eigene Darstellung in Anlehnung an Welge und Al-Laham 2012, S. 186)

Der strategische Innovationsprozess beinhaltet fünf Stufen, welche die strategischen Planungsphasen der Zielplanung, der strategischen Analyse, der Strategieformulierung, der Strategiebewertung und -auswahl sowie deren Implementierung und Evaluation abbilden. Dabei umfasst jede Phase ein separates Bündel an Aktivitäten.

Die Betrachtungsweise ist grundsätzlich sukzessiv, Rückkopplungen in vorgelagerte Abläufe sind jedoch nicht ausgeschlossen und ermöglichen somit eine für die Praxis notwendige Flexibilität innerhalb des Konzeptes.

4.1.1   Zielplanung

Die Zielplanung stellt den ersten Planungsabschnitt dar. Innerhalb der Zielhierarchie des strategischen Managements befindet sich die Vision an oberster Stelle. Sie visualisiert die Vorstellung von der zukünftigen Rolle des Unternehmens. Da eine Vision jedoch keiner intensiveren „Planung" bedarf, setzt die Zielplanung in der Unternehmenspolitik an, welche als Basis der Corporate Identity[1] dient und in einem Leitbild schriftliche Fixierung findet. Die Vision wird folglich zwar als Grundgedanke innerhalb der Unternehmenspolitik übernommen, sie bildet jedoch keine Teilkomponente des vorliegenden Prozesses ab. Hingegen sollten neben der ökonomischen Ebene (Streben nach Gewinnmaximierung etc.) auch ethische oder moralische Aspekte Berücksichtigung finden.

Die Unternehmenspolitik deckt grundsätzlich drei Ebenen ab:

Drei Ebenen der Unternehmenspolitik

- Den Grundzweck der Unternehmenstätigkeit
- Die Verhaltensgrundsätze
- Die obersten Unternehmensziele (vgl. Ulrich und Fluri 1995, S. 77 ff.)

Als Grundzweck ist die strategische Mission des Unternehmens (s. Abb. 4.2) anzusehen. Beispielsweise wollte Steve Jobs schon als junger Unternehmer immer „die besten Computer der Welt" bauen. Die strategische Mission gibt die wettbewerbsbezogene Produkt-Markt-Konzeption der Unternehmung vor und umfasst folgende drei Bereiche:

- Bestimmung der Kundengruppe (Wer?),
- Identifikation der Kundenbedürfnisse (Was?),
- Festlegung der Vorgehensweise (Wie?) (vgl. Thompson und Strickland 2003, S. 34 ff.).

Die Vorgehensweise beinhaltet einerseits die Bestimmung der Art und Weise, wie Wettbewerbsvorteile erlangt werden. Zum anderen impliziert sie die Vorgabe einer langfristig ausgelegten Personalpolitik (vgl. Macharzina und Wolf 2012, S. 196; Hinterhuber 2012, S. 67 f.).

Daran anknüpfend generiert das Unternehmensleitbild die Verhaltensgrundsätze für die Mitarbeiter. Diese gelten als oberste Richtlinien in Bezug auf das Verhalten des Unterneh-

---

[1] Als Corporate Identity gilt gem. Birkigt und Stadler (1992, S. 18) als „die strategisch geplante und operativ eingesetzte Selbstdarstellung und Verhaltensweise eines Unternehmens nach innen und außen (…) – mit dem Willen, alle Handlungsinstrumente des Unternehmens in einheitlichem Rahmen nach innen und außen zur Darstellung zu bringen.".

Abb. 4.2 Unternehmensstrategie (Vahs und Brem 2013, S. 98)

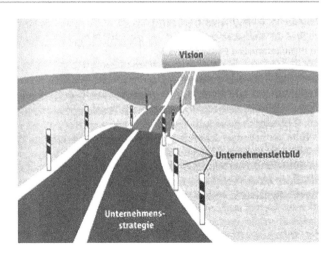

mens gegenüber seinen Stakeholdern[2]. Sie legen primär in Bezug auf das Verhalten die ethischen Grundsätze gegenüber

- Mitarbeitern (personalpolitische Grundsätze, Kommunikationskultur etc.),
- Anteilseignern (Dividendenpolitik, Kapitalerhöhungen etc.),
- Marktpartnern, d. h. Kunden und Lieferanten (Qualitätsgrundsätze, Preispolitik, Kundendienst und Information etc.) sowie
- Staat, Öffentlichkeit und Umwelt (Informationspolitik, Kontaktpflege, Einstellung gegenüber gesamtgesellschaftlichen Sachverhalten etc.).

fest (vgl. Ulrich und Fluri 1995, S. 99 f.). Bei der Entwicklung dieser Grundsätze sollte ein regelmäßiger Dialog mit diesen Gruppen gesucht werden, um das wechselseitige Verständnis zu fördern und eine positive Beziehung zueinander zu ermöglichen. Abschließend wird das Ergebnis des unternehmenspolitischen Willensbildungsprozesses im Leitbild dokumentiert.

Aus Sicht des Innovationsmanagements bedeutet dies die Verankerung der kontinuierlichen Innovationsorientierung und der „strategischen Mission" innerhalb des Leitbildes. Durch die Einbettung des Innovationsgedankens in die zentralen Unternehmensgrundsätze werden Mitarbeiter bezüglich der Bedeutung von Innovationen sensibilisiert.

Aus dem Leitbild und der strategischen Mission werden die Unternehmensziele abgeleitet. Deshalb werden neben den rein ökonomischen Zielsetzungen (z. B. Gewinnmaximierung) ebenso die Innovationsziele berücksichtigt, da sie eine Teilkomponente der Unternehmenszielsetzung bilden.

---

[2] Stakeholder sind alle internen und externen Personen oder -gruppen, die mit dem Unternehmen direkt oder indirekt in Berührung kommen, bspw. Eigenkapitalgeber, Arbeitnehmer, Kunden und die allgemeine Öffentlichkeit (vgl. hierzu weiterführend Wöhe 2010, S. 50 ff.).

Die Definition der Innovationsziele obliegt bei KMU weitestgehend den Unternehmenseigentümern bzw. dem Management. Beide haben zur Aufgabe, die Ziele mit der Unternehmensumwelt abzustimmen und zur erfolgreichen Umsetzung im Unternehmen zu bringen. Dabei sollten die Ziele konkret und messbar sein.

Aus quantitativer Sicht sind bspw. folgende Zielsetzungen möglich:

- Steigerung der Anzahl neuer Produkte,
- Verkürzung des Zeitfensters „Time to Market" einer Innovation,
- Erhöhung der Anzahl generierter und bearbeiteter Ideen (Wentz 2008, S. 57).

Qualitativ lassen sich u. a. nachfolgende Ziele benennen:

- Einführung/Verbesserung eines Innovationsprozesses,
- Verbesserung der Innovationskultur,
- Professionalisierung der eingesetzten Innovationsinstrumente (vgl. Schori und Roch 2012, S. 66).

Eine der primären Bestrebungen von mittelständischen Betrieben sollte es sein, Innovationsquellen zu identifizieren und speziell die Kunden als Informationsquelle zu nutzen. Der Vorteil der Kundennähe kann ein starker Hebel für die Wirkungskraft der Innovationsprozesse sein (vgl. Götzenauer 2010, S. 49).

Nachdem die Zielplanung als erste Phase des strategischen Innovationsprozesses abgeschlossen ist und die Ziele identifiziert wurden, muss analysiert werden, welche Möglichkeiten dem Unternehmen zur Verfügung stehen, um die Planung bestmöglich umzusetzen. Es folgt somit die Phase der strategischen Analyse und Prognose.

KMU-Praxisbeispiel
Strategische Ausrichtung bei der PARAVAN GmbH
Das mittelständische Unternehmen PARAVAN GmbH folgt zielstrebig der gesetzten Vision, Menschen mit Handicaps ihre Mobilität und Lebensfreude zurückzugeben. Dabei entwickelt das Unternehmen individuell angepasste Behindertenfahrzeuge.

Die 2005 gegründete PARAVAN GmbH verfügt über einen hochmodernen, 50.000 Quadratmeter großen Mobilitätspark in Aichelau, südlich von Reutlingen. Hier entstehen in enger Zusammenarbeit mit den Kunden innovative Produktentwicklungen und Systemlösungen, welche als Ergebnis in „maßgeschneiderten Automobilen" münden. Diese sind individuell auf die verschiedenen Bedürfnisse der Kunden angepasst.

Bei PARAVAN wird alles aus einer Hand gefertigt. Dies ermöglicht dem Unternehmen, den Kunden ein zuverlässiger Partner zu sein, der ganzheitliche Lösungen und einen umfassenden Service anbietet. Bei der Entwicklung neuer Produkte sind die Kunden stark involviert, es erfolgen Besuche in Kliniken, bei Behörden und Krankenkassen. Somit bedient sich das Unternehmen einem lebendigen Netzwerk mit Personen aus Medizin, Forschung, Wirtschaft und Politik. Inzwischen zählt die PARAVAN GmbH über 100 Mitarbeiter und verfügt über Niederlassungen und Kooperationen weltweit (vgl. Paravan GmbH).

4.1.2 Strategische Analyse und Prognose

In der zweiten Phase des strategischen Innovationsprozesses werden die strategischen Innovationsziele hinsichtlich ihrer potenziellen Auswirkungen auf den Unternehmenserfolg untersucht. Hierbei sind sowohl die (unternehmens-)internen, als auch die externen (Umwelt-)Einflussfaktoren zu identifizieren. Die strategische Analyse beinhaltet eine entsprechende Unternehmensanalyse und, wie in Abschn. 3.3.1 aufgeführt, eine Umweltanalyse.

Die Umweltanalyse gibt Aufschluss über die externen Einflüsse, welche sich auf die Entwicklung des Unternehmens und dessen strategische Geschäftseinheiten auswirken. Sie verfolgt das Ziel, den bestmöglichen „Fit" zwischen Unternehmen und Umwelt zu erlangen. Dies kann dadurch ermöglicht werden, dass sich das Unternehmen an sein Umfeld anpasst, indem Veränderungsprojekte die Einflussfaktoren mehr berücksichtigen. Unter Umständen können auch relevante Umweltsegmente entsprechend der unternehmerischen Zielsetzung beeinflusst werden (vgl. Kreikebaum 1981, S. 28; Welge und Al-Laham 2012, S. 290 f.). Diese Beeinflussung kann z. B. durch gezielte Öffentlichkeitsarbeit erfolgen, um bspw. Bedenken gegen neue Produkte oder Prozesse durch weitere Informationen zu entkräften oder zumindest abzuschwächen.

Aufgrund der Fülle an zu berücksichtigenden Faktoren ist eine Konzentration der Untersuchung auf eine begrenzte Anzahl von Einflüssen sinnvoll. Insbesondere aus Sicht von KMU ist eine ausschöpfende Umweltanalyse zu zeit- und kostenintensiv. Vor diesem Hintergrund empfiehlt sich eine reduzierte Betrachtung in Form einer Wettbewerbs- bzw. Branchenanalyse sowie, bei Technologieunternehmen, in Form einer Technologieanalyse.

In einer solchen Technologieanalyse sollten folgende Fragestellungen erörtert werden:

Fragen

- Welche neuen wissenschaftlichen und technologischen Entwicklungen existieren?
- Welche Auswirkungen haben sie auf die (geplante) Unternehmung und ihre technologischen Kompetenzen?
- Wie wird sich das Potenzial der Technologie X bzw. Y (mittel- bis langfristig) entwickeln?
- Soll die gegenwärtige Technologie X weiterverfolgt oder auf eine neue Technologie Y gewechselt werden?
- Wo und wie können fehlende Kompetenzen zum Einsatz der neuen Technologie Y erworben werden?

Dabei sind die Auswirkungen der Innovationsziele auf die Kunden, Lieferanten und die Konkurrenten in den Fokus zu rücken.

Hier gilt es, wesentliche Fragen zu bearbeiten:

Fragen

- Welche Innovations- und Marktaktivitäten verfolgen derzeitige und potenzielle Wettbewerber?
- Welche Technologien erwerben sie für welchen Zweck?
- Wie lassen sich durch Innovation erzielte Wettbewerbsvorteile schützen?
- Wie lassen sich durch Innovation erzielte Vorteile von Wettbewerbern neutralisieren?
- Lässt der Markt für das innovative Produkt Z mittel- und langfristig ausreichend hohe Gewinne zu?
- Lässt sich im bestehenden Markt durch Innovation Profitabilität dauerhaft wiedererlangen?

Ziel sollte es sein, konkrete Aussagen über die Chancen und Risiken des Unternehmens im Hinblick auf die Erreichung der Innovationsziele aufzuzeigen. Sich abzeichnende Trends in Wirtschaft, Politik, Demografie oder Ökologie sollten dabei in die strategischen Produkt- und Innovationsüberlegungen aufgenommen werden. Dies ermöglicht dem Unternehmen langfristig seine Wettbewerbsvorteile auszubauen (vgl. Vahs und Brem 2013, S. 121).

Grundsätzlich muss jedes Unternehmen individuell entscheiden, welche Umweltfaktoren relevante Auswirkungen auf die Organisation haben könnten und welche Faktoren zu vernachlässigen sind. Kleine und mittlere Unternehmen sollten zunächst ihre Schlüsselkunden und deren Arbeitsabläufe in Bezug auf vorhandene und zukünftige Schwierigkeiten und potenzielle Verbesserungsmöglichkeiten untersuchen. Dadurch wird das Primärziel der Ideenakquise verfolgt und intensiviert. Ebenso ist es förderlich, die Wettbewerber, speziell deren Produktpalette sowie deren Entwicklungen im Bereich innovativer Ideen, zu durchleuchten (vgl. Götzenauer 2010, S. 50). Unter Umständen ist bei einem erfolgreichen oder vielversprechenden Angebot der Konkurrenz und bei möglicher Umsetzung der gleichen Lösungen eine Imitation zu erwägen. Es gilt dabei jedoch zu prüfen, inwieweit Abschöpfungspotenzial am Markt besteht, und besonders, wie stark die Konkurrenz ist (vgl. Abschn. 3.2.4).

4.1.3 Strategische Formulierung

Die Innovationsziele werden in dieser Phase des strategischen Innovationsprozesses spezifischer formuliert und in den einzelnen organisatorischen Ebenen verankert. So muss die Innovationskomponente zunächst auf Gesamtunternehmensebene berücksichtigt werden, welche die strategische Ausrichtung des gesamten Unternehmens verfolgt. Es wird hierbei festgelegt, in welchen Geschäftsbereichen das Unternehmen zukünftig aktiv ist und wie die Unternehmensressourcen auf diese Geschäftsfelder zu verteilen sind (vgl. Hungenberg 2008, S. 414, 425 f.).

Die Innovationsziele werden derart gesetzt, dass sie die Unternehmensziele bestmöglich unterstützen. Innovationsziele lassen sich auch durch den Aufbau neuer Geschäftsfelder umsetzen. Eine besondere Aufgabe der Innovationsstrategien ist es dabei, nachhaltige Leistungs- und Erfolgspotenziale für die künftige Entwicklung des Unternehmens zu schaffen.

Für KMU stellt sich vor diesem Hintergrund zunächst die Frage, ob die in der vorgelagerten Stufe identifizierten potenziellen Innovationsquellen bspw. auf neue Produkte, Dienstleistungen oder Arbeitsvorgänge abzielen. Es gilt zu klären, ob Innovationen intern, d. h. aus eigener Kraft, realisiert werden oder dazu externe Ressourcen benötigt werden (vgl. Abschn. 6.5). Entwicklungen, welche nicht durch Eigenleistung erbracht werden können, bedürfen der Hilfe von außerhalb. Dabei können KMU auf unterschiedlichem Wege Unterstützung erhalten.

Zur finanziellen Unterstützung von Innovationsvorhaben mittelständischer Unternehmen können Kreditfinanzierung, Private Equity (z. B. Venture Kapital) oder Förderungen durch staatliche Institutionen in Betracht gezogen werden (vgl. Abschn. 4.5). Eine Kombination dieser Alternativen findet in der Praxis regen Anklang.

Mit den Geschäftsbereichsstrategien, welche sich auf die künftige Produkt-Markt-Situation bzw. die Wettbewerbsposition eines Geschäftsbereichs beziehen, sind die Innovationsziele ebenfalls abzustimmen. Die Zielsetzung zur Entwicklung neuer Ideen und zur Verbesserung der vorhandenen Produkte muss demnach in der strategischen Planung eines jeden Geschäftsbereichs separat eingearbeitet werden. Bei der Entwicklung von Strategiealternativen auf Geschäftsbereichsebene sollte vorrangig die Schaffung von Wettbewerbsvorteilen verfolgt werden.

Die Funktionsbereichsstrategien repräsentieren die Ziele und Aktivitäten der Funktionsbereiche eines Unternehmens. Dabei kommt die Innovationsstrategie in Abgrenzung zu anderen funktionalen Strategien, wie der Marketingstrategie, zum Einsatz. Sie kann an dieser Stelle als F&E-Strategie oder Entwicklungsstrategie verstanden werden. Kernelemente dieser Strategie sind u. a. die Zielsetzung bez. zukünftiger Technologiefelder und deren F&E-Intensität (vgl. Vahs und Brem 2013, S. 106 f.).

Funktionalstrategien haben operative Informationen zu vermitteln, welche eine explizite Zuständigkeitsverteilung bez. der Umsetzung der Innovationsziele vorgeben. Ebenso wird auf dieser Ebene die Vorgehensweise für einzelne Innovationsprojekte vorgeschrieben. Im Zentrum stehen hierbei Entscheidungen über Imitation bereits bestehender Innovationen, Akquisition von Innovationen bzw. Patenten oder eigene Neuentwicklungen.

Durch eine strategische Analyse der Produktpalette (vgl. Abschn. 3.3.4) des Unternehmens werden die definierten Innovationsziele den erreichten Zielen gegenübergestellt und der noch offene Innovationsbedarf identifiziert. Zur Deckung dieses „Residualbedarfs" erwächst eine Innovationsstrategie, zu deren Umsetzung Innovationsideen generiert und bewertet werden, um im Anschluss eine Auswahl des effizientesten Umsetzungsweges zu ermöglichen (vgl. Stippel 1999, S. 45 f.). Innerhalb des Funktionsbereichs hat die eigentliche Produkt- bzw. Prozessentwicklung zu erfolgen.

KMU-Praxisbeispiel

Funktionsbereichsstrategie bei Pardio Parkett Studio

Bei dem Fertigparketthändler Pardio Parkett Studio werden Innovationen stetig und systematisch in unterschiedlichen Bereichen bedarfsgerecht vorangetrieben, in erster Linie beim Sortiment, der Organisation von Lager und Logistik, jedoch auch im Bereich EDV und Systemleistungen. Die Ausstellung am Verkaufsort findet ebenso Weiterentwicklung wie das Betreuungs-, Schulungs- und Werbekonzept.

Außerdem sucht das Unternehmen nach Innovation im Bereich Pflege- und Renovierungsservice für alle Fußbodenarten, um den Nutzen für den Endverbraucher zu steigern.

Demzufolge findet das Innovationsmanagement nicht nur auf Produktebene, sondern auch auf funktionaler Ebene Anwendung. Pardio Parkett Studio gehört zu den führenden Fertigparketthändlern deutschlandweit (vgl. Nebel et al. 2007, S. 31).

4.1.4   Strategiebewertung und -auswahl

Liegen für eine Innovationsstrategie mehrere Alternativen vor, bedarf es eines geeigneten Bewertungs- und Auswahlverfahrens.

Mit Blick auf die Auswahl erscheint es für KMU sinnvoll, die Strategien durch einen formalen Test, eine Beurteilung der Strategiekonsistenz und ihrer Realisierbarkeit sowie im Hinblick auf die Schaffung von Wettbewerbsvorteilen zu untersuchen (vgl. Homburg 2000, S. 189 ff.).

In der Unternehmenspraxis werden u. a. folgende Kriterien zur Bewertung einer (Geschäftsfeld-)Strategie herangezogen:

Bewertungskriterien einer (Geschäftsfeld-)Strategie

- Erreichbarkeit vorgegebener Ziele
- Vereinbarkeit mit behördlichen Auflagen und Gesetzen
- Operative Umsetzbarkeit der Strategie
- Reaktion der Konkurrenz
- Vereinbarkeit der Strategie mit anderen Strategien des Unternehmens
- Beachtung erkannter Gefahren/Gelegenheiten
- Verhältnis von Chancen und Risiken
- Einhaltung von Unternehmensgrundsätzen (vgl. Homburg 2000, S. 191)

Nachdem die Strategiealternativen jeweils einer Einzelbewertung unterzogen wurden, kann auf dieser Basis ein Vergleich erfolgen. In den Entscheidungsprozess gelangen jedoch nur Alternativen, welche die Bewertungsphase positiv abschließen. Dabei lässt sich eine Entscheidungsproblematik aufgrund folgender Gegebenheiten absehen:

- Angesichts unsicherer Zukunftsentwicklungen hat die Bewertung der Auswirkungen einer Strategie durch unterschiedliche Szenarien zu erfolgen.
- Die Strategien sollen mehrere Ziele erfüllen, welche partiell diametral sind.[3]

Prinzipiell liegt die Entscheidung über die anzuwendende Strategie nach der Selektion der Alternativen im Ermessen der Akteure. Diese Einschätzung orientiert sich zumeist an den Präferenzen der Handelnden selbst.

4.1.5 Implementierung und Evaluation

Die ausgewählte Innovationsstrategie ist als „Implementierungsobjekt" in den relevanten Unternehmensbereich zu verankern. Die Einarbeitung beinhaltet alle Aktivitäten, die zur Umsetzung der strategischen Planung in konkretes Handeln und Denken der Unternehmensmitglieder dienen. Dabei lassen sich drei wesentliche Aufgabenbereiche unterscheiden:

- Die sachliche Aufgabe (Zerlegung einer Strategie in Einzelmaßnahmen),
- Die organisatorische Aufgabe (Ablauforganisation der Implementierung),
- Die personelle Aufgabe (Schaffung personaler Voraussetzungen zur Implementierung) (vgl. Kolks 1990, S. 78 f.).

Die sachliche Aufgabe umfasst die Umsetzung der Strategie, wobei die Sachrationalität Berücksichtigung findet. Dieser Schritt umfasst die Konkretisierung der Strategie in operative Planungen und die Ausrichtung sämtlicher Erfolgsfaktoren auf die Strategie, d. h. die Budgetierung und Ressourcenallokation sowie die Abstimmung von Kultur, Struktur und Systemen mit der Strategie (vgl. Bea und Haas 2013, S. 207; Welge und Al-Laham 2012, S. 791 ff.).

Die organisatorische und personale Aufgabe hingegen erweitern diesen Blickwinkel um die Durchsetzung einer Strategie, sodass hier der Schwerpunkt auf die Verhaltensrationalität gesetzt wird. Somit wird die Erreichung der Strategieakzeptanz zur Förderung des Implementierungsprozesses, wie die Initiierung eines kontinuierlichen Veränderungsprozesses oder der Aufbau von Führungskompetenz, verfolgt (vgl. Welge und Al-Laham

---

[3] Zum Beispiel konkurrieren die Ziele „Kurzfristiger Gewinn" und „Langfristiges Wachstum" miteinander.

2012, S. 793, 807 f.). Ebenso umfasst die Durchsetzungsaufgabe Maßnahmen zur Vermittlung der Strategie, der Einweisung, Schulung und Schaffung eines strategiebezogenen Konsenses (vgl. Kolks 1990, S. 85 f.).

Die Evaluation[4] stellt letztlich eine kritische Ergebnisbewertung des Innovationsprozesses dar. Sie erfolgt simultan zur Implementierung. Dadurch werden die ausgeführten bzw. zu tätigenden Handlungen und Maßnahmen des Innovationsprozesses langfristig überwacht. Dies ist u. a. eine Aufgabe des Innovationscontrollings. Treten im Verlauf Schwierigkeiten bzw. Abweichungen von den im Prozess definierten Zielen auf, ist eine Nachbesserung der strategische Analyse durchzuführen.

Erfolgt eine Veränderung der gesetzten Innovationsziele aufgrund unvorhersehbarer Entwicklungen (z. B. gesellschaftlich, ökologisch oder gesetzlich), stößt dies i. d. R. eine Neuausrichtung des gesamten strategischen Innovationsprozesses an.

Es gibt Unternehmen, die sich in Details verlieren, indem sie versuchen, an zu vielen Punkten gleichzeitig etwas zu verbessern. Statt Produkte und Dienstleistungen ständig weiterzuentwickeln, sollte vielmehr auf eine ständige Überprüfung der Reaktionen der Ziel- bzw. Käufergruppe abgezielt werden. Dies kann durch Diskussionen, Befragungen oder Präsentation des Prototyps auf der Homepage oder Messen erfolgen. Die Rückmeldungen geben weiterführende Anregungen und Ideen, zeigen verbleibende Engpässe auf und verhindern das Übertreiben. Ziel ist es, den von der Zielgruppe und generell der Umwelt tatsächlich empfundenen Nutzen zu optimieren. Dabei gilt es realistische Maßstäbe zu setzen und kein übersteigertes Qualitätsideal anzustreben (vgl. Koch und Zacharias 2001, S. 104). Auch dies gehört zur Evaluierung.

4.2 Prozessmodelle des operativen Innovationsmanagements

Durch immer kürzer werdende Produktlebenszyklen sind Unternehmen gezwungen, die entsprechenden Produktentwicklungszeiten permanent zu verringern (vgl. Kaschny und Hürth 2010, S. 137). Um diese Herausforderungen zu meistern, schaffen Prozessmodelle des operativen Innovationsmanagements eine standardisierte Projektstruktur bzw. ein systematisches Projektmanagement. In diesem Abschnitt soll aufgezeigt werden, welche Phasenmodelle dabei Verwendung finden, welche Besonderheiten diese jeweils kennzeichnen und wie diese methodischen Grundlagen für Unternehmen im Mittelstand genutzt werden können.

Vonseiten der Wissenschaft wurde auf die Bedeutung von strukturierten Innovationsprozessen mehrfach hingewiesen. So ist Holger Schaaf der Meinung, dass „ein systematisches und methodisches Vorgehen im Innovationsprozess die Erfolgsaussichten [erhöht] und eine wichtige Voraussetzung für die Erschließung von Potenzialen [darstellt]." (vgl. Schaaf 2012, S. 55.) Auch Jürgen Götzenauer weist daraufhin, dass ein optimal struk-

---

[4] Die Evaluation ist eine förmliche, herausgestellte Kontrollaktivität, welche jedoch vom Monitoring sowie vom Controlling abzugrenzen ist. Vgl. dazu vertiefend: Hauschildt (2004, S. 497 f.).

turierter Innovationsprozess die Disziplin und Nachhaltigkeit von Innovationstätigkeiten eines Unternehmens steigert, wodurch klare Wettbewerbsvorteile erzielt werden können. Weiterhin fügt er an, dass das richtige Maß an Disziplin der Kreativität nicht schadet, sondern diese sogar beflügelt (vgl. Götzenauer 2010, S. 15 f.).

4.2.1   Phasenmodelle

Um die Umsetzung der Innovationsziele im Sinne der vereinbarten Innovationsstrategie operativ mehr oder weniger standardisiert gemäß einer Projektstruktur abbilden zu können, bedarf es einer systematischen Planung der zeitlichen Gestaltung, der Organisation sowie Regeln zur Dokumentation und Qualitätssicherung.

Das operative Innovationsmanagement hat in diesem Zusammenhang die Aufgabe, die strategischen Vorgaben umzusetzen und dabei eine effektive und effiziente Nutzung der verfügbaren Ressourcen zu gewährleisten. Dazu sind die Teilprozesse des Innovationsvorhabens zu definieren, systematisch zu vernetzen und in den Gesamtprozess zu integrieren. Auf diesem Wege wird eine optimale Ablauffolge gewährleistet. Zur Systematisierung des Innovationsprozesses dienen daher insbesondere Phasenmodelle, die den komplexen Gesamtprozess in eine überschaubare Anzahl von Teilschritten bzw. Phasen herunterbrechen.

In der Fachliteratur sowie im universitären Bereich wird eine Vielzahl unterschiedlicher Prozessmodelle zur Darstellung der zu realisierenden Entwicklungsprozesse aufgeführt, die den Innovationsprozess in sequenziell aufeinander aufbauende Phasen unterteilen. Die verschiedenen Modelle unterscheiden sich im Detaillierungsgrad, in der Fokussierung auf bestimmte Phasen und in dem Innovationsobjekt (vgl. Kaschny und Bock 2009, S. 79).

Weniger detaillierte Phasenmodelle weisen eine höhere Übereinstimmung zu real ablaufenden Innovationsprozessen auf, jedoch ist ihre Aussagefähigkeit im speziellen Anwendungsfall dementsprechend begrenzt. Detailliertere Modelle sind dagegen häufig auf spezifische Branchen oder Innovationsobjekte zugeschnitten und weisen demnach durch ihre starke Spezialisierung eine schwache Relevanz für den allgemeinen Einsatz auf (vgl. Rüggeberg und Burmeister 2006, S. 6). Demnach existiert kein allgemeingültiger Innovationsprozessablauf und die Modelle sind entsprechend der jeweiligen Unternehmenssituation anzupassen. Ein aussagefähiges Modell für den Innovationsprozess muss unabhängig vom Verwendungszweck den Zielkonflikt zwischen Komplexitätsreduzierung und Aussagewert optimal lösen (vgl. Kaschny und Bock 2009, S. 77 f.).

Aufgrund der hohen Zahl an veröffentlichten Phasenmodellen werden nachfolgend exemplarisch einige Modelle kurz erläutert.

Phasenmodell nach Brockhoff

Das Phasenmodell von Klaus Brockhoff (s. Abb. 4.3) wurde bereits im Jahre 1983 entwickelt. Es handelt sich um ein linear ablaufendes Modell, an dessen Anfang eine Pro-

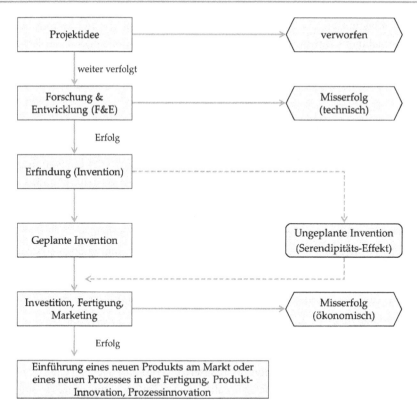

Abb. 4.3 Phasenmodell nach Brockhoff (eigene Darstellung in Anlehnung an Brockhoff 1994, S. 29)

jektidee steht und mit der Einführung eines neuen Produkts am Markt oder eines neuen Prozesses in der Fertigung abschließt (vgl. Brockhoff 1994, S. 27 ff.).

Aus einer vereinfachten Betrachtungsweise ist der Auslöser einer Idee ein unmittelbar festgestelltes oder auch vermutetes Bedürfnis. Sobald die Realisierung den Erwerb von zusätzlichem Wissen erfordert und dazu verschiedene Faktoren zu kombinieren sind, entsteht nach Brockhoff ein Projekt. Das Projekt stellt den organisatorischen Rahmen für die planmäßige, systematische und nach methodischen Regeln betriebene Wissensgewinnung dar. Sofern sich allerdings herausstellt, dass das Projekt nicht realisierbar ist, wird es umgehend verworfen (vgl. Brockhoff 1994, S. 27 ff.).

Kommen jedoch weitere Kriterien hinzu, kann von einem Forschungs- oder Entwicklungsprojekt gesprochen werden.

Der erfolgreiche Projektabschluss führt dann zu einer Erfindung bzw. Invention. In diesem Kontext verwendet Brockhoff die beiden Begriffe synonym, er unterscheidet lediglich zwischen der geplanten und ungeplanten Invention. Bei der geplanten Invention werden die vorab gesetzten Projektziele erfüllt. Eine ungeplante Invention kann bspw. aufgrund von Zufallseinwirkungen bei Laborversuchen gelingen (wie z. B. bei der Entdeckung der Röntgenstrahlung). Falls es zu einer ungeplanten und eher zufälligen Invention kommt, wird vom Serendipitäts-Effekt gesprochen. Ein bekanntes Beispiel für diesen Effekt ist das Eis am Stiel. 1905 vergisst der damals elfjährige US-Amerikaner Frank Epperson ein Glas Limonade mit Löffel auf der Veranda. Am nächsten Tag ist sein Getränk gefroren. 18 Jahre später lässt er sich die Idee patentieren. Brockhoff bezieht diesen Effekt explizit in sein Modell mit ein, da sich durch die Untersuchung zahlreicher Erfindungen gezeigt hat, dass zuvor genannte Ziele vielfach nicht erreicht wurden, sich aber weitere Erkenntnisse gewinnen lassen konnten (vgl. Jewkes et al. 1962, S. 80 ff.).

Wenn eine Innovation wirtschaftlichen Erfolg verspricht, sollten rechtzeitig Investitionen in die Fertigungsvorbereitung und Markterschließung getätigt werden, unabhängig davon, ob nun eine geplante oder auch ungeplante Invention vorliegt (vgl. Brockhoff 1994, S. 27 ff.).

Eignung des Modells für KMU
Insgesamt ist das Modell für KMU nur bedingt geeignet. Die einzelnen Phasen und die jeweiligen Aufgaben werden nur sehr oberflächlich beschrieben. Es fehlen generelle Angaben zur Durchführung des Innovationsprozesses, vor allem welche (wissenschaftlichen) Methoden angewandt werden und welche Personen beteiligt sein sollten. Weiterhin werden keine Kontrollkriterien oder Iterationen berücksichtigt.

Phasenmodell nach Geschka
Das 1993 von Horst Geschka entwickelte Phasenmodell (s. Abb. 4.4) läuft ebenfalls linear ab. Geschka betont dabei allerdings sein „Komponentenkonzept". Das bedeutet, dass die Arbeitspakete innerhalb der einzelnen Phasen gleichzeitig zur Bearbeitung anstehen. Außerdem kommt es zu einer Überlappung der Phasen „Aufbau der Produktion" und „Markteinführung". Diese Phasen laufen parallel ab.

Der Prozess von Geschka bezieht sich sowohl auf Produkt- als auch auf Prozessinnovationen, die am Markt bzw. im Unternehmen eingeführt werden sollen.

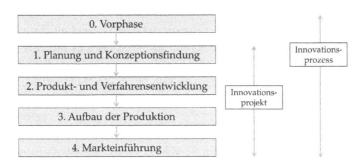

Abb. 4.4 Phasenmodell nach Geschka (eigene Darstellung in Anlehnung an Geschka 1993, S. 160)

In seinem Modell gliedert er den gesamten Innovationsprozess in vier Phasen, denen er eine Vorphase voranstellt. Als Vorphase (inklusive der Ideensuche, der Auswahl und Bewertung bis hin zur Ausformulierung des Innovationsvorhabens) wird die Zeitspanne zwischen der Entstehung der Innovationsidee und der Aufnahme der Projektarbeit definiert (vgl. Geschka 1993, S. 159 ff.).

In Phase 1 beginnt das eigentliche Innovationsprojekt mit der Aufnahme der Projektbearbeitung nach den Regeln des Projektmanagements. Demnach wird zunächst ein Projektleiter ernannt, die Projektaufbauorganisation festgelegt, das Projektteam und der Lenkungsausschuss ausgewählt sowie Mittel zur Projektbearbeitung vom Topmanagement freigegeben (vgl. Geschka 1993, S. 159 ff.).

In der eigentlichen Kernphase 2 gilt es, die angestrebten Produkteigenschaften und Prozesscharakteristika zu erarbeiten. Produkt- und Verfahrensentwicklung werden simultan vorangetrieben (vgl. Geschka 1993, S. 159 ff.).

In Phase 3 werden die Voraussetzungen dafür geschaffen, die Produktion der zuvor entwickelten Produkte aufzunehmen. Vorab sollten allerdings die Erfolgsaussichten des Projekts noch einmal kritisch abgewogen werden, bevor beispielsweise in neue Maschinen und Anlagen investiert wird. Die Entscheidung für eine Weiterführung des Projekts sollte auf der Basis aktualisierter Marktanalysen getroffen werden (vgl. Geschka 1993, S. 159 ff.).

Die Markteinführung stellt die letzte Phase 4 des Innovationsprozesses dar. Jedoch finden bereits erste Vorarbeiten zur Markteinführung parallel zur Phase 3 „Aufbau der Produktion" statt. Sobald die Serienproduktion anläuft, müssen die Marketingmaßnahmen demnach bereits greifen und der Vertrieb funktionsfähig sein (vgl. Geschka 1993, S. 159 ff.).

Eignung des Modells für KMU
Das Modell ist durch die detaillierte Beschreibung der Phasen für KMU grundsätzlich geeignet. Durch die Bestimmung eines Projektleiters, Erstellung von Lasten- und Pflichtenheften sowie Marktanalysen werden wesentliche Erfolgsfaktoren im Modell beachtet. Zusätzlich werden im Modell die Projektdokumentation sowie mögliche Kooperationen mit Kunden erwähnt.

Anzumerken ist jedoch, dass bei einer konkreten betrieblichen Implementierung dieses Modells die Vorphase unbedingt entsprechend der gegebenen Erfordernisse zu strukturieren ist, um entsprechende Kosten- und Zeitrisiken zu minimieren. Weitere Einschränkungen der praktischen Nützlichkeit ergeben sich durch die Nichtberücksichtigung von Iterationen, Schleifen oder „Points of no Return".

Phasenmodell nach Ahsen
Das Phasenmodell von Anette von Ahsen (s. Abb. 4.5) wurde im Jahr 2010 vorgestellt und konzentriert sich auf Produktinnovationen. Es unterteilt den Innovationsprozess in sechs Phasen, um die Durchführung der jeweiligen Aktivitäten festzulegen. Am Ende jeder Phase gibt es einen Meilenstein (M), in dem entschieden wird, ob und in welcher Form das

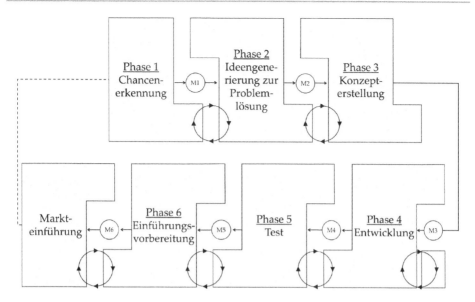

Abb. 4.5 Phasenmodell nach Ahsen (eigene Darstellung in Anlehnung an Ahsen 2010, S. 42)

Projekt fortgeführt wird. Es wird geprüft, ob die Ergebnisse der vorangegangenen Phase ausreichen, um den Eintritt in die darauffolgende Phase zu rechtfertigen (vgl. Ahsen 2010, S. 40 ff.).

Phase 1: Chancenerkennung
Der Innovationsprozess beginnt mit der Chancenerkennung. Chancen ergeben sich einerseits durch neue bzw. veränderte Kundenanforderungen oder verbesserte Technologien, mit denen sich bestehende Kundenbedürfnisse effizienter erfüllen lassen. Andererseits suchen Unternehmen auch aktiv nach Innovationen, damit neue Kunden gewonnen oder zukünftige Gesetze eingehalten werden können. Diese Phase zielt darauf ab, nach Chancen in allen infrage kommenden Bereichen zu suchen. Es wird in diesem Zusammenhang von einem Innovationsfeld gesprochen, weil noch keine konkreten Ideen vorliegen.

Phase 2: Ideengenerierung zur Problemlösung
In Phase 2 werden Ideen zur Lösung des Problems aus Phase 1 entwickelt, indem zunächst das Innovationsfeld näher bestimmt wird. Es werden Ideen gesammelt, wie ein bestimmtes Ziel/eine bestimmte Chance realisiert werden könnte. Hierbei sollten alle Vorschläge gespeichert werden, sodass ein Rückgriff auf diese für zukünftige Projekte möglich ist.

Phase 3: Konzepterstellung
In der dritten Phase erfolgt die Entwicklung eines entsprechenden (Lösungs-)Konzeptes mit einer entsprechenden Machbarkeitsabschätzung. Als Methoden und Instrumente hier-

zu können Marktanalysen, Produkt- und Produktionskonzepte, Herstellbarkeits- und Risikoanalysen sowie ein Projektplan für die weitere Vorgehensweise genutzt werden. Weiterhin sollten erste Schätzungen der Produktkosten und der Absatzpreise und -volumina vorgenommen werden. Das Ergebnis dieser Phase stellen Lasten- und infolge Pflichtenhefte dar, aus denen die Anforderungen an das spätere Produkt aus Sicht des Marketings und der Produktion hervorgehen.

Phase 4: Entwicklungsphase
Die Ergebnisse der Konzepterstellung werden an die 4. Phase, die Entwicklungsphase, übergeben. Mithilfe des ausgearbeiteten Konzeptes wird ein konkretes Produkt inklusive Produktionsverfahren entwickelt und die weiteren Entwicklungs- und Produktkosten geschätzt.

Phase 5: Test
Im Anschluss daran folgen in Phase 5 umfassende Tests des Prototyps. Ziel ist es, zu überprüfen, ob der Prototyp die Anforderungen aus dem Pflichtenheft erfüllt. Auch in dieser Phase wird die Kostenschätzung aktualisiert. Abschließend erfolgt ein Test der Serienfertigung.

Phase 6: Einführungsvorbereitung und Markteinführung
Die letzte Phase 6 konzentriert sich auf die Markteinführung und die dazugehörigen Vorbereitungen. Hierzu gehören die Suche nach Lieferanten für Produktkomponenten sowie Verhandlungen über die Preise mit Zulieferern (falls diese noch nicht mit in die Entwicklungsaktivitäten einbezogen wurden). Die Produktkosten sind zu diesem Zeitpunkt weitgehend bekannt und ermöglichen somit eine Gesamtkalkulation und den Vergleich des geplanten Preises mit dem voraussichtlich am Markt durchsetzbaren Preis. Phase 6 wird durch die Überprüfung der Erfüllung der Kundenanforderungen sowie einer Qualitätsanalyse abgeschlossen. Zur endgültigen Produktion und Einführung des Produkts in den Markt kommt es allerdings erst, wenn auch der letzte Meilenstein passiert wurde (vgl. Ahsen 2010, S. 40 ff.).

Eignung des Modells für KMU
Im Großen und Ganzen eignet sich das Modell für KMU recht gut, da der Innovationsprozess sehr ausführlich beschrieben und durch entsprechende Methoden an jedem Meilenstein unterstützt wird. Die Lasten- und Pflichtenhefte unterstützen die Mitarbeiter darüber hinaus bei der Ziel- und Aufgabenfokussierung. Bemerkenswert ist, dass der Erkennung von Chancen bewusst „Raum gegeben" wird.

Das Modell kann als praxistauglicher Rahmen angesehen werden, der von den meisten produktherstellenden KMU adaptiert und umgesetzt werden kann.

Neben diesen drei vorgestellten Phasenmodellen existieren noch weitere Modelle, wie z. B. das Phasenmodell nach Reichwald und Piller (2006, S. 101 ff.) oder das Phasenmodell nach Gassmann und Sutter (2008, S. 41 ff.), welche sich ebenfalls für KMU eignen.

Alle diese Modelle haben ihre Daseinsberechtigung und letztendlich muss jedes Unternehmen für sich herausfinden, welches Modell sich in die Unternehmensabläufe und die Unternehmenskultur am besten einfügt.

4.2.2 Stage-Gate-Prozesse

Eine Weiterentwicklung der zumeist linear verlaufenden Phasenmodelle bilden die Stage-Gate-Modelle. Das in der Praxis am häufigsten verwendete Modell ist der Stage-Gate-Prozess[5] nach Robert G. Cooper (s. Abb. 4.6). Es ist ein operatives Modell zur Strukturierung des Innovationsprozesses, welches die klassische Phasensegmentierung mit einer projektorientierten Sichtweise kombiniert und somit zahlreiche Unzulänglichkeiten der aufgeführten Phasenmodelle überwindet. Das Modell ist eine Zusammenfassung von Handlungsempfehlungen, die aus Studienergebnissen erfolgreicher Projekte hervorgingen (vgl. Borchert und Hagenhoff 2003, S. 28).

Der Stage-Gate-Prozess wird verwendet, um systematisch eine strukturierte Entscheidungsfindung im Innovationsprozess zu integrieren, zu steuern und zu kontrollieren (vgl. Kaschny und Bock 2009, S. 77). Ziel ist es, die Erfolgsrate von Innovationsprojekten zu steigern, indem durch systematische Steuerung des Prozessablaufes nur konsequent die Projekte fortgeführt werden, die Erfolg versprechend sind. Dadurch soll eine Vergeudung von Ressourcen vermieden werden.

Der gesamte Prozess wird dazu in eine zuvor festgelegte Anzahl von „Stages" eingeteilt, vergleichbar mit den einzelnen Phasen der Phasenmodelle, denen integrierte Entscheidungstore (Gates) in Form von Kriterienkatalogen vorgeschaltet werden. Das Basis-

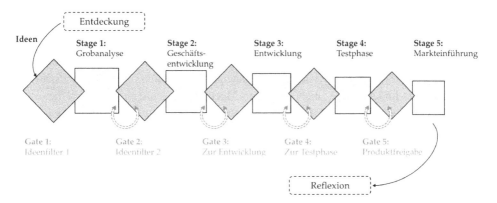

Abb. 4.6 Stage-Gate-Prozess (eigene Darstellung in Anlehnung an Stage-Gate International: The Stage-Gate® Process)

---

[5] Stage-Gate® ist ein eingetragenes Markenzeichen von Stage-Gate.EU®.

modell besteht aus einer Entdeckungsphase, fünf Stages, fünf Gates und einer Reflexions-
phase im Anschluss an die Markteinführung.

Stages

Jedes Stage wird durch eine Reihe spezifischer Maßnahmen definiert. Die Aktivitäten aus
verschiedenen Unternehmensbereichen laufen unter Umständen parallel und funktionsübergreifend ab. Die erfolgreiche Umsetzung dieser Aufgaben bildet die Grundlage für
eine Bewertung und ist zugleich Voraussetzung für das Eintreten in die nächste Stufe. Umfang, Komplexität und benötigte Mittel zur Umsetzung der Arbeitspakete nehmen dabei
mit Fortschreiten im Projektablauf zu. Der Grad der Strukturierung, folglich die Anzahl
der Stages, ist von jedem Unternehmen individuell zu bestimmen und vom angestrebten
Innovationsziel abhängig. Vor jeder Phase steht ein Gate.

Entscheidungs- und Qualitätskontrollmesspunkte, sogenannte Gates, dienen im Laufe
eines Prozesses der Überprüfung, ob die Aufgaben eines Stages erfolgreich umgesetzt
wurden und das Projekt in die darauffolgende Stage übergeht. Damit erfolgt jeweils die
Freigabe der notwendigen Ressourcen für die folgende Phase. Dadurch soll sichergestellt
werden, dass Fehler früh erkannt und nicht ohne Korrektur in den weiteren Projekt- oder
Prozessverlauf getragen werden. Insofern besitzen die Gates eine Filterfunktion.

Die Überprüfung erfolgt durch die oder den Entscheidungsträger (Gatekeeper) im Rahmen von Projektmeetings (Gatemeetings), die bestmöglich von Projektmanagern geleitet
werden. Das Entscheidungsgremium ist ein interdisziplinär zusammengestelltes Team der
obersten Führungsebene, welches autorisiert ist, Entscheidungen zu treffen und Ressourcen zuzuteilen.

Als Ergebnisse können folgende Entscheidungsmöglichkeiten aus einem Meeting hervorgehen: „Go" für „Weiter", „Kill" bedeutet „Ende des Projektes", „Hold", d. h. „vor-
übergehend anhalten", oder „Recycle", was bedeutet, eine Phase wird wiederholt ausgeführt, um fehlende Anforderungen aufzuarbeiten.[6]

Ergänzend zum Basismodell werden Projektmanagementrichtlinien als Rahmenvorga-
ben für die organisatorischen Schlüsselrollen im Prozess – dies sind Gatekeeper, Projektleiter und Projektgruppe – vorgegeben. Gatemeetings sollten regelmäßig, bestenfalls
monatlich, stattfinden, wobei nicht in jedem Meeting alle laufenden Projekte bewertet
werden können und müssen. Für die festgelegten und bekanntgegebenen Termine können sich die Projektteams eintragen, welche die Zulassung für die nächste Stufe an ihrem
Projekt und die benötigte Freigabe von Ressourcen zum Fortfahren benötigen.

Grundsätzlich ist das Stage-Gate-Modell nicht als starres System anzusehen, es muss
unternehmens- und projektspezifisch angepasst werden. Ein wesentlicher Vorteil der Verwendung des Stage-Gate-Prozesses ist, dass eine konsistente Reihe von Richtlinien und
Definitionen für jedes Stadium des Innovationsprozesses gegeben wird. Durch den Einsatz von strukturierten Projektentscheidungsverfahren können Unsicherheiten reduziert
und Fehlschläge vermieden werden.

---

[6] Stage-Gate International: The Stage-Gate® Process.

Die Definition von Zielen, Aktivitäten und Leistungen dient primär der Steigerung der Qualität, da die Fortschritte messbar und Informationslücken systematisch aufgedeckt werden. Projektentscheider haben die Möglichkeit, den Ablauf zu überwachen, und sind in der Lage, schnell und auf Fakten basierende Finanzierungsentscheidungen zu treffen. Dadurch, dass mit jedem Gate durch die Zunahme von Kriterien Unsicherheiten gesenkt werden und gleichzeitig Mittel sukzessive freigegeben werden, wird ein bestmöglicher Ressourceneinsatz erreicht. Die Berücksichtigung fließender Übergänge und der Möglichkeit paralleler Abläufe der Stages macht den gesamten Prozess flexibler und schneller, verhindert unnötige Wartezeiten und bewirkt insgesamt eine Verkürzung des Innovationsprozesses. Zudem ermöglicht die vorgegebene konsistente Reihe von Managementrichtlinien ein einfaches Adaptieren des Modells an unternehmensindividuelle Gegebenheiten.

Eignung des Modells für KMU
Das Stage-Gate-Modell ist vor allem für mittelständische Unternehmen geeignet, die noch über keine bis wenige Projekterfahrungen verfügen. Das Modell dient als Leitfaden, an dem sich das Projektteam orientieren kann. Aufgrund oft nicht ausreichend vorhandenen personellen und finanziellen Ressourcen ist das Modell nicht eins zu eins umsetzbar. Es kann aber durchaus als Anhaltspunkt dienen. Auf diese Weise wird sichergestellt, dass das Projekt strukturiert verläuft und die Konzentration auf die aussichtsreichsten Projekte gelenkt wird (auch wenn der Prozess dann mehr Zeit in Anspruch nimmt). Durch die Tore bzw. Meilensteine werden eine Zielfokussierung garantiert und stetige Kostenkontrollen durchgeführt.

4.2.3 Gate-orientiertes Innovationsmanagement in KMU

Die vorgestellten Prozessmodelle bieten eine Übersicht über die Gestaltungsmöglichkeiten von Innovationsprozessen und deren unterschiedlichen Funktionsweisen. Bei der Auswahl eines geeigneten Basismodells sind die Modelle bezüglich des gesetzten Schwerpunkts, Detaillierungsgrades, der Zielsetzung sowie der Dynamik auf ihre Eignung hin zu überprüfen (vgl. Kaschny und Bock 2009, S. 78). In Abschn. 4.8 werden Fragestellungen und Informationen zur Verfügung gestellt, die dabei helfen sollen, die anwendungsspezifischen Anpassungen von Innovationsprozessmodellen vorzunehmen.

Folgende Schritte sind bei der Konzeption eines unternehmensspezifischen Prozessmodells zu berücksichtigen:

Maßnahmen zur unternehmensspezifischen Prozessmodellkonzeption

- Bestandsaufnahme als Ausgangsbasis
- Festlegung der Phasen und Gates

- Festlegung der Qualitätskriterien
- Festlegung der Projektsteuerung
- Erarbeitung der Hilfsmittel
- Schulung der Projektteams
- Implementierung und Durchführung eines Musterprojektes

Bestandsaufnahme als Ausgangsbasis

In einem ersten Schritt ist zu prüfen, ob alle für den Innovationsprozess zusätzlich erforderlichen Prozesse implementiert wurden. Zudem sind die vorhandenen Prozesse, Organisations- und Projektstrukturen zu analysieren und optimieren. Zur Bewertung der Innovationsfähigkeit eines Unternehmens können sogenannte Innovationsaudits eingesetzt werden, wie sie im Abschn. 7.2 beschrieben werden.

Um Optimierungspotenzial aufzudecken, müssen die Ursachen für Ablauf- und Zeitverzögerungen aufgedeckt werden. Dafür sind organisatorische Routinen und unternehmensspezifische Aktivitätsmuster zu identifizieren und auf ihre dynamischen Fähigkeiten und Ressourceneinsatz hin zu analysieren und gegebenenfalls anzupassen (vgl. Kirner et al. 2006, S. 22 f.).

Festlegen der Phasen und Gates

Beim Design eines bestgeeigneten Innovationsprozesses gilt es zunächst, diejenigen Phasen und Gates zu benennen, die im Unternehmen als typisch wahrgenommen werden können oder zukünftig abgegrenzt existieren sollen. Zumeist erweisen sich vier bis sechs Phasen als sinnvoll (vgl. Gassmann und Sutter 2008, S. 58).

Der unternehmenseigene Prozess soll so flexibel gestaltet sein, dass einzelne Phasen modular dem jeweiligen Innovationsprojekt entsprechend zusammengefügt und eingesetzt werden können. Dies erscheint zuerst als Widerspruch, aber nicht jedes Innovationsprojekt läuft unbedingt gleich ab. Und zu starre Regeln können ein Innovationsvorhaben auch behindern.

Im zweiten Schritt sollten zu den definierten Phasen jeweils Teilprozesse und Aktivitäten zugeordnet und in ihrer Reihenfolge bestimmt werden. Den verantwortlich ausführenden Stellen bzw. Bereichen (Entwicklung, Vertrieb, Produktion, Marketing etc.) lassen sich somit charakteristische und kontrollierbare Aufgabenpakete zuordnen.

So kann die Prüfung von Projektfördermöglichkeiten bereits zu Beginn des Prozesses eine Aktivität darstellen, die insbesondere bei KMU Berücksichtigung finden sollte. Die Suche nach Kooperations- und Fördermöglichkeiten kann beispielsweise eine festgelegte parallele Aktivität zur ersten Markt- und Technologieanalyse einer Idee darstellen (vgl. Rüggeberg und Burmeister 2006, S. 32).

Nach der sequenziellen Anordnung der Phasen mit entsprechenden Teilprozessen und Aufgabenpaketen sowie einer Zuordnung ist zu prüfen, ob und ggf. wo bewusst Möglichkeiten von Schleifen vorgesehen werden sollen. Gemeint sind charakteristische Rücksprünge, um Fehler zu beheben und von dort beginnend die Phasen erneut zu durchlaufen (vgl. Rüggeberg und Burmeister 2006, S. 28). Durch das Vorsehen von Schleifen im Prozess bzw. durch die Möglichkeit einer „Review"-Entscheidung kann u. U. die Qualität der Projektarbeit maßgeblich gesteigert werden (vgl. Franke und Dömötör 2008, S. 152 ff.). Allerdings gilt es zu beachten, dass zu viele Schleifen auch zu großen zeitlichen Verzögerungen führen können (vgl. Markusch 2011, S. 66 f.).

Festlegung der Qualitätskriterien
Eine systematische Steuerung mit Meilensteinen und Gates erfordert das Festlegen von Qualitätskriterien. Es gilt, verbindliche phasenbezogene Entwicklungsziele zu definieren, die u. a. beschreiben, welche Vorbedingungen erfüllt sein müssen, damit die Aktivitäten der nächsten Phase gestartet werden können. Auch sollte beschrieben werden, welche nicht erreichten Merkmale zu einem Abbruch führen bzw. welche Kriterien verbindlich den Weg in die nächste Phase freigeben. Weiterhin müssen dafür die Entscheidungsmöglichkeiten sowie die angelegten Kriterien bestimmt werden. Die Strukturierung der Gates kann sich an den von Cooper genannten Bestandteilen Leistungen/Ergebnisse, Kriterien und Output orientieren.

Festlegung der Projektsteuerung
Zur Integration der o. g. Steuerungselemente in das Konzept der Projektsteuerung sind Zuständigkeiten und Entscheidungsbefugnisse zur Planung, Überwachung und Steuerung des Prozesses zu bestimmen sowie übergeordnete Zielvorgaben als Entscheidungsrichtlinien in den Meilensteinen.

Der Aufbau einer systematischen softwaregestützten Projektsteuerung kann eine wertvolle Unterstützung für Leistungsprozesse und Austauschbeziehungen innerhalb eines Unternehmens sowie zwischen dem Unternehmen und seiner Umwelt leisten (vgl. Hansen und Neumann 2009, S. 132). Zusätzlich kann ein Ideenerfassungs- und Dokumentationssystem das systematische Verwalten von Ideen erleichtern und als Wissensbasis dienen (vgl. Kap. 8).

Werkzeuge und Techniken zur Bewertung und Auswahl von Innovationsprojekten sollten im Kontext zum Verständnis für den Prozess und die Unternehmensziele ausgewählt und eingesetzt werden. In jeder Phase müssen die jeweils geeigneten Instrumente eingebunden werden. Dabei sollte eine Liste an verfügbaren Methoden und Techniken ständig aktualisiert und die jeweiligen Teilnehmer durch Workshops und Seminare in ihrer Anwendung trainiert werden.

Implementierung und Durchführung eines Musterprojektes
Im Rahmen eines Pilotvorhabens sind letztlich der Ablauf sowie die Leistungsparameter und Methoden des Prozesses auf ihre Eignung im Einsatz zu prüfen, zu bewerten und zu optimieren.

4.3 Ideenmanagement

Wie auch im letzten Kapitel dargestellt, erfolgt in einer frühen Phase jedes Innovationsprozesses der Umgang mit Ideen, d. h. der Suche nach neuen Feldern für Ideen, Ideengebern, die Ideenfindung, -sammlung, -bewertung etc. Nun werden im Umfeld eines Unternehmens zumeist zahlreiche Ideen entwickelt, die nicht wirklich zu einer Innovation – im Sinne der Definitionen in Kap. 2 – führen, aber dennoch zu Verbesserungen von Produkten, Prozessen oder der Mitarbeiterzufriedenheit beitragen. Der systematische Umgang mit all jenen Ideen, die zu Innovationen führen können/sollen, wird in vielen Unternehmen bereits mit dem Instrument des Ideenmanagements praktiziert. Dabei geht es allgemein um die gesteigerte Wertschöpfung infolge zeitnaher Umsetzung von guten Ideen. Erfolgreich eingeführte Ideenmanagementsysteme liefern u. a. auch Parameter und Kennzahlen als Gradmesser, anhand dessen die Aufgeschlossenheit eines Betriebes hinsichtlich Veränderungen und ansatzweise die Kreativität von Mitarbeitern abgeschätzt werden kann (vgl. Winzer 2003, S. 23).

Andererseits bietet ein allgemeines systematisches Ideenmanagement im Unternehmen auch eine wirksame Grundlage, Innovationen zu generieren. Wichtig ist in diesem Zusammenhang aber nicht nur das organisatorische „Regelwerk" oder das Softwaretool, sondern vielmehr, dass förderliche Rahmenbedingungen, die die Unternehmenskultur betreffen, geschaffen werden. Dies sollte derart geschehen, dass alle Mitarbeiter an den positiven Veränderungsprozessen aktiv teilhaben. Innovationskultur und Ideenmanagement sind so miteinander verknüpft, dass mithilfe wechselseitiger Beeinflussung Erfolgschancen bei Innovationen beachtlich gesteigert werden (vgl. Sommerlatte 2006, S. 24).

4.3.1 Prozesse im Ideenmanagement

Das Ideenmanagement lässt sich generell in drei Phasen unterteilen: die Ideenfindung, die Ideenbewertung und die Ideenumsetzung. In der Praxis ist die exakte Unterscheidung der drei Phasen nicht immer möglich (vgl. Franken und Brand 2008, S. 74).

Ideenfindung
Zu den Methoden, mit denen Ideen generiert werden, gehören Heuristiken, die Gedankengänge anregen sollen. Es existieren dabei zwei Gruppen von Methoden, die unterschieden werden: die analytische bzw. systematische Herangehensweise und die intuitiv und kreative Methodik (vgl. Schlicksupp 1999, S. 58 f.). Zur zweiten Form gehören die Kreativitätstechniken, die in Abschn. 8.1 ausführlich betrachtet werden.

Um Probleme im Laufe des Innovationsprozess zu lösen, ist es wichtig, eine umfassende Analyse der Problemstellung und der relevanten Rahmenbedingungen durchzuführen. Aus diesem tieferen Verständnis können wesentliche Schwierigkeiten aufgezeigt und eine zielorientierte Lösung erarbeitet werden. Einer wirkungsvollen Problemlösung liegt also ein Verständnis aller bedeutenden Bestandteile der Problemsituation sowie der Zusammenhänge zugrunde (vgl. Schlicksupp 1999, S. 63, 77, 148).

Anschließend erfolgt jedoch noch nicht die Ideenbewertung. Wie auch bei Kreativitätstechniken ist jegliche Form der Kritik im Ideenfindungsprozess verboten. Besonders in der Praxis ist es wichtig, dass Führungskräfte die Ideen ihrer Mitarbeiter nicht voreilig abweisen. Ansonsten würde eine geringere Zahl von Ideen generiert werden. Es sollen jegliche potenziellen Ideenquellen Verwendung finden und Ideenreichtum bei Mitarbeitern angeregt werden (vgl. Stern und Jaberg 2005, S. 18, 115, 164).

Beendet wird die Ideenfindungsphase durch das Beschreiben sowie Dokumentieren der erfolgversprechendsten Ideen (vgl. Benedix 2003, S. 16).

KMU weisen oft Defizite angesichts personeller sowie finanzieller Ausstattung auf. Steuerung und Planung, die an dieser Stelle keine direkte Wertschöpfung generieren, werden selten beachtet (vgl. Pfohl 2013, S. 102 f.). Die Findung sowie Sammlung von Ideen erfolgt hier nur gelegentlich systematisch. Dies hat zur Folge, dass das Potenzial an möglichen Ideen nicht genutzt wird (vgl. Stern und Jaberg 2005, S. 272). 44 % aller Ideen, die Neuprodukte zur Folge haben, entstehen in kleinen sowie mittleren Betrieben bei Routineaufgaben und sind nicht Folge einer systematischen Suche. Aufgrund der finanziellen sowie personellen Restriktionen sind mittelständische Betriebe häufig auch auf externe Ideengeber angewiesen. Dabei bringen Kunden die meisten Anregungen ein. Die Ideengenerierung erfolgt somit nicht durch planmäßige Anwendung von Methoden. Diese Vernachlässigung der Methodenanwendung in frühen Innovationsphasen beeinflusst die darauffolgenden Innovationsschritte negativ. Daher müssen nicht nur die benötigten Ressourcen bereitgestellt, sondern auch Kenntnisse über die Methoden aufgebaut und angewendet werden (vgl. Verworn et al. 2000, S. 5, 21).

Ideenbewertung

Bei der Bewertung gilt es, die aussichtsreichsten Ideen herauszufiltern, um sich auf diese zu fokussieren. Für die Ideenbewertung gibt es eine Vielzahl von Kriterien, wie beispielsweise Markt- und Technikpotenzial, Aufwand und Dauer der Entwicklung oder Überlegenheit des Produktes (vgl. Pleschak und Sabisch 1996, S. 25, 184). Herstatt und Verworn beschreiben die Vorgehensweise bezüglich der Ideenbewertung noch spezifischer: Ideen sollen anhand des zu erwartenden Erfolgs sowie ihrer Risiken bewertet, mit anderen Ideen oder Projekten abgestimmt und gegebenenfalls neu arrangiert werden (vgl. Herstatt und Verworn 2003, S. 8 f.).

Als Bewertungsgrundlage sollte auf die Problemanalyse zurückgegriffen werden. Liegt eine hohe Anzahl von verfügbaren Alternativen vor, ist es ratsam, ein Bewertungsverfahren zu verwenden, das mehrere Stufen durchläuft. Für diesen mehrstufigen Bewertungsprozess müssen eindeutige Kriterien festgelegt werden, die eine hohe Auswahlwirkung haben und die stufenweise einen verfeinerten Maßstab ansetzen. Diese Vorgehensweise verfolgt die Absicht, nach den einzelnen Stufen, die Anzahl der Alternativen zu reduzieren und die restlichen Lösungsansätze zusätzlich zu präzisieren (vgl. Schlicksupp 1999, S. 16 ff.).

Grundsätzlich haben Unternehmen bei quantitativen Entscheidungsfindungen die Auswahl zwischen Investitionsrechnungen, Simulations- sowie Entscheidungsmodellen oder Gewinnschwellenverfahren. Speziell kleinen und mittleren Unternehmen sind diese Methoden manchmal nicht bekannt (vgl. Domsch et al. 1995, S. 19). Die am meisten durchgeführte Methode zur Bewertung des Nutzens ist die Kostenvergleichsrechnung oder Gewinnvergleichsrechnung (vgl. Schulz 2003, S. 132).

Weitere Methoden zur Ideenbewertung bieten Diskussionsforen, auf denen Ideen online gemeinsam optimiert oder erweitert werden. Außerdem gibt es Funktionen zur Bewertung, mithilfe derer Benutzer fremde Ideen anhand verschiedener Bewertungstechniken bewerten können. Überdies existieren sogenannte Prognosemärkte, bei denen Anwender, aufgrund ihres individuellen Wissens, Ideen bewerten und auf deren Erfolg, analog zum Aktienmarkt, tippen können (vgl. Badura 2012, S. 25 f.).

Zusätzliche Bewertungsansätze sind Conjoint-Analysen (Verfahren zur Prognose von Kaufabsichten), Meinungen von Experten oder Marktuntersuchungen, um den potenziellen Erlös eines neuen Produktes zu ermitteln. Ein Ansatz in der Ideenbewertung ist Social Forecasting, das sich auf den Grundgedanken des Crowdsourcing stützt und auf gemeinschaftliches Wissen zurückgreift. Der Unterschied besteht darin, dass nicht nur Verbraucherwissen genutzt wird, sondern auch das der eigenen Mitarbeiter (vgl. Ivanov 2013, S. 20 f.).

Einfälle, die im Laufe des Bewertungsverfahrens aussortiert werden, sind keineswegs nutzlos. Die Idee als solches sowie die daraus gewonnenen Erkenntnisse sollten erfasst werden und bilden das Unternehmensgrundwissen. Dies ermutigt den Einreicher, da in jedem Fall seine Beiträge angemessen dokumentiert werden. Wurde eine Idee aussortiert, die aufgrund von mangelnden Ressourcen noch nicht realisiert werden kann, wird sie nur zurückgestellt und unter Umständen zu einem anderen Zeitpunkt realisiert.

Untersuchungen, die die Ideenbewertung von kleinen sowie mittleren Betrieben beurteilen, zeigen, dass diese Methoden in den Unternehmen wenig Anwendung finden. Begründet wird dies damit, dass Ressourcen oder Wissen zu gering sind. Stattdessen beruhen die Entscheidungen auf Intuition und Erfahrung. Auch wird der Ideenbewertungsprozess oft durch die Geschäftsleitung bestimmt (vgl. Verworn et al. 2000, S. 7 f.).

Ideenumsetzung

Unternehmen bezeichnen die Umsetzung ihrer Ideen und Innovationen oft als Projekte, gleichwohl ist das systematische Projektmanagement oft nicht vorzufinden. Für KMU ist es ratsam, die Entscheidungsverantwortung für die Ideenumsetzung auf weitere Mitarbeiter zu verlagern, da die Geschäftsleitung möglicherweise mit der Abwicklung des Tagesgeschäfts nahezu ausgelastet ist (vgl. Rüggeberg und Burmeister 2008, S. 28).

Eine Untersuchung hat ergeben, dass innovative kleine Unternehmen ihren Erfolg auf eine ausführliche Planung und Anwendung von Methoden zur Unterstützung der Projektabwicklung stützen. Bei der Projektabwicklung werden die Teilabschnitte des vorab angefertigten Plans durchgeführt und der Fortschritt hinsichtlich Zeit und Kosten beobachtet. Ohne eine ausführliche Planung ist es nicht möglich, den Fortschritt eines Projektes zu überprüfen. Die Planung ist folglich das Fundament dafür, dass ein Projekt effizient ist (vgl. Verworn et al. 2000, S. 9, 11, 21).

Kleine und mittlere Betriebe können oftmals nicht alle erforderlichen Tätigkeiten während des Innovationsprozesses abdecken. Daher müssen sie auf Kooperationen zurückgreifen. Dementsprechend ist die Suche nach passenden Partnern Bestandteil dieser Phase. Ein temporärer Zugewinn an Ressourcen sowie Wissen ist mithilfe einer Kooperation realisierbar (vgl. Stern und Jaberg 2005, S. 179). Besonders bei der Technologieentwicklung stimmen Aschhoff et al. zu, dass oftmals Unterstützung in Form von Kooperationen notwendig ist (vgl. Aschhoff et al. 2012, S. 22).

Gegenüber großen Unternehmen können KMU neben den aufgezählten Defiziten auch vorteilhafte Bedingungen vorweisen. Ihre Hierarchiestruktur ist schlank, ihre Informationswege sind kurz und somit Entscheidungsfindungen schnell (vgl. Spielkamp und Rammer 2006, S. 16). Besonders die Struktur von kleinen und mittleren Unternehmen ist bezüglich der Realisierung von Ideen vorteilhaft. Hier ist besonders elementar, den Verwaltungsaufwand, wenn möglich, zu minimieren. Dies ist deswegen so wichtig, da sie ihre Vorschläge zeitnah realisieren müssen, um die Wettbewerbsfähigkeit nicht zu verlieren (vgl. Ridolfo 2003, S. 43, 50).

4.3.2 Motivation im Ideenmanagement

Für die Wirksamkeit eines institutionalisierten Ideenmanagements im Unternehmen kommt allen Führungskräften eine entscheidende Rolle zu. Zu ihren Führungsaufgaben zählt es auch explizit, die Mitarbeiter sowie deren Ideen zu fördern. Hierzu ist es zunächst wesentlich, die Mitarbeiter überhaupt vom Nutzen des Ideenmanagements für das Unternehmen und für sie selbst zu überzeugen. Zudem liegt es in der Verantwortung der Führungskräfte, Verbesserungsvorschläge zu bewerten.

Wenn Mitarbeiter sich zu wenig am betrieblichen Vorschlagswesen oder anderen Methoden des Ideenmanagements beteiligen, kann u. U. auf einen Führungsstil zurückgeführt werden, der kreatives Denken einengt. Führungskräfte können Barrieren beseitigen, indem sie das Vorschlagswesen integrieren und fördern. Das Vorlegen von Verbesserungsvorschlägen sollte selbstverständlich werden (vgl. Urban 1993, S. 48 f., 65). Die Förderung durch Geschäftsführer und Führungskräften ist nach Karola Läge der wichtigste Erfolgsfaktor für ein Ideenmanagement. Je ausgeprägter die Förderung ist, desto mehr Verbesserungsvorschläge werden eingereicht (vgl. Läge 2003, S. 122).

Zur Förderung gehören neben dem Führungsstil auch geeignete Anreizsysteme. Diese können materielle und nichtmaterielle Anreize beinhalten. Differenziert wird eine entsprechende Prämierung oftmals auch nach Vorschlägen mit oder ohne errechenbarem Wert sowie Vorschlägen zur Arbeitssicherheit.

Wirksame Anreizsysteme sind dadurch gekennzeichnet, dass sie als fair und für alle Beteiligten nachvollziehbar angesehen werden. Entsprechende Einreichungs- sowie Entscheidungsverfahren für Mitarbeiter sind einfach, transparent und „zügig" zu gestalten (vgl. Fließ 2011, S. 75 f.). Dies kann beispielsweise dadurch erreicht werden, dass Entscheidungswege verkürzt werden und Führungskräfte sofort eine Entscheidung bezüglich des Verbesserungsvorschlags treffen, indem sie z. B. Beträge unter 250 Euro unmittelbar vergeben.

Bei Vorschlägen ohne errechenbarem Wert wird zumeist eine Prämierung anhand von Punkten angewendet. Merkmale wie Nutzen, Umsetzbarkeit oder Originalität werden mithilfe von Punkten beurteilt.

Neben den o. g. Ansätzen zur kontinuierlichen, systematischen und institutionalisierten Ideenfindung und -bewertung gibt es im Ideenmanagement auch punktuelle Ideenwettbewerbe. An einem solchen Wettbewerb können Einzelpersonen, Abteilungen oder Gruppen teilnehmen. Hentschel zufolge sind Ideenwettbewerbe immer dann ein besonders geeignetes Instrument, wenn sie sich auf ein unternehmensweites Problem fokussieren (vgl. Hentschel 2003, S. 82). Für einen solchen Ideenwettbewerb müssen jedoch Regeln festgelegt werden. Bei der Ausformulierung der Problemstellung steht der Veranstalter vor einem Zwiespalt. Zum einen muss die Aufgabe so konkret wie möglich ausgedrückt werden, damit das Problem hinreichend erklärt ist. Zum anderen liegt es in seinem Interesse, nicht zu viele unternehmenseigene Details preiszugeben. Um diesen Konflikt zu lösen, können mehrstufige Ideenwettbewerbe organisiert werden, bei denen stufenweise die Anzahl der Teilnehmer reduziert und gleichzeitig die Aufgabenstellung klarer wird (vgl. Reiß und Neumann 2012, S. 5).

4.3.3   Verankerung des Ideenmanagements im Unternehmen

KMU zeichnen sich, wie mehrfach betont, besonders durch flache Hierarchien und die Nähe zum Mitarbeiter aus. Der wichtigste Ideengeber beim klassischen Ideenmanagement ist der eigene Mitarbeiter (vgl. Läge 2002, S. 1). Die flachen Hierarchien und die kurzen Kommunikationswege sind ein Grund dafür, dass sich das Ideenmanagement bei KMU ohne größeren Ressourceneinsatz implementieren lässt.

Betriebliches Vorschlagswesen (BVW)
Beim betrieblichen Vorschlagswesen handelt es sich um ein Betriebsführungsinstrument, welches es ermöglicht, Verbesserungsvorschläge von Mitarbeitern zu fördern, zu bewerten und anzuerkennen. Dabei können die Qualität und die Abläufe von Prozessen verbessert werden oder Unfallrisiken reduziert werden. Mitarbeiter sollen dazu angeregt werden, bewusst am betrieblichen Geschehen teilzunehmen.

Das betriebliche Vorschlagswesen war ursprünglich ein Rationalisierungsinstrument. Dies ist es teilweise heute noch: Durch die Steigerung von Leistung oder Reduktion von Kosten ist die Verbesserung der Wirtschaftlichkeit ein wichtiges Ziel. Darüber hinaus soll die Konkurrenzfähigkeit durch Qualitätsverbesserung von Produkten und Arbeitsleistung gesteigert werden, was besonders für kleine und mittlere Unternehmen wichtig ist. Überdies gehört es zum Bestreben des betrieblichen Vorschlagswesens, Arbeitszufriedenheit

= Ideenmanagement

Abb. 4.7 Zusammenspiel BVW und KVP (eigene Darstellung in Anlehnung an Leipold 2010, S. 22)

sowie -sicherheit zu gewährleisten. Es kann dabei Mitarbeiter dazu anregen, ihre Kompetenzen, ihr Wissen und auch Kreativität in das Unternehmen einzubringen und sich weiterzuentwickeln (vgl. Ridolfo 2005, S. 26 f.).

Betriebliches Vorschlagswesen ist für die Gewinnung und Umsetzung von Ideen wichtig. Mitarbeiter werden in diesem Prozess leistungsstarke Unternehmenspartner (vgl. Urban 1993, S. 126). Die Ergebnisse des betrieblichen Vorschlagswesens können auch im Rahmen des kontinuierlichen Verbesserungsprozesses verwendet werden.

Kontinuierlicher Verbesserungsprozess

Der KVP-Ansatz wird dem Ideenmanagement zugerechnet. Er ist in Abgrenzung zum klassischen betrieblichen Vorschlagswesen, bei dem die Ideenfindung eher spontan erfolgt, eine gelenkte Ideengenerierung in moderierten Gruppen. Dabei steht die Maxime der Kontinuität im Vordergrund, das Streben nach Verbesserung nicht als einmalige Anwendung auf eine Problematik zu sehen, sondern als einen Prozess oder eine Einstellung. Der KVP-Ansatz bezeichnet somit sowohl das Ziel als auch die entsprechende Grundhaltung. Für das Ziel der kontinuierlichen Verbesserung soll das Wissen aller Mitarbeiter ausgeschöpft werden, um Effizienz zu steigern und den Erfolg des Unternehmens langfristig zu sichern. Dabei müssen Ziele sowie Messgrößen im Voraus bestimmt werden. Dem kontinuierlichen Verbesserungsprozess liegt zugrunde, dass möglichst ganze Wertschöpfungsketten verbessert werden und nicht nur Besserungen in einzelnen Bereichen erzielt werden (vgl. Kamiske und Brauer 2011, S. 277).

Die Entwicklung des KVP-Ansatzes wurde durch Kaizen beeinflusst. Kaizen ist japanischen Ursprungs und bezeichnet eine etappenweise, nie aufhörende Vervollkommnung. Dabei wird die Grundeinstellung verfolgt, dass jegliches System scheitert, bei dem nicht stetig nach Verbesserung und Erneuerung gestrebt wird. Somit sollen Unternehmen ihren erlangten Status hinsichtlich Qualität beispielsweise nicht nur halten, sondern weiterentwickeln. Ferner ist es charakteristisch für Kaizen, dass Mitarbeiter sich sehr ausgeprägt mit dem Betrieb identifizieren (vgl. Urban 1993, S. 51 f., 65).

KVP bei der Gutekunst Stahlverformung KG

Ein erfolgreiches Ideenmanagement wurde bei dem mittelständischen Unternehmen Gutekunst Stahlverformung KG eingeführt. Das Unternehmen wurde 1990 gegründet und war vorher Bestandteil der Muttergesellschaft Gutekunst + Co. KG (vgl. Gutekunst Stahlverformung KG). 2013 waren insgesamt 93 Mitarbeiter beschäftigt (vgl. Gutekunst Stahlverformung KG).

Der Schwerpunkt des Unternehmens liegt auf innovativen Sonderlösungen für Großkunden in der Metallindustrie. Gutekunst hat daher einen hohen Innovationsgrad und ist auf die Kreativität seiner Mitarbeiter angewiesen. Aus diesem Grund wurde ein KVP (Kontinuierlicher Verbesserungsprozess) eingeführt. Mit der Zeit hat allerdings die Bereitschaft der Mitarbeiter, sich einzubringen, nachgelassen. Daraufhin wurde eine betriebsübergreifende Befragung zur Verbesserung des KVP durchgeführt. Angeregt durch die Vorschläge, wurde ein Team gegründet, welches das Ideenmanagement im Unternehmen einführte. Dieses Ideenteam besteht aus Vertretern des gesamten Unternehmens. Das Team hat u. a. Ideenräume eingeführt, die durchgehend für alle Mitarbeiter offen stehen und eine kreative, einladende Atmosphäre bieten. Eine weitere Maßnahme des Ideenteams sind sogenannte Ideentage. Der erste Ideentag fand 2008 statt. An ihm wurden insgesamt sechs Maßnahmen verabschiedet, die alle umgesetzt wurden. Gut ein Jahr nach der Einführung des Ideenmanagements wurden bereits mehr als 44 Ideen umgesetzt. Von den eingereichten Ideen waren etwa zwei Drittel positiv zu bewerten. Die umgesetzten Vorschläge sind u. a. ein Newsletter sowie eine Parkplatzbeleuchtung (vgl. Fraunhofer Prowis 2013).

Im Jahr 2013 wurde das Unternehmen erneut als Top-Innovator 2013 des deutschen Mittelstandes ausgezeichnet (vgl. Gutekunst Stahlverformung KG).

Beide Herangehensweisen, also betriebliches Vorschlagswesen und kontinuierlicher Verbesserungsprozess, schließen sich nicht gegenseitig aus, sondern können sich ideal ergänzen. Dies verdeutlicht die Grafik in Abb. 4.7.

4.3.4 Ideenmanagement durch Social Media

Der Ansatz des Open Innovation (vertiefende Informationen hierzu siehe Abschn. 6.4.3) zeigt bereits seit Jahren, dass gute Ideen auch von außerhalb des Unternehmens kommen können. Um vergleichsweise einfach an gute externe Ideen zu gelangen, bietet sich heute der entsprechend gezielte Einsatz von Social Media (vgl. hierzu auch Abschn. 8.3) an. Während bei Open Innovation die Kunden meistens nur gezielt während Befragungen integriert werden, können sie mithilfe von Social Media aus eigener Initiative heraus handeln, sich mit ihren Ideen einbringen und über diese diskutieren (vgl. Jawecki und Bilgram 2012, S. 139). Viele Unternehmen nutzen mittlerweile diese Art der kollektiven

Ideenfindung. Diese Art der Kommunikation kann sowohl Chance als auch Risiko für das Unternehmen darstellen (vgl. Morgenstern und Nolden 2013, S. 77).

Die einfachste Form der Ideenfindung durch den Einsatz von Social Media ist das Ideenstorming über die eigene Social-Media-Präsenz. Hierbei werden die Nutzer und Kunden direkt nach ihren Ideen, Vorschlägen und Verbesserungen gefragt (vgl. Schüller 2012, S. 241). Dies ist einfach und nicht mit hohen Kosten verbunden, da ein Social-Media-Auftritt selbst kostenfrei ist. Aus diesem Grund eignet sich dieses Vorgehen sehr gut für KMU. Wichtig ist dabei zu beachten, welche Plattformen genutzt werden. Für B2B-Unternehmen ist XING eher geeignet, während B2C-Unternehmen eher auf Facebook und Twitter zurückgreifen sollten (vgl. Hilker 2012, S. 33).

Um die Nutzer zu Ideen und Vorschlägen zu motivieren, müssen Anreize geschaffen werden. Dies sollte mindestens die Anerkennung des Ideengebers durch die Veröffentlichung der Idee sein. Auch die Verlosung von attraktiven Preisen und Prämien kann dafür genutzt werden. Selten werden über diese Form der Ideenfindung auch monetäre Leistungen vergeben (vgl. Schüller 2012, S. 242 f.).

Vorteile
Social Media eröffnet auch KMU mit kleinem Budget viele Chancen. Obgleich eine Social-Media-Präsenz beispielsweise auf Facebook kostenfrei realisierbar ist, muss trotzdem Personal zur Verfügung gestellt werden. Dies kann für KMU eine finanzielle oder zeitliche Herausforderung darstellen (vgl. Hilker 2010, S. 61).

Wenn das Ideenmanagement mit Social Media verknüpft wird, können viele neue Sichtweisen und Ideen generiert werden. Ein Großteil der Ideen wird dabei von den Kunden des Unternehmens ausgearbeitet. Dies ist ein besonders positiver Aspekt, da der Kunde im Sinne des Ideengebers auch der Kunde im Sinne des Käufers ist. Er entwickelt die Idee also nicht nur für das Unternehmen, sondern auch für sich selbst (vgl. Clement und Schreiber 2013, S. 465).

Nachteile und Risiken
Der augenfälligste Nachteil des Einsatzes von Social Media ist die Notwendigkeit der Bereitstellung ausreichend qualifizierter personeller Ressourcen – z. B. in Form eines Beauftragten, der sich um die Pflege der Social-Media-Präsenz kümmert (vgl. Hilker 2010, S. 61). Eine schlechte und nicht aktualisierte Präsenz wirft oft ein schlechteres Licht auf das Unternehmen als eine nicht vorhandene Präsenz.

Das angesprochene „Share"-Prinzip kann auch zu negativen Auswirkungen für das Unternehmen führen. Denn genauso schnell, wie sich positive Beiträge verbreiten, verbreiten sich auch negative.

Social-Media-Plattformen sind für jeden frei zugänglich. Die Ideen, die von den Nutzern entwickelt und eingestellt werden, werden öffentlich gesammelt. Dadurch lassen sich diese Daten nur sehr schwer vor anderen Unternehmen schützen.

Einsatz von Social Media im Ideenmanagement bei der Kelterei Walther GmbH & Co. KG

Die Kelterei Walther mit Sitz in Arnsdorf (Sachsen) wurde 1927 gegründet und beschäftigt aktuell 14 Mitarbeiter (Kelterei Walther: Geschichte).

Der Einstieg in Social Media begann mit einem eigenen Blog in 2006. 2007 folgte ein Twitter-Account und seit 2009/2010 ist das Unternehmen auch auf Facebook tätig. Für diese Aktivitäten investiert die Geschäftsführerin, Kirstin Walther, ungefähr eine Stunde am Tag.

Durch die Anregung eines potenziellen Kunden führte das Unternehmen sogenannte Saftboxen statt Glasflaschen als Verpackungsmaterial ein. Dieser Kunde stellte eine Anfrage für 10 Liter Saft pro Monat. Zu diesem Zeitpunkt hatte das Unternehmen aber nur 0,7-Liter-Glasflaschen im Sortiment, die für den Interessenten keine brauchbare Lösung darstellten. Zuvor wurde die Kelterei bereits von zwei weiteren Personen auf eine sogenannte Saftbox angesprochen. Eine dieser Personen brachte der Firma eine 10-Liter-Box vorbei, die laut seiner Aussage „interessant sein könnte". Der andere berichtete von einem Weindepot in Dresden, bei dem er solche Saftschachteln gesehen hatte.

Die Einführung dieser Saftboxen wurde durch die Onlinekanäle der Kelterei erheblich vereinfacht, da die unbekannte Verpackung dort dank optischer Unterstützung einfacher zu erklären war, als dies auf dem klassischen Weg möglich gewesen wäre. Mittlerweile entstehen fast 80 % der Umsätze des Unternehmens durch Produkte, die in dieser neuen Verpackung verkauft werden. Weiterhin verdankt das Unternehmen seinen umsatzstärksten Kunden seinem 2006 eingeführten Blog. Der Kunde wurde nur dadurch auf das Unternehmen aufmerksam, weil einer seiner Mitarbeiter den Blog der Kelterei kannte und an seinen Arbeitgeber weiterempfahl (vgl. Roskos 2011).

4.4 Finanzierung von Innovationen

Die Finanzierung von Innovationsprojekten stellt KMU oftmals vor größere Probleme. Dies ist u. a. auf das hohe Ausfallrisiko, geringe bzw. fehlende Sicherheit und die Ungewissheit der Innovationsdauer zurückzuführen. Somit stellt die Innovationsfinanzierung eines der zentralen Themen des Innovationsmanagements dar.

Im Folgenden wird zwischen der Eigen-, Fremd- und Mezzanine-Finanzierung unterschieden. Dabei wird im Rahmen der Eigenfinanzierung noch in Innen- und Außenfinanzierung unterteilt.

Im letzten Abschnitt werden staatliche Förderprogramme behandelt und einige der wichtigsten Förderprogramme zur Innovationsfinanzierung im Mittelstand vorgestellt.

4.4.1 Instrumente der Eigenkapitalfinanzierung

Die Eigenkapitalfinanzierung stellt nach wie vor die wichtigste Quelle zur Innovationsfinanzierung dar (vgl. Schwartz 2012, S. 1–6). Hierbei wird zwischen Innen- und Außenfinanzierung unterschieden.

Bei der Innenfinanzierung resultieren die Finanzmittel aus der wirtschaftlichen Tätigkeit der Unternehmung, d. h., sie sind vom Unternehmen selbst erwirtschaftet worden.

Im Gegensatz dazu fließen einem Unternehmen bei der Außenfinanzierung die Finanzmittel über die Finanzierungsmärkte zu, d. h., es findet eine Kapitalbeschaffung von außen statt (vgl. Wöhe und Döring 2008, S. 588–640).

Innenfinanzierung

Bei der Innenfinanzierung werden im Wesentlichen unterschieden:

- Selbstfinanzierung bzw. Eigenfinanzierung aus Gewinnen,
- Finanzierung aus Abschreibungen (Kapitalfreisetzungseffekt),
- Finanzierung aus Vermögensumschichtung.

Selbstfinanzierung

KMU haben die Möglichkeit, Innovationen aus selbsterarbeiteten und zurückbehaltenen Gewinnen zu finanzieren, die nicht an die Anteilseigner ausgeschüttet wurden. Diese Finanzierungsart setzt voraus, dass mit den Erträgen aus den hergestellten Produkten und Dienstleistungen bzw. Innovationen Gewinn erwirtschaftet wurde.

Bei der Selbstfinanzierung wird weiter unterschieden zwischen

- offener Selbstfinanzierung und
- stiller Selbstfinanzierung.

Bei der offenen Selbstfinanzierung werden die Gewinne in der Bilanz offen ausgewiesen, bei der stillen Selbstfinanzierung werden aus den Gewinnen stille Reserven gebildet (vgl. Haasis et al. 2007, S. 788 f.).

Die offene Selbstfinanzierung erfolgt bei Personengesellschaften und Einzelunternehmungen durch den Verzicht auf Gewinnentnahme und Gewinngutschrift auf dem Kapitalkonto. Bei den Kapitalgesellschaften werden die einbehaltenen Gewinne den offenen Rücklagen zugeführt und stehen dem Unternehmen zur Verfügung (vgl. Jung 2006, S. 789).

Die Bildung stiller Reserven in der Bilanz erfolgt durch:

- Unterbewertung von Vermögensgegenständen,
- Überbewertung von Schulden,
- Nichtaktivierung von Vermögenswerten, für die ein Aktivierungswahlrecht besteht (z. B. Derivativer Firmenwert gem. § 255 Abs. 4 HGB),

Tab. 4.1 Vor- und Nachteile der Selbstfinanzierung (eigene Darstellung in Anlehnung an Döring 2007, S. 160)

Vorteile	Nachteile
Keine Zins- und Tilgungszahlungen im Vergleich zur Fremdfinanzierung	Geringere Gewinnausschüttung an die Eigenkapitalgeber
Stärkung der Eigenkapitalposition und dadurch Verbesserung der Eigenkapitalquote	Bilanzsumme wird bei stiller Selbstfinanzierung niedriger als die Summe der tatsächlichen Werte
Keine Zweckbindung, das heißt, es können auch risikoreiche Investitionen getätigt werden	Unsicherheit, den Gewinn mit guter Verzinsung anlegen zu können
Unabhängigkeit von Kapitalgebern	Bildung von stillen Reserven führt zur Senkung der Eigenkapitalrentabilität des Unternehmens

- Unterlassung von Unmöglichkeit (Zwangsreserven) der Zuschreibung bei den Wertsteigerungen von Vermögensteilen,
- Überbewertung von Passivposten, speziell durch hohe Bewertung von Rückstellungen (vgl. Jung 2006, S. 789).

Dadurch wird die Bilanzsumme niedriger als die tatsächlich im Unternehmen eingesetzten Werte. Die Bildung stiller Reserven verhindert den Gewinnausweis und der Gewinn wird der Ausschüttung entzogen (vgl. Kußmaul 2010, S. 178).

Neben den zahlreichen Vorteilen der Selbstfinanzierung ist diese Art der Finanzierung auch mit einigen Nachteilen behaftet. Tabelle 4.1 soll einen Überblick über die möglichen Vor- und Nachteile geben, die bei der Selbstfinanzierung entstehen können.

Finanzierung aus Abschreibungen

Bei dieser Finanzierungsart handelt es sich um eine Vermögensumschichtung und nicht um die Bildung von neuem, zusätzlichem Kapital (vgl. Luger et al. 1999, S. 349).

Der regelmäßige Gebrauch eines Vermögensgegenstandes, wie z. B. einer in der Produktion eingesetzten Maschine, führt zu einer Wertminderung. Durch Abschreibungen werden diese jährlichen Wertminderungen erfasst und entsprechend der Gewinn eines Unternehmens sowie die Steuerbelastung auf Basis des Gewinns geschmälert. Damit steigt die Liquidität und es stehen mehr Mittel z. B. für die Finanzierung von Innovationsprojekten zur Verfügung.

Finanzierung aus Vermögensumschichtung

Eine weitere Möglichkeit, Eigenkapital zur Innovationsfinanzierung zu beschaffen, stellt die Finanzierung aus Vermögensumschichtung dar. Diese erfolgt durch

- den Verkauf nicht betriebsnotwendiger Vermögensgegenstände,
- die Verkürzung der Kapitalbindung von Bestandspositionen,

- den Verkauf und anschließender Wiederanmietung betriebsnotwendiger Vermögensgegenstände (Sale-and-lease-back).

Indem nicht betriebsnotwendige Vermögensgegenstände, wie bspw. Grundstücke oder der Fuhrpark, veräußert werden, kann Kapital im Anlagevermögen freigesetzt werden. Hingegen erfolgt die Kapitalfreisetzung im Umlaufvermögen bspw. durch den Verkauf von Forderungen (Factoring) oder durch eine geringe Lagerhaltung. Darüber hinaus besteht die Möglichkeit, durch Rationalisierungsmaßnahmen die Dauer der Kapitalbindung zu reduzieren und dadurch die investierten Finanzmittel schnell zurückzugewinnen (vgl. Camphausen et al. 2011, S. 294). Dies kann z. B. durch die Verkürzung der Kreditlaufzeiten bei Forderungsverkäufen erfolgen.

Auch durch Regelungen mit Lieferanten hinsichtlich der Einführung von Just-in-time-Anlieferungen, bei denen das Material erst genau dann angeliefert wird, wenn es für die Bearbeitung benötigt wird, können Kosten wie z. B. Lager- und Personalkosten, reduziert und liquide Mittel für die Finanzierung innovativer Vorhaben zur Verfügung gestellt werden (vgl. Haunerdinger et al. 2006, S. 81).

Außenfinanzierung

Die Außenfinanzierung lässt sich in zwei Bereiche einteilen: Die Kreditfinanzierung und die Beteiligungsfinanzierung. Im Folgenden seien insbesondere die wichtigsten Instrumente der Beteiligungsfinanzierung näher erläutert. Dabei wird zunächst auf die Kapitalerhöhung nicht emissionsfähiger Unternehmen eingegangen. Es folgen die Instrumente Private Equity, Venture Capital, Business Angel, Initial Public Offering und Private Placement. Letzter Abschnitt schließt mit der Erläuterung des Phänomens Crowdsourcing und seinen Unterformen.

Kapitalerhöhung

Zu den nichtemissionsfähigen Unternehmen gehören insbesondere Einzelunternehmen, offene Handelsgesellschaften (OHG), Kommanditgesellschaften (KG), eingetragene Genossenschaften (eG), stille Gesellschaften sowie Gesellschaften mit beschränkter Haftung (GmbH). Im Gegensatz zu den emissionsfähigen Unternehmen steht Unternehmen dieser Rechtsformen kein organisierter Kapitalmarkt zur Verfügung, auf dem sie Eigenkapital akquirieren können (vgl. Stiefl 2005, S. 29).

Für die Bereitstellung zusätzlichen Eigenkapitals besteht die Möglichkeit, die Kapitaleinlagen der bisherigen Anteilseigner zu erhöhen oder neue Anteilseigner aufzunehmen, welche zusätzliche Zahlungs- oder Sachmittel in das Unternehmen einbringen. Das bereitgestellte Eigenkapital kann z. B. in die Innovationsforschung investiert werden.

Dies gilt auch, wenn bei KMU eine Kapitalerhöhung aus Mitteln Dritter erfolgt. Hier erwerben die neu eintretenden Gesellschafter u. a. Kontroll-, Stimm- und Mitwirkungsrechte und haben einen Anspruch auf Gewinnausschüttung. In diesen Auswirkungen sehen viele KMU ein Problem und meiden eher die Kapitalerhöhung durch Mittelzuführung neuer Gesellschafter. Unabhängig davon lassen sich auch schwer Eigenkapitalgeber finden, welche Innovationen mittelständischer Unternehmen finanzieren wollen (vgl. Pfohl 2006, S. 318 f.).

Private Equity

Private Equity stellt ein Überbegriff für die Möglichkeit für nichtemissionsfähige Unternehmen dar, Eigenkapital zur Finanzierung von Innovationen zu erhalten. Diese Finanzierungsform besitzt keine einheitliche Definition. Grundsätzlich handelt es sich hierbei um die außerbörsliche Bereitstellung von Eigenkapital durch Kapitalbeteiligungsgesellschaften (auch Private-Equity-Gesellschaften genannt) (vgl. Reimers 2004, S. 5).

Private Equity, z. B. in Form von Venture Capital oder Business Angels, verlangt meist keine oder nur wenige Sicherheiten. Für das erhöhte Risiko, das Eigenkapitalgeber eingehen, hat dieses eine entsprechend höhere Renditeerwartung (vgl. Portisch 2008, S. 236–246). Um das Risiko der Finanzierung relativ gering zu halten, investieren sie in Unternehmen, die bereits Produkte und Dienstleistungen am Markt etabliert haben und regelmäßig Gewinne erwirtschaften (vgl. Gündel und Katzorke 2007, S. 26 ff.).

Das Hauptziel von Private-Equity-Gesellschaften ist, einen erheblichen Wertzuwachs des Zielunternehmens zu erzielen, um dann die Anteile am Unternehmen mit einem Kapitalgewinn wieder zu veräußern. Um dieses Ziel zu erreichen, stellen die Beteiligungsgesellschaften nicht nur das notwendige Kapital zur Verfügung, sondern stehen dem Unternehmen auch beratend zur Seite und bringen zusätzlich ihr Know-how, ihre Finanzierungskenntnisse, die Managementerfahrung und die Verbindungen aus dem eigenen Netzwerk ein. Dies wirkt sich in aller Regel zugunsten des Zielunternehmens aus. Dem Kapitalgeber werden gleichzeitig unterschiedliche Kontroll- und Mitspracherechte im Unternehmen eingeräumt. In der Regel greift dieser aber nicht in das Tagesgeschäft des Beteiligungsunternehmens ein (vgl. Frommann und Dahmann 2003, S. 8).

KMU-Praxisbeispiel

Zusammenarbeit mit einer Private-Equity-Gesellschaft beim Onlineunternehmen Brille24

Als Beispiel für eine erfolgreiche Zusammenarbeit zwischen einem aufstrebenden mittelständischen Unternehmen und einer Private-Equity-Gesellschaft kann das bekannte Onlineunternehmen Brille24 genannt werden. Das Unternehmen wurde mit dem einfachen Konzept „Alle Brillen, ein Preis: 39,90 Euro" bekannt. Brille24 hat 70 Mitarbeiter und ist mittlerweile mit Onlineshops in Belgien, Frankreich, Niederlande, Portugal und Spanien präsent (vgl. Brille24).

Um das Unternehmen zu finanzieren, wurden in der Anfangszeit Gelder von mehreren Kapitalbeteiligungsgesellschaften in Anspruch genommen. Der Gründer und Geschäftsführer des Online-Optikers, Matthias Hunecke, begann zunächst nur mit Eigenkapital, welches er selbst ins Unternehmen eingebracht hatte. Um das neuartige Geschäftsmodell weiter am Markt zu etablieren, nahm er später Hilfe von Eigenkapitalgebern in Anspruch. Zu den Investoren gehören die Beteiligungsgesellschaft CFP &

Founders Investments und die Private-Equity-Gesellschaft b-to-v (vgl. Gründerszene 2012).

Einen Kontrollverlust, den viele Unternehmen befürchten, welche sich Geld von Eigenkapitalgebern beschaffen, hat Brille24 nicht zu erwarten. Der Gründer und Geschäftsführer des Optikers bleibt trotz Beteiligung der Investoren Mehrheitseigner und muss somit nicht befürchten, die Kontrolle über das Unternehmen zu verlieren. Vielmehr stellen die Beteiligungsgesellschaften ihr Know-how und ihre Managementerfahrung zur Verfügung (vgl. Handelsblatt 2011).

Venture Capital

Eine spezielle Form der Private-Equity-Finanzierung stellt Venture Capital dar. Wird Private-Equity-Kapital jungen, innovativen Unternehmen zur Verfügung gestellt, die naturgemäß ein hohes Risiko, aber auch entsprechende Wachstumschancen in sich bergen, so spricht man von Risikokapital bzw. Venture Capital (Wagniskapital). Man unterscheidet hierbei die verschiedenen Lebenszyklusphasen eines Unternehmens, in denen Investoren Eigenkapital zuführen. Während bei Private Equity, wie oben bereits beschrieben, in Unternehmen investiert wird, die bereits über eine etablierte Marktstellung verfügen, findet die Venture-Capital-Beteiligung in der Gründungsphase (Seed) und der anschließenden Wachstumsphase (Start-up) statt (vgl. Pfohl 2006, S. 319).

Zur Innovationsfinanzierung von Gründungs- und Wachstumsunternehmen in technologieorientierten und innovativen Branchen scheiden traditionelle Finanzierungsformen wie Bankkredite aufgrund des hohen Risikos und der fehlenden Sicherheiten der Projekte aus. Private Equity bietet KMU oftmals die einzige Möglichkeit zur Finanzierung ihrer innovativen Ideen (vgl. Frommann und Dahmann 2003, S. 20).

Sowohl die Finanzierungsformen der Business Angels als auch die der Initial Public Offering übernehmen das Kapitalausfallrisiko im Unternehmen und stehen auch beratend zur Verfügung. Die Einbringung von Managementerfahrung der Venture-Capital-Gesellschaften bei ihren Zielunternehmen ist dabei besonders wichtig, denn es handelt sich bei Unternehmen in der Seed- oder Start-up-Phase um Unternehmensgründer, die kaufmännisch meist noch unerfahren sind (vgl. Wöhe und Döring 2008, S. 623 ff.).

Business Angels

Im Rahmen der Private-Equity-Finanzierung stellen die sogenannten Business Angels eine weitere Möglichkeit zur Finanzierung innovativer Vorhaben dar. Hierbei wird einem Unternehmen Eigenkapital durch eine vermögende Privatperson, dem Business Angel, auf direktem Weg zugeführt. Sie stellen innovativen Gründern bzw. jungen, innovativen Unternehmen benötigtes Kapital, unternehmerisches Know-how und förderliche Kontakte zur Verfügung (vgl. Pfohl 2006, S. 319).

Unternehmen wenden sich vor allem in der Start- und Gründungsphase an einen Business Angel, um an Eigenkapital zu gelangen. Denn gerade bei einer Neugründung fehlt diesen oft die Kreditwürdigkeit, um an Fremdkapital zu gelangen. Somit müssen andere Finanzierungsquellen gesucht werden. Diese Finanzierungsform ähnelt sehr stark der Venture-Capital-Finanzierung, denn neben dem Kapital, welches der Business Angel einem jungen Unternehmen in der Gründungsphase zur Verfügung stellt, bietet er ebenfalls sein Know-how und seine Managementerfahrung an. Der Unterschied zwischen diesen beiden Finanzierungsformen liegt in der Höhe des Investments. Der Business Angel steigt zu einem Zeitpunkt in ein Unternehmen ein, zu dem es sich für Venture-Capital-Gesellschaften bezüglich der Höhe des Investments und der zu erwartenden Rendite noch nicht lohnen würde (vgl. Tursch 2009, S. 30 f.).

Initial Public Offering (Börsengang)

Benötigt ein Unternehmen Kapital, um in einer Phase der Sättigung weiteres Wachstum zu finanzieren (bspw. Finanzierung der F&E für neue Produkte), ist eine Aufnahme von Fremdkapital in dieser stagnierenden Lage kaum möglich. Daher kann versucht werden, diese von hohem Risiko charakterisierten Investitionen über Eigenkapital zu finanzieren (vgl. Ruda 2005, S. 15 f.).

Hier bietet sich eine Unterform der Außenfinanzierung an: Initial Public Offering. Bei dieser Finanzierungsform werden Anteile einer Aktiengesellschaft erstmalig auf einem organisierten Kapitalmarkt emittiert.

Ein Börsengang hat in der Regel starke Auswirkungen auf die Kapitalstruktur und die Liquidität eines Unternehmens. Die erhöhte Eigenkapitalquote sorgt für ein besseres Rating und hat somit den Vorteil, dass die Kosten für die Aufnahme von Fremdkapital sinken. Außerdem können mit dem Kapital Verbindlichkeiten verringert und somit die Belastungen des Unternehmens in Form von Zins- und Tilgungszahlungen reduziert werden. Geht ein Unternehmen an die Börse, erhöht sich auch zwangsläufig dessen Bekanntheitsgrad. So kann gezielt eine werthaltige Marke geschaffen werden. Der Kreis der Stakeholder (u. a. Kunden, Lieferanten und Kapitalgeber) kann auf diese Weise erweitert werden. Der Börsengang dient in diesem Fall auch als Marketinginstrument (vgl. Heinz 2005, S. 264).

Ein Börsengang hat jedoch nicht nur Vorteile für das Unternehmen. Der wichtigste Nachteil für mittelständische Unternehmen liegt in der Einschränkung des Einflusses alter Eigentümer durch die Aufnahme neuer Aktionäre. Die neuen Aktionäre haben ein Mitspracherecht in Höhe ihrer Beteiligung (vgl. Portisch 2008, S. 252–257). Um die Stimmrechte der neuen Investoren einzuschränken, bietet sich die Ausgabe von Vorzugsaktien an. Jedoch ist die Vergabe von Vorzugsaktien i. d. R. mit hohem Dividendenanspruch verbunden, d. h., die Aktionäre verlangen aufgrund des Verzichts auf ihr Stimmrecht eine höhere Dividendenausschüttung. Ein weiterer Nachteil stellt das Risiko einer feindlichen Übernahme dar. Um dies zu verhindern, sollte die Mehrheit der Unternehmensanteile in den Händen der internen Gesellschafter bleiben (vgl. Wirtz 2006, S. 112).

Börsengänge von mittelständischen Unternehmen sind noch die Ausnahme. Doch das Interesse daran nimmt stetig zu. Laut Mario Ohoven, Präsident des Bundesverbands mittelständische Wirtschaft, zögen 20 % der größeren Mittelständler einen Börsengang in Erwägung. Das liege daran, dass die Banken weniger Kredite bewilligen und somit die Unternehmen andere Wege der Kapitalbeschaffung finden müssen (vgl. Handelsblatt 2010).

KMU-Praxisbeispiel
Börsengang der BHB Brauholding Bayern-Mitte AG
Die BHB Brauholding Bayern-Mitte AG ist ein mittelständisches Unternehmen mit renommierten Marken wie Herrnbräu und Bernadett Brunnen (vgl. BHB).

Im Juli 2010 platzierte die BHB 1,6 Mio. Aktien im Rahmen ihrer Kapitalerhöhung an der Münchener Börse. Das Angebot war deutlich überzeichnet. Der Börsengang kostete 200.000 Euro und hatte neun Monate Vorlaufzeit. Mit dem Börsengang generierte das Unternehmen 4,5 Mio. Euro. Mit einem Teil wurden Verbindlichkeiten abgebaut, der Rest sollte helfen, das Wachstum zu beschleunigen (vgl. Handelsblatt 2010).

Crowdsourcing

Aufgrund der genannten Finanzierungshemmnisse für die Innovationsfinanzierung in mittelständischen Unternehmen ist von einer neuen Möglichkeit der Kapitalbeschaffung immer häufiger die Rede. Dabei wurde aus dem Phänomen Crowdsourcing die neue Finanzierungsmethode Crowdfunding, eine weitere Form von Private Equity, abgeleitet. Hierzu besteht ergänzend das Crowdinvesting. Beide Formen eignen sich zur Finanzierung von Innovationen in mittelständischen Unternehmen.

Der Begriff Crowdsourcing wurde im Jahr 2006 in dem US-amerikanischen Technologiemagazin *Wired* von Jeff Howe und Mark Robinson geprägt und setzt sich aus den Begriffen „Crowd" (Masse) und „Outsourcing" (Auslagerung) zusammen (vgl. Sjurts 2011, S. 95). Dieses Phänomen beruht auf der Kreativität einer großen Anzahl von Anwendern und auf Wissensauslagerungen im Internet. Dabei finden die Anwender für unterschiedliche Aufgaben eines Unternehmens Lösungen oder beteiligen sich an verschiedenen Forschungsprojekten. Es entsteht der Vorteil, dass die Ansprüche der Kunden an diversen Produkten direkt berücksichtigt werden. Des Weiteren kann die Zusammenarbeit zwischen Kunden und Unternehmen die Kosten des Unternehmens senken, die kooperative Gestaltung und Umsetzung von Innovationen mit Kunden ermöglichen und die Kundenbindung stärken (vgl. Yavuz 2011, S. 1 f.).

In der Praxis hat Crowdsourcing unterschiedliche Erscheinungsformen:

- Crowdfunding: Ein Projekt wird gemeinsam durch die Community finanziert.
- Co-Creation: Ein Werk wird gemeinsam durch die Community hergestellt.
- Microworking: Die Mitglieder der Community erfüllen Teilaufgaben, die zu einem Gesamtergebnis zusammengefügt werden (vgl. Wenzlaff et al. 2012, S. 13).

Da der Inhalt dieses Kapitels die Innovationsfinanzierung zum Gegenstand hat, wird im Folgenden nur die Erscheinungsform „Crowdfunding" betrachtet.

Crowdfunding

Crowdfunding ist eine Form des Crowdsourcing und stellt bspw. für Künstler, Musiker oder Start-ups eine alternative Finanzierungsform dar. Für KMU besteht die Möglichkeit,

Tab. 4.2 Gegenüberstellung Eigenkapital und Fremdkapital (eigene Darstellung in Anlehnung an Förschle et al. 1993, S. 12)

	Eigenkapital	Fremdkapital
Rechte/Pflichten der Kapitalgeber	– Teilhaber – Mitspracherecht – Gewinn- und Verlustbeteiligung – Haftung – Keine Tilgung – Unbefristet	– Gläubiger – Kein Mitspracherecht – Recht auf Zinsen und Tilgung – Keine Haftung – Risiko bei Forderungsausfall – Befristet
Auswirkungen auf die Kreditnehmer bzw. Unternehmen	– Liquiditätsfördernd – Rentabilitätsvermindernd – Unabhängigkeit	– Liquiditätsbelastend – Rentabilitätsfördernd – Abhängigkeit
Steuern auf Erträge	– Einkommenssteuern/Körperschaftssteuern – Gewerbesteuerpflichtig	– Zinsen sind Aufwendungen und wirken steuersparend

ihre innovativen Ideen über Crowdfunding-Plattformen (bspw. VisionBakery) zu finanzieren. Hierbei können jegliche Projektinteressenten mit einem kleinen Betrag das gewünschte Projekt finanziell unterstützen. Als Gegenleistungen erhalten die Beteiligten eine Prämie oder in manchen Fällen auch nur einen Dank (vgl. Gassmann 2012, S. 13).

4.4.2 Instrumente der Fremdkapitalfinanzierung

Bei deutschen KMU wird eine Fremdfinanzierung von Innovationen i. d. R. erst dann gewählt, wenn eine Innenfinanzierung wegen schlechter Ertragslage nicht möglich ist (vgl. Kreditanstalt für Wiederaufbau 2006. S. 95). Unter dieser Finanzierungsform fallen alle Maßnahmen, die der Beschaffung von zeitlich befristetem Fremdkapital dienen. Dabei können als Kapitalgeber Kreditinstitute, Kunden, Versicherungen und andere Unternehmen, aber auch Privatpersonen auftreten (vgl. Hellerforth 2008, S. 53).

Eigen- und Fremdkapital unterscheiden sich auf vielfältige Art und Weise. Einige Unterscheidungskriterien sollen in Tab. 4.2 dargestellt werden.

Zur Finanzierung von Innovationsvorhaben stellen Bankdarlehen eine wichtige Option dar. Sie haben in Deutschland insbesondere für KMU eine große Bedeutung, insbesondere bei der langfristigen Fremdfinanzierung (vgl. Trestege und Ewert 2011, S. 291).

Die Voraussetzung für die Kreditfinanzierung ist eine solide Eigenkapitalausstattung des Unternehmens. Das Fehlen der oben genannten Sicherheiten kann für die Innovationsfinanzierung ein Hemmnis darstellen. Darüber hinaus stellt die Einführung von Basel III, die Mitte 2013 in Kraft trat, ein weiteres Hindernis dar. Wesentliche Neuerung im Vergleich zum Vorgängerregelwerk Basel II ist eine neue Definition des Eigenkapitals bei

Banken. Diese beinhaltet strengere Kriterien für das Kapital, das zur Unterlegung der Kredite, die herausgegeben werden sollen, geeignet ist. Somit wird es für die Unternehmen mit einem schlechteren Rating noch schwerer, einen Kredit von einer Bank zu erhalten (vgl. Becker et al. 2009 S. 2 f.).

4.4.3 Instrumente des Mezzanine-Kapitals

Obwohl Mezzanine-Finanzierungsformen überwiegend von Großunternehmen genutzt werden, bieten sie für KMU dennoch eine weitere Möglichkeit zur Finanzierung von Innovationen. Im folgenden Abschnitt werden allerdings nur jene Instrumente der Mezzanine-Finanzierung vorgestellt, die für eine Innovationsfinanzierung geeignet erscheinen.

Der Begriff Mezzanine kommt aus dem Italienischen und bezeichnet ursprünglich ein Zwischengeschoss in der Architektur. Als eine Art Zwischenelement ist es auch in der Finanzierung anzusehen, da Mezzanine-Kapital sowohl Charakteristika des Eigen- als auch des Fremdkapitals aufweist. Die typischen Merkmale von Mezzanine-Kapital sind eine Nachrangigkeit gegenüber reinem Fremdkapital und zugleich eine Vorrangigkeit gegenüber reinem Eigenkapital, eine höhere, oft gewinnabhängige Vergütung und eine langfristige, aber dennoch begrenzte Kapitalüberlassung, die je nach Finanzierungsform unterschiedlich ausgeprägt ist (vgl. Portisch 2008, S. 217 ff.).

Formen dieser Finanzierung, die kurz dargestellt werden sollen, sind:

- Stille Beteiligung,
- Nachrangige Darlehen.

Stille Beteiligung
Die Beschaffung von Kapital über eine stille Beteiligung erfolgt meist als Bareinlage, demgegenüber steht eine Gewinnbeteiligung. Gleichzeitig liegt aber auch eine Verlustbeteiligung vor, sodass der stille Gesellschafter in Höhe der Einlage haftet. Man spricht in diesem Zusammenhang von einer Innengesellschaft; da der Gesellschafter nicht gegenüber Dritten auftritt. Grundsätzlich ist eine stille Beteiligung zeitlich befristet. Die Dauer und die restlichen Konditionen sind frei gestaltbar. Es sind jedoch zwei grundsätzliche Typen der stillen Beteiligungen zu unterscheiden (vgl. Grunow 2010, S. 83).

Bei der typischen stillen Beteiligung erhält der Investor nur geringfügige Informationsrechte und keinerlei Mitbestimmungsrechte. Die Eigentumsverhältnisse bleiben somit unverändert. Es liegt auch keine Beteiligung an den stillen Reserven, dem Unternehmenswert oder dem Liquidationserlös vor. Ferner hat der Investor keinen Einfluss auf Entscheidungen, die im Unternehmen getroffen werden. Er verfügt lediglich über einige Kontroll- und Informationsrechte (vgl. Brettel et al. 2008, S. 77).

Die atypische stille Beteiligung stellt dagegen eine Sonderform dar. Der Kapitalgeber wird bei dieser Finanzierungsform im steuerlichen Sinne als Mitunternehmer betrachtet. Der Grund hierfür liegt zum einen in den erhöhten Mitsprache- und Kontrollrechten, die der atypische stille Gesellschafter im Vergleich zum typischen stillen Gesellschafter hat. So hat er bspw. mindestens das Recht, einen Einblick in die Bücher zu nehmen. Zum anderen trägt der atypische stille Gesellschafter ein höheres Risiko, da er vertraglich auch für Verluste haftbar gemacht werden kann, die über seine Einlage hinausgehen (vgl. Haunerdinger und Probst 2006, S. 88).

Nachrangige Darlehen

Nachrangige Darlehen bieten KMU eine weitere Möglichkeit zur Finanzierung innovativer Vorhaben. Ein Nachrangdarlehen besteht aus einem üblichen Darlehen nach §§ 488 ff. BGB und der Rangrücktrittsvereinbarung. Bei dieser Finanzierungsform verpflichtet sich der Nachrangdarlehensgeber zur Abgabe einer Rangrücktrittserklärung (vgl. Wöltje 2013 S. 490). Hierbei wird zwischen einfachem und qualifiziertem Rangrücktritt unterschieden:

- Einfacher Rangrücktritt:
  In einem laufenden Insolvenzverfahren verpflichtet sich der Kreditgeber zum Rangrücktritt seiner Forderungen gegenüber anderen Gläubigern. Damit treten seine Verbindlichkeiten hinter andere Fremdkapitalverbindlichkeiten, stehen jedoch noch vor dem Eigenkapital.
- Qualifizierter Rangrücktritt:
  Im Gegensatz zum einfachen Rangrücktritt verpflichtet sich der Kreditgeber in diesem Fall nicht nur auf einen Rangrücktritt gegenüber anderen Gläubigern, sondern verzichtet darüber hinaus auch auf eine Gleichstellung mit den Eigenkapitalgebern. Dies bedeutet, dass der Kreditgeber hinter alle bestehenden und zukünftigen Gläubiger zurücktritt und seine Forderungen erst nach Ausgleich aller Schulden des Unternehmens bedient werden. Darüber hinaus kann die Rückzahlung seines Kredites erst nach Beseitigung der Überschuldungsgefahr erfolgen (vgl. Becker 2009, S. 226 f.).

4.4.4 Förderprogramme

Aufgrund der begrenzten Möglichkeit von Eigen- sowie Fremdfinanzierung im Mittelstand bieten Förderprogramme des Bundes, der Länder und der EU eine weitere wesentliche Finanzierungsquelle für Innovationen und F&E (vgl. Belitz und Lejpras 2012, S. 20 ff.). Diese Förderprogramme haben das Ziel, die Finanzierungslücken von Innovationsvorhaben bei KMU zu schließen. In der Praxis findet sich hierbei eine große Auswahl von Förderinstrumenten.

Dem Mittelstand können sogenannte verlorene Zuschüsse zur Finanzierung ihrer Innovationen gewährt werden, die nicht zurückgezahlt werden müssen. Darüber hinaus besteht die Möglichkeit, besonders zinsgünstige Darlehen zu vergeben, die zwischen 1 bis 3 % unter dem marktüblichen Zinssatz liegen (vgl. Weitnauer 2001, S. 172). Des Weiteren können Steuervergünstigungen als Investitionsanreize gewährt und damit unternehmerische Innovationen gefördert werden. Ein weiteres Förderungsinstrument stellen Bürgschaften dar. Hierbei wird den KMU ermöglicht, Fremdkapital trotz geringer Sicherheiten aufzunehmen. Als letzte Möglichkeit dient die offene bzw. stille Beteiligung als Zuwendungsform.

In der Praxis haben sich komplexere Finanzierungsmodelle durchgesetzt, die oftmals eine Mischform dieser Zuwendungen vorsehen (vgl. Hummel 2011, S. 54 ff.). Um öffentliche Fördermittel zu erhalten, könnte das Unternehmen dazu verpflichtet werden, sein geistiges Eigentum zu veröffentlichen (z. B. Veröffentlichung des Projektantrags oder wichtiger Projektergebnisse). Darüber hinaus fallen zum Erhalt einer öffentlichen Förderung im Unternehmen sogenannte Compliance costs an. Diese können direkte Kosten (bspw. Kosten für die Erstellung eines Antrags usw.) und Opportunitätskosten enthalten (vgl. Kreditanstalt für Wiederaufbau 2006, S. 107).

In der Praxis wird eine Vielzahl von Förderprogrammen angeboten, die zum Teil regional oder branchenspezifisch gebunden sind. Die wichtigsten hiervon sind:

Bayerische Landesanstalt für Aufbaufinanzierung (LfA)
Die Innovationsprojekte mittelständischer Unternehmen mit Sitz in Bayern werden von der LfA und dem Bayerischen Wirtschaftsministerium gefördert. Dabei wird die Förderung unabhängig vom Unternehmensalter und der Branche gewährt. Die LfA setzt voraus, dass nur innovative Vorhaben gefördert werden, die

- mit einem erheblichen technischen und wirtschaftlichen Risiko verbunden sind, welches vom Unternehmen getragen wird,
- mittelfristig einen wirtschaftlichen Erfolg versprechen,
- ohne öffentliche Hilfe nicht oder nur erheblich zeitverzögert durchgeführt werden können,
- in Bayern durchgeführt und verwertet werden sowie einen positiven Arbeitsplatzeffekt im Bereich der Entwicklung und Produktion haben (vgl. LfA Förderbank Bayern.

Bundesministerium für Wirtschaft und Technologie (BMWi)
Die Förderdatenbank des BMWi ermöglicht einen großen Überblick über die bereitgestellten Programme zur Innovationsfinanzierung. Für den Mittelstand stehen folgende Finanzierungshilfen zur Verfügung:

- ERP-Innovationsprogramm
  Die Durchführung dieses Programms erfolgt von der KfW Bankengruppe im Auftrag des ERP-Sondervermögens. Sie dient zur Finanzierung marktnaher Forschung und Entwicklung neuer Produkte, Produktionsverfahren oder Dienstleistungen sowie ihrer Markteinführung. Die Gewährung dieser Förderung erfolgt als integriertes Finanzierungspaket, welches aus einem klassischen Darlehen und einem Nachrangdarlehen besteht, wobei diese vom Gruppenumsatz des finanzierten Unternehmens abhängig sind.

- ERP-Startfonds

  Die KfW Bankengruppe beteiligt sich zusammen mit privaten Lead-Investoren in gleicher Höhe und zu gleichen wirtschaftlichen Konditionen an jungen, innovativen Unternehmen, wobei die Kriterien der KMU-Definitionen der EU für kleine Unternehmen erfüllt sein müssen. Die Höhe der Beteiligung ist auf max. 5 Mio. Euro pro Unternehmen und max. 2,5 Mio. Euro je Zwölfmonatszeitraum begrenzt.

- Existenzgründungen aus der Wissenschaft (EXIST)

  Hochschulen und Forschungseinrichtungen zählen zu den wichtigsten Quellen für neue Technologien sowie innovative Produkte und Dienstleistungen. Aus diesem Grund fördert die Bundesregierung seit 1998 mit dem Programm EXIST Maßnahmen zur Stärkung des Unternehmergeistes und zur Etablierung der Gründungskultur an Hochschulen und außeruniversitären Forschungseinrichtungen. Die Förderung ist hierbei in zwei Phasen angelegt. In der ersten Phase werden die teilnehmenden Hochschulen aufgefordert, eine ganzheitliche Gründungsstrategie zu entwickeln. Danach werden in der zweiten Phase diejenigen mit den überzeugendsten Konzepten bei der praktischen Umsetzung der Strategie finanziell unterstützt.

- High-Tech Gründerfonds

  Aufgrund der Komplexität und Kapitalintensivität innovativer und technologieorientierter Gründungen wurde im Jahr 2005 das Instrument High-Tech Gründerfonds zur Bereitstellung von Risikokapital für neu gegründete, deutsche Technologieunternehmen geschaffen. Dabei wird dem jungen Unternehmen bis zu 500.000 Euro in Kombination von Eigenkapital und Wandeldarlehen zur Verfügung gestellt. Im Gegenzug erwirbt der High-Tech Gründerfonds 15 % der Unternehmensanteile.

- Deutsch-französische Internetplattform EuroQuity

  Zur Vereinfachung des Zueinanderfindens privater Wagniskapitalgeber und kapitalsuchender Unternehmen wurde die deutsch-französische Internetplattform EuroQuity von der KfW in Kooperation mit der französischen Mittelstandsförderbank OSEO eingerichtet. Diese Plattform dient der Kapitalvermittlung und als Netzwerk für kapitalsuchende Unternehmen und Investoren (vgl. Bundesministerium für Wirtschaft und Technologie).

Zentrales Innovationsprogramm Mittelstand (ZIM)

Mit ZIM sollen die Innovationskraft und Wettbewerbsfähigkeit von KMU nachhaltig unterstützt und so ein Beitrag zu deren Wachstum, verbunden mit der Schaffung und Sicherung von Arbeitsplätzen, geleistet werden. Hierzu werden mehrere Förderprogramme angeboten, sowohl für Einzelprojekte wie auch für Kooperationsprojekte und Kooperationsnetzwerke (vgl. Bundesministerium für Wirtschaft und Technologie).

KMU-Praxisbeispiel

ZIM-Förderung bei der Human Solutions GmbH

Als ein erfolgreiches Beispiel für die Förderung des innovativen Mittelstands kann die Human Solutions GmbH mit dem Sitz in Kaiserslautern erwähnt werden. Das Unternehmen, welches zur Human Solutions Gruppe mit ca. 200 Mitarbeitern gehört, bietet 3D-Bodyscanning, Ergonomie und Simulationen des Menschen an (vgl. Human Solutions). Dabei konzentriert sich das Unternehmen seit 1995 auf die Herstellung neuartiger Systeme zur Vermessung von Menschen für die dreidimensionale Erfassung der Körperfläche und die Erschließung neuer Einsatzbereiche für die Gestaltung hochindividualisierter Produkte, insbesondere Bekleidung.

Mit dem Projekt AVANTI 3D entwickelte das Unternehmen Methoden und Verfahren zur schnellen Generierung von Avataren auf der Basis von 3D-Bodyscans. Dabei gelingt dem Anwender mit dieser Entwicklung zu visualisieren, wie der typische Kunde seiner Zielgruppe tatsächlich aussieht.

Das BMWi förderte dieses Projekt im Rahmen des zentralen Innovationsprogramms Mittelstand (ZIM). Die bewilligten Fördermittel betrugen hierbei 140.000 Euro (vgl. Bundesministerium für Wirtschaft und Technologie).

Kreditanstalt für Wiederaufbau (KfW)
Die bundeseigene KfW Bankengruppe, besonders die KfW Mittelstandsbank, ist die wichtigste Förderinstitution für die Umsetzung von Bundesprogrammen für Existenzgründer und KMU. Dabei hat sie die Aufgabe, im staatlichen Auftrag u. a. technischen Fortschritt und Innovationen zu fördern.

Die Finanzierung erfolgt hierbei nicht direkt, sondern gemeinsam mit den Geschäftsbanken. Dies bedeutet, dass die KMU und Existenzgründer die Förderprogramme über ihre Hausbank beantragen müssen (Hausbankprinzip).

Die KfW Mittelstandsbank bietet drei Programmbereiche zur Förderung an: Zum einen besteht die Möglichkeit, aus dem Bereich Fremdkapital langfristige und zinsgünstige Investitionskredite zu erhalten. Der Programmbereich Mezzanine-Finanzierung bietet zum anderen Nachrangdarlehen an. Der Vorteil ist, dass der Kreditnehmer hierfür keine Sicherheiten stellen muss. Der letzte Programmbereich beinhaltet die Bereitstellung von Eigenkapital durch die Beteiligungsfinanzierung (vgl. Bundesministerium für Wirtschaft und Technologie 2007, S. 41 f.).

4.5 Marketing von Innovationen

Marketing kann allgemein als konsequente marktorientierte Ausrichtung aller Unternehmensbereiche verstanden werden (vgl. Schneider 2003, S. 91).

Marketingstrategien werden operativ primär durch den Einsatz von Produkt-, Preis-, Distributions- und Kommunikationspolitik umgesetzt. Dies sind die klassischen Instrumente des Marketing-Mix. In Anlehnung an die englischen Begriffe Product, Price, Placement und Promotion wird beim operativen Marketing auch von den 4 P im Marketing gesprochen.

Neben diesen klassischen 4 P wurden weitere Elemente entwickelt, von denen sich in der Praxis bislang hauptsächlich People (Personal) und Process (Prozessmanagement) durchsetzen konnten[7] (vgl. Schneider 2013, S. 10 f.).

Die zentrale Aufgabe im Rahmen des Innovationsprozesses im Allgemeinen und des Innovationsmarketings im Besonderen sind die Konkretisierung und Durchsetzung von Wettbewerbsvorteilen neuer Leistungsangebote und die konsequente Ausrichtung absatzpolitischer Maßnahmen am Kundenwert.

Als Teilfunktion des Innovationsmanagements beinhaltet das Innovationsmarketing alle absatzorientierten Aufgaben von Marktforschung bis hin zur Gestaltung des Marketing-Mix neuer Produkte und der Markteinführung. Abschließend wird im Abschn. 4.6 die besondere Bedeutung in Bezug auf Innovationen aufgegriffen.

Bei Innovationen mit einem geringen Neuigkeitsgrad können ein etabliertes Konzept einer Produktserie und die vorhandenen Marktforschungs- und Marktdaten dazu genutzt werden, das Marketingkonzept zu erstellen oder weiterzuentwickeln. Die Merkmale der Zielgruppe sowie die Möglichkeiten und Effizienz einzelner Vertriebskanäle sind bekannt; Preisoptionen können durch das Bestimmen der Marktposition der verwandten Produkte abgeleitet werden. In dem Fall stellt die bestehende Kundenbasis eine wertvolle Informationsquelle für neue Leistungsangebote dar, die darüber hinaus von ihr getestet und bewertet werden können (vgl. Ehret und Galanakis 2012, S. 63 f.).

Eine besondere Herausforderung liegt vor, wenn die Innovation einen bisher unbekannten Markt ansprechen soll, der entscheidend von den bestehenden Mustern der Kunden-Unternehmens-Beziehung abweicht. Unter diesen Umständen kann die Auswertung der Analyse aktueller Kunden zu irreführenden Ergebnissen führen.

Liegen in Bezug auf die neuen relevanten Märkte keine validen Marktinformationen über Nutzergruppen und Kaufeigenschaften, wie beispielsweise die Zahlungsbereitschaft, vor, müssen Bewertungsmuster – ausgehend von der Analyse des Nutzungswertes – erst erforscht und Methoden zur Validierung einzelner produktpolitischer Gestaltungsparameter gefunden werden. Die Art der Innovation (vgl. Abschn. 2.1.) und die Erfindungshöhe geben demnach vor, in welchem Umfang die gegenwärtige Kundenbasis den Ausgangspunkt weiterer Konzeptionen bildet (vgl. Ehret und Galanakis 2012, S. 65).

Gerade bei neuartigen Produkten oder Dienstleistungen sind die über das Marketing adressierten unterschiedlichen Zielgruppen genauestens zu analysieren. Hier wird zwischen sogenannten Adaptoren[8] unterschieden, die aufgrund ihrer Merkmale und ihres Verhaltens verschieden angesprochen werden müssen:

---

[7] Weitere mögliche „P" sind Packaging (Verpackung), Physics, Phsysical Evidence (Ladengestaltung), Physical Facilities (etwa physische Ausstattung des Gebäudes), Politics (Einflussnahme von Unternehmen auf die Politik), Position (Positionierung des Unternehmens sowie seiner Leistungen), Public Voice (die Kommunikation in Blogs, Communities und über Multiplikatoren) sowie Pamper (Fokussierung auf das Wohlfühlerlebnis der Kunden).

[8] Mit Adaptoren werden Personen bezeichnet, die etwas übernehmen bzw. annehmen, hier: ein innovatives Produkt oder eine innovative Dienstleistung. Der Begriff kommt aus der Diffusionsforschung; siehe hierzu auch unter innovationsmanagement.de.

Unterschiedliche Kundenzielgruppen

- Innovatoren: Risikofreudig, experimentieren gerne und probieren Neues aus, sind eigenmotiviert, Nutzeneigenschaften zu optimieren.
- Frühe Adaptoren: Nutzenorientiert, oft Meinungsbildner in sozialen Systemen. Übernehmen Neuerungen frühzeitig, aber vorsichtig, sehr nutzwertorientiert.
- Frühe Mehrheit: Folgt einem offensichtlichen Trend, entscheidet rational nach Vorteilhaftigkeit des Preis-Leistungs-Verhältnisses.
- Späte Mehrheit: Risikoaverses Verhalten, folgt Erfahrungsberichten von Nutzern, kauft technisch ausgereifte Produkte.
- Nachzügler: Traditionsgelenkt, übernehmen Neuerungen erst unter sozialem Druck und wenn dies als absolut risikofrei wahrgenommen wird (vgl. Ehret und Galanakis 2012, S. 101 f.).

Die entscheidenden Nutzersegmente als Träger der Vermarktung sind die Innovatoren und frühen Adaptoren, da sie eine überdurchschnittliche Bereitschaft zur schnellen Adaption aufweisen. Eine erfolgreiche Vermarktung hängt im Wesentlichen von der Zielgenauigkeit der Ausgestaltung der Marketingmaßnahmen in Bezug auf diese frühen Kundengruppen ab. Innerhalb der als chancenreich identifizierten Marktsegmente müssen diese identifiziert und gezielt angesprochen werden, da sie wichtige Multiplikatoren im Vermarktungsverlauf darstellen (vgl. Hofbauer et al. 2008, S. 126).

In der Übersicht in Tab. 4.3 sind die allgemein wahrgenommenen, vermarktungsrelevanten und angebotsbezogenen Einflussfaktoren aufgeführt, welche eine Auswirkung auf Verlauf, Dauer und Ergebnis des Übernahmeprozesses haben. Sie bilden einen allgemeingültigen Rahmen, der zur optimalen systematischen Ausgestaltung und zur Planung der geeigneten Maßnahmen innerhalb des Marketing-Mix, der 4P, für ein neues, innovatives Produkt herangezogen werden kann.

Somit lässt sich festhalten, dass Gruppen von Adaptoren bestimmte Kriterien in Bezug auf die Adaption einer Innovation aufweisen und sich nach folgenden Kriterien unterscheiden:

- Informationsbedarf bzgl. der Innovation,
- Art der genutzten Informationsquellen,
- Getätigter Beschaffungsaufwand,
- Preisbereitschaft,
- Relevante Produkteigenschaften, können sich im Zeitverlauf am Produktlebenszyklus orientieren.

Daraus folgt, dass innovative Nutzersegmente identifiziert werden können und die Ausgestaltung der Maßnahmen im Rahmen des Marketing-Mix sowie die Botschaften, die an

Tab. 4.3 Übersicht angebotsbezogener Adaptionsfaktoren (eigene Darstellung in Anlehnung an Clement und Litfin 1999, S. 3)

Relativer Vorteil	Wahrgenommener Grad der Vorteilhaftigkeit eines Produktes, determiniert durch Produkteigenschaften, Einsatzmöglichkeiten, Statusaspekte, Geltungsnutzen etc.
Kompatibilität	Wahrgenommener Grad der Übereinstimmung mit Werten, Erfahrungen und Bedürfnissen, auch technische Kompatibilität
Komplexität	Wahrgenommener Schwierigkeitsgrad, determiniert durch Lernaufwand für die Nutzung der Innovation
Erprobbarkeit	Wahrgenommener Grad der Risikoreduzierung durch Möglichkeiten der Erprobung
Kommunizierbarkeit	Wahrgenommener Grad der Vermittelbarkeit der Innovationseigenschaften
Risiko	Wahrgenommener Grad des Kaufrisikos

die Nutzergruppen ausgesendet werden, sich im Zeitverlauf an den gruppenspezifischen Nutzencharakteristika orientieren müssen.

Aus der Aufteilung des Adaptionsprozesses in die Phasen der Informationssuche und Entscheidungsfindung lassen sich die folgenden zwei Handlungsfelder für das Marketing von Innovationen ableiten:

- Voraussetzungen zum Eintritt in die Entscheidungsphase schaffen: Dazu zählen insbesondere die zielorientierte Kommunikation, das intensive Herausstellen des Kundennutzens, das Herstellen von Bekanntheit und die Verfügbarkeit der Innovation.
- Impulsgebende Maßnahmen: Es müssen gezielt fundierte, absatzpolitische Entscheidungen zur optimalen Ausgestaltung der identifizierten angebotsspezifischen Eigenschaften getroffen werden (vgl. Hofbauer et al. 2008, S. 115).

Im Folgenden sollen nun die charakteristischen vier Instrumente eines Marketing-Mix, die Produkt-, Preis-, Distributions- und Kommunikationspolitik, genauer betrachtet werden.

4.5.1 Produktpolitik

Die Kundenorientierung spielt bei der Erstellung und Vermarktung von Produktinnovationen eine große Rolle und steht in direkter Verbindung zum Produktmix. Anhand der Maßnahmen der Produktpolitik können KMU die Bedürfnisse und spezifischen Anforderungen der Zielgruppe an neue Produkte identifizieren und Innovationen erfolgreich im Markt einführen.

Zu den Aufgaben der Produktpolitik gehören die Einführung neuer Produkte, die Pflege eingeführter Produkte und die geplante Elimination von Produkten aus dem Angebotsprogramm. Das Angebotsprogramm wird nach Art und Menge durch die Produktpolitik gestaltet. Ebenso bestimmt die Produktpolitik die produktbegleitenden Zusatzleistungen (vgl. Thommen und Achleitner 2012, S. 173). Sie entwickelt systematisch ein Angebot für ein Produkt, eine Dienstleistung oder einen Service. Diese Leistung stellt eine bessere Problemlösung für den Kunden dar als die der aktuellen Wettbewerber am Markt (vgl. Renker 2009, S. 24; Haedrich und Tomczak 1996, S. 14 f.).

Beim Produkt werden drei Dimensionen unterschieden: Kernprodukt, reales Produkt und erweitertes Produkt.

Kernprodukt

Der Produktkern, die physische Substanz, die angeboten wird, um den Nutzen der Konsumenten zu befriedigen, beinhaltet die eigentliche oder die durch die Innovation erweiterte Leistung. Kunden können Konsumenten, Unternehmen, Organisationen und Institutionen sein (vgl. Renker 2007, S. 91). Dieser Kern bietet den Käufern einen Grundnutzen, er erfüllt den rationalen Gebrauchszweck und beinhaltet eine technisch-ökonomische Dimension (vgl. Koppelmann 2001, S. 134). Der Grundnutzen kann für den Käufer in Eigenschaften wie der Gebrauchs- und Funktionstüchtigkeit des Produktes liegen, der Funktionssicherheit, einer geringen Störanfälligkeit oder einer hohen Haltbarkeit und Wertbeständigkeit, dem Verwendungszweck, der Erklärungsbedürftigkeit, Lagerfähigkeit und dem Neuheitsgrad (vgl. Esch 2000, S. 174 ff.). Um die Anforderungen der Kunden an den Grundnutzen des Produktes zu ermitteln, muss die Zielgruppe mit ihren Bedürfnissen bekannt sein.

Reales Produkt

Das reale Produkt besteht aus dem Produktkern, der dem Kunden den eigentlichen Nutzen oder die Problemlösung bietet. Dieser Grundnutzen wird durch die Produktfunktionalität, die Produktqualität, dem Produktdesign, der Verpackung und der Marke unterstützt (vgl. Kotler et al. 2007, S. 623 f.). Das reale Produkt beschreibt somit die Funktionalität und das Produktäußere, das vom Kunden wahrgenommen wird (vgl. Schori und Roch 2012, S. 15).

- Produktfunktionalität: Die Funktionalität eines Produktes übernimmt konkrete Aufgaben. Sie besteht aus dem Grundnutzen eines Produktes (vgl. Rumler 2002, S. 162). Die Produkteigenschaften und die Produktfunktionalität sind kaufrelevant (vgl. Brockhoff 2001, S. 34). Innovative Produkte bieten eine spezielle und unverwechselbare Lösung an (vgl. Matys 2013, S. 217).
- Produktqualität: Die Produktqualität kann definiert werden als Grad der Eignung eines Produktes für einen bestimmten Verwendungszweck oder eine Problemlösung. Zur Qualität gehören auch die physische Beschaffenheit eines Produktes und dessen erweiterte Ausstattung (vgl. Hofbauer et al. 2008, S. 68 f.). Eine Produktinnovation bietet den Kunden keine vergleichbaren Erfahrungswerte für eine Produktqualität. Diese fehlende Erfahrung muss durch Vertrauenssignale z. B. in Form von Qualitätssiegeln ersetzt werden. Der Erfolg der Innovation hängt von Qualitätssignalen und durch Angabe von

Auszeichnungen ab. Dies können gewonnene Wettbewerbe und Referenzen sein (vgl. Schmeisser et al. 2013, S. 311 f.).

- Produktdesign: Das Produktdesign ist die äußere Gestaltung des Produktes (vgl. Kotler et al. 2007, S. 636). Produktdesign bedeutet eine Gestaltung des Produktes nach bedienungsfreundlichen und optisch-sensorischen Eigenschaften, wobei aber die Funktionalität nicht eingeschränkt werden darf. Das Design kann jedoch trotzdem auf Einzigartigkeit und Unverwechselbarkeit zielen sowie den Kunden ästhetisch ansprechen (vgl. Nagel und Stark 2009, S. 107). Die Handhabung von neuen Produkten muss so einfach und kostenbewusst wie möglich gestaltet werden, was durch ein optimales Design bereits bei der Konstruktion beeinflusst und berücksichtigt werden sollte (vgl. Hofbauer et al. 2008, S. 66).
- Verpackung: Die Verpackung wird als Sammelbegriff für jede Art von Umhüllung des Produktes definiert. Ihr kommt eine wachsende Bedeutung zu, denn im Konsumgüterbereich erfüllt sie durch die Selbstbedienung im Handel unter anderem die Informationsfunktion, die Werbefunktion und die Identifikationsfunktion (vgl. Thommen und Achleitner 2012, S. 177). Die Verpackung ist das Erste, was der Konsument von dem Produkt wahrnimmt. Ihre Gestaltung erfolgt deshalb so, dass den potenziellen Käufern alle kaufentscheidungsrelevanten Informationen vermittelt werden (vgl. Hofbauer et al. 2008, S. 66 ff.). Eine ansprechende Verpackungsgestaltung differenziert das Produkt von konkurrierenden Produkten, preist es an und leitet den Verkauf ein, indem es die Aufmerksamkeit und das Interesse der Kunden auf sich zieht (vgl. Koppelmann 2001, S. 507). Auch in diesem Bereich existieren Innovationen, wie z. B. die „Squeeze-Flasche" des Ketchupherstellers Heinz, bei der das eigentliche Produkt erstmalig auf dem Kopf gelagert wird und der Inhalt sich im unteren Bereich der Falsche sammelt.
- Markenmanagement: Ziel des Markenmanagements ist es, durch die Bekanntheit der Marke ein positives Image zu vermitteln und anhand der Marke das Produkt von anderen zu unterscheiden. Als Vorbilder für ein gelungenes Markenmanagement können Großunternehmen wie Apple dienen, welches einen Transfer des innovativen Images von dem ursprünglichen Produkt iPod über das iPhone bis hin zum iPad realisieren konnte. Dies führt zur Wertsteigerung des Unternehmens, fördert den Absatz und verschafft dem Unternehmen einen preispolitischen Spielraum (vgl. Thommen und Achleitner 2012, S. 178). Eine frühzeitige Namensgebung kann den Markteintritt erleichtern (vgl. Schmeisser et al. 2013, S. 313). Sie eröffnet ebenfalls die Möglichkeit, dass der Markenname als Gattungsname (Deonym), wie bspw. Tempo oder Tesa, übernommen wird. Entsteht eine Produktinnovation aus einer Neugründung heraus oder aus einem Unternehmen ohne Markenführung, ist zunächst der Aufbau einer Marke notwendig. Der Aufbau einer Marke umfasst die Namensgebung und die Verbreitung des Namens in der Zielgruppe, um die Bekanntheit zu steigern und positive Assoziationen herbeizuführen, die den Verkauf des Produktes fördern (vgl. Abschn. 4.7) (vgl. Meyer 2010, S. 203).

Erweitertes Produkt

Das reale Produkt gestaltet lediglich die Problemlösung für den Kunden. Diese Lösung wird von der Zielgruppe erwartet (vgl. Hofbauer et al. 2008, S. 61). Das erweiterte Produkt hingegen erweitert das reale Produkt um einen Zusatznutzen. Der Zusatznutzen bezeichnet eine hinzugefügte Leistung, die den Gebrauchsnutzen übersteigt (vgl. Koppelmann 2001, S. 134). Die Kunden erwarten durch die stetig steigende Komplexität neuer Produkte eine produktunterstützende Dienstleistung.

Die Gestaltung von Serviceleistungen vor oder nach dem Kauf eines Produktes kann eine Differenzierung gegenüber Wettbewerbern darstellen und dem Unternehmen so einen Wettbewerbsvorsprung verschaffen (vgl. Haedrich und Tomczak 1996, S. 46 ff.). Diese Serviceleistungen können sowohl vor dem Kauf gewährt werden, z. B. durch entsprechende Beratungen oder Ausprobieren des Produktes. Aber auch nach dem Kauf sind derartige Serviceleistungen relevant: Reparaturen, Schulungen, Ersatzteilversorgung, Wartungsarbeiten, Umtauschmöglichkeiten, Lieferung, Bereitstellung und Installation der Produkte (vgl. Thommen und Achleitner 2012, S. 179).

4.5.2   Preispolitik

Bei der Einführung neuer Produkte ist die Preissetzung erfolgsentscheidend. Der Preis eines Produktes wirkt sich wesentlich auf die Entwicklung des Absatzes, des Umsatzes, des Gewinns und auf die Positionierung im Wettbewerb aus (vgl. Scharf et al. 2012, S. 360).

Im Fokus jedes Unternehmens sollte dabei die Frage stehen, welche preispolitischen Entscheidungen essenziell sind, um das Produkt erfolgreich auf dem Markt zu etablieren und einen maximalen Absatz zu erzielen. Um sich der Beantwortung dieser Frage zu widmen, umfasst die Preispolitik im Wesentlichen fünf Entscheidungsfelder:

Entscheidungsfelder der Preispolitik

- Preisbestimmung für ein neues Produkt oder ein Produktprogramm
- Preisänderungen für ein Produkt oder ein Produktprogramm
- Gestaltung der Preisdifferenzierung
- Ausgestaltung des Rabatt- und Bonussystems
- Durchsetzen von Preisen (vgl. Homburg und Krohmer 2009, S. 641 ff.)

Es können grundsätzlich folgende Strategien in der Preiseinführung verfolgt werden: zum einen die Marktabschöpfungsstrategie (Skimming Pricing) und zum anderen die Marktdurchdringungsstrategie (Penetration Policy).

In der Marktabschöpfungsstrategie wird das Produkt zunächst mit hohen Preisen in den Markt eingeführt. Im Anschluss wird der Preis, mit zunehmenden Marktanteilen, sukzessive gesenkt. So werden die Kunden mit einer höheren Preisbereitschaft Markteinführungsphase abgeschöpft. Diese Strategie lohnt sich besonders bei Innovationen seitens etablierter Anbieter, da jene aufgrund ihrer Neuheit und des guten Rufes des Anbieters eine hohe Nachfrage haben können.

Die Marktdurchdringungsstrategie verfolgt das Ziel, dass der Preis möglichst niedrig angesetzt wird, um so schnell Marktanteile gewinnen zu können. Diese Strategie zielt somit auf einen maximalen Absatz ab.

Bevor die Höhe des Preises eines Produktes festgesetzt wird, sollte sich ein Unternehmen auf Basis der zuvor genannten Entscheidungsfelder einen Überblick über den Markt und dessen Einflussfaktoren verschaffen. Dabei stellt sich zunächst die Frage, an welchen Entscheidungskriterien sich die Preissetzung orientieren kann und welche zum Erfolg führt. Neben der Höhe des Preises sind im Rahmen dea Preismixes auch zahlreiche weitere Aspekte, wie Rabatte, Lieferungs-, Zahlungs- oder Kreditbedingungen festzulegen.

Ein historisches Beispiel für eine gelungene Strategie der Preissetzung – einschließlich der Kreditbedingungen – stellt der Nassrasierer von Gillette dar: Gillette verkauft seine Nassrasierer zu einem Fünftel der Herstellungskosten (Preis für den Großhandel: 22 Cent). Die Kunden konnten jedoch nur die patentierten Rasierklingen von Gillette verwenden (5 Cent/Stück). Dadurch wurde der Nassrasierer von Gillette auf lange Sicht teurer als die Geräte und Klingen der Wettbewerber, die zu diesem Zeitpunkt 5 Dollar kosteten. Trotzdem wurde Gillette durch diese Preissetzung zum Marktführer für Rasierapparate. Dies lag nicht daran, dass die Kunden einfältig gewesen wären, sondern daran, dass diese in Zeiten, in denen ein guter Tageslohn bei einem Dollar lag, zu schätzen wussten, dass Ihnen ein „Kredit" gewährt wurde (vgl. Drucker 1986, S. 344 f.).

Nicht betrachtet werden Preise oberhalb des Preisniveaus, welches prohibitiv für innovative Produkte wirken würde. Gleichwohl stellt die Höhe des Preises auch ein gewisses Qualitätsmerkmal dar. Abnehmer unterstellen bei hohen Preisen, dass gewisse Qualitätsmerkmale eines Produktes gegeben sind. Diese Merkmale werden an Markennamen, den Hersteller, aber auch am Herstellungsland festgemacht (vgl. Simon und Fassnacht 2009, S. 168 ff.).

Neben den Entwicklungs- und Herstellungskosten beeinflussen auch die gewählte Markteintritts- und Positionierungsstrategie die Höhe des Preises. Zwei Aspekte, die Preisbereitschaft und die Preisforderung, sind letztendlich für die Preisbildung ausschlaggebend.

Preisbereitschaft

Die Preisbereitschaft zeigt, welchen Preis Interessenten maximal für ein Produkt oder eine Dienstleistung zahlen würden (vgl. Scharf et al. 2012, S. 329.) Hierbei ist, neben der Zahlungsfähigkeit, auch der Nutzen ins Kalkül zu ziehen, welcher das Produkt stiftet (vgl. Simon und Fassnacht 2009, S. 84 f.).

Preisforderung

Mit der Preisforderung möchte ein Unternehmen eine Übereinstimmung mit der Zahlungsbereitschaft der Kaufinteressenten erreichen. Die Forderung der Anbieter sollte dabei maximal der Höhe der Zahlungsbereitschaft der Kunden entsprechen.

Der Haupteinflussfaktor stellt die Höhe der Preise vergleichbarer Produkte dar. Bei sehr innovativen Produkten ist die Vergleichbarkeit mit etablierten Produkten nur bedingt gegeben (vgl. Scharf et al. 2012, S. 329). Gleichwohl können Produkte, die den gleichen Nutzen stiften, als Vergleichsmaßstab herangezogen werden.

Kostenorientierte Gestaltung

Bei der kostenorientierten Gestaltung des Preises orientieren sich Anbieter an den Selbstkosten sowie einem Gewinnzuschlag. Ziel ist es, die im Betrieb anfallenden Gesamtkosten zu decken und langfristig Gewinn zu erzielen (vgl. Scharf et al. 2012, S. 332). In diesem Zusammenhang stellt sich die Frage, nach welchem Kalkulationsverfahren der Preis festgesetzt werden soll. Zu unterscheiden sind hierbei die Vollkosten- und die Teilkostenrechnung.

Bei der Vollkostenrechnung werden alle Kosten, die durch das Produkt entstanden sind, berücksichtigt und bei der Preisbildung einbezogen. Bei der Teilkostenrechnung, auch Deckungsbeitragsrechnung genannt, wird zwischen fixen, d. h. beschäftigungsunabhängige Kosten und variablen Kosten unterschieden. Die variablen Stückkosten stellen die kurzfristige Preisuntergrenze dar (vgl. Thommen und Achleitner 2009, S. 247). Sie ist eine Orientierungsgröße, wenn über den Preis schnell Marktanteile gewonnen werden soll.

Nachfrageorientierte Gestaltung

Die nachfrageorientierte Gestaltung des Preises orientiert sich an dem Nutzen, den ein Produkt den Abnehmern stiftet. Über Interviews mit Fokusgruppen oder Einzelgesprächen mit potenziellen Kunden kann ein erster Eindruck über die Bedeutung bestimmter Leistungsmerkmale gewonnen werden. Somit ist es wichtig, die eigene Leistung durch bestimmte Leistungsmerkmale von der Leistung der Konkurrenz abzuheben, um die Preisbereitschaft der Nachfrager zu erhöhen (vgl. Walsh et al. 2013, S. 318).

Im Zusammenhang mit Produktinnovationen ist es von besonderer Bedeutung, Informationen über die Zahlungsbereitschaft der Abnehmer zu gewinnen (vgl. Scharf et al. 2012, S. 120). Um diese Informationen zu erhalten, kann es durchaus hilfreich sein, Experimente oder Gespräche mit angestrebten Fokusgruppen durchzuführen.

Konkurrenzorientierte Gestaltung

Bei der Entscheidung über die Höhe des Preises ist immer auch eine Orientierung an den Preisen der Wettbewerber sinnvoll. Insbesondere auf Investitionsgütermärkten kann das Herausfinden von Leistungsmerkmalen und Preisen der Wettbewerber eine Herausforderung darstellen. Hier kann beispielsweise das Besuchen von Messen Orientierung geben. Bei der konkurrenzgerichteten Gestaltung der Preise wird die einseitig-starre Preisbildung und die flexibel-intuitive Preisbildung unterschieden. Erstere berücksichtigt ausschließlich

die Preise der Konkurrenz. Dem gegenüber bezieht die flexibel-intuitive Preisbildung weitere Informationen, wie die denkbare Reaktion der Wettbewerber auf die eigenen Preissetzung, in die Preisfindung mit ein (vgl. Walsh et al. 2013, S. 321).

Eine konkurrenzgerichtete Gestaltung des Preises ist vorteilhafter, je vergleichbarer
die Produkte auf dem betreffenden Markt sind. Bei Verbesserungsinnovationen ist der
Vergleich mit den Preisen von „alten" Produkten der Wettbewerber durchaus sinnvoll.
Zudem stehen Innovationen auch in Konkurrenz zu Substituten, die den gleichen Nutzen
erfüllen. Auch hier ist ein Vergleich der Preis vorzunehmen.

Marktorientierte Gestaltung

Bei der marktorientierten Gestaltung der Preise werden nachfrage- und konkurrenzorientierte Preisgestaltung kombiniert. Die Basis bildet die retrograde Kalkulation. Hier wird,
ausgehend von verschiedenen Marktpreisen, durch Rückwärtsrechnung geprüft, ob der
kalkulierte Preis für das Unternehmen Erfolg versprechend ist (vgl. Beyer 2003, S. 8).

4.5.3 Distributionspolitik

Der Begriff der „Distribution" hat eine klare definitorische Einordnung in der Wirtschafts-
welt noch nicht gefunden. Einigkeit besteht jedoch darüber, dass die Distribution die
Verbindung zwischen Anbieter und Abnehmer in Bezug auf Dienstleistungen und Produkte ist. Dabei ergibt sich eine Vielzahl an Gestaltungsmöglichkeiten dieser Verbindung.
Man unterscheidet allgemein nach Breite und Tiefe des Distributionssystems (vgl. Homburg und Krohmer 2009, S. 836 ff.).

Die Tiefe des Distributionssystems umfasst direkte und indirekte Distributionswege
sowie bei Vorliegen einer indirekten Distribution die Unterteilung in einstufig-indirekt
und mehrstufig-indirekt. Eine direkte Distribution bedeutet, dass auf dem Weg zwischen
dem Hersteller und dem Endabnehmer keine weiteren Handelsbetriebe zwischengeschal-
tet sind. Sind jedoch ein weiterer Handelsbetrieb (einstufig), wie bspw. ein Einzelhändler,
oder mehrere weitere Handelsbetriebe (mehrstufig), wie bspw. Einzel- und Großhändler,
in den Distributionsweg eingebunden, so liegt ein indirekter Vertrieb vor (vgl. Scharf et al.
2009, S. 447 ff.).

Die Breite des Distributionssystems beschäftigt sich dahingegen mit der Entscheidung,
auf wie viele parallele Distributionswege ein Hersteller zur Verteilung der Produkte an
den Endabnehmer gleichzeitig zurückgreift. Sieht das Distributionssystem lediglich einen
Distributionsweg an den Endabnehmer vor, handelt es sich um ein Einkanalsystem. Nutzt
der Hersteller jedoch mehrere parallele Distributionswege zur gleichen Zeit, so liegt ein
Mehrkanalsystem oder ein sog. Multi-Channel-Vertrieb vor (vgl. Homburg und Krohmer
2009, S. 843 f.).

Zum Aufgabenfeld der Distributionspolitik zählt dabei neben der Verteilung der Produkte vom Anbieter zum Abnehmer auch die sogenannte Redistribution. Darunter fällt

beispielsweise der Rücktransport reparaturbedürftiger Produkte, Reklamationen oder das Recycling (vgl. Scharf et al. 2012, S. 454.).

Für die Gewährleistung einer schnellen Verbreitung des Produktes ist die Wahl des geeigneten Distributionskanals unabdingbar. Die Wahl des Distributionsweges wirkt sich auch auf zahlreiche Entscheidungen aus. Dies reicht von der Kommunikationspolitik über die Organisation des Vertriebes bis zum Geschäftsmodell.

Eine erfolgreiche Vermarktung einer Innovation ist sowohl über direkte als auch indirekte Distributionskanäle möglich (vertikale Absatzkanalstruktur). Bei der direkten Distribution kommen keine unternehmensfremden Absatzorgane zum Einsatz. Vielmehr liefert der Hersteller direkt an seine Abnehmer. Als Beispiel lässt sich hier der Fahrradhersteller Canyon Bicycles aus Koblenz aufführen. Er vertreibt seine produzierte Ware direkt an seine Kunden. Vergleichbares ist auch zahlreichen anderen mittelständischen Betrieben gelungen. Je stärker sich ein Unternehmen auf eine Nische spezialisiert hat, desto wichtiger ist eine überregionale Distribution der Produkte.

Der Onlinevertrieb, auch E-Commerce genannt, ermöglicht heute in vielen Branchen, dass kleinere Unternehmen, die früher Schwierigkeiten hatten, im Groß- und Einzelhandel gelistet zu werden, von potenziellen Kunden im Internet gefunden werden. Auf diesem Wege können neue Zielgruppen erschlossen werden, manchmal sogar weltweit. Die Vorteile des Direktvertriebs liegen u. a. darin, dass der Hersteller eine größere Handelsspanne hat und die Art des Vertriebes besser beeinflussen kann. Zudem können Kunden über den direkten Kontakt enger an den Hersteller gebunden werden. Ein Nachteil ist, dass Know-how im Bereich E-Commerce aufgebaut werden muss (vgl. Bruhn 2010, S. 257).

Bei der indirekten Distribution können verschiedene Formen von Absatzmitteln eingesetzt werden. Hierzu zählen etwa der Großhandel, der Einzelhandel, Gaststätten etc. Massenwaren und Konsumgütern werden eher indirekt vertrieben. Investitionsgüter, bei denen oft spezielles Know-how verlangt wird, werden in der Regel eher über einen Direktvertrieb am Markt platziert (vgl. Scharf et al. 2012, S. 470).

Welche Strategie bei der Distribution die geeignete ist, hängt vom Produkt ab. Es ist jedoch wichtig, gerade bei der Markteinführung die Innovation den Konsumenten so oft und so einfach wie möglich zum Kauf anzubieten. Dadurch werden möglichst viele potenzielle Käufer erreicht und eine möglichst große Präsenz am Markt erzielt (vgl. Esch et al. 2008, S. 328).

4.5.4 Kommunikationspolitik

Die reine Entwicklung eines neuen Produktes und die Auswahl geeigneter Absatzkanäle genügen nicht, um ein Produkt erfolgreich am Markt zu platzieren. Mögliche Abnehmer benötigen Informationen zum Beispiel über den Erwerbsort und Konditionen. An diesem Punkt setzt die Kommunikationspolitik an (vgl. Thommen und Achleitner 2009, S. 265).

„Kommunikationspolitik umfasst die Gesamtheit aller Entscheidungen, die die bewusste Gestaltung der marktgerichteten Informationen eines Unternehmens betreffen und die

Bereiche Werbung, Verkaufsförderung, Öffentlichkeitsarbeit, Public Relations und Sponsoring umfassen" (vgl. Hesse et al. 2007, S. 319).

Kommunikationspolitik bezieht sich gemäß dieser Definition auf Entscheidungen der Unternehmensführung für den Einsatz geeigneter absatzpolitischer Instrumente und Maßnahmen, die auf die Kenntnisse und Gefühle, Einstellungen und Verhaltensweisen von Marktteilnehmern gegenüber dem Unternehmen und seinen Leistungen einwirken (vgl. Trommsdorff 2013, S. 4).

In dieser Definition wird beschrieben, in welchem Ausmaß Unternehmen die Bedürfnisse ihrer Umwelt in ihre Kommunikationspolitik einfließen lassen müssen, um Zufriedenheit mit dem Unternehmen selbst und seinen Produkten herbeizuführen.

Aufgaben

Die Bereitstellung umfassender Informationen zu Produkten stellt eine Hauptaufgabe der Kommunikationspolitik dar. Besonders wichtig ist dies bei der Einführung von Produktinnovationen. Sie stellen Neuheiten dar, für die es zuvor kein vergleichbares Angebot auf dem Markt gab. Abnehmern fällt es u. U. schwer, eine Analogie zu bekannten Produkten zu finden oder sind mit dem alten Produkt zufrieden und sehen keine Notwendigkeit, ein neues Produkt zu kaufen. Dies kann zu Unsicherheiten aufgrund möglicher Risiken führen. Um diese Unsicherheiten abzuschwächen, ist es die Aufgabe der Kommunikationspolitik, eine klare Botschaft zu entwerfen. Sie sollte den Mehrwert sowie Verwendungsmöglichkeiten des neuen Produktes für den Abnehmer anhand von Beispielen beinhalten. Dafür müssen zuvor Kundenbedürfnisse ermittelt werden, um diese direkt ansprechen zu können (vgl. Vahs und Brem 2013, S. 396).

Des Weiteren hat die Kommunikationspolitik die Aufgabe, nachhaltige Wirkung bei den Abnehmern zu erzeugen. Eine gewünschte Wirkung sollte die langfristige Bekanntheit des dargestellten Produktes oder der zugehörigen Marke sein.

Ziele

Das Ziel der Kommunikationspolitik liegt in erster Linie darin, mittels umfangreicher Informationen über neue Produkte für Markttransparenz zu sorgen. Weiterhin soll diese zur Zufriedenheit der Abnehmer beitragen, um auf diese Weise eine Kaufentscheidung anzuregen (vgl. Thommen und Achleitner 2009, S. 266). Außerdem bemüht sich die Kommunikationspolitik um die Schaffung von Vertrauen und Förderung des Unternehmensansehens bei den Kunden (vgl. Vahs und Brem 2013, S. 394).

Die Ziele der Kommunikationspolitik können in ökonomischen, strategischen und psychologischen Zielen unterschieden werden. Ökonomische Ziele beziehen sich z. B. auf die Steigerung des Absatzes, des Marktanteils und des Umsatzes. Die strategischen Ziele leiten sich aus einer angestrebten Preis- und/oder Marktführerschaft her und beinhalten die Verdrängung von Wettbewerbern. Die psychologischen Ziele wiederum nehmen den bedeutendsten Teil der kommunikationspolitischen Ziele ein. Sie unterscheiden sich in einen affektiven, kognitiven und konativen Bereich (vgl. Trommsdorff 2013, S. 12). Der affektive Bereich bezieht sich beispielsweise darauf, wie ein beworbenes Produkt bei Kunden wahrgenommen wird. Es soll das Interesse des Kunden wecken und ein positives Image verkörpern. Der kognitive Teil der psychologischen Ziele beeinflusst die Wahrnehmung und Aufmerksamkeit der Kunden. Der konative Teilbereich der psychologischen Ziele bezieht sich auf das Herbeiführen einer Kaufabsicht beim Kunden durch vollständige Information oder Probekäufe und damit verbundener Sicherheit (vgl. Trommsdorff 2013, S. 13).

Kommunikationspolitische Instrumente
Der Kommunikationspolitik stehen zahlreiche kommunikationspolitische Instrumente zur Verfügung, um Aufmerksamkeit bei Konsumenten zu wecken, wie Werbung, Direktmarketing, Public Relations, Eventmarketing, Messemarketing oder persönlicher Verkauf.

Ein spezieller Bereich ist dabei die Verkaufsförderung. Diese dient der Unterstützung des Handels bei der Steigerung des Absatzes. Es soll ein zusätzlicher Anreiz zum Kauf bei Konsumenten ausgelöst werden. Anreizmaßnahmen können zum Beispiel eine Preissenkung für Produkte, Warenproben oder Prämien darstellen. Die Verkaufsförderung kann sich an verschiedene Zielgruppen richten (vgl. Onlinelehrbuch der Universität Erlangen, S. 4). Je erklärungsbedürftiger die Innovation ist, desto sinnvoller ist in aller Regel das Verkaufsgespräch.

4.6   Markteinführung von Innovationen

Die erfolgreiche Einführung neuer Produkte wird – u. a. bedingt durch gesättigte Märkte und zunehmende Globalisierung – zunehmend anspruchsvoller. Eine stetige Weiterentwicklung der Produkte ist entscheidend, um den Bedürfnissen der Abnehmer zu entsprechen und konkurrenzfähig zu bleiben (vgl. Stern und Jaberg 2010, S. 2 ff.). Auch kleine und mittlere Unternehmen haben längst erkannt, dass die regelmäßige erfolgreiche Einführung von Innovationen zu einer laufenden Verpflichtung geworden ist, um langfristig am Markt zu bestehen.

4.6.1   Markteintrittsstrategien für Innovationen

Von Werkzeugen wie Sägen, Messern oder Nadeln ist bekannt, dass sie besser funktionieren, wenn sie scharf oder spitz sind. Dies hat einfache physikalische Gründe: Die Kraft konzentriert sich auf eine kleinere Fläche. Ein vergleichbares Prinzip lässt sich auch bezüglich der Bearbeitung von Märkten beobachten. Auch hier kann der Fokus auf bestimmte Märkte oder Marktsegmente zu einem höheren Wirkungsgrad führen. Dabei können die folgenden fünf Strategien unterschieden werden:

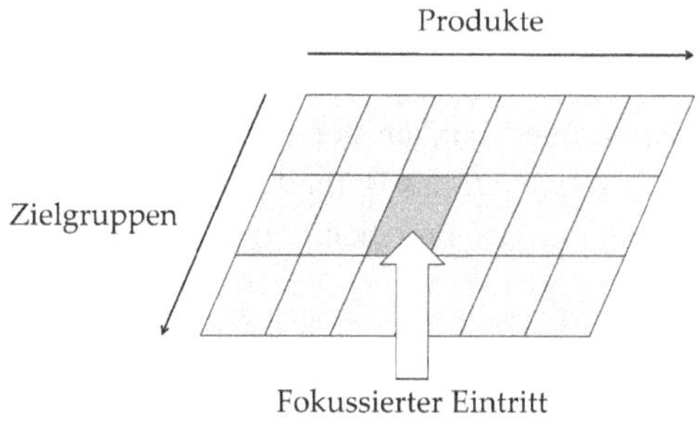

Abb. 4.8 Fokussierter Eintritt (eigene Darstellung in Anlehnung an Wickham 2006, S. 308)

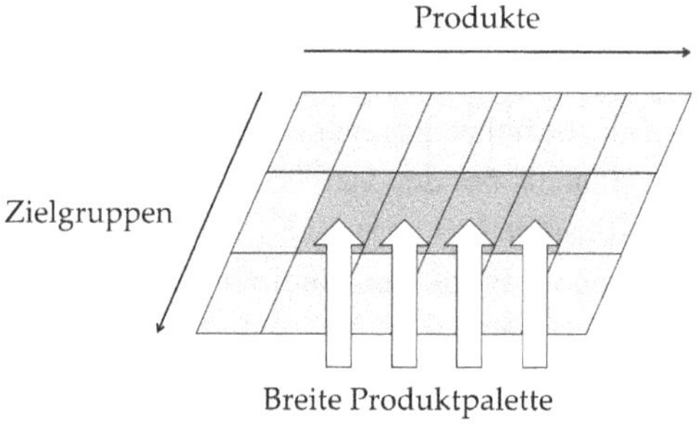

Abb. 4.9 Breite Produktpalette (eigene Darstellung in Anlehnung an Wickham 2006, S. 308)

Fokussierter Eintritt

Bei einem fokussierten Eintritt definiert der neue Anbieter ein konkretes Produkt, das er für einen abgegrenzten Markt anbietet, wie in Abb. 4.8. dargestellt. Diese Definition schließt sowohl die Eigenschaften und Funktionen des anzubietenden Produktes als auch das genaue Marktsegment bzw. die konkrete Zielgruppe ein (vgl. Wickham 2006, S. 308). Dadurch wird versucht, eine starke Position im definierten Marktumfeld zu erlangen (vgl. Aumayr 2013, S. 153).

Beispielsweise konzentrierte sich Red Bull beim Markteintritt zunächst auf Zielgruppen wie Krankenschwestern und Taxifahrer, erweiterte die Eintrittsstrategie dann jedoch auf eine breite Basis an Zielgruppen.

Breite Produktpalette

Mit der breiten Produktpalette (vgl. Abb. 4.9.) zielt ein Unternehmen auf einen spezifischen Markt. In diesem Marktsegment wird eine Vielzahl unterschiedlicher Produkte angeboten (vgl. Wickham 2006, S. 308). Ziel dieser Eintrittsstrategie ist es, sich zu einem Marktspezialisten zu entwickeln (vgl. Aumayr 2013, S. 154). Aufgrund teilweise verwischenden Grenzen zwischen einzelnen Marktsegmenten und den hiermit verbundenen Streuverlusten ist es von besonderer Bedeutung, eine klare Definition des Marktes vorzunehmen (vgl. Aumayr 2013, S. 155).

Breite Kundenbasis

Im Gegensatz zur Strategie der breiten Produktpalette wird bei der breiten Basis an Zielgruppen nur ein Produkt oder eine kleine Palette von Produkten angeboten. Das Produkt

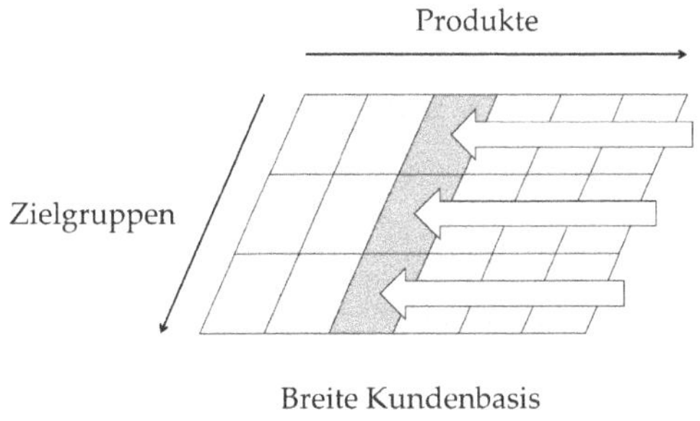

Abb. 4.10 Breite Kunden-
basis (eigene Darstellung in
Anlehnung an Wickham 2006,
S. 308)

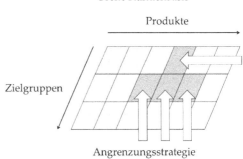

Abb. 4.11 Angrenzung (eigene Darstellung in Anlehnung
an Wickham 2006, S. 308)

wird jedoch zielgruppenübergreifend am Markt platziert, wie Abb. 4.10. zeigt (vgl. Wick-
ham 2006, S. 308). Ziel dieser Strategie ist es, als Produktspezialist vom Markt wahr-
genommen zu werden (vgl. Aumayr 2013, S. 155). Diese Strategie ist allerdings mit
Herausforderungen verbunden, da in der heutigen Zeit die Möglichkeit, „alles aus einer
Hand" zu kaufen, mehr und mehr von den Kunden gefordert wird (vgl. Aumayr 2013,
S. 155).

Als Beispiel können hier zahlreiche neue Apps, wie beispielsweise WhatsApp, dienen. Diese bringen ihre Software schnell und für eine breite Basis an Zielgruppen auf
den Markt. Die Zielgruppen unterscheiden sich hierbei sowohl vom Alter als auch vom
Betriebssystem des genutzten Smartphones.

Angrenzung
Bei der Angrenzungsstrategie (vgl. Abb. 4.11.) wird eine Vielzahl an Produkten in unterschiedlichen Märkten angeboten. Von elementarer Bedeutung ist hierbei, dass die Eigenschaften und Funktionen der unterschiedlichen Produkte und Märkte in einer wechselseitigen Beziehung zueinander stehen (vgl. Wickham 2006, S. 308). Diese Vorgehensweise
ermöglicht ein hohes Cross-Selling-Potential.

Diese Strategie ist bspw. im IT-Markt denkbar, in dem unterschiedliche Bündel von
Soft- und Hardware angeboten werden.

Streuungsstrategie
Bei der Streuungsstrategie werden diverse Produkte, wie in Abb. 4.12. dargestellt, in unterschiedlichen Märkten angeboten. Die Produkte und Marktsegmente stehen hierbei nicht in

Abb. 4.12 Streuung (eigene
Darstellung in Anlehnung an
Wickham 2006, S. 308)

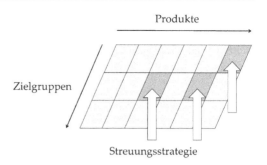

einer wechselseitigen Beziehung (vgl. Wickham 2006, S. 308). Diese Strategie ermöglicht
es, besonders attraktive Segmente zu identifizieren und gleichzeitig das wirtschaftliche
Risiko zu streuen (vgl. Aumayr 2013, S. 153). Zeitgleich bringt sie den Nachteil, dass
innerbetriebliche Synergien nur schwer genutzt werden können und sich keine eindeutige
Produktstruktur erkennen lässt (vgl. Aumayr 2013, S. 153 f.).

Das Unternehmen fischer, bekannt für Dübel und Befestigungssysteme, nutzt diese
Strategie, um mit neuen Produkten neue Zielgruppen zu erreichen. So ist fischer heute
in den Geschäftsbereichen fischer Befestigungssysteme, fischer automotive systems, fischertechnik und fischer Consulting tätig (vgl. fischer).

4.6.2 Diffusion von Innovationen

Die Verbreitung von Produktinnovationen nimmt im gesamten Innovationsmanagement
einen besonderen Stellenwert ein. Nach der Entwicklung eines Produktes entscheidet sich,
ob die Investitionen optimal eingesetzt worden sind und das Produkt von den Marktteilnehmern angenommen wird. Eine Innovation kann nur dann erfolgreich sein, wenn
kommuniziert wurde, dass es sie gibt (vgl. Wahren 2004, S. 217). Die Unternehmen können sich durch eine zielgerichtete Kommunikation der Innovation von den Wettbewerbern
absetzen und eine exponierte Stellung erlangen. Auf diesem Wege überwinden sie die Anonymität des Marktes und erhalten einen besseren Zugang zu den Konsumenten, um deren
Erwartungen und Bedürfnisse zu berücksichtigen (vgl. Scharf et al. 2012, S. 18 ff.).

In erster Linie müssen sich Unternehmen darüber im Klaren sein, dass eine großartige
Idee und ein möglicherweise gutes Produkt nicht ausreichend für einen nachhaltigen Erfolg sind. Professor Theodore Levitt von der Harvard Business School stellte schon früh
fest, dass die Kreativität in der Ideenfindung auch umgesetzt werden muss, um damit Geld
zu verdienen und wirtschaftlichen Erfolg vorzuweisen (vgl. Clegg 1999, S. 2 ff.).

Der letztendlich wichtige wirtschaftliche Erfolg der Unternehmen basiert auf der Übernahme der Innovation durch die potenziellen Abnehmer. Ohne den Kauf des Produktes
kann das Unternehmen keinen Umsatz und schließlich auch keinen Gewinn erzielen. Jedoch spielen nicht nur die individuelle Adaption des Produktes, sondern vielmehr auch die
Verbreitung des Produktes am Markt, die durch den Diffusionsprozess dargestellt wird, ei-

ne Rolle (vgl. Talke 2005, S. 24 ff.). Die Diffusion beschreibt den Vorgang, wie sich das
Produkt allmählich durch bestimmte Kanäle unter den Marktmitgliedern verbreitet (vgl.
Rogers 2003, S. 11). Dabei sind fünf Aspekte zu beachten:

- Wettbewerbsstrategien,
- Marktsegmentierung,
- Produktpositionierung,
- Einführungszeitpunkt,
- Internationalisierung.

Vor der Markteinführung müssen sich die Unternehmen in einem ersten Schritt zunächst für eine Wettbewerbsstrategie entscheiden, die sie langfristig mit dem Produkt und
mit dem Unternehmen verfolgen wollen. Diese Wettbewerbsstrategien wurden bereits in
Abschn. 3.2.1 näher beschrieben. Nach der Festlegung auf eine der drei Strategien (Kostenführerschaft, Differenzierung, Adressierung einer Nische) geht es im zweiten Schritt
vor der Einführung des Produktes um eine optimale Marktsegmentierung.

Im Rahmen der Marktsegmentierung haben sich in der Literatur drei Dimensionen
durchgesetzt, nach denen ein Unternehmen für die Einteilung des zukünftigen Marktes
vorgehen kann. Nach einer umfangreichen Marktanalyse ist es möglich, den Markt geografisch, zielpersonenspezifisch und produktbezogen abzugrenzen. Dabei sollen Erfolg
versprechende Segmente entstehen, durch die das Produkt zielgenau am Markt positioniert werden kann (vgl. Talke 2005, S. 85 f.).

In der Regel ist ein einziges Segment bzw. sind wenige Segmente für KMU besser zu
bearbeiten als viele verschiedene Segmente, weil die Marktteilnehmer besser einzuschätzen sind und die vorhandenen Ressourcen besser genutzt werden können. Jedoch besteht
in einem größeren Markt, der aus mehreren Segmenten bestehen kann, auch ein höheres
Potenzial für KMU. Demnach ist es stets eine individuelle und situationsangepasste Entscheidung des Unternehmens, in welchem Ausmaß der Markt bedient werden soll (vgl.
Schmeisser et al. 2013, S. 298).

Geschäftsfelder können beispielsweise mittels einer geografischen Segmentierung definiert werden. Durch eine entsprechende SWOT-Analyse kann das Unternehmen die Chancen und Risiken der lokalen, aber auch internationalen Märkte einschätzen und die Bedürfnisse der jeweiligen Abnehmer analysieren, um die Marktlage genau interpretieren zu
können (vgl. Maurer und Fiedler 2011, S. 309). Dadurch kann der Produktumfang länder-
spezifisch angepasst werden (vgl. Schmeisser et al. 2013, S. 299).

Eine Segmentierung kann auch durch die Orientierung an die Bedürfnisse der Abnehmer erfolgen. Dabei bilden soziodemografische Kriterien die Grundlage für die Einteilung
der Teilmärkte. So kann mittels demografischer und sozio-ökonomischer Merkmale, wie
z. B. Geschlecht, Alter, Einkommen oder Berufsstand, eine Segmentierung vorgenommen
werden. Ferner können psychografische und geografische Eigenschaften berücksichtigt
werden, um die Einteilung zu präzisieren (vgl. Meffert et al. 2000, S. 191 ff.). Das Hinterfragen, wieso die Kunden das Produkt nutzen oder überhaupt kaufen wollen, erlaubt eine

weitere Segmentierung und verdeutlicht die Wichtigkeit der tiefgehenden Analyse des Käuferverhaltens der eigenen Abnehmer seitens des Unternehmens. Die Anpassung der Produkteigenschaften unter Berücksichtigung der Bedürfnisse der Marktteilnehmer gibt den Unternehmen die Möglichkeit, eine erste Abschätzung der Adaption der Innovation und dem somit möglichen Umsatz vorzunehmen (vgl. Maurer und Fiedler 2011, S. 331 f.).

Die Aufteilung der Produktinnovation in Haupt-, Neben- und Zusatzleistungen stellt ebenfalls eine Methode dar, den Markt spezifisch einzuteilen. Dabei wird die Anzahl der Innovationen bestimmt, da nicht nur eine, sondern gleichzeitig auch mehrere Zielgruppen angesprochen werden können. Neukunden interessieren sich zunächst für das Produkt an sich. Bestandskunden hingegen können durch Erweiterungen oder Zusatzkomponenten das Produkt anpassen und durch Zusatzleistungen, wie einem spezifischen Kundenservice, vom Know-how der Mitarbeiter profitieren. Wichtig ist hierbei eine klare Definition der Einsatzbereiche und der jeweiligen Zielgruppe, damit das Produkt optimal positioniert werden kann (vgl. Schmeisser et al. 2013, S. 300).

Die Marktsegmentierung stellt somit den zweiten Schritt des Unternehmens für ein marktorientiertes Vorgehen bei der Produkteinführung dar. Diese Ausrichtung der internen Strategien auf das zukünftige Geschäft, den Abnehmern und den vorhandenen Wettbewerb ermöglicht eine optimierte Positionierung der Innovation am Markt (vgl. Stöger 2013, S. 9 f.).

In dem sich an die Segmentierung anschließenden dritten Schritt steht die Produktpositionierung im Fokus. Hier geht es darum, Stärken und besondere Merkmale herauszustellen gegenüber anderen Produkten, die grundsätzlich das gleiche Problem lösen. In den vergangenen Jahren hat die Vorgehensweise bei der Positionierung von Produkten stark an Bedeutung gewonnen. Gut positionierte Produkte behaupten sich besser am Markt und werden von den Abnehmern bevorzugt gekauft (vgl. Assael 1997, S. 234). Damit ist die Positionierung im Rahmen der Markteinführung von Produktinnovationen eine zentrale Herausforderung.

Einerseits dient die Positionierung der Abgrenzung des eigenen Produktes zu jenen der Konkurrenzunternehmen. Andererseits beschreibt sie jegliche Maßnahmen, um die potenziellen Abnehmer auf das Produkt aufmerksam zu machen (vgl. Talke 2005, S. 89). Die Positionierung beginnt bereits mit der allgemeinen strategischen Orientierung des Unternehmens. Aufgrund von Chancen und Risiken werden langfristige Ziele und Grundsätze formuliert, die vom Unternehmen verfolgt werden. Unter Berücksichtigung aller Ressourcen werden schließlich Maßnahmen geplant, die zur Zielerreichung führen sollen (vgl. Reinemann 2011, S. 90 ff.).

Die Ausrichtung am Markt ist keine Maßnahme, die ausschließlich intern zu bearbeiten ist. Die Unternehmen müssen frühzeitig marktbezogene Informationen einbeziehen, damit stets korrekte und zielführende Entscheidungen bei der Markteinführung getroffen werden. Aufgrund der Unternehmensstruktur profitieren KMU von ihrer Nähe zum Markt und zu den Kunden. So können sie explizit auf Veränderungen am Markt und die Bedürfnisse der Abnehmer reagieren und somit z. B. spezifische Produkte entwickeln oder ihren Service weiter ausbauen. Diese Orientierung kreiert neue Wettbewerbsvorteile, die zur Sicherung der eigenen Marktposition dienen und gleichzeitig Markteintrittsbarrieren schaffen (vgl. Reinemann 2011, S. 104 ff.).

Die absatzpolitischen Maßnahmen zur Ausgestaltung der Produktpositionierung am Markt werden in die vier Instrumente Produktpolitik, Preispolitik, Kommunikationspolitik und Distributionspolitik, wie sie in Abschn. 4.5 vorgestellt wurden, eingeteilt. Bei KMU sind die begrenzten Ressourcen häufig der Grund für unausgereifte Marketingkampagnen. Die Begrenzung bezieht sich dabei nicht nur auf die materiellen oder finanziellen Mittel, sondern auch auf die praktische Erfahrung. Aus diesem Grund sind die Instrumente zur Markteinführung individuell und kreativ an die jeweilige Situation der KMU anzupassen, um eine optimale Vorgehensweise sicherzustellen (vgl. Zanger 2013, S. 200 f.).

Im vierten Schritt wird die Wahl des bestmöglichen Einführungszeitpunktes betrachtet. Die heutige Wirtschaft ist durch den verschärften Wettbewerb, eine zunehmende Vernetzung und vor allem durch kürzere Produktlebenszyklen gekennzeichnet (vgl. Rauth und Bouncken 2010, S. 287). Nahezu alle strategischen und operativen Aktivitäten im Unternehmen stehen im Zusammenhang mit dem Zeitaspekt und müssen stets überlegt durchgeführt werden. Die Wahl des richtigen Zeitpunktes für die Markteinführung ist somit einer der wichtigsten Erfolgsfaktoren für Innovationen. Eine zu frühe oder auch verspätete Markteinführung kann einen Misserfolg des Innovationsprojektes mit sich bringen (vgl. Schuh 2012, S. 20).

Abhängig vom jeweiligen Einführungszeitpunkt wird grundsätzlich zwischen der Pionier- und der Folgerstrategie unterschieden (vgl. Abschn. 3.2.4; auch „First Mover" und „Follower" genannt), wobei sich innerhalb der Folgerstrategie zwei Alternativen entwickelt haben. Es werden Unternehmen berücksichtigt, die als „Frühe Folger" in den Markt eintreten oder die sich für die Strategie des „Späten Folgers" entscheiden (vgl. Reinemann 2011, S. 107).

- Pionierstrategie: Als Pionier wird ein Unternehmen bezeichnet, wenn es grundsätzlich versucht, ein neues Produkt vor allen anderen Wettbewerbern am Markt einzuführen, um sich damit eine Vorreiterposition zu sichern (vgl. Wentz 2008, S. 68 ff.).
- Folger nutzen die ersten Erfahrungen des Pioniers am Markt, um ihr eigenes Produkt weiterentwickeln zu können und ein konkurrenzfähiges Produkt an den Markt zu bringen. Dabei überwiegt die Wettbewerbsorientierung, die sich durch einen geringeren Preis oder eine höhere Leistung erreichen lässt (vgl. Reinemann 2011, S. 107).
  - „Frühe Folger" überlassen dem Pionier den ersten Schritt, um so die Entwicklung des Marktes und vor allem die Reaktion der Kunden auswerten zu können. Zudem können sie durch weitaus geringere Investitionen für die Innovationsleistung und die Markterschließung flexibel auf Technologieentwicklungen reagieren (vgl. Wentz 2008, S. 68 ff.).
  - „Späte Folger" profitieren von mehreren Vorgängern am Markt. Sie können dabei nicht nur auf die Erfahrungen und Leistungen der Pioniere, sondern auch die der „frühen Folger" zurückgreifen. Damit können sich diese Unternehmen mit noch geringeren Kosten an der Konkurrenz orientieren und Schwachstellen ausnutzen (vgl. Wentz 2008, S. 68 ff.).

Somit müssen die Unternehmen abwägen, wann, wie schnell und in welcher Reihenfolge die Markteinführung der Innovation geschehen soll, um einen optimalen Zugang zum Markt zu finden (vgl. Schmeisser et al. 2013, S. 308). Dabei müssen sich die Unternehmen festlegen, ob sie die Vorteile eines Quasi-Monopolisten bevorzugen oder zunächst von den Fehlern des Pioniers profitieren wollen (vgl. Renker 2012, S. 427 f.).

Der fünfte und somit letzte Schritt bei der Markteinführung von Innovationen betrifft die Internationalisierung. Durch die zunehmende Globalisierung gewinnt die Internationalisierung immer mehr an Bedeutung und wird von vielen Unternehmen oft unterschätzt (vgl. Schierenbeck 2003, S. 42). Der steigende Konkurrenzdruck auf den nationalen Märkten durch internationale Unternehmen erfordert Maßnahmen von den heimischen KMU. Diese nehmen die Herausforderung an, denn auch deutsche KMU sehen ihre Chance auf den ausländischen Märkten. Neben der Möglichkeit des eigenen Wachstums wird auch die größere Kapazitätsauslastung berücksichtigt. Weitere Argumente für ein Auslandsengagement können ein günstigeres Kosten- und Preisniveau sowie der direkte Kontakt zu potenziellen neuen Abnehmern sein (vgl. Zanger 2013, S. 199). In der Regel beziehen sich Aussagen über Internationalisierungsaktivitäten und Export auf größere mittelständische Unternehmen, da für die internationale Ausrichtung des Unternehmens i. d. R. hohe finanzielle Ressourcen benötigt werden.

Nachteile gegenüber Großunternehmen gleichen KMU durch Innovationsnetzwerke aus. Für die F&E von Innovationen ist es mittlerweile unumgänglich, die regionale Wirtschaft mit den Hochschulen und Forschungsinstituten zu verknüpfen (vgl. Rumkorf 2010, S. 26). Bezogen auf die Internationalisierung überbrücken KMU den Mangel an Auslandserfahrungen durch das Eingehen von Kooperationen mit starken ausländischen Partnern. So erlangen sie gründliche Marktkenntnisse und können spezifische Strategien anwenden, damit eine gute Marktposition aufgebaut wird (vgl. Reinemann 2011, S. 112 ff.).

Dabei können die Unternehmen auf die Wasserfall- oder Sprinklerstrategie zurückgreifen, um ihre Expansion in internationalen Märkten zeitorientiert durchführen zu können. Die Wasserfallstrategie stellt eine schrittweise Expansionsstrategie dar, da hier die Märkte in zeitlichen Abständen erschlossen werden. Somit nimmt die Einführung der Produktinnovation in alle Märkte einen größeren Zeitraum in Anspruch. Dem gegenüber steht die Sprinklerstrategie, die es den Unternehmen erlaubt, gleichzeitig mehrere Märkte zu erschließen. Innerhalb kurzer Zeit kann die Innovation weltweit vermarktet und eine große Zahl an potenziellen Abnehmern erreicht werden (vgl. Schmeisser et al. 2013, S. 306).

4.7 Schutzrechte und Patentmanagement

„Wenn einer der Köche ein eigenes neues köstliches Gericht erfinden würde, so sollte es keinem anderen vor Ablauf eines Jahres gestattet sein, von dieser Erfindung Gebrauch zu machen, sondern nur dem Erfinder selbst. Während dieser Zeit sollte er den geschäftlichen Gewinn davon haben, damit die anderen sich anstrengten und wetteifernd sich in solchen Erfindungen zu übertreffen suchten." Bereits 510 v. Chr. wurde diese Anekdote von dem Schriftsteller Athenaeus aus der süditalienischen Kolonie Sybaris überliefert. Jedoch erst 1474 fand in Venedig die erste gesetzliche Verankerung des Patents in Form eines Patentgesetzes statt (vgl. Berkenfeld 1949, S. 139 ff.; Lutter 1922, S. 112). In den nächsten Jahrhunderten wurden in den verschiedenen Ländern nach und nach Patentvorschriften erlassen. In Deutschland trat das erste einheitliche Patentgesetz am 25. Mai 1877 in Kraft. Nicht einmal zwei Monate später, am 2. Juli 1877, wurde das erste deutsche Patent für ein „Verfahren zur Herstellung einer rothen Ultramarinfarbe" erteilt (Deutsches Patent- und Markenamt: Geschichte).

Durch die Globalisierung treten deutsche Firmen, auch KMU, in unmittelbare Konkurrenz mit den weltweit innovativsten Unternehmen. Um hierbei zu bestehen, bedarf es an Innovationen, durch die sich ein Unternehmen von anderen abheben kann. Doch die Innovation alleine bietet dem Unternehmen noch keinen gesicherten Vorsprung, sollte die Konkurrenz die Innovation bspw. nachahmen. Aus diesem Grund spielen schutzrechtliche Fragestellungen eine größere Rolle denn je.

Schutzrechte allgemein, und insbesondere Patente, bieten Unternehmen die Möglichkeit, den Wettbewerb für eine bestimmte Zeit und ein bestimmtes räumliches Gebiet einzuschränken und sich dadurch wirtschaftliche Vorteile bei der Vermarktung von Innovationen zu verschaffen. Durch ein strategisches Vorgehen bei der Anmeldung und Nutzung von Patenten, d. h. mittels einer geeigneten Patentpolitik, können also Wettbewerbsvorteile gesichert und genutzt werden.

Nicht nur große Konzerne wie z. B. die Robert Bosch AG, die mit 3602 Patentanmeldungen im Jahr 2011 das Unternehmen mit den meisten gemeldeten Erfindungen in Deutschland war, (vgl. Deutsches Patent- und Markenamt 2011, S. 8.) haben deshalb eigene Abteilungen innerhalb ihres Unternehmens gegründet, um Patentstrategien zu entwerfen und umzusetzen. Die Schaffung von Handlungsfreiräumen, die Blockade von Wettbewerbern, aber auch die kommerzielle Nutzung von Patenten sind wesentliche Aspekte, die eine Patentstrategie in diesem Bereich verfolgt (vgl. Gassmann und Bader 2007, S. 83–100). Auch KMU bilden in Deutschland einen wichtigen Bestandteil des Innovationssystems. So stammen laut einer Analyse des Deutschen Patent- und Markenamts (DPMA) aus dem Jahr 2005 etwa 20 % aller Patentanmeldungen in Deutschland von KMU. Ein KMU meldete dabei im Schnitt fünf Erfindungen an (vgl. Deutsches Patent- und Markenamt 2005, S. 12).

Die folgenden Kapitel geben einen Überblick über technische und nichttechnische Schutzrechte und zeigen Strategien auf, wie mit ihnen Wettbewerbsvorteile erzielt werden können.

4.7.1 Technische Schutzrechte

Technische Schutzrechte sichern eine erfinderische Leistung auf einem technischen Gebiet ab. Darunter fallen z. B. neue Maschinen, Vorrichtungen, Geräte, chemische Erzeugnisse, Verfahren zum Herstellen von Erzeugnissen, Arbeits- und Anwendungsverfahren, mikrobiologische Verfahren und deren Anwendung (vgl. Patentanwaltskammer München und Bundesverband Deutscher Patentanwälte Köln 1998, S. 11). Technische Erfindungen können in Deutschland, Österreich und der Schweiz durch ein Patent und durch ein Gebrauchsmuster geschützt werden. Im folgenden Kapitel werden diese Schutzrechte und ihre Grenzen näher beleuchtet. Zudem werden Strategien aufgezeigt, die einen sinnvollen Schutz des geistigen Eigentums (engl. Intellectual property, kurz IP), nicht nur in Bezug auf technische Sachverhalte, von mittelständischen Unternehmen gewährleisten.

Patente

Ein Patent ist ein technisches, geprüftes Schutzrecht, welches vom Staat an den Erfinder vergeben wird. Es verleiht seinem Inhaber das Recht, seine Erfindung innerhalb definierter Staatsgrenzen für einen bestimmten Zeitraum als Monopolist gewerblich zu nutzen. Dazu gehört vor allem das Recht, die erfundenen Produkte herzustellen, zu gebrauchen, anzubieten, zu lagern, zu importieren und zu verkaufen oder patentierte Verfahren zu nutzen. Der Patentinhaber kann Dritten innerhalb der jeweiligen Staatsgrenzen und der jeweiligen Patentlaufzeit untersagen, seine Erfindung zu nutzen, oder die Nutzung gegen eine Lizenzgebühr erlauben. Patente werden deshalb auch als Verbietungsrechte bezeichnet (vgl. Gassmann und Bader 2007, S. 10). Neben dem Schutz, den Patente für materielle Erfindungen bieten, lassen sich auch Verfahren patentieren, z. B. Herstellungs- und Arbeitsverfahren oder neue Verwendungsmöglichkeiten von Erzeugnissen (vgl. Enstahler und Strübbe 2006, S. 13). So haben bspw. aktuell auch mittelständische Unternehmen wie die Silit-Werke GmbH & Co. KG in Riedlingen, die PUKY GmbH & Co. KG in Wülfrath oder die Laserline GmbH in Mülheim-Kärlich, technische Verfahren durch Patente geschützt (vgl. Deutsches Patent- und Markenamt: Register).

Solange eine Erfindung nicht zum Patent angemeldet wird, hat der Erfinder nur ein Erfinderpersönlichkeitsrecht im Sinne eines sonstigen Rechts nach § 823 BGB. Denn Schutzrechte schützen nicht die Erfindung an sich, sondern die erstmalige Veröffentlichung des neuen technischen Wissens. Durch die Anmeldung erhält der Erfinder ein Prioritätsrecht, ein Patent für die jeweilige Erfindung anzumelden, welches ihm allein zusteht. Dieses beinhaltet noch kein Verbietungsrecht, doch nach § 33 PatG kann der Inhaber eine angemessene Entschädigung verlangen, wenn der Benutzer der Erfindung wusste oder wissen musste, dass diese Erfindung Teil der Patentanmeldung war (vgl. Enstahler und Strübbe 2006, S. 29 f.).

Eine Erfindung im Sinne des Patentrechts wird erst zu einer solchen deklariert, wenn sie einer Prüfung des Patentamtes standhält. In Deutschland unterliegt die Prüfung dem Deutschen Patent- und Markenamt (DPMA), in Österreich dem Österreichischen Patentamt und in der Schweiz ist das Eidgenössische Institut für Geistiges Eigentum zuständig. Dabei werden drei Kriterien geprüft: die erfinderische Tätigkeit, die Neuheit und die gewerbliche Anwendbarkeit. Diese Kriterien gelten immer und weltweit (vgl. Gassmann und Bader 2007, S. 10).

Eine erfinderische Tätigkeit (Erfindungshöhe) liegt vor, wenn ein Fachmann eine Leistung vollbringt, die sich nicht in naheliegender Weise aus dem Stand der Technik ergibt, (vgl. Patentgesetz § 4 (PatG).) oder es sich nicht um eine einfache Weiterentwicklung des Bestehenden handelt. So wird ein Entwickler für ein neues Bauteil oder neue Materialien kein Patent erhalten, da ein durchschnittlicher, mit der Materie vertrauter Mitarbeiter auch in der Lage wäre, dieses Teil zu bauen (vgl. Zorn 2011, S. 47). Konrad Zuse, der mit der Erfindung der Rechenmaschine Z3 1941 den Grundstein für den heutigen PC legte, musste nach einem sehr beschwerlichen patentrechtlichen Verfahren nach drei Jahrzehnten 1967 zur Kenntnis nehmen, dass seine Erfindung aufgrund einer zu geringen Erfindungshöhe nicht patentwürdig war (vgl. März 2009, S. 2).

Eine Neuheit liegt vor, sofern die Erfindung nicht zum Stand der Technik gehört. Dies bedeutet, dass sie vor dem Tag der Anmeldung nicht durch schriftliche oder mündliche Beschreibung, durch Benutzung oder in sonstiger Weise der Öffentlichkeit zugänglich gemacht wurde (vgl. Patentgesetz § 3 (PatG)). Gemäß dem Sprichwort „Reden ist Silber, Schweigen ist Gold" muss daher die Erfindung vor der Anmeldung unbedingt geheim gehalten werden (vgl. Informationsplattform für KMU und Einsteiger). Soll eine Erfindung jedoch nicht patentiert, aber gleichzeitig verhindert werden, dass diese von Konkurrenten patentiert wird, können gezielt Informationen zur Erfindung veröffentlicht und dadurch eine Sperrwirkung erreicht werden. Hierfür eignen sich bspw. Publikationsplattformen, Präsentationen auf Messen oder Artikel in Fachzeitschriften (vgl. Informationsplattform für KMU und Einsteiger).

Die gewerbliche Anwendbarkeit setzt voraus, dass die Erfindung auf einem gewerblichen Gebiet, einschließlich der Landwirtschaft, herstell- oder benutzbar ist (vgl. Patentgesetz § 5 (PatG)).

Nur wenn alle drei Voraussetzungen einer Prüfung des Patentamtes standhalten, kann die eingereichte Erfindung patentiert werden. Die Prüfung muss innerhalb von sieben Jahren nach der Anmeldung erfolgen. Der Antragsteller erhält dann die damit verbundenen Schutzrechte. Mit einer Gesamtlaufzeit von 20 Jahren (in Deutschland bei medizinischen Produkten unter Umständen 25 Jahren) rückwirkend ab dem Anmeldetag bietet das Patent einen langfristigen Schutz und dem Anmelder einen effektiven und wertvollen Wettbewerbsvorteil gegenüber seinen Konkurrenten (vgl. Deutsches Patent- und Markenamt: (Prüfungs-)Verfahren).

Auch wenn eine Erfindung der Prüfung durch das Patentamt standhalten würde, dürfen bestimmte Erfindungen in Deutschland, Österreich oder der Schweiz nicht patentiert werden. Dies sind z. B. Design, Spielregeln, Klonverfahren von menschlichen Lebewesen, die Verwendung von menschlichen Embryonen für kommerzielle Zwecke, Veränderung der genetischen Identität und weitere Erfindungen, die gegen die guten Sitten oder die öffentliche Ordnung verstoßen (vgl. Patentgesetz § 2 (PatG); vgl. auch Patentanwaltskammer München und Bundesverband Deutscher Patentanwälte Köln 1998, S. 11.) Ebenfalls werden keine Patente auf Software (vgl. Deutsches Patent- und Markenamt: Schutz von Computerprogrammen.) erteilt, da diese durch das Urheberrecht geschützt sind, wie Bücher auch. Eine Ausnahme bilden Computerprogramme, die Teil einer Erfindung sind (z. B. die Steuerungssoftware des ABS-Systems).

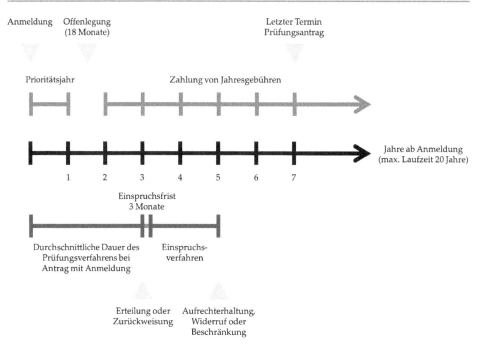

Abb. 4.13 Zeitlicher Verlauf der Patenterteilung vor dem DPMA (eigene Darstellung in Anlehnung an Patent- und Verwertungsagentur: Der Weg zum Patent, S. 45)

Doch eine Patentanmeldung birgt auch Risiken, denn mit der Anmeldung geht die Offenlegung der Erfindung einher. Spätestens 18 Monate nach der Anmeldung wird das Patent publiziert, sodass es dann für jedermann einsehbar ist (vgl. Abb. 4.13).

Soll die Erfindung unmittelbar genutzt werden, empfiehlt sich daher die gleichzeitige Anmeldung als Gebrauchsmuster (vgl. Gebrauchsmusterabzweigung) (vgl. Sonn & Partner). Diese Anmeldung verläuft schneller, ist kostengünstiger und bietet bereits einen Rechtsdurchsetzungsanspruch, während die Patentanmeldung beim Patentamt noch auf dem Prüfstand steht (vgl. Hoffmann und Richter 2011, S. 52). Die Kosten für eine deutsche Patentanmeldung betragen im Durchschnitt zwischen 3000 und 4000 Euro, je nachdem wie aufwendig die Anmeldung für den Patentanwalt ist (Ausarbeitung der Patentanmeldung, Prüfantrag und Prüfverfahren sowie Erteilungsgebühr) (vgl. Patent- und Verwertungsagentur: Der Weg zum Patent, S. 47).

Gebrauchsmuster

Ein Gebrauchsmuster ist ein technisches Schutzrecht mit einer Gesamtlaufzeit von maximal zehn Jahren, sofern nach den ersten drei kostenfreien Jahren regelmäßig die Aufrechterhaltungsgebühren entrichtet werden (vgl. Deutsches Patent- und Markenamt 2008, S. 26). Angemeldet wird das Gebrauchsmuster ebenfalls beim zuständigen Patentamt, in Deutschland beim DPMA, in Österreich beim Österreichischen Patentamt. Voraussetzung für eine Anmeldung als Gebrauchsmuster ist, dass die Erfindung neu ist und auf einem erfinderischen Schritt beruht; sie darf sich nicht einfach aus dem bekannten Stand der Technik herleiten lassen und muss gewerblich anwendbar sein (vgl. Gebrauchsmustergesetz § 1 (GebrMG).; Patentanwaltskammer München und Bundesverband Deutscher Patentanwälte Köln 1998, S. 15).

Häufig wird das Gebrauchsmuster auch als kleines Patent oder Patent des kleinen Mannes bezeichnet, da man bei wesentlich geringeren Gebühren die gleichen Rechte wie aus einer Patentanmeldung erhält: Unterlassungs- und Schadensersatzansprüche bei Verletzung des Gebrauchsmusters (vgl. Deutsches Patent- und Markenamt 2008, S. 26). Lediglich Verfahren und biotechnologische Erfindungen sind nicht durch ein Gebrauchsmuster schutzfähig. Die neueste Rechtsprechung hat jedoch klargestellt, dass das Gebrauchsmuster keine vereinfachte Version eines Patents ist. So ist die Voraussetzung „Erfinderischer Schritt" beim Gebrauchsmuster auf dem gleichen Niveau zu sehen wie die „Erfinderische Tätigkeit" des Patents (vgl. Hoffmann und Richter 2011, S. 50).

Die wesentlichen Vorteile des Gebrauchsmusters sind zum einen die schnelle Anmeldung innerhalb weniger Wochen, was eine solide Grundlage für Vertrieb, Werbung oder Verkaufsgespräche bietet. Zum anderen haben Gebrauchsmuster eine sechsmonatige Neuheitsschonfrist, die eine zeitige Präsentation in der Öffentlichkeit ermöglicht und so einen entscheidenden Vorteil gegenüber Patenten bietet, deren Anmeldung eine absolute Neuheit der Erfindung voraussetzt. Weiterhin erfolgt die Eintragung ohne Prüfung (vgl. Patentanwaltskammer München und Bundesverband Deutscher Patentanwälte Köln 1998, S. 15). Dieser Vorteil, der die schnelle Anmeldung erst ermöglicht, birgt jedoch eine erhebliche Rechtsunsicherheit, denn ohne materielle Prüfung kann der Anmelder sich im Konfliktfall seines Rechts nicht sicher sein (vgl. Gassmann und Bader 2007, S. 14). Eine weitere Schwachstelle liegt darin, dass bei einer Verletzung des Gebrauchsmusters zuerst eine gerichtliche Verhandlung stattfinden muss (vgl. Deutsches Patent- und Markenamt: Gebrauchsmusterschutz.), während bei einer Patentverletzung eine einstweilige Verfügung direkt erwirkt werden kann (vgl. Deutsches Patent- und Markenamt: Patentschutz).

Gerade für kleine mittelständische Betriebe, für die auch das nationale Patentanmeldeverfahren mit ca. 3000 bis 4000 Euro zu teuer erscheint, stellt die Anmeldung als Gebrauchsmuster mit ca. 300 Euro eine kostengünstige Alternative dar, sofern mit den rechtlichen Unsicherheiten gelebt werden kann. Tabelle 4.4 ermöglicht anhand der Gegenüberstellung von Patent und Gebrauchsmuster einen Überblick.

Alternativ kann eine technische Erfindung bei einem Notar hinterlegt werden. Auf diesem Wege wird der entsprechende Stand der Technik dokumentiert und ein defensives Schutzrecht geschaffen.

Sorten- und Halbleiterschutz
Ist ein mittelständisches Unternehmen auf dem Agrarsektor oder in der Chipindustrie aktiv und möchte seine Innovationen schützen lassen, stehen mit dem Sorten- und Halb-

Tab. 4.4 Gegenüberstellung Patent und Gebrauchsmuster (eigene Darstellung in Anlehnung an Deutsches Patent- und Markenamt: Schutzrechte im Überblick und Bundesministerium für Wirtschaft und Energie: Gebrauchsmuster)

	Patent	Gebrauchsmuster
Schutzfähig	– Erzeugnisse oder Verfahren – Technische Gegenstände – Chemische Verfahren	– Technische Gegenstände – Chemische Verfahren
Schutz-voraussetz-ungen	– Neuheit – Erfinderische Tätigkeit – Gewerbliche Anwendbarkeit	– Neuheit – Erfinderischer Schritt – Gewerbliche Anwendbarkeit
Anmeldung	Deutsches Patent- und Markenamt (DP-MA) – Eingeschränkte Schutzwirkung mit Offenlegung der Erfindung (18 Monate nach Anmeldung) – Volle Schutzwirkung mit Erteilung des Patents (dauert min. 2 Jahre) Internationale Patentanmeldung nach dem PCT (Patent Cooperation Treaty) – DPMA übermittelt Anmeldung an WIPO weiter Europäisches Patentamt (EPA) – Europäisches Patent für 34 europäische Staaten	Deutsches Patent- und Markenamt (DPMA) – Mit Eintragung entsteht der volle Schutz (mit den o. g. Einschränkungen in Bezug auf die Rechtssicherheit) – Dauer ca. 3 Monate
Prüfung	Vollständige Prüfung der Schutzvoraussetzungen	Nur formale Prüfung, vollständige Prüfung erst bei Antrag auf Löschung
Schutzdauer	20 Jahre, max. 25 Jahre bei medizinischen Erfindungen	Max. 10 Jahre
Kosten	Anmeldung: ca. 3000 bis 4000 € zzgl. Jahresgebühren ab dem 3. Jahr (zwischen 70 und 1940 €, zeitlich steigend; Stand Januar 2014) (vgl. Deutsches Patent- und Markenamt: Patentgebühren im Überblick.)	Anmeldegebühr: 40 € Recherche (optional): 250 € zzgl. Aufrechthaltungsgebühr ab dem 4. Jahr (zwischen 210 und 530 €, zeitlich steigend Stand Januar 2014) (vgl. Deutsches Patent- und Markenamt: Gebühren für Gebrauchsmuster im Überblick.)

leiterschutz zwei weitere, wenn auch weniger bekannte, gewerbliche Schutzrechte zur Verfügung (vgl. Hoffmann und Richter 2011, S. 102).

Mithilfe des Sortenschutzrechts lassen sich die Züchtung neuer Pflanzensorten sowie der züchterische Fortschritt in Landwirtschaft und Gartenbau schützen. Die Schutzdauer beträgt maximal 25 Jahre, bei Hopfen, Kartoffel, Rebe und Baumarten sogar 30 Jahre. Eine Pflanzensorte ist grundsätzlich schutzfähig, wenn sie unterscheidbar, homogen, beständig und neu ist und sie durch eine eintragbare Sortenbezeichnung gekennzeichnet ist.

Der Sortenschutz wird in Deutschland beim Bundessortenamt beantragt (vgl. Bundessortenamt).

Handelt es sich bei der zu schützenden Erfindung um eine räumliche Schaltungsanordnung aus der Chiptechnologie, kann ein Schutz durch den Halbleiter- bzw. Topographieschutz erreicht werden. Die Oberflächengestaltung von Mikrochips ist grundsätzlich schutzfähig, wenn sie eine Eigenart aufweist, d. h. wenn sie nicht alltäglich ist und keine einfache Nachbildung einer anderen Topographie ist. Die Schutzdauer beträgt hier maximal zehn Jahre. Der Schutz ist in Deutschland beim Deutschen Patent- und Markenamt zu beantragen. In der Praxis nimmt das Halbleiterschutzrecht jedoch eine untergeordnete Rolle ein, so wurden in Deutschland im Jahr 2007 gerade zwei Topographien angemeldet (vgl. Hoffmann und Richter 2011, S. 102).

Grenzüberschreitender Schutz

Vor allem exportorientierte Unternehmen sind darauf angewiesen, den Schutz ihrer Produkte über die Staatsgrenzen hinweg zu erweitern. Denn u. U. kann eine Expansion ins Ausland nur dann wirtschaftlich Erfolg versprechend sein, wenn Wettbewerber neue Produkte oder innovative Prozesse nicht einfach übernehmen können. Bei Schutzrechten gilt das sog. Territorialitätsprinzip, d. h., das Schutzrecht gilt nur in dem Land, für das es auch erteilt worden ist (vgl. Rach 2012, S. 5). Soll die Erfindung auch grenzüberschreitend geschützt werden, muss diese innerhalb der sog. PVÜ-Prioritätsfrist von zwölf Monaten auch im Ausland angemeldet werden (vgl. Hoffmann und Richter 2011, S. 52). Dieses Prioritätsjahr beginnt mit dem Datum der Patentanmeldung. Es gilt für alle Mitgliedstaaten der Pariser Verbandsübereinkunft (PVÜ) (vgl. Paris Convention for the Protection of Industrial Property). Hierbei gibt es zwei Vorgehensweisen. Zum einen können Patentanmeldungen bei Patentämtern der ausländischen Staaten einzeln eingereicht werden. Daneben gibt es für einen transnationalen Schutz technischer Innovationen im Patentrecht zwei Anmeldeverfahren, das Europa-Patent und das Internationale Patent. Mit ihrer Hilfe werden Anmeldeverfahren gebündelt für mehrere Länder und in einer Sprache durchgeführt. Daraus können sich erhebliche Kostenvorteile gegenüber nationalen Einzelanmeldungen ergeben. Für Gebrauchsmuster existieren derartige Verfahren nicht (vgl. Hoffmann und Richter 2011, S. 35).

Europa-Patent

Da jedes Land andere gesetzliche Bestimmungen und Vorgehensweisen hat, ist eine europäische Patentanmeldung beim Europäischen Patentamt ein vergleichsweise einfacher Weg, um einen transnationalen Schutz zu erhalten. Nach Überprüfung des Anmeldegegenstands auf Patentierbarkeit, erstreckt sich der Patentschutz auf alle bzw. einige ausgewählte Vertragsstaaten. Das Europa-Patent ist dabei als ein Bündel europäischer Einzelpatente mit jeweils nationaler Wirkung zu sehen, d. h. die Durchsetzung des Europa-Patentes muss im jeweiligen Land separat verfolgt werden (vgl. Rach 2012, S. 11). Es kann bis zu zwölf Monate nach der deutschen Anmeldung eingereicht werden (vgl. Patentanwalts-

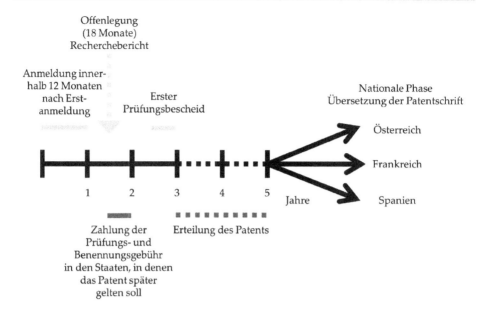

Abb. 4.14 Zeitlicher Ablauf des Europäischen Patents (eigene Darstellung in Anlehnung an Patent-und Verwertungsagentur: Der Weg zum Patent, S. 46)

kammer München und Bundesverband Deutscher Patentanwälte Köln 1998, S. 13 f.) (vgl. Abb. 4.14) und gilt derzeit in 38 Staaten (vgl. European Patent Office).

Das Europa-Patent lohnt sich für Unternehmen, wenn diese mindestens in vier bis fünf Ländern in Europa Patentschutz beantragen möchten. Ansonsten ist es günstiger, ein Patent bei den verschiedenen nationalen Patentämtern direkt einzureichen. So betragen die durchschnittlichen Kosten eines Europa-Patentes mit einer Gültigkeit für zehn Jahre in acht Staaten einschließlich der Kosten für einen Patentanwalt rund 29.800 Euro (vgl. Bundesministerium für Wirtschaft und Energie). Diese Gebühren variieren je nach Gebiet, in dem das Patent Gültigkeit erlangen soll. Den zeitlichen Ablauf des Europäischen Patents stellt Abb. 4.14 dar.

Internationales Patent
Durch einen Vertrag über die internationale Zusammenarbeit auf dem Gebiet des Patentwesens (engl. Patent Cooperation Treaty, PCT) ist es mithilfe eines einzigen Patentantrags möglich, Patentschutz in mehreren, auch außereuropäischen Ländern, zu erhalten (vgl. Patentanwaltskammer München und Bundesverband Deutscher Patentanwälte Köln 1998, S. 14). Die Anmeldung erfolgt beim nationalen Patentamt (in Deutschland beim DPMA), kann aber auch über das Europäische Patentamt oder die World Intellectual Property Organization (WIPO) erfolgen (vgl. Bundesministerium für Wirtschaft und Energie).

Derzeit ist die Anmeldung durch den PCT-Vertrag in 146 Mitgliedsstaaten (vgl. World Intellectual Property Organization) innerhalb des Prioritätsjahres möglich. Darunter fallen alle westlichen Industriestaaten (vgl. Rach 2012, S. 11). Das Anmeldedatum des Internationalen Patents wird automatisch in allen PCT-Mitgliedsstaaten anerkannt. Die Anmeldung zum Internationalen Patent führt jedoch im Gegensatz zu der EP-Anmeldung nicht zu einer zentralen Erteilung des Patents, ein „Weltpatent" gibt es nicht (vgl. Deutsches Patent- und Markenamt: Europäische und internationale Patente). Vielmehr werden die einzelnen Anmeldungen in den unterschiedlichen Staaten lediglich zentral eingereicht.

Der Vorteil des PCT-Verfahrens gegenüber dem EP-Verfahren besteht darin, dass der Anmelder einen Aufschub um weitere 18 Monate erhält (vgl. Weber und Seidel 2013, S. 1.) und somit erst bis zum Ende der sog. internationalen Phase entscheiden muss, in welchen Vertragsstaaten ein Schutzrecht erteilt werden soll (vgl. Abb. 4.15) (vgl. Bundesministerium für Wirtschaft und Energie).

Der Übergang in die nationalen Prüfungs- und Erteilungsverfahren erfolgt i. d. R. nach 30 Monaten (nationale bzw. regionale Phase) und führt dann zu nationalen Schutzrechten. Wie bei der EP-Anmeldung bietet sich zudem der Vorteil der vereinfachten Anmeldung in nur einer Sprache. Damit werden erhebliche Kosteneinsparungen erreicht (vgl. Rach 2012, S. 11). Die Anmeldegebühren betragen in der Regel ca. 4200 Euro zuzüglich der Gebühren, die in der nationalen Phase anfallen (vgl. Bundesministerium für Wirtschaft und Energie). Diese dürfen allerdings nicht unterschätzt werden. Für eine Anmeldung in Europa, den USA und Japan fallen Kosten in einer Größenordnung von insgesamt 40.000 bis 100.000 Euro an. Soll der Schutz für noch weitere Länder erweitert werden, steigen die Kosten erheblich (vgl. Weber und Seidel 2013, S. 1). Insbesondere in Fällen, in denen nicht sicher ist, ob die Erfindung in Produktion geht, in welchem Umfang und in welchen Ländern sie vermarktet werden soll, die Erträge noch nicht abschätzbar sind oder noch kein Lizenznehmer gefunden wurde, bietet sich das PCT-Verfahren an. Denn ohne PCT-Anmeldung würden Kosten unmittelbar nach der Anmeldung im Ausland anfallen (vgl. Weber und Seidel 2013, S. 1). Den zeitlichen Ablauf der PCT-Anmeldung stellt Abb. 4.15 dar.

Arbeitnehmererfindungsgesetz (ArbnErfG)

Das Arbeitnehmererfindungsgesetz ArbnErfG regelt in Deutschland den Umgang mit Erfindungen von Arbeitnehmern. Es handelt sich dabei um eine deutsche Besonderheit nicht nur vor dem Hintergrund, dass 80–90 % aller inländisch eingereichten Patentanmeldungen auf Erfindungen von Arbeitnehmern zurückgehen, sondern auch, weil nur wenige andere Länder über ein vergleichbares Gesetz verfügen. Das im Jahr 1957 in Kraft getretene Gesetz regelt detailliert die Rechtsbeziehungen zwischen Arbeitgeber und Arbeitnehmererfinder. Spätestens seit dem Wegfall des sogenannten Hochschullehrerprivilegs im Jahre 2002 hat das Gesetz eine besondere Bedeutung in den Bereichen Hochschule und Unternehmenspraxis, da es bei Kooperationen zwischen Hochschule und Wirtschaft oftmals zu schutzfähigen Arbeitsergebnissen kommt (vgl. Klug 2008, S. 14 f.; Gesetz über Arbeitnehmererfindungen (ArbnErfG)).

Im ArbnErfG wird der Interessenkonflikt zwischen Arbeitgeber und Arbeitnehmer bei Erfindungen geregelt, nämlich ob das Recht an einer Erfindung dem Erfinder persönlich

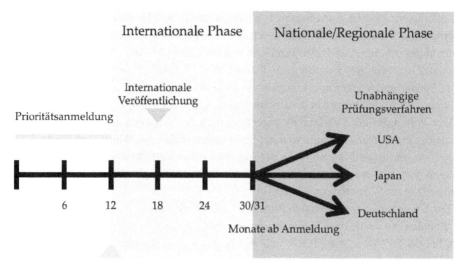

Internationale Phase   Nationale/Regionale Phase

Internationale
Veröffentlichung   Unabhängige
Prioritätsanmeldung   Prüfungsverfahren

USA

Japan

6   12   18   24   30/31   Deutschland

Monate ab Anmeldung

PCT-Anmeldung

Abb. 4.15 Zeitlicher Ablauf der PCT-Anmeldung (eigene Darstellung in Anlehnung an Patent- und Verwertungsagentur: Der Weg zum Patent, S. 47)

zusteht (sogenanntes Erfinderprinzip) oder ob der Arbeitgeber die Erfindung als Arbeitsergebnis des Arbeitnehmers gleichsam miterworben hat. Nach dem Gesetz kann der Arbeitgeber die Rechte an einer Erfindung seines Arbeitnehmers mit einer einseitigen Erklärung auf sich überleiten. Dem Arbeitnehmer schuldet er eine gesonderte Vergütung für diesen Übergang, die i. d. R. über dem Arbeitslohn liegt. Denn je nach Erfindungsgrad kann der Arbeitgeber von der Erfindung seines Arbeitnehmers profitieren und schließlich rentabler wirtschaften (vgl. Klug 2008, S. 14; Gesetz über Arbeitnehmererfindungen (ArbnErfG)).

Das Arbeitnehmererfindungsgesetz lässt sich in einen persönlichen und einen sachlichen Anwendungsbereich, aber auch in Dienst- und freie Erfindungen einteilen. Abbildung 4.16 zeigt den sachlichen Anwendungsbereich des ArbnErfG.

Ob das ArbnErfG anzuwenden ist, hängt vom Arbeitsverhältnis des Erfinders im privaten oder öffentlichen Dienst ab. Den genauen Personenkreis definiert § 1 ArbnErfG. Zu diesem gehören auch Hochschulbeschäftigte im wissenschaftlichen oder nichtwissenschaftlichen Bereich. Der sachliche Anwendungsbereich bezieht sich auf Erfindungen, die patent- oder gebrauchsmusterfähig sind (§ 2 ArbnErfG), aber auch auf technische Verbesserungen und Vorschläge, d. h. nicht schutzfähige technische Neuerungen (§ 3, 20 ArbnErfG) (vgl. Klug 2008, S. 14).

Bei Erfindungen werden, wie erwähnt, Dienst- und freie Erfindungen unterschieden (§ 4 Abs. 1 ArbnErfG). Diensterfindungen sind die Erfindungen, die während der Dauer eines Beschäftigungsverhältnisses entstanden sind (§ 4 Abs. 2 ff. ArbnErfG). Beispiele für solche Erfindungen sind Aufgabenerfindungen oder Erfahrungserfindungen, etwa

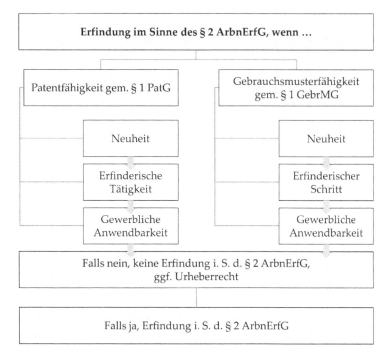

Abb. 4.16 Sachlicher Anwendungsbereich des ArbnErfG (eigene Darstellung in Anlehnung an Klug 2008, S. 15)

wenn Tätigkeiten in bestimmten Arbeitsbereichen (Konstruktion, Forschung usw.) optimiert oder mit der Arbeit zusammenhängende technische Probleme gelöst werden. Bei freien Erfindungen gibt es die zuvor genannten Zusammenhänge nicht (§ 4 Abs. 3 ArbnErfG). Wenn also ein Hochschullehrer oder Jurist in seiner Freizeit die Lösung eines technischen Problems findet, liegt eine freie Erfindung vor (vgl. Klug 2008, S. 15).

Das Gesetz nennt für Arbeitgeber und Arbeitnehmer wechselseitige Rechte und Pflichten, die es zu beachten gilt. So ist der Arbeitnehmer gemäß § 5 ArbEG verpflichtet, sich bei einer Diensterfindung bei seinem Arbeitgeber zu melden – schriftlich und unverzüglich, mit allen inhaltlichen Anforderungen (vgl. Klug 2008, S. 16).

Weiterhin steht dem Arbeitgeber gemäß § 6 ArbnErfG ein einseitiges Zugriffsrecht auf die gemeldete Diensterfindung zu. § 13 spricht vom Recht und der Pflicht zur Schutzrechtsanmeldung durch den Arbeitgeber, § 14 von den Auslandsanmeldungen und der Aufgabe von Schutzrechten und Schutzrechtsanmeldungen (vgl. Klug 2008, S. 17).

Wenn eine Diensterfindung in Anspruch genommen wird, hat der Arbeitgeber die Pflicht (§ 9 ArbnErfG), die Leistung des Arbeitnehmererfinders über den üblichen Arbeitslohn hinaus zu vergüten. Mit dem Vergütungsanspruch soll ein wirtschaftlicher Ausgleich geschaffen, aber auch die Motivation des Arbeitnehmererfinders gestärkt und seine Leistung belohnt werden (vgl. Klug 2008, S. 18).

Kommt es zu Streitigkeiten zwischen dem Arbeitgeber und dem Arbeitnehmer – beispielsweise bei der Festlegung einer angemessenen Höhe einer Vergütung –, so kann eine Schiedsstelle des Deutschen Patent- und Markenamtes in München angerufen und um Rat gefragt werden. Diese unterbreitet einen kostenfreien Vorschlag, der hoffentlich zur Einigung der beiden Verfahrensbeteiligten führt (vgl. Klug 2008, S. 19).

Das Gesetz sieht i. d. R. jährliche Erfinderzahlungen vor. Neben dem administrativen Aufwand können diese jährlichen Zahlungen aber auch den Innovationsdrang der Mitarbeiter bremsen. Warum sollen bestehende Produkte und Verfahren weiter verbessert werden, wenn es hierfür schon eine Vergütung gibt? Daher gehen Unternehmen mittlerweile dazu über, statt jährlicher Zahlungen eine einmalige Pauschalvergütung anzubieten, die zwar vom Gesetz nicht vorgesehen, aber durchaus zulässig ist. Somit besteht auch weiterhin der Anreiz, Innovationen weiterzuentwickeln (vgl. Nebel 2012, S. 46).

Für Erfindungen an Hochschulen gilt seit dem Jahr 2002 das sogenannte Hochschullehrerprivileg nicht mehr. Früher hatten Hochschulwissenschaftler keinerlei Pflicht, ihre Erfindungen mitzuteilen und anzubieten. Heute unterliegen Hochschulmitarbeiter den allgemeinen Vorschriften des ArbnErfG. Demnach sind die Erfindungen als Diensterfindungen anzusehen, die der Meldepflicht dem Zugriffsrecht des Arbeitgebers unterliegen (vgl. Klug 2008, S. 19). § 42 enthält jedoch auch einige Ausnahmeregelungen zugunsten der Hochschulbeschäftigten (vgl. Gesetz über Arbeitnehmererfindungen (ArbnErfG)).

Dieser Exkurs zeigt, dass dem ArbnErfG eine besondere Bedeutung in der Unternehmenspraxis zukommt. Es enthält mit seinen 49 Paragrafen eine Fülle von Form- sowie Fristvorschriften, die in ihrer Anwendung mit erheblichem administrativem Aufwand verbunden sind. Bestrebungen, das Gesetz zu reformieren, blieben bislang erfolglos (vgl. Klug 2008, S. 21; sowie Krieger: Das Gesetz über Arbeitnehmererfindungen). Wenn stärkere Anreize für die Anmeldung von Erfindungen von Arbeitnehmern geschaffen werden sollen, ist eine Modernisierung des Gesetzes dringend erforderlich (vgl. Klug 2008, S. 14 f.).

4.7.2 Nichttechnische Schutzrechte

Zu den nichttechnischen Schutzrechten zählen das Geschmacksmuster und die Marke. Das Geschmacksmuster schützt die ästhetische Erscheinungs- und Gestaltungsform, z. B. das Design, die Farbe oder die Form des Produktes (vgl. Gabler Wirtschaftslexikon), die Marke die Kennzeichnung von Waren und Dienstleistungen durch ein Unternehmen (vgl. Gabler Wirtschaftslexikon). Im Folgenden werden die nichttechnischen Schutzrechte näher erläutert.

Geschmacksmuster

Das Geschmacksmuster ist ein gewerbliches Schutzrecht, das zwei- oder dreidimensionale Erscheinungsformen eines Produktes oder eines Produktbestandteils schützt (vgl. Geschmacksmustergesetz § 1 (GeschmMG)., heute: Gesetz über den rechtlichen Schutz von Design.) Es bewirkt ein zeitlich begrenztes Benutzungsmonopol für das Design eines Produktes. Ab Veröffentlichung des Designs im Geschmacksmusterblatt des DPMA entsteht eine absolute Sperrwirkung gegenüber der Verwendung gleichartiger Muster (vgl. Deutsches Patent- und Markenamt 2008, S. 46). Der Schutz des Designs ist vor allem für mittelständische Unternehmen von großer Bedeutung, denn so können sich Unternehmen zu niedrigen Kosten mit wandlungsfähigen und individuellen Produkten von ihren Wettbewerbern abheben.

Vor allem wenn Käufer den Produktnutzen, beispielweise die technische Neuartigkeit, gegenüber vergleichbaren Fabrikaten nicht objektiv beurteilen können und es viele Wettbewerber gibt, kann durch individuelles Produktdesign die Einzigartigkeit eines Produktes herausgestellt werden (vgl. Patentanwaltskammer München und Bundesverband Deutscher Patentanwälte Köln 1998, S. 7). Voraussetzung für die Anmeldung ist, dass das Produkt eine Neuheit darstellt und Eigenschaften aufweist, die sich von den Eigenschaften anderer Produkte abgrenzen und die durchschnittliche Leistung eines Designers übersteigen. Geschmacksmuster unterliegen keiner Prüfung. Der Anmeldung ist lediglich eine anschauliche Abbildung bei der Anmeldung beim Deutschen Patentamt in Berlin beizufügen (vgl. Patentanwaltskammer München und Bundesverband Deutscher Patentanwälte Köln 1998, S. 18). Auch für das Geschmacksmuster gilt mittlerweile eine zwölfmonatige Neuheitsschonfrist (früher sechsmonatig), die für den Anmelder einen erheblichen Vorteil darstellt. Das Geschmacksmuster kann ebenfalls europaweit (per EU- bzw. Gemeinschaftsgeschmacksmuster) angemeldet werden und verschafft damit Schutz in allen Mitgliedsstaaten der Europäischen Union (vgl. Gassmann und Bader 2007, S. 15).

Nach der Gemeinschaftsgeschmacksmusterverordnung wird zwischen eingetragenen Gemeinschaftsgeschmacksmustern (Schutzfrist von maximal 25 Jahren) und nicht eingetragenen Gemeinschaftsgeschmacksmustern (Schutzfrist von drei Jahren) unterschieden. Für die Eintragung der Gemeinschaftsgeschmacksmuster ist das Harmonisierungsamt für den Binnenmarkt (HABM) mit Sitz in Alicante, Spanien, zuständig (vgl. Designschutz News 2012). Während der Laufzeit kann das anmeldende Unternehmen seine Produkte dauerhaft von anderen Produkten in Form und Design abgrenzen und somit seine Wettbewerbsposition stärken.

Die erste Schutzdauer von Geschmacksmustern beträgt in Deutschland fünf Jahre ab Anmeldetag, sie kann jedoch viermal durch die Zahlung einer Aufrechterhaltungsgebühr um eine weitere Schutzperiode von fünf Jahren auf bis zu 25 Jahre verlängert werden. Die Anmeldegebühren, welche innerhalb von drei Monaten nach der Anmeldung beim DPMA eingehen müssen, betragen für eine Einzelanmeldung (einschließlich einer Schutzdauer von fünf Jahren) 70 Euro, für eine Sammelanmeldung 7 Euro je Muster, mindestens jedoch 70 Euro (vgl. Deutsches Patent- und Markenamt: Gebühren für das Design im Überblick). Tabelle 4.5 gibt einen Überblick über die Aufrechterhaltungsgebühren für jedes Geschmacksmuster.

Geschmacksmuster deuten nicht auf den Geschmack einer Erfindung im buchstäblichen Sinne hin, sondern auf deren ästhetische Gestaltung. Geschützt wird das Design, das

Tab. 4.5 Aufrechterhaltungsgebühren für jedes Geschmacksmuster (eigene Darstellung in Anlehnung an Deutsches Patent- und Markenamt: Gebühren für das Design im Überblick)

Schutzperiode	Euro
Für das 6. bis 10. Schutzjahr	90 Euro
Für das 11. bis 15. Schutzjahr	120 Euro
Für das 16. bis 20. Schutzjahr	150 Euro
Für das 21. bis 25. Schutzjahr	180 Euro

durch die zwei- oder dreidimensionale herstellercharakteristische Gestaltung eines Produktes definiert ist.

Die folgenden Praxisbeispiele zeigen, dass sich der Schutz von Geschmacksmustern gut für mittelständische Unternehmen eignet.

KMU-Praxisbeispiel

Designschutz bei der Canyon Bicycles GmbH

Die Canyon Bicycles GmbH ist mit derzeit ca. 300 Mitarbeitern ein mittelständisches Unternehmen, welches am Standort Koblenz hochwertige Fahrräder entwickelt, produziert sowie vertreibt (vgl. Canyon Bicycles GmbH).

In den vergangenen Jahren wurden dem Unternehmen zahlreiche Designpreise verliehen, 2012 sogar der Designpreis der Bundesrepublik Deutschland (vgl. Bundesdesignpreis.de: Canyon.Home). Das Unternehmen führt in seinem Sortiment mehrere einzigartige Fahrradrahmengestelle, die als Geschmacksmuster angemeldet sind und dem Unternehmen ein Alleinstellungsmerkmal gegenüber seinen Konkurrenten verschaffen (vgl. Deutsches Patent- und Markenamt: Einsteigerrecherche, Inhaber: Canyon Bicycles GmbH).

KMU-Praxisbeispiel

Designschutz bei der Keen Joy Trade GmbH

Die Keen Joy Trade GmbH mit Sitz in Gronau ist ein Mittelständler im Bereich Wohntextilienimport, das über eingetragene Geschmacksmuster für Tapeten und Teppiche mit Maus-, Huhn- und Schafmotiven verfügt (vgl. Deutsches Patent- und Markenamt: Einsteigerrecherche, Bezeichnung: Tapete).

KMU-Praxisbeispiel

Designschutz bei der Ampelmann GmbH

Ein weiteres Beispiel aus dem Mittelstand ist das 60-köpfige Designunternehmen Ampelmann GmbH aus Berlin, das mit seinen „Geher"- und „Steher"-Ampelmännchen Kultstatus erreicht hat (vgl. Ampelmann Berlin). Diese sind seit 1997 grafisch und dreidimensional als Wort- und Bildmarke, aber auch als Geschmacksmuster angemeldet (vgl. Deutsches Patent- und Markenamt: Einsteigerrecherche, Inhaber: Ampelmann).

Marken

Der Begriff des „Warenzeichens", der sich seit 1894 im Warenbezeichnungsgesetz fand, wurde im Zuge der Markenrechtsreform 1995 durch den Begriff der „Marke" ersetzt. Die Marke gehört zu den gewerblichen Schutzrechten (vgl. Patentanwaltskammer München und Bundesverband Deutscher Patentanwälte Köln 1998, S. 16 f.; Deutsches Patent- und Markenamt: Marken – Eine Informationsbroschüre zum Markenschutz). Als Marke geschützt werden können Zeichen, Wörter, Personennamen, Abbildungen, Buchstaben, Zahlen, Hörzeichen, dreidimensionale Gestaltungen und das Design von Produkten oder deren Verpackungen. Aber auch die Farben bzw. Farbzusammenstellungen eines Produktes können geschützt werden. Die Voraussetzung dafür ist, dass sich die eigenen Produkte oder Dienstleistungen von den Produkten anderer Unternehmen unterscheiden lassen (vgl. Markengesetz § 3 (MarkenG)). Vor der Verwendung einer Marke sollte unbedingt geprüft werden, ob diese nicht schon als eingetragene Marke besteht. Innerhalb von drei Monaten nach der Anmeldung können Dritte Einspruch erheben, wenn sie gleiche oder ähnliche Marken besitzen, die zu einer Verwechslung führen könnten. Werden Marken nicht eingetragen, gibt es keine Möglichkeit, Wettbewerbern die Einführung eines Produktes mit gleichem Namen zu untersagen. Die Eintragung einer Marke gilt für zehn Jahre. Sie kann jedoch beliebig oft um weitere zehn Jahre verlängert werden. Insbesondere bei Produkten, die leicht zu kopieren sind, kann eine Marke einen wichtigen zusätzlichen Schutz vor Imitationen bieten. Beispiele von ehemals mittelständischen Unternehmen, für die die Marke bei ihrem Wachstum eine große Rolle gespielt hat, sind Bionade und Red Bull.

KMU-Praxisbeispiel

Markenschutz bei Philipp Reclam jun. GmbH & Co. KG

Als Beispiel eines mittelständischen Unternehmens, dem es gelang, eine Marke bei einem breiten Publikum zu etablieren, kann die Philipp Reclam jun. GmbH & Co. KG mit Sitz in Ditzingen genannt werden. Der Verlag wurde durch die kleinformatige „Universal-Bibliothek", in der vor allem klassische deutsche Literatur erscheint, bekannt. Eine Recherche auf den Seiten des Deutschen Patentamts nach Markeneintragungen zeigt, dass Reclam mehrere Marken angemeldet hat. Mit den Markennummern „004244513" und „004244521" ist das zweidimensionale Umschlagbild mit der typischen gelben Farbaufmachung im Kleinformat geschützt (vgl. Deutsches Patent- und Markenamt: Einsteigerrecherche. Inhaber: Reclam).

Der aus 65 Mitarbeitern (vgl. Leipziger Buchmesse 2010: Philipp Reclam jun. GmbH & Co. KG.) bestehende Verlag konnte hiermit einen sehr großen Wiedererkennungswert für die Produkte des Unternehmens generieren, der Reclam darüber hinaus sogar zu einem Kostenführer im Mittelstand machte.

KMU-Praxisbeispiel

Markenschutz bei W. F. Kaiser u. Co. GmbH

Als weiteres Beispiel aus dem Mittelstand kann das bei Diez an der Lahn ansässige Unternehmen der W. F. Kaiser u. Co. GmbH genannt werden. Als renommierter

Hersteller von Backformen konnte es seinen Bekanntheitsgrad im Laufe der Zeit unter anderem durch Marken mit Bezeichnungen wie „La Forme Kaiser", „Kaiserflex", „Flexoback", „Fleximo", „Quadro", „Bakinox" oder „La Forme Plus" erhöhen (vgl. Deutsches Patent- und Markenamt: Einsteigerrecherche, Inhaber: W. F. Kaiser u. Co. GmbH).

Zeichen ohne Unterscheidungskraft oder Bezeichnungen wie „Super", „Top" und beschreibende Angaben wie „feuerfest" können nicht als Marke eingetragen werden.

Nachfolgend werden die drei Arten von Marken erläutert, die bei der Anmeldung einer Marke zu unterscheiden sind:

Wortmarke

Die Wortmarke ist eine Marke, die aus Wörtern, Buchstaben, Zahlen und sonstigen Schriftzeichen besteht und sich mit der vom DPMA verwendeten üblichen Druckschrift darstellen lässt. Hierzu gibt es eine allgemeingültige Liste aller möglichen verwendbaren und erlaubten Zeichen. Der Schutz einer eingetragenen Wortmarke umfasst in der Regel alle verkehrsüblichen Wiedergabeformen, also die Groß- und Kleinschreibung (vgl. Deutsches Patent- und Markenamt: Marke).

Eine der weltweit bekanntesten Wortmarken stellt Coca-Cola dar. Bekannte mittelständische Marken sind Bionade (Ende der 1990er-Jahre 120 Mitarbeiter, heute Bestandteil der Radeberger Gruppe KG), (vgl. Zukunft Mittelstand), UHU (Uhu GmbH & Co KG, Klebstoffe, etwa 450 Mitarbeiter) (vgl. Uhu), Canyon (Canyon Bicycles GmbH, Fahrräder, ca. 300 Mitarbeiter) (vgl. Canyon Bicycles GmbH), PUKY (Puky GmbH & Co. KG, Kinderfahrzeuge, ca. 100 Mitarbeiter) (vgl. Wirtschaftswoche 2009, S. 2.), Fissler (Fissler GmbH, Kochgeschirr, 772 Mitarbeiter) (vgl. Fissler), Scout/4You (Alfred Sternjakob GmbH & Co. KG, Schulranzen, ca. 160 Mitarbeiter) (vgl. Alfred Sternjakob: Interview in IT-Mittelstand 2008, S. 24.) und Brohl Wellpappe (Brohl Wellpappe GmbH & Co. KG, Well- und Vollpappenverpackungen, etwa 556 Mitarbeiter) (vgl. Brohl Wellpappe).

Wort-/Bildmarke

Wenn die Marke Zeichen enthält, die nicht den oben genannten Kriterien entsprechen, wird die Marke als Wort-/Bildmarke behandelt. Darüber hinaus ist die Kraft des optischen Eindrucks, der Farbe und Schriftgestaltung sowie der Schriftanordnung zu beachten (vgl. Deutsches Patent- und Markenamt: Marke). Alle genannten mittelständischen Unternehmen verfügen über eine solche Wort-/Bildmarke, da sich keines der Unternehmen an der Liste der verwendbaren Zeichen orientiert, sondern sie eigene Farben, Logos oder Zeichen nutzen, die ihr Zeichen zu einer Wort-/Bildmarke werden lassen.

Bildmarken

Reine Bildmarken lassen sich als Bilder, Bildelemente oder Abbildungen ohne Wortbestandteile definieren (vgl. Deutsches Patent- und Markenamt: Marke). Beispiele für Bildmarken großer Unternehmen sind der Kranich der Lufthansa, (vgl. Patentanwaltskammer

Wortmarke   Wort-/Bildmarke   Bildmarke

Abb. 4.17 Möglichkeiten der Markenanmeldung am Beispiel BIONADE (eigene Darstellung in Anlehnung an BIONADE)

München und Bundesverband Deutscher Patentanwälte Köln 1998, S. 16 f.) das Apple-Logo oder der Mercedes-Stern. Sie dienen der Repräsentation und Wiedererkennung. Auch für mittelständische Unternehmen kann es sinnvoll sein, Bildmarken einzuführen, die sich bei den Kunden einprägen. Als Beispiele lassen sich das grüne „X" des ca. 500 mitarbeitergroßen XING-Karrierenetzwerkes (vgl. XING AG) oder auch die Bildmarken einiger der „Top 100" der innovativsten Unternehmen im Mittelstand 2012 nennen, z. B. die iPoint-systems GmbH, ein mit 70 Mitarbeitern weltweit führender Software- und Beratungspartner für umweltbezogene Produkt-Compliance und Nachhaltigkeit (vgl. iPoint-systems GmbH: Mitarbeiterentwicklung).

Die Abgrenzung der erwähnten Arten von Marken soll anhand der Marke der BIONADE GmbH verdeutlicht werden. Der bis zum Jahr 2009 mittelständische und im Jahr 2012 an die Radeberger Brauereigruppe verkaufte Erfrischungsgetränkehersteller verfügt über alle drei Markenformen: eine Wortmarke „BIONADE", eine Wort/-Bildmarke und eine reine Bildmarke, wie die Abb. 4.17 zeigt.

Bei der Anmeldung zur Eintragung einer Marke muss die Waren- oder Dienstleistungsklasse, in der die anzumeldende Marke Schutz erlangen soll, angegeben werden. Insgesamt werden 45 Klassen anhand der sog. Nizza-Klassifikation unterschieden (vgl. Deutsches Patent- und Markenamt: Klassifikation der Waren und Dienstleistungen).

Die Gebühren für eine Anmeldung beim DPMA sind bei allen drei Markenformen gleich (vgl. Unternehmer.de: Wort-/Bildmarke und Wortmarke im Vergleich). Sie bestehen aus der Anmeldegebühr und den Klassengebühren. Die Anmeldung in drei dieser Waren- und Dienstleistungsklassen wird mit einer Anmeldegebühr von 300 Euro abgedeckt. Ab einer vierten Klasse muss für jede weitere Klasse eine Gebühr von 100 Euro gezahlt werden (vgl. Deutsches Patent- und Markenamt: Markengebühren im Überblick).

Zu den nichttechnischen Schutzrechten kann schließlich neben den zuvor genannten Punkten auch der Schutz durch das Urheberrecht gezählt werden. Dieses schützt Schriftwerke der Literatur und Wissenschaft, Texte, Reden, Computerprogramme, (komponierte) Musik, Fotografien, Kunstwerke und Filme (vgl. Universität Würzburg). Abbildung 4.18 zeigt ein Beispiel der Recherchemöglichkeit auf der Website des DPMA.

Urheberrecht

Das Urheberrecht umfasst Werke der Literatur, Wissenschaft und Kunst (vgl. Hoffmann und Richter 2011, S. 124). Dabei schützt es das Ergebnis eines geistig kreativen Schaffens (vgl. Fräßdorf 2009, S. 22). Der Schutz entsteht automatisch mit der Schaffung eines Wer-

Recherchieren Sie selbst!

Wenn Sie selbst einmal gesetzliche Veröffentlichungen zu Patent- und Gebrauchsmustern, einer bestimmten Marke oder einem Geschmacksmuster auf der Seite des Deutschen Patentamtes (DPMA) recherchieren möchten, so haben Sie dazu die Möglichkeit unter:

http://register.dpma.de/DPMAregister/Uebersicht

Mit einem Klick auf den Reiter Patente und Gebrauchsmuster, Marken, oder Geschmacksmuster gelangen Sie auf eine Folgeseite, auf der Sie mit einem weiteren Klick eine Einsteigerrecherche durchführen können, um Nachforschungen über Produkte und Firmen, die für Sie interessant sein können, anzustellen.

Hier können Sie nun beliebige Produkt-, Firmen- oder Markennamen in die vorgesehenen Suchfelder eintragen. Dabei stehen Ihnen unter anderem Formulierungshilfen wie Inhaber/Bezeichnung/Eintragungstag/Warenklasse zur Auswahl.
Sowohl die Patente, Marken und Geschmacksmuster von Großunternehmen wie der Coca-Cola Erfrischungsgetränke AG als auch von kleinen Mittelständlern wie der Ampelmann GmbH sind hier veröffentlicht.

Suchen Sie beispielsweise die in diesem Kapitel vorgestellte „Canyon Bicycles GmbH", so gelangen Sie auf eine Trefferliste, die eingetragene Geschmacksmuster von Fahrradrahmengestellen mit der Bezeichnung, Geschmacksmusternummer, einem Bild und weiteren wichtigen Informationen zeigt!

Abb. 4.18 Recherchieren Sie selbst (eigene Darstellung in Anlehnung an Deutsches Patent- und Markenamt)

kcs (vgl. Hoffmann und Richter 2011). Ein behördliches Registrierungsverfahren ist weder notwendig noch möglich (vgl. Deutsches Patent- und Markenamt 2009, S. 57). Zwar ist es in Deutschland üblich, auf den Urheberschutz hinzuweisen (bspw. durch den Copyright-„©"-Vermerk), dies hat jedoch eine rein deklaratorische Bedeutung (vgl. Hoffmann und Richter 2011, S. 134). Ob ein Werk tatsächlich unter den Urheberrechtsschutz fällt, wird erst im Zuge einer Klage überprüft. Der Urheber muss dabei nachweisen können, dass er tatsächlich der Urheber ist, zu welchem Zeitpunkt das Werk entstanden ist und welchen Inhalt es zu diesem Zeitpunkt hatte (vgl. Hoffmann und Richter 2011, S. 127 f.). Kann der Urheber dies nachweisen, hat er u. a. Unterlassungs- und Schadensersatzansprüche gegen ungerechtfertigte Leistungsübernahmen. Der Beklagte kann sich jedoch dadurch rechtfertigen, die angebliche Kopie selbst geschaffen zu haben (vgl. Fräßdorf 2009, S. 22). Hier liegt auch der wesentliche Unterschied des Urheberrechtes zu den gewerblichen Schutzrechten. Das Urheberrecht schützt lediglich vor der Kopie des Werkes, nicht aber davor, dass ein anderer, zeitgleich oder später, eine identische Idee zu diesem Werk hat. Somit erlaubt es eine Doppelschöpfung. Grundsätzlich sind Urheber natürliche Personen; Unternehmen können jedoch auch urheberrechtliche Nutzungs- und Verwertungsrechte besitzen (vgl. Hoffmann und Richter 2011). Die Schutzdauer endet 70 Jahre nach dem Tod des Urhebers, (vgl. Abele et al. 2011, S. 71.)das Werk wird dann zum Allgemeingut (vgl. Deutsches Patent- und Markenamt 2009, S. 58; Enstahler und Strübbe 2006, S. 57).

KMU sollten sich beim Schutz ihrer Produkte nicht alleine auf den Urheberrechtsschutz verlassen. Verzichtet ein Unternehmen auf den Geschmacksmuster- oder Patentschutz, bspw. um Kosten zu sparen, kann erst im Streitfall von Gerichten geklärt werden, ob „das Werk" die Kriterien des Urheberrechts erfüllt. Bis zu diesem Zeitpunkt bliebe der Ausgang eines Rechtsstreites offen. Dies kann zwar beim Geschmacksmuster ebenfalls passieren, da hier die Eintragung nicht im Detail geprüft wird. Aber durch die Eintragung als Geschmacksmuster ist die Ausgangssituation i. d. R. eine andere als beim reinen Urheberrechtsschutz.

Es gibt Beispiele aus der Rechtsprechung, bei der der Urheberrechtsschutz versagt wurde, der Geschmacksmusterschutz jedoch geholfen hätte. So hat bspw. das französische Unternehmen Chantelle eine Klage gegen Tchibo verloren, die ihr Design für Damenwäsche nutzte. Das Gericht sah das Niveau der künstlerischen Schöpfung als nicht gegeben an. Mit einer zusätzlichen Anmeldung als Geschmacksmuster wäre der Streit für Chantelle sehr wahrscheinlich positiv ausgegangen (vgl. Designschutz News 2012).

4.7.3 Patentmanagement in mittelständischen Unternehmen

Durch die Zunahme des globalen Wettbewerbs ist das technische Know-how von Unternehmen zu einem entscheidenden Wettbewerbsfaktor geworden. Dies führt dazu, dass die administrativen Prozesse rund um Patente und andere Schutzrechte für ein Unternehmen essenziell sind und effizient gestaltet werden müssen.

Ein systematisches Patentmanagement im Unternehmen umfasst die Verwaltung eigener Patente, Patentanalysen über Wettbewerber, Recherche über Patente im Unternehmensumfeld, die Überprüfung möglicher Schutzrechtsverletzungen sowie die Anmeldung neuer Patente. Durch das Patentmanagement sichern sich Unternehmen ihr geistiges Kapital sowie die Alleinstellungsmerkmale ihrer Produkte (vgl. Enstahler und Strübbe 2006, S. 57).

Oft wird zwischen strategischem Patentmanagement und operativem Patentmanagement unterschieden. Das strategische Patentmanagement behandelt alle Aspekte, welche die strategische Ausrichtung des Geschäfts betreffen, wie z. B. die Position der Wettbewerber, Chancen und Risiken sowie entsprechende Maßnahmen. Das operative Patentmanagement ist dagegen fokussiert auf das tägliche Geschäft, wie z. B. Patentanmeldungen, Lizenznahme, Lizenzvergabe sowie die Pflege des existierenden Patentportfolios. Im Folgenden wird nur noch generell von Patentmanagement gesprochen, welches jeweils beide o. g. Aspekte umfasst.

Zentrales Ziel eines betrieblichen Patentmanagements ist die Schaffung bzw. Erhaltung von Wettbewerbsvorteilen. Ein Patentmanagement muss systematisch die Einhaltung der unternehmenseigenen Patente überwachen, um so Wettbewerbsrisiken zu mindern (vgl. Enstahler und Strübbe 2006, S. 58). Dabei lassen sich drei wesentliche Aufgabenfelder unterscheiden:

- Das Berichtswesen, welches mit seinen Bereichen Reporting und Controlling der Transparenz, Nachvollziehbarkeit und Steuerbarkeit des betrieblichen Patentwesens dient. Geschäftsfeldbezogen werden im Reporting Produkte und/oder Märkte sowie Kosten-Nutzen-Vergleiche des Patentportfolios erstellt und bewertet. Innerhalb des Controllings werden Kennzahlen ermittelt, welche über den Grad der Zielerreichung, einer Aufgabe oder eines Prozesses Aufschluss geben.
- Die strategische Vermarktung, die langfristig wirksame Unternehmensentscheidungen besonders betrifft: Ein- und Ausstiege aus Märkten, Entwicklung neuer Produkte oder Technologien. Da Patentportfolios nur langfristig steuerbar sind, spielt das Patentmanagement in der strategischen Planung eines Unternehmens eine herausragende Rolle.
- Die unternehmerische Vermarktung: Hier reicht es nicht aus zu überwachen, dass die eigenen Patente beachtet werden; der Stand und die Umsetzung des Patentmanagements müssen kontinuierlich an die Unternehmensführung berichtet werden (vgl. Enstahler und Strübbe 2006, S. 59). Ganz besonders gilt dies für mittelständische Unternehmen, bei denen der Geschäftsführer meist als alleinige Führungsperson den gründlichsten Einblick in alle Unternehmensbereiche hat.

Durch die kontinuierliche Beobachtung der Patentsituation auf den für das Unternehmen einschlägigen Geschäftsfeldern kann vermieden werden, dass Forschungsaufwand für Verfahren oder Produkte betrieben wird, die in ähnlicher Form bereits auf dem Markt existieren. Um neue Absatzmärkte zu erschließen, sollte auch die Möglichkeit in Betracht gezogen werden, Lizenzen zu erwerben.

Durch die Vergabe von Lizenzen an Kooperationspartner kann wiederum die Finanzkraft des Unternehmens gestärkt werden. Die Wettbewerbsfähigkeit kann schließlich auch durch den Einsatz von Sperrpatenten gesteigert werden, wenn diese Wettbewerber vom Eintritt in Märkte oder Marktsegmente abhalten.

Während sich in großen Unternehmen ganze Abteilungen mit der Recherche und Verwaltung von Patenten und Schutzrechten beschäftigen, verfügen kleine und mittlere Unternehmen in der Regel nicht über die notwendigen Ressourcen, um solche Spezialabteilungen zu unterhalten. Darum muss dort das Aufgabenfeld rund um die Patente des Unternehmens von einer einzelnen oder einigen wenigen Personen betreut werden (vgl. Gredel 2011). Durch ein konsequentes und systematisches Patentmanagement können aber auch KMU in diesem Bereich effektiv sein. Voraussetzungen hierfür sind regelmäßige Recherchen nach Patenten der Wettbewerber und im Produktumfeld in der Datenbank des DPMA, (vgl. Deutsches Patent- und Markenamt: Amtliche Publikations- und Registerdatenbank.) der Austausch und die Kooperation von Entscheidungsträgern mit den technischen Abteilungen im Tagesgeschäft sowie die Inanspruchnahme eines Patentanwalts im Bedarfsfall.

Ging es bei Patenten früher im Wesentlichen um die Aufrechterhaltung eines Monopols, so gewährt ein strukturiertes Schutzrechtportfolio heute Handlungsfreiheit am internationalen Markt, was zu Wettbewerbsvorteilen führt. Inzwischen ist wissenschaftlich bewiesen, dass Unternehmen erfolgreicher sind, wenn ihre Patente gemanagt werden.

Abb. 4.19 Beispielhafte Abbildung eines Patentportfolios
(eigene Darstellung in Anlehnung an Baum et al. 2007,
S. 238)

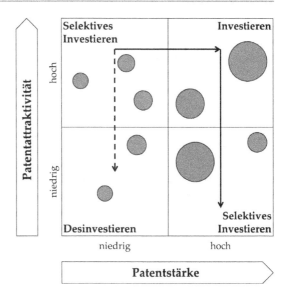

Unabhängig von der Unternehmensgröße ist Patentmanagement für alle Unternehmen von
großer Bedeutung. Denn dadurch können unnötige Kosten vermieden und wichtige Märkte geschützt werden (vgl. PIZNET.de).

Patentportfolio
Unter einem Patentportfolio versteht man die Gesamtheit aller Patente einer Person oder
eines Unternehmens. Diese können selbst entwickelt, hinzugekauft oder lizenziert sein.
Das Patenportfolio gibt über die technologische Position des Inhabers Auskunft.

Zur Einordnung der verschiedenen Patente werden diese analysiert und bewertet. Hierbei stellen sich z. B. Fragen wie: Handelt es sich um Schlüsselerfindungen? Wie sind die
Patente aufeinander bezogen? Auf diese Weise werden Chancen und Risiken der Patente
sowie Lücken innerhalb der Patentrechte (z. B. fehlende Lizenzen zu wichtigen Produkten) des Unternehmens aufgedeckt, auch können sich Hinweise für die weitere Forschung
ergeben. Die Bewertung des Patentportfolios bildet damit eine Grundlage für die F&E-
Planung und die Entwicklung von Patentierungsstrategien.

Die Bewertung eines Patentportfolios lässt sich zu geringen Kosten selbst vornehmen;
das Verfahren ist deshalb auch in kleinen und mittleren Unternehmen einsetzbar (vgl.
Enstahler und Strübbe 2006, S. 33). Durch eine systematische Herangehensweise können Patentschutzlücken vergleichsweise schnell identifiziert werden. Abbildung 4.19 zeigt
beispielhaft ein solches Patentportfolio.

Die Patentstärke, welche sich auf der Abszisse abbildet, verdeutlicht die eigene Patentleistung im Verhältnis zum stärksten Wettbewerber. Die Patentleistung richtet sich
hier nicht nur nach der Anzahl der Patentanmeldungen innerhalb eines Technologiefeldes,
sondern auch nach deren Qualität, wie z. B. der Zitier- und Auslandsquote (vgl. Gundlach
et al. 2010, S. 384).

Die Patentattraktivität, abgebildet auf der Ordinate, wird über das Wachstum der Patentanmeldungen im jeweiligen Bereich im Verhältnis zum Wachstum der anderen Bereiche ermittelt (vgl. Gundlach et al. 2010, S. 384).

Die Kreisfläche innerhalb des Portfolios stellt die technologische Bedeutung eines Patents dar.

4.7.4 Patentstrategien

Eine strategische Unternehmensführung verfolgt das allgemeine Ziel, Chancen eines Unternehmens zu nutzen und Risiken zu bewältigen. Patentstrategien sind somit Bestandteil strategischer Unternehmensführung. Unternehmen müssen eine klar definierte Strategie verfolgen, um alle Potenziale, die Patente bieten, optimal zu nutzen, und um gleichzeitig die sich ergebenden Risiken zu vermeiden. Im Folgenden werden die wichtigsten Elemente einer solchen Strategie erläutert.

Erfolgsfaktoren der Patentstrategien
Ein guter strategischer Umgang mit Patenten allein ist noch keine Erfolgsgarantie. Vielmehr müssen weitere wichtige Faktoren berücksichtigt werden.

Zum einen müssen Patentstrategien immer auch mit der Unternehmensstrategie abgestimmt werden. Divergieren beide Strategien, wird sich kein Erfolg einstellen. So sollten Unternehmen, die offensiv auf dem Markt agieren, auch offensive Patentstrategien verfolgen. Bei einer Strategie der Leistungsführerschaft können insbesondere jene Produktinnovationen von Bedeutung sein, die die Einzigartigkeit der Produkte weiter ausbauen. Wird dagegen eine Strategie der Kostenführerschaft verfolgt, sind Produkt- oder Prozessinnovationen besonders hilfreich, die eine kostengünstige Produktion der entsprechenden Produkte ermöglichen.

Zum anderen ist die Unterstützung, die das Management dem Patentwesen entgegenbringt, von großer Bedeutung. Sind im Management Erfinder vertreten, was in kleineren und mittleren Unternehmen häufiger vorkommt als in Großunternehmen, wird das Patentwesen durch die „Personalunion" von Erfinder und Geschäftsführer in der Unternehmensstrategie stärker berücksichtigt. Ist dies nicht der Fall, können regelmäßige Termine der F&E-Abteilung mit der Geschäftsführung dafür sorgen, dass das Patentwesen als Teil der Unternehmensstrategie im Fokus der Entscheider bleibt.

Eine gute Innovations- und Patentkultur in den Unternehmen ist von großer Bedeutung. Es sollten Anreize für Patentanmeldungen geschaffen werden, denn so können die Unternehmen noch mehr auf den vollen Einsatz ihrer Mitarbeiter bauen. Oft sind Projektteams bei der Generierung von Patenten förderlich. Schließlich ist ein systematisches Patentmanagement ein wichtiger Erfolgsfaktor, um die optimale Patentposition zu erlangen. In diesem Zusammenhang sollte sichergestellt werden, dass die notwendigen patentrelevanten Informationen vorliegen, um weitere innovative Produktvariationen entwickeln zu können. Wird die gewünschte Patentposition nicht erreicht, kann es von Vorteil sein, das Projekt komplett einzustellen.

Offensive Patentstrategien

Meldet ein Unternehmen nur ein einzelnes Patent an, besteht die Gefahr, dass von Wettbewerbern zwar nicht genau diese Idee, jedoch ähnliche Ideen um die angemeldeten Patente herum entwickelt werden. Um diese Gefahr zu verringern und die Wettbewerber auf Distanz zu halten, kann es sinnvoll sein, die eigene Entwicklung durch die Anmeldung mehrerer Patente, die mit der eigenen Erfindung in Zusammenhang stehen, abzusichern. Auf diese Weise können Wettbewerber dann gehindert werden, ein ähnliches Produkt zu entwickeln. Aufgrund der entstehenden Kosten ist diese Strategie jedoch eher für finanzstarke KMU und Großunternehmen geeignet.

Für ein Unternehmen kann es sich anbieten, ein Patent weitergehend zu schützen, indem es das Patent mit anderen Schutzrechten kombiniert. In Abhängigkeit der gewählten Kombinationsmöglichkeit kann sich ein anderer Nutzen für das Unternehmen ergeben. Im Folgenden wird ein kurzer Überblick über die wichtigsten Kombinationsmöglichkeiten gegeben.

Patente und Gebrauchsmuster

Bis ein Patent eingetragen ist und der Anmelder die daraus resultierenden Vorteile und Schutzrechte genießen kann, vergehen bis zu zweieinhalb Jahre (vgl. Deutsches Patent- und Markenamt: Patent FAQs). Um dennoch schnell gegen Dritte vorgehen zu können, ist die parallele Anmeldung eines Gebrauchsmusters, die sog. Abzweigung, sinnvoll. Dabei wird durch die Abzweigungserklärung auf dem Antrag zur Gebrauchsmusteranmeldung die schutzfreie Zeit, die während der Prüfung des Patents entsteht, durch den Gebrauchsmusterschutz überbrückt (vgl. Deutsches Patent- und Markenamt 2008, S. 30). So kann das Unternehmen die Neuheitsschonfrist nutzen und bereits an der Vermarktung der Erfindung arbeiten. Auch kann ein Gebrauchsmuster als Prioritätsanmeldung dienen, wenn Patentnachanmeldungen in anderen Ländern vorgenommen werden sollen (vgl. Gassmann und Bader 2007, S. 14).

Patente und Marken

Wenn das Patent eines Unternehmens abgelaufen ist und die Konkurrenz das Produkt nachbauen darf, kann der Markenschutz zu einem wichtigen Bestandteil der Schutzrechtstrategie werden. Eine gut eingeführte Marke, am besten zeitgleich zur Markteinführung des entsprechenden Produktes, bietet die optimale Ergänzung zu einem Patent, um sich auch langfristig den Markterfolg zu sichern (vgl. Patentanwaltskammer München und Bundesverband Deutscher Patentanwälte Köln 1998, S. 7).

KMU-Praxisbeispiel

Wiedererkennungswert durch eine Marke bei PUKY GmbH & Co. KG

Als Beispiel sei hier die PUKY GmbH & Co. KG mit Sitz in Wülfrath, Nordrhein-Westfalen, genannt. Etwa 100 Mitarbeiter befassen sich mit der Herstellung und dem Vertrieb von Kinderfahrzeugen (vgl. PUKY).

PUKY verfügt über eine Vielzahl von Gebrauchsmustern und Patenten, von denen einige seit Jahren abgelaufen sind (vgl. Deutsches Patent- und Markenamt: Amtliche Publikations- und Registerdatenbank). Obwohl sich bereits eine Vielzahl von Wettbewerbern im Markt positioniert hat, sichert sich das Unternehmen durch die Marke PUKY eine stetige Marktpräsenz mit hohem Wiedererkennungswert.

Patente und Geschmacksmuster

Es gibt keinen direkten Zusammenhang zwischen Patenten und Geschmacksmustern, denn beide schützen einen jeweils anderen Bereich eines Produktes. Gerade deshalb kann es für ein Unternehmen in Betracht gezogen werden, beide Schutzrechte auf ein Produkt anzumelden. Das Patent schützt dabei die technische Erfindung. Gestaltet das Unternehmen diese Erfindung auch noch durch ein ansprechendes Design, kann die kombinierte Anmeldung beider Schutzrechte durchaus sinnvoll sein. Auf diesem Wege wird das Produkt sozusagen von Innen und Außen in einen kompletten Schutzmantel gehüllt.

Sperrpatent

Eine Patentanmeldung dient neben dem Schutz der eigenen Idee und deren Vermarktung vor allem dazu, Konkurrenten auf Abstand zu halten. Die beste Möglichkeit, dies zu erreichen, liegt in den sogenannten Sperrpatenten. Bei einem Sperrpatent handelt es sich um eine Unterform der ursprünglichen Patentidee. Hierbei wird das Patent nicht genutzt, um ein Produkt herzustellen und es abzusichern, sondern ausschließlich um andere an der Produktion zu hindern. Dabei ergibt sich durch die Sperrung ein größerer Nutzen als jener, der durch die eigene Herstellung erzielt werden könnte (vgl. Enstahler und Strübbe 2006, S. 38).

Wenn die Kosten und der Aufwand einer Patentanmeldung vermieden werden und die Konkurrenz dennoch von unerwünschten Patentanmeldungen abgehalten werden soll, können Publikationen genutzt werden. Die Sperrveröffentlichung zielt darauf ab, dass durch die Publikation einer Idee oder einer technischen Lösung diese dann nicht mehr durch einen Wettbewerber patentiert werden kann. Die Veröffentlichung zerstört die unbedingte Voraussetzung der Neuheit. Dass das Unternehmen, welches die technischen Fortschritte publiziert, sein Image als Technologieführer fördern kann, ist dabei ein erwünschter Nebeneffekt. Der große Nachteil bei der Publikation einer Idee liegt auf der Hand, denn durch die Veröffentlichung kann der Wettbewerber hilfreiche Schlüsse hinsichtlich F&E sowie Patent- und Produktstrategie für das eigene Unternehmen ziehen (vgl. Gassmann und Bader 2007, S. 50). Doch während Großunternehmen oftmals so publizieren, dass dies die Wettbewerber auch erfahren, publizieren mittelständische Unternehmen oftmals so, dass es möglichst wenige Konkurrenten bemerken sollen. Veröffentlicht wird daher in kleinen, eher unbedeutenden Zeitschriften. Die KMU schützen sich damit vor Patentanmeldungen Dritter und können gleichzeitig darauf hoffen, dass die Konkurrenten ihre technische Entwicklung übersehen (vgl. Gassmann und Bader 2007, S. 49 f.).

Die Patentstrategien, die ein Unternehmen verfolgt, müssen nicht zwingend allein darauf zielen, die Konkurrenz von sich fernzuhalten. Eine strategische Ausrichtung des Unternehmens kann auch darin bestehen, die Konkurrenten in eine falsche Richtung zu lenken. Um die Kosten gering zu halten und dennoch eine effektive Wirkung zu erzielen, werden etwa Neuentwicklungen mit wenig Aufwand vorgenommen, aber die Prüfgebühren für die Patente nicht bezahlt. Der siebenjährige Zeitraum, in dem das Prüfungsverfahren stattfinden muss, reicht für die Irreführung bei Weitem aus. Das Ziel dieser „falschen" Patentanmeldung: Die Konkurrenten sollen über die eigene technologische Entscheidungsrichtung getäuscht werden. Allerdings verlieren derartige Maßnahmen an Glaubwürdigkeit, wenn sie allzu häufig Anwendung finden (vgl. Enstahler und Strübbe 2006, S. 35).

Nicht immer muss ein Patent angemeldet werden. Es gibt auch die Möglichkeit der Geheimhaltung. Forscher und Mitarbeiter verpflichten sich in einer Geheimhaltungsvereinbarungserklärung, Wissen, das sie im Rahmen ihrer Tätigkeiten erwerben, nicht an Dritte außerhalb des Unternehmens weiterzugeben. Dies ist vor allem dann eine Alternative, wenn das zu schützende Wissen die Arbeitsprozesse betrifft. Diese können von Außenstehenden nicht ohne Weiteres nachgeahmt werden. Fließt das Wissen dagegen in die Erzeugnisse, ist es für Fachleute oftmals ein Leichtes, die zugrunde liegende Idee zu kopieren (vgl. Enstahler und Strübbe 2006, S. 48; Ernst 2002, S. 300).

Ein neuralgischer Punkt der Geheimhaltungsstrategie ist der faktische Schutz (vgl. Ernst 2002, S. 300). Es werden hier operative und technische Schutzmaßnahmen unterschieden. Zu den operativen Schutzmaßnahmen kann eine gute Mitarbeiterbindung gezählt werden. Sie kann durch finanzielle Anreize für Mitarbeiter positiv beeinflusst werden. Technische Schutzmaßnahmen können regelmäßige Wechsel der Barcodes auf Verpackungen oder die Gravur des Firmenzeichens auf den Produkten sein (vgl. Gassmann et al.: Mehr als nur Patentschutz. Maßnahmen gegen Produktpiraterie am Beispiel Chinas). Zusätzlich sollten Unternehmen Vorträge und Veröffentlichungen von Mitarbeitern streng kontrollieren, um einen Wissensabfluss zu verhindern.

Es gibt zahlreiche Beispiele, bei denen Unternehmen mit der Geheimhaltungsstrategie großen Erfolg hatten. So ist das Rezept von Coca-Cola und deren Herstellung bis heute nicht im Detail bekannt. Ein Patent auf ein Herstellungsverfahren wäre inzwischen längst ausgelaufen und jeder könnte Coca-Cola herstellen. Die Geheimhaltung verhinderte jedoch bis heute die vollständige Imitation des Produkts (vgl. Enstahler und Strübbe 2006, S. 48).

Provisorisches Patent

Die provisorische Patentanmeldung wurde mit dem Ziel eingeführt, technische Ideen und Entwicklungen von jungen Erfindern im Rahmen des Wettbewerbs „Jugend forscht" wirksam zu schützen. Denn gerade die Teilnehmer an diesem Wettbewerb haben nicht die finanziellen Möglichkeiten für eine herkömmliche Patentanmeldung. Zudem sind die Entwicklungen in der Regel noch nicht ausgereift genug, um eine Markteinführung zu wagen.

Eine provisorische Patentanmeldung kann ein junger Erfinder selbst beim DPMA ohne einen Patentanwalt vornehmen, denn die Anforderungen sind weniger komplex als bei einer regulären Anmeldung. Der Erfinder sollte jedoch in seiner Anmeldung die technischen Vorteile seiner Erfindung möglichst genau formulieren. Nach der Anmeldung hat er zwölf Monate Zeit, seine Erfindung weiterzuentwickeln und potenzielle Verwerter zu finden. Diesen gegenüber darf er sich jedoch nur zu den Details äußern, die bereits Inhalte der ersten Anmeldung waren. Spätestens nach zwölf Monaten muss eine zweite, von einem Patentanwalt erstellte Anmeldung erfolgen, die den neuesten Stand der Entwicklung berücksichtigt. Diese Vorgehensweise kann sich auch für kleine und mittlere Unternehmen anbieten.

Die Kosten der provisorischen Patentanmeldung sind mit insgesamt 320 Euro gegenüber einer herkömmlichen Anmeldung mit ca. 3000 Euro relativ gering.

Sollte die Weiterentwicklung mit der anfänglichen Entwicklung nur noch sehr wenig gemeinsam haben, hat der Patentanwalt die Möglichkeit, eine eigenständige Anmeldung vorzunehmen. Bei dieser werden die neuen Merkmale aufgenommen. Wird die eigenständige Weiterentwicklung favorisiert, kann der Erfinder, sofern er auf die alten Merkmale verzichtet, in der zweiten Anmeldung nur noch die neuen Merkmale aufnehmen und die abgeteilte Anmeldung ist nicht mehr notwendig. Die erste Anmeldung sollte in diesem Fall aber umgehend zurückgenommen werden, da sie sonst der zweiten neuheitsschädlich entgegensteht.

Die provisorische Patentanmeldung wird heute von Schülern, Studenten, Wissenschaftlern, freien Erfindern und Existenzgründern genutzt. Für Erfinder, die die finanziellen Möglichkeiten für Patentanwälte haben oder sogar finanzielle Förderung, z. B. durch Patentstellen, genießen, ist die Form der provisorischen Patentanmeldung jedoch nicht gedacht (vgl. Innovationsstimulierung INSTI).

Defensive Patentstrategien

Besteht die Vermutung, dass ein Patent durch das Patentamt zu Unrecht erteilt wurde, so kann dagegen Einspruch erhoben oder auf Nichtigkeit geklagt und somit das Patent u. U. ganz oder teilweise zu Fall gebracht werden. Der Kläger muss dabei beweisen, dass die Erfindung nicht neu ist. Er kann dies z. B. tun, indem er dokumentiert, dass die Produkte bereits auf dem Markt waren oder in Zeitschriften beschrieben wurden (vgl. Bitkom 2007, S. 21; Deutsches Patent- und Markenamt 2008, S. 25). Diese defensive Herangehensweise hält Wettbewerber auf Abstand, indem ihnen keine Möglichkeit zu monopolistischer Weiterentwicklung gegeben wird. Durch umfassendes Wissen zum Stand der Technik werden Angriffe von Wettbewerbern gleichsam ausgehebelt (vgl. Gassmann und Bader 2007, S. 15). Für KMU kann es jedoch, je nach Branche, sehr aufwendig sein, die aktuellen Patentanmeldungen zu überblicken. Gleichwohl gibt es die Möglichkeit, unter http://register.dpma.de/DPMAregister/Uebersicht eigene Recherchen über aktuelle und abgelaufene Marken, Patente und Gebrauchsmuster anzustellen. Wenn KMU auf ein überschaubares Marktsegment spezialisiert sind, ist es durchaus machbar, die Datenbanken in regelmäßigem Abstand auf relevante Begriffe zu durchsuchen.

Innerhalb von drei Monaten nach Veröffentlichung ist es möglich, gegen ein Patent Einspruch beim DPMA zu erheben. Durch den Einspruch erwirkt der Antragsteller eine erneute Überprüfung der Patentfähigkeit der Erfindung. Ist der Einspruch erfolgreich, verliert das Patent seine Wirkung. Die Kosten des Verfahrens trägt meist jede Partei selbst. Soll gegen ein europäisches Patent Einspruch erhoben werden, verlängert sich die Frist auf neun Monate nach der Veröffentlichung. Bei einem erfolgreichen Einspruch gehen die Patente für alle benannten europäischen Staaten unter (vgl. Bitkom 2007, S. 21 f.).

Diese defensive Patentstrategie wird von Unternehmen jedoch immer seltener praktiziert. Die Anzahl der Einspruchsverfahren ist in den vergangenen zehn Jahren von acht auf fünf Einsprüche pro 100 Patentanmeldungen zurückgegangen (vgl. Deutsches Patent- und Markenamt 2008, S. 25).

Ist die dreimonatige Einspruchsfrist abgelaufen, so kann immer noch eine Nichtigkeitsklage beim Bundespatentgericht in München eingereicht werden. Im Erfolgsfall ist das Patent nichtig. Die Kosten der Nichtigkeitsklage trägt die unterlegene Partei (vgl. Bitkom 2007, S. 22).

Enthält ein Patent Lücken in den Schutzansprüchen, können Wettbewerber diese Lücken nutzen. Für den Patentinhaber besteht dann die Gefahr, dass er seine mit dem Patent vermeintlich erlangte Monopolstellung verliert und sein Wettbewerbsvorteil geschmälert wird (vgl. Enstahler und Strübbe 2006, S. 25).

Patentmanagement in Kooperationen

Um im Wettbewerb bestehen zu können, sind firmenübergreifende Kooperationen von Forschungs- und Entwicklungsabteilungen für Unternehmen heutzutage ein wichtiger Erfolgsfaktor. Bevor jedoch eine Kooperation eingegangen wird, sollten die im Folgenden genannten Aspekte geklärt und in einem Kooperationsvertrag festgehalten werden (vgl. Gassmann und Bader 2007, S. 187). Sie sind ausschlaggebend für die weitere Verwertung der Ergebnisse im Interesse des eigenen Unternehmens (vgl. Kamlah und Held 2008, S. 44–50).

Ein Erfinder hat das Recht auf seine Erfindung. Jedoch muss er nicht automatisch auch die Patentrechte besitzen. Kooperierende Unternehmen sollten daher im Vorfeld klären, wer die Patentrechte im Fall einer Erfindung erhält.

Eine gemeinsame Patentinhaberschaft kann sich schwierig gestalten, wenn die Kooperationspartner in unterschiedlichen Ländern ansässig sind, denn die Gesetzgebungen einzelner Länder sehen oftmals abweichende Regelungen vor. In den USA darf bspw. der Kooperationspartner ein Patent ohne Absprachen mit dem deutschen Unternehmen für eigene Zwecke nutzen und verwerten (vgl. Gassmann und Bader 2007, S. 189 f.). Des Weiteren sollte entschieden werden, ob und wer zur Lizenzweitergabe berechtigt ist (vgl. Kamlah und Held 2008, S. 44–50).

Nicht nur von den Verträgen unter den Partnern, sondern auch von der jeweiligen nationalen Gesetzgebung hängt ab, ob und inwieweit der andere Partner miteinbezogen werden muss, um gegen Dritte wegen Patentverletzungen vorgehen zu können. In jedem Fall sollte vereinbart werden, ob ein solches Verfahren von einem Patentanwalt oder von der internen Patentabteilung übernommen werden soll.

Die Aufteilung der Kosten, die für eventuelle Gerichtsverfahren, Patentanmeldungen und Jahresgebühren anfallen, sollte vorzugsweise schriftlich fixiert werden.

Die Partner müssen sich rechtzeitig über die Verwertung und Nutzung des erworbenen Wissens nach dem Ende der Kooperation verständigen. Ein Interessenausgleich kann darin bestehen, dass sie sich gegenseitig für einen bestimmten Zeitraum Liefer- und Bezugsexklusivität einräumen. Dieses Verfahren hat sich bspw. in der Automobil- und Konsumgüterindustrie durchgesetzt (vgl. Gassmann und Bader 2007, S. 195). Eine andere Möglichkeit besteht darin, dass ein Kooperationspartner die Schutzrechte und der andere eine Abfindung erhält. Wichtig ist, dass es zu einem gerechten Interessensausgleich kommt (vgl. Kamlah und Held 2008, S. 44–50).

Bewertung von Patenten

Wenn Lizenzverhandlungen geführt, Patente verkauft oder Kredite über Patente abgesichert werden sollen, müssen Patente bewertet werden.

Da es kein allgemein gültiges Bewertungsverfahren gibt, muss im Vorfeld geklärt werden, welchem Zweck die Bewertung dienen soll. Daraufhin kann dann ein spezifisches Bewertungsschema erstellt werden, das entweder einem marktorientierten, einem kostenorientierten oder einem einkommensorientierten Ansatz folgt (vgl. Grechenig 2010, S. 2). Mitunter ergeben sich auch Mischformen der Bewertung (vgl. Wirtschaftsförderung und Technologietransfer Schleswig-Holstein: Patentbewertung und Gassmann und Bader 2007, S. 77 ff.). Grundlage für Bewertungen sind die Grundsätze ordnungsgemäßer Patentbewertung, welche vom BMWi im Rahmen des Förderprogramms „Innovation mit Normen und Standards" (INS) entworfen wurden und für den jeweiligen Fall angepasst werden können (vgl. Behrens 2007). Das Europäische Patentamt bietet Hilfestellungen zur Auswahl der richtigen Methode an (vgl. Europäisches Patent Office).

Lizenzen

Die Vergabe von Lizenzen bietet dem Inhaber eines Schutzrechts die Möglichkeit, dieses zu vermarkten, ohne das finanzielle Risiko zu tragen, welches mit der Produktion und Markteinführung des Produkts entstehen würde. Die Lizenzvergabe ist deshalb gerade für mittelständige Unternehmen ein attraktives Verfahren, Innovationen wirtschaftlich zu nutzen.

KMU-Praxisbeispiel

Lizenzvergabe durch den Coppenrath Verlag

Der Coppenrath Verlag mit Sitz in Münster wurde bereits 1768 gegründet. Schwerpunkt des Verlagsprogramms sind Kinder- und Geschenkbücher sowie dekorative Adventskalender (vgl. Coppenrath Verlag).

Ein gutes Beispiel für die Lizenzvergabe ist die Marke „Prinzessin Lillifee". Was mit einem Kinderbuch begann, hat sich mittlerweile zu einem Angebot mit über 200 Produkten entwickelt. Ein Großteil davon wird von Lizenznehmern wie Falke, Dr. Oetker oder Sara Lee entwickelt und produziert (vgl. IHK Nord Westfalen 2011).

Bei der Lizenzvergabe wird das Schutzrecht mittels eines Lizenzvertrages zwischen Lizenzgeber und -nehmer beschränkt oder unbeschränkt übertragen (vgl. Patentgesetz § 15

Ausschließliche Lizenz Nur Lizenznehmer

Nicht ausschließliche Lizenz Lizenzgeber und ein oder mehrere Lizenznehmer

Abb. 4.20 Nutzungsrechte (eigene Darstellung in Anlehnung an Gabler Wirtschaftslexikon)

(PatG)). Der Lizenzgeber ist der Anmelder des Schutzrechts und bleibt trotz der Vergabe der Lizenz Eigentümer des Schutzrechtes. Die übertragenen Nutzungsrechte können, je nach Ausgestaltung des Vertrages, nach Art, Umfang, Dauer, Menge und Ausübungsraum beschränkt werden (vgl. Juraforum). Weitere Pflichten und Rechte ergeben sich aus dem Vertrag selbst.

Grundsätzlich kann, wie in Abb. 4.20 dargestellt, zwischen zwei Formen der Lizenz, der ausschließlichen und der nicht ausschließlichen Lizenz, unterschieden werden. Wenn einem Lizenznehmer die alleinige Nutzung vertraglich zugesichert wird, spricht man von einer ausschließlichen Lizenz. Dem Lizenzgeber ist dabei für den Lizenzzeitraum im Umfang der Lizenzvergabe die eigene Nutzung oder weitere Verwertung des Patents untersagt. Der Lizenznehmer hat im Rahmen der Lizenz die Möglichkeit, eigene Klagen gegen die Verletzung des Patents einzureichen. Er kann seine Lizenz vererben und, sofern dies vertraglich vereinbart ist, Unterlizenzen vergeben. Eine solche Möglichkeit einzuräumen sollte sich der Lizenzgeber gründlich überlegen, da er so die Kontrolle über die Lizenzvergabe verliert.

Eine ausschließliche Lizenz wird auf Antrag beim Patentamt eingetragen. Sie kann nicht erteilt werden, wenn zuvor eine allgemeine Lizenzbereitschaft erklärt wurde (vgl. Patentgesetz § 30 (PatG)). Die Erklärung der Lizenzbereitschaft, also die Erklärung des Anmelders, jedermann die Nutzung der Erfindung gegen eine angemessene Vergütung zu gestatten, ist für Erfindungen geeignet, die der Patentinhaber zwar entwickelt hat, aber für sich als nicht geschäftsrelevant sieht oder bei denen er nicht die Möglichkeiten besitzt, diese weiterzuverfolgen. Durch die Erklärung der Lizenzbereitschaft reduzieren sich die Jahresgebühren beim Patentamt um die Hälfte. Innerhalb eines Jahres kann die Erklärung zurückgenommen werden, wenn bisher kein Lizenznehmer sein Interesse angemeldet hat. Die eingesparten Gebühren werden dann rückwirkend fällig (vgl. Patentgesetz § 23 (PatG)).

Eine nicht ausschließliche (einfache) Lizenz stellt dagegen ein Benutzungsrecht für den Lizenznehmer dar. Diese erlaubt dem Lizenzgeber eine weitere Verwertung des Patents, welche sich sowohl in der eigenen Nutzung als auch in der Vergabe weiterer, nicht ausschließlicher Lizenzen ausdrücken kann (vgl. Gabler Wirtschaftslexikon). Der Lizenznehmer besitzt keinen Sukzessionsschutz und kann die Lizenz nicht auf andere Personen übertragen.

Für einen Schutzrechtsinhaber, der nicht die Möglichkeit besitzt, die Erfindung selbst flächendeckend zu vermarkten oder als Standard einzuführen, ist die Vergabe einer nicht ausschließlichen Lizenz von Vorteil. Denkbar wäre dies bei einer Einzelperson oder einem Unternehmen, welches seinen Hauptumsatz mit anderen Produkten erzielt.

Unter einer unbeschränkten Lizenz versteht man ein Nutzungsrecht, welches dem Lizenznehmer alle Rechte bezüglich der Verwertung des Schutzrechts zusichert. Es besteht keine zeitliche, räumliche oder inhaltliche Eingrenzung der kommerziellen Nutzung.

Eine beschränkte Lizenz wird vergeben, wenn das Nutzungsrecht in seinem Umfang, seiner Dauer, Menge oder seinem Ausübungsraum beschränkt ist. Diese Unterformen werden als Zeit-, Stück- oder Bezirkslizenz bezeichnet (vgl. Wirtschaftslexikon24).

Des Weiteren kann die Lizenz auf eine bestimmte Art der Nutzung beschränkt sein, bspw. auf die Herstellung oder den Vertrieb eines Produkts. In diesem Fall spricht man von einer Herstellungs- bzw. Vertriebslizenz. Auch eine Beschränkung auf einen Ort der Herstellung, bspw. ein bestimmter Betrieb, ist möglich (vgl. Bundeszentrale für politische Bildung).

Von einer Lizenzierung profitieren sowohl Schutzrechtsinhaber als auch Lizenznehmer; die Beweggründe der beiden Parteien sind naturgemäß unterschiedlich. Im Folgenden werden Anlässe und Vorteile von Lizenzierungen für Lizenzgeber (aktive Lizenzierung) und Lizenznehmer (passive Lizenzierung) nacheinander erläutert.

Insbesondere für kleinere und kapitalschwache Unternehmen kann die Vergabe von Lizenzen das Risiko begrenzen, das bei der Vermarktung von Innovationen entsteht. Dies gilt sowohl für die Einführung völlig neuartiger Produkte als auch für die Produkteinführung in anderen Ländern. Somit kann die Vergabe von Lizenzen insbesondere für KMU als Alternative zum Markteintritt durch das eigene Unternehmen gesehen werden.

Gerade mittelständische Unternehmen müssen sich auf Kernkompetenzen konzentrieren. Dies gilt auch für das Innovationsmanagement. So kann das innerbetriebliche Forschungslabor das eigene Schutzrecht per Lizenz sowohl intern als auch extern weitergeben, um das Endprodukt zu entwickeln. Weitere Lizenzen erhalten dann bspw. Marketing- und Vertriebsunternehmen. Auf diese Weise kann die Spezialisierung anderer Unternehmen genutzt und der Innovationsprozess optimiert werden.

Ein weiteres Motiv für die Vergabe von Lizenzen könnte es sein, den Marktwert einer Erfindung zu erhöhen und ihm zum Marktstandard zu verhelfen. Dies ist bei der Blu-Ray-Technologie von Panasonic und Sony 2007 geschehen. Weitere Elektronikhersteller erhielten eine Lizenz und die Technologie wurde zum marktweiten Standard.

Lizenznehmer können durch den Patentinhaber aktiv gesucht und umworben werden. Dies gelingt über Direktmarketing, Onlinemarktplätze oder Vermittler, auch Intermediäre genannt.

Die passive Lizenzierung zielt hauptsächlich darauf ab, Wissensvorsprünge und Innovationen anderer Unternehmen oder Personen für das eigene Unternehmen zu nutzen. Sie kann notwendig sein, um bestehende Blockaden aufzulösen und weiterhin aktiv auf dem Markt agieren zu können. Ein weiteres Motiv kann darin bestehen, das eigene Patentportfolio aufzuwerten. In jedem Fall ist es wichtig, sich Klarheit über die Kompetenzen des

Vertragspartners zu verschaffen und die Ausgestaltung des Patents zu prüfen. Um eine Lizenz optimal nutzen zu können, können Kombinationen von Lizenzen und zusätzliches Fachwissen des Lizenzgebers, wie es sich in Testberichten und Mustern niederschlägt, nötig sein. Wenn die Lizenz ein Schutzrecht eines anderen Marktbereichs betrifft, kann es notwendig sein, dass der Lizenzgeber auch noch zusätzliche Geschäftsinformationen bereitstellt (vgl. Gassmann und Bader 2007, S. 132).

Eine Sonderform der Lizenzierung sind Kreuzlizenzen. Hierbei tauschen zwei Patentinhaber Lizenzen auf ihre Schutzrechte gegeneinander aus. Dies kann auch zwischen Konkurrenten geschehen, falls beide bspw. wichtige Neuerungen patentieren lassen und vom jeweiligen anderen Schutzrecht zusätzlich profitieren wollen. Dies ist insbesondere dann sinnvoll, wenn zwei Schutzrechte einander beschränken und mit dem Austausch der Lizenzen eine weitere wirtschaftliche Entwicklung für beide Unternehmen möglich wird (vgl. Meyer Patentanwaltskanzlei).

Der Tausch von Lizenzen ist insbesondere in Branchen üblich, in denen Schutzrechte eine sehr große Rolle spielen. Beispiele sind die Unterhaltungselektronik und die Halbleiterbranche. Hier verbirgt sich hinter jedem Produkt eine Vielzahl an Schutzrechten. Eigene Schutzrechte, die ggf. getauscht werden können, sind in diesen Branchen absolut notwendig (vgl. Harhoff und Reitzig 2001, S. 9).

Durch Lizenztausch können große Unternehmen vom Spartenwissen mittelständischer Unternehmen der gleichen Branche profitieren, die wiederum aus den Marktkenntnissen der Konzerne ihren Nutzen ziehen können. Die Zahl der zum Tausch geeigneten Lizenzen ist prinzipiell unbegrenzt; der Lizenztausch kann deshalb Grundlage einer weitreichenden Zusammenarbeit werden.

Die Lizenzgebühren sind frei vereinbar. Sie richten sich häufig nach der Lizenzgestaltung und somit den kommerziellen Möglichkeiten, die dem Lizenznehmer die Nutzung des Schutzrechts eröffnet.

In Ausnahmefällen kommt es vor, dass eine Zwangslizenz gerichtlich angeordnet wird. Dies kann geschehen, wenn sich ein Lizenzsuchender innerhalb eines angemessenen Zeitraumes vergeblich bemüht hat, eine Lizenz für ein Schutzrecht zu erwerben, die Erfindung zu geschäftsüblichen Bedingungen genutzt werden soll und die Nutzung im öffentlichen Interesse liegt. Eine Zwangslizenz kann auch vergeben werden, wenn die Lizenz nötig ist, um ein Nachfolgeprodukt auf den Markt zu bringen (vgl. Patentgesetz § 24 (PatG)) Konkurrenten können so Zugriff auf Schutzrechte erhalten, die für ihre Aktivitäten am Markt essenziell sind. Allerdings werden auch für Zwangslizenzen Lizenzgebühren fällig, welche sich dabei nach dem wirtschaftlichen Wert des Schutzrechts richten.

4.7.5 Kauf und Verkauf von Patenten

Die Veräußerung oder der Einkauf von Patenten richtet sich grundsätzlich nach dem Zielpatentportfolio des Unternehmens.

Zum Verkauf sollten Patente angeboten werden, die nicht in das gewünschte Patentportfolio passen, aber für andere Unternehmen, bspw. in anderen Branchen, wichtig sein könnten. Dabei ist zu prüfen, ob das Patent auch auf absehbare Zukunft nicht vom eigenen Unternehmen genutzt werden soll und ob dem Verkauf nicht eine Lizenzvergabe vorzuziehen ist. Letztere kann dem Unternehmen kontinuierliche Einnahmen sichern. Hierbei sollte zwischen Ertrag und Aufwand abgewogen werden.

Der gezielte Einkauf von Patenten, bspw. von insolventen Unternehmen, kann das Patentportfolio eines Unternehmens bereichern. Die Ermittlung des Kauf- bzw. Verkaufspreises führt über die Bewertung des Patents, die mithilfe der oben genannten Methoden wie bei der Lizenzierung vorgenommen werden kann.

Patentfonds

Eine vergleichsweise neue und innovative Möglichkeit für die Inhaber von Patenten, ihre Ideen zu realisieren, bieten Patentfonds. Sie können das häufig bei Einzelpersonen und KMU auftretende Problem verringern, bei dem ein Patent mangels Kapital nicht verwertet werden kann, obwohl die Marktchancen gut sind. Diese Lücke schließen Patentfonds, indem sie als Vermittler zwischen Patentinhabern und Investoren fungieren, die bereit sind, in den technischen Fortschritt zu investieren. Über die Gelder des Fonds finanziert der Investor die Umsetzung und Vermarktung von Patenten. Die Vermittler helfen Fachkräfte zu finden, etwa Mitarbeiter von Forschungsunternehmen, die die Ideen möglichst erfolgreich weiterentwickeln.

Vorteilhaft für die Kapitalgeber ist, dass sich innerhalb des Patentfonds die Investitionen auf mehrere Patente verteilen. Das Risiko ihres finanziellen Engagements bleibt damit begrenzt (vgl. Geschlossene Fonds). Patentfonds werden zum Beispiel von der Deutschen Bank und der Credit Suisse angeboten.

Auch Start-up-Unternehmen können auf diesem Wege allein auf der Grundlage ihrer Ideen und Innovationskraft eine Finanzierung erhalten, die es in dieser Form in Deutschland bis vor wenigen Jahren noch nicht gab.

Die erfolgreiche Nutzung von Patenten wird vor allem durch eine gut gewählte Patentstrategie sichergestellt. Hierzu sind eine gute Organisation, ein effektives Patentmanagement und ein stimmiges Patentportfolio notwendig. Auch wenn in dem einen oder anderen Fall der Anschein entstehen mag, Patente könnten auch ohne gutes Management erfolgreich sein, ist es nicht ratsam, sich auf Zufälle oder Glück zu verlassen. Die zunehmende Gewinnorientierung von Unternehmen macht es erforderlich, die vielfältigen Potenziale, die Patente besitzen, zu nutzen. Mögliche Innovationen sollten schon bei ihrer Entwicklung vor dem Hintergrund eines Businessplans bewertet werden.

Um auf einem immer wettbewerbsintensiver werdenden Markt erfolgreich mit Patenten zu agieren, ist es wichtig, die genannten Strategien auf das eigene Unternehmen abzustimmen und ggf. miteinander zu kombinieren. Dabei gilt: Die beste Patentstrategie ist die Strategie, welche die Idealtypen optimal an die Gegebenheiten und Perspektiven des Unternehmens anpasst.

4.8 Zusammenfassung, Checklisten und Tipps

Das Themengebiet der Prozesse im Innovationsmanagement beschäftigt sich zunächst mit deren grundlegender Zielsetzung sowie sich daran direkt anschließend mit dem Bereich des strategischen Innovationsmanagements bei KMU.

Ein gezieltes strategisches Innovationsmanagement greift die Marktdynamik auf und sorgt für einen simultanen Unternehmenswandel. Es induziert innerhalb des Unternehmens ein sensibles Empfinden und eine Offenheit gegenüber Veränderungen, sodass Innovationen gefördert und Wettbewerbsvorteile generiert werden können. Zur Umsetzung bedarf es dabei einer strategischen Planung, welche ebenso routiniert wie flexibel sein sollte. In diesem Zusammenhang erfolgt keine radikale Implementierung dieser Methodik, vielmehr findet eine harmonisierte Umwälzung statt.

Die in Tab. 4.6 aufgelisteten Fragen sollen dabei helfen, das Innovationsmanagement strategisch auszurichten.

Tab. 4.6 Checkliste Innovationsziele (eigene Darstellung in Anlehnung an IHK München, S. 17)

Checkliste: Richten Sie Ihr Innovationsmanagement strategisch aus		
Frage	Ja	Nein
Fragen zum Thema „Rolle Ihres Unternehmens"		
Haben Sie sich Gedanken über die Rolle Ihres Unternehmens gemacht? Können Sie die Frage beantworten: Wer wollen Sie auf welchem Markt sein, wie wollen Sie dort wahrgenommen werden?		
Haben Sie langfristige Ziele bspw. für die nächsten 5 Jahre formuliert? Wissen Sie, wo Sie dann stehen wollen?		
Sind in diesen Zielen auch nichtfinanzielle Ziele wie bspw. Mitarbeiterziele enthalten?		
Haben Sie für Ihr Unternehmen Positionierungsstrategien wie bspw. Innovationsführerschaft?		
Fragen zum Thema „Markt- und Kundenziele"		
Kennen Sie Ihre direkten Kunden und Ihre indirekten Kunden? Wissen Sie, wie die Kundenkette aussieht? Haben Sie zukünftige neue Kundengruppen oder Kundenketten im Auge?		
Wissen Sie, welche Anforderungen zu erfüllen sind, damit auch indirekte Kunden zufrieden sind und zufrieden bleiben?		
Haben Sie für Ihre direkten Kunden den Wert für das Unternehmen ermittelt? Anders ausgedrückt: Wissen Sie, wie wertvoll Ihr Unternehmen für Ihre direkten Kunden ist?		
Kennen Sie das zukünftige Potenzial Ihrer jetzigen und potenziellen Kunden?		
Fragen zum Thema „Preisgestaltungsziele"		
Orientiert sich Ihre Preisgestaltung an Ihrer Positionierung im Markt?		
Berücksichtigen Sie die Lebenszyklen bei der Preisgestaltung?		

Ist die Strategie beschrieben, gilt es, das operative Innovationsmanagement zu gestalten. Hierzu wurden ausgewählte Prozessmodelle vorgestellt und die jeweiligen Unterschiede und Besonderheiten erläutert. Die Modelle weisen hinsichtlich der Durchführung des Innovationsprozesses verschiedene Vorgehensweisen auf und legen differenzierte
Schwerpunkte auf bestimmte Aspekte.

Ein allgemeingültiger Ansatz existiert leider nicht. Welches dieser Prozessmodelle sich
für ein Unternehmen am besten eignet, kann nicht pauschal beantwortet werden, sondern
muss anhand eines jeweils selbst festgelegten Kriterienkatalogs bewertet werden. Letztendlich müssen die einzelnen Phasen der Modelle den unternehmensinternen Abläufen
zugeordnet bzw. in diese integriert werden.

Wichtig ist, dass folgende Aspekte in jedem Innovationsprozess Berücksichtigung finden:

- Einbeziehung von Kunden, Lieferanten, Partner und ggf. externen Know-how-Trägern
  in den Innovationsprozess,
- Frühestmögliche Einbindung von leitenden Mitarbeitern in die Innovationsprojektent-
  scheidungen,
- Prüfung von Projektfördermöglichkeiten und Partnerschaften,
- Aufbau eines systematischen Prozessmanagements (vgl. Rüggeberg und Burmeister
  2008, S. 31).

Darüber hinaus können die Fragestellungen in Tab. 4.7 bei der Anpassung vorhandener
Phasenmodelle an die betrieblichen Anforderungen helfen.

Im Anschluss an die Prozessmodelle wurde das Ideenmanagement betrachtet. Das
Ideenmanagement ist ein seit vielen Jahren bewährtes Instrument im Innovationsprozess.
Es entwickelt sich ständig weiter und passt sich an individuelle betriebliche Umstände an
(vgl. Leipold 2010, S. 132). In diesem Kapitel wurde beschrieben, welche Prozesse im
Ideenmanagement sinnvollerweise durchlaufen werden (Ideenfindung, Ideenbewertung,
Ideenumsetzung), um Ideen effektiv umzusetzen und wie ein Ideenmanagement im Un-
ternehmen verankert werden kann.

Eine der kritischsten Phasen im Ideenmanagement ist die Ideenbewertung. Hier wird
entschieden, ob die vorhandenen Ressourcen von KMU in die richtigen Ideen eingesetzt
werden. Auch hier können einige Fragen, wie in Tab. 4.8 aufgelistet, sicherstellen, dass
die Ideenbewertung im Unternehmen systematisch und sinnvoll erfolgt.

Nachdem die Ideen bewertet und ausgewählt wurden, muss deren Umsetzung finanziert
werden. Dabei haben KMU im Vergleich zu großen Unternehmen größere Schwierigkeiten bei der Finanzierung innovativer Ideen.

Wenn die eigene Finanzierungsmöglichkeit begrenzt ist, können KMU auf eine Fremdfinanzierung zurückgreifen und hiermit ihre Innovationen finanzieren. Jedoch wird diese
Finanzierungsform aufgrund der geringen Bereitschaft bzw. dem höheren Risiko von Kre-
ditgebern, solche Projekte zu finanzieren, weniger genutzt.

Tab. 4.7 Auswahl von Phasenmodellen (eigene Darstellung in Anlehnung an Kaschny und Bock 2009, S. 76 ff.)

Checkliste: Passen Sie die Phasenmodelle an die betrieblichen Anforderungen an

Frage	Ja	Nein
Fragen zum Schwerpunkt des Modells		
Hat das Ursprungsmodell einen fachlichen Schwerpunkt (Wirtschaft, Technik …)?		
Entsprechen die gesetzten Schwerpunkte des Ursprungsmodells den strategischen, taktischen und operativen Anforderungen des Anwenders bzw. Unternehmens?		
Haben Sie festgelegt, welche Schwerpunkte mithilfe des unternehmenseigenen Prozessmodells hervorgehoben werden sollen?		
Können unter Umständen branchenspezifische Prozessmodelle bezogen werden?		
Fragen zum Detaillierungsgrad und zur Flexibilität		
Erhöht der Detaillierungsgrad den Zugang aller Beteiligten zum Gesamtprozess oder werden die Zusammenhänge zu komplex dargestellt?		
Wissen Sie, welche Aussagekraft das Modell besitzt, angewendet auf das jeweilige Unternehmen?		
Bietet das Modell die Möglichkeit einer detaillierten Betrachtung der Phasen der Ideensuche und Problemanalyse?		
Lassen sich, ausgehend von den Phasen des Ursprungsmodells, für das Unternehmen sinnvolle Erfüllungskriterien für die Gates definieren?		
Sind beschriebene Teilprozessschritte ebenso klar definiert wie die Hauptprozesse?		
Ist diese Untergliederung für das jeweilige Unternehmen relevant?		
Gewährt das Prozessmodell eine ausreichende Flexibilität für Phasenreviews und Anpassungsmaßnahmen?		
Fragen zur Zielsetzung		
Ist bekannt, welcher Nutzen und welche Ziele mit dem Einsatz des Ursprungsmodells verfolgt werden?		
Entsprechen die gesetzten Ziele des Ursprungsmodells den strategischen Zielen des Anwenders bzw. Unternehmens?		
Ist dem Unternehmen unter Anwendung des Ursprungsmodells eine ergebnisorientierte Prozesteuerung möglich?		
Ist die Durchführung einzelner Innovationsvorhaben mit dem Prozessmodell strukturell, organisatorisch und methodisch geregelt?		

Weitere Möglichkeiten zur Innovationsfinanzierung mittelständischer Unternehmen können auch einige Mezzanine-Finanzierungsformen, wie z. B. die stille Beteiligung, darstellen. Ob Mezzanine-Kapital sinnvoll für die Finanzierung von Innovationen ist, lässt sich nicht verallgemeinern, sondern nur anhand des jeweiligen Einzelfalls festhalten. Grundlegend ergibt sich diese Problemstellung, wenn die Fremdkapitalaufnahme aufgrund fehlender Sicherheiten erschöpft ist und die Aufnahme von neuem Eigenkapital

Tab. 4.8 Checkliste Ideenbewertung (Quelle: Curth-Roth, Checkliste Ideenbewertung)

Checkliste: Stellen Sie sicher, dass die Ideenbewertung systematisch erfolgt		
Frage	Ja	Nein
Erfolgt die Bewertung nach einem standardisierten Ablaufschema mit festgelegten Schritten?		
Sind sich die Entscheidungsträger der grundlegenden Probleme bei der Ideenbewertung bewusst, und werden diese Probleme auch ausreichend berücksichtigt?		
Sind die Ziel- und Messgrößen für die Bewertung der Produktideen eindeutig definiert und mit allen an dem Innovationsprozess beteiligten Unternehmensbereichen abgestimmt?		
Wird bei der Bewertung zwischen qualitativen und quantitativen Kriterien differenziert?		
Wird bei der Ideenbewertung auf die Nutzwertanalyse als ein Verfahren zurückgegriffen, das quantitative und qualitative Bewertungskriterien miteinander verbindet?		
Liegen der Ideenbewertung realistische Annahmen zugrunde?		
Werden Bewertungsverfahren eingesetzt, die eine möglichst große Realitätsnähe mit einer hohen Wirtschaftlichkeit und Benutzerfreundlichkeit verbinden?		
Werden Kunden und Lieferanten in die Ideenbewertung eingebunden?		
Wird die Unternehmensführung in das Ideenbewertungsverfahren eingebunden, und wird auf diese Weise eine ausreichend große Akzeptanz der eingesetzten Kriterien erzielt?		
Werden der Bewertungsvorgang als solcher und die sich anschließende Auswahlentscheidung bzw. Freigabe der Produktinnovation voneinander getrennt?		

nicht angestrebt wird, da die Eigentumsverhältnisse bestehen bleiben sollen. Es sollte unbedingt beachtet werden, dass Mezzanine-Kapital zwar hohe Chancen in sich birgt, aber gleichzeitig auch mit hohen Risiken verbunden ist (vgl. Grunow 2010, S. 90).

Um die Finanzierungslücke, resultierend aus der begrenzten Finanzierungskraft, zu schließen, existieren viele Förderprogramme der Europäischen Union, des Bundes und der Bundesländer. Diese sind überwiegend auf KMU zugeschnitten und bieten eine entsprechende Unterstützung zur Innovationsfinanzierung. Folgende Punkte in Tab. 4.9 können bei der Vorbereitung der Kapitalbeschaffung behilflich sein.

Innovationen wollen immer auch gut vermarktet werden. Im Rahmen des Marketings von Innovationen finden einmal mehr die 4P des Marketings, Product, Price, Placement und Promotion bzw. die Produkt-, Preis-, Distributions- und Kommunikationspolitik, Anwendung.

Festzuhalten ist, dass die Produktpolitik von KMU als wichtigstes strategisches Marketinginstrument betrachtet wird (vgl. Pfohl 2006, S. 221). Der Mangel an Wissen über Kunden, Markt und Wettbewerb hat eine unzureichende Kundenorientierung zur Folge. Die unzureichende Kundenorientierung wird von den Unternehmen als schwerwiegends-

Tab. 4.9 Checkliste Kapitalbeschaffung (eigene Darstellung in Anlehnung an Leonhard Ventures)

Checkliste: Bereiten Sie sich auf die Kapitalbeschaffung umfassend vor		
Frage	Ja	Nein
Es liegt ein aktueller Geschäftsplan für den Zeitraum der nächsten drei Jahre vor.		
Das Unternehmen ist bereit, eine (Eigen-)Kapitalbeteiligung zu akzeptieren.		
Das Unternehmen ist bereit, unter Umständen mehr als 50 % des Eigenkapitals an (mehrere) Investoren abzugeben.		
Das Unternehmen ist bereit, auch aktiv tätige neue Gesellschafter zu akzeptieren.		
Es besteht kein zeitlicher Druck; es ist bekannt, dass mindestens sechs Monate für die Kapitalbeschaffung einkalkuliert werden müssen. Schnelle Lösungen bei der Beschaffung von Eigenkapital (< 12 Wochen) sind im Normalfall nicht machbar.		
Die Unterschiede zwischen öffentlich-rechtlichen, privaten Beteiligungsgesellschaften und privaten Investoren sind bekannt.		
Die wesentlichen Eigenkapitalquellen in Deutschland, die grundsätzlich für das Innovationsvorhaben infrage kommen, sind bekannt.		
Eine aktuelle Marktstudie und ggf. Machbarkeitsstudie wurde angefertigt.		
Es ist bewusst, dass bis zu ca. 5 % des gewünschten Kapitals als Beschaffungskosten im Vorfeld bis zum Kapitalzufluss anzusetzen sind.		
Das Unternehmen hat bereits mit der Hausbank, dem Steuerberater/Wirtschaftsprüfer und einem Rechtsanwalt gesprochen bzw. diese sind informiert, dass Kapital gesucht wird.		
Es ist bekannt, dass im Allgemeinen der Markttrend zu offenen Beteiligungen geht (typisch stille nur in Ergänzung) und eine Beteiligung unter 25 % für Dritte im Normalfall uninteressant ist.		
Es wurde recherchiert, ob und welche Fördermittel/Subventionen für das Unternehmen vorhanden sind bzw. infrage kommen.		
Möglichkeiten sind bekannt, potenzielle Kapitalgeber (persönlich) zu treffen (Datenbankservices, Veranstaltungen).		
Es besteht ggf. die Bereitschaft, Fachberater/Dienstleister für die Erstellung/Bearbeitung des Geschäftsplanes, der Erstellung von Markt- und Machbarkeitsstudien, die Beschaffung von Eigenkapital, die Beschaffung von Fachpersonal, die Markterschließung/Werbung/PR zu engagieren.		

tes Problem eingestuft (vgl. Sommerlatte 2008, S. 83). Somit besteht die Notwendigkeit für eine aktive Produktgestaltung (vgl. Pfohl 2006, S. 211).

Je nach Spezialisierungsgrad der Innovation kann sich die angestrebte Zielgruppe bis hin zu einer Nische verkleinern (vgl. Schmeisser et al. 2013, S. 300).

Die Zielgruppe und ihre Bedürfnisse bestimmen somit, in welcher Form Produkte angeboten werden (vgl. Kotler et al. 2007, S. 634). Tabelle 4.10 listet einige Fragen auf, die im Rahmen der Produktpolitik eine Hilfestellung geben können.

Nicht nur der festgelegte Preis stellt ein Marketinginstrument dar, sondern auch die gewählte Preispolitik, die als Teilgebiet der Marketingpolitik gilt. Diese wird vor allem bei Produktinnovationen eingesetzt und angewandt. Ziel der Preispolitik ist es, dass sich

Tab. 4.10 Checkliste Produktpolitik (eigene Darstellung in Anlehnung an Rudolph 2006, S. 142)

Checkliste: Detaillieren Sie Ihre Produktpolitik		
Frage	Ja	Nein
Bietet das Produkt einen klaren Kundennutzen. Ist dieser bekannt und dokumentiert?		
Ist bekannt, worin der Wettbewerbsvorteil besteht?		
Wissen Sie, welchen Grund- und Zusatznutzen das Produkt bietet?		
Kennen Sie den Nutzen, den die Verpackung stiftet?		
Ist das Produkt kompatibel mit bisherigen Lösungen?		
Ist das Produkt einfach für den Kunden einzusetzen?		
Kann wahrgenommen werden, dass auch andere Kunden das Produkt verwenden?		
Ist definiert, welchen Service das Unternehmen rund um das Produkt anbietet?		
Wird ein besonderes Kundenerlebnis geschaffen?		
Kann das Unternehmen mit Serviceelementen (z. B. Bequemlichkeit, Freundlichkeit) herausragen?		
Passen die Serviceattribute zu den Zielkunden?		
Bieten die Serviceelemente dem Kunden einen Nutzen?		
Wird die Loyalität der Kunden durch Bindungsmaßnahmen sichergestellt?		
Sind Zeitpunkt und mit Intensität solcher Kundenbindungsmaßnahmen festgelegt?		
Sind Kunden gewillt, Selbstserviceangebote anzunehmen?		

Unternehmen erfolgreich auf dem Markt etablieren und einen maximalen Absatz erzielen können (vgl. Scharf et al. 2012, S. 329).

Im Fokus der Preisgestaltung stehen vor allem die Preisbereitschaft der Kunden und die Preisforderung der Anbieter. Damit die Preisbereitschaft und der Nutzen der Kunden ermittelt werden können, sollte jedoch zuvor eine Marktanalyse durchgeführt werden. Das Resultat dieser derart ermittelten Informationen spiegelt sich in der Art der Preisgestaltung, die kosten-, nachfrage-, konkurrenz- oder marktorientiert sein kann; in der angestrebten Preisstrategie wider (vgl. Thommen und Achleitner 2009, S. 253). Tabelle 4.11 stellt einige beispielhafte Fragestellungen in Bezug auf die Preispolitik dar.

Die Hauptaufgabe der Distributionspolitik besteht darin, die Ware kostengünstig, schnell und sicher am richtigen Ort und zur richtigen Zeit zur Verfügung zu stellen. Dazu muss eine notwendige Präsenzleistung geschaffen werden, damit fertiggestellte Produkte die anvisierte Zielgruppe erreichen. Entscheidungsbereiche sind dabei die Wahl der Vertriebsorgane sowie der Vertriebswege.

Die wesentliche Herausforderung der Gestaltung des Vertriebskanals ist darin zu sehen, die Kanäle, die den besten Weg zu den jeweiligen Kundengruppen eröffnen, zu identifizieren. Änderungen diesbezüglich sind mit hohem organisatorischen Aufwand und Kosten verbunden (vgl. Kreutzer 2008, S. 202). Tabelle 4.12 listet einige Fragen auf, die bei der Distributionspolitik eine Rolle spielen können.

Tab. 4.11 Checkliste Preispolitik (eigene Darstellung in Anlehnung an Kreutzer 2008, S. 147; Schneider 2003, S. 91)

Checkliste: Hinterfragen Sie Ihre Preispolitik		
Frage	Ja	Nein
Wurde festgelegt, welche Preisstrategie bei Markteintritt verfolgt werden soll?		
Bestimmt der Preis die Kaufentscheidung?		
Ist bekannt, wie auf die „Preiselastizität" der Kunden eingegangen werden soll?		
Wird eine Preisdifferenzierung eingesetzt und sind Kriterien festgelegt, nach denen differenziert wird?		
Ist bekannt, welche Anbieter in welchen Marktsegmenten zu beachten sind?		
Sind Zielkriterien (Kosten, Nachfrage, Wettbewerb) für die Preisgestaltung festgelegt?		
Wird eine kundenbezogene Preisdifferenzierung (innerhalb eines Landes) praktiziert und sind Differenzierungsmerkmale definiert?		
Gehen Sie mit Rabatten und Sonderangeboten bewusst und sparsam um?		

Tab. 4.12 Checkliste Distributionspolitik (eigene Darstellung in Anlehnung an Kreutzer 2008, S. 147; Schneider 2003, S. 91)

Checkliste: Berücksichtigen Sie die richtigen Faktoren bei der Distributionspolitik		
Frage	Ja	Nein
Ist die Nachfrage regional begrenzt oder soll global vermarktet werden?		
Können bestehende Vertriebswege und damit Synergieeffekte genutzt werden?		
Wurde untersucht, welche Vertriebskanäle am besten zur angestrebten Produktpositionierung und zur Zielgruppe passen?		
Wissen Sie, welche Vertriebskanäle von Ihren Wettbewerbern genutzt werden?		
Ermöglicht der gewählte Vertriebsweg, das Angebot in ausreichender Menge und zur vereinbarten Zeit zur Verfügung zu stellen?		

Aufgrund fehlender Informationen zu Produktinnovationen ergeben sich oft Unsicherheiten bei den Abnehmern. Daher spielt die Kommunikationspolitik eine wichtige Rolle. Sie hat die Aufgabe, diese Unsicherheiten durch den Einsatz und die richtige Gestaltung kommunikationspolitischer Instrumente abzubauen.

Dabei stellen sich wichtige Fragen, wie zum Beispiel, welche Zielgruppe beworben werden soll und bei welcher Art von Platzierung eine Werbung am effektivsten ist. Mit der Beantwortung dieser Fragen ist es möglich, geeignete Marketinginstrumente zu wählen.

Kommunikationsmaßnahmen dienen dazu, die angestrebte Positionierung deutlich zu machen, frühzeitig eine Vertrauensbasis zu allen Interessenten aufzubauen sowie den Nutzen des neuen Leistungsangebotes herauszustellen und kaufrelevante Informationen gezielt zu publizieren. Eine erfolgreiche Innovationskommunikation integriert die Bereiche der internen Betriebskommunikation, der Marketingkommunikation sowie der PR bzw. Öffentlichkeitsarbeit systematisch und ist in das bestehende Gesamtkonzept der Unter-

Tab. 4.13 Checkliste Kommunikationspolitik (eigene Darstellung in Anlehnung an Saarland Offensive für Gründer)

Checkliste: Bereiten Sie Ihre Kommunikationspolitik richtig vor		
Frage	Ja	Nein
Haben Sie festgelegt, über welches Medium Sie welche Zielgruppe über Ihre Firma und Ihr Produkt informieren?		
Haben Sie eine Werbebotschaft?		
Ist festgelegt, was Sie über Ihre Unternehmensphilosophie und über Ihre Produkte kommunizieren?		
Haben Sie sich Gedanken gemacht. welche Aktionen oder Mittel dem Aufbau, der Ausweitung und der Pflege von Kundenbeziehungen dienen?		
Wissen Sie, welche vertrauens- und imagebildenden Maßnahmen die Kundenbeziehungen stärken?		
Wurde definiert, über welche Quellen Sie Ihr Adressmaterial für Direct Mailing oder den persönlichen Vertrieb erhalten?		
Besteht Klarheit, was Ihre Kunden über Ihr Unternehmen berichten sollen?		
Existiert eine Liste, welche Verkaufsmessen besucht werden sollen?		
Werden verkaufsfördernde Maßnahmen durchgeführt, wenn ja, wann?		
Wissen Sie, wer Ihre Verkaufsunterlagen erhält und welchen Inhalt und welche Aufmachung diese haben?		
Wissen Sie, welche Werbemaßnahmen wann durchgeführt werden und wie hoch Ihr Werbebudget ist? Kontrollieren Sie Ihren Werbeerfolg?		
Ist bekannt, welche Marketing- oder Werbeagentur Ihre Kommunikation betreut?		
Benötigen Sie ein Pressebüro?		
Tragen Ihre Mitarbeiter die Firmenkultur mit?		
Wurde kommuniziert, was Ihre Mitarbeiter über Ihre Firma weitererzählen sollen? Wurde Maßnahmen definiert, damit Ihre Mitarbeiter es tun?		

nehmenskommunikation ganzheitlich eingepasst (vgl. Zerfaß et al. 2004, S. 56 ff.). Zur Vorbereitung der Kommunikationspolitik liefert Tab. 4.13 einige Beispielfragen.

Die Markteinführung von Innovationen stellt heutzutage eine große Herausforderung für Unternehmen dar. Dies hängt vor allem damit zusammen, dass die Art des internationalen Wettbewerbs signifikant an Dynamik zugenommen hat und folglich eine zunehmende Internationalisierungstendenz vorliegt. Des Weiteren sind weitgehend gesättigte Märkte, komplexere Entwicklungsprozesse und kürzer werdende Produktlebenszyklen zu beobachten.

Um aus Unternehmensideen erfolgreiche Innovationen ableiten zu können, müssen zuvor unterschiedliche Voraussetzungen erfüllt sein und sämtliche Faktoren berücksichtigt werden. Dabei muss neben den Planungsaufgaben und der Erstellung eines Produktkonzepts der Markteinführung der Innovation eine bedeutende Rolle zugeschrieben werden.

Zu nennen ist hier vor allem die 50–80%ige Misserfolgsrate von Innovationen, die primär auf den Kommunikationsmangel sowie die misslungene Markteinführung zurück-

Tab. 4.14 Checkliste Markteinführung (eigene Darstellung in Anlehnung an RKW 2010, S. 1 ff.)

Checkliste: Verschaffen Sie sich einen Überblick über die Markteinführung		
Frage	Ja	Nein
Wird die Teilzielgruppe für die Einführungsphase bestimmt?		
Wird die Einführungsphase vorab festgelegt?		
Wird ein Markteinführungsplan aufgestellt?		
Wird eine Vorankündigung eingesetzt?		
Werden vorab Meinungsführer identifiziert?		
Arbeiten Sie mit einem Referenzanwender zusammen?		
Werden Maßnahmen erarbeitet, um Aufmerksamkeit zu erzielen, Nachfrage anzuregen? Wird Werbung geschaltet?		
Werden Sonderkonditionen für die Einführungsphase festgelegt?		
Wird der Anwender bei der Implementierung unterstützt?		
Werden Maßnahmen erarbeitet, um den Handel einzuweisen und zu motivieren?		
Wird das Vertriebspersonal eingewiesen und motiviert?		
Werden im Nachgang Marketingmaßnahmen beobachtet und analysiert?		

zuführen ist (vgl. Vahs und Brem 2013, S. 415). Die Innovationseinführung kann durch zwei entscheidende Faktoren scheitern:

- Zum einen, wenn der Markt für das Neuprodukt/Dienstleistung noch nicht bereit ist,
- Zum anderen, wenn Innovationen unausgereift auf den Markt gebracht werden.

Letzteres geschieht vor allem, wenn es dem Unternehmen entweder an Finanzmitteln oder an Zeit mangelt und es unter hohem Druck steht (vgl. Asendorpf 2010, S. 1). Umso wichtiger ist aus der Unternehmersicht, alle erforderlichen Phasen der Markteinführung von Innovationen mit großer Sorgfalt zu verfolgen und umzusetzen sowie deren Barrieren zu identifizieren und entsprechend zu umgehen. Hierbei können die in Tab. 4.14 aufgelisteten Punkte einen Überblick ermöglichen.

Eine Beschreibung der einzelnen Punkte der o. g. Checkliste ist online unter der angegebenen Quelle zu finden.

Wenn es darum geht, das eigene geistige Eigentum effektiv zu schützen, existieren zahlreiche Möglichkeiten, vom Patent über das Gebrauchs- und Geschmacksmuster bis hin zur Marke. Die einzelnen Varianten werden ausführlich beschrieben und in der Tab. 4.15 noch einmal kurz zusammengefasst. Tabelle 4.16 listet darüber hinaus einige hilfreiche Fragen in Bezug auf die Thematik der Schutzrechte auf.

Tab. 4.15 Gewerbliche Schutzrechte (eigene Darstellung in Anlehnung an Aktionskreis gegen Produkt- und Markenpiraterie e. V.: Überblick über die wichtigsten Schutzrechte)

	Patent	Gebrauchsmuster	Urheberrecht	Geschmacksmuster	Marke
Schutzgegenstand	Technische Erfindungen, die neu sind, auf einer erfinderischen Tätigkeit beruhen und gewerblich anwendbar sind	Technische Erfindungen, die neu sind; ausgenommen Verfahrenserfindungen und ästhetische Formschöpfung	Individuelle geistige Leistung, die sich in einem Werk der Literatur, Wissenschaft und Kunst widerspiegelt	Schutz der äußeren Formgestaltung, des Designs	Schutz der Kennzeichnungsmittel, mit deren Hilfe Waren und Dienstleistungen mehrerer Wettbewerber voneinander unterscheidbar sind
Formale Entstehungsvoraussetzungen	Patentanmeldung	Gebrauchsmusteranmeldung	Keine; automatische Entstehung mit Schöpfung des Werkes	Geschmacksmustereintragung	Markeneintragung
Inhaltliche Entstehungsvoraussetzungen	Weltneuheit und Erfindungshöhe	Neuheit und erfinderischer Schritt	Persönlich geistige Schöpfung mit individueller Prägung	Neuheit und Eigenart	Verwendung eines grafisch darstellbaren Zeichens (Bildmarke) oder eines Wortes (Wortmarke) zur Kennzeichnung von Waren/Dienstleistungen mit Unterscheidungskraft
Schutzdauer	20 Jahre	3 Jahre, verlängerbar auf max. 10 Jahre	Bis 70 Jahre nach Tod des Urhebers	5 Jahre, bis max. 25 Jahre verlängerbar	10 Jahre, unbegrenzt verlängerbar
Beispiele	Maschinen, Kunstdünger, Arzneimittel	„Alltagserfindungen", z. B. Fußballtrikot mit Sollrissstellen	Romane, Kunstgegenstände, Zeichnungen, Musik, Filme, Computerprogramme	Einrichtungsgegenstände, Textilmuster	Nivea, adidas, BMW, 4711

Tab. 4.16 Checkliste Schutzrechte (eigene Darstellung in Anlehnung an Bundesministerium für Wirtschaft und Technologie 2010)

Checkliste: Setzen Sie Schutzrechte richtig ein		
Frage	Ja	Nein
Ist ein Schutz überhaupt sinnvoll? (finanzielle und strategische Aspekte)		
Haben Sie untersucht, welche Art von Schutzrecht angewendet werden kann?		
Wurde festgelegt, für welches Gebiet das Schutzrecht gelten soll? (z. B. Deutschland, Europa, weltweit)		
Wissen Sie, welche Fristen bei der Anmeldung einzuhalten sind?		
Ist das Schutzrecht rentabel? (Orientierung am Produktlebenszyklus, technischen Fortschritt, Gebührenanstieg im Laufe der Zeit/Aufrechterhaltung des Schutzrechtes)		
Passt das Schutzrecht zur Patentstrategie und zum verfügbaren Budget?		
Haben Sie einen kompetenten Patentanwalts ausgewählt?		
Wurden ein Businessplan erstellt und Erfolgsaussichten geprüft? Wurde Expertenrat hinzugezogen?		
Wurde geprüft, ob Antrag auf vorgezogene Prüfung sinnvoll ist (höhere Kosten)?		
Wurde festes Budget für die Vermarktung eingeplant? (Schutzrechtanmeldung bedeutet nicht automatisch wirtschaftlichen Erfolg)		
Wurden gegebenenfalls Kooperationspartner gesucht oder Lizenzen vergeben?		
Werden Fördermöglichkeiten ausgeschöpft?		
Werden nur so viel Informationen wie notwendig veröffentlicht?		

Literatur

Buchquellen

Abele, Eberhard, Philipp Kuske, und Horst Lang. 2011. *Schutz vor Produktpiraterie*. Berlin: Springer.

von Ahsen, Anette 2010. *Bewertung von Innovationen im Mittelstand*. Berlin/Heidelberg: Springer.

Assael, Henry 1997. *Consumer Behavior and Marketing Action*. Ohio: South-Western College Pub.

Aumayr, Klaus 2013. *Erfolgreiches Produktmanagement*. Wiesbaden: Springer.

Baum, Heinz Georg, Adolf Coenenberg, und Thomas Günther. 2007. *Strategisches Controlling*. Stuttgart: Schäffer-Poeschel.

Bea, Franz Xaver, und Jürgen Haas. 2013. *Strategisches Management*. Konstanz: UTB mit UVK/Lucius.

Becker, Hans Paul 2009. *Investitionen und Finanzierung. Grundlagen der betrieblichen Finanzwirtschaft*. Wiesbaden: Gabler.

Becker, Axel, Michael Berndt, und Jochen Klein. 2009. *Hereinnahme und Prüfung von Personalsicherheiten. Bürgschaft, Mithaftung, Garantie und atypische Sicherheiten*. Berlin: Erich Schmidt.

Benedix, Guido 2003. *Innovationsmanagement – Konzept zur systematischen Gestaltung und Umsetzung*. Kaiserslautern: Technische Universität Kaiserslautern.

Birkigt, Klaus, und Marinus Stadler. 1992. *Corporate Identity*. Landsberg am Lech: Moderne Industrie.

Borchert, Jan Eric, und Svenja Hagenhoff. 2003. Operatives Innovations- und Technologiemanagement – Eine Bestandsaufnahme. In *Arbeitsbericht*, Bd. 14/2003, Hrsg. Matthias Schumann Göttingen: Institut für Wirtschaftsinformatik, Abteilung Wirtschaftsinformatik II, Georg-August-Universität.

Brettel, Malte, Christian Kauffmann, Christian Kühn, und Christina Sobczak. 2008. *Private Equity-Investoren. Eine Einführung*. Stuttgart: Kohlhammer.

Brockhoff, Klaus 1994. *Forschung und Entwicklung. Planung und Kontrolle*. München: Oldenbourg.

Brockhoff, Klaus 2001. *Produktpolitik*. Stuttgart: UTB.

Bruhn, M. 2010. *Marketing*. Heidelberg: Springer.

Camphausen, Bernd, Theo Vollmer, Jürgen Jandt, Frank Levin, und Bernd Eichler. 2011. *Grundlagen der Betriebswirtschaftslehre. Bachelor Kompaktwissen*. München: Oldenbourg.

Clegg, Brian 1999. *Creativity and Innovation for Managers*. New York: Routledge Education.

Clement, Michel, und Thorsten Litfin. 1999. Adaption Interaktiver Medien. In *Marketing mit Interaktiven Medien – Strategien zum Markterfolg*, Hrsg. Sönke Albers, Michel Clement, Kay Peters, Bernd Skiera Frankfurt: Frankfurter Allgemeine Buch.

Clement, Reiner, und Dirk Schreiber. 2013. *Internet-Ökonomie: Grundlagen und Fallbeispiele der vernetzten Wirtschaft*. Berlin: Springer.

Döring, B. 2007. Finanzierung im betrieblichen Leistungsgeschehen. In *Betriebswirtschaftliches Wissen für kaufmännische Berufe – Schritt für Schritt*, Hrsg. Jürgen R. Tiedtke Wiesbaden: Gabler.

Domsch, Michel E. et al. 1995. *Innovation durch Partizipation – Eine erfolgversprechende Strategie für den Mittelstand*. Stuttgart: Schätter-Poeschel.

Drucker, Peter F. 1986. *Innovations-Management für Wirtschaft und Politik*. Düsseldorf und Wien: Econ.

Eilenberger, Guido 1991. *Betriebswirtschaftliche Finanzwirtschaft. Einführung in die Finanzpolitik und das Finanzmanagement: Investition und Finanzierung*. München: Oldenbourg.

Enstahler, Jürgen, und Kai Strübbe. 2006. *Patentbewertung, Ein Praxisleitfaden zum Patentmanagement*. Berlin: Springer.

Ernst, H. 2002. Strategisches Intellectual Property-Management. In *Wertorientiertes Start-up-Management: Grundlagen, Konzepte, Strategien*, Hrsg. Ulrich Hommel, Thomas Knecht München: Vahlen.

Esch, Franz Rudolf 2000. *Moderne Markenführung – Grundlagen Innovative Ansätze Praktische Umsetzungen*. Wiesbaden: Gabler.

Esch, Franz Rudolf, Andreas Herrmann, und Henrik Sattler. 2008. *Marketing – Eine managementorientierte Einführung*. München: Vahlen.

Förschle, Gerhart, Manfred Kropp, und Jörg Huß. 1993. *Unternehmensfinanzierung. Finanzierungsformen, Finanzanalyse, Finanzplanung*. Bonn: Economica.

Fräßdorf, Henning 2009. *Rechtsfragen bei gewerblichen Schutzrechten*. Wiesbaden: Gabler.

Franken, Swetlana, und David Brand. 2008. *Ideenmanagement für intelligente Unternehmen*. Frankfurt am Main: Europäischer Verlag der Wissenschaften.

Gassmann, Oliver 2012. *Crowdsourcing. Innovationsmanagement mit Schwarmintelligenz. Interaktiv Ideen finden – Kollektives Wissen effektiv nutzen*. München: Hanser.

Gassmann, Oliver, und Phillip Sutter. 2008. *Praxiswissen Innovationsmanagement –Von der Idee zum Markterfolg*. München: Hanser.

Gassmann, Oliver, und Martin Bader. 2007. *Patentmanagement*. Berlin: Springer.

Geschka, Horst 1993. *Wettbewerbsfaktor Zeit. Beschleunigung von Innovationsprozessen*. Landsberg am Lech: Moderne Industrie.

Götzenauer, Jürgen 2010. *Innovationsmanagement in Klein- und Kleinstunternehmen – Ein Leitfaden für die Praxis*. München: AVM.

Grechenig, Sibylle 2010. *Die monetäre Bewertung von Patenten*. Salzburg: LexisNexis.

Grunow, Hans Werner 2010. *Mittelstandsfinanzierung. Ein Leitfaden für Unternehmen*. Frankfurt: Frankfurt School.

Gündel, Matthias, und Björn Katzorke. 2007. *Private Equity. Finanzierungsinstrument und Anlagemöglichkeit*. Köln: Bank-Verlag.

Gundlach, Carsten, Axel Glanz, und Jens Gutsche. 2010. *Die frühe Innovationsphase: Methoden und Strategien für die Vorentwicklung*. Düsseldorf: Symposion Publishing.

Haasis, Heinrich, Thomas Fischer, und Diethard Simmert. 2007. *Mittelstand hat Zukunft. Praxishandbuch für eine erfolgreiche Unternehmenspolitik*. Wiesbaden: Gabler.

Haedrich, Günther, und Torsten Tomczak. 1996. *Produktpolitik*. Stuttgart: Kohlhammer.

Hansen, Hans Robert, und Gustaf Neumann. 2009. *Wirtschaftsinformatik 1 – Grundlagen und Anwendungen*. Stuttgart: Lucius & Lucius.

Haunerdinger, Monika, Hans Jürgen Probst, und Peter Böke. 2006. *Finanz- und Liquiditätsplanung in kleinen und mittleren Unternehmen*. München: Haufe.

Hauschildt, Jürgen 2004. *Innovationsmanagement*. München: Vahlen.

Hellerforth, Michaela 2008. *Immobilieninvestition und -finanzierung kompakt*. München: Oldenbourg.

Hentschel, Claudia 2003. Knowledge Management. In *Erfolgsfaktor Ideenmanagement – Kreativität im Vorschlagswesen*. Berlin: Erich Schmidt.

Herstatt, Cornelius, und Birgit Verworn. 2003. *Management der frühen Innovationsphasen – Grundlagen – Methoden – Neue Ansätze*. Wiesbaden: Gabler.

Hesse, Jürgen, Matthias Neu, und Gabriele Theuner. 2007. *Marketing Grundlagen*. Berlin: Berliner Wissenschaftsverlag.

Hilker, Claudia 2010. *Social Media für Unternehmer*. Wien: Linde.

Hilker, Claudia 2012. *Erfolgreiche Social-Media-Strategien für die Zukunft*. Wien: Linde.

Hinterhuber, Hans. 2012. Erfolgsfaktoren für Innovationen Excellence. In *Innovationen Excellence*, Hrsg. Serhan Ili. Düsseldorf: Symposion Publishing.

Hofbauer, Günter, René A. Körner, Uwe Nikolaus, und Andreas Poost. 2008. *Marketing von Innovationen: Strategien und Mechanismen zur Durchsetzung von Innovationen*. Stuttgart: Kohlhammer.

Hoffmann, Markus, und Thorsten Richter. 2011. *Geistiges Eigentum in der Betriebspraxis*. Wiesbaden: Gabler.

Homburg, Christian 2000. *Quantitative Betriebswirtschaftslehre: Entscheidungsunterstützung durch Modelle*. Wiesbaden: Gabler.

Homburg, Christian, und Harley Krohmer. 2006. *Grundlagen des Marketingmanagements – Einführung in Strategie, Instrumente, Umsetzung und Unternehmensführung.* Wiesbaden: Gabler.

Homburg, Christian, und Harley Krohmer. 2009. *Marketingmanagement – Strategie, Instrumente, Umsetzung, Unternehmensführung*, 3. Aufl. Wiesbaden: Gabler.

Hummel, Detlev 2011. *Mittelstands- und Innovationsforschung in Deutschland. Ergebnisse und Hintergründe einer bundesweiten Unternehmensbefragung.* Potsdam: Universitätsverlag.

Hungenberg, Harald 2008. *Strategisches Management in Unternehmen – Ziele – Prozesse – Verfahren.* Wiesbaden: Gabler.

Jawecki, Gregor, und Volker Bilgram. 2012. Open Innovation im Enterprise 2.0. In *Enterprise 2.0 – die digitale Revolution der Unternehmenskultur*, Hrsg. Wolfgang Jäger, Thorsten Petry Köln: Luchterhand.

Jewkes, John, David Sawers, und Richard Stillermann. 1962. *The Sources of Invention.* London: Macmillan.

Jung, Hans 2006. *Allgemeine Betriebswirtschaftslehre.* München: Oldenbourg.

Kamiske, Gerd, und Jörg Peter Brauer. 2011. *Qualitätsmanagement von A bis Z – Wichtige Begriffe des Qualitätsmanagements und ihre Bedeutung.* München: Hanser.

Kaschny, Martin, und Nadine Hürth. 2010. *Innovationsaudit. Chancen erkennen – Wettbewerbsvorteile sichern.* Berlin: Erich Schmidt.

Koch, Lambert T., und Christoph Zacharias. 2001. *Gründungsmanagement: mit Aufgaben und Lösungen – Studien- und Übungsbücher der Wirtschafts- und Sozialwissenschaften.* München: Oldenbourg.

Kolks, Uwe 1990. *Strategieimplementierung.* Wiesbaden: DUV.

Koppelmann, Udo 2001. *Produktmarketing – Entscheidungsgrundlagen für Produktmanager.* Heidelberg: Springer.

Kotler, Philip, Gary Armstrong, John Saunders, und Veronica Wong. 2007. *Grundlagen des Marketing.* München: Pearson Studium.

Kreikebaum, Hartmut 1981. *Strategische Unternehmensplanung.* Stuttgart: Kohlhammer.

Kreutzer, Ralf T. 2008. *Praxisorientiertes Marketing – Grundlagen, Instrumente, Fallbeispiele.* Wiesbaden: Gabler.

Kußmaul, Heinz 2010. *Betriebswirtschaftliche Steuerlehre.* München: Oldenbourg.

Läge, Karola 2002. *Ideenmanagement: Grundlagen, Optimale Steuerung und Controlling.* Wiesbaden: Gabler.

Läge, Karola 2003. Steuerungssysteme, Controlling und Kennzahlen. In *Erfolgsfaktor Ideenmanagement – Kreativität im Vorschlagswesen.* Berlin: Erich Schmidt.

Leipold, Petra 2010. *Führungsinstrument Ideenmanagement – Ein Instrument zur Unternehmenswertsteigerung – Ein Beleg guter Führung.* Oberhausen: Karl Maria Laufen.

Luger, Adolf, Hans Georg Geisbüsch, und Jürgen Neumann. 1999. *Funktionsbereiche des betrieblichen Ablaufs* Allgemeine Betriebswirtschaftslehre, Bd. 2. München: Hanser.

Macharzina, Klaus, und Joachim Wolf. 2012. *Unternehmensführung – Das internationale Managementwissen – Konzepte – Methoden – Praxis.* Gabler, Wiesbaden: Springer.

Markusch, Dorothea. 2011. Bestandteile guter Innovationsprozesse und subjektive Erfolgsfaktoren speziell für klein- und mittelständische Unternehmen. Diplomarbeit, Institut für Psychologie. Berlin: Humboldt Universität.

Matys, Erwin 2013. *Praxishandbuch Produktmanagement, Grundlagen und Instrumente*. Frankfurt/Main: Campus.

Maurer, Boris, und Sabine Fiedler. 2011. *Innovationsweltmeister*. Weinheim: Wiley-VCH.

Meffert, Heribert, Christoph Burmann, und Manfred Kirchgeorg. 2000. *Marketing: Grundlagen marktorientierter Unternehmensführung. Konzepte – Instrumente – Praxisbeispiele*. Wiesbaden: Gabler.

Meyer, Jörn A. 2010. *Strategien von kleinen und mittleren Unternehmen, Jahrbuch der KMU-Forschung und Praxis 2010*. Lohmar: EUL.

Nagel, Kurt, und Heinz Stark. 2009. *Marketing und Management – Führungswissen für kleine und mittlere Unternehmen*. Bad Wörishofen: Holzmann Medien.

Nebel, Jürgen, Albrecht Schulz, und Eckhard Flohr. 2007. *Das Franchisesystem – Handbuch für Franchisegeber und Franchisenehmer*. München: Vahlen.

Pfohl, Hans-Christian. 2006 und 2013. *Betriebswirtschaftslehre der Mittel- und Kleinbetriebe. Größenspezifische Probleme und Möglichkeiten zu ihrer Lösung*. Berlin: Erich Schmidt

Pleschak, Franz, und Helmut Sabisch. 1996. *Innovationsmanagement*. Stuttgart: Schäffer-Poeschel.

Portisch, Wolfgang 2008. *Finanzierung im Unternehmenszyklus*. München: Oldenbourg.

Rauth, Andreas. A., und Bouncken, Ricarda. 2010. Erfolg von Timingstrategien im Innovationsmanagement. In: Meyer, Jörn A. (Hrsg.), *Strategien von kleinen und mittleren Unternehmen*. Lohmar: EUL.

Reichwald, Ralf, und Frank Piller. 2006. *Interaktive Wertschöpfung. Open Innovation, Individualisierung und neue Formen der Arbeitsteilung*. Wiesbaden: Gabler.

Reimers, Nico 2004. *Private Equity für Familienunternehmen. Nachfolgelösung und Wachstumsfinanzierung im deutschen Mittelstand*. Wiesbaden: GWV.

Reinemann, Holger 2011. *Mittelstandsmanagement – Einführung in Theorie und Praxis*. Stuttgart: Schäffer-Poeschel.

Renker, Clemens. 2007, 2009 und 2012. *Marketing im Mittelstand – Anforderungen, Strategien, Maßnahmen*. Berlin: Erich Schmidt.

Ridolfo, Elena 2003. Das Ideenmanagement aus der Sicht von Klein- und Mittelbetrieben. In *Erfolgsfaktor Ideenmanagement – Kreativität im Vorschlagswesen*. Berlin: Erich Schmidt.

Ridolfo, Elena 2005. *Ideenmanagement – Chancen und Möglichkeiten für Klein- und Mittelbetriebe – Kosten einsparen durch Mitarbeiterideen*. Marburg: Tectum.

Rogers, E.M. 2003. *Diffusion of Innovations*. New York: Free Press.

Ruda, Walter 2005. *Beratung und Dienstleistung für den börsennotierten Mittelstand*. Eschborn: RKW.

Rumkorf, Lutz 2010. *Ausgewählte Lern-, Innovations- und Kooperationsstrategien als mögliche Maßnahmen zur Sicherung der betrieblichen Wettbewerbsfähigkeit*. Göttingen: Cuvillier.

Rumler, Andrea 2002. *Marketing für Mittelständische Unternehmen*. Berlin: SPC TEIA.

Schaaf, Holger 2012. *Der Innovationsprozess kundenunterstützender Dienstleistungen. Erfolgsfaktoren von KMU des Maschinen- und Anlagenbaus*. Stuttgart: Steinbeis-Edition.

Scharf, Andreas, Bernd Schubert, und Patrick Hehn. 2012. *Marketing – Einführung in Theorie und Praxis*. Stuttgart: Schäffer-Poeschel.

Scharf, Andreas, Bernd Schubert, und Patrick Hehn. 2009. *Marketing – Einführung in Theorie und Praxis*. Stuttgart: Schäffer-Poeschel.

Schierenbeck, Henner 2003. *Grundzüge der Betriebswirtschaftslehre*. München: Oldenbourg.

Schlicksupp, Helmut 1999. *Innovation, Kreativität und Ideenfindung*. Würzburg: Vogel.

Schmeisser, Wilhelm, Dieter Krimphove, Claudia Hentschel, und Matthias Hartmann. 2013. *Handbuch Innovationsmanagement*. München: UVK.

Schneider, Karl 2003. *Werbung in Theorie und Praxis*. Waiblingen: M und S.

Schneider, Willy 2013. *Operatives Marketing – Zielgerichteter Einsatz des Marketing-Instrumentariums*. München: Oldenbourg.

Schori, Kurt, und Andrea Roch. 2012. *Innovationsmanagement für KMU*. Bern/Stuttgart/Wien: Haupt.

Schüller, Anne 2012. *Touchpoints: Auf Tuchfühlung mit dem Kunden von heute*. Offenbach: Gabal.

Schuh, Günther 2012. *Innovationsmanagement*. Berlin/Heidelberg: Springer.

Schulz, Udo 2003. *Erfolgsfaktor Ideenmanagement – Kreativität im Vorschlagswesen*. Berlin: Erich Schmidt.

Simon, Hermann, und Martin Fassnacht. 2009. *Preismanagement – Strategie, Analyse, Entscheidung, Umsetzung*. Wiesbaden: Gabler.

Sjurts, Insa 2011. *Gabler Lexikon Medienwirtschaft*. Wiesbaden: Gabler.

Sommerlatte, Tom 2006. *Innovationskultur und Ideenmanagement – Strategien und praktische Ansätze für mehr Wachstum*. Düsseldorf: Symposion Publishing.

Sommerlatte, Tom 2008. *Management erfolgreicher Produkte*. Düsseldorf: Symposion Publishing.

Stern, Thomas, und Jaberg, Helmut. 2005 und 2010. *Erfolgreiches Innovationsmanagement*. Wiesbaden: Gabler.

Stiefl, Jürgen 2005. *Finanzmanagement*. München: Oldenbourg.

Stippel, Nicola 1999. Innovationscontrolling – Managementunterstützung zur effektiven und effizienten Steuerung des Innovationsprozesses im Unternehmen. In *Controlling Praxis*, Hrsg. Peter Horváth, Thomas Reichmann München: Vahlen.

Stöger, Roman 2013. *Die Toolbox für Manager*. Stuttgart: Schäffer-Poeschel.

Talke, K. 2005. *Einführung von Innovationen*. Wiesbaden: Deutscher Universitäts-Verlag.

Thommen, Jean Paul, und Achleitner, Ann-Kristin. 2009 und 2012. *Allgemeine Betriebswirtschaftslehre*. Heidelberg: Springer.

Thompson, A. und Strickland, A.J. 2003. Strategic Management – Concept and Cases. New York: McGraw Hill College.

Trestege, Udo, und Jürgen Ewert. 2011. *Betriebliche Finanzierung schnell erfasst*. Heidelberg: Springer.

Tursch, Enrico 2009. *Beteiligungsfinanzierung bei technologischen Start-up Unternehmen. Vertragsgestaltung von Business Angel Finanzierungen*. Hamburg: Diplomica.

Ulrich, Peter, und Edgar Fluri. 1995. *Management – Eine konzentrierte Einführung*. Bern/Stuttgart/Wien: Haupt.

Urban, C. 1993. *Das Vorschlagswesen und seine Weiterentwicklung zum europäischen Kaizen – Das Vorgesetztenmodell*. Konstanz: Hartung-Gorre.

Vahs, Dietmar, und Alexander Brem. 2013. *Innovationsmanagement – Von der Idee zur erfolgreichen Vermarktung*. Stuttgart: Schäffer-Poeschel.

Wahren, Heinz Kurt 2004. *Erfolgsfaktor Innovation*. Berlin/Heidelberg: Springer.

Walsh, Gianfranco, Alexander Deseniss, und Thomas Kilian. 2013. *Marketing – Eine Einführung auf der Grundlage von Case Studies*. Heidelberg: Springer.

Weitnauer, Wolfgang 2001. *Handbuch Venture Capital. Von der Innovation zum Börsengang*. München: C.H. Beck.

Welge, Martin K., und Andreas Al-Laham. 2012. *Strategisches Management – Grundlagen – Prozesse – Implementierung*. Wiesbaden: Springer Gabler.

Wentz, Rolf Christian 2008. *Die Innovationsmaschine – Wie die weltbesten Unternehmen Innovationen managen*. Berlin/Heidelberg: Springer.

Wenzlaff, Karsten, Jörg Eisfeld-Reschke, und Claudia Pelzer. 2012. *Crowdsourcing Report 2012. Neue Digitale Arbeitswelten*. Berlin: Epubli.

Wickham, Philip A. 2006. *Strategic Entrepreneurship*. Essex: Harlow.

Winzer, Olaf 2003. *Erfolgsfaktor Ideenmanagement – Kreativität im Vorschlagswesen*. Berlin: Erich Schmidt.

Wirtz, Bernd 2006. *Handbuch Mergers & Acquisitions Management*. Wiesbaden: Gabler.

Wöhe, Günter 2010. *Einführung in die Allgemeine Betriebswirtschaftslehre*. München: Vahlen.

Wöhe, Günter, und Ulrich Döring. 2008. *Einführung in die Allgemeine Betriebswirtschaftslehre*. München: Vahlen.

Wöltje, Jörg 2013. *Investition und Finanzierung. Grundlagen, Verfahren, Übungsaufgaben und Lösungen*. Freiburg: Haufe-Lexware.

Yavuz, H. 2011. *Crowdsourcing. Eine systematische Literaturanalyse*. Hamburg: Diplomica.

Zanger, Cornelia 2013. Marketing. In *Betriebswirtschaftslehre der Mittel- und Kleinbetriebe*, Hrsg. Hans Christian Pfohl Berlin: Erich Schmidt.

Zeitschriften/Schrifte

Badura, Andrea 2012. Ideenmanagement 2.0 – Ergebnisse einer empirischen Untersuchung zu neuen methodischen Ansätzen im Ideenmanagement. *Zeitschrift für Vorschlagswesen und Verbesserungsprozesse* 1-2012: 25. Erich Schmidt, Berlin.

Belitz, Heike, und Anna Lejpras. 2012. Innovationsfinanzierung im Mittelstand. Zugang zu Krediten erleichtern!. *DIW Wochenbericht* 49-2012: 20. Berlin.

Berkenfeld, Erich 1949. Das älteste Patentgesetz der Welt. *GRUR* 5/1949: 139.

Bundesministerium für Wirtschaft und Technologie 2007. *Der Mittelstand in der Bundesrepublik Deutschland. Eine volkswirtschaftliche Bestandsaufnahme* Dokumentation, Bd. 561. Berlin.

Bundesministerium für Wirtschaft und Technologie. ZIM-Erfolgsbeispiel. *ZIM-SOLO* Nr. 29, Innovationspolitik, Informationsgesellschaft, Telekommunikation, März 2012

Fließ, Sabine 2011. Erfolgsfaktoren im Ideenmanagement – Ergebnisse einer empirischen Studie. *Zeitschrift für Vorschlagswesen und Verbesserungsprozesse* 03-2011: 75.

Franke, Nikolaus, und Rudolf Dömötör. 2008. Innovativität von Klein- und Mittelbetrieben (KMB): Gestaltungsvariablen, Konfigurationen und Erfolgswirkungen. *Zeitschrift für KMU und Entrepreneurship (ZfKE)* Sonderheft 7: 139–158.

Gassmann, Oliver, Angela Beckenbauer, und Martin Bader. 2008. Mehr als nur Patentschutz. Maßnahmen gegen Produktpiraterie am Beispiel Chinas. *Innovation Management* 2: 84.

Harhoff, Dietmar, und Markus Reitzig. 2001. Strategien zur Gewinnmaximierung bei der Anmeldung von Patenten. *Zeitschrift für Betriebswirtschaft* 5: 509.

Ivanov, Aleksandar 2013. Ideenmanagement und die Weisheit der Vielen – Kollektives Wissen als Entscheidungshilfe im Ideenbewertungsprozess. *Zeitschrift für Vorschlagswesen und Verbesserungsprozesse* 39: 20.

Kamlah, Dietrich, und Mario Held. 2008. Rechte an gemeinsamen Forschungsergebnissen. *ZfAW* 4: 44.

Kaschny, Martin, und Mathias Bock. 2009. Modelle des Innovationsprozesses – Managementtools erfolgreich entwickeln. *Ideenmanagement* 3: 76.

Klug, Andrea 2008. Das Arbeitnehmererfindungsgesetz – Eine deutsche Besonderheit. *Die Neue Hochschule* 49-2008: 14.

Kreditanstalt für Wiederaufbau. Entwicklung und Struktur der Innovationsaktivitäten im Mittelstand. *Sonderband „Innovationen im Mittelstand"*. Juli 2006.

Kreditanstalt für Wiederaufbau. Innovationsfinanzierung. Stand, Hindernisse, Perspektiven in Mittelstands- und Strukturpolitik. *Sonderband „Innovationen im Mittelstand"*. Juli 2006.

Lutter 1922. Erfindungsschutz im alten Griechenland. Gewerblicher Rechtsschutz und Urheberrecht. *GRUR* 6(5): 112.

Morgenstern, Benjamin, und Matthias Nolden. 2013. Ideenmanagement via Social Media. *Wirtschaftsinformatik & Management* 6: 76.

Nebel, Julian 2012. Bremser statt Treiber. *InnovationsManager* 12: 46.

Patentanwaltskammer München und Bundesverband Deutscher Patentanwälte Köln. 1998. *Patente Marken Design – Nutzen der gewerblichen Schutzrechte*. Druckschrift.

Reiß, Michael, und Oliver Neumann. 2012. Kompetitives Ideenmanagement – Erscheinungsformen, Gestaltungsparameter und Bewertung. *Zeitschrift für Vorschlagswesen und Verbesserungsprozesse*. 1-2012: 3. Erich Schmidt, Berlin.

Schwartz, Michael 2012. Starke Performance – Höhere Risiken. *KfW-Mittelstandspanel* Sonderdruck: 1.

Zerfaß, Ansgar, Swaran Sandhu, und Simone Huck. 2004. Kommunikation von Innovationen. *Kommunikationsmanager* 1-2004(2): 56. FAZ Institut, Frankfurt.

Internetquellen

Aktionskreis gegen Produkt- und Markenpiraterie e. V. Überblick über die wichtigsten Schutzrechte. http://www.markenpiraterie-apm.de/files/ueberblick-wichtigste-schutzrechte.pdf. Zugegriffen: 31.07.2014.

Alfred Sternjakob GmbH. Interview in IT-Mittelstand. http://www.sternjakob.de/presse/pressespiegel/interview-it-mittelstand.pdf. Zugegriffen: 26.02.2014.

Ampelmann Berlin. Die Philosophie. http://ampelmann.de/html/make_design.html. Zugegriffen: 26.02.2014.

Aschhoff, Birgit et al. 2012. *Systemevaluierung „KMU-innovativ"*, ZEW-Dokumentation *No. 12-04*. http://hdl.handle.net/10419/59003. Zugegriffen: 10.07.2014.

Asendorpf, Dirk. Kunde, übernehmen Sie! In *Zeit online*. http://www.zeit.de/2010/09/Grading. Zugegriffen: 01.08.2014.

Behrens, Hermann. 2007. Welchen Wert hat ein Patent? http://www.pressebox.de/pressemeldungen/din-deutsches-institut-fuer-normung-e-v/boxid-93969.html. Zugegriffen: 04.03.2014.

Beyer, Horst-Tilo. Kosten-, Kunden- und Konkurrenzorientierte Preispolitik. http://www. economics.phil.uni-erlangen.de/lehre/bwl-archiv/lehrbuch/hst_kap1/preispol03/preispol03. PDF. Zugegriffen: 09.04.2014.

BHB. Equity Story. http://www.bhb-ag.de/investor-relations/bhb-brauholding-auf-einen-blick/ equity-story.html. Zugegriffen: 10.02.2014.

Bionade. Über uns. http://www.bionade.de/de/ueber-uns/. Zugegriffen: 27.02.2014.

Bitkom. Leitfaden zur Patentierung computerimplementierter Erfindungen. http://www.bitkom.org/ de/themen/54818_51258.aspx. Zugegriffen: 28.02.2014.

Brille24. Factsheet. http://www.brille24.de/presse/factsheet.html. Zugegriffen: 07.02.2014.

Brohl-Wellpappe. Daten und Fakten. http://www.brohlwellpappe.de/daten-und-fakten.html. Zugegriffen: 26.02.2014.

Bundesdesignpreis.de. Canyon. Home. http://www.bundesdesignpreis.de/de/einreichung_2012/ kommunikationsdesign/canyonhome. Zugegriffen: 26.02.2014.

Bundesministerium für Wirtschaft und Energie. Erfindung. http://www.patentserver.de/ Patentserver/Navigation/Patentschutz/faqs,did=192826.html. Zugegriffen: 25.02.2014.

Bundesministerium für Wirtschaft und Energie. Internationale Anmeldung. http://www. patentserver.de/Patentserver/Navigation/Patentschutz/faqs,did=196646.html. Zugegriffen: 25.02.2014.

Bundesministerium für Wirtschaft und Energie. Kosten der Patentanmeldung. http://www. patentserver.de/Patentserver/Navigation/Patentschutz/faqs,did=196636.html. Zugegriffen: 25.02.2014.

Bundesministerium für Wirtschaft und Energie. Patentanmeldung. http://www.patentserver.de/ Patentserver/Navigation/Patentschutz/patentanmeldung,did=206298.html. Zugegriffen: 25.02.2014.

Bundesministerium für Wirtschaft und Energie. Gebrauchsmuster. http://www.patentserver.de/ Patentserver/Navigation/Patentschutz/Weitere-Schutzrechte/gebrauchsmuster,did=201130. html?view=renderPrint. Zugegriffen: 23.09.2014.

Bundesministerium für Wirtschaft und Technologie. 2010. *Ideen sichern – Vorsprung verschaffen: Gewerbliche Schutzrechte als Erfolgsfaktor für Unternehmen, März* Berlin. http://www.bmwi. de/Dateien/BMWi/PDF/ideen-sichern-vorsprung-schaffen,property=pdf,bereich=bmwi2012, sprache=de,rwb=true.pdf. Zugegriffen: 24.09.2014.

Bundesministerium für Wirtschaft und Technologie. Innovationsfinanzierung. http://www.bmwi. de/DE/Themen/Mittelstand/Mittelstandsfinanzierung/innovationsfinanzierung.html. Zugegriffen: 11.02.2014.

Bundesministerium für Wirtschaft und Technologie. ZIM Überblick. http://www.zim-bmwi.de/ zim-ueberblick. Zugegriffen: 11.02.2014.

Bundessortenamt. Sortenschutz. http://www.bundessortenamt.de/internet30/index.php?id=27. Zugegriffen: 24.02.2014.

Bundeszentrale für politische Bildung. Lizenz. http://www1.bpb.de/wissen/I1O3D7,0,0,Lizenz. html. Zugegriffen: 05.03.2014.

Canyon Bicycles GmbH. Zahlen und Fakten. https://www.canyon.com/about_us/numbers_and_ facts.html. Zugegriffen: 26.02.2014.

Curth-Roth. Checkliste Ideenbewertung. http://www.curth-roth.de/deutsch/download/Checkliste_ Ideenbewertung.pdf. Zugegriffen: 27.07.2014.

Designschutz News. 2012. 10 Jahre europäisches Gemeinschaftsgeschmacksmuster. http://www. designschutznews.de/2012/03/10-jahre-europaisches-gemeinschaftsgeschmacksmuster/. Zugegriffen: 26.02.2014.

Designschutz News. Vier gute Gründe für eine Anmeldung als Geschmacksmuster. http://www. designschutznews.de/2011/03/warum-sollte-ich-mein-design-als-geschmacksmuster-anmelden-und-kosten-tragen/. Zugegriffen: 27.02.2014.

Deutsches Patent- und Markenamt. Amtliche Publikations- und Registerdatenbank. https://register. dpma.de/DPMAregister/Uebersicht. Zugegriffen: 27.02.2014.

Deutsches Patent- und Markenamt. Einsteigerrecherche. http://register.dpma.de/DPMAregister/ gsm/einsteiger. Zugegriffen: 26.02.2014.

Deutsches Patent- und Markenamt: Europäische und internationale Patente. http://www.dpma.de/ patent/patentschutz/europaeischeundinternationalepatente/index.html. Zugegriffen: 25.02.2014.

Deutsches Patent- und Markenamt. Gebrauchsmusterschutz. http://www.dpma.de/ gebrauchsmuster/gebrauchsmusterschutz/durchsetzung/beispiel1/index.html. Zugegriffen: 24.02.2014.

Deutsches Patent- und Markenamt. Gebühren für das Design im Überblick. http://www.dpma.de/ design/gebuehren/index.html. Zugegriffen: 26.02.2014.

Deutsches Patent- und Markenamt. Gebühren für Gebrauchsmuster im Überblick. http://www. dpma.de/gebrauchsmuster/gebuehren/index.html. Zugegriffen: 24.02.2014.

Deutsches Patent- und Markenamt. Geistiges Eigentum – Leitfaden für KMU. http://www.dpma. de/docs/service/seminare_veranstaltungen/ambiente/leitfadentextilindustrie.pdf. Zugegriffen: 27.02.2014.

Deutsches Patent- und Markenamt. Geschichte. http://www.dpma.de/amt/geschichte/index.html. Zugegriffen: 12.02.2014.

Deutsches Patent- und Markenamt. 2005. *Jahresbericht*. http://www.dpma.de/docs/service/ veroeffentlichungen/jahresberichte/dpma_jb_2005.pdf. Zugegriffen: 12.02.2014.

Deutsches Patent- und Markenamt. 2008. *Jahresbericht*. http://www.dpma.de/docs/service/ veroeffentlichungen/jahresberichte/dpma-jahresbericht2008.pdf. Zugegriffen: 24.02.2014.

Deutsches Patent- und Markenamt 2011. *Jahresbericht*. http://www.dpma.de/docs/service/ veroeffentlichungen/jahresberichte/jahresbericht2011_nichtbarrierefrei.pdf. Zugegriffen: 12.02.2014.

Deutsches Patent- und Markenamt. Klassifikation der Waren und Dienstleistungen. http://www. dpma.de/service/klassifikationen/nizzaklassifikation/index.html. Zugegriffen: 27.02.2014.

Deutsches Patent- und Markenamt. Marke. http://www.dpma.de/marke/. Zugegriffen: 26.02.2014.

Deutsches Patent- und Markenamt- Marken – Eine Informationsbroschüre zum Markenschutz. http://www.dpma.de/docs/service/veroeffentlichungen/broschueren/marken_dt.pdf. Zugegriffen: 26.02.2014.

Deutsches Patent- und Markenamt. Markengebühren im Überblick. http://www.dpma.de/marke/ gebuehren/index.html. Zugegriffen: 27.02.2014.

Deutsches Patent- und Markenamt. Patent FAQs. http://www.dpma.de/patent/faqs/index.html#a9. Zugegriffen: 28.02.2014.

Deutsches Patent- und Markenamt. Patentgebühren im Überblick. http://www.dpma.de/patent/ gebuehren/index.html. Zugegriffen: 24.02.2014.

Deutsches Patent- und Markenamt. Patentschutz. http://www.dpma.de/patent/patentschutz/durchsetzung/beispiel1/index.html. Zugegriffen: 24.02.2014.

Deutsches Patent- und Markenamt. Register. http://register.dpma.de/DPMAregister/pat/register?AKZ=199565651&CURSOR=0. Zugegriffen: 12.02.2014.

Deutsches Patent- und Markenamt. Schutz von Computerprogrammen. http://www.dpma.de/patent/patentschutz/schutzvoncomputerprogrammen/index.html. Zugegriffen: 24.02.2014.

Deutsches Patent- und Markenamt. 2014. *Schutzrechte im Überblick, Stand Januar*. http://presse.dpma.de/docs/1/flyerschutzrechteueberblick_dt_2014.pdf. Zugegriffen: 23.09.2014.

Deutsches Patent- und Markenamt. (Prüfungs-)Verfahren. http://www.dpma.de/patent/verfahren/index.html. Zugegriffen: 24.02.2014.

Ehret, Michael, und Galanakis, Kostas. Marketing Innovation – Die Herausforderung der Innovation für das Marketing. http://www.creative-trainer.eu/fileadmin/template/download/Marketing_Innovation_Creative_Trainer_Project_Deutsch.pdf. Zugegriffen: 11.02.2014.

European Patent Office. Mitgliedstaaten der Europäischen Patentorganisation. http://www.epo.org/about-us/organisation/member-states_de.html#contracting. Zugegriffen: 25.02.2014.

Europäisches Patent Office. Patentportfolio-Management und Patentbewertung. http://www.epo.org/patents/patent-information/business/valuation/faq_de.html. Zugegriffen: 04.03.2014.

fischer. Ein innovatives Familienunternehmen. http://www.fischer.de/ueber-uns.aspx. Zugegriffen: 07.11.2014.

Fissler. Pressemeldung. http://www.fissler.de/de/unternehmen/presse/pressemeldungen/unternehmen/geschaeftsjahr_2011.html. Zugegriffen: 26.02.2014.

Fraunhofer Prowis. Gutekunst Stahlverformung KG – Räume schaffen für Ideen. http://prowis.net/prowis/sites/default/files/pdf/Praxisbeispiele/ewo/gutekunst.pdf. Zugegriffen: 12.07.2014.

Frommann, Holger/Dahmann, Attila. Zur Rolle von Private Equity und Venture Capital in der Wirtschaft. http://www.factbook.at/cgi-bin/images/pdf/ZTP/318.pdf. Zugegriffen: 07.02.2014.

Gabler Wirtschaftslexikon. Geschmacksmuster. http://wirtschaftslexikon.gabler.de/Definition/geschmacksmuster.html. Zugegriffen: 25.02.2014.

Gabler Wirtschaftslexikon. Lizenzvertrag. http://wirtschaftslexikon.gabler.de/Definition/lizenzvertrag.html. Zugegriffen: 05.03.2014.

Gabler Wirtschaftslexikon. Marke. http://wirtschaftslexikon.gabler.de/Archiv/57328/marke-v10.html. Zugegriffen: 25.02.2014.

Gebrauchsmustergesetz (GebrMG). http://www.gesetze-im-internet.de/gebrmg/BJNR201300936.html. Zugegriffen: 24.02.2014.

Geschlossene Fonds. Patentfonds. http://www.geschlossener-fonds.net/patentfonds.html. Zugegriffen: 05.03.2014.

Geschmacksmustergesetz § 1 (GeschmMG). http://www.gesetze-im-internet.de/geschmmg_2004/index.html. Zugegriffen: 25.02.2014.

Gesetz über Arbeitnehmererfindungen (ArbnErfG). http://www.gesetze-im-internet.de/arbnerfg/. Zugegriffen: 25.02.2014.

Gredel, Daniel. Patentbeobachtung und -management in KMU. http://www.zim-bmwi.de/veranstaltungen/innovationstag/it-2011/it-2011/Vortrag_Patentbeobachtung_neu.pdf. Zugegriffen: 27.02.2014.

Gründerszene. Brille24: Zwölf Millionen Euro für Expansion. http://www.gruenderszene.de/news/brille24-time-equity-partners. Zugegriffen: 23.04.2015.

Gutekunst Stahlverformung KG. Medienportal. http://gutekunst-kg.de/de/medienportal/aktuelles/artikel/gutekunst-kg-erneut-als-top-innovator-2013-ausgezeichnet.html. Zugegriffen: 12.07.2014.

Gutekunst Stahlverformung KG. Profil. http://gutekunst-kg.de/de/unternehmen/profil.html. Zugegriffen: 12.07.2014.

Handelsblatt. Wachstum durch Beteiligung. http://www.handelsblatt.com/unternehmen/mittelstand/private-equity-branche-wachstum-durch-beteiligung-seite-all/4706588-all.html. Zugegriffen: 07.02.2014.

Handelsblatt. Mittelständler zapfen den Kapitalmarkt an. http://www.handelsblatt.com/unternehmen/mittelstand/mittelstaendler-zapfen-den-kapitalmarkt-an/3631162.html?p3631162=all. Zugegriffen: 10.02.2014.

Heinz, A. 2005. *Börsengang für den Mittelstand, in: Betriebswirtschaft im Blickpunkt.* http://www.iww.de/bbp/archiv/-boersengang-fuer-den-mittelstand-f24119. Zugegriffen: 10.02.2014.

Human Solutions. Die Human Solutions Gruppe auf einen Blick. http://www.human-solutions.com/group/front_content.php?idcat=228&lang=1. Zugegriffen: 11.02.2014.

IHK Nord Westfalen. 2011. Rosarote Feenwelt. http://www.ihk-nordwestfalen.de/fileadmin/wirtschaftsspiegel/2011/201107/html/10060.html. Zugegriffen: 04.03.2014.

IHK München. Wirtschaftsfaktor Innovation. https://www.muenchen.ihk.de/de/innovation/Anhaenge/leitfaden-innovationsmanagement.pdf. Zugegriffen: 24.07.2014.

Informationsplattform für KMU und Einsteiger. Patente. https://kmu.ige.ch/patente/vor-der-anmeldung/ist-ihre-erfindung-patentierbar.html. Zugegriffen: 21.02.2014.

Informationsplattform für KMU und Einsteiger. Patentschutz und Alternativen. https://kmu.ige.ch/patente/was-ist-ein-patent/alternativen.html. Zugegriffen: 21.02.2014.

Innovationsstimulierung INSTI. Recherchen zu und Schutz von technischen Ideen. http://www.copat.de/download/prov_patentanmeldung.pdf. Zugegriffen: 28.02.2014.

iPoint-systems GmbH. Mitarbeiterentwicklung. http://www.ipoint-sys-tems.com/fileadmin/user_upload/Unternehmen/20120905_Unternehmen_iPoint_de_small.pdf. Zugegriffen: 26.02.2014.

Juraforum. Lizenz. http://www.juraforum.de/lexikon/Lizenz. Zugegriffen: 04.03.2014.

Kelterei Walther. Geschichte. http://www.walthers.de/kelterei-walther/. Zugegriffen: 14.07.2014.

Kirner, Eva, Oliver Som, Carsten Dreher, und Victoria Wiesenmaier. 2006. *Innovation in KMU – Der ganzheitliche Innovationsansatz und die Bedeutung von Innovationsroutinen für den Innovationsprozess.* Karlsruhe: Fraunhofer-Institut für System- und Innovationsforschung. http://findresearcher.sdu.dk:8080/portal/files/52119878/InnoKMU_Thesenpapier_1_.pdf. Zugegriffen: 17.01.2014.

Krieger, Jochen. Das Gesetz über Arbeitnehmererfindungen. http://transpatent.com/ra_krieger/arberfin.html. Zugegriffen: 25.02.2014.

Leipziger Buchmesse 2010. Philipp Reclam jun. GmbH & Co. KG. http://www.brose-communication.de/de/referenzen/reclam_verlag_gmbh/. Zugegriffen: 26.02.2014.

Leonhard Ventures. Checkliste Kapitalbeschaffung. http://www.leoven.com/pdf/checkliste-kapitalbeschaffung.pdf. Zugegriffen: 27.07.2014.

LfA Förderbank Bayern. Förderangebote. http://www.lfa.de/website/de/foerderangebote/innovation/wer/index.php. Zugegriffen: 11.02.2014.

März, Ursula. Konrad Zuse – das verkannte Genie. http://www.zeit.de/2009/35/L-B-Delius/seite-2. Zugegriffen: 21.02.2014.

Markengesetz (MarkenG). http://www.gesetze-im-internet.de/markeng/. Zugegriffen: 26.02.2014.

Meyer Patentanwaltskanzlei. Lizenz-Informationen. http://www.meyer-kollegen.com/informationen-lizenzen.htm. Zugegriffen: 05.03.2014.

Paravan GmbH. Die Paravan Story. http://www.paravan.de/unternehmen/story.html. Zugegriffen: 23.07.2014.

Paris Convention for the Protection of Industrial Property. http://www.wipo.int/export/sites/www/treaties/en/documents/pdf/paris.pdf. Zugegriffen: 25.02.2014.

Patentgesetz (PatG). http://www.gesetze-im-internet.de/patg/BJNR201170936.html. Zugegriffen: 21.02.2014.

Patent- und Verwertungsagentur. Der Weg zum Patent. http://www.pva-mv.de/share/downloads/PatFi-PVA-Kap4.pdf. Zugegriffen: 24.02.2014.

PIZNET.de. Strategisches Patentmanagement. http://www.piznet.de/patentstrategie/strategisches-patentmanagement/. Zugegriffen: 27.02.2014.

Rach, Werner. Optimaler Produktschutz. https://www.dropbox.com/s/9udp8wxd48jd5we/rach_produktschutz.pdf. Zugegriffen: 25.02.2014.

RKW. Markteinführung neuer Produkte. http://www.rkw-kompetenzzentrum.de/fileadmin/media/Dokumente/Publikationen/2010_FB_Markteinfuehrung.pdf. Zugegriffen: 01.08.2014.

Roskos, Matias. Menschen kaufen gern bei Menschen – Kirstin Walther im Interview. http://www.socialnetworkstrategien.de/?s=Kelterei+Walther. Zugegriffen: 14.07.2014.

Rudolph, Andreas. Managementtechniken in innovativen Firmen. http://produkt-manager.net/2012/managementtechniken-in-innovativen-firmen/. Zugegriffen: 28.07.2014.

Rüggeberg, Harald, und Kjell Burmeister. 2008. *Innovationsprozesse in kleinen und mittleren Unternehmen, Business & Management Paper No. 41, 06/2008, Fachhochschule für Wirtschaft Berlin, Berlin*. http://www.mba-berlin.de/fileadmin/user_upload/MAIN-dateien/1_IMB/Working_Papers/2008/working_paper_41_online.pdf. Zugegriffen: 13.01.2014.

Saarland Offensive für Gründer. Kommunikationspolitik. http://www.gruenden.saarland.de/kommunikationspolitik.htm. Zugegriffen: 30.07.2014.

Sonn & Partner. Gebrauchsmuster in Österreich. http://www.sonn.at/patentanwalt.php?l=d&m=info&t=gebrauchsmuster. Zugegriffen: 24.02.2014.

Spielkamp, Alfred/Rammer, Christian. Balanceakt Innovation: Erfolgsfaktoren im Innovationsmanagement kleiner und mittlerer Unternehmen, ZEW-Dokumentation No. 06-04, 2006. http://hdl.handle.net/10419/39146. Zugegriffen: 10.07.2014.

Stage Gate International. The Stage-Gate® Process. http://www.stage-gate.com/resources_stage-gate_full.php. Zugegriffen: 16.01.2014.

Trommsdorff, Volker. Kommunikationspolitik. http://www.marketing.tu-berlin.de/fileadmin/fg44/download_gs/ss2011/20101118_ABWL_04_Kommunikationspolitik.pdf. Zugegriffen: 12.05.2014.

Uhu. Jobs und Karriere. http://www.uhu.com/information/jobs-karriere.html. Zugegriffen: 26.02.2014.

Universität Würzburg. Schutzrechte. http://www.sft.uni-wuerzburg.de/sep/schutzrechte/. Zugegriffen: 27.02.2014.

Unternehmer.de. Wort-/Bildmarke und Wortmarke im Vergleich. http://www.unternehmer.de/it-technik/115960-wort-bildmarke-und-wortmarke-im-vergleich. Zugegriffen: 27.02.2014.

Verworn, Birgit/Lüthje, Christian/Herstatt, Cornelius. Innovationsmanagement in kleinen und mittleren Unternehmen, Working Papers/Technologie- und Innovationsmanagement – Technische Universität Hamburg-Harburg No. 7. http://hdl.handle.net/10419/55504. Zugegriffen: 08.07.2014.

Weber, Walter, und Gerlinde Seidel. 2013. *Internationale Anmeldung nach dem PCT-Vertrag.* http://www.rpws.de/info/Info-PCT.pdf. Zugegriffen: 25.02.2014.

Wirtschaftsförderung und Technologietransfer Schleswig-Holstein. Patentbewertung. http://www. wtsh.de/wtsh/de/schutzrechte/informationen/patent-bewertung.php. Zugegriffen: 04.03.2014.

Wirtschaftslexikon24. Lizenzpolitik. http://www.wirtschaftslexikon24.net/d/lizenzpolitik/ lizenzpolitik.htm. Zugegriffen: 05.03.2014.

Wirtschaftswoche. Was Puky besser macht als die Konkurrenz. http://www.wiwo.de/unternehmen/ kinderfahrzeughersteller-was-puky-besser-macht-als-die-konkurrenz/5556696.html. Zugegriffen: 26.02.2014.

World Intellectual Property Organization. Vertragsstaaten. http://www.wipo.int/pct/de/pct_ contracting_states.html. Zugegriffen: 25.02.2014.

XING AG. Über uns. http://www.xing.com/company/xing. Zugegriffen: 26.02.2014.

Zorn, Holger. Schutzrechte im Überblick. http://www.dgfkt.de/content/fortbildung/Patent.pdf. Zugegriffen: 21.02.2014.

Zukunft Mittelstand. Bionade. http://www.csr-mittelstand.de/best_practices_profil?id=8. Zugegriffen: 26.02.2014.

Rollen und Verantwortlichkeiten

> Verantwortliche Manager müssen auch Fehler machen können. Sind sie nicht bereit, auch
> mal Fehlschläge zu riskieren, führen sie ein Unternehmen zum Stillstand (Dieter Zetsche).

Aufbauend auf den in Kap. 4 aufgezeigten Innovationsprozessen ist es jetzt sinnvoll, die damit verbundenen Rollen (Führungs-, Umsetzungs- und Unterstützungsrollen) sowie deren Aufgaben bei der Ausführung der Prozesse zu beschreiben.

Hierzu gehören neben Promotoren und Innovationsmanagern die klassischen Linienverantwortlichen in allen beteiligten Bereichen, wie Geschäftsführung, Marketing und Vertrieb, Personalmanagement und Produktion.

Ein Schlüssel zum dauerhaften und erfolgreichen Innovationserfolg ist nicht zuletzt die Führung und Motivation der Mitarbeiter, welche den Innovationsprozess im Unternehmen entscheidend vorantreiben können.

Dies geschieht unter anderem durch den gezielten Ablauf des Innovationsprozesses und dem dazugehörigen Innovationsmanagement. Das Einbeziehen der Mitarbeiter und Abteilungen aller Unternehmensbereiche stellt einen wesentlichen Erfolgsfaktor dar. Längst ist nicht mehr nur die Abteilung Forschung & Entwicklung an einem Innovationsprozess beteiligt. Vielmehr wird dieser Prozess durch die Unternehmensorganisation als Ganzes gelenkt. Jeder im Unternehmen ist letztendlich beim Thema „Innovationen" beteiligt bzw. kann etwas dazu beitragen.

Zielsetzung des Kapitels

In diesem Kapitel werden charakteristische Rollen und Verantwortlichkeiten im Innovationsprozess vorgestellt. Insbesondere wird in diesem Kontext auf das im Rahmen der aktuellen Innovationsforschung hervorgehobene Promotorenmodell hingewiesen. Als Verantwortliche im Innovationsmanagement werden die Funktionen Geschäftsführung, Innovationsmanager, Personalmanagement, Produktion, Marketing und Vertrieb vorgestellt. Darüber hinaus werden Innovationsteams im Innovationsmanagement betrachtet.

© Springer Fachmedien Wiesbaden 2015
M. Kaschny et al., *Innovationsmanagement im Mittelstand*,
DOI 10.1007/978-3-658-02545-8_5

Ziel ist es, ein Grundverständnis für die Rollen im Innovationsprozess, ihre Verantwortlichkeiten und ihre organisatorische Eingliederung zu schaffen. Im Speziellen werden die Tätigkeiten und Handlungsfelder der Mitarbeiter betrachtet, z. B. verbundene Aufgaben, Ziele und Verantwortungsbereiche, sowie in diesem Zusammenhang auftretende Probleme.

5.1 Rollen im Innovationsmanagement

Innovationsprozesse zeichnen sich durch die Zusammenarbeit verschiedener Akteure des Unternehmens aus. Prozesseffizienz, Entscheidungen, bereichsübergreifende Kommunikation und die Ressourcenzuweisung sind an bestimmte Rollen geknüpft. Diese werden durch die Position des jeweiligen Mitarbeiters bestimmt und führen zu Verhaltenserwartungen der an einer Innovation beteiligen Personen. Letztlich steht jede Rolle für ein stimmiges Bündel an Verhaltensweisen bezüglich der Aufgaben, Rechte und Pflichten des Rolleninhabers (vgl. Vahs und Brem 2013, S. 177 f.).

Die unterschiedlichen Rollen im Innovationsmanagement, welche in diesem Zusammenhang aus einer funktionsbezogenen Herangehens- bzw. Betrachtungsweise abgeleitet sind, müssen allerdings von den Mitarbeitern auch als solche wahrgenommen und verstanden werden. Nur so lassen sich hinreichend eine klare, effiziente Rollen- und damit verbunden Aufgabenverteilung vereinbaren und entsprechende Verantwortlichkeiten für den Innovationsfortschritt, in Tab. 5.1 als „Leistungsbeiträge" bezeichnet, schaffen.

Der Initiator ist nicht nur der Prozessauslöser, sondern hält diesen auch durch seine Beiträge am Leben. Neben diesem Impulsgeber muss eine Entscheidungsinstanz festgelegt werden – als Einzelperson oder Gremium. Zusätzlich zu diesen beiden Rollen müssen auch umsetzungsstarke „Macher" im Unternehmen vorhanden sein. Sie verhelfen den Ideen und Anregungen letztlich zur Umsetzung. Neben einem Spezialisten im Bereich des Projektmanagements sollten alle anderen Rolleninhaber im Innovationsmanagement zumindest Grundkenntnisse auf dem Gebiet des Projektmanagements vorweisen können (vgl. Disselkamp 2012, S. 193). Eine andere Sichtweise auf die Rollenverteilung in Unternehmen und die damit verbundenen Aufgaben liefert nachfolgend das Promotorenmodell.

Tab. 5.1 Rollen im Innovationsmanagement (eigene Darstellung in Anlehnung an Disselkamp 2012, S. 193)

Rollen im Innovationsmanagement	Leistungsbeiträge
Initiator, Simulator	Anstoßen des innovativen Prozesses
Lösungssucher, Ideengenerator, Kreativer, Forscher	Entwicklung einer Problemlösung
Prozessunterstützer, Vermittler, Projekt-/Innovationsmanager	Prozesssteuerung
Entscheider	Entscheidungen treffen
Realisator	Realisierungen vornehmen

Dieses basiert entgegen der zuvor betrachteten funktionsbezogenen Betrachtungsweise auf soziologisch, rollentheoretischen Überlegungen.

5.2 Promotorenmodell

Innovationen lassen sich im Unternehmen nicht immer leicht umsetzen. So fehlt oft individuelles Wissen (Nichtwissen), um das Innovationsvorhaben zu verstehen. Oder es existieren Vorbehalte (Nichtwollen) und Interessenkonflikte in Bezug auf die Realisierung einer Innovation. Innovationen können auch mit organisatorischen Veränderungen verbunden sein, die Unsicherheit (Nichtdürfen) verursachen. Zusätzlich entsteht oft auch Misstrauen, weil nicht bekannt ist, woran gerade eine andere Abteilung arbeitet (Nichtvoneinander-wissen). Hier stellt sich dann die Frage, wer für das notwendige Wissen sorgt, Interessenkonflikte klärt, für Vertrauen wirbt und den Informationsfluss zwischen den Abteilungen fördert (vgl. GI:VE).

Im Vergleich zu anderen Organisationsmitgliedern unterscheiden sich Promotoren vor allem durch Eigeninitiative sowie aktive und intensive Förderung der Innovationen. Ihre Aktivitäten sind sehr stark von ihrer Persönlichkeit, vom Motivationspotenzial der Innovation als auch von der Art der Promotorenrolle bestimmt (vgl. Innovationsmanagement. de: Innovatoren – Rollen im Innovationsprozess). Im Promotorenmodell wird unterschieden zwischen Fachpromotor, Machtpromotor, Prozesspromotor und Beziehungspromotor (vgl. Hauschildt und Chakrabarti 1988, S. 378–389). Nicht jeder Mitarbeiter eignet sich für jede Promotorenrolle, sondern sollte entsprechend seiner individuellen Persönlichkeit ausgesucht und gefördert werden.

Die bereits erwähnte Unterteilung der Promotoren beschreibt Persönlichkeiten, die „neben anderen Rollen" an einem Innovationsprozess aktiv beteiligt sind und diesen fördern (vgl. Vahs und Brem 2013, S. 179). Entstandene Barrieren durch Nichtwissen oder Nichtwollen sind Widerstände, welche durch den Einsatz engagierter Persönlichkeiten zu überwinden sind (vgl. Hauschildt und Salomo 2007, S. 216). Die Promotorentypen lassen sich dabei wie folgt beschreiben:

Promotorentypen

- Der Fachpromotor besitzt das nötige objektspezifische Fachwissen, um einen Innovationsprozess aktiv zu fördern. Er ist Ideenträger und sein Fachwissen erstreckt sich über die Eigenschaften, das Potenzial und die Grenzen der neuen Prozesse und Produkte (vgl. Schuh 2012, S. 51). Er hilft, die Barriere des Nichtwissens zu überwinden.
- Der Machtpromotor beeinflusst und fördert den Innovationsprozess aktiv durch seine Stellung im Unternehmen (vgl. Hauschildt und Gemünden 1999, S. 16).

Dieser Promotor ist durch seine exponierte Stellung im Unternehmen glaubwürdig und einflussreich. Sein Ziel ist es, Barrieren des Nichtwollens zu durchbrechen.

- „Der Prozesspromotor ist ein Bindeglied zwischen Fach- und Machtpromotor." (vgl. Corsten et al. 2006, S. 69). Er verfügt über Organisationskenntnisse und ist üblicherweise auf der mittleren Managementstufe angesiedelt. Eine seiner Aufgaben stellt die Überwindung der Barriere des Nichtdürfens dar, indem er z. B. Hindernisse in der Bürokratie beseitigt (vgl. Corsten et al. 2006, S. 69).
- Der Beziehungspromotor ist ein Bindeglied zwischen verschiedenen Fachabteilungen. Er besitzt Sozialkompetenz und Netzwerkwissen und hat somit Kontakte in verschiedenen Fachbereichen. Zu seinen Aufgaben zählen u. a. der Informationsaustausch, das Planen von Austauschprozessen sowie das Finden und Zusammenbringen von Interaktionspartnern, um die Barriere des Nichtvoneinander-wissens zu überwinden (vgl. Innovationsmanagement.de).

Jeder einzelne Promotorentyp verfügt über eine eigene Machtquelle. Diese wird in Tab. 5.2 zusammenfassend dargestellt.

Somit ist die Promotorenrolle, die eine Person im Unternehmen übernehmen kann, wie bereits erwähnt, stark von der Persönlichkeit, aber auch von der Rolle im Unternehmen abhängig. Ein Geschäftsführer kann die Rolle eines Machtpromotors leichter ausfüllen als z. B. ein Mitarbeiter in der Produktion.

Erfolgreiche Promotoren müssen im Unternehmen gefunden, gefördert und gebunden werden. Dies bedarf eines Konzeptes, das folgende Punkte beinhalten sollte:

- Ein auf die Promotorenrollen ausgerichtetes Personalmarketing mit entsprechender interner und externer Personalauswahl,
- Geeignete Personalentwicklungsmaßnahmen,
- Bereitstellung der benötigten Ressourcen (z. B. freie Zeit, um den Promotorenaufgaben nachgehen zu können),
- Entwicklung spezifischer Anreizsysteme,
- Bindung der Promotoren an das Unternehmen (vgl. Innovationsmanagement.de: Innovatoren – Rollen im Innovationsprozess).

Tab. 5.2 Machtquellen Promotoren im Innovationsmanagement (eigene Darstellung in Anlehnung an Müller 2004, S. 155)

Promotorentyp	Machtquelle
Fachpromotor	Fachwissen, z. B. als Entwickler oder technischer Leiter
Machtpromotor	Hierarchie, z. B. als Geschäftsführer
Prozesspromotor	Organisationskenntnisse, z. B. als Produktverantwortlicher
Beziehungspromotor	Netzwerkkenntnisse, z. B. als Mitarbeiter im Personalbereich

Diese Promotoren sollten natürlich auch entsprechend in Innovationsvorhaben bzw. -projekte eingebunden werden. So bietet sich an, die Stelle eines Projektleiters mit einem Prozesspromotor zu besetzen und im Lenkungskreis den Machtpromotor einzubinden.

5.3   Verantwortlichkeiten im Innovationsmanagement

Der langfristige, auf Innovationen basierende Erfolg wird durch eine ganzheitliche Strukturierung des Innovationsprozesses in weiten Teilen des Unternehmens begünstigt. Die Herausforderung hierbei ist, alle Abteilungen und Verantwortlichkeiten in den Innovationsprozess einzubinden, um durch umfangreiche Mitarbeiterbeteiligung die Innovationsfähigkeit bestmöglich zu steigern. Deren Einbeziehung in den Innovationsprozess ist aufgrund der vielfältigen Mitarbeiterbeiträge durchaus sinnvoll. Aus dieser Einbindung resultierende Erkenntnisse tragen zur unternehmensinternen Prozessverbesserung bei und beeinflussen damit letztlich den Innovationsprozess positiv. Dabei ist es nicht unbedingt relevant, aus welcher Abteilung die Mitarbeiter stammen, da unterschiedliche Blickwinkel eine Bereicherung darstellen.

Jedoch bestätigen die Ergebnisse einer Studie, dass mehr als die Hälfte der befragten Unternehmen große Probleme in der Zuweisung und Strukturierung klarer Rollen und Verantwortlichkeiten sehen (vgl. Mönnekes 2010, S. 1 ff.). Genau hierzu, also der Zuweisung klarer Rollen und Verantwortlichkeiten, sollen die folgenden Ausführungen als Unterstützung dienen.

5.3.1   Geschäftsführung

Um die Innovationsfähigkeit zu steigern, ist das Engagement der Geschäftsführung unabdingbar. Die Geschäftsführung gibt die notwendigen Impulse, ist Vorbild und vermittelt die Wichtigkeit von Innovationen für das gesamte Unternehmen.

Der Innovationsprozess bedarf einer bewussten Steuerung und Organisation durch die Geschäftsführung (vgl. Jaberg und Stern 2010, S. 24 f.). Einerseits ist die Geschäftsführung durch ihre Rolle als Machtpromotor in der Lage, Entscheidungen zu fällen oder zumindest zu beeinflussen. Andererseits schafft Sie als Motivator den Rahmen, die Ideengenerierung durch die Förderung des offenen Austauschs im Unternehmen zu unterstützen. Dazu zählt auch die Vermittlung der Notwendigkeit von Innovationen für das Unternehmen. Eine positive Einstellung der Unternehmensleitung zu Wissensaustausch und Innovationen stellt die Basis für die Kreativität und das Engagement der Mitarbeiter dar (vgl. Disselkamp 2012, S. 89 f.).

Die Geschäftsführung sollte zugleich die Rolle eines Kommunikators beim Innovationsprozess einnehmen. Vielfach erklärt sich eine falsche Wahrnehmung von Ideen und Vorschlägen der Mitarbeiter durch fehlende oder unzureichende Kommunikation innerhalb des Unternehmens. Hier sollte hoher Wert auf die direkte Kommunikation zwischen allen beteiligten Bereichen gelegt werden. Aufgabe der Führungsebene ist es, durch eine klare Strukturierung der Kommunikationswege dieser Hürde entgegenzuwirken (vgl. Disselkamp 2012, S. 90).

Ebenso hat die Geschäftsführung die Rolle des Sponsors im Innovationsmanagement inne. Hiermit ist nicht nur die finanzielle Unterstützung des Innovationsprozesses gemeint, sondern auch das Herstellen von Kontakten zu darüber hinaus nutzbaren Wissensquellen. Dabei sollte die Bedeutung von psychologischen Hilfestellungen nicht vergessen werden, da auch das Führen von Gesprächen mit den Projektmitarbeitern zu den Aufgaben des Sponsors zählt. Diese Gespräche können neue Impulse geben und zur Aufmunterung dienen. Aufgrund der Vielfältigkeit an Aufgaben im Innovationsprozess kann die Rolle des Sponsors auch an geeignete Führungskräfte abgegeben werden (vgl. Disselkamp 2012, S. 90).

Die Geschäftsleitung kann auch als Controller eines Innovationsprozesses gesehen werden. Letztendlich entscheidet die Führungsebene durch kritische Überprüfung, ob eine Idee auch mit einem Nutzen für das Unternehmen verbunden ist und damit zur Innovation werden kann. Als Controller gilt es, die vorhandenen Ideen zu überprüfen, zu selektieren und Erfolg versprechende Ideen im Rahmen des Innovationsmanagements zu steuern (vgl. Disselkamp 2012, S. 91).

In der Realität gestaltet sich die Funktion der Geschäftsführung im Innovationsprozess jedoch komplizierter. Je nach unterschiedlichen Anforderungen und Situationen, denen sich die Geschäftsführung gegenübersieht, können mit deren betriebswirtschaftlicher Funktion auch verschiedene Rollen verbunden sein. Die einzelnen Rollen, welche die Geschäftsführung dabei einnehmen kann und soll, lassen sich nicht immer eindeutig voneinander trennen. Zudem wird oft den Beschäftigten nicht das Maß an Handlungsfreiheit gewährt, welches für eine Umsetzung ihres vorhandenen Wissens notwendig wäre (vgl. Disselkamp 2012, S. 89). Hinzu kommt, dass die Mitarbeiter nicht immer ermuntert werden, in einen solchen Prozess ihre Kompetenzen zielgerichtet einzubringen.

Der gezielte Aufbau einer innovationsförderlichen Unternehmenskultur kann ein wichtiger Schritt sein, um den Mitarbeitern die nötige Handlungsfreiheit zu geben und sie zu ermuntern, sich mit ihren Interessen und Kompetenzen einzubringen. In einer solchen Kultur wird den Mitarbeitern gezeigt, dass Ideen und Innovationen gewünscht sind und ihre Generierung ein wichtiger Bestandteil der Unternehmensaktivitäten ist (siehe hierzu Abschn. 6.2). Zudem gilt es, den Mitarbeitern die Angst vor Innovationen zu nehmen und den Wissenstransfer sowie die Wissensentwicklung voranzutreiben. Schließlich muss ein Unternehmer erkennen, dass das größere Risiko darin besteht, nicht zu innovieren und somit das Risiko einzugehen, vom Markt gedrängt zu werden (vgl. Jaberg und Stern 2010, S. 24 f.).

Demzufolge hat die Geschäftsführung, neben der Berücksichtigung ihrer bereits genannten, betriebswirtschaftlich mit der Stelle verbundenen Aufgabe des Motivators, des Kommunikators, des Sponsors und des Controllers, zudem die Rolle des Strukturgebers und Organisators. Dieser initiiert einen klar definierten Innovationsprozess und sorgt dafür, dass dieser Prozess gelebt wird.

KMU-Praxisbeispiel

Geschäftsführung und Innovationsmanagement bei der BARTEC Gruppe

BARTEC wurde 1975 als Einmannbetrieb mit der Idee gegründet, Sicherheitsschalter zur Verhinderung von Explosionen an Zapfsäulen herzustellen. Mittlerweile ist die BARTEC Gruppe weltweit führend bei innovativer Sicherheitstechnik und mit mehr als 1600 Mitarbeitern aus der klassischen Definition eines KMU herausgewachsen (vgl. BARTEC Gruppe – Das Unternehmen).

Bereits zu Zeiten, als BARTEC noch als klassischer KMU galt, hielt die Geschäftsführung ein innovatives Unternehmensklima für existenziell. „Sicherlich spielen dabei die Rahmenbedingungen in Unternehmen eine größere Rolle für die Innovationsmotivation und -leistung der Mitarbeiter als das steigende Alter der Belegschaft" (vgl. PERSONALquarterly 2011, S. 56). Und weiter: „Für eine positive oder negative Wendung spielen die Bedingungen, darunter vor allem der Führungsstil der Vorgesetzten und die Feedbackstrukturen, eine sehr wichtige Rolle." (vgl. PERSONALquarterly 2011, S. 56).

In einer Evaluation der Innovationskraft wurde von Mitarbeitern u. a. angemerkt: „Förderlich für das Innovationsprojekt war es, dass die Geschäftsführung das Projekt offen und offensiv unterstützte." (vgl. PERSONALquarterly 2011, S. 57).

Für diese Aktivitäten erhielt die BARTEC Gruppe auch externe Auszeichnungen: den renommierten „Großen Preis des Mittelstands 2009" oder das Gütesiegel „Top 100" für die innovativsten deutschen Unternehmen im Mittelstand.

5.3.2 Innovationsmanager

Die Rolle eines Innovationsmanagers etabliert sich zunehmend in den Organisationen von Unternehmen. Diese Bezeichnung definiert einen Mitarbeiter, der sich schwerpunktmäßig mit der Innovationsförderung und der unterstützenden Aufgabe des Innovationsmanagements im Unternehmen befasst (vgl. Vahs und Brem 2013, S. 187).

Die Aufgaben eines Innovationsmanagers sind vielfältig. Er muss neben notwendigem Fachwissen auch Kenntnisse über Ziele, Strategien, Interaktionspartner und Kooperationsbeziehungen, über Ressourcen und Potenziale besitzen, um mit dem allgegenwärtigen Widerstand gegen Innovationen umgehen zu können (vgl. Hauschildt und Salomo 2007, S. 97). Seine Eingliederung in eine bestehende Organisationsstruktur sollte daher wohl durchdacht werden. Es hat sich dabei als sinnvoll erwiesen, die Position des Innovationsmanagers organisatorisch so hoch wie möglich anzusiedeln (vgl. Jaberg und Stern 2010, S. 111).

Je unmittelbarer das Reporting zwischen dem Innovationsmanager und der Geschäftsführung gestaltet werden kann, umso wahrscheinlicher ist eine Erfolg versprechende Umsetzung der Ideen und Ziele im Innovationsprozess. So wird die Position häufig als Stabsstelle in der Organisationsstruktur eingegliedert. Die mögliche Einführung einer eigenständigen Abteilung „Innovation" führt hingegen eher zu unerwünschten Konsequenzen, da allein der Begriff „Abteilung" eine Abgrenzung im Unternehmen impliziert. Bei der Schaffung einer Stabsstelle steht dagegen die Integration interner und externer innovativer Quellen im Vordergrund (vgl. Boldt 2010, S. 58 f.; Müller-Prothmann und Dörr 2009, S. 22 ff.).

Als wohl wichtigste Kompetenz eines Innovationsmanagers gilt die Sozialkompetenz. Erfahrungsgemäß benötigt der Innovationsmanager die Befähigung, mit anderen Menschen effektiv und zielgerichtet arbeiten zu können. Bei der Umsetzung ihrer Hauptaufgabe, dem Vorantreiben von Innovationen, sind sie auf diese Fähigkeit besonders angewiesen. Nur durch ausgeprägten Teamgeist, besondere Kommunikationsfähigkeit und Flexibilität im Umgang mit neuen Situationen können sie diese Aufgabe bewältigen (vgl. Vahs und Brem 2013, S. 188). Des Weiteren müssen Innovationsmanager weitreichende Methodenkompetenzen vorweisen, wie beispielsweise hinsichtlich Kreativitätstechniken und Methoden zur Bewertung von Ideen. Zusätzlich ist Branchen-Know-how und Praxiserfahrung von Vorteil.

Auch Innovationsplanung zählt zu den Aufgabengebieten eines Innovationsmanagers. Im Rahmen seiner Tätigkeit muss er durch die Identifikation von Investitionspotenzialen, die Entwicklung einer Innovationsstrategie oder auch die Bewertung eventueller Innovationsalternativen das Topmanagement überzeugen. Letztlich ist ein Innovationsmanager auch bei der Umsetzung der entsprechenden Innovationen gefragt. Seine Zuständigkeit umfasst i. d. R. die Eingliederung von Innovationen in das Unternehmen und dessen Umfeld sowie die Optimierung von Innovationsprozessen. Er ist die Schnittstelle zwischen Funktions- und Produktbereichen im Unternehmen. Die stetige Erfolgskontrolle sowie das Erstellen von Problemlösungsansätzen, die mit einer Innovation verbunden sind, zahlen ebenso zu seinen Verantwortungsbereichen (vgl. Vahs und Brem 2013, S. 188).

Für größere Unternehmen kann es sinnvoll sein, mehrere Innovationsmanager einzusetzen. Wird zum Beispiel in jeder Produktgruppe ein Innovationsmanager angesiedelt, ist i. d. R. auch eine prozessbezogene Innovationsaufsicht gewährleistet. Meist werden geeignete Innovationsmanager aus dem eigenen Unternehmen berufen; diese stammen überwiegend aus den Führungsebenen der Bereiche Entwicklung, Marketing und Produktmanagement (vgl. Jaberg und Stern 2010, S. 126). Um vorhandene Barrieren überwinden zu können, ist es wichtig, eine gewisse Akzeptanz und Durchsetzungsvermögen im Unternehmen zu besitzen.

Der Verantwortungsbereich eines Innovationsmanagers zeichnet sich durch Planung, Organisation, Führung und Kontrolle von Aktivitäten im Innovationsprozess aus. Darüber hinaus gewährleistet er die stetige Weiterentwicklung und Überwachung des Innovationsmanagements. Durch den Innovationsmanager werden Prozesse aktiv gestaltet und bestmöglich gesteuert.

In kleineren KMU wird der Verantwortungsbereich des Innovationsmanagers oft von der Geschäftsführung übernommen. Somit kommen zu den bereits beschriebenen Rollen weitere, arbeitsintensive Aufgaben hinzu. Hier ist zu überlegen, ob Teilaspekte des Innovationsmanagers an einen Mitarbeiter mit Entwicklungspotenzial abgegeben werden können.

5.3.3 Marketing

Die Einführung von innovativen Produkten auf einem Markt ist immer mit Unsicherheiten und Risiken verbunden. Da dem Produkterfolg eine besondere Bedeutung zukommt, sind die Analyse der Anforderungen von Marktteilnehmern, die genaue Planung des Marketingkonzeptes sowie eine systematische Durchführung der Marketingmaßnahmen von großer Relevanz (vgl. Loock 2010, S. 9 ff.).

Neben vielen anderen Aufgaben gehört im Kontext des Innovationsmanagements die Innovationskommunikation zu einer der Hauptaufgaben des Marketings. Diese leistet zu einer erfolgreichen Vermarktung einer Innovation einen essenziellen Beitrag.

Bei der Innovationskommunikation gilt es, die Zielgruppen durch zielgerichtete Kommunikation von einer Innovation zu überzeugen (vgl. Vahs und Brem 2013, S. 384). Die Kommunikation bezüglich einer Innovation wird systematisch geplant, durchgeführt und evaluiert, mit dem Ziel, Vertrauen und Verständnis zu schaffen. Zusätzlich soll das Unternehmen als innovativ präsentiert werden (vgl. Zerfaß und Möslein 2009, S. 56).

Unterschieden wird zwischen interner und externer Innovationskommunikation. Die externe Innovationskommunikation beschäftigt sich mit den Austausch- und Konkurrenzbeziehungen des Unternehmens gegenüber den Marktteilnehmern. Interne Innovationskommunikation hingegen bezeichnet das Einbinden der Führungskräfte und Mitarbeiter in den Kommunikationsprozess zur Erreichung von Innovationszielen, Erhöhung der Motivation sowie des Interesses der Mitarbeiter (vgl. Vahs und Brem 2013, S. 394 f.).

Die Innovationskommunikation soll somit, als Teilaufgabe des Marketings, Akzeptanz für die Innovation, sowohl intern bei den Mitarbeitern als auch extern bei den Kunden, hervorrufen. Die Herausforderung der Innovationskommunikation besteht darin, den konkreten Mehrwert der Neuerung glaubhaft zu vermitteln. Es gilt demnach, das Misstrauen der Verbraucher durch die richtige Kommunikation zu minimieren. Die hierbei vorhandenen Chancen und Risiken werden in Tab. 5.3 gegenübergestellt.

Die Innovationskommunikation ist Teil des Marketings, welches in Abschn. 4.5.4 eingehender behandelt wird.

Tab. 5.3 Chancen und Risiken der Innovationskommunikation (eigene Darstellung in Anlehnung an Zerfaß et al. 2004, S. 1)

Chancen	Risiken
Veröffentlichung: Neuigkeitscharakter der Innovation als Nachrichtenwert	Angst vor Neuem: Zurückhaltung der breiten Bevölkerung bei Neuem
Positionierungschance: Innovation gilt als zukunftsträchtiger Weg aus der Krise	Mangelnde Anschlussfähigkeit: Kein Referenzrahmen, fehlende Nähe zu Leitthemen
Kommunikationsanlass: Innovation als positiver Anlass, von sich Reden zu machen	Hoher Abstraktionsgrad: Komplexität, verständliche Beispiele und Bilder fehlen häufig

5.3.4   Vertrieb

Eine weitere wichtige Funktion im Innovationsmanagement übernimmt der Vertrieb. Er beteiligt sich als „Stimme des Marktes" bei der Auswahl Erfolg versprechender Ideen und muss gewährleisten, dass die neuen Produkte den Marktbedürfnissen entsprechen. Als Schnittstelle zum Markt steht der Vertrieb im ständigen Kontakt mit den Kunden und kann somit qualitative sowie hochwertige Informationen sammeln. Entsprechend dieser zur Verfügung stehenden Informationen kommt dem Vertrieb im Innovationsprozess eine entscheidende Bedeutung zu, da schlussendlich der Markt über den Erfolg eines innovativen Produkts entscheidet (vgl. Seeger 2007, S. 117 f.).

Somit ist es naheliegend, dass der Vertrieb ebenfalls Verantwortung im Innovationsmanagement übernimmt. Der Vertrieb hat die Möglichkeit, durch das erlangte Wissen über die Kunden und die Nähe zu diesen, die Beziehung zwischen Kunden und Unternehmen nachhaltig zu verbessern. Der Vertrieb sorgt für die Einbeziehung von Bedürfnis- und Lösungsinformationen des Kunden in den Innovationsprozess (vgl. Helbig und Mockenhaupt 2009, S. 1).

In der Phase der Ideenfindung kann bspw. das Beschwerdemanagement zur Findung von Ideen und Verbesserung von Prozessen genutzt werden. Anhand der direkten Einbindung der Kunden durch den Vertriebsmitarbeiter ergibt sich die Möglichkeit, die Idee realistisch auf ihre Umsetzbarkeit zu bewerten. Auch bei der internen sowie externen Umsetzung des Innovationsprozesses ist der Vertrieb durch seine Unterstützung in Bezug auf Kundenbedürfnisse und Kundenwünsche hilfreich (vgl. Gabler Wirtschaftslexikon).

5.3.5   Personalmanagement

Eine innovative Unternehmenskultur setzt das richtige Personalmanagement voraus. Hierfür ist eine durchdachte personelle Planung bzw. Strategie eine wichtige Voraussetzung für die Innovationsfähigkeit. Dabei hat das Management die Aufgabe, die Unternehmens- und Mitarbeiterbedürfnisse miteinander zu verknüpfen (vgl. Mentzel und Neef-Creamer 2007, S. 59).

Neben den Hauptaufgaben der Personalwirtschaft, wie Personalbedarfsplanung, Personalbeschaffung oder Personalfreisetzung, erscheinen insbesondere die Maßnahmen aus dem Teilbereich der Personalentwicklung für das Vorantreiben von Innovationen in Unternehmen geeignet. Die Personalentwicklung beinhaltet die Aufgabe, Fähigkeiten von Mitarbeitern zu fördern sowie sie mithilfe von Aus-, Fort- und Weiterbildungsmaßnahmen entsprechend den Unternehmensanforderungen zu qualifizieren (vgl. Jung 2011, S. 252).

Eine frühzeitige und gezielte Qualifikation von Mitarbeitern kann demnach auch dazu dienen, erfolgreiche Innovationen auf dem Markt zu platzieren. Insbesondere die Ausbildung von Fach- und Führungskräften spielt hierbei eine wichtige Rolle. Angelehnt an die Unternehmensstrategie ist eine innovationsorientierte Personalstrategie für die Förderung von kreativen und hochqualifizierten Mitarbeitern hilfreich (vgl. Bea und Haas 2005,

S. 537–543). So können Unternehmen ihre Innovationsfähigkeit erhöhen, indem sie eine geeignete Personalstrategie einführen und dafür sorgen, dass Kreativität und Know-how fester Bestandteil der Unternehmenskultur werden.

Das Personalmanagement trägt demzufolge durch das Fördern der Innovationskultur mit Maßnahmen, wie der Organisationsentwicklung, zur stetigen Etablierung der Innovationskultur im Unternehmen bei. Dadurch sorgt es dafür, das Thema „Innovation" in den Köpfen der Mitarbeiter zu verankern. Es unterstützt die Umsetzung der Innovationsziele und fördert die aktive Beteiligung der Mitarbeiter im Ideen- und Innovationsmanagement. (vgl. Frauenhofer-Institut: Innovationskompetenz entwickeln).

5.3.6 Produktion

Untersuchungen zeigen, dass Beschäftigte in der Produktion als Akteure im Innovationsmanagement zu technischen Entwicklungen beitragen. Demnach beschränkt sich die Entwicklungsarbeit nicht nur auf die F&E-Abteilung bzw. den F&E-Bereich, sondern lässt sich auch in der Produktion und Weiterentwicklung bestehender Produkte wiederfinden (vgl. Asdonk et al. 1993, S. 119).

Im Mittelpunkt stehen Innovationen, die bereits auf einem bestehenden Produkt aufbauen und als inkrementelle Innovationen bezeichnet werden. Inkrementelle Innovationsarbeit am Ort der Produktion steht jedoch im Gegensatz zu traditionellen Forschungsansätzen, wie sie immer noch praktiziert werden. Diese sehen Innovationsarbeit oftmals nur in Bereichen vor, in denen sie einen offiziellen Bestandteil der Stellenbeschreibung darstellt. Hierbei wird allerdings die Erzeugung von Innovationen an unvorhergesehenen Orten nicht per se als zufälliges Handeln bezeichnet. Innovationen entstehen nicht nur in gesonderten Gremien, wie Qualitäts- und KVP-Zirkeln (kontinuierlicher Verbesserungsprozess), sondern auch im laufenden Produktionsprozess. Die Mitarbeiter in der Produktion können ihre eigenen Vorschläge zur Optimierung der Abläufe auf diesem Wege einbringen. Somit findet bspw. auch in der Produktion ein kontinuierlicher Verbesserungsprozess statt, der vor allem durch die Bewertung und Ideen der Produktionsmitarbeiter getragen wird und vom direkten Bezug zum Produkt und dem Produktionsprozess lebt. Diese Mitarbeiter haben täglichen Kontakt mit dem Produkt, kennen sich somit mit den praktischen Details aus und sind kompetente Ansprechpartner zur Lösung von Problemen. Gerade der unmittelbare Bezug zum Produkt ist hierbei entscheidend, sodass neue Ideen unbürokratisch und schnell realisiert oder verworfen werden können (vgl. Neumer 2012, S. 159–163).

5.4 Innovationsteams

Der Einsatz von sogenannten Innovationsteams kann ebenfalls eine wirksame organisatorische und personelle Maßnahme sein. Bekanntlich entfaltet sich Kreativität am besten in einer Gruppe. Dieses Phänomen kann durch den Einsatz von Innovationsteams genutzt werden. Um möglichst viele Unternehmensbereiche am Innovationsmanagement zu beteiligen und deren Kreativität einzubinden, ist die Bildung eines Innovationsteams sinnvoll. Ein solches Innovationsteam besteht in der Regel aus Mitarbeitern aus mehreren Bereichen des Unternehmens. So werden das Wissen und die Fähigkeiten aus unterschiedlichen Bereichen möglichst optimal genutzt (vgl. Holtorf 2011, S. 59).

Charakteristische Aufgabengebiete von Innovationsteams umfassen u. a. Planungs- und Entwicklungsaufgaben. Die Teams werden, wie erwähnt, funktionsübergreifend gebildet, um einen wirksamen Einfluss möglichst vieler Unternehmensbereiche zu gewährleisten. Innovationsteams sind oft an Projektlaufzeiten geknüpft, die nicht unbedingt nur die Entwicklung einer Innovation umfassen, sondern möglicherweise auch die Markteinführung (vgl. Holtorf 2011, S. 59).

Einige Faktoren spielen bezüglich Verhalten und Qualität der Innovationsteams eine tragende Rolle. So ist die Kommunikation ein wichtiger Punkt in der Teamarbeit, da der ständige Austausch von Informationen zwischen den Teammitgliedern wichtig für den Innovationsprozess ist. Durch die Informationen jedes Einzelnen wird eine optimale Lösung für den Innovationsprozess angestrebt.

Im Rahmen der Koordination eines Teams werden einzelne Aufgaben verteilt und nach der Erarbeitung eines Lösungsansatzes wieder zusammengeführt. Diese Vorgehensweise sichert eine effektive und schnelle Bearbeitung der Aufgaben. Ist die Interaktion im Team

Tab. 5.4 Rollenverteilung im Innovationsteam (eigene Darstellung in Anlehnung an Hofbauer et al. 2008, S. 57 f.)

Rolle	Beschreibung
Teamleiter	Koordiniert die Arbeit der (technischen) Spezialisten, koordiniert Aufgaben und Aktivitäten der Mitglieder
Fundraiser	Identifiziert Quellen des Geldzuflusses und ist damit auch für die Aufrechterhaltung des Innovationsprozesses zuständig
Inspirator	Stimuliert und inspiriert Kollegen, generiert Enthusiasmus
Integrator	Überschaut das gesamte Projekt und koordiniert seine verschiedenen Phasen und Komponenten
Scout	Hält Ausschau nach neuen Entwicklungen außerhalb des Unternehmens und leitet sachdienliche externe Informationen in das Unternehmen bzw. in das Innovationsprojekt
Mittler	Liefert Verbindungen zwischen den Abteilungen und stimuliert die Interaktion zwischen den Abteilungen
Champion	Fördert neue Ideen und verteidigt ihre Unterstützung durch das Unternehmen
Mentor	Trainiert die Berufseinsteiger und liefert konstruktives Feedback
Übersetzer	Präsentiert potenziellen Kunden neue Technologien und gibt die Bedürfnisse der Kunden an die Technologieentwickler weiter
Aufklärer	Identifiziert technische Probleme und Barrieren

durch gegenseitige Unterstützung und Hilfestellung hoch, stellt sie die Basis für eine gute Zusammenarbeit dar (vgl. Holtorf 2011, S. 53–59).

In Innovationsteams lassen sich verschiedene Rollen und Verantwortlichkeiten einzelner Mitglieder definieren (s. Tab. 5.4), die aber nicht in jedem Projekt besetzt und auch nicht unbedingt durch verschiedene Personen abgedeckt sein müssen.

Im Wesentlichen ist für eine klare Abgrenzung bzw. Beschreibung der Zuständigkeiten im Team zu sorgen. Missverständnisse und mögliche Fehler können somit reduziert werden.

Der Leiter des Innovationsteams ist für die Verteilung der Aufgabenbereiche im Team verantwortlich. Ziel ist es, alle in dem Team eingebundenen Abteilungen am direkten Gedankenaustausch zu beteiligen. Das Team soll auf gleicher Hierarchiestufe handeln, damit sich alle Teammitglieder als Partner fühlen und die Verantwortung gleichmäßig verteilt ist (vgl. Verbeck 2001, S. 75). Insbesondere komplexe Aufgaben werden durch das breite Wissensspektrum in einer Gruppe schneller und einfacher gelöst. Die Innovationsteams bilden eine Plattform für eine leistungsfähige Innovationskultur bzw. Management in einem Unternehmen (vgl. Jaworski und Zurlino 2007, S. 61 f.).

KMU-Praxisbeispiel
Edeka-Markt Fellenzer
Das 1998 in Herschbach von dem Kaufmann Karl-Heinz Fellenzer gegründete Unternehmen besteht heute aus insgesamt drei Edeka-Märkten im Westerwald. Er hat es sich zur Aufgabe gemacht, seine Kunden jeden Tag aufs Neue mit einer großen Auswahl frischer und qualitativ hochwertiger Lebensmittel zu begeistern. Doch auch seine insgesamt 152 Mitarbeiter versucht Karl-Heinz Fellenzer Tag für Tag für seinen Betrieb zu begeistern. Unter anderem praktiziert er in seinem Unternehmen betriebliches Vorschlagswesen. Mitarbeiter können auf freiwilliger Basis Ideen einreichen, wie Abläufe oder Prozesse einfacher und effizienter gestaltet werden können. In regelmäßigen Arbeitskreisen/Führungskräftekreisen werden diese Ideen anschließend diskutiert. Kommt es zur Umsetzung der Idee, erhält der Mitarbeiter ein positives Feedback und darf den Prozess Schritt für Schritt mit begleiten.

Mitarbeiter haben bspw. herausgefunden, dass das Kühlmittel, welches in das Verbundsystem der Kühltheke eingefüllt wird, nach der Einfüllung sehr stark runtergekühlt werden muss. Nur so wird gewährleistet, dass das Fleisch in der Auslage die notwendige vorgeschriebene Temperatur erreicht. Eine dauerhafte Herunterkühlung des Kühlmittels auf minus 37 °C war nötig, um eine Temperatur von 4 °C in der Fleischtheke zu erzeugen. Durch diesen Vorgang stand die Maschine stetig unter starker Belastung und musste regelmäßig sehr viel Energie aufwenden.

Für die Lösung dieses Problems wurden ein Energieberater und eine Kältefirma zurate gezogen und es konnte gemeinsam eine Verbesserung erzielt werden. Das Kühlmittel musste nach dieser Maßnahme nur noch dauerhaft auf minus 21 °C heruntergekühlt werden, um eine Temperatur von 4 °C in der Fleischtheke zu erzeugen. So konnte der Energieverbrauch um ca. 30 % gesenkt werden.

Ideen werden mittlerweile regelmäßig eingereicht. Die Mitarbeiter stellen fest, dass sie mit ihrer Meinung ernst genommen werden und ein wichtiger Teil des Unternehmen sind. Die Prozesse der Umsetzung sind transparent und der Mitarbeiter hat Spaß an der Arbeit, denn jeder Schritt kann von ihm von Anfang bis Ende mitverfolgt werden.

Umgesetzte Ideen werden selbstverständlich belohnt. Vom Gutschein für ein leckeres Essen, über ein Wellnesswochenende mit dem Partner bis hin zu Geldsummen ist alles möglich. Die Incentives werden gerne angenommen, doch für viele steht Wertschätzung ihrer Ideen und damit ihrer Person an erster Stelle (vgl. www.edeka-fellenzer.de, Interview mit Herrn Fellenzer am 21.10.14).

Anhand dieses Beispiels wird der Nutzen eines Innovationsteams im Unternehmen deutlich. Sein Einsatz unterstützt eine erfolgreiche Innovationskultur, da der Innovationsprozess die Hauptaufgabe des Innovationsteams im Tagesgeschäft darstellt.

5.5 Zusammenfassung, Checkliste und Tipp

Es ist der Faktor Mensch, mit dem ein Innovationsvorhaben gelingen kann. Denn nur mit dem „Wollen" und der Motivation der Mitarbeiter können Innovationen letztendlich realisiert werden.

Die verschiedenen Rollen und Verantwortlichkeiten der einzelnen Unternehmensbereiche zeigen die Relevanz und den Einfluss aller Abteilungen und Bereiche eines Unternehmens im Innovationsmanagement. Das Innovationsmanagement ist auf die Kreativität der einzelnen Mitarbeiter angewiesen. Die Grundlage für das Innovationsmanagement ist der Innovationsprozess. Er dient als Orientierung und Leitlinie für die Durchführung eines Innovationsvorhabens.

Der Einsatz aller genannten Unternehmensbereiche ist Voraussetzung für den Erfolg und das Erreichen der Ziele eines Unternehmens. Durch das optimale Zusammenspiel einzelner Abteilungen und deren Akteure, der Verteilung von Rollen und Verantwortlichkeiten, kann ein Innovationsvorhaben erfolgreich gelingen.

Bei KMU ist aufgrund der knappen Ressourcen, Zeit, Budget und Mitarbeiter eine Projektorganisation (Innovationsteams) einer dauerhaften F&E-Abteilung vorzuziehen. Gleichwohl muss dies im Einzelfall geprüft werden.

Um eine solche Prüfung zu unterstützen, können die Fragen in Tab. 5.5 helfen.

Tab. 5.5 Checkliste zu Teams im Innovationsprozess (eigene Darstellung in Anlehnung an VDI/VDE-IT)

Checkliste: Untersuchen Sie, ob Innovationsteams in Ihrem Unternehmen sinnvoll sind	
Findet eine Teambildung im Innovationsprozess statt?	
Falls ja:	Falls nein:
Findet bei der Besetzung der Teams die Altersmischung eine Berücksichtigung?	Ist die Teambildung in der Vergangenheit erprobt worden?
Wird ein Mentorenmodell bei der Teambildung genutzt?	Welche negativen/positiven Erfahrungen gab es mit der Teambildung in der Vergangenheit?
Wer übernimmt die Koordination/Leitung des Teams? Gibt es hierfür Kriterien?	Welche Kommunikationsformen und -strategien nutzen Sie, um die Informationsweitergabe im Prozess zu gewährleisten?
Welche Kompetenzen/Aufgaben hat das Team?	Wie beurteilen Sie den Informations- und Kenntnisstand der am Innovationsprozess Beteiligten?
Wie ist das Team mit den übrigen Unternehmensbereichen vernetzt?	
Welches sind die Stärken des Teams?	
Und welche Schwächen hat das Team?	
Berücksichtigen Sie in der Zusammensetzung von Teams bzw. bei der Kooperation verschiedener Unternehmensbereiche auch unterschiedliche Altersgruppen und Disziplinen (Berufsgruppen)?	
Wird auf diese Weise der Transfer von Wissen sichergestellt?	
Gibt es für Kommunikation und Kooperationen im Innovationsprozess formalisierte regelmäßige Treffen (Statusseminare)?	
Wie hoch schätzen Sie den Anteil an informeller Kommunikation, bei der wichtige, zielführende Inhalte ausgetauscht werden?	
Wie arbeiten „Jung" und „Alt" im Innovationsprozess zusammen?	
Sehen Sie zukünftig daraus erwachsende Probleme für Ihr Unternehmen?	
Falls ja:	Falls nein:
Welches sind die Ursachen?	Werden Sie die Erfahrungen Ihrer älteren Mitarbeiter auch weiterhin bewahren und transferieren können?
Haben Sie schon Instrumente entwickelt und Maßnahmen ergriffen, um ggf. gegenzusteuern?	

Literatur

Buchquellen

Asdonk, Jupp, Udo Bredeweg, und Uli Kowol. 1993. *Innovation, Organisation und Facharbeit – Rahmenbedingungen und Perspektiven betrieblicher Technikentwicklung*. Grünwald: USP Publishing Kleine.

Bea, Franz Xaver, und Jürgen Haas. 2005. *Strategisches Management*. Stuttgart: Lucius & Lucius.

Boldt, Günther 2010. Der Innovationsmanager. In *Die frühere Innovationsphase – Methoden und Strategien für die Vorentwicklung*, Hrsg. Carsten Gundlach, Axel Glanz, Jens Gutsche Düsseldorf: Symposion Publishing.

Corsten, Hans, Ralf Gössinger, und Herfried Schneider. 2006. *Grundlagen des Innovationsmanagements*. München: Vahlen.

Disselkamp, Marcus 2012. *Innovationsmanagement – Instrumente und Methoden zur Umsetzung im Unternehmen*. Gabler, München: Springer.

Hauschildt, Jürgen, und Hans Georg Gemünden. 1999. *Promotoren-Champions der Innovation*. Wiesbaden: Gabler.

Hauschildt, Jürgen, und Sören Salomo. 2007. *Innovationsmanagement*. München: Vahlen.

Helbig, Tobias, und Andreas Mockenhaupt. 2009. *Innovationsmanagement im technischen Vertrieb*. Köln: Josef Eul, Lohmar.

Hofbauer, Günter, Rene Körner, Uwe Nikolaus, und Andreas Poost. 2008. *Marketing von Innovationen: Strategien und Mechanismen zur Durchsetzung von Innovationen*. Stuttgart: Kohlhammer.

Holtorf, Verena 2011. *Teams im Front End – Steigerung des unternehmerischen Verhaltens durch strukturierte Teams*. Wiesbaden: Gabler.

Jaberg, Helmut, und Thomas Stern. 2010. *Erfolgreiches Innovationsmanagement – Erfolgsfaktoren – Grundmuster – Fallbeispiele*. Wiesbaden: Gabler.

Jaworski, Jürgen, und Frank Zurlino. 2007. *Innovationskultur – Vom Leidensdruck zur Leidenschaft*. Frankfurt am Main: Campus.

Jung, Hans 2011. *Personalwirtschaft*. München: Oldenbourg.

Loock, Herbert 2010. Grundlagen des Innovationsmarketing. In *Marktorientierte Problemlösungen im Innovationsmarketing*, Hrsg. Hubert Steppeler Wiesbaden: Gabler.

Mentzel, Wolfgang, und Renate Neef-Creamer. 2007. Innovationsorientierte Personalentwicklung. In *Innovation möglich machen – Handbuch für effizientes Innovationsmanagement*, Hrsg. Edelbert Dold, Peter Gentsch Düsseldorf: Symposion Publishing.

Müller-Prothmann, Tobias, und Nora Dörr. 2009. *Innovationsmanagement – Strategien, Methoden und Werkzeuge für systematische Innovationsprozesse*. München: Hanser.

Neumer, Judith et al. 2012. Management des Informellen durch Entscheidungen im Arbeitsprozess. In *Innovationen durch das Management des Informellen*, Hrsg. Fritz Böhle Berlin/Heidelberg: Springer.

Schuh, Günther 2012. *Innovationsmanagement*. Berlin/Heidelberg: Springer Vieweg.

Seeger, S. 2007. Von der Informationsflut zum wirtschaftlichen Erfolg. In *Innovationsmanagement – Von der Idee zum erfolgreichen Produkt*, Hrsg. Kai Engel, Michael Nippa Heidelberg: Physica.

Vahs, Dietmar, und Alexander Brem. 2013. *Innovationsmanagement: Von der Idee zur erfolgreichen Vermarktung*. Stuttgart: Schäffer-Poeschel.

Verbeck, Alexander 2001. *Kooperative Innovation. Effizienzsteigerung durch Team-Management*. Zürich: vdf.

Zerfaß, Ansgar, und Kathrin Möslein. 2009. *Kommunikation als Erfolgsfaktor im Innovationsmanagement – Strategien im Zeitalter der Open Innovation*. Wiesbaden: Gabler.

Zeitschriften/Schriften

Hauschildt, Jürgen, und Alok Chakrabarti. 1988. Arbeitsteilung im Innovationsmanagement – Forschungsergebnisse – Kriterien und Modelle. *Zeitschrift Führung und Organisation* (6): 378–389.

Zerfaß, Ansgar, Swaran Sandhu, und Simone Huck. 2001. Innovationskommunikation – Strategisches Handlungsfeld für Corporate Communications. In *Kommunikationsmanagement (Loseblattwerk)*, Hrsg. Günter Bentele, Manfred Piwinger, Gregor Schönborn Neuwied: Luchterhand.. Ergänzungslieferung Nov. 2004, Nr. 3.30, S. 1–30

Internetquellen

BARTEC Gruppe – Das Unternehmen. http://www.bartec.de/homepage/deu/10_unternehmen/10_unternehmen/s_10_10_10.shtml. Zugegriffen: 06.02.2014.

Edeka-Markt Fellenzer. http://www.edeka-fellenzer.de. Zugegriffen: 03.11.2014.

Fraunhofer-Institut. Innovationskompetenz entwickeln. http://wiki.iao.fraunhofer.de/index.php/Innovationskompetenz_entwickeln. Zugegriffen: 30.10.2013.

GI:VE. Ausbildung zum Innovationspromotor. http://www.vertrauenskultur-innovation.de/de/ausbildung. Zugegriffen: 06.09.2014.

Innovationsmanagement.de. Innovatoren – Rollen im Innovationsprozess. http://www.innovationsmanagement.de/innovatoren/promotorenmodell.html. Zugegriffen: 30.10.2013.

Innovationsmanagement.de. Promotorenmodell. http://www.innovationsmanagement.de/innovatoren/promotorenmodell.html. Zugegriffen: 06.09.2014.

Mönnekes, Kai. Unternehmen ignorieren Probleme im Innovationsmanagement – und verspielen somit Wettbewerbsvorteile. http://www.sempora.com/fileadmin/fm-dam/Insights/Insight_VS09_S10_Innomanagement.pdf. Zugegriffen: 30.10.2013.

Müller, Axel. 2004. *Zur Strukturgenese von und Kommunikation in Innovationsnetzwerken*. http://sundoc.bibliothek.uni-halle.de/diss-online/04/04H201/t5.pdf. Zugegriffen: 6.09.2014.

PERSONALquarterly. Innovativ arbeiten. http://www.haufe.de/download/personal-quarterly-ausgabe-oktober-2011-personalquarterly-108198.pdf#page=56. Zugegriffen: 06.02.2014.

VDI/VDE-IT. Teambildung im Innovationsprozess – Leitfaden zur Selbstevaluation. http://www.mature-project.eu/materials/checklist_it.pdf. Zugegriffen: 31.10.2013.

Organisationsstrukturen

6

Zweck und Ziel der Organisation ist es, die Stärken der Menschen produktiv zu machen und ihre Schwächen unwesentlich! (Peter F. Drucker)

Rollen und Verantwortlichkeiten, wie in Kap. 5 beschrieben, reichen für ein effizientes Miteinander nicht aus. Unter Berücksichtigung alle relevanten Aspekte, wie auch funktionaler oder geografischer Abhängigkeiten, ist die Organisationsstruktur so zu gestalten, dass die prozessorientierte Wertschöpfung im Hinblick auf Innovationen optimal unterstützt wird.

Aufbauend auf diesen eher analytisch-konstruktiven Planungen gilt es, eine innovationsbegünstigende Innovationskultur zu etablieren. Dazu gehört, die Innovationstätigkeiten an der Organisationsstruktur – unter Berücksichtigung der Unternehmenskultur – auszurichten. Dabei ist zu beachten, dass die Innovationstätigkeiten nicht nur im eigenen Unternehmen stattfinden müssen, sondern durch geschickte Kooperationen mit Kunden und Partnern ausgeweitet werden können.

Die Herausforderung für KMU besteht darin, die Innovationstätigkeiten anhand von organisationaler und struktureller Veränderungen in einen regelmäßig verwertbaren, wiederkehrenden Innovationserfolg umzusetzen, ohne dabei die Flexibilität von KMU zu verlieren.

Zielsetzung des Kapitels

Ziel dieses Kapitels ist es, die grundsätzlichen Möglichkeiten zur Gestaltung einer innovationsförderlichen Unternehmensstruktur und -kultur in KMU sowie die entsprechenden Gestaltungsvoraussetzungen fundiert und praxisorientiert zu veranschaulichen. Dabei wird im Einzelnen geprüft, ob

- die Anpassung bestimmter interner struktureller Parameter,
- Kooperationspartnerschaften oder
- ein ganzheitlich zu vollziehender kultureller Wandel des Unternehmens

© Springer Fachmedien Wiesbaden 2015   213
M. Kaschny et al., *Innovationsmanagement im Mittelstand*,
DOI 10.1007/978-3-658-02545-8_6

zum erfolgreichen Innovieren beitragen können. Zudem soll aufgezeigt werden, in welchem Maße die Geschäftsführung und auch die Mitarbeiter wegweisend für die Innovationsfähigkeit sind.

6.1   Gestaltung der Unternehmensstrukturen

Eine strukturelle Gestaltung von Unternehmensstrukturen findet im Rahmen der betrieblichen Aufbau-, Ablauf- und Arbeitsorganisation statt. Organisation kann in diesem Sinne als „... System dauerhaft angelegter betrieblicher Regelungen ..." (Jung 2006, S. 259) definiert werden, „... das einen möglichst kontinuierlichen und zweckmäßigen Betriebsablauf ..." (Jung 2006, S. 259) sicherstellen soll.

Im Rahmen der Aufbauorganisation wird die Unternehmensaufgabe in Teilaufgaben zerlegt. Diese sind die Grundlage für eine sinnvolle Kombination und Gliederung aller Aufgaben im Unternehmen, mit dem Ziel, die betriebliche Gesamtaufgabe erfüllbar und zukunftssicher zu machen. Eine für das jeweilige Unternehmen sinnvolle Bündelung von Aufgaben führt zu Stellen, Gruppen, Teams, Bereichen, Abteilungen etc. So entsteht eine Aufbauorganisation, die das Gerüst bzw. die Struktur sowie die Rahmenbedingungen eines Unternehmens festlegt. Hier wird festgehalten, welche Aufgaben von welchen Menschen und Sachmitteln zu bewältigen sind. Zweck der Aufbauorganisation ist es demnach, eine sinnvolle arbeitsteilige Gliederung und Ordnung der betrieblichen Handlungsprozesse durch die Bildung und Verteilung von Aufgaben zu erreichen. Damit verbunden sind neben der Kombination zu Stellen, Abteilungen, Instanzen auch charakteristische Funktionen zur

- Zerlegung und Bündelung der Bereichs- und Mitarbeiterziele,
- Klärung und Zuweisung von Kompetenzen auf die Stellen,
- Führung und Führungsstruktur.

Die Ablauforganisation beschäftigt sich hingegen mit der Strukturierung der zur Aufgabenerfüllung erforderlichen Arbeitsvorgänge, d. h. mit der Festlegung von Arbeitsprozessen und den dabei benötigten Ressourcen. „Wie sollen die Aufgaben erfüllt werden?", ist hier die charakteristische Frage.

In der Arbeitsorganisation wird für eine betriebliche (Teil-)Struktur beschrieben, wie Mitarbeiter indirekt oder direkt zusammenarbeiten. Hierzu zählt auch die Einbindung bzw. Nutzung von Arbeitsgegenständen, Betriebsmitteln und Informationen. Die Beschreibung der Arbeitsorganisation beinhaltet die Art

- der Arbeitsaufgaben und deren Aufteilung,
- der Zusammenarbeit zwischen den Menschen,
- von Information und Kommunikation,

- der Arbeitszeit, des Entgeltsystems und
- der Führung (vgl. Grap 1992, S. 38).

Innovationen reflektieren u. a. die Art und Weise, wie ein Unternehmen auf technologische oder marktseitige Herausforderungen reagiert (vgl. Hage 1999, S. 599). Insofern stellt sich im organisatorischen Kontext die Frage, in welchem Maße die Gestaltung der innerbetrieblichen Unternehmensorganisation bzw. das Strukturkapital und die Leitungsbeziehungen mittelbar und unmittelbar Auswirkung auf eine erfolgreiche Innovationstätigkeit haben. Empfehlungen zur strukturellen Ausrichtung eines innovativen Unternehmens sind häufig zu allgemein gehalten oder auf Großunternehmen bezogen und offerieren deshalb nur selten Umsetzungspotenzial für KMU (vgl. Güttler 2009, S. 4; Vahs und Schäfer-Kunz 2005, S. 226–246).

6.1.1 KMU-spezifische Merkmale

KMU weisen häufig spezifische organisatorische bzw. strukturelle Merkmale auf, die für wirksame Innovationsprozesse förderlich sein können und die Basis für ein innovationsbegünstigendes Klima bilden. Die dabei vorzufindenden Unternehmensstrukturen und Leitungsbeziehungen werden üblicherweise als informell bzw. organisch bezeichnet und sind durch folgende strukturelle Merkmale gekennzeichnet(vgl. Becker und Ulrich 2011, S. 61):

Merkmale der Unternehmensstrukturen und Leitungsbeziehungen von KMU

- Geringe Mitarbeiteranzahl und einfache Organisationsstruktur
- Wenige funktionale – anstelle divisionaler – Unternehmenseinheiten
- Verrichtungsorientierte Gliederung in Geschäftsbereichen
- Einlinienorganisation
- Flache Hierarchien bzw. geringe Leitungstiefe
- Geringer Formalisierungsgrad
- Flexible und dynamische Strukturen
- Indirekte Kontrollmechanismen und wenige Richtlinien
- Geringes Maß an Regulierung und Bürokratie
- Geringe Arbeitsteilung bzw. Spezialisierung und komplexe Aufgabengebiete
- Konzentrierte Verantwortung beim Inhaber

Die geschilderten allgemeinen aufbauorganisatorischen Merkmale von KMU versprechen sowohl allgemeine als auch innovationsspezifische Vor- und Nachteile (s. Tab. 6.1).

Tab. 6.1 Vor- und Nachteile KMU-spezifischer Aufbauformen (eigene Darstellung in Anlehnung an Becker und Ulrich 2011, S. 65 f., S. 91)

Vorteile	Nachteile
Übersichtliche Eigentümerstruktur	Flexibilität bedeutet Verlust der organisatorischen Effizienz durch z. T. diffuse Unternehmensstrukturen
Höhere Anpassungsgeschwindigkeit an interne und externe Gegebenheiten	Dadurch geringere Wertschöpfung durch sinkende Arbeitsproduktivität
Geringerer Koordinationsaufwand	Überlastung des Personals und der Geschäftsführung durch Mangel an Delegationsmöglichkeiten
Niedrige unternehmensfixe Kosten	Häufige Notwendigkeit von Improvisationen und intuitiven Entscheidungen
Schnelle und pragmatische Kommunikations- und Informationswege	Fehlende Kompetenz und Kapazitäten zur Gestaltung der Aufbauorganisation
Kurze und einfache Entscheidungswege	Verhinderung neuer Strukturen durch Ressourcenknappheit
Flexible und kundenzentrierte Prozesse	Häufig keine eigene F&E-Abteilung
Größere Entscheidungsspielräume	Keine eindeutigen Zuständigkeiten für Innovationen
Mehr Freiraum für Experimente	Hohe Aufwendungen für F&E-Aktivitäten im Verhältnis zu den daraus generierten Umsätzen
Vereinfachte Kommunikation von Ideen gegenüber Entscheidungsträgern	Zu geringer Spezialisierungsgrad
Kurzere Innovationszyklen	Geringe Anzahl an Projekten bergen höhere Risiken
Einfache Implementierung von Kundenwünschen in neue Produkte	

Besonders die damit verbundene strukturelle Flexibilität und Entscheidungsdynamik wirken sich positiv auf Innovationsprozesse aus. Durch die flache Organisationsstruktur mit kurzen Entscheidungswegen, direkter Kommunikation zwischen Mitarbeitern und der Geschäftsleitung werden Prozesse bzw. Entscheidungen oftmals schneller umgesetzt. Zudem können sich KMU durch einen geringen Formalisierungsgrad und flache Hierarchieebenen schnell an Veränderungen im Unternehmens- und Marktumfeld anpassen.

Dem gegenüber stehen jedoch meist geringe finanzielle sowie personelle Ressourcen, fehlende strategische Planung sowie eine suboptimale Projektplanung und -steuerung. Diese Sachverhalte stellen eine Hürde bei risikobehafteten Innovationsprojekten dar.

Ein rasches organisationales Wachstum von KMU führt oftmals dazu, dass diese mit ähnlichen Problemen wie große Unternehmen konfrontiert werden, beispielsweise mit stetig zunehmenden starren und bürokratischen Strukturen (vgl. Andreae 2008). Diesem Wachstums- und „organisationsstrukturbezogenem Dilemma" (Güttler 2009, S. VII) sollte, wenn möglich, durch eine frühzeitige Anpassung der Unternehmensstruktur entgegengewirkt werden.

6.1.2 Organisatorische Voraussetzungen für Innovationen

Um Innovationen zu generieren, zu konkretisieren, zu realisieren und erfolgreich am Markt zu platzieren, werden personelle Ressourcen und (Arbeits-)Zeit benötigt. Damit diese bei Bedarf auch wirklich verfügbar sein können, sollten entsprechende organisatorische Voraussetzungen existieren.

Ist ein Unternehmen beispielsweise durch nachhaltige innovatorische Tätigkeiten auf ein stetiges, rasches Wachstum ausgerichtet, sollte es nicht passieren, dass „plötzlich" aufbauorganisatorische Fragestellungen („Wie organisieren wir den neuen asiatischen Markt?", o. Ä) zu klären und zu entscheiden sind. Vielmehr sollten rechtzeitig und systematisch entsprechende Veränderungsprozesse vorbereitet werden. Aufbauorganisatorisch wird in diesem Zusammenhang oftmals von einer vorbereiteten Flexibilität zur Erweiterung gesprochen. Diese „Built-in-Flexibilität" ermöglicht eine schnellere organisatorische Anpassung, die durch Innovationen oder andere kritische Ereignisse erforderlich werden kann (vgl. Kaluza und Blecker 2005, S. 32 f.). Eine wandelfähige bzw. organische, aber dennoch formale Organisationsstruktur kann so im Hinblick auf Unternehmenswachstum und Internationalisierung hilfreich sein (vgl. Güttler 2009, S. 5 f.).

Bei größeren KMU, die national sowie international bereits an mehreren Standorten mit eigenen und/oder zugekauften Niederlassungen bzw. Partnerfirmen agieren, haben sich im Sinne der vorbereiteten Built-in-Flexibilität u. a. unternehmensstrukturelle Veränderungen hin zu verrichtungs- bzw. prozessorientierten Business Units als förderlich erwiesen. So wurde bei einem weltweit operierenden, mittelständischen Baumaschinenhersteller erfolgreich eine Unternehmensgliederung in spezifische Entwicklungs-, Produktions-, Logistik- und Vertriebsgesellschaften vorgenommen.

Gerade bei kleineren Unternehmen bieten sich im Kontext von Produkt- und/oder Dienstleistungs- bzw. Prozessinnovationen oftmals temporäre projektorientierte Strukturen an, die anschließend in eine Linienfunktion transferiert werden können. Als Beispiel kann hier eine auf die Erzeugung und den Vertrieb von (klassischen) Endlosdruckprodukten ausgerichtete Firma in Rheinland-Pfalz mit 80 Mitarbeitern genannt werden. Auf spezielle Kundenanfragen nach neuartigen Produkten (fälschungssichere Eintrittskarten etc.), die u. a. hochinnovative Herstellungsprozesse erforderten, wurden zunächst aus den existierenden Bereichen Design, Druckvorstufe, Druck und Qualitätssicherung Mitarbeiter zu entwicklungsbezogenen Projektteams zusammengeführt. Diese Innovationsteams entwickelten und erprobten die notwendigen Prozesse bis zur Produkt- und Serienreife. Nach erfolgreicher Umsetzung und entsprechendem Markterfolg wurden die Teams jeweils als produkt- und vertriebsverantwortliche neue Bereiche im Unternehmen verankert.

Auch eine verstärkte Ausrichtung auf standardisierte und modularisierte Produktpro-
gramme oder Dienstleistungsportfolios kann für eine innovationsförderliche Organisationsstruktur dienlich sein. Kundenindividuelle Wünsche werden durch dieses „Baukasten-
prinzip" kostengünstig erfüllbar, ohne dabei Standardisierungsvorteile wie Effizienz und
Zuverlässigkeit aufgeben zu müssen.

Klare Aufgabenverteilung und -verantwortung

Zur effizienten Steuerung aller Unternehmenseinheiten sollte eine permanente Aufgaben-
analyse, -abgrenzung und -gliederung vorgenommen werden (vgl. Weuster 2010, S. 47).
Damit ist es der Unternehmensleitung möglich, Aufgaben und Zuständigkeiten ggf. anzupassen, gänzlich neu zu delegieren und zu kommunizieren.

Auch KMU sollten diesen Prozess kontinuierlich durchlaufen und über das Aufstellen neuer temporärer oder multidisziplinärer Projektteams, Abteilungen oder Sparten mit
den dazugehörigen neuen Leitungsaufgaben und -befugnissen befinden (vgl. Cooper und
Kleinschmidt 1986). Nur so können alle Mitarbeiter dauerhaft entlastet und mit der rei-
bungslosen Umsetzung von innovativen Projekten betraut werden (vgl. Siemens AG 2010,
S. 13). Außerdem kann sich der Inhaber bzw. Geschäftsführer so aus dem operativen
Geschäft zurückziehen und sich vermehrt koordinativen und kontrollierenden Aufgaben
widmen. Dies ist gerade in Bezug auf die Innovationstätigkeit hilfreich (vgl. Hutzschenreuter 2009, S. 185–214).

Standardisierung von Arbeitsabläufen

Das Stichwort lautet hier Qualitäts- und Prozessmanagement. Die meisten KMU haben
heute ein zertifiziertes Qualitätsmanagementsystem (vgl. Bayerisches Staatsministerium
für Wirtschaft, Infrastruktur, Verkehr und Technologie 2012, S. 8 f., 16 f.), beispielsweise
nach der DIN EN ISO 9001, o. Ä. Grundsätzlich sollten darin auch alle unternehmens-
relevanten „Kern-, Stütz- und Führungsprozesse" verbindlich beschrieben und mit entsprechenden Verantwortlichkeiten versehen sein. Nachweise, dass die Prozesse auch wie
vorgegeben ausgeführt werden, sollten entsprechende Qualitätsaufzeichnungen dokumentieren. Derartige Systemmodelle, wie die DIN EN ISO 9001, sind allerdings weitgehend
auf ein Unternehmen bzw. die ordnungsgemäße, quasistatische Abwicklung der existierenden Prozesse ausgerichtet. Neue Innovationsprojekte sollten nicht starr nach einem
detailliert vorgegebenen Prozess – bspw. streng nach DIN 9001 – ablaufen. Hierdurch
würde das Innovieren selbst eingeschränkt. Wichtig ist nur, dass „irgendwie" die erwün-
schen Ziele erreicht werden. Gerade hier hat sich gezeigt, dass ein Management aller, auch
mit Veränderungen beschäftigter Maßnahmen im Sinne von einfachen, aber definierten
Prozessen mit vereinbarten Zielgrößen und einer entsprechenden Rückkopplung sehr sinnvoll ist. Vereinfacht ausgedrückt, stellt die Erweiterung eines vorhandenen, eher formalen
Qualitätsmanagements hin zu einem auch auf innovatorische Aktivitäten ausgerichteten
Prozessmanagement eine wichtige Voraussetzung für ein effizientes Innovationsmanagement dar.

Langjährige Erfahrungen der Autoren haben gezeigt, dass gerade bei kleineren KMU ein konkreter Schritt in Richtung Identifizieren, Planen und Steuern von Projekten, verbunden mit entsprechenden Regelungen zu projektbezogenen Rollen und Verantwortlichkeiten, sehr hilfreich ist.

Gelingt es, über die Gestaltung und Optimierung aller relevanter Geschäftsprozesse (Ablauforganisation) auch die Strukturierung der Aufbauorganisation hin zu einem prozessgesteuerten Unternehmen entsprechend anzupassen, können auch ggf. existierende Wettbewerbsnachteile gegenüber vergleichbaren Großunternehmen teilweise signifikant verringert werden (vgl. Godbersen 2011).

Aufbau und Verstetigung des Ideen- und Wissensmanagements

In Klein- und Kleinstunternehmen werden innovative Ideen und/oder dazu ggf. notwendiges Expertenwissen von den jeweiligen Mitarbeitern oftmals kaum hinreichend dokumentiert, strukturiert, zentral gesammelt und gespeichert. Dieses Wissen und Wissenspotenzial ist somit an einzelne Personen gebunden und liegt i. d. R. nur implizit („in den Köpfen der Einzelnen") vor. Bei größeren, an mehreren Standorten verteilt agierenden Unternehmen kommt es nicht selten vor, dass innovative Ideen an einem (und für diesen) Standort entwickelt werden. Diese könnten ggf. an anderen Standorten unmittelbar auch hilfreich verwendet werden. Als Beispiel ist hier ein europaweit tätiges Handelsunternehmen mit zahlreichen kleineren und größeren Vertriebsniederlassungen in der EU zu nennen. In den Niederlanden wurde zur Optimierung von internen Prozessen eine intelligente, innovative Lösung im Umgang mit Druckservices entwickelt; die Vertriebsniederlassung in Frankreich wusste dies gar nicht und tätigte eine (teure) externe Ausschreibung zur Lösungsfindung, was letztlich im Gesamtunternehmen sogar zu zwei unterschiedlichen Systemen führte. Eine organisatorische Regelung, nach der zukünftig alle vergleichbaren Ideen in allen Niederlassungen des Unternehmens in einem einfachen webbasierten Tool zu verwalten sind (inkl. Bewertung, Auswahl und Umsetzung dieser Ideen bis hin zu Erfahrungen mit den jeweiligen Lösungen), hat hier in kurzer Zeit mit vergleichsweise geringem Aufwand vielfältige positive Wirkungen gerade auch im Hinblick auf die Innovationskultur gebracht.

Es empfiehlt sich also allgemein, entsprechende feste Verfahren und Handlungsanweisungen im Unternehmen aufzubauen (vgl. Lehner und Wildner 2009, S. 211). Durch die Einführung eines betrieblichen Vorschlagswesens bzw. eines institutionalisierten Ideenmanagements können Mitarbeiter die Ideengenerierung sowie -umsetzung mithilfe eines formalen Prozesses nachhaltig sicherstellen (vgl. Jung 2006, S. 1004 ff.).

Über die organisatorische Implementierung eines Ideenmanagements hinaus haben mehr und mehr KMU die Relevanz eines konkreten betrieblichen Wissensmanagements auch und gerade zur Schaffung einer wirksamen (ablauf-)organisatorischen Voraussetzung für eine verbesserte Innovationsfähigkeit verstanden (siehe hierzu auch Abschn. 8.2). Vorhandenes oder neu entwickeltes Wissen ist für die Generierung von Innovationen bzw. für das Lösen zukünftiger problematischer Situationen sowie für das individuelle und organisationale Lernverhalten unabdingbar (vgl. Lehner und Wildner 2009, S. 209). Es

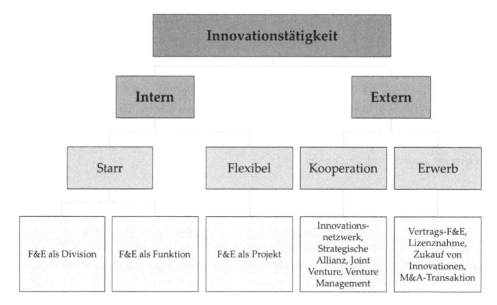

Abb. 6.1 Integrationsmöglichkeiten der Innovationstätigkeit (eigene Darstellung in Anlehnung an Vahs und Brem 2013, S. 146)

lassen sich organisatorische und technische Voraussetzungen schaffen, um entsprechend wichtige Erfahrungsdaten, Fakten und Hinweise in einfacher Form (Wikis, Medienserver im Sinne eines Company Tube, Blogs u. v. m) in einer geeigneten Wissensdatenbasis für das jeweilige Unternehmen zu speichern und anzubieten. Insbesondere im Kontext des Innovationsmanagements hat sich hier die Einführung und Nutzung von intranetbasierten Portalen zur Information über aktuelle F&E-Projekte und zur Bewertung und Selektion von neuen Ideen oder neuartigen Lösungsansätzen als sehr sinnvoll erwiesen, weil die Webbrowser-Applikation eine intuitive Bedienbarkeit und hohe Benutzerfreundlichkeit aufweist (vgl. Komus und Wauch 2008, S. 167).

Aus KMU-Perspektive können kritische Faktoren, wie der evtl. hohe Ressourceneinsatz sowie der problematische Datenschutz, genannt werden (vgl. Holl et al. 2006, S. 166 f.).

Implementierung der Innovationstätigkeit
Die dargestellten aufbau- und ablauforganisatorischen Aspekte machen deutlich, dass diese einen wesentlichen Einfluss auf eine wirksame Gestaltung des Innovationsmanagements im Unternehmen besitzen. Es stellt sich allerdings auch die Frage, inwiefern die eigentliche Innovationstätigkeit innerhalb der eigenen Organisationsstruktur berücksichtigt werden soll oder ob hier bevorzugt oder ausschließlich externes Wissen herangezogen wird. Die grundsätzlichen Optionen sind vereinfacht in Abb. 6.1 dargestellt und werden später noch ausführlich erläutert.

Aufgrund des technischen, branchen- und kundenspezifischen Know-hows, das in der Regel bei den Geschäftsführern von KMU gebündelt vorliegt, nehmen diese bereits im Rahmen der Unternehmensgründung die Rolle des Innovators ein. Diese Rolle bekleiden sie meist auch im weiteren Geschäftsverlauf, wobei es wichtig ist, diese nicht alleinig innezuhaben, sondern sinnvolle personelle Ausweitungen bzw. Verlagerungen der Innovationstätigkeiten zu organisieren. Dabei ist die Abwicklung einerseits mittels divisional oder funktional strukturierter Unternehmenseinheiten und Stelleninhaber, andererseits durch die Bildung firmenübergreifender Projektteams, sinnvoll (vgl. Vahs und Brem 2013, S. 160 ff.).

Gerade bei der Option der projektorientierten Innovationsteams ist für deren praktische Wirksamkeit darauf zu achten, dass für die einzelnen Mitarbeiter auch ein hinreichender Arbeitszeitanteil für die Ideengenerierung und -realisierung eingeräumt werden sollte und dies nicht von ihnen „on top" erwartet wird. Realistische Größenordnungen liegen meist zwischen 10 und 20 % der Regelarbeitszeit (vgl. Vahs und Brem 2013, S. 79). Sind gar keine oder nicht hinreichend entsprechende Ressourcen bzw. Kapazitäten vorhanden, sollte alternativ – oder ergänzend – über die Möglichkeit nachgedacht werden, durch externe Formen der Forschung und Entwicklung, z. B. Kooperationen mit Hochschulen oder durch Zukäufe von Technologien, neuartiges Wissen in das Unternehmen zu integrieren (vgl. Dömötör 2011, S. 13 f.).

Sich z. T. selbst organisierende, virtuelle F&E-Netzwerke im Rahmen des geöffneten Innovationsprozesses (Open Innovation) gelten für Unternehmen dann als nützlich, wenn die Innovationstätigkeit mithilfe von Kunden vorangetrieben und durch Unternehmensziele und -standards in autark agierenden Foren und Communitys koordiniert, aber nicht in die Unternehmensorganisation eingegliedert werden sollen (vgl. Schulz 2009, S. 75). Der daraus resultierende geringere Integrationsaufwand bedeutet sowohl monetäre wie auch zeitliche Ersparnisse, eine geringe Bindung von Ressourcen und Kapazitäten und fortwährend simple Unternehmensstrukturen (vgl. Vollmann et al. 2012, S. 19 f.).

6.2   Etablierung einer Innovationsbegünstigenden Unternehmenskultur

▶ „Innovation ist nicht nur ein technischer Vorgang, sondern vor allem ein sozialer, der von Menschen, ihrem Antrieb, ihrer Führung und der herrschenden Unternehmenskultur (wie geht man miteinander um!) geprägt ist (…)" (vgl. Stern und Jaberg 2010, S. V. (Geleitwort)).

Dieses Zitat unterstreicht die Bedeutung der menschlichen bzw. sozialen Komponenten im Innovationsmanagement (vgl. Wahren 2004, S. 14), bei denen es darum geht, ein stimmiges Beziehungsgefüge zwischen dem Unternehmen und den Beteiligten sicherzustellen (vgl. Higgins und Wiese 1996, S. 12).

Tab. 6.2 Kulturelle Merkmale von KMU (eigene Darstellung in Anlehnung an Vahs und Brem 2013, S. 214)

Innovationsbegünstigende Merkmale	Innovationshemmende Merkmale
Ausgeprägtes Verantwortungsbewusstsein für Beschäftige und regionales Umfeld durch die Geschäftsführung	Feste Verankerung von traditionellen und familiären Wertvorstellungen
Hohe Akzeptanz der Unternehmensleitung („Heldentum")	Eigenwilliger, patriarchalischer bis autoritärer Führungsstil
Expertise und Erfahrungen zu speziellen Nischenmärkten	Geringe Veränderungsbereitschaft
Geringe Fluktuation aufgrund von gewachsenen sozialen Beziehungen und Loyalität zwischen GF und Mitarbeiter	Fehlende strategische Klarheit
Starke Mitarbeiter- und Kundenbindung	Starke Weisungsgebundenheit der Mitarbeiter
Geringer Kontrollaufwand aufgrund routinierter Arbeitsabläufe	Unzureichende Ausschöpfung von Mitarbeiterpotenzialen
Umsichtige Allokation von Ressourcen	
Hohe Akzeptanz von Werten	
Kaum Subkulturen	

Vielfältige empirische Untersuchungen zeigen, dass und wie die Unternehmenskultur in KMU einen starken Einfluss auf das Verhalten der Mitarbeiter und letztlich auf die Realisierung der Unternehmensziele hat (vgl. Hutzschenreuter 2009, S. 191). Der Begriff der Unternehmenskultur an sich wird dabei im Allgemeinen verstanden als „Grundgesamtheit gemeinsamer Werte, Normen und Einstellungen, welche die Entscheidungen, die Handlungen und das Verhalten der Organisationsmitglieder prägen" (Gabler Wirtschaftslexikon).

Wie bewusst gehen nun KMU mit dieser Erkenntnis insbesondere im Hinblick auf eine gezielte innovationsförderliche Gestaltung bzw. Entwicklung entsprechender unternehmenskultureller Komponenten um? Eine bundesweite Umfrage des DIHK zeigte 2010, dass bei drei Viertel der befragten kleinen und mittleren Betriebe keine explizit formulierte und gelebte Innovationskultur existiert (vgl. Deutscher Industrie- und Handelskammertag e. V 2011, S. 14). Ohne in eine wissenschaftstheoretische Debatte um die systemischen Faktoren, deren Beschreibung und die Abgrenzung einer Unternehmenskultur von der Innovationskultur einzusteigen, lassen sich in der Fachliteratur immer wieder kulturrelevante Merkmale (s. Tab. 6.2) erkennen, die in der Praxis von KMU mit innovationsförderlich und innovationshemmend in Verbindung gebracht werden.

Gerade die rechte Spalte in der Tab. 6.2 deutet darauf hin, dass im Bereich der Unternehmenskultur bei KMU zum Teil erheblicher Handlungsbedarf für die erfolgreiche Implementierung einer Innovationsorientierung existiert. Bei einer Veränderung unternehmenskultureller Gegebenheiten bedarf es in erster Linie einer entsprechend motivierten Unternehmensleitung, die selbst bereit ist, von ihren vergangenheitsorientierten Traditionen, Normen oder Werten (z. B. hoher Machtanspruch, stark hierarchisches Denken) abzurücken, um neue innovationsförderliche Werte (z. B. Information und Beteiligung der Mitarbeiter) ins Unternehmen einzubetten (vgl. Sattes et al. 1998, S. 118 ff.). Auch ist es ratsam, über das Unternehmen hinausreichende Netzwerke aufzubauen, in dem Meinungsführer bzw. Interessenvertreter und Führungspersönlichkeiten sowie Mitarbeiter die Impulse für den Wandel geben (vgl. Jones 2003, S. 135 f.).

Im Folgenden werden wesentliche Erfolgsfaktoren für einen innovationsförderlichen kulturellen Wandel in KMU aufgezeigt. Dabei wird zunächst auf die Unternehmenswerte als Basis jeglichen unternehmerischen Handelns eingegangen, bevor im nächsten Schritt die Rolle der aktiven Entscheidungsträger und Gestalter betrachtet wird.

6.2.1 Unternehmenswerte

Um im Kontext charakteristischer kulturbildender Elemente Werte als solche einordnen und verstehen zu können, ist es sinnvoll, diese kulturellen Elemente allgemein zu definieren und zu gliedern. Es handelt sich dabei um (vgl. Vahs und Brem 2013, S. 193):

- Interpretationsbedürftige, sichtbare Artefakte in Form von Technologien und sicht- und hörbaren Verhaltensmustern wie Ritualen, Sitten sowie Umgangsformen,
- teilweise sichtbare, nicht zwangsläufig fixierte oder unbewusst wahrgenommene Normen und Werte bez. Ge- und Verboten, Ideologien und Verhaltenskodizes,
- unsichtbare und nicht wahrnehmbare Grundannahmen oder Vorstellungen zur Realität, zum sozialen Beziehungsgefüge und zu den Grundzügen des Menschen und seiner Handlungen.

In Anlehnung an diese Aufzählung ist eine Unternehmenskultur nur dann sinnvoll, wenn Mitarbeiter keine permanenten Reibungspunkte mit diesen kulturellen Elementen – besonders mit den Artefakten und Werten – verspüren, sondern sich mit ihnen identifizieren, danach arbeiten bzw. „leben" oder sie gemeinsam weiterentwickeln (vgl. Hutzschenreuter 2009, S. 202). Speziell in kleinen Unternehmen ist dies zu beobachten (vgl. Staiger 2008, S. 123). Mit einer hohen Akzeptanz der vorgegebenen Werte erfolgt eine Sozialisierung sowie Steuerung des Verhaltens der Mitarbeiter langfristig (vgl. Hutzschenreuter 2009, S. 191). Untersuchungen bestätigen, dass eine gemeinsame Definition und Umsetzung von Werten sowie ein gewisses Maß an Empathie als innovationsbegünstigend bewertet werden kann (vgl. Higgins und Wiese 1996, S. 12).

In einem vom Zentrum für Wirtschaftsethik (ZfW) konzipierten Wertemanagementsystem werden folgende wesentliche Werte, die in Unternehmen praxisrelevant sind, zusammengefasst (vgl. Zentrum für Wirtschaftsethik gGmbH 2012, S. 6):

- Moralische Werte (z. B. Integrität, Fairness, Ehrlichkeit, Vertragstreue, Verantwortung),

- Kooperationswerte (z. B. Loyalität, Teamgeist, Konfliktfähigkeit, Offenheit),
- Leistungswerte (z. B. Nutzen, Kompetenz, Leistungsbereitschaft, Flexibilität, Kreativität, Innovationsorientierung, Qualität),
- Kommunikationswerte (z. B. Achtung, Zugehörigkeit, Offenheit, Transparenz, Verständigung).

Viele dieser allgemeingültigen, positiv konnotierten Werte wie Offenheit, Kreativität und Verantwortung drücken sich in unterschiedlichen wahrnehmbaren Subkulturen eines Unternehmens, wie der Kundenorientierungs-, Benchmark-, Streit- und Konfliktkultur etc., aus.

Kundenorientierungskultur und Einbeziehung externer Zielgruppen
Auch wenn sich der oben genannten Definition zufolge Unternehmenskultur vordergründig auf interne Unternehmensbereiche bezieht, so zeigen Erfahrungen, dass in einem Change-Prozess insbesondere auch die Belange externer Ziel- und Anspruchsgruppen, wie die von Kunden oder Partnerunternehmen, mit einbezogen werden sollten (vgl. Thom und Müller 2006, S. 254). Gerade bei KMU besteht ein enger Zusammenhang zwischen einer ausgeprägten Kundenorientierung und dem Innovationserfolg. Die explizite Erwähnung von Kunden, Partnern, Lieferanten etc. darf daher heute in formulierten Aussagen und auch im inneren Selbstverständnis zu einer modernen Unternehmenskultur kaum noch fehlen (vgl. Mugler 1999, S. 28). Sowohl Kunden als auch Lieferanten sind wichtige Treiber für Innovationen. So geben Kunden durch ihre Aufträge den Anstoß für Innovationen und die Lieferanten liefern Anregungen zur Umsetzung.

Benchmark-Kultur
Das Unternehmen orientiert sich an den besten Konkurrenten. Das Ziel dabei ist, die eigenen Stärken und Schwächen qualitativ und nach Möglichkeit auch quantitativ einzuschätzen sowie neue Ideen für den eigenen Bereich zu generieren und adaptieren (vgl. Ringlstetter 2006, S. 257; Frey et al. 2005, S. 6).

Fehler- und Problemlösungskultur
Sowohl bei der Fehlerkultur als auch bei der Problemlösungskultur werden Fehler bzw. Probleme als Herausforderungen und Chancen angesehen, die u. a. Innovationspotenziale aufzeigen (vgl. Badura et al. 2009, S. 133; Ringlstetter 2006, S. 259).

Streit- und Konfliktkultur
Auch Konflikte und Interessenkollisionen können eine Quelle für Innovationen darstellen. In der Regel sind Innovationen latent mit Konflikten verbunden, da Bestehendes infrage gestellt wird. Wichtig dabei ist nicht der Konflikt selbst, sondern die Art, wie damit umgegangen wird. Durch die konstruktive Streit- und Konfliktkultur sollen neu entwickelte Ideen als eine Chance angesehen werden (vgl. Frey et al. 2005, S. 6 ff.).

Fantasie- und Kreativitätskultur
Fantasie, Querdenken und Kreativität sind gewollt und gefragt. Hierbei muss die Flexibilität im Denken und Verhalten von der Führungskraft zugelassen, gefördert und provoziert werden, um ein schöpferisches Chaos zu ermöglichen, welches zu Innovationsprozessen führt (vgl. Frey et al. 2005, S. 9).

Team- und Synergiekultur
Voraussetzung für Spitzenleistungen sind heterogene Talente in Teams, die synergetisch zusammenarbeiten. Letztendlich steht fest, dass die Teamzusammensetzung wesentlich für eine Innovationskultur ist und ihr mehr Beachtung geschenkt werden sollte (vgl. Frey et al. 2007, S. 329).

Implementierungskultur
Eine Implementierungskultur ist dafür da, Veränderungen und Innovationen zu implementieren. Sie beinhaltet klare Strukturen und Prozesse zur Ideenumsetzung und anschließender Bewertung (vgl. Frey et al. 2006, S. 26).

KMU-Praxisbeispiel
Werte der Novadex GmbH
Die Firma Novadex hat ihren Sitz in Bietigheim-Bissingen in Baden-Württemberg und ist ein junges Gründerunternehmen, das Software im Bereich Cloud Computing für Unternehmen der IT-Branche anbietet (vgl. Novadex GmbH). Das kleine Unternehmen mit derzeit ca. 50 Mitarbeitern versucht durch die Integration der folgenden Werte ihre Innovationstätigkeit hervorzuheben (vgl. Novadex GmbH):

Professionalität, offene Kommunikation und Respekt – dafür steht Novadex.

Professionalität, offene Kommunikation und Respekt gegenüber unseren Kunden und im Team sind unsere Werte. Innovation, Erfahrung und Kompetenz bestimmen unser Handeln. Damit sind wir gegenüber Kunden und im Team verlässliche und ehrliche Partner.
Sachkompetent und kundenorientiert
Wir entwickeln innovative und intelligente Lösungen für die Erstellung von Druckgütern und Mailings. In diesem Bereich, aber auch im Geschäftsaufbau, verfügen wir über langjährige Erfahrung und das entsprechende Know-how. Mit uns haben Sie einen professionellen und zuverlässigen Partner an Ihrer Seite, der mit Kompetenz überzeugt und seine Leistungen an Ihre individuellen Bedürfnisse anpasst. Erfolgreiche Kundenbeziehungen und Partnerschaften sind für uns Richtschnur und Motivation."

Nicht nur dieses Beispiel zeigt, dass Werte in KMU durch unternehmerisches Handeln zum Ausdruck gebracht werden sollten (vgl. Staiger 2008, S. 121). Auf diesem Wege kommt ihre Einzigartigkeit besser zum Ausdruck. Zudem werden sie so tief greifender im Betrieb integriert.

Als Voraussetzung für die Einleitung eines Wertewandels gilt es zunächst, eine Bestandsaufnahme der im Unternehmen gelebten kulturellen Elemente durchzuführen. Eine solche qualifizierte Bestandsaufnahme gestaltet sich i. d. R. durchaus als schwierig und lässt sich nicht nur durch die Geschäftsführung allein oder durch externe Unternehmensberatungen vollziehen. Vielmehr ist hier auch ein gemeinsames Reflektieren notwendig, z. B. durch offene Dialoge oder regelmäßige anonymisierte Mitarbeiterbefragungen (vgl. Vahs und Brem 2013, S. 217 f.). Als weiteres Analyseinstrument sind standardisierte Verfahren in Form von kulturell ausgerichteten Audits denkbar, die Werte und Normen transparent machen (vgl. Zentrum für Wirtschaftsethik gGmbH 2012, S. 6).

Mit der Konkretisierung und Verstetigung von zukünftig gewollten Normen und Werten als Teile der Unternehmensphilosophie bzw. des entsprechenden Leitbildes soll es allen Organisationsmitgliedern ermöglicht werden, diese bewusst, willentlich, aktiv und konsequent zu verfolgen. Nur so kann ein Verständnis für andere Kollegen oder Abteilungen und deren Arbeitsweisen und Entscheidungen erreicht werden. Jedoch bedarf es einer konsequenten Überwachung zur Einhaltung dieser Wertvorstellungen und ggf. erneuten Anpassung, was der Unternehmensleitung obliegt (vgl. Hutzschenreuter 2009, S. 202). Dazu dient beispielsweise der Abgleich der gelebten Werte (Unternehmenskultur) mit der Unternehmensphilosophie oder dem -leitbild.

6.2.2 Unternehmensphilosophie und -leitbild

Eine Unternehmensphilosophie wird häufig mit den Unternehmensgrundsätzen bzw. -prinzipien gleichgesetzt (vgl. Macharzina und Wolf 2008, S. 229). Sie drückt das Selbstverständnis einer Organisation aus, indem sie den Unternehmenszweck und „die Beiträge der Unternehmung zur Lösung gesellschaftlicher Probleme" (vgl. Steiner 1994 S. 93) zum Ausdruck bringt und damit interne und externe Adressaten anspricht (vgl. Hauff et al. 2012, S. 30). Die Unternehmensphilosophie bildet den kulturellen Kern eines Unternehmens anhand vorherrschender, zumindest angestrebter oder postulierter Werte und Normen ab (vgl. Hecker 2012, S. 175). Im Gegensatz zur Unternehmenskultur, die sich letztlich im Verhalten von Individuen und Gruppen widerspiegelt, wird in einer Unternehmensphilosophie die Einstellung zu grundlegenden Zielen und Anspruchsgruppen ausgedrückt (vgl. Bibliographisches Institut).

In Bezug auf die Innovationsorientierung eines Unternehmens sollte die Unternehmensphilosophie Einstellungen zur Offenheit für Neues, Fehlertoleranz, Erfindergeist sowie „Intrapreneurship" beinhalten (vgl. Guldin 2012, S. 230). Eine allgemein gehaltene Formulierung des Selbstverständnisses gilt dabei für die Innovationsfähigkeit zuträglicher als eine zu produkt- oder servicespezifische Sichtweise (vgl. Stern und Jaberg 2010, S. 30 f.).

Unternehmensphilosophie der MPDV Mikrolab GmbH

„Mit mehr als 35 Jahren Erfahrung im Fertigungsumfeld zählt die MPDV Mikrolab GmbH zu den führenden Lösungsanbietern von Manufacturing Execution Systems (MES). Qualifizierte, motivierte Mitarbeiter arbeiten bei MPDV und den Tochtergesellschaften weltweit an elf Standorten in Deutschland, Frankreich, der Schweiz, Singapur, China und den USA. Über ein Partnernetzwerk ist MPDV in weiteren Regionen präsent. Von der MES-Kompetenz der mehr als 205 Mitarbeiter profitieren heute etwa 750 Unternehmen aller Größen und Branchen" (vgl. MPDV Mikrolab GmbH). Auch dieses Unternehmen wurde unter die Top 100 der „Innovatoren 2013" gewählt.

Die Unternehmensphilosophie der MPDV Mikrolab GmbH lautet wie folgt (vgl. MPDV Mikrolab GmbH):

Die konsequente Orientierung an den Bedürfnissen unserer Kunden, den Anforderungen des Marktes und die permanente Produktinnovation bestimmen unser Denken und Handeln. Für den Erfolg unserer Kunden planen und entwickeln wir zukunftsweisende, innovative Systemlösungen auf dem neuesten Stand der Technik. Basierend auf einer leicht zu konfigurierenden Standardsoftware, ergänzt durch einfach zu integrierende Anpassungen und ein umfangreiches Dienstleistungspaket realisieren wir erfolgreich Projekte und schaffen Investitionssicherheit.

Als Lösungsanbieter erbringen wir den Beweis, dass wir unsere Kernprozesse beherrschen und über eine Organisation verfügen, die Konstanz und gleichbleibende Qualität in allen Bereichen gewährleistet. So haben wir unsere Geschäftsprozesse nach der Norm DIN EN ISO 9001 zertifizieren lassen. Qualität nehmen wir wörtlich bei allem, was wir planen, entwickeln, produzieren und bei allen Projekten, die wir realisieren!

Um den Stakeholdern die Grundsätze bzw. Missionen und die Vision eines Unternehmens zu veranschaulichen, wird in der Regel ein umfangreiches, gegenwartsbezogenes Unternehmensleitbild schriftlich ausgearbeitet und offen dargelegt (vgl. Vahs und Schäfer-Kunz 2005, S. 191). Ein solches Unternehmensleitbild dokumentiert für Beschäftigte die Vorstellungen des Unternehmens in einem Leitfaden, mit dem Ziel, deren Verhalten positiv zu beeinflussen (vgl. Vahs und Brem 2013, S. 99). Entsprechend sollte in dem Leitbild explizit eine „Verpflichtung und/oder Bekenntnis zu Innovation und Veränderung" (Ernst-Siebert 2008, S. 12) als Grundlage für eine innovationsbegünstigende Unternehmenskultur implementiert werden.

Dazu bedarf es einer prägnanten und interessanten Darstellung ohne bedeutungslose Beschreibungen von bereits bekannten Geschäftsaktivitäten, einer Kommunikation der darin geforderten Inhalte und permanenter Rückkopplungen, um eine gewisse Aktualität zu gewährleisten (vgl. Ledford Jr. et al. 1996).

Leitbild der LED Linear GmbH (vgl. LED Linear GmbH)

Der im Jahre 2006 gegründete, weltweit agierende Hersteller von linearen LED-Beleuchtungslösungen beschäftigt rund 70 Mitarbeiter. In 2012 erwirtschaftete das

Neukirchner Unternehmen 25 % des Umsatzes mit eigenen Innovationen und steigerte zudem seinen Umsatz um das Siebenfache. Als Zeugnis für die Innovationskraft wurde dem nordrhein-westfälischen Unternehmen der Preis als „Innovator des Jahres 2013" durch die Top-100-Jury verliehen. Das Leitbild der LED Linear GmbH beinhaltet die zuerst angegebene Vision sowie fünf Perspektiven (Kunden, Lieferanten, Mitarbeiter, Mitbewerb und Produkte) (vgl. LED Linear GmbH):

Wir wollen der führende Hersteller von innovativen linearen Beleuchtungslösungen sein. Unsere Produkte schaffen eine neue Dimension des Lichts. Für ein Licht ohne Grenzen.

Unsere Kunden sind Ausgangs- und Endpunkt all unserer Handlungen. Wir wollen für unsere Kunden einzigartige Produkte zur Verbesserung ihrer Lebensqualität (lighting for life) mit wahrnehmbarem Mehrwert (value added lighting) schaffen. Das Nutzen-Preis-Verhältnis unserer Produkte für unsere aktuellen und potenziellen Kunden steht im Mittelpunkt unserer Produktentwicklungen.

Unsere Lieferanten sind wichtige Innovationspartner. Mit ihnen wollen wir dauerhafte, auf Vertrauen und Erfolg basierende Beziehungen pflegen. Mit ausgewählten Lieferanten wollen wir strategische Partnerschaften schließen, um die gemeinsame Wettbewerbsposition zu festigen und dauerhaften Mehrwert für unsere Kunden zu schaffen.

Unsere Mitarbeiter sind die Grundlage für den Erfolg unserer Unternehmung. Wir erwarten von unseren Mitarbeitern eine hohe Identifikation mit unserer Vision, Mission, unserem Geschäftszweck und unseren Zielen. Für hohe Leistungsbereitschaft und erfolgreiches Handeln bieten wir anspruchsvolle Aufgaben und eine adäquate Entlohnung.

Wir respektieren unseren Mitbewerb und scheuen keinen Vergleich unserer Produkte. Im Mitbewerb wollen wir bestehen durch bessere und einzigartige Produkte. Wo erforderlich, werden wir mit unseren Mitbewerbern kooperieren.

Unsere Produkte sollen nachweisbar zu einer besseren Lebensqualität bei gleichzeitiger Schonung der knappen Ressourcen unserer Umwelt führen. Unsere Produkte tragen durch hohe Effizienz und lange Lebensdauer zur Einsparung von Energie bei.

Wie die beiden KMU-Praxisbeispiele zeigen, sind viele kleine und mittlere Unternehmen bemüht, ihre Philosophien und Leitbilder der breiten Öffentlichkeit näherzubringen. Jedoch ist erst ein Abgleich des Soll- mit dem Ist-Zustand (Unternehmenskultur) ein Indiz dafür, ob die wohlwollend positiven Formulierungen auch tatsächlich eingehalten werden (vgl. Wahren 2004, S. 54). Dementsprechend ist die Beeinflussung der Unternehmenskultur nicht nur durch einen erhöhten Formalisierungsgrad zu erreichen, sondern eher durch ein aktives Wertemanagement.

6.2.3   Bedeutung der Unternehmensführung

Die schillerndsten Formulierungen von Unternehmensphilosophien und -leitbildern sind Makulatur und bleiben unglaubwürdig, wenn das praktizierte Führungsverhalten im Unternehmen damit im Widerspruch steht. Dies beginnt bei der Geschäftsführung und schließt alle Führungskräfte des Unternehmens ein. Bei einer Führungskräfteauswahl oder auch -entwicklung kommt es im Kontext der innovationsförderlichen Veränderung einer existierenden Unternehmenskultur neben der entsprechend notwendigen Authentizität in besonderem Maße auch auf ein ausgeprägtes Verantwortungsbewusstsein, einem Fokus auf Chancennutzung, der wirklichen Bereitschaft zur Veränderung, der Wertschätzung aller Mitarbeiter und einer ganzheitlichen organisatorischen Perspektive (im Gegensatz zur „Abteilungsbrille") an. Dabei steht nicht nur die klare Definition und Gestaltung der für Innovationen förderlichen kulturellen Elemente im Vordergrund, sondern ebenso die persönliche Art und Weise, wie die Innovationsorientierung speziell gegenüber den Mitarbeitern gelebt und kommuniziert wird.

Die Unternehmensführung kleinerer und mittlerer Unternehmen ist i. Allg. dadurch charakterisiert, dass sie sich ausgesprochen intensiv der unternehmerischen Verantwortung stellt: sowohl auf Mitarbeiterebene als auch im gesamten unternehmerischen Umfeld (vgl. Walther und Schenkel 2010, S. 84). Zur nachhaltigen Sicherung dieses Verantwortungsbewusstseins sollte im Rahmen der Corporate Governance bzw. im Innovationsmanagement die Gestaltung einer motivierenden und innovationsförderlichen Unternehmenskultur oberste Prämisse sein (vgl. Thom und Müller 2006, S. 254). Diesem aktiven Gestaltungsprozess wird aufgrund der weitreichenden Wirkung eine zentrale Rolle als Führungsinstrument zugeschrieben (vgl. Von der Oelsnitz 2009, S. 140). Dabei bleibt nach wie vor die Vorbildfunktion der Vorgesetzten eine unverzichtbare Determinante. Dementsprechend ist der Unternehmensinhaber bzw. das von ihm eingesetzte Management für das frühzeitige Erkennen eines Veränderungsbedarfs sowie für die Vorgabe eines transparenten wie nachvollziehbaren Orientierungs- und Handlungsrahmens für Führungskräfte und Mitarbeiter verantwortlich (vgl. Macharzina und Wolf 2008, S. 244).

Fokus auf Chancennutzung
Entrepreneure sind stark an der Chancennutzung des Unternehmens interessiert. Sie setzen vorhandene Ressourcen einem gewissen Risiko aus, um im Nachhinein das Maximum zu erreichen. Dies grenzt sie von Managern in etablierten Unternehmen ab, die sich allzu oft dafür verantwortlich fühlen, die knappen Ressourcen zu schützen, und somit die möglichen Chancen für das Unternehmen nicht verfolgen bzw. nutzen (vgl. Wickham 2004, S. 19 ff.).

Bereitschaft und Fokus zur Veränderung
Die Bereitschaft zur Veränderung innerhalb einer Organisation wird von einem Entrepreneur gefördert. Er unterstützt das Unternehmen beim Prozess des sogenannten Change Managements, um für das Unternehmen Chancen zu nutzen und gewünschte Veränderungen anzustoßen. Im Rahmen des strategischen und operativen Managements der Veränderung ist es wiederum wichtig, bei den Mitarbeitern Vertrauen zu schaffen, um so eine konsistente und nachhaltig innovationsförderliche Unternehmenskultur aufzubauen. Der Fokus auf Veränderungen bedeutet, dass Entrepreneure eine Unternehmenswelt nicht so verlassen, wie sie diese vorgefunden haben. Sie vereinen Mitarbeiter, Ideen und Ressourcen, um Innovationen hervorzubringen (vgl. Juritsch 2011, S. 320).

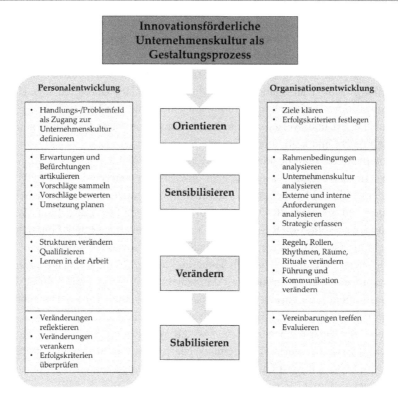

Abb. 6.2 Prozess des kulturellen Wandels in Unternehmen (eigene Darstellung in Anlehnung an Bundesministerium für Bildung und Forschung 2008, S. 17)

Organisationsweites Management

Ein Change-Prozess im Sinne des oben genannten Change Managements stellt i. d. R. einen echten Wandel für das gesamte Unternehmen dar. Er konzentriert sich also nicht auf spezifische Aspekte wie Kostensenkung, Qualität, technische Modernisierung o. Ä. Es gilt stets, Zwischenschritte und -ergebnisse bzw. den schrittweise erreichten Erfolg mit den Zielen des ganzen Unternehmens und nicht den Zielen einzelner Abteilungen abzustimmen (vgl. Wickham 2004, S. 19 ff.). So wirken sich beispielsweise Produktinnovationen i. d. R. auch auf die Beschaffung, die Produktion, das Marketing oder auch auf (neue) Partnerschaften aus.

Abbildung 6.2 verdeutlicht, dass ein solcher Change-Prozess, wenn er gerade durch Maßnahmen der Personal- und Organisationsentwicklung geprägt ist, i. d. R. mehrere Jahre dauert.

Fachliche und menschliche Wertschätzung der Mitarbeiter

Als innovationsförderliche äußere Zeichen der Anerkennung von innovatorischen Anstrengungen der Mitarbeiter können auch einfache Maßnahmen wie Auszeichnungen, zusätzliche Urlaubstage oder ein Abendessen mit dem Chef zur Würdigung der besten Verbesserungsvorschläge rasch positiv wirken. Durch intrinsisch wirkende Faktoren im Kontext des Integrierens, Motivierens und Honorierens kann die Innovationsfähigkeit des Unternehmens zumeist noch wesentlich stärker erhöht werden. Die Rolle bzw. Verantwortlichkeit als Initiator und Innovator auf Basis der vermittelten Werte und Normen wird dadurch mit den Mitarbeitern gemeinsam ausgefüllt (vgl. Dill und Hügler 1987, S. 199). Ein enges (positives) Beziehungsgeflecht zwischen den Mitarbeitern und der Unternehmensleitung ist und bleibt hier unverzichtbar. Es kann maßgeblich dazu beitragen, Mitarbeiter dazu zu motivieren, sich als „Intrapreneure" bzw. als unternehmensintern agierende Entrepreneure zu entfalten. Sie bringen Ideen hervor und können Entscheidungen im Rahmen ihres Verantwortungsbereiches treffen.

6.2.4   Erfolgsfaktor Human Capital

Begriffe wie „Human Ressources" oder „Human Capital" werden immer häufiger den bisher verwendeten Begriffen wie „Produktionsfaktor Arbeit" oder „Personal" vorgezogen (vgl. Kucera 1997, S. 57). Dies ist durchaus als eine Aufwertung der menschlichen Arbeitskraft zu verstehen, die auch zunehmend im ökonomischen Kontext beobachtbar wird (vgl. Ridinger 1997, S. 10). Die Wertigkeit bzw. die Innovationsfähigkeit des Humankapitals kann beispielsweise anhand des technischen Fortschritts je Mitarbeiter bestimmt werden (vgl. Kucera 1997, S. 57).

Besonders in KMU müssen kleine Gruppen von Mitarbeitern oftmals komplexe Aufgabenbereiche eigenverantwortlich übernehmen (vgl. Wesel 2010, S. 165). Krankheits- oder fluktuationsbedingte Ausfälle sind hier nur schwer zu kompensieren (vgl. Belliger und Krieger 2007, S. 220).

Bei der Auswahl oder Weiterentwicklung sollte neben allen fachlichen Qualifikationen auf Erfahrungen, Einstellungen und Fähigkeiten eines „Intrapreneurs" (vgl. Pinchot und Pellman 1999, S. IX; unter einem Intrapreneur versteht man einen unternehmerisch denkenden Mitarbeiter) geachtet werden. Hierzu werden nicht nur querdenkende, kreative und experimentierfreudige Ideengeber gesucht, sondern vielmehr auch dynamische, umsetzungsstarke und effizienzgeleitete Mitarbeiter. Die Fähigkeiten eines selbstbewussten, lösungsorientierten Allrounders sind häufig wertvoller als die eines problemorientierten Spezialisten (vgl. Ahmed 1998, S. 35).

Sicherlich bedarf es in der betrieblichen Realität beider Mitarbeitertypen, wobei anzumerken bleibt, dass es den meisten Unternehmen weniger an Ideen mangelt, sondern eher an deren Umsetzung in marktreife Innovationen. Die Rolle des Intrapreneurs ist daher besonders gefragt (vgl. Großklaus 2008, S. 99). Leider ist mit diesem „gefragt sein" aber auch festzustellen, dass KMU sich dem „War for Talents" stellen müssen, um langfristig innovativ zu bleiben. Insbesondere ein diversifiziertes und ausgewogenes Human Capital mit hoch spezialisierten Fachkräften, erfahrenen Mitarbeitern wie Managern, die dem rasant steigenden Innovationsdruck gewachsen sind, kann die Innovationsorientierung in der Unternehmenskultur manifestieren (vgl. Kucera 1997, S. 57). Es ist daher eine kontinuierliche Führungsaufgabe, Maßnahmen zu ergreifen, um hinreichend umfassend geeignete Mitarbeiter zu akquirieren und auch zu entwickeln.

6.3 Organisation der Innovationstätigkeit

Alle notwendigen Formen von Innovationstätigkeiten sollten als wertschöpfende Geschäftsaktivität in der Organisationsstruktur integriert und ihm Rahmen des Innovationsmanagements geordnet werden. Werden alle Tätigkeiten entlang eines charakteristischen Innovationsprozesses, vom Aufgreifen der Auslöser (Technology Push, Market Pull, ökologische Notwendigkeiten/Chancen) über das Annähern von Suchfeldern, das Entwickeln oder Identifizieren von Ideen, das Konkretisieren, Testen, Realisieren, Schützen und Vermarkten, betrachtet, so können diese zwar alle im eigenen Unternehmen stattfinden, sie können aber auch verteilt unter Einbeziehung Dritter organisiert werden. Recherchen haben ergeben, dass eine positive Korrelation zwischen der Fähigkeit zu innovieren und der F&E-Intensität bestätigt werden kann (vgl. Zentrum für Europäische Wirtschaftsforschung GmbH 2010, S. 32). In diesem Kontext gilt es auch, für KMU sorgfältig abzuwägen, welche Innovationstätigkeiten in welchem Maße selbst durchgeführt werden sollen, und welche unter Einbeziehung Dritter stattfinden.

So hat beispielsweise ein mittelständisches Handelsunternehmen bei der Entwicklung von hochinnovativen eCommerce-Lösungen weitreichende Entwicklungstätigkeiten an ein externes Softwareentwicklungsunternehmen vergeben. Für weitere, zukünftig angedachte Prozess- und Geschäftsmodellinnovationen fehlte aber anschließend die notwendige Kompetenz im eigenen Unternehmen, sodass hier auch mittelfristig geschäftliche Abhängigkeiten bestehen.

Bei KMU findet i. d. R. nur selten eine kostenintensive Grundlagenforschung statt. Vielmehr erfolgt hier eine bedarfsgerechte Anwendungsentwicklung, deren Fokus auf von Kunden initiierten Verbesserungs- und Anpassungsinnovationen liegt (vgl. Dirschka 2010, S. 72). Dabei liegt die Verantwortung häufig beim Inhaber selbst (vgl. Holl et al. 2006, S. 46). Allgemein fällt bei der Analyse von F&E-Aktivitäten in KMU auf, dass vor allem das ökonomische Umfeld, die Größe, die Kernkompetenzen und die zur Verfügung stehenden Ressourcen für die Innovationskapazität ausschlaggebend sind (vgl. Burrone und Jaiya 2005, S. 5)

Insbesondere beim Vergleich verschiedener Wirtschaftssektoren zeichnet sich ein ungleiches Bild ab (vgl. Stifterverband für die dt. Wirtschaft 2012, S. 9). Dienstleistungsunternehmen weisen in der Regel eine geringere F&E-Intensität auf als beispielsweise wissens- oder technologieintensive KMU, die z. B. der Halbleiter-, Pharma- oder Biotechnologiebranche angehören (vgl. Holl et al. 2006, S. 151).

Tab. 6.3 Vor- und Nachteile unternehmensinterner F&E-Aktivitäten (eigene Darstellung in Anlehnung an Vahs und Brem 2013, S. 148)

Vorteile	Nachteile
Allgemein	
– Eigenverantwortliches Innovationsmanagement – F&E als Wertschöpfung im Unternehmen – Unabhängigkeit – Verbesserte organisationale Lern- und Aufnahmefähigkeit von Wissen	– Hoher Zeitaufwand – Risikobehaftete Methode der Wissensgenerierung – Kaum Zugang zu neuartigem, extern verfügbarem Wissen
KMU-spezifisch	
– Schutz des eigenen Know-hows – Höhere Spezialisierung auf Kundenwünsche – Schärfung des Unternehmensprofils – Neu- bzw. Weiterentwicklung der eigenen Kernkompetenzen – Möglichkeit zur Realisierung von Nischenstrategien und Pioniergewinnen – Schutz der eigenen Margen durch Innovationstätigkeit bei Produkten – Sinkende Abhängigkeit zu Economies of Scale	– Hohe Ressourcenbindung (Kapital, Personal) – Marginale Aussichten auf die Amortisation der F&E-Aufwendungen aufgrund der Nichtrealisierbarkeit von Skaleneffekten

6.3.1   Inhouse-Innovationstätigkeit

Inhouse-Innovationstätigkeit beschreibt einen Vorgang, bei dem (Push-)Innovationen mithilfe innerbetrieblich durchgeführter F&E-Aktivitäten generiert werden (vgl. Zentrum für Europäische Wirtschaftsforschung GmbH 2010, S. 24). Dies kann institutionalisiert erfolgen (z. B. verrichtungsorientiert als Abteilung), rein prozessual ohne feste Strukturen im Rahmen des Innovationsprozesses oder kombiniert als Projektmanagement (vgl. Vahs und Schäfer-Kunz 2005, S. 335).

Dem Vorteil einer strukturellen Einbindung, nämlich der Entkopplung vom operativen Geschäft, steht i. d. R. der Nachteil hoher Fixkostenbelastung entgegen (vgl. Stern und Jaberg 2010, S. 93). Bei der unternehmensübergreifenden Implementierung als Prozess kann das Know-how aller Abteilungen einfließen, jedoch bedarf es hier auch einer intensiven Steuerung und Kommunikation seitens der für das Innovationsmanagement zuständigen Instanzen (vgl. Vahs und Schäfer-Kunz 2005, S. 337). Hier ist aus Sicht von KMU erwähnenswert, dass gewisse „Innovationsroutinen" in Form eines effizienten und standardisierten Innovationsprozesses förderlich sind, um ihre knappen Ressourcen sinnführend einzusetzen (vgl. Kirner et al. 2006, S. 30). Die Vor- und Nachteile unternehmensinterner F&E-Aktivitäten sind in Tab. 6.3 dargestellt.

6.3.2 Beteiligte Unternehmensbereiche

Viele KMU setzen sich mit der Forschung und Entwicklung im Unternehmen auseinander, jedoch sind klare Strukturen nicht immer erkennbar. Studien weisen darauf hin, dass im Innovationsprozess daher nicht nur die klassische Forschungsabteilung involviert ist, sondern auch andere Bereiche, wie das Produktmanagement, die Produktion und das Marketing (vgl. Zentrum für Europäische Wirtschaftsforschung GmbH 2010, S. 57). Es sind also zumeist nicht einzelne Mitarbeiter ausschließlich für F&E-Aktivitäten zuständig. Die Innovationstätigkeit wird vielmehr durch verschiedene Stellen bzw. Abteilungen ausgeübt (vgl. Kenny und Reedy 2006, S. 137).

Grundsätzlich ist Innovationstätigkeit in vielen Abteilungen denkbar (vgl. Von der Oelsnitz 2009, S. 122):

- Im Marketing und Vertrieb (z. B. Anpassungsinnovationen als Reaktion auf veränderte Bedürfnisse vor- oder nachgelagerter Wertschöpfungsstufen),
- In der Produktion (z. B. Prozessinnovationen),
- In der Marktforschung (z. B. Geschäftsmodellinnovationen),
- Im Produktmanagement bzw. in der Produktneuentwicklung (Produkt-/Dienstleistungsinnovationen),
- In der Verwaltung und Unternehmensleitung (organisationale Innovationen),
- In der Personalabteilung (soziale bzw. Führungsinnovationen).

Am Beispiel der Oskar Lehmann GmbH & Co. KG lässt sich eine stark funktionsübergreifende sowie mitarbeiter- und kundenorientierte Innovationstätigkeit feststellen, ohne dass hier eine eigentliche F&E-Abteilung existiert.

KMU-Praxisbeispiel

Funktionsübergreifende Innovationstätigkeit in der Oskar Lehmann GmbH & Co. KG

Das international ausgerichtete Unternehmen beschäftigt aktuell 160 Mitarbeiter und versteht sich als innovativer Hersteller von technischen Kunststoffteilen mithilfe seiner speziellen Spritzgießmaschinen. Seit 1961 agiert die Oskar Lehmann GmbH & Co. KG in Blomberg-Donop und in Bad Salzuflen (vgl. Oskar Lehmann GmbH & Co. KG).

Die Geschäftsführerin beschreibt die Inhouse-Innovationstätigkeit wie folgt:[1]

„Zuständig für Produktinnovationen", so Melanie Lehmann, „sind im Prinzip alle direkt am Markt tätigen Mitarbeiterinnen und Mitarbeiter, aber auch Beschäftigte aus der Produktion, hier vor allem die technische Kundenberatung, sind verantwortlich für die Projektbetreuung und zugleich erste Schnittstelle zwischen Kunden und Betrieb."

---

[1] Zitiert nach: Melanie Lehmann (Geschäftsführerin der Oskar Lehmann GmbH & Co. KG) in: Gesellschaft für innovative Beschäftigungsförderung des Landes Nordrhein-Westfalen (2010, S. 25).

Auf ihrer Website beschreibt das Unternehmen ihren Innovationsprozess wie folgt (vgl. Oskar Lehmann GmbH & Co. KG):

Als leistungsfähiger Partner und Spezialist für technische Kunststoffteile bieten wir Ihnen die komplette Wertschöpfungskette aus einer Hand – von der Entwicklung bis zur Logistik (…). Der erste Schritt auf dem Weg zur optimalen Lösung ist die fundierte Beratung durch einen festen Ansprechpartner aus unserem Entwicklungsteam. Zusammen mit Ihnen entwickeln unsere Fachleute die wirtschaftlich und technisch optimale Lösung für Ihre Anforderung. Kompetente Beratung bei Gestaltung und Konstruktion sowie die richtige Auswahl der Werkstoffe ist für uns selbstverständlich. Bereits in der Angebotsphase visualisieren und simulieren wir auf unserem 3D-CAD-System Ihre Artikel und Baugruppen (…). Bereits in der Ideenfindungs- und Entwicklungsphase bieten wir Ihnen größtmögliche Sicherheit für funktions- und designgerechte Lösungen, sowohl bei Produktneuentwicklungen als auch bei Modifikationen bestehender Produkte. Durch Prototyping im 3D-Plottverfahren liefern wir Ihnen nahezu realitätsgetreue Anschauungsmuster für erste Funktions- und Einbauversuche.

6.3.3 Formen der organisatorischen Eingliederung

Wie werden typischerweise die wesentlichen Innovationsfunktionen in die Aufbauorganisation des Unternehmens eingebunden, wenn diese Funktionen inhouse institutionalisiert werden sollen? Dies kann einerseits in Form von separaten Linien- oder Stabsstellen bzw. -Instanzen geschehen (s. Abb. 6.3), andererseits in charakteristischen Formen der Projektorganisation oder auch einer spezifischen Prozessorganisation.

Direkte Eingliederungsformen in die Aufbauorganisation
Bei der direkten Eingliederung werden Mitarbeiter nach Art der Verrichtung bzw. betrieblichen Aufgabe in Unternehmenseinheiten gruppiert und den entsprechenden Hierarchiebzw. Leitungsebenen zugeordnet (vgl. Sattes et al. 2001, S. 23). In Abb. 6.3 werden die Möglichkeiten zur direkten Eingliederung der F&E-Aktivitäten in die Organisation aufgezeigt.

Welche der jeweils dargestellten Form sich für ein KMU als vorteilhaft erweist, lässt sich pauschal nicht formulieren. Dies sollte vielmehr unter Einbeziehung strategischer Überlegungen – insbesondere anhand der Innovationsziele – entschieden werden. Weiterhin ist für die Entscheidung zugunsten einer dauerhaften bzw. institutionalisierten Integration wichtig zu wissen, welche Ressourcen zur Verfügung stehen und über welchen Zeitraum die Innovationstätigkeit stattfinden soll (vgl. Vahs und Brem 2013, S. 167).

Eingliederungsformen der Projektorganisation
Anstelle der dargestellten funktionalen Eingliederungen in Form von dauerhaften Stellen oder Instanzen ist es für KMU oftmals wesentlich sinnvoller, zeitlich begrenzte Innovationsaktivitäten in Form von Projekten zu organisieren (s. Abb. 6.4), mit

Innovationsfunktion als Stelle

- Einfachste Form der Eingliederung als Stelle
- Forschung, Konstruktion, Entwicklung als Aufgabe
- Leistungsbefugnis obliegt einer Abteilung
- Steter Informations- und Wissensaustausch mit Mitarbeitern anderer Abteilungen
- Vorteile: Eindeutige Festlegung von Kompetenzen, geringe Ressourcenbindung
- Nachteile: Geringe F&E-Kapazitäten, hoher Kommunikationsaufwand, Gefahr der Überbelastung durch andere F&E-ferne Aufgaben

Innovationsfunktion als Stabsstelle

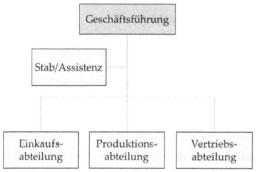

- Assistenz der Geschäftsführung bzw. Stabsstelle
- Zunehmend Innovationsmanagement als Aufgabe
- Leitungsbefugnis obliegt der Geschäftsführung
- Informationsaustausch mit der Geschäftsführung
- Wissensaustausch mit anderen Abteilungen
- Vorteile: Entlastung der Geschäftsführung, geringe Ressourcenbindung, Flexibilität, höhere Priorität
- Nachteile: Geringe F&E-Kapazitäten, hoher Kommunikationsaufwand, komplizierte Entscheidungswege

Innovationsfunktion als Abteilung

- Fest etablierte Abteilung
- Ggf. Koordination des gesamten Innovationsprozesses
- Leitungsbefugnis obliegt der Geschäftsleitung
- Informationsaustausch mit der Geschäftsführung
- Wissensaustausch mit anderen Abteilungen
- Vorteile: Entlastung der Geschäftsführung, Gleichberechtigung gegenüber anderen Abteilungen, höchste Priorität, Intensive Inhouse-Innovationstätigkeit
- Nachteile: Hohe Ressourcenbindung, „Ressortdenken", Abteilungsinterdependenzen, langsamere Entscheidungswege

Abb. 6.3 Möglichkeiten einer funktionalen Eingliederung (eigene Darstellung in Anlehnung an Vahs und Brem 2013, S. 159 f.; Macharzina und Wolf 2008, S. 472 f.)

Stabs-Projektmanagement

Reines Projektmanagement

Matrix-Projektmanagement

Abb. 6.4 Projektbasiertes Innovationsmanagement (eigene Darstellung in Anlehnung an Vahs und Brem 2013, S. 173 ff.)

- konkretisierten, definierten Innovationszielen;
- entsprechender Rahmen- bzw. Meilensteinplanung (inkl. voraussichtlicher Projektdauer und Budget);
- definierter Projektleitung und deren Kompetenz- sowie Verantwortungsbereiche;
- definierten Innovationsteams aus allen Bereichen sowie Definition und personenbezogene Zuordnung von Aufgaben (vgl. Stern und Jaberg 2010, 211 f.).

Wesentlich für die Wirksamkeit dieser Organisationsform ist es zu vereinbaren, wie die Projektorganisation mit der übrigen Organisationsstruktur zusammenarbeiten soll.

In welchem Maße die Projektmanagementrollen, insbesondere die der Projektleitung und des Projektteams, ihren Aufgaben und Verantwortlichkeiten (Termineinhaltung, Ressourcenverfügbarkeit etc) in der vorhandenen Unternehmensumgebung und -kultur tatsächlich nachkommen können, hängt maßgeblich von der definierten oder gelebten Einbindung der Projektorganisation in die betriebliche Aufbauorganisation ab. Im Allgemeinen werden drei Formen der Projektorganisation unterschieden:

- die reine Projektorganisation (Linien-Projektorganisation),
- die Stab-Linienprojektorganisation,
- die Matrixprojektorganisation.

Diese Grundformen lassen sich wiederum variieren bzw. zu Mischformen kombinieren. Abhängig vom Innovationsprojekt und den damit verbundenen (zeitlichen, finanziellen, personellen etc.) Rahmenbedingungen kann die geeignete Form ausgewählt werden.

Bei der Linien-Projektorganisation wird z. B. ein Projekt zur Entwicklung eines neuartigen Produkts als eigenständige funktionale Unternehmenseinheit für einen vorher festgelegten Zeitraum etabliert (vgl. Macharzina und Wolf 2008, S. 496). Dabei werden die benötigten materiellen und personellen Ressourcen den anderen Abteilungen entnommen (vgl. Nebe 2007, S. 26).

Aufgrund der hohen Risiken, denen Innovationsprozesse unterliegen, ist diese Form besonders geeignet (vgl. Kessler und Winkelhofer 2004, S. 26). Dem Projektleiter wird i. d. R. die gesamte fachliche Kompetenz zur Erreichung des Projektziels sowie die allgemeine disziplinarische Weisungsbefugnis über die Projektteammitarbeiter übertragen. Projektleiter und Projektteam bilden eine eigenständige, von der sonstigen Aufbauorganisation des Unternehmens weitestgehend unabhängige Projektorganisation. Häufig wird diese Form auch als reine Projektorganisation bezeichnet. Zumeist werden die Projektteammitarbeiter zu 100 Prozent für die Projektarbeit eingesetzt und somit für die Dauer ihres Mitwirkens im Innovationsvorhaben von den sonstigen Haupttätigkeiten entbunden. Durch diese unmittelbare Zuordnung kann sehr schnell auf Probleme reagiert werden. In einer solchen Organisationsform hat es der Projektleiter vergleichsweise leicht, die tatsächliche Ressourcenverfügbarkeit für das Innovationsprojekt sicherzustellen.

Für umfangreiche Projekte mit hoher strategischer Bedeutung für das Unternehmen wird oft die reine Projektorganisation gewählt. Hier können Spezialisten gebündelt werden. Allerdings wird der reinen Projektorganisation eine Distanz zur Linienorganisation zugeschrieben. Deshalb ist darauf zu achten, dass die Zusammenarbeit und die Kommunikation zwischen allen beteiligten Bereichen gewährleistet ist. Eine Sonderform der reinen Projektorganisation stellt die Projektgesellschaft dar. Diese Organisationsform ist gekennzeichnet durch die organisatorische und die rechtliche Verselbstständigung (Ausgliederung) der Projektorganisation gegenüber der Aufbauorganisation im Unternehmen.

Die weitverbreitete Stab-Linienprojektorganisation (auch Einflussprojektorganisation oder Koordinationsprojektorganisation genannt) eignet sich vor allem für Innovationsvorhaben mit geringem Umfang, geringen Risiken und geringem Innovationsgrad. Alle internen Projektressourcen bleiben dabei weiterhin ihren jeweiligen Linienvorgesetzten unterstellt.

Dem Projektleiter wird die Führung als Koordinationsaufgabe übergeben, ohne dass er formale Entscheidungs- oder Weisungsbefugnisse erhält. Somit muss der Projektleiter immer entweder ein Lenkungsgremium oder den Linienvorgesetzten der Projektressourcen ansprechen, wenn er eine direkte Anordnung oder Entscheidung benötigt. In dieser Organisationsform kann ein Projektleiter letztlich seiner originären Projektverantwortung hinsichtlich Zeit, Kosten und Qualität bzw. dem planmäßigen Erreichen der Projektziele nicht wirklich gerecht werden. Insofern kann er auch nicht unmittelbar für das Nichterreichen verantwortlich gemacht werden. Er begleitet vielmehr den Verlauf des Projektes. Im Rahmen der Projektsteuerung übernimmt er lediglich die Funktion der Überwachung.

Diese Form der Projektorganisation ist zwar sehr einfach und schnell im Unternehmen organisatorisch einzubinden. Allerdings ist die Identifikation der einzelnen Projektmitarbeiter mit dem Innovationsvorhaben häufig deutlich kleiner als die mit ihren Linienaufgaben. Sollten lediglich Anpassungsinnovationen im kleinen Maßstab geplant sein, so kann diese Art der Projektorganisation durchaus sinnvoll sein, weil so keine wesentlichen strukturellen Änderungen in der Unternehmung vorgenommen werden müssen (vgl. Kessler und Winkelhofer 2004, S. 29).

Die Matrixprojektorganisation ist eine Art Mischform der Linien- und der Stab-Linienprojektorganisation. Der Projektleiter hat dabei vor allem die fachliche und kaufmännische Verantwortlichkeit. So kann er an die Projektmitarbeiter Arbeiten verteilen, Prioritäten setzen etc. Die Linienvorgesetzten behalten die disziplinarischen Kompetenzen bzw. die Personalverantwortlichkeit hinsichtlich Gehalt, Aus- und Weiterbildung etc. Die Projektmitarbeiter bleiben also dem Linienvorgesetzten unterstellt und arbeiten anteilig (zu x Prozent) am Projekt mit. Als Vorteile einer solchen Organisationsform werden häufig genannt:

- Optimale Kapazitätsauslastung durch die Ressourcenverteilung,
- Geringer organisatorischer Aufwand zur Einbindung der Projekte in die bestehende Aufbauorganisation,
- Projektmitarbeiter behalten/erweitern ihr jeweiliges Fach-/Experten-Know-how weiterhin durch die Arbeit in den Fachabteilungen.

Nachteilig sind auch hier:

- Potenzielle Konflikte zwischen Linie und Projekt,
- Erhöhter Kommunikations- und Koordinationsaufwand; höhere Kommunikations- und Informationsbereitschaft durch Projektleiter und Linieninstanzen,

- Doppelunterstellung erfordert von den Projektmitarbeitern eine erhöhte Selbststeue-
rung bzw. Selbständigkeit.

Diese Form wird bei mehreren parallel ablaufenden oder abteilungsübergreifenden Innovationsprojekten empfohlen (vgl. Kessler und Winkelhofer 2004, S. 27).

Neben diesen drei gängigen Modellen wird häufig auch noch das Federführungs- bzw.
Fachabteilungsmodell genannt (vgl. Nebe 2007, S. 26). Hier obliegt der Abteilung, die
den größten Einfluss auf das Innovationsprojekt hat, die Projektsteuerung (vgl. Vahs und
Brem 2013, S. 172). Auch diese Form ist für KMU denkbar, jedoch sind von Abteilungen
losgelöste Projektstrukturen deutlich effizienter und effektiver (vgl. Hauschildt und Salomo 2011, S. 72). Außerdem sollte erwähnt werden, dass Projektmanagementstrukturen
bei wiederkehrenden Innovationstätigkeiten gegebenenfalls auch in dauerhaft eingerich-
tete Organisationseinheiten überführt werden können.

Anhand der oben dargestellten Formen zur Integration von Innovationsaktivitäten auf
Projektbasis sollte es Geschäftsführern von KMU möglich sein, über deren Vor- und Nachteile im Rahmen des Innovationsmanagements urteilen zu können. Eine tiefer gehende
Weiterbildung zum Projektmanagement empfiehlt sich aus Unternehmersicht dennoch, da
oft Know-how-Defizite im Projektmanagement nachweisbar sind (vgl. Braehmer 2009,
S. 22). Außerdem sollten Unternehmer sorgfältig und zügig abwägen, welche Projektstrukturen bei kapital- und personalintensiven sowie stark risikobehafteten Projekten zu
wählen sind, um den gewünschten Projekterfolg – die Markteinführung innovativer Produkte – nicht zu gefährden (vgl. Lanninger 2009, S. 405).

Prozessorganisation

Eine insbesondere bei Herstellern von technischen Serienprodukten wie Baumaschinen,
Bremssystemen o. Ä. häufig implementierte Form der Organisation charakteristischer Innovationstätigkeiten sind standardisierte Innovationsprozesse (vgl. Abschn. 4.2). Dabei
übernehmen für die Dauer der Produktentwicklung einzelne Personen oder auch Teams
temporär die verantwortliche Leitung des Prozesses als (zentrale) Querschnittsfunktion
im Unternehmen.

Eine Untersuchung der besten 100 kleinen und mittelständischen Innovatoren im
Jahr 2012 weist aus, dass bei eben diesen Unternehmen neben der jeweils vorhandenen
förderlichen Innovationskultur und einem überdurchschnittlich hohen F&E-Budget gerade ein aktives Innovationsmanagement mithilfe eines fest etablierten Innovationsprozesses
zu einer erhöhten Innovationsfähigkeit führte (vgl. Franke 2013, S. 27).

6.3.4   Zentrales vs. dezentrales Innovationsmanagement

Verfügen KMU national oder international über mehrere Geschäftseinheiten, wie z. B.
Produktionswerke, Vertriebsniederlassungen etc., ist im Rahmen des Innovationsmanagements über eine zentrale oder dezentrale Eingliederung der mit Innovationstätigkeiten

Tab. 6.4 Vor- und Nachteile des zentralen Innovationsmanagements (eigene Darstellung in Anlehnung an Kutschker und Schmid 2008, S. 1000)

Vorteile	Nachteile
Einfache Organisationsstruktur	Hohes Maß an Formalismus und Bürokratie
Geringer Steuerungs- und Kontrollaufwand	Komplexe und träge Entscheidungsfindung
Effizienter Ressourceneinsatz (Kapital und Personal)	Langsamer Informationsfluss
Bündelung von Kreativität und Wissen	Geringere Motivation unter Mitarbeitern, Ideen an zentrale Stellen zu kommunizieren
Einfaches Testen und Ausrollen zentral entwickelter Innovationen auf alle dezentralen Einheiten	Geringe Anpassungsfähigkeit an regional oder international abweichende Marktanforderungen und Kundenbedürfnisse
Realisierung von Skaleneffekten (Economies of Scale and -Scope)	Widerstand gegenüber Innovationen in geografisch entfernten Unternehmensteilen
Entwicklung und Schutz von Kernkompetenzen	
Schaffung einer einheitlichen Innovationskultur	

beauftragten (Stabs-)Stellen, Mitarbeiter und Abteilungen zu entscheiden. Dies betrifft mittlerweile auch viele mittelständische Unternehmen, die sich den hohen Anforderungen ihrer internationalen Märkte und Kunden bezüglich höherer Kreativität und Qualität sowie kürzeren Innovationszyklen stellen müssen (vgl. Jaworski und Zurlino 2007, S. 51).

In KMU sind überwiegend zentralisierte F&E-Strukturen zu beobachten (vgl. Nebe 2007, S. 36). Dennoch sollen im Folgenden auch auf dezentrale Strukturen hingewiesen werden, da diese mit zunehmender Unternehmensgröße und zunehmender Internationalisierung für das Management von Innovationen zukünftig auch für KMU durchaus interessant werden können (vgl. Jaworski und Zurlino 2007, S. 51). Gleichwohl scheint für die Mehrzahl der KMU heute eine zentrale Organisation des Innovationsmanagements sinnvoll.

Zentrale Strukturen im Innovationsmanagement
Von zentralisierten Unternehmensstrukturen ist dann zu sprechen, wenn Aufgaben mit ähnlichen Merkmalen in einer Unternehmenseinheit in unmittelbarer Nähe zum Top-Entscheidungsgremium bzw. am Stammsitz zusammengeführt werden (vgl. Kutschker und Schmid 2008, S. 996). Bei einer länderübergreifenden Innovationstätigkeit vom Hauptsitz aus spricht man auch vom „Center-for-Global"-Ansatz (vgl. Bergfeld 2009, S. 35). In Tab. 6.4 werden die Vor- und Nachteile des zentralen Innovationsmanagements erläutert.

Trotz der zahlreichen Vorteile und trotz des Umstandes, dass Innovationstätigkeiten häufig in der Geschäftszentrale – in KMU fast immer am ursprünglichen Gründungsstandort – durchgeführt werden, sollte die dezentrale Variante bei einer Mehrzahl von Un-

Tab. 6.5 Vor- und Nachteile des dezentralen Innovationsmanagements (eigene Darstellung in Anlehnung an Kutschker und Schmid 2008, S. 1000)

Vorteile	Nachteile
Wahrnehmung von Befindlichkeiten und Anforderungen lokaler Anspruchsgruppen	Notwendigkeit einer intensiven Führung
Einbeziehung global zur Verfügung stehender Ideen, Informationen und Ressourcen	Unzureichende Auslastung des F&E-Personals
Zeit- und Wissensvorsprung durch Vor-Ort-Entwicklung	Aufwendige Aufrechterhaltung von F&E-Infrastruktur an verschiedenen Standorten
Übertragbarkeit von Best Practices auf andere Unternehmensteile	Redundante und ineffiziente F&E-Prozesse
	Kaum vergleichbare F&E-Abteilungen und Ergebnisse
	Gefahr von Know-how-Verlusten

ternehmensstandorten durchaus in Betracht gezogen werden (vgl. Kutschker und Schmid 2008, S. 1001). So können – je nach Produktart – in einem anderen Land andere Anforderungen an eine Leistung gestellt werden.

Dezentrale Strukturen im Innovationsmanagement

Bei der dezentralen Organisation (s. Tab. 6.5) sind Innovationsaktivitäten in mehreren Unternehmenseinheiten verstreut zu finden (vgl. Schuh und Bender 2012, S. 34). Im internationalen Kontext spricht man hier auch vom „Local-for-Local"-Ansatz (vgl. Bergfeld 2009, S. 36).

Aus KMU-Sicht ist die Zentralisation des Innovationsmanagements, aufgrund der zumeist funktionalen Unternehmensorganisation, vorteilhaft (vgl. Vahs und Brem 2013, S. 163). Dezentrale Strukturen sind dann förderlich, wenn regionale oder globale Einflüsse bei der Entwicklung von neuartigen Produkten oder Dienstleistungen zu berücksichtigen sind (vgl. Nebe 2007, S. 36). Dementsprechend sollten Wachstums- und Internationalisierungsentscheidungen auch Überlegungen zu F&E-Strukturen beinhalten.

Die beschriebenen allgemeinen Vor- und Nachteile der zentralen und dezentralen Eingliederung des Innovationsmanagements in die Aufbauorganisation führen in der Praxis zu unternehmensspezifischen Mischformen. Hieraus kann eine flexible und marktnahe Gestaltung der Innovationstätigkeit durch Aufgaben- und Kompetenzverteilung resultieren (vgl. Schilling 2008, S. 220; Schuh und Bender 2012, S. 34 f.)

Ziel der Unternehmensführung bei der organisatorischen Einbindung der F&E-Prozesse sollte es deshalb sein, eine Balance zwischen effektiven, zentral organisierten F&E-Aktivitäten (grundlegende Technologieentwicklung mit Anpassungsmöglichkeiten) und effizienten, dezentral organisierten F&E-Aktivitäten (nicht-redundante und kundenbezogene Entwicklung von Innovationen) herzustellen (vgl. Schilling 2008, S. 223). Abschließend ist festzuhalten, dass eine Vernetzung mit externen Partnern vor Ort förderlich ist, um marktnahe und kundenindividuelle Produkte zu entwickeln, wie auch der folgende Abschn. 6.3.5 zeigen soll (vgl. Jaworski und Zurlino 2007, S. 51).

6.3.5 Übernahme externer Innovationen

Neben der Option, Innovationen im eigenen Unternehmen zu generieren, können KMU auch auf extern verfügbares Wissen oder bereits existierende Technologien zurückgreifen. Damit können sie sich auf ihre elementaren Geschäftsfelder bzw. Kernkompetenzen konzentrieren (vgl. Vahs und Brem 2013, S. 149).

Bisher ist die Bedeutung dieser Form der Innovationstätigkeit bspw. im gesamtdeutschen Kontext noch relativ gering (5 %) ausgeprägt (vgl. Zentrum für Europäische Wirtschaftsforschung GmbH 2010, S. 69). Insbesondere KMU verhalten sich gegenüber dem externen Bezug von Wissen bzw. F&E-Leistungen noch eher zurückhaltend (vgl. Ernst-Siebert 2008, S. 119). Um Unternehmern einen besseren Überblick zu geben, welche Optionen zur Übernahme externer Innovationen geeignet sind, soll die nachfolgende Erläuterung die wesentlichen Methoden veranschaulichen.

Nutzung frei verfügbaren Wissens
Die „Spillover-Innovation" ist ein Phänomen, wonach Betriebe ohne eigene F&E-Aktivitäten von anderen Individuen, wissenschaftlichen Einrichtungen, forschenden Unternehmen unterschiedlicher Wertschöpfungsstufen oder Industriezweigen profitieren, indem sie frei verfügbares Wissen absorbieren und in Innovationen umsetzen (vgl. Czarnitzki und Kraft 2007, S. 7).

Gerade defensiv forschende kleine bzw. Gründerunternehmen mit restriktiven F&E-Budgets können so auch durch Anregungen – ohne dafür monetär aufkommen zu müssen – innovative Produkte entwickeln und vermarkten (vgl. Czarnitzki und Kraft 2007, S. 1). Eine Möglichkeit, sich externes Wissen zunutze zu machen, bietet sich durch Marktforschungsaktivitäten als begleitende Tätigkeit zum operativen Geschäft (vgl. Staudt und Schmeisser 1986, S. 289 ff.).

Vertrags- oder Kontraktforschung
Hierbei wird die Forschung an externe Parteien übergeben, mit dem Ziel, neue Ideen, Perspektiven oder marktreife Technologien bzw. Innovationen zu übernehmen (vgl. Trommsdorff 1990, S. 10). Dazu kommen unterschiedlichste Partner in Betracht (vgl. Zentrum für Europäische Wirtschaftsforschung GmbH 2010, S. 69):

- Spezielle Dienstleistungsunternehmen (beispielsweise Ingenieurbüros)
- Wissenschaftliche Institutionen in öffentlicher Trägerschaft (z. B. Forschungslabore, Hochschulen oder Universitäten)

Auftragsforschung erleichtert es KMU, sich auf ihr Kerngeschäft zu konzentrieren, ohne auf Innovationen verzichten zu müssen (vgl. Vahs und Brem 2013, S. 149). Dabei ist es wichtig anzumerken, dass von mittelständischen Betrieben oftmals Fördermittel für die Auftragsforschung beantragt werden können (s. Abschn. 4.4.4) (vgl. NKS – Nationale Kontaktstelle für KMU: Auftragsforschung für KMU und KMU-Verbände 2013).

Empfehlenswert für Auftragsforschungen sind fixe Vereinbarungen zum Zeithorizont, dem Forschungszweck und -budget sowie zu den Eigentums- und Verwertungsrechten, die vollkommen auf den Auftraggeber übergehen (vgl. Bundesministerium für Wirtschaft und Technologie 2013, S. 6–10).

Erwerb von Lizenzen

Ein Lizenzabkommen stellt eine vertragliche Vereinbarung zwischen Lizenzgeber und -nehmer dar, wodurch das Empfänger-Unternehmen das Recht erwirbt, ein bestimmtes patentrechtlich geschütztes, materielles oder immaterielles Gut schnell kommerziell zu nutzen bzw. zu vermarkten (vgl. Gassmann und Bader 2011, S. 120). Erworbene Lizenzen können z. B. Produktions-, Vertriebs- oder lediglich produkt- oder markenbezogene Lizenzen umfassen (vgl. Büter 2010, S. 120).

Nennenswerter Vorteil dieser externen Methode zur Wissensgenerierung ist der übersichtliche Ressourcen- und Zeitaufwand (vgl. Vahs und Brem 2013, S. 150). Jedoch sollten die bezogenen Lizenzen nicht die Geschäftsgrundlage bilden bzw. die zentralen Kompetenzen betreffen, es sei denn, der Lizenznehmer genießt das „exklusive Nutzungsrecht" (vgl. Gassmann und Bader 2011, S. 120).

Der Nachteil der Lizenznahme ist, dass bereits einem anderen Wettbewerber ein Angebot zu dieser Lizenz vorliegt. Hier besteht die erhöhte Gefahr der Wissensdiffusion, sodass nicht mehr von einem Alleinstellungsmerkmal bzw. strategischen Wettbewerbsvorteil ausgegangen werden kann. Außerdem behält der Lizenzgeber bei Nicht-Exklusivität zumindest zu Beginn der Lizenzvereinbarung die volle Kontrolle über die Technologie und kann so ggf. durch eine spätere Eigenentwicklung der Technik die Chance zur Realisierung einer Monopolrendite beim Lizenznehmer verwirken (vgl. Schilling 2008, S. 162).

Bezug von marktfähigen (Teil-)Leistungen

Hierunter wird der Kauf von Gütern materieller (z. B. Baugruppen, Produkte, Produktionsmaschinen) oder immaterieller (z. B. Verfahrens-Know-how) Art verstanden, die auf jeden Fall aus Sicht des Unternehmens eine Innovation darstellen (vgl. Vahs und Brem 2013, S. 151). Hierbei werden, anders als bei der Lizensierung, die Eigentums- und Nutzungsrechte vollständig per Kaufvertrag übernommen (vgl. Schuh et al. 2011, S. 260). Dabei sollte bei der Übernahme eines neuartigen Produkts bzw. einer neuartigen Dienstleistung genauestens die Phase im Technologielebenszyklus in die Kosten-Nutzen-Analyse miteinbezogen werden (vgl. Zentrum für Europäische Wirtschaftsforschung GmbH 2010, S. 127).

Akquisition innovativer Unternehmen

Durch eine mehrheitliche Übernahme F&E-intensiver Unternehmen (Unternehmensakquisition) aufgrund des im Zielunternehmen vorhandenen und benötigten Know-hows, können ebenfalls Innovationen von extern beschafft werden (vgl. Simon 2005, S. 318). Diese Form stellt die kapitalintensivste und komplexeste von allen geschilderten Maßnahmen dar. Daher ist sie in aller Regel nur für größere und finanzstarke KMU denkbar (vgl. Vahs und Brem 2013, S. 152). Zumal diese Form häufig Probleme, wie vorschnelle Entscheidungen ohne vorherige detaillierte Prüfung der Geschäftsgrundlage (Due Diligence), und daraus resultierende überhöhte Transaktionsgebühren mit sich bringt und im Endeffekt wirtschaftlich betrachtet oftmals keinen nachhaltigen Erfolg für das Käuferunternehmen bedeutet (vgl. Bingham et al. 2005, Kap. 5).

Abschließend ist bei der Betrachtung aller Varianten des externen Bezugs von Innovationen festzuhalten, dass sich aus KMU-Perspektive Vorteile in der schnellen und kostengünstigeren Integration von extern verfügbarem Wissen bzw. fertigen Innovationen, bis auf letztgenannte Möglichkeit, ergeben können. Jedoch sollte darauf hingewiesen werden, dass die Übernahme externer Innovationen trotzdem ein internes Innovationsmanagement notwendig macht und die eigene Forschung und Entwicklung von Innovationen nicht gänzlich aufgrund des geringeren Wertschöpfungsbeitrags zu vernachlässigen ist.

6.4 Innovation durch Kooperation

Diverse Faktoren (Ressourcenmangel, Risikoaversion, Know-how-Defizite) veranlassen mittelständische Unternehmen immer häufiger dazu, netzwerkartige Kooperationen mit externen Partnern einzugehen, um Innovationen erfolgreich am Markt einführen zu können (vgl. Holl et al. 2006, S. 58 f.). Dies trifft insbesondere auf junge KMU zu (vgl. OECD 2010, S. 134). Jedoch zeigen F&E-Kooperationen mit KMU-Beteiligung, dass sie einerseits komplex sowie schwer umsetz- und steuerbar sind. Andererseits gibt es auch zahlreiche Beispiele, die belegen, dass sie auch dauerhaft Bestand haben und sehr intensiv geführt werden können (vgl. Juritsch 2011, S. 409).

Kooperation wird allgemein als freiwillige Bündelung von Ressourcen und/oder Kompetenzen verstanden, wodurch ein gemeinsam formuliertes Ziel bzw. eine sogenannte Win-win-Situation erreicht werden soll (vgl. Juritsch 2011, S. 420). Sie ist von der Konzentration bzw. Fusion aufgrund der weiterhin rechtlich und wirtschaftlich selbständig agierenden Unternehmen abzugrenzen (vgl. Wirtz 2003, S. 13). Bezogen auf die unternehmerische Absicht, im Rahmen der Innovationstätigkeit verfügbare Funktionsbereiche und Ressourcen bündeln zu wollen, bedeutet dies, dass eine freiwillige zwischenbetriebliche Innovationsstruktur zwischen einem Unternehmen und mindestens einem weiteren externen Partner hergestellt wird (vgl. Erfolgsfaktoren von Innovationen in mittelständischen Unternehmen – Eine empirische Untersuchung, Walther 2004, S. 72 f.).

F&E-Kooperationen entstehen nicht nur zwischenbetrieblich, sondern auch mit nicht-gewinnorientierten Institutionen, wie beispielsweise wissenschaftlichen Einrichtungen etc. Man könnte hier auch vom Outsourcing der Wissensgenerierung (Gemeinschaftsforschung) oder von der gesamten Innovationstätigkeit (z. B. Joint Ventures) sprechen (vgl. Gassmann und Wolff 2007, S. 253).

6.4.1 Kooperationsformen von innovationsorientierten Unternehmen

Im Folgenden werden die Formen der interbetrieblichen Zusammenarbeit nach dem Grad der Verflechtung bzw. der Verbindung erläutert. Jedoch ist vorab eine Betrachtung von unterschiedlichen Kriterien hilfreich, um beispielsweise die individuell angestrebte Kooperationsform und Anzahl der Kooperationspartner festlegen zu können (vgl. Hagenhoff 2008, S. 33).

Unterscheidungsmerkmale von Kooperationsformen
Tabelle 6.6 verschafft einen grundsätzlichen Eindruck über F&E-Kooperationen und deren Merkmale auf Basis der Kooperationsintensität. Aus der Tabelle geht hervor, ob eine unkoordinierte Parallelforschung, eine planvolle Spezialisierung der Kooperationspartner auf dem jeweiligen Fachgebiet oder eine Gründung einer separaten F&E-Institution in Abhängigkeit von der gewünschten Kooperationsintensität und dem erwarteten innovativen Input sinnvoll ist (vgl. Rotering 1990, S. 116).

Neben der Klassifizierung in ungeplante, geplante oder institutionalisierte Kooperationen kann auch die Zugehörigkeit zur Branche und Wertschöpfungsstufe der externen Partner bei der Wahl einer geeigneten Form der Zusammenarbeit zur Erfüllung der Innovationsziele eine Rolle spielen. Es werden hier vertikale, horizontale und diagonale Kooperationen unterschieden (vgl. Gerpott 2005, S. 312).

Vertikale Innovationskooperationen
Wenn Unternehmen unterschiedlicher Wertschöpfungsstufen im gleichen Wirtschaftssektor gemeinsam Aufgaben (z. B. Innovationsaktivitäten) nachgehen, spricht man von vertikalen Kooperationen (vgl. Bundesministerium für Wirtschaft und Technologie). Hier findet zum Teil eine Aufgabenteilung statt, wonach ein Unternehmen die F&E und der andere Partner die Innovationstätigkeit im engeren Sinne übernimmt (vgl. Vahs und Brem 2013, S. 154). KMU arbeiten hier häufig mit ihren Lieferanten (vorgelagerte Wertschöpfungsstufe) zusammen, um mangelnde Ressourcen und Wissensrückstände auszugleichen (vgl. Van de Vrande et al. 2009, S. 426).

Darüber hinaus stehen die gemeinsame Optimierung von Herstellungsprozessen und das Schaffen inkrementeller Prozessinnovationen im Vordergrund der Kooperationsbeziehung. Weiterhin können Kooperationen mit nachgelagerten Wertschöpfungsstufen (z. B. Vertriebspartner) in wissensintensiven Bereichen für die Neu- oder Weiterentwicklung von Produkten genutzt werden (vgl. ECORYS 2012, S. 47).

Horizontale Innovationskooperationen
Die horizontale Form der Zusammenarbeit bei Innovationstätigkeiten beschreibt den Fall, dass mindestens zwei Unternehmen der gleichen Wertschöpfungsstufe bzw. Branche ko-

Tab. 6.6 F&E-Zusammenarbeit nach der Kooperationsintensität (eigene Darstellung in Anlehnung an Bellmann und Haritz 2001, S. 281 ff.)

Unstrukturierte F&E-Kooperation	Strukturierte F&E-Kooperation	Institutionalisierte F&E-Kooperation
Lediglich vertraglich festgelegter Kooperationszweck, flexible und informelle Kooperationspartnerschaft	Vertraglich fixierte Kooperationsvereinbarung zu schutzrechtlichen Fragen, Nutzungsrechten und Mittelrückflüssen	Schaffung einer neuen rechtlich und organisatorisch selbständigen Institution für die Innovationstätigkeit
Ausschlaggebend für die Entscheidung zur Intensivierung oder Vernachlässigung von F&E-Kooperationen	Kooperationszweck: Einzelprojekte bis kompletter Innovationsprozess	Umfassender Vertrag zu Gründungsfragen, schutzrechtlichen Fragen, Nutzungsrechten und Mittelrückflüssen
Kurze Kooperationsdauer	Kurze bis mittlere Kooperationsdauer	Lange Kooperationsdauer
Geringe Bindungsintensität	Mittlere Bindungsintensität	Hohe Bindungsintensität
Unterschiedliche F&E-Aktivitäten und -Ziele möglich	Unterschiedliche F&E-Aktivitäten und -Ziele möglich	Vereinheitlichte F&E-Aktivitäten und -Ziele
Einhaltung der Selbstverpflichtung zur Weitergabe von neuen Erkenntnissen und Ergebnissen	Selbstverpflichtung sowie regelmäßiger und institutionalisierter Austausch von neuen Erkenntnissen und Ergebnissen	Vertraglich festgelegter, permanenter und institutionalisierter Austausch von neuen Erkenntnissen und Ergebnissen
Kaum Plan- und Koordinationsbedarf	Mittlerer Plan- und Koordinationsbedarf	Hoher Plan- und Koordinationsbedarf
Erfahrungsaustausch durch Gesprächsrunden	Strukturierte Kooperationspartnerschaft	Bereitstellung von Sach- und Humankapital erforderlich
Zum Beispiel: laterale Kooperation und virtuelle Netzwerke	Zum Beispiel: vertikale Kooperation	Zum Beispiel: Joint Venture

operieren (vgl. Bundesministerium für Wirtschaft und Technologie). Ziel der Partner, die im Wettbewerb zueinander stehen können, ist es, eine grundlegende oder neuartige Lösung gemeinsam zu entwickeln (vgl. Kocian et al. 1995, S. 3).

Diagonale Innovationskooperationen

Dagegen sind bei der diagonalen bzw. lateralen Zusammenarbeit im Innovationsprozess Unternehmen involviert, die weder dem gleichen Sektor noch der gleichen Wertschöpfungsstufe angehören (vgl. Gerpott 2005, S. 312). Hierfür kommen z. B. Hersteller von komplementären Gütern (ergänzende oder Zubehörprodukte) infrage (vgl. Hagenhoff 2004, S. 10). Unternehmen können so vom fachfremden Know-how profitieren und gemeinsam Synergieeffekte erzielen. Beispielsweise hatte ein Unternehmen, das den Fokus auf Nanotechnologie legte, Probleme beim Trennen seiner just entwickelten, aber nicht schneidfähigen Keramiktapete. Dieses Problem konnte gelöst werden, indem das Know-how eines Cutters der Filmindustrie beansprucht wurde (vgl. Gesellschaft für innovative Beschäftigungsförderung des Landes Nordrhein-Westfalen 2010, S. 22).

Vorstehend wurden grundlegende Merkmale einer Kooperation (Kooperationsintensität, geplante vs. ungeplante Kooperation, Zugehörigkeit zur Wertschöpfungsstufe) erläutert. Weitere Unterscheidungsmerkmale einer Kooperation sind die Dauer der Zusammenarbeit sowie kontraktfreie Kooperationen (z. B. zum Erfahrungsaustausch) vs. kontraktgebundene Kooperationen (z. B. in Form eines Exklusivvertriebes) (vgl. Wirtschaftslexikon24.com).

Im Folgenden sollen innovative Unternehmensnetzwerke als Kooperationsform betrachtet werden. Der Vollständigkeit halber sind auch strategische Allianzen sowie Joint Ventures als Kooperationsmöglichkeit zu nennen, wobei diese bei KMU eine untergeordnete Rolle spielen (vgl. Abrahamczik 2012, S. 136)

Unternehmensnetzwerk

Bei dieser Form kooperieren mehr als zwei Unternehmen eines Wirtschaftssektors (gleiche oder ähnliche Lieferanten- und Kundenstruktur) miteinander, um kollektiv definierten F&E-Zielen oder der gesamten Innovationstätigkeit nachzugehen (vgl. Juritsch 2011, S. 415). Hierunter kann auch eine Gemeinschaftsforschung verstanden werden, die optional durch eine unabhängige wissenschaftliche Einrichtung stellvertretend überwacht und durchgeführt wird (vgl. Vahs und Brem 2013, S. 155).

Sind die kooperierenden Unternehmen darüber hinaus geografisch kompakt angesiedelt, so spricht man auch von formal oder informal verbundenen Innovationsclustern, Technologiezentren bzw. Wissenschaftsparks (vgl. Potinecke und Rogowski 2009, S. 24). KMU beteiligen sich mit einer überwältigenden Mehrheit (76 %) an diesen Netzwerken (vgl. Potinecke und Rogowski 2009, S. 26).

Die wohl bekanntesten deutschen Cluster technologieintensiver KMU befinden sich in Baden-Württemberg, in Thüringen, in Sachsen aber auch in anderen Bundesländern (vgl. Potinecke und Rogowski 2009, S. 26). Auch die Bundesregierung sieht in ihrem verstärkten Engagement zur Entwicklung und globalen Verlinkung von Unternehmen in Innovationsclustern einen richtungsweisenden Weg, um Wirtschaftswachstum anzukurbeln und den Innovationsstandort Deutschland zu sichern (vgl. Bundesministerium für Wirtschaft und Technologie: „Lust auf Technik", S. 7).

Im Gegensatz zu lokal oder regional gebundenen Unternehmensnetzwerken sind virtuelle Unternehmensnetzwerke IT-gestützte Kooperationsnetzwerke, bei denen sich Unternehmen überwiegend der neuen Medien und Kommunikationskanäle bedienen, um ein gemeinsames Ziel zu verfolgen (vgl. Macharzina und Wolf 2008, S. 531). Diese virtuellen Netzwerke erinnern stark an den Open-Innovation-Ansatz (siehe dazu Abschn. 6.4.3). Gerade hochtechnologie- bzw. wissensintensive KMU können von dieser Kooperationsform profitieren, indem sie relativ ressourcenschonend auch international verfügbares Wissen austauschen. Jedoch ist vor dem Einbringen des eigenen Know-hows auch hier detailliert über den Schutz und die Anwendung des Wissens zu sprechen.

Um die genannten Vorteile solcher Innovationskooperationen, ob standortgebunden oder virtuell, realisieren zu können, sollten Inhaber bzw. Manager von KMU frühzeitig Eigeninitiative zeigen sowie ihre Kommunikations- und Kooperationsfähigkeit nutzen, um an solchen Netzwerken teilzunehmen und sie aktiv weiterzuentwickeln.

Strategische Allianz
Eine strategische Allianz steht für jede längerfristige vertraglich vereinbarte Kooperation zwischen vertikalen Wertschöpfungspartnern oder horizontal zueinander im Wettbewerb stehenden Unternehmen, unabhängig von der Bindungsintensität. Einzige Unterscheidungskriterien zu den vorher präsentierten Unternehmensnetzwerken sind langfristige projektartige Strukturen in nur einem Geschäftsfeld und eine eher geringe Anzahl von Allianzmitgliedern (vgl. Hagenhoff 2004, S. 14). In der Praxis gehen KMU hier längere Projekte mit großen Unternehmen ein, um grundlegende Technologien zu erforschen und gemeinsam zur Marktreife zur führen (vgl. Bundesministerium für Bildung und Forschung: Innovationsinitiative industrielle Biotechnologie). Das folgende Beispiel in der Biotechnologie zeigt, dass auch KMU durchaus für diese F&E-Kooperationsalternative infrage kommen.

KMU-Praxisbeispiel
Innovationsallianz – evocatal GmbH (vgl. evocatal GmbH 2012)
Die evocatal GmbH beschäftigt 21 hochqualifizierte Mitarbeiter und wurde 2006 als Spin-off gegründet. Finanziert wird das Unternehmen durch Business Angels und Gründerfonds. Das Biotechnologieunternehmen hat sich im Düsseldorfer Life Science Center niedergelassen und ist Mitglied in den Cluster Industrielle Biotechnologie und CleanTech NRW. Darüber hinaus engagiert sich das KMU stark in F&E-Kooperationen mit großen Unternehmen, um deren Know-how für die Neuproduktentwicklung und spätere Markteinführung zu nutzen.

Insbesondere die Leitung der strategischen Innovationsallianz „Funktionalisierung von Polymeren (FuPol)" mit global agierenden Unternehmen, wie Henkel AG & Co. KGaA, zeigt, dass auch kleinere Unternehmen fähig sind, trotz ihrer limitierten materiellen Ressourcen ein auf Bundesebene gefördertes und langfristiges Projekt zu steuern.

Joint Venture
Bei einem Joint Venture wird ein separates Gemeinschaftsunternehmen gegründet, bei dem die Partner zu gleichen Teilen zuvor festgelegte Ressourcen und Kompetenzen mit in das neue Unternehmen einbringen (vgl. Nieschlag et al. 2002, S. 218 f.). Dies stellt die größte Bindungsintensität von Kooperationspartnerschaften dar, weil eine intensive wirtschaftliche und rechtliche Verflechtung aufgrund der neuen Tochtergesellschaft gegeben ist (vgl. Vahs und Brem 2013, S. 155). Jedoch ist diese Variante für KMU nur dann interessant, wenn das eigene Know-how als Ausgleich für nicht verfügbare finanzielle und personelle Ressourcen gilt.

6.4.2 Nicht-unternehmensgebundene Kooperationspartner

Neben der Zusammenarbeit zwischen Unternehmen lassen sich auch Kooperationsmöglichkeiten identifizieren, die Partner mit rein wissenschaftlichen, nicht-gewinnorientierten oder gemeinnützigen Innovationszielen einbeziehen.

Kammern, Verbände und Fördervereine

Von der Zusammenarbeit mit Verbänden wie beispielsweise den Industrie- und Handelskammern (IHK) können KMU auch im Hinblick auf den Innovationsprozess profitieren, indem kontinuierlich die vielfältigen und innovativen Aus- und Weiterbildungsangebote zur fachlichen wie methodischen Entwicklung der Mitarbeiter- und Unternehmerkompetenzen in Anspruch genommen werden. Handwerks- oder Industrie- und Handelskammern dienen darüber hinaus auch als vergleichsweise kostengünstige Plattformen für den regelmäßigen Wissensaustausch und zur Vernetzung von Unternehmen (vgl. IHK Koblenz 2012). Die entsprechenden Plattformen bzw. Stellen werden auch als Technologietransferstellen bezeichnet (vgl. Joanneum Research Forschungsgesellschaft 2009, S. 111).

Außerdem können sich Unternehmer beim Deutschen Industrie- und Handelskammertag (DIHK) über aktuelle Entwicklungen und Maßnahmen zur Innovationsförderung informieren oder Innovationsberatungen in Anspruch nehmen (vgl. Deutscher Industrie- und Handelskammertag 2013). Bestimmte Fördervereine helfen zudem dabei, Kooperationspartner für innovative Projekte in Wissenschaft und Praxis sowie Finanzierungspartner zu finden und den Wissensaustausch über sogenannte virtuelle Cafés zwischen KMU und Fachexperten anzuregen (vgl. TSB Innovationsagentur Berlin 2013). Dieses breite Bildungs- und Informationsangebot bietet KMU zumindest eine Art Leitfaden, um systematisch im Innovationsprozess vorzugehen.

Außeruniversitäre Forschungsinstitutionen

In Deutschland tragen neben den zahlreichen Hochschulen auch öffentliche bzw. außeruniversitäre Forschungseinrichtungen (AUF) zur Grundlagen- sowie angewandten Forschung bei (vgl. Stifterverband für die Deutsche Wissenschaft 2012). Darüber hinaus fungieren AUF als kreative Partner in der Neuproduktentwicklung sowie als Berater für die Realisierung und Herstellung von neuartigen Produkten (vgl. Joanneum Research Forschungsgesellschaft 2009, S. 142). Zu diesen Einrichtungen zählen Gesellschaften wie die Leibniz-Gemeinschaft, die Max-Planck-Gesellschaft, die Fraunhofer-Gesellschaft und die Helmholtz-Gemeinschaft, die entweder ausschließlich durch die Länder oder paritätisch durch Bund und Länder gefördert werden (vgl. Ministerium für Innovation, Wissenschaft und Forschung des Landes Nordrhein-Westfalen 2013). Andere gemeinnützige Organisationen in Form von Krankenhäusern, Stiftungen und Handelsorganisationen forschen ebenfalls oder vergeben Fördermittel zu Forschungszwecken (vgl. Schilling 2008, S. 27).

Trotz der intensiven Forschung ist im Vergleich zu Innovationskooperationen mit Hochschulen und Universitäten noch Potenzial bei Kooperationen zwischen innovativen Unternehmen und AUF erkennbar (vgl. Joanneum Research Forschungsgesellschaft 2009,

S. 129). Vorteilhaft an dieser Form von Kooperationen aus Sicht von KMU ist hier, dass keine eigenen F&E-Strukturen für das Innovationsprojekt aufgebaut werden müssen.

Hochschulen und Universitäten

Die Kooperation mit wissenschaftlichen Institutionen, wie Hochschulen und Universitäten, stellt für junge sowie wissen- bzw. technologieintensive KMU eine wesentliche Alternative bzw. Ergänzungsoption zur eigenen Innovationstätigkeit dar (vgl. OECD 2010, S. 145). Auf der einen Seite profilieren sich Universitäten zumeist über die Grundlagenforschung in ihren Fakultäten, wobei deren Arbeit durch Aufträge von außerhalb, sprich von Unternehmen, ergänzt wird (vgl. Schilling 2008, S. 26). Auf der anderen Seite widmen sich Hochschulen der angewandten Forschung und bieten Unternehmen so die Möglichkeit, vom bestehenden Wissen sowie von den bestehenden F&E-Einrichtungen zu profitieren (vgl. Hochschule Koblenz).

Diese Form der Zusammenarbeit stellt für beide Parteien im Optimalfall eine Win-win-Situation dar, weil Studenten und wissenschaftliche Mitarbeiter so die Möglichkeit erhalten, an theoretischen oder praxisrelevanten Themen zu arbeiten. Die Firmen profitieren im Regelfall ebenfalls von dieser Kooperationsform, indem sie preiswerter an mögliche Lösungsansätze für die in Auftrag gegebenen Projekte oder Probleme herankommen (vgl. Schilling 2008, S. 26).

Studienergebnisse zeigen in vielfacher Hinsicht, dass ein gesteigertes Interesse seitens mittelständischer Unternehmen an Kooperationen mit wissenschaftlichen Institutionen zu vermelden ist. Die daraus hervorgehenden Erkenntnisse sind aber häufig nicht zufriedenstellend und zeigen noch Optimierungspotenzial. Verbesserungsmöglichkeiten aus Sicht von KMU werden dabei in der Kommunikation mit den Hochschulen (einfacher Zugang zu Studienergebnissen, bessere Informationen zu Spezialgebieten und Kooperationsmöglichkeiten) und in der Praxistransfertauglichkeit von Forschungsergebnissen gesehen (vgl. Deutscher Industrie- und Handelskammertag 2011, S. 12 f.). Darüber hinaus erwarten sich KMU mehr verwertbare und anwendungsnahe Ergebnisse aus Kooperationen bei wissenschaftlichen Abschlussarbeiten.

KMU-Praxisbeispiel

F&E-Kooperationen von inomed Medizintechnik GmbH

Die „inomed Medizintechnik GmbH wurde 1991 in Teningen bei Freiburg von Rudi Mattmüller und Dieter Mussler gegründet. Mit dem Einzug in das eigens errichtete, neue Firmengebäude in Emmendingen schuf inomed im Jahr 2010 Platz für weitere Innovationen und Entwicklungen. Das Unternehmen beschäftigt heute mehr als 100 Mitarbeiter und entwickelt und produziert wegweisende biomedizinische Instrumente und Geräte zur Diagnose und Therapie." (vgl. inomed Medizintechnik GmbH)

Dieses KMU zeigt, dass auch mittlere Unternehmen durchaus stark im F&E-Bereich aktiv sein können. So konnte die Firma im Zeitraum von 2007–2012 mithilfe von fünf auf Bundesebene geförderten F&E-Kooperationen (Partner: öffentliche Einrichtungen und Universitäten) ihre Innovationsfähigkeit erheblich steigern und dazu etliche neue

Stellen in allen innovationsrelevanten Bereichen schaffen, darunter zwölf in der F&E-Abteilung (vgl. inomed Medizintechnik GmbH).

Regierungen und staatliche Institutionen

Regierungen oder staatliche Organisationen können ebenfalls als Kooperationspartner im Innovationsprozess angesehen werden, da sie in erster Linie dafür verantwortlich sind, innovationsfreundliche gesetzliche Rahmenbedingungen festzulegen sowie innovative Projekte zu fördern (vgl. OECD 2010, S. 134). Im Gegenzug lassen sich so volkswirtschaftlich positive Effekte und Imageverbesserungen auf staatlicher Seite realisieren. Als positives Beispiel kann hier die Niederlande hervorgehoben werden, die KMU sogenannte Kooperationsgutscheine mit dem Ziel übergibt, sich stärker in F&E-Kooperationen mit Universitäten und Hochschulen einzubringen (vgl. OECD 2010, S. 154). Die deutsche Bundesregierung fördert KMU mit vielen Projekten, wie dem Zentralen Innovationsprogramm Mittelstand (ZIM) (vgl. Bundesministerium für Wirtschaft und Technologie).

Endabnehmer

Endkunden oder industrielle Abnehmer in der nachgelagerten Wertschöpfungsstufe sind für KMU die wichtigsten Auslöser und Partner im Innovationsprozess. Dies wurde durch diverse Studien mit jeweils über 40 % Zustimmungen unter den Unternehmen bestätigt (vgl. Siemens AG 2010, S. 16). Entscheidender Vorteil einer frühzeitigen Einbindung und Umsetzung von Kundenideen und -anforderungen (Customization) ist, dass das Risiko bei der Markteinführung des neu entwickelten oder entscheidend überarbeiteten Produkts reduziert wird (vgl. Hauschildt und Salomo 2011, S. 155). In diesem Fall wird auch von marktinduzierten Innovationen durch die zu „Co-Designern" (vgl. Zerfaß und Möslein 2009, S. 347) avancierten Kunden gesprochen (vgl. OECD 2010, S. 134). Grundlage für die Erfassung und Verarbeitung von marktseitigen Trends und Kundenideen ist ein intensives Customer Relationship Management (CRM), wodurch das Wissen der Kunden durch verschiedene Methoden, wie Befragungen und Beobachtungen, abgeschöpft werden kann (vgl. Krafft und Krieger 2004, S. 218).

Grundsätzlich können Kundenwünsche in allen Phasen des Innovationsprozesses berücksichtigt werden (vgl. Hartschen et al. 2009, S. 39). Jedoch sollte die Kooperationsbereitschaft zu Kunden auch von KMU limitiert sein, da sonst kaum originäre bzw. radikale Innovationen hervorgebracht werden (vgl. Siemens AG 2010, S. 16 f.). Denn mit einem starken Kundenfokus sind in der Regel nur inkrementelle oder Anpassungsinnovationen möglich (vgl. Schmeisser 2010, S. 2).

6.4.3 Open Innovation

Nachdem bisher optionale Kooperationspartnerschaften im internen Innovationsprozess aufgezeigt wurden, werden im Folgenden der offene Innovationsprozess und dessen Bedeutung für KMU beschrieben.

Wesen und Ursachen

Das nach Henry William Chesbrough benannte Open-Innovation-Modell hebt sich insofern vom geschlossenen Innovationsprozess (Closed Innovation) ab, als dass externen Partnern aller Wertschöpfungsstufen ermöglicht wird, mehr als nur die Rolle des Ideengebers auszufüllen (vgl. Hauschildt und Salomo 2011, S. 7). Kreative Individuen oder Gruppen können so innovative Produkte mit neuen funktionalen sowie Designelementen aktiv entwickeln, indem sie Lösungen für ihre eigenen Probleme und Bedürfnisse finden (vgl. Schilling 2008, S. 20).

Ein Open-Innovation-Prozess setzt den freien Zugang zu bestehendem Wissen und eine großzügige Verbreitung des Know-hows voraus, wodurch Weiterentwicklungs-, Optimierungs- und Distributionsprozesse durch User und Entwickler forciert werden (vgl. Schilling 2008, S. 191 ff.). Der für den Innovationsprozess notwendige Wissenstransfer kann dabei in zwei Richtungen ablaufen. Gelangt Know-how von externen Partnern in das Unternehmen und wird dort für Innovationen verwertet, spricht man von einem Outside-In-Prozess (vgl. Faber 2008, S. 37). Hingegen externalisiert das nach Innovationen strebende Unternehmen beim Inside-Out-Prozess das bereits intern vorhandene Wissen und macht es der Öffentlichkeit zugänglich, um darauf aufbauend Neuproduktentwicklungen oder eine Vermarktung durch beispielsweise eine Lizenzvergabe zu ermöglichen (vgl. Faber 2008, S. 36).

Partner im offenen Innovationsprozess

Um dieses Modell auch in der Praxis umsetzen zu können, sollte eine eng verflochtene, langfristige, symbiotische Partnerschaft, im Optimalfall sogar eine wechselseitige Abhängigkeit, zwischen dem innovativen Unternehmen und dem externen Innovator bestehen (vgl. Becker und Ulrich 2011, S. 91).

Grundsätzlich kommen alle Partner von horizontalen wie vertikalen Wertschöpfungsstufen in Betracht, jedoch werden aufgrund der schutzrechtlichen Aspekte eher Lieferanten oder Kunden als wichtige Innovatoren identifiziert (vgl. Siemens AG 2010, S. 16). Letztere unterscheidet man in einzelne Lead User oder -gruppen bzw. netzwerkartige User Communities.

Lead Users

Ein Lead User kann grundsätzlich jede Person oder jeder Betrieb sein, welche oder welcher den Anspruch hat, die zu entwickelnden Innovationen später selbst zu nutzen. Sie zeichnen sich durch Kreativität und Fortschrittlichkeit aus, weil sie die generellen Bedürfnisse eines Marktes kennen bzw. abbilden und neue Produkte testen und weiterentwickeln wollen (vgl. von Hippel 1986, S. 796). Durch ihr Mitwirken am offenen Innovationsprozess erhoffen sich diese einen persönlichen Nutzen in Form einer gewünschten Zusatzfunktion oder einer speziellen Konstruktion (vgl. von Hippel 2005, S. 3). Für Unternehmen ist die Einbindung dieser Gruppe von innovativen Endabnehmern äußerst wichtig, weil sie die potenziellen Fähigkeiten mitbringen, originäre und strategisch wichtige Innovationen zu entwerfen (vgl. von Hippel 2005, S. 138 ff.).

User Communities

Da sich meistens mehrere User in den Innovationsprozess einbringen, spricht man auch
von sogenannten User Communities. Ziel ist es, das „Wisdom of Crowds" (die Weisheit
der Vielen) zu nutzen (vgl. Komus und Wauch 2008, S. 140). In geschlossenen User Communities werden Nutzer von Produkten dazu animiert und gefördert, kreativ zu werden,
Wissen auszutauschen und sich gegenseitig bei der Entwicklung von Produkten zu unterstützen (vgl. Großklaus 2008, S. 151). Um dieses „Crowdsourcing" zu nutzen, empfehlen sich u. a. Lead-User-Workshops oder permanent arbeitende, webbasierte bzw. Cloud-
basierte Plattformen (vgl. Bischoff et al. 2010, S. 276). Als Beispiel für die Fertigung
durch viele Gleichgesinnte und -berechtigte bzw. „Commons-based Peer Production" wird
oftmals die Software-Entwicklung von Open-Source-Programmen auf Basis veröffent-
lichter Quellcodes genannt (vgl. Reichwald und Piller 2009, S. 70).

Praxisbeispiel

**Demola – Open-Innovation-Plattform (vgl. Science-to-Business Marketing Re-
search Centre** 2009, S. 30–34)
Im Mai 2011 wurde in Finnland durch die Firma Hermia Ltd. mit ca. 50 Angestellten
in Kooperation mit der Tampere University of Technology (TUT), der University of
Tampere (UTA) und der Tampere University of Applied Sciences (TAMK) die Open-
Innovation-Plattform eingeführt. Diese ermöglicht es Studenten der drei oben genannten Universitäten, die von kleinen und großen Unternehmen zur Verfügung gestellten,
theoretischen Vorgaben als Prototypen zu entwickeln. Somit erhalten Unternehmen in
einem neutralen und sicheren Umfeld neue Informationen zu ihren neuartigen Konzepten und geben Studenten gleichzeitig die Möglichkeit, als Lead User ihre Ideen in der
Praxis zu verwirklichen.

Anwendbarkeit in KMU

Für KMU ist ein Open-Innovation-Prozess leicht umsetzbar, weil die gering ausgeprägten
organisationalen Strukturen eine schnelle Öffnung des Innovationsprozesses zulassen. So
kann von der ressourcenschonenden Ideengenerierung profitiert werden (vgl. Enkel und
Gassmann 2005, S. 299).

Trotz der zahlreichen Vorteile von Open Innovation empfanden nur 7 % der in 2012
durch den DIHK befragten KMU Open Innovation als wichtigen Bestandteil ihres Innovationserfolgs (vgl. Deutscher Industrie- und Handelskammertag 2012, S. 14). Tabelle 6.7
gibt einen Überblick über Vor- und Nachteile von Open Innovation.

Neben der Berücksichtigung der genannten Vor- und Nachteile sollten weitere KMU-
spezifische Fakten bei der Überlegung zur Einführung eines geöffneten Innovationsprozesses beachtet werden.

Im Idealfall sollte ein kombiniertes Modell (Coupled Process) zur Anwendung kommen, bei dem neben der Interaktion mit externen Partnern weiterhin, wie auch im geschlossenen Innovationsprozess, eine eigene Entwicklung von Produkten systematisch
vorangetrieben wird (vgl. Bischoff et al. 2010, S. 307). Oberste Prämisse sollte sein,

Tab. 6.7 Vor- und Nachteile von Open Innovation (eigene Darstellung in Anlehnung an Schilling 2008, S. 195)

Vorteile	Nachteile
Kürzere Innovationszyklen	Negative Spillover-Effekte, d. h. Know-how-Verluste oder Patentrechtsverletzungen
Geringere Kosten für eigene F&E-Tätigkeiten	Imitationen und Wettbewerbsdruck
Breite Akzeptanz unter Kunden und anderen Wertschöpfungspartnern	Hoher Koordinations- und Kommunikationsaufwand durch Vielfalt an Vorschlägen
Hohe Identifikation aufgrund des Mitwirkens am Produkt	Gefahr des Kontrollverlusts
Größere Verfügbarkeit von komplementären Gütern und Dienstleistungen, wie z. B. zusätzliche Anwendungen	Unterschiedliche Intentionen und Vorstellungen unter Entwicklern, was die Funktionen und den Nutzen des Produkts angeht, führt mitunter auch zu langwierigen kompromissfähigen Entwicklungsprozessen
Höhere Attraktivität durch breiteres Funktionsspektrum und verbessertes Design	Schnelle Entwicklung zur Massenware
Besseres Qualitätsniveau durch viele kritische Entwickler	
Schutz vor Zusammenschlüssen unter Wettbewerbern, die einen eigenen Technologiestandard anstreben	
Gegebenenfalls radikale Innovationen durch die Einbindung von Lead Usern	

eine unkontrollierte Wissensdiffusion durch selektive Schutzmaßnahmen zu vermeiden, indem z. B. extern zugelassene und verifizierte Entwickler an der Weiterentwicklung einer Technologie arbeiten dürfen, während Wettbewerber von Entwicklungsnetzwerken oder -plattformen ausgeschlossen werden (vgl. Hauschildt und Salomo 2007, S. 7).

Über diesen Schutzaspekt hinaus ist es wichtig, die Kontrolle und Koordination über den Innovationsprozess beizubehalten, um zu viele Versionen und uneinheitliche Standards von Produkten zu vermeiden. Dementsprechend kann es sinnvoll sein, den Fokus auf die Vorschläge von wenigen Lead Usern anstelle aller Kunden zu lenken. Das Arbeiten mit Beta-Versionen oder Prototypentests, um Kundenfeedbacks noch in der finalen Version berücksichtigen und implementieren zu können, ist als ressourcenschonende und kompromissfähige Alternative sowohl für das Unternehmen als auch für die externen Innovatoren anzusehen (vgl. Mohr et al. 2010, S. 205 f.).

Um den Lead User als Kernelement im offenen Innovationsprozess im Unternehmen als Selbstverständnis und im Bewusstsein der Mitarbeiter zu verankern, sollten Trainings (technischer Fokus) bzw. strukturierte Personalentwicklungsmaßnahmen (sozialer und zwischenmenschlicher Fokus) durchgeführt werden (vgl. Hutzschenreuter 2009, S. 215). So kann eine für den offenen Innovationsprozess förderliche Qualifikation und Sensibilisierung der Mitarbeiter – vor allen Dingen im Vertrieb und in der Entwicklung – gleichermaßen erreicht werden, um das Hineinversetzen in neue Ideen und zeitnahes Umsetzen von Kundenwünschen zu vereinfachen (vgl. Jaworski und Zurlino 2007, S. 79).

6.4.4 Chancen und Risiken von Kooperationen

In der vorangegangenen Betrachtung wurden mögliche Formen der Zusammenarbeit betrachtet und die jeweiligen Merkmale erläutert. Mit der Bereitschaft, im Innovationsprozess kooperieren zu wollen, ergeben sich diverse Vorteile, aber auch einige Herausforderungen, besonders bei zunehmender Zahl von Kooperationspartnern. Diese Vorteile und Herausforderungen werden in Tab. 6.8 überblickartig unter Chancen und Risiken zusammengefasst (vgl. Gerybadze 2004, S. 220). Um die sich bietenden Chancen realisieren zu können, bedarf es neben dem internen Innovations- auch eines effizienten Kooperationsmanagements (siehe hierzu Abschn. 6.4.5).

6.4.5 Kooperationsmanagement

Unter Kooperationsmanagement wird die zielbezogene Gestaltung und Steuerung von Kooperationen verstanden. Dazu gehören die Planung, Steuerung und Kontrolle dieser Kooperationen (vgl. Mellewigt 2003, S. 74).

Für die Anbahnung und effiziente Ausgestaltung einer innovationsförderlichen Kooperation bietet es sich an, einen strukturierten Innovations- und Kooperationsprozess konsequent zu durchlaufen (vgl. Ermisch 2007, S. 221). KMU zeigen hier Schwächen (vgl. Killich und Luczak 2003, S. 14). Abweichend von anderen Darstellungen wird im folgenden Kooperationsprozess die Initiierungsphase von der Selektionsphase (Suche sowie Auswahl der Kooperationspartner) getrennt, da so den beiden Phasen eine entsprechend hohe Bedeutung zukommt.

Ausgangspunkt für die nachfolgende Betrachtung eines Kooperationsmanagements ist, dass mit der Erkenntnis, eine Innovation nicht eigenständig bis zur Marktreife umsetzen zu können, die Entscheidung für eine Kooperation bereits gefallen ist.

1. Phase: Initiierung der Innovationskooperation
In der Auftaktphase wird analysiert, inwiefern der ermittelte Bedarf an zusätzlichem Wissen oder Know-how durch eine Kooperation gedeckt werden kann. Insbesondere die Innovationsziele sowie den Kooperationszweck gilt es unternehmensintern vor einer Kooperation festzulegen, um bei der Suche eines geeigneten Kooperationspartners konkrete Vorstellungen und Anhaltspunkte zur Verfügung zu haben. Dabei sollte intern geklärt werden, ob ein Produkt komplett neu entwickelt, entscheidend modifiziert oder lediglich neu konfiguriert werden soll. Darüber hinaus sind die eigenen Kernkompetenzen sowie die zur

Tab. 6.8 Chancen und Risiken in Kooperationspartnerschaften (eigene Darstellung in Anlehnung an Nieschlag et al. 2002, S. 698)

Chancen	Risiken
Theoretischer Erfahrungs- und Erkenntnisaustausch	Verlust von Kontrolle und Eigenständigkeit im Innovationsprozess
Gemeinsame Generierung von neuem Wissen	Know-how-Verlust bis hin zu Imitationen
Zunahme der innerbetrieblichen Fach- und Methodenkompetenz	Imageprobleme bei gescheiterten Kooperationsvorhaben oder bei inkongruenter Partnerwahl
Minimierung des Innovationsrisikos durch Verteilung auf mehrere Kooperationspartner	Inkompatibilität der Unternehmenskulturen
Höhere F&E-Qualität durch Kompetenzvernetzung	Bewertungskonflikte aufgrund verschiedener Auffassungen zu Leistungen und Prozessabläufen
Erhöhung der F&E-Effizienz durch Ausnutzung komparativer Vorteile	Realisierungskonflikte bei der Vorgehensweise bzw. Umsetzung von Projekten
Beschleunigung von Forschungs- und Entwicklungsphasen	Opportunistisches Verhalten von Partnern bis hin zum frühzeitigen Abbruch der Kooperationsbeziehung
Reduktion der F&E-gebundenen Ressourcen	Zeitaufwendige Koordinations-, Abstimmungs- und Entscheidungsprozesse
Höhere Anpassungsfähigkeit und Flexibilität auf externe Einflüsse	Unklare Weisungsbefugnisse
Kürzere Produktlebenszyklen	Gefahr der Übernahme durch große Unternehmen nach Patentanmeldung, da Realisierung von Innovationen mangels Ressourcen teilweise nicht möglich ist
Schärfung des eigenen Unternehmensprofils sowie Fokus auf Kernkompetenzen	
Überwindung von Markteintrittsbarrieren	
Stärkung der gemeinsamen Marktstellung	
Entwicklung eines breit akzeptierten Standards oder dominanten Designs (neue Markteintrittsbarrieren für andere Unternehmen)	

Verfügung stehenden Ressourcen herauszuarbeiten, damit der für die Kooperation maximal zur Verfügung stehende finanzielle und personelle Input feststeht (vgl. Stummer et al. 2010, S. 118–121).

Problematisch aus Sicht von KMU stellt sich in der Initiierungsphase eine zu hohe Erwartungshaltung an den Kooperationserfolg und eine zumeist unvollständige Kooperationsplanung dar (vgl. Kocian et al. 1995, S. 5 ff.). Darüber hinaus ist das bereits erwähnte „Not-Invented-Here-Syndrom" als kooperationshemmend anzuführen (vgl. Jaworski und Zurlino 2007, S. 74 ff.).

2. Phase: Screening, Auswahl und Ansprache von Kooperationspartnern

In dieser Phase werden potenzielle Kooperationspartner in Anlehnung an das vorab definierte Anforderungsprofil und in Bezug auf die eigenen Innovationsziele sowie vergleichbare strategischen und kulturellen Merkmale gesucht (vgl. Hagenhoff S. 64 f.). Wie bereits gezeigt, sollten sowohl Unternehmen entlang der gesamten Wertschöpfungskette als auch Partner im wissenschaftlichen und öffentlichen Sektor in den Screening- und Auswahlprozess einbezogen werden. Sie können beispielsweise durch vertikale oder horizontale Kooperationsbeziehungen für den Ausgleich von nicht verfügbaren Roh-, Hilfs- und Betriebsstoffen sowie Vorprodukten oder unzureichenden F&E-, Produktions- oder Vertriebskapazitäten sorgen (vgl. Balling 1997, S. 76–85). In Abhängigkeit vom Innovationsziel ist evtl. auch eine heterogene bzw. diagonale Kooperationspartnerschaft sinnvoll, wenn beispielsweise radikale Innovationen angestrebt werden (vgl. Specht et al. 2002, S. 399).

KMU empfinden die Suche von geeigneten Kooperationspartnern häufig als schwierig, da sie aufgrund ihres speziellen Fokus auf wenige Märkte und Geschäftsaktivitäten scheinbar keine passenden Partner finden bzw. nicht als ebenbürtige Partner akzeptiert werden. Hilfestellung können dabei Vermittler wie Verbände, Technologiezentren oder Unternehmensberatungen leisten (vgl. Kocian et al. 1995, S. 5). Außerdem eignen sich neben den forschungsorientierten Non-Profit-Gesellschaften kooperationserfahrene Partner aus der Wirtschaft, die ähnliche Merkmale in Bezug auf die Unternehmensgröße, den Sektor sowie die Beziehung zum Umfeld aufweisen (vgl. Ermisch 2007, S. 69).

Im Anschluss an die Partnersuche ist ein aktives Herantreten an die Partner erforderlich. Bei mittelständischen Betrieben empfiehlt es sich, aufgrund der bereits beschriebenen kulturellen Gegebenheiten, direkt einen persönlichen Kontakt herzustellen, anstatt über virtuelle Kontaktplattformen zu gehen (vgl. Atzorn und Clemens-Ziegler 2010, S. 5). Es ist darüber hinaus wichtig, die eigenen Strukturen und Prozesse für das Kooperationsvorhaben so auszurichten, dass das eigene Image den potenziellen Partnern eine problemlose und erfolgreiche Abwicklung des Innovationsprojekts vermittelt (vgl. Schilling 2008, S. 92 ff.).

An die Selektion der Kooperationspartner schließt sich die Ausarbeitung und schriftliche Fixierung der vertraglichen Details an, um ein unvorteilhaftes Resultat der Kooperationsbeziehung zu vermeiden.

Erfolgsfaktoren für die Partnerselektion sind:

- Kooperationserfahrung der Partner,
- Kooperations- und Lernbereitschaft sowohl des Partners wie auch des eigenen Unternehmens,
- Verlässlichkeit,
- Komplementäre Kernkompetenzen,
- Geringe kulturelle Distanz,
- Kompatibilität der Erfahrungen, Werte und Prinzipien,
- Kompatible strategische Ziele (vgl. Peters 2006, S. 6).

3. Phase: Festlegung der Rahmenbedingungen

Unabhängig von der Komplexität (bilateral oder multilateral) und der Intensität der Zusammenarbeit sollten nun die gemeinsamen Vorstellungen an die Innovationskooperation verhandelt werden.

Dabei sind mögliche Interessenkonflikte offenzulegen und zur beiderseitigen Zufriedenheit zu lösen (vgl. Hagenhoff 2008, S. 64). Die Konkretisierung der Kooperationsvereinbarungen sollte sich in einem detailliert ausgearbeiteten Kooperationsvertrag wiederfinden und folgende inhaltliche Festlegungen beinhalten (vgl. Hagenhoff 2008, S. 68):

- Projektzeitraum und allgemeiner Kooperationszweck,
- Klar abgesteckte Verantwortungsbereiche, z. B. Gemeinschaftsforschung oder Spezialisierung auf unterschiedliche Funktionen in F&E und Vertrieb,
- Faire Aufgaben- und Rollenverteilung,
- Messbare Kooperationsziele und Projektmeilensteine,
- Risiko- und Kostenverteilung,
- Verwendung der gemeinsamen Ressourcen,
- Schutzrechtliche Fragestellungen, Umgang mit Know-how,
- Konsequenzen bei Projektabbrüchen sowie Haftungsansprüche,
- Schnittstellenmanagement,
- Verhaltens- und Kommunikationsrichtlinien im Innen- wie Außenverhältnis,
- Einsatz von Informations- und Kommunikationstechnologien,
- Umgang mit Mittelrückflüssen aus Innovationserfolgen.

Erfolgsfaktoren für die Festlegung der Rahmenbedingungen sind:

- Dauerhafte Win-win-Situation,
- Klare Festlegung der Modi zur Zusammenarbeit (Entscheidungsfindung, Konfliktmanagement . . .),
- Bedeutung der Kooperation für alle Partner ungefähr gleich,
- Kein Dominanzstreben eines Partners (vgl. Peters 2006, S. 6).

4. Phase: Durchführung der Kooperation

Bei der Umsetzung des in Kooperation durchgeführten Innovationsvorhabens ist es wichtig, die betroffenen Mitarbeiter kontinuierlich zu motivieren, um deren Lern- und Veränderungsbereitschaft zu unterstützen (vgl. Killich und Luczak 2003, S. 14). Außerdem ist es hilfreich, wenn die „Kooperationskultur" das Verhalten der an der Zusammenarbeit beteiligten Individuen und Gruppen positiv beeinflusst bzw. innovationsstimulierend und konflikthemmend wirkt (vgl. Wohlgemuth 2002, S. 41).

Zur Gewährleistung der Effizienz ist es erforderlich, den Kooperationsprozess zu koordinieren und zu steuern. Hier scheinen KMU ebenfalls mangels personeller Kapazitäten überfordert zu sein. Gerade bei komplexen Kooperationsnetzwerken würde sich aus Sicht von KMU ein „Netzwerkbroker" zur Koordination aller Tätigkeiten im Kooperationsprozess als sinnvoll erweisen (vgl. Kocian et al. 1995, S. 8).

Erfolgsfaktoren für die Durchführung der Kooperation sind:

- Eindeutigkeit der Verantwortung,
- Geringe/keine Schnittstellenverluste zwischen den Partnern,
- Zusammenarbeit der Partner direkt auf der Mitarbeiterebene,
- Qualität der Mitarbeiter und des Managements,
- Respektvoller Umgang (vgl. Peters 2006, S. 6).

5. Phase: Abschluss oder Fortsetzung der Kooperation

Für die kooperierenden Organisationen wie auch für die einzelnen Mitarbeiter (z. B. Forscher, Entwickler etc) ist eine Evaluierung und Transparenz der Innovations- und Kooperationsziele notwendig, um über die Beendigung, Fortführung oder neue Kooperationsprojekte rational entscheiden zu können (vgl. Killich und Luczak 2003, S. 22). Dazu bedarf es einer Erfolgsmessung, wodurch die Kooperationspartner den Innovations- und Kooperationserfolg in Abhängigkeit zum Aufwand bewerten können. Svenja Hagenhoff stellt hier einige wesentliche Maßnahmen zur Bilanzierung und Bewertung der Innovationskooperation vor: (vgl. Hagenhoff 2008, S. 58)

- Permanentes Controlling des Innovations- und Kooperationsprozesses,
- Nutzwertanalyse,
- Abgleich der Innovationsziele und -ergebnisse mittels einer dafür vorab gemeinsam entwickelten Balanced Scorecard.

Die Ergebnisse der Analyse stellen eine wirtschaftliche Argumentationsgrundlage für die Fortsetzung oder Beendigung des Projekts dar und sollten der emotionalen Perspektive vorgezogen werden.

6.5   Zusammenfassung, Checklisten und Tipps

In diesem Kapitel wurden die Organisationsstrukturen betrachtet, die die Innovationstätigkeiten von KMU beeinflussen und fördern können. Dabei wurde der Schwerpunkt auf vier Kernaspekte gelegt:

- Gestaltung der Organisationsstrukturen,
- Etablierung einer innovationsbegünstigenden Unternehmenskultur,
- Organisation der Innovationstätigkeit,
- Innovation durch Kooperation.

Bei der Gestaltung der Organisationsstrukturen bleibt festzuhalten, dass ein nachhaltiger Innovations- und Unternehmenserfolg auch durch parallel stattfindende Anpassungen der strukturellen Rahmenbedingungen gewährleistet werden kann. Es wird empfohlen,

Tab. 6.9 Checkliste zur Unternehmensstruktur (eigene Darstellung in Anlehnung an Vahs und Brem 2013, S. 189)

Checkliste: Überprüfen Sie Ihre Unternehmensstruktur		
Frage	Ja	Nein
Prüfen Sie, ob Ihre Organisationsstruktur transparent ist?		
Existiert ein Organigramm inkl. Leitungsbeziehungen, Weisungsbefugnissen, Aufgabenbereichen und Stellenbeschreibungen?		
Analysieren Sie, ob Ihr Unternehmen in den Hierarchieebenen so aufgestellt ist, dass eine effiziente Unternehmenssteuerung möglich ist?		
Analysieren Sie, ob die gegebene organisatorische Struktur für Ihre Unternehmensstrategie und Innovationsziele förderlich ist oder gegebenenfalls Anpassungen vorgenommen werden müssen?		
Prüfen Sie, ob Ihre Organisation für zukünftiges Wachstum ausgelegt bzw. leicht veränderbar ist, um so jederzeit neue Produktlinien oder Ländermärkte in die Aufbauorganisation integrieren zu können?		
Prüfen Sie, ob eine Implementierung der Innovationsfunktion in die Organisationsstruktur in Form einer F&E-Abteilung anhand der zur Verfügung stehenden Ressourcen sinnvoll ist?		
Prüfen Sie, ob mit der Verstetigung der Innovationstätigkeit die Flexibilität und Dynamik Ihrer Organisation verloren ginge, um individuell auf Kundenwünsche zu reagieren?		
Falls eine dauerhafte Integration der Innovationsfunktion nicht möglich ist: entscheiden Sie über die Einführung eines projektorientierten Innovationsmanagements?		
Prüfen sie hier, ob Ihre Mitarbeiter und Abteilungen über ausreichende Kapazitäten für innovierende Tätigkeiten neben ihrem eigentlichen Aufgabengebiet verfügen oder gegebenenfalls entlastet werden müssen?		
Prüfen Sie, inwiefern die für die Ideengenerierung wichtige Kommunikation zwischen den Mitarbeitern und Abteilungen sichergestellt werden kann?		
Prüfen Sie, ob ggf. bei einer unmöglichen organisatorischen Eingliederung zumindest ein standardisierter Innovationsprozess als Querschnittsfunktion vorangetrieben und etabliert werden kann?		

organisatorische Strukturen zu schaffen, die weiterhin Flexibilität bedeuten, aber auch eine entsprechende Grundlage zur Eingliederung der Innovationstätigkeit bieten, da KMU nur durch permanentes Innovieren gegenüber Großunternehmen wettbewerbsfähig bleiben (vgl. Godbersen 2011).

Die Checkliste in Tab. 6.9 soll dabei helfen, die Unternehmensstruktur daraufhin zu überprüfen, in welchem Maße strukturelle Anpassungen zur organisatorischen Eingliederung der Innovationstätigkeit notwendig sind.

In Bezug auf die Unternehmenskultur wurden die allgemeinen Einfluss- und Erfolgsfaktoren einer innovationsförderlichen Kultur herausgearbeitet. Neben der Geschäftsführung in ihrer definierenden und gestaltgebenden Rolle zählt auch die Gesamtheit der Mitarbeiter zum immens wichtigen Träger und Multiplikator der Unternehmenskultur.

Tab. 6.10 Checkliste zur Unternehmenskultur (eigene Darstellung in Anlehnung an Vahs und Brem 2013, S. 221)

Checkliste: Gehen Sie beim Kulturwandel systematisch vor		
Frage	Ja	Nein
Arbeiten Sie die wesentlichen Unternehmensgrundsätze sowie eine klare Vision und Mission in Form eines prägnanten Leitbildes heraus?		
Machen Sie das Leitbild mind. allen Anspruchsgruppen zugänglich?.		
Analysieren Sie den Status quo Ihrer Unternehmenskultur?		
Überprüfen Sie, welche kulturellen Elemente, wie beispielsweise bestimmte Werte und Verhaltensnormen, existieren?		
Stellen Sie fest, ob Maximen wie Kreativität, Fehlertoleranz, Offenheit und Freiraum in der Unternehmenskultur verankert sind?		
Analysieren Sie den Weiterbildungsbedarf Ihrer Mitarbeiter? Werden diese motiviert, sich persönlich wie fachlich weiterzuentwickeln?		
Hinterfragen Sie, inwiefern Sie selbst die von Ihnen erwarteten Wertvorstellungen tagtäglich vorleben und offen kommunizieren?		
Analysieren Sie, ob Ihre Wertvorstellungen mit denen Ihrer Mitarbeiter korrelieren und ob eine Wandlungsbereitschaft beiderseitig erkennbar ist?		
Eruieren Sie, welche Erwartungen beim Personal an ein motivierendes, kreativitäts- und innovationsförderndes Arbeitsumfeld bestehen?		
Überprüfen Sie, welche anderen Stakeholder-Interessen berücksichtigt werden und in eine kulturelle Neuausrichtung mit einfließen sollten?		
Implementieren Sie die aus der Philosophie abgeleiteten und konsensfähigen Wertvorstellungen in eine neue Innovationskultur?		
Führen Sie ggf. Methoden oder institutionalisierte Prozesse ein, die eine Innovationsorientierung deutlich unterstreichen und fördern?		
Stellen Sie permanent sicher, dass ein in sich stimmiges Gefüge zwischen Unternehmensphilosophie, -vision, -werten und -normen besteht?		
Kontrollieren Sie die Akzeptanz der festgelegten Unternehmenskultur?		
Kontrollieren Sie regelmäßig, ob interne oder externe Veränderungen eine Anpassung der Unternehmenskultur notwendig machen?		

Bei der Etablierung einer Unternehmenskultur bzw. beim Kulturwandel ist es wichtig, systematisch vorzugehen. Die Checkliste in Tab. 6.10 soll hierbei helfen.

Neben der Unternehmenskultur spielt bei der Entstehung von Innovationen auch die Innovationskultur eine entscheidende Rolle. Die Innovationskultur kann als Teil der Unternehmenskultur betrachtet werden. Eine offene, mitarbeiterorientierte Unternehmenskultur ist Voraussetzung für die Innovationskultur.

Es ist empfehlenswert, die Mitarbeiter bei der Gestaltung der Innovationskultur einzubeziehen. Ihnen obliegt es, die artikulierten Werte und Normen mit „Leben" zu füllen. Die dabei formal zur Verfügung stehenden Mittel, wie ein konkretes und transparentes Leitbild, haben primär die Aufgabe, die Wertvorstellungen im Unternehmen unternehmensin-

Tab. 6.11 Checkliste zur Innovationskultur (eigene Darstellung in Anlehnung an Goinger Kreis 2011, S. 14–16)

Checkliste: Gestalten Sie die Innovationskultur mit Ihren Mitarbeitern		
Frage	Ja	Nein
Existiert ein Leitbild, das nicht nur leere Worthülsen beinhaltet, sondern von Führungskräften und Mitarbeitern tatsächlich gelebt wird?		
Verfolgt das Unternehmen eine herausfordernde Vision, die zu visionärem Denken anregt?		
Ist allen Mitarbeitern die Bedeutung von Innovation für das Unternehmen bekannt?		
Wird im Unternehmen der Mensch als Erfolgsfaktor für Innovation wahrgenommen?		
Werden Mitarbeiter sanktioniert, wenn sie Fehler in Innovationsprojekten machen oder wenn ihre Innovationsprojekte scheitern?		
Wurden klare Fehlerrahmen für Innovationsprojekte definiert?		
Gibt es regelmäßige Besprechungen über Innovationsprojekte und wird dabei offen über Probleme gesprochen?		
Wird die Meinung von Querdenkern ernst genommen und nicht als Spinnerei abgetan?		
Können sich Mitarbeiter mit dem Konzept des lebenslangen Lernens identifizieren und haben sie keine Angst vor Veränderungen?		
Werden den Mitarbeitern Gelegenheiten zur informalen Kommunikation mit Kollegen aus anderen Funktionen und Bereichen gegeben, z. B. durch Pausenecken oder Stammtische?		
Werden ausreichend Aktivitäten zur Stärkung des Teamgedankens und Zusammenhalts von Gruppen durchgeführt?		
Beteiligt sich das Unternehmen an innovationsorientierten Netzwerken mit Kunden, Lieferanten oder anderen Unternehmen?		
Existieren Programme zum Austausch mit Universitäten bzw. Hochschulen oder anderen Forschungseinrichtungen?		
Können sich Mitarbeiter mit innovativen Ideen direkt an die Unternehmensführung wenden (flache Hierarchien) oder gibt es lange Kommunikationswege?		
Ist es möglich, dass bei dringlichen Fragen, die schnelles und flexibles Handeln erfordern, Regeln umgangen werden können?		
Können Mitarbeiter einen Teil ihrer Arbeitszeit Innovationsvorhaben widmen und wird dies durch die Führungskräfte unterstützt?		
Geben Führungskräfte den Mitarbeitern genügend Freiraum und ermutigen sie, „um die Ecke" zu denken?		
Werden Führungskräfteschulungen zum Thema „Transformationale Führung" angeboten?		
Ist die Innovationsfähigkeit ein Kriterium in den Zielvereinbarungen der Führungskräfte?		
Werden kreative Leistungen der Mitarbeiter regelmäßig bekannt gegeben, z. B. Ideenwettbewerbe, Auszeichnung „Innovator des Monats" o. Ä.?		
Wird die Unternehmenskultur regelmäßig analysiert und überprüft, ob sie innovationsfördernd ist, z. B. durch Mitarbeiterbefragungen, Workshops oder Diskussionen?		

Tab. 6.12 Checkliste zur Prozessorganisation (eigene Darstellung in Anlehnung an Gassmann und Sutter 2008, S. 42)

Checkliste: Definieren Sie eine klare Prozessorganisation		
Frage	Ja	Nein
Überprüfen Sie regelmäßig Ihre Prozesse in allen Unternehmensbereichen auf deren Stringenz und Kapazität für neue Schnittstellen zum Innovationsprozess?		
Analysieren Sie Ihre bestehende Aufbau- und Ablauforganisation dahingehend, inwiefern der Innovationsprozess standardisiert und verstetigt werden kann?		
Definieren Sie die einzelnen Prozessschritte von der Ideenfindung bis zur Markteinführung unter Einbeziehung theoretisch verfügbarer Modelle und dokumentieren Sie diese schriftlich?		
Befinden Sie darüber, ob bestimmte Prozessabschnitte auch simultan ablaufen können, um ggf. den Innovationszyklus zu verkürzen?		
Legen Sie bestimmte Teilabschnitte und -ziele fest, anhand derer regelmäßig über die Fortsetzung oder den Abbruch eines Innovationsprozesses entschieden werden kann?		
Nutzen Sie Controllinginstrumente, die einen effizienten Prozessablauf kontinuierlich überwachen bzw. gewährleisten?		
Stellen Sie sicher, dass der formal festgelegte Innovationsprozess verständlich kommuniziert und diszipliniert befolgt wird?		
Räumen Sie Mitarbeitern dennoch Freiheiten ein, um kreativ werden zu können?		
Ordnen Sie den jeweiligen Prozessschritten eine begrenzte Anzahl von Rollen und Verantwortlichkeiten zu und statten Sie diese mit den notwendigen Kompetenzen aus?		
Stellen Sie sicher, dass eine hierarchie- und ressortübergreifende Kommunikation stattfindet, um schnell Entscheidungen treffen zu können?		
Koordinieren Sie ebenfalls die am Innovationsprozess beteiligten externen Partner und informieren Sie diese regelmäßig über den Status quo?		

tern wie -extern darzulegen und zu kommunizieren. Bei der angesprochenen Gestaltung der Innovationskultur kann die folgende Checkliste (s. Tab. 6.11) eine erste Orientierung geben:

Bei der Organisation der Innovationstätigkeit reicht es nicht aus, bisherige ausgetretene Pfade im Rahmen des Innovationsmanagements weiterzuverfolgen. Es bedarf eines dualen Managementansatzes aus straff organisierten, internen Ideenfindungs- und Ideenrealisierungsprozessen und der konsequenten Ausschöpfung externer Übernahmen von F&E-Ergebnissen bzw. Innovationen.

Weiterhin ist festzuhalten, dass ungeklärte organisatorische Fragen in KMU, die sich auf die F&E-Tätigkeit beziehen, weniger bedeutungsvoll und innovationshemmend sind als mangelnde strategische Orientierung des Managements. Nur eine nachhaltige und zugleich offene bzw. flexible F&E- und Innovationsstrategie befähigt mittelständische Un-

Tab. 6.13 Checkliste zum Kooperationsmanagement (eigene Darstellung in Anlehnung an Juritsch 2011, S. 347 ff.)

Checkliste: Nutzen Sie ein strukturiertes Kooperationsmanagement		
Frage	Ja	Nein
Hinterfragen Sie, welche Erwartungserhaltung Sie mit Blick auf eine Kooperation (Kooperationsziele) haben und ob diese realistisch bzw. umsetzbar ist?		
Analysieren Sie, welche Bedingungen unternehmensintern vorab für eine erfolgreiche Kooperation geschaffen werden müssen?		
Entscheiden Sie, wie viele Kooperationspartner für eine erfolgreiche und effiziente Zusammenarbeit nötig sind?		
Prüfen Sie, inwiefern zeitliche, personelle und finanzielle Rahmenbedingungen für ein Kooperationsvorhaben übereinstimmen?		
Legen Sie vertraglich genau fest, welche Ressourcen von jedem Partner in die Kooperation mit eingebracht werden?		
Stellen Sie sicher, dass die Kooperationsziele und -dauer klar abgesteckt sind und mit Ihren Kooperationspartnern vertraglich vereinbart wurden?		
Überlegen Sie, wie die Verantwortung und Entscheidungsbefugnisse unter den Kooperationspartnern verteilt werden?		
Legen Sie genau fest, wie mit dem neu generierten Wissen bez. der Nutzungs- und Vermarktungsrechte umgegangen werden soll?		
Legen Sie fest, inwiefern die Kooperation nach außen hin transparent (imageförderlich) oder diskret behandelt werden soll?		
Analysieren Sie, inwiefern ggf. auch ein liberaler Wissenstransfer (Open Innovation) aus Unternehmenssicht sicher stattfinden kann?		
Stellen Sie in Ihrem Unternehmen sicher, dass die betroffenen Abteilungen und Mitarbeiter persönlich involviert/engagiert werden und ggf. Arbeitsweisen und Prozesse an die Kooperation angepasst werden?		
Arbeiten Sie auch Modalitäten zur Haftung und ggf. Sanktionen aus, die im Falle einer Verletzung vertraglicher Pflichten zu erwarten sind?		

ternehmen dazu, alle intern wie extern verfügbaren Ressourcen in den Innovationsprozess einzubeziehen.

Die Checkliste in Tab. 6.12 kann KMU helfen, eine klar definierte Prozessorganisation im Unternehmen zu realisieren.

Kooperationen können für KMU einen immens wichtigen Baustein für den Innovationserfolg darstellen. Ziel einer solchen F&E- bzw. Innovationskooperation sollte es demnach nicht nur sein, die Ressourcenbasis durch neues Kapital abzusichern, sondern vielmehr extern verfügbares Know-how für die effektive und effiziente Gestaltung des geschlossenen oder offenen Innovationsprozesses einzusetzen. Damit sind individuell wie organisational nachhaltige Lerneffekte möglich, die sowohl die Innovationsfähigkeit als auch den Wachstumsprozess von KMU positiv beeinflussen können.

Tab. 6.14 Alternativen zur Innovationstätigkeit (eigene Darstellung in Anlehnung an Schilling 2008, S. 165)

	Dauer des Innovations- prozesses	Kosten	Kontrolle über die Innovati- on	Förderung eigener Kompe- tenzen	Innovations- potenzial	Zugang zu ext. Wissen/ Fähigkeiten
Eigene F&E	Lang	Hoch	Hoch	Gut	Hoch	Begrenzt
Lizenzkauf	Kurz	Mittel	Keine	Begrenzt	Niedrig	Begrenzt
Auftrags- forschung	Kurz bis mittel	Mittel	Begrenzt	Begrenzt	Hoch	Gut
M & A	Eher kurz	Hoch	Hoch	Begrenzt	Hoch	Gut
Innovations- netzwerke	Kurz bis lang	Eher niedrig	Begrenzt	Begrenzt	Hoch	Gut
Strategische Allianzen	Lang	Niedrig	Begrenzt	Begrenzt	Hoch	Begrenzt
Joint Ventures	Lang	Hoch	Hoch	Gut	Hoch	Begrenzt

Dafür ist jedoch ein plangenaues und strukturiertes Kooperationsmanagement erforderlich, um negative Folgen einer unbedachten und vorschnellen Entscheidung für eine Zusammenarbeit ausschließen zu können. Hierfür bedarf es eines besonderen Augenmerks auf den Auswahlprozess eines Kooperationspartners mit strategisch wie operativ übereinstimmenden Innovationszielen.

Die Checkliste in Tab. 6.13 fasst die wesentlichen Anforderungen an ein effizientes Kooperationsmanagement nochmals zusammen.

Der abschließenden Übersicht in Tab. 6.14 können die in diesem Kapitel geschilderten Varianten zur Gestaltung der Innovationstätigkeit inkl. einer Bewertung anhand von sechs Kriterien entnommen werden.

Literatur

Buchquellen

Abrahamczik, Christian 2012. *Die erfolgreiche Internationalisierung kleiner und mittlerer Unternehmungen (KMU)*. Mering: Rainer Hampp.

Badura, Bernhard, Helmut Schroder, Joachim Klose, und Katrin Macco. 2009. *Fehlzeiten-Report 2009: Arbeit und Psyche: Belastungen reduzieren – Wohlbefinden fördern*. Berlin: Springer.

Balling, Richard 1997. *Kooperation*. Frankfurt: Peter Lang.

Becker, Wolfgang, und Patrick Ulrich. 2011. *Mittelstandsforschung – Begriffe, Relevanz und Konsequenzen*. Stuttgart: Kohlhammer.

Belliger, Andreas, und David Krieger. 2007. *Wissensmanagement für KMU*. Zürich: vdf.

Bellmann, Klaus, und André Haritz. 2001. Innovationen in Netzwerken. In *Innovatives Produktions- und Technologiemanagement: Festschrift für Bernd Kaluza*, Hrsg. Thorsten Blecker, Hans G. Gemünden, 271–298. Berlin: Springer.

Bergfeld, Marc-Michael H. 2009. *Global Innovation Leadership: The Strategic Development of Worldwide Innovation Competence*. Norderstedt: Books on Demand.

Bingham, Alpheus, Dwayne Spradlin, Luke Williams, Inder Sidhu, Michael Lord, Donald de-Bethizy, und Jeffrey Wager. 2005. *Create Competitive Advantage with Innovation*. New Jersey: Pearson Education.

Bischoff, Sabine, Gergana Aleksandrova, und Paul Flachskampf. 2010. Open Innovation – Strategie der offenen Unternehmensgrenzen für KMU. In *Strategien von kleinen und mittleren Unternehmen*, Hrsg. Jörn-Axel Meyer, 273–285. Lohmar: Eul.

Braehmer, Uwe 2009. *Projektmanagement für kleine und mittlere Unternehmen: Das Praxisbuch für den Mittelstand*. München: Hanser.

Büter, Clemens 2010. *Internationale Unternehmensführung: Entscheidungsorientierte Einführung*. München: Oldenbourg.

Dill, Peter, und Gert Hügler. 1987. Unternehmenskultur und Führung betriebswirtschaftlicher Organisationen – Ansatzpunkte für ein kulturbewusstes Management. In *Unternehmenskultur – Perspektiven für Wissenschaft und Praxis*, Hrsg. Edmund Heinen, Matthias Fank, 141–209. München: Oldenbourg.

Dirschka, Jochen 2010. Deutschlands Zukunft ist der Mittelstand. In *Die Zukunft des deutschen Mittelstands – RKW-Kuratorium*, Hrsg. Otmar Franz Sternenfels: Wissenschaft & Praxis Dr. Brauner.

Dömötör, Rudolf 2011. *Erfolgsfaktoren der Innovativität von kleinen und mittleren Unternehmen*. Wiesbaden: Gabler.

Enkel, Ellen, und Oliver Gassmann. 2005. Open Innovation Forschung. In *Gestaltung von Innovationssystemen*, Hrsg. Marion A. Weissenberger-Eibl, 290–308. Kassel: Cactus Group.

Ermisch, Ralf 2007. *Management strategischer Kooperationen im Bereich Forschung und Entwicklung – Eine empirische Untersuchung von Technologieunternehmen in Deutschland und den USA*. Wiesbaden: Deutscher Universitätsverlag.

Ernst-Siebert, Robert 2008. *KMU im globalen Innovationswettbewerb: Eine Untersuchung des betriebsgrößenspezifischen Innovationsverhaltens und innovationsinduzierter Beschäftigungseffekte*. Mering: Rainer Hampp.

Faber, Markus J. 2008. *Open Innovation – Ansätze, Strategien und Geschäftsmodelle*. Wiesbaden: GWV.

Frey, Dieter, Bernhard Streicher, und Peter Fischer. 2007. Centers of Excellence in Unternehmen: Konzepte, Realisierungsansätze und ihre Bedeutung für gesellschaftliche Institutionen. In *Begabt sein in Deutschland*, Hrsg. Kurt A. Heller, Albert Ziegler Münster: LIT.

Frey, Dieter, Eva Traut-Mattausch, Tobias Greitemeyer, und Bernhard Streicher. 2006. *Psychologie der Innovationen in Organisationen*. München: Roman-Herzog-Institut.

Frey, Dieter, Bernhard Streicher, Rudolf Kerschreiter, und Peter Fischer. 2005. *Psychologische Vorraussetzungen für die Genese und Implementierung neuer Ideen, Grundlegende und spezifische personale und organisationale Faktoren*. Kassel: Cactus Group.

Gassmann, Oliver, und Martin A. Bader. 2011. *Patentmanagement – Innovationen erfolgreich nutzen und schützen*. Heidelberg: Springer.

Gassmann, Oliver, und Timo Wolff. 2007. Technologiekompetenz: Innovation durch Lieferanten. In *Kompetenzen für Supply Chain Manager*, Hrsg. Thomas Rudolph, Randy Drenth, Niklas Meise, 245–254. Berlin: Springer.

Gassmann, Oliver, und Philipp Sutter. 2008. *Praxiswissen Innovationsmanagement: von der Idee zum Markterfolg*. München: Hanser.

Gerpott, Torsten J. 2005. Innovations- und Technologiemanagement. In *Vahlens Kompendium der Betriebswirtschaftslehre 2*, Hrsg. Michael Bitz, Michel Domsch, Ralf Ewert, Franz Wagner, 303–352. München: Vahlen.

Gerybadze, Alexander 2004. *Technologie- und Innovationsmanagement: Strategie, Organisation und Implementierung*. München: Vahlen.

Grap, Rolf 1992. *Neue Formen der Arbeitsorganisation für die Stahlindustrie*. Aachen: Verlag der Augustinus Buchhandlung.

Großklaus, Rainer H-G. 2008. *Neue Produkte einführen: Von der Idee zum Markterfolg*. Wiesbaden: Gabler.

Guldin, Andreas 2012. Führung und Innovation. In *Die Zukunft der Führung*, Hrsg. Sven Grote Berlin: Springer.

Güttler, Karsten 2009. *Formale Organisationsstrukturen in wachstumsorientierten kleinen und mittleren Unternehmen*. Wiesbaden: Gabler.

Hagenhoff, Svenja 2008. *Innovationsmanagement für Kooperationen: eine instrumentenorientierte Betrachtung*. Göttingen: Universitätsverlag Göttingen.

Hagenhoff, Svenja. 2004. Kooperationsformen: Grundtypen und spezielle Ausprägungen. Arbeitsbericht. Göttingen: Georg-August-Universität Göttingen, Institut für Wirtschaftsinformatik.

Hartschen, Michael, Jiri Scherer, und Chris Brügger. 2009. *Innovationsmanagement – Die 6 Phasen von der Idee zur Umsetzung*. Offenbach: GABAL.

Hauff, Michael, Ralf Isenmann, und Georg Müller-Christ. 2012. *Industrial Ecology Management*. Wiesbaden: Gabler.

Hauschildt, Jürgen, und Sören Salomo. 2011. *Innovationsmanagement*, 5. Aufl., München: Vahlen.

Hauschildt, Jürgen, und Sören Salomo. 2007. *Innovationsmanagement*, 4. Aufl., München: Vahlen.

Hecker, Falk 2012. *Management-Philosophie: Strategien für die Unternehmensführung – Grundregeln für ein erfolgreiches Management*. Wiesbaden: Gabler.

Higgins, James M., und Gerold G. Wiese. 1996. *Innovationsmanagement: Kreativitätstechniken für den unternehmerischen Erfolg*. Berlin: Springer.

Hutzschenreuter, Jens 2009. *Management Control in Small and Medium-Sized Enterprises*. Wiesbaden: Gabler.

Jaworski, Jürgen, und Frank Zurlino. 2007. *Innovationskultur: Vom Leidensdruck zur Leidenschaft: Wie Top-Unternehmen ihre Organisation mobilisieren*. Frankfurt: Campus.

Jones, Oswald 2003. Innovation in SMEs: Intrapreneurs and New Routines. In *Competitive Advantage in SMEs: Organising for Innovation and Change*, Hrsg. Oswald Jones, Fiona Tilley, 135–55. West Sussex: Wiley&Sons.

Jung, Hans 2006. *Allgemeine Betriebswirtschaftslehre*. München: Oldenbourg.

Juritsch, Erhard 2011. *Internationalisierungsentscheidungen von kleinen und mittleren Unternehmen – Bedingungen und Möglichkeiten internationaler Unternehmensentwicklung*. Wien: Springer.

Kaluza, Bernd, und Thorsten Blecker. 2005. *Erfolgsfaktor Flexibilität: Strategien und Konzepte für wandlungsfähige Unternehmen*. Berlin: Erich Schmidt.

Kessler, Heinrich, und Georg Winkelhofer. 2004. *Projektmanagement: Leitfaden zur Steuerung und Führung von Projekten*. Berlin: Springer.

Killich, Stephan, und Holger Luczak. 2003. *Unternehmenskooperation für kleine und mittelständische Unternehmen: Lösungen für die Praxis*. Berlin: Springer.

Komus, Ayelt, und Franziska Wauch. 2008. *Wikimanagement: Was Unternehmen von Social Software und Web 2.0 lernen können*. München: Oldenbourg.

Krafft, Manfred, und Katrin Krieger. 2004. Successful Innovations Driven by Customer Relationship Management. In *Cross-functional Innovation Management: Perspectives from Different Disciplines*, Hrsg. Sönke Albers, 209–26. Wiesbaden: Gabler.

Kucera, Gustav 1997. Der Beitrag des Mittelstandes zur volkswirtschaftlichen Humankapitalbildung unter besonderer Berücksichtigung des Handwerks. In *Gesamtwirtschaftliche Funktionen des Mittelstandes*, Hrsg. Rudolf Ridinger Berlin: Duncker & Humblot.

Kutschker, Michael, und Stefan Schmid. 2008. *Internationales Management*. München: Oldenbourg.

Lanninger, und Volker. 2009. *Prozessmodell zur Auswahl Betrieblicher Standardanwendungssoftware für KMU*. Lohmar: Josef Eul.

Lehner, Franz, und Stephan Wildner. 2009. Wissensmanagement Konfigurationen – Methodik für die Schaffung von Kategorien von KMU als Voraussetzung für zielgerichtete Wissensmanagement-Initiativen. In *Management-Instrumente in kleinen und mittleren Unternehmen*, Hrsg. Jörn-Axel Meyer, 209–24. Köln: Josef Eul.

Macharzina, Klaus, und Joachim Wolf. 2008. *Unternehmensführung – Das internationale Managementwissen: Konzepte, Methoden, Praxis*. Wiesbaden: Gabler.

Mellewigt, Thomas 2003. *Management von Strategischen Kooperationen*. Wiesbaden: Deutscher Universitäts-Verlag.

Mohr, Jakki, Sanjit Sengupta, und Stanley Slater. 2010. *Marketing of High-technology Products and Innovations*. New Jersey: Pearson Education.

Mugler, Josef 1999. *Betriebswirtschaft der Klein- und Mittelbetriebe*. Wien: Springer.

Nebe, Ralph 2007. Innovationsfreundliche Strukturen gestalten. In *Innovation möglich machen: Handbuch für effizientes Innovationsmanagement*, Hrsg. Edelbert Dold, Peter Gentsch, 15–58. Düsseldorf: Symposion Publishing.

Nieschlag, Robert, Erwin Dichtl, und Hans Hörschgen. 2002. *Marketing*. Berlin: Duncker & Humblot.

Pinchot, Gifford, und Ron Pellman. 1999. *Intrapreneuring in Action: A Handbook for Business Innovation*. San Francisco: Berrett Koehler Publishers Inc.

Potinecke, Thomas, und Thorsten Rogowski. 2009. An Overview of SME Networks Across Europe. In *A Road Map to the Development of European SME Networks: Towards Collaborative Innovation*, Hrsg. Agostino Villa, Dario Antonelli, 24–29. London: Springer.

Reichwald, Ralf, und Frank Piller. 2009. *Interaktive Wertschöpfung: Open Innovation, Individualisierung und neue Formen der Arbeitsteilung*. Wiesbaden: GWV.

Ridinger, Rudolf 1997. *Gesamtwirtschaftliche Funktionen des Mittelstandes*. Berlin: Duncker & Humblot.

Ringlstetter, Max J. 2006. *Positives Management: Zentrale Konzepte und Ideen des positive Organizational Scholarship*. Wiesbaden: Gabler.

Rotering, Christian 1990. *Forschungs- und Entwicklungskooperationen zwischen Unternehmen. Eine empirische Analyse*. Stuttgart: Poeschel.

Sattes, Ingrid, Harald Brodbeck, Andres Bichsel, und Philipp Spinas. 2001. *Praxis in kleinen und mittleren Unternehmen: Checklisten für die Führung und Organisation in KMU*. Zürich: vdf.

Sattes, Ingrid, Harald Brodbeck, Hans-Christoph Lang, und Hans Domeisen. 1998. *Erfolg in kleinen und mittleren Unternehmen: Ein Leitfaden für die Führung und Organisation in KMU*. Zürich: vdf.

Schilling, Melissa A. 2008. *Strategic Management of Technological Innovation*. New York: McGraw-Hill.

Schmeisser, Wilhelm 2010. *Technologiemanagement und Innovationserfolgsrechnung*. München: Oldenbourg.

Schuh, Günther, und Dennis Bender. 2012. *Strategisches Innovationsmanagement*. Berlin: Springer.

Schuh, Günther, Toni Drescher, Stephen Beckermann, und Kristin Schmelter. 2011. *Technologieverwertung. In: Schuh, Günther/Klappert, Sascha: Technologiemanagement*, 241–282. Berlin: Springer.

Schulz, Celine 2009. *Organising User Communities for Innovation Management*. Wiesbaden: Gabler.

Simon, Walter 2005. *GABALs großer Methodenkoffer: Managementtechniken*. Offenbach: GABAL.

Specht, Günter, Christoph Beckmann, und Jenny Amelingmeyer. 2002. *F&E-Management: Kompetenz im Innovationsmanagement*. Stuttgart: Schäffer-Poeschel.

Staiger, Mark 2008. *Wissensmanagement in kleinen und mittelständischen Unternehmen: Systematische Gestaltung einer wissensorientierten Organisationsstruktur und -kultur*. Mering: Rainer Hampp.

Staudt, Erich, und Wilhelm Schmeisser. 1986. Invention, Kreativität und Erfinder. In *Management von Innovationen*, Hrsg. Erich Staudt, 289–294. Frankfurt: Frankfurter Allgemeine Zeitung.

Steiner, Jürgen 1994. Krisenprophylaxe durch Corporate Identity. In *Management-Qualität Contra Rezession und Krise*, Hrsg. Berndt, Ralph Berlin: Springer.

Stern, Thomas, und Helmut Jaberg. 2010. *Erfolgreiches Innovationsmanagement*. Wiesbaden: Gabler.

Stummer, Christian, Markus Günther, und Anna Maria Köck. 2010. *Grundzüge des Innovations- und Technologiemanagements*. Wien: FACULTAS.

Thom, Norbert, und Renato C. Müller. 2006. Innovationsförderliche Ausrichtung genereller Führungsinstrumente. In *Leadership Best Practices und Trends*, Hrsg. Heike Bruch, Stefan Krummaker, Bernd Vogel Wiesbaden: Gabler.

Trommsdorff, Volker 1990. *Innovationsmanagement in kleinen und mittleren Unternehmen*. München: Vahlen.

Vahs, Dietmar, und Alexander Brem. 2013. *Innovationsmanagement – Von der Idee zur erfolgreichen Vermarktung*. Stuttgart: Schäffer-Poeschel.

Vahs, Dietmar, und Jan Schäfer-Kunz. 2005. *Einführung in die Betriebswirtschaftslehre*. Stuttgart: Schäffer-Poeschel.

Vollmann, Stefan, Tim Lindemann, und Frank Huber. 2012. *Open Innovation: Eine empirische Analyse zur Identifikation innovationsbereiter Kunden*. Köln: Josef Eul.

Von der Oelsnitz, Dietrich 2009. *Die innovative Organisation: Eine gestaltungsorientierte Einführung*. Stuttgart: Kohlhammer.

Von Hippel, Eric 2005. *Democratizing Innovation*. Cambridge: The MIT Press.

Wahren, Heinz-Kurt 2004. *Erfolgsfaktor Innovation: Ideen systematisch generieren, bewerten und umsetzen*. Berlin: Springer.

Walther, Sabine 2004. *Erfolgsfaktoren von Innovationen in mittelständischen Unternehmen – Eine empirische Untersuchung*. Frankfurt: Peter Lang.

Walther, Michael, und Markus Schenkel. 2010. Herausforderung CSR: Strategie und Selbstwahrnehmung mittelständischer Unternehmen. In *Strategien von kleinen und mittleren Unternehmen*, Hrsg. Jörn-Axel Meyer, 77–96. Köln: Josef Eul.

Wesel, Markus A. 2010. *Corporate Governance im Mittelstand: Anforderungen, Besonderheiten, Umsetzung*. Berlin: Erich Schmidt.

Weuster, Arnulf 2010. *Unternehmensorganisation, Organisationsprojekte – Aufbaustrukturen*. Mering: Rainer Hampp.

Wickham, Philip A. 2004. *Strategic Entrepreneurship*. Essex: Financial Times Prentice Hall.

Wirtz, Bernd W. 2003. *Mergers & Acquisitions Management*. Wiesbaden: Gabler.

Wohlgemuth, Oliver 2002. *Management netzwerkartiger Kooperationen*. Wiesbaden: Deutscher Universitäts-Verlag.

Zerfaß, Ansgar, und Kathrin M. Möslein. 2009. *Kommunikation als Erfolgsfaktor im Innovationsmanagement: Strategien im Zeitalter der Open Innovation*. Wiesbaden: GWV.

Zeitschriften/Schriften

Ahmed, Pervaiz K. 1998. Culture and climate for innovation. *European Journal of Innovation Management* 1(1): 30–43.

Cooper, Robert G., und Kleinschmidt, Elko J. 1986. An Investigation into the New Product Process: Steps, Deficiencies, and Impact. *Journal of Product Innovation Management* 3(2): 71–85.

Kenny, Breda, und Eileen Reedy. 2006. The Impact of Organisational Culture Factors on Innovation Levels in SMEs: An Empirical Investigation. In *I. A. Management, The Irish Journal of Management*, 121–142. Dublin: Blackhall Publishing.

Ledford Jr, Gerald, Jon Wendenhof, und James Strahley. 1996. Realizing a corporate philosophy. *Organizational Dynamics* 23(3): 5–19.

Von Hippel, Eric 1986. Lead Users: A Source of Novel Product Concepts. *Management Science* 32(7): 791–805.

Internetquellen

Andreae, Hubertus. Wachstum birgt Gefahr – wie Sie richtig reagieren. http://www.dreiplus-beratung.de/wachstum-birgt-gefahr/. Zugegriffen: 25.11.2013.

Atzorn, Hans-Herwig, und Clemens-Ziegler, Brigitte. Ermittlung von Hemmnisfaktoren beim Aufbau von Kooperationen von KMU. http://www.berlin.de/imperia/md/content/sen-wirtschaft/hemmnisstudie_schlussbericht.pdf?start&ts=1298285936&file=hemmnisstudie_schlussbericht.pdf. Zugegriffen: 17.12.2013.

Bayerisches Staatsministerium für Wirtschaft, Infrastruktur, Verkehr und Technologie. Qualitätsmanagement für kleine und mittlere Unternehmen. http://www.stmwivt.bayern.de/

fileadmin/user_upload/stmwivt/Publikationen/Qualitaetsmanagement_fuer_kleine_und_mittlere_Unternehmen.pdf. Zugegriffen: 28.11.2013.

Bibliographisches Institut. Unternehmensphilosophie. http://www.duden.de/rechtschreibung/Unternehmensphilosophie. Zugegriffen: 02.12.2013.

Bundesministerium für Bildung und Forschung. Innovationsinitiative industrielle Biotechnologie. http://www.bmbf.de/de/16336.php. Zugegriffen: 11.12.2013.

Bundesministerium für Wirtschaft und Technologie. Innovationen. http://www.bmwi.de/DE/Themen/Mittelstand/innovationen.html. Zugegriffen: 13.12.2013.

Bundesministerium für Wirtschaft und Technologie. Kooperationen. http://www.bmwi-unternehmensportal.de/unternehmensfuehrung/koop/. Zugegriffen: 11.12.2013.

Bundesministerium für Wirtschaft und Technologie. „Lust auf Technik". http://www.bmwi.de/BMWi/Redaktion/PDF/I/innovationskonzept,property=pdf,bereich=bmwi2012,sprache=de,rwb=true.pdf. Zugegriffen: 11.12.2013.

Bundesministerium für Wirtschaft und Technologie. Mustervereinbarungen für Forschungs- und Entwicklungskooperationen. http://www.bmwi.de/Dateien/BMWi/PDF/mustervereinbarungen-fuer-forschungs-und-entwicklungskooperationen,property=pdf,bereich=bmwi,sprache=de,rwb=true.pdf. Zugegriffen: 09.12.2013.

Bundesministerium für Bildung und Forschung. Unternehmenserfolg – eine Frage der Kultur. http://www.bmbf.de/pub/unternehmenskultur.pdf. Zugegriffen: 03.12.2013.

Burrone, Esteban, und Jaiya, Guriqbal. Intellectual Property (IP) Rights and Innovation in small and medium-sized enterprises. http://www.wipo.int/export/sites/www/sme/en/documents/pdf/iprs_innovation.pdf. Zugegriffen: 04.12.2013.

Czarnitzki, Dirk, und Kraft, Kornelius. Spillovers of Innovation Activities and Their Profitability. ftp://ftp.zew.de/pub/zew-docs/dp/dp07073.pdf. Zugegriffen: 09.12.2013.

Deutscher Industrie- und Handelskammertag. DIHK-Innovationsreport 2011. http://www.dihk.de/ressourcen/downloads/innovationsreport-2011.pdf/at_download/file?mdate=1325085674811. Zugegriffen: 29.11.2013.

Deutscher Industrie- und Handelskammertag. DIHK-Innovationsreport 2012. http://www.dihk.de/ressourcen/downloads/dihk-innovationsreport-2012/at_download/file?mdate=1356013830439. Zugegriffen: 09.12.2013.

Deutscher Industrie- und Handelskammertag. Innovation und Umwelt. http://www.dihk.de/themenfelder/innovation-und-umwelt/innovation. Zugegriffen: 12.12.2013.

ECORYS. EU SMEs in 2012 – At the crossroads. http://ec.europa.eu/enterprise/policies/sme/facts-figures-analysis/performance-review/files/supporting-documents/2012/annual-report_en.pdf. Zugegriffen: 11.12.2013.

Evocatal GmbH. 2012. evocatal leitet Allianz „Funktionalisierung von Polymeren". http://www.evocatal.com/download.php?dl=fupol-hintergrund. Zugegriffen: 11.12.2013.

Franke, Nikolaus. Der Weg in die TOP 100. http://www.top100.de/upload/presse/T100_13_Studie.pdf. Zugegriffen: 09.12.2013.

Gabler Wirtschaftslexikon. Unternehmenskultur. http://wirtschaftslexikon.gabler.de/Definition/unternehmenskultur.html. Zugegriffen: 19.08.2014.

Gesellschaft für innovative Beschäftigungsförderung des Landes Nordrhein-Westfalen. Innovationsstrategien in mittelständischen Unternehmen, Januar 2010. http://www.gib.nrw.de/service/downloaddatenbank/GIB_info_extra_2010_neu.pdf. Zugegriffen: 05.12.2013.

Godbersen, Hendrik. Wettbewerb gegen Großkonzerne: So setzen Sie sich als KMU durch!. http://www.unternehmer.de/management-people-skills/105582-wettbewerb-gegen-groskonzerne-so-setzen-sie-sich-als-kmu-durch. Zugegriffen: 28.11.2013.

Goinger Kreis. Wie die Personalarbeit zur Innovationsfähigkeit von Unternehmen beitragen kann, 2011. http://www.goinger-kreis.de/files/unternehmensbeispiele_innovation.pdf. Zugegriffen: 20.11.2014.

Hage, Jerald T. 1999. *Organizational Innovation and organizational change*. http://www.jstor.org/stable/223518. Zugegriffen: 21.11.2013.

Hochschule Koblenz. F&E-Kooperationen. http://www.hs-koblenz.de/forschung-transfer/fuer-unternehmen/fe-kooperationen/. Zugegriffen: 12.12.2013.

Holl, Friedrich-L., Menzel, Katharina, Morcinek, Peter, Mühlberg, Jan T., Schäfer, Ingo, und Schüngel, Hanno. Studie zum Innovationsverhalten deutscher Software-Entwicklungsunternehmen. http://www.bmbf.de/pubRD/innovationsverhalten_sw-entwicklungsunternehmen.pdf. Zugegriffen: 28.11.2013.

IHK Koblenz. Wirtschaftssatzung. http://www.ihk-koblenz.de/linkableblob/2161026/.4./data/Wirtschaftssatzung_2013-data.pdf. Zugegriffen: 12.12.2013.

inomed Medizintechnik GmbH. Forschungskooperationen. http://www.inomed.de/ueber-inomed/forschung/. Zugegriffen: 12.12.2013.

inomed Medizintechnik GmbH. Geschichte. http://www.inomed.de/ueber-inomed/geschichte/. Zugegriffen: 12.12.2013.

Joanneum Research Forschungsgesellschaft. Das deutsche Forschungs- und Innovationssystem. http://www.e-fi.de/fileadmin/Studien/Studien_2010/11_2010_FuI_System.pdf. Zugegriffen: 12.12.2013.

Kirner, Eva, Som, Oliver, Dreher, Carsten, und Wiesenmaier, Victoria. Innovation in KMU – Der ganzheitliche Innovationsansatz und die Bedeutung von Innovationsroutinen für den Innovationsprozess. http://www.isi.fhg.de/publ/downloads/isi06b18/InnoKMU-Thesenpapier.pdf; abgerufen am 04.12.2013.

Kocian, Claudia, Milius, Frank, Nüttgens, Markus, Sander, Jörg, und Scheer, August-Wilhelm. Kooperationsmodelle für vernetzte KMU-Strukturen. http://www.wiso.uni-hamburg.de/fileadmin/wiso_fs_wi/Team/Mitarbeiter/Prof._Dr._Markus_Nuettgens/Publikationen/heft120.pdf. Zugegriffen: 11.12.2013.

LED Linear GmbH. LED Linear News. http://www.led-linear.com/de/news/news/led-linear-als-innovator-des-jahres-ausgezeichnet/. Zugegriffen: 03.12.2013.

LED Linear GmbH. Unser Leitbild. http://www.led-linear.com/de/unternehmen/unser-leitbild/. Zugegriffen: 03.12.2013.

Ministerium für Innovation, Wissenschaft und Forschung des Landes Nordrhein-Westfalen. Forschungseinrichtungen von überregionaler Bedeutung. http://www.wissenschaft.nrw.de/forschung/einrichtungen/ausseruniversitaere-forschung-in-nrw/. Zugegriffen: 12.12.2013.

MPDV Mikrolab GmbH. Philosophie. http://www.mpdv.de/de/wir-ueber-uns/philosophie.htm. Zugegriffen: 02.12.2013.

MPDV Mikrolab GmbH. Unternehmensprofil. http://www.mpdv.de/de/wir-ueber-uns/unternehmensprofil.htm. Zugegriffen: 02.12.2013..

NKS – Nationale Kontaktstelle für KMU. Auftragsforschung für KMU und KMU-Verbände. http://www.nks-kmu.de/cms/index.php?id=136. Zugegriffen: 09.12.2013.

Novadex GmbH. Unternehmen. http://www.novadex.com/cloud-computing-mailings. Zugegriffen: 02.12.2013.

Novadex GmbH. Unsere Werte. http://www.novadex.com/unsere-werte. Zugegriffen: 18.11.2014.

OECD. SMEs – Entrepreneurship and innovation. http://www.keepeek.com/Digital-Asset-Management/oecd/industry-and-services/smes-entrepreneurship-and-innovation_9789264080355-en#page1. Zugegriffen: 10.12.2013.

Oskar Lehmann GmbH & Co. KG. Alles aus einer Hand. https://www.olplastik.de/de/unternehmen_alles-aus-einer-hand. Zugegriffen: 05.12.2013.

Oskar Lehmann GmbH & Co. KG. Unternehmensgeschichte. https://www.olplastik.de/de/unternehmen_unternehmensgeschichte. Zugegriffen: 05.12.2013.

Peters, Meikel. Netzwerkmanagement und Wissen – Erfolgsfaktoren für Langlebigkeit. http://www.dnbgf.de/fileadmin/texte/Downloads/uploads/dokumente/2006/KMU/Peters_DNBGF-Tagung_final.ppt. Zugegriffen: 12.09.2014.

Science-to-Business Marketing Research Centre 2009. *30 good practice case studies in university-business cooperation* S. 30–34. http://ec.europa.eu/education/higher-education/doc/studies/munstercase_en.pdf. Zugegriffen: 13.12.2013.

Siemens AG. Industry Journal. http://www.siemens.com/industryjournal/pool/03-2010/3148_Industry_Journal_3_2010_eng.pdf. Zugegriffen: 25.11.2013.

Stifterverband für die dt. Wirtschaft 2012. *FuE-Datenreport*. http://www.stifterverband.info/publikationen_und_podcasts/wissenschaftsstatistik/fue_datenreport/fue_datenreport_2012.pdf. Zugegriffen: 04.12.2013.

TSB Innovationsagentur Berlin. Technologietransfer. http://www.tsb-berlin.de/tsb-berlin/seite/de/3/19/37/0/technologietransfer. Zugegriffen: 12.12.2013.

Van de Vrande, Vareska/De Jong, Jeroen/De Rochemont, Maurice. Open Innovation in SMEs: Trends, Motives and Management Challenges. http://www.entrepreneurship-sme.eu/pdf-ez/h200819.pdf. Zugegriffen: 11.12.2013.

Wirtschaftslexikon24.com. Kooperation. http://www.wirtschaftslexikon24.com/d/kooperation/kooperation.htm. Zugegriffen: 12.09.2014.

Zentrum für Europäische Wirtschaftsforschung GmbH. Innovationen ohne Forschung und Entwicklung. http://www.e-fi.de/fileadmin/Studien/StuDIS_2011/StuDIS_15_2011.pdf. Zugegriffen: 04.12.2013.

Zentrum für Wirtschaftsethik GmbH. WerteManagementSystem. http://www.dnwe.de/tl_files/ZfW/wms.pdf. Zugegriffen: 29.11.2013.

Erfolg besteht darin, dass man genau die Fähigkeiten besitzt, die im Moment gefragt sind (Henry Ford).

In den vorangegangenen Kapiteln wurden wesentliche Elemente eines systematischen Innovationsmanagements für KMU vorgestellt. So wurden entsprechende Prozesse beschrieben, Rollen und Verantwortlichkeiten definiert und geeignete Organisationsstrukturen aufgezeigt. Ob und in welchem Maße diese jedoch tatsächlich in der betrieblichen Realität wirksam werden, also wie die Leistungsfähigkeit des Unternehmens, bezogen auf das Hervorbringen von Innovationen, konkret aussieht, hängt maßgeblich von den Fähigkeiten und Kompetenzen der jeweiligen Rollenträger (Mitarbeiter und Führungskräfte) ab. Das „Erwartete" muss auch geleistet werden können. Es ist u. a. notwendig, die benötigten Rollen mit geeigneten Personen zu besetzen und für diese, wenn erforderlich, abgestimmte Entwicklungspläne festzulegen.

Als Einstieg ist zunächst zu klären, was Innovationsfähigkeit bedeutet und durch welche Ressourcen und Fähigkeiten diese gesteigert werden kann. Die innovationsfördernden Ressourcen in KMU liegen i. d. R. weder in der Kapitalbasis noch in der Technologie, sondern zum großen Teil in den Mitarbeitern und ihrer Verbundenheit zum Unternehmen.

Darauf aufbauend müssen der aktuelle Stand der Innovationsfähigkeit und mögliche Verbesserungspotenziale ermittelt werden. Für KMU sind dafür Innovationsaudits besonders geeignet, da sie in unterschiedlichen Ausprägungen und mit z. T. überschaubarem Aufwand bei dieser Aufgabe unterstützen. Anhand solcher Audits kann sich das Unternehmen selbst bewerten oder bewerten lassen und entsprechende Handlungsmaßnahmen ableiten.

Ebenso kann das Personalmanagement Voraussetzungen für Innovationen schaffen, indem eine innovationsorientierte Personalstrategie verfolgt und eine Unternehmenskultur geschaffen wird, die Eigenverantwortung und Vertrauen verspricht und somit Innovationen fördert.

© Springer Fachmedien Wiesbaden 2015   275
M. Kaschny et al., *Innovationsmanagement im Mittelstand*,
DOI 10.1007/978-3-658-02545-8_7

Zielsetzung des Kapitels

In diesem Kapitel soll die Innovationsfähigkeit von KMU genauer beleuchtet werden. Hierbei erfolgt eine Erläuterung der Begriffe „Ressourcen" und „Fähigkeiten" sowie deren Beziehung zueinander. Es wird herausgestellt, welche Ressourcen und Fähigkeiten die Innovationsfähigkeit des Unternehmens beeinflussen.

Es wird aufgezeigt, wie die Bewertung der Innovationsfähigkeit mithilfe von Innovationsaudits erfolgen kann. Dabei werden zunächst die Kennzeichen sowie mögliche Formen von Innovationsaudits erläutert. Der Ablauf und die Umsetzung der Ergebnisse werden behandelt, um darauf aufbauend die Grenzen und Probleme aufzuzeigen.

Ein weiterer Aspekt dieses Kapitels behandelt Personalstrategien für innovative Unternehmen, wobei sowohl die Verknüpfung der Unternehmens- mit der Personalstrategie als auch die Personalbeschaffung, -bindung, -entwicklung und der demografische Wandel Berücksichtigung finden.

7.1 Innovationsfähigkeit

Auch wenn sich in der Fachliteratur keine einheitliche Definition des Begriffs „Innovationsfähigkeit" findet, so besteht dennoch weitgehender Konsens darin, dass es sich dabei im Kern um eine Anlage, ein Handlungspotenzial, eine Kompetenz von Einzelnen, Gruppen, einer Organisation oder eines Netzwerks handelt. Es gilt Gegebenheiten wie Produkte, Strukturen und Prozesse neu zu denken und basierend auf den so gezogenen Schlüssen die Realität im Unternehmen entsprechend durch das Hervorbringen von Neuerungen zu verändern (vgl. Kell 2005, S. 91). Innovationsfähigkeit kann somit als übergeordnete Voraussetzung für die Entwicklung, Annahme und Einführung von Innovationen betrachtet werden (vgl. Schmidt 1987, S. 83). Sie ergibt sich nicht nur aus der Anpassung an eine veränderte Umwelt, sondern beinhaltet auch aktive Bemühungen, Innovationen zu entwickeln (vgl. Müller-Philipps 1976, S. 16).

Entsprechend vielschichtig sind die konkreten Indikatoren, anhand derer sich diese Form der Leistungsfähigkeit eines Unternehmens in Bezug auf Innovationen beschreiben lässt. So stellt das European Management Forum zur vergleichenden Beurteilung der unternehmerischen Innovationsfähigkeit insgesamt folgende Kriterien fest (vgl. Gabler Wirtschaftslexikon):

- Hohe Wachstumsrate im Vergleich zu Unternehmen der gleichen Branche,
- Beachtenswerte soziale Leistungen,
- Verhalten in wirtschaftlichen Krisensituationen,
- Qualität von Planungsmechanismen,
- Externe Beziehungen,
- Rationeller Einsatz materieller Ressourcen,
- Organisation der Produktion,
- Geschäftsdynamik,

- Umfang von Forschung und Entwicklung,
- Auslandsaktivitäten,
- Finanzielle Sicherung der Zukunft,
- Persönlichkeit der Unternehmensleitung.

Wichtige Bestandteile der Innovationsfähigkeit sind die vorhandenen Ressourcen und Fähigkeiten des Unternehmens. Ausschlaggebend ist dabei nicht deren Anzahl bzw. Menge, sondern deren Qualität. So gibt es zahlreiche junge Unternehmen mit vergleichsweise wenigen Ressourcen, die jedoch höchst innovativ sind. Ausschlaggebend ist der Faktor Mensch.

Der strategischen Planung und dem operativen Management des Personals sollte daher eine hohe Aufmerksamkeit geschenkt werden. Ein langfristiger Unternehmenserfolg bedingt ein an der Unternehmensstrategie ausgerichtetes Personalmanagement. Die neueste Technik und die besten Produktionsanlagen verschaffen keinen Vorsprung, wenn das Personal zur effizienten Steuerung dieser nicht vorhanden ist.

Im Folgenden werden daher die Begriffe „Ressourcen" und „Fähigkeiten" entsprechend ausführlich erläutert.

7.1.1 Ressourcen

Als Ressourcen werden alle materiellen und immateriellen Güter, Vermögensgegenstände und Einsatzfaktoren wie bspw. personelle Ressourcen bezeichnet, über die ein Unternehmen verfügt (vgl. Hungenberg 2004, S. 135). Sie beeinflussen zusammen mit den Fähigkeiten (s. Abschn. 7.1.2) des Unternehmens erheblich dessen Strategie.

Zu den materiellen Ressourcen gehören neben physikalischen auch finanzielle Ressourcen. Physikalische Ressourcen sind bspw. Maschinen und Anlagen sowie Gebäude und Rohstoffe. Über die Nutzbarkeit dieser Ressourcen für das Unternehmen entscheidet deren Zustand, d. h. ihr Alter, ihre Kapazität und ihr Standort.

Finanzielle Ressourcen bilden das Kapital eines Unternehmens, aber auch dessen Geldgeber, wie Aktionäre und Kreditinstitute.

Immaterielle Ressourcen sind nicht greifbare Werte, wie Patente, Gebrauchs- und Geschmacksmuster, Marken, das Unternehmensimage oder die Unternehmenskultur. Sie tragen oftmals sogar mehr zum Unternehmenswert bei als materielle Ressourcen.

Unter personellen Ressourcen werden einerseits produktive Dienstleistungen und andererseits die Zusammensetzung des Mitarbeiterstamms, insbesondere hinsichtlich des demografischen Profils verstanden. Die produktiven Dienstleistungen umfassen die Fertigkeiten, das Wissen und die Denk- und Entscheidungsfähigkeiten, die Menschen einem Unternehmen zur Verfügung stellen.

Innovationsfördernde Ressourcen

Nicht alle im Unternehmen vorhandenen Ressourcen beinhalten das Potenzial, die Innovationsfähigkeit des Unternehmens zu steigern. Eine der wichtigsten Ressourcen zur Steigerung der Innovationsfähigkeit bilden die finanziellen Mittel. Kapital ist die Voraussetzung für eine umfangreiche F&E, aus der wiederum Innovationen entstehen. Investitionen in F&E werden aufgrund der hohen Kosten jedoch häufig unterlassen.

Aufgrund der oft knappen finanziellen Ressourcen von KMU verfügen diese nur selten über vielfältige Maschinen und Produktionsanlagen. Investitionen in neue Anlagen sowie neueste Technik und Technologien werden oft nur getätigt, wenn sie als unbedingt notwendig angesehen werden und das benötigte Kapital auch zur Verfügung steht. Somit sind die technischen Ressourcen in KMU u. U. nicht auf dem neuesten Stand, was für die Innovationsfähigkeit nicht förderlich ist.

Auch im Bereich der personellen Ressourcen sind KMU quantitativ eher schlecht ausgestattet. Qualitativ betrachtet sind die Mitarbeiter, wie bereits erwähnt, der wichtigste Faktor zur Innovationsfähigkeit. Mittelständische Betriebe sind oft vom Fach- und Führungskräftemangel bedroht. Dennoch sind deren Mitarbeiter häufig sehr motiviert und fühlen sich dem Unternehmen verbunden. Somit sind sie meist bereit, sich im Rahmen ihrer Tätigkeit zu engagieren, was die Leistungs- und Innovationsfähigkeit des Unternehmens steigern kann (vgl. Beaver und Prince 2002, S. 28–37; Birchall et al. 1996, S. 291–305).

Die Ressourcen allein sind jedoch noch nicht ausschlaggebend für den Erfolg des Unternehmens. Erst im Zusammenspiel mit den Fähigkeiten im Unternehmen können daraus Wettbewerbsvorteile entstehen. Dieses Zusammenspiel wird im Folgenden noch genauer betrachtet.

7.1.2 Fähigkeiten

Allgemein betrachtet, stellt eine Fähigkeit die angeborene oder erlernte geistige und praktische Anlage von jemandem dar, die es ihm ermöglicht, etwas Bestimmtes auszuführen. Neben der Motivation gehören Fähigkeiten zur Grundvoraussetzung für die Leistungserbringung. Der Grad ihrer Ausprägung variiert von Person zu Person (vgl. Gabler Wirtschaftslexikon).

Im weiteren Kontext dieses Buches sind mit Fähigkeiten der effiziente Einsatz von Ressourcen in KMU sowie die entsprechende Koordination von Strukturen, Prozessen und Systemen gemeint. Hervorragende Solisten machen noch kein gutes Orchester (vgl. Fleischer 2006) und eine Ressource für sich genommen ist noch nicht produktiv. So wie Dirigenten die Fähigkeiten vieler Musiker zu einem gelungenen Ganzen kombinieren, müssen ihre Ressourcen so eingesetzt werden, dass sie zusammen möglichst effektiv und effizient wirken.

Organisatorische Fähigkeiten sind daher von hoher strategischer Bedeutung und offenbaren, „inwieweit ein Unternehmen in der Lage ist, seine Ressourcen durch eine zielorientierte Ausrichtung und Koordination zu nutzen" (vgl. Hungenberg 2004, S. 135).

In der Praxis werden die Begriffe Fähigkeiten und Kompetenzen häufig synonym verwendet. Gleichwohl ist zu betonen, dass erst aus der Kombination von Ressourcen (z. B. Maschinen) und Fähigkeiten (z. B. Know-how) Kernkompetenzen im Unternehmen entstehen.

Besondere, hervorragende Kernkompetenzen verhelfen zu Wettbewerbsvorteilen und tragen zum langfristigen Unternehmenserfolg bei. Sie gewährleisten u. a. den Marktzugang, steigern den Wert für den Kunden und können nur schwer von Konkurrenten imitiert werden (vgl. Onpulson). Eben eine solche Nichtimitierbarkeit von Kompetenzen und Fähigkeiten kann ein Unternehmen innovativer machen als seine Konkurrenten.

Innovationsfördernde Fähigkeiten
Im Bereich der innovationsfördernden Fähigkeiten haben KMU oftmals Vorteile gegenüber Großunternehmen. Mit flachen Hierarchien, kurzen Kommunikationswegen und schnellen, unbürokratischen Entscheidungen (vgl. Dömötör 2011, S. 9) sind sie oftmals flexibler und anpassungsfähiger als Großunternehmen. Flexibilität ist eine wichtige Voraussetzung für Innovation. Allerdings können auch ausgeprägte organisatorische Fähigkeiten, die zur unreflektierten Routine geworden sind, der Flexibilität eines Unternehmens im Weg stehen (vgl. Grant und Nippa 2006, S. 217). Durch die Entwicklung von Routinen wird, neben allen Vorteilen eines rationellen Vorgehens, eben manchmal auch die Bereitschaft, neue Fähigkeiten anzunehmen oder zu entwickeln, gehemmt (vgl. Leonard-Barton 1992, S. 111–126).

In der Regel ist es nicht immer leicht, die routinierten Abläufe durch neue zu ersetzen oder auch die Routine zu hinterfragen und weiterzuentwickeln. Die erstrebenswertesten Fähigkeiten in Bezug auf die Innovationsfähigkeit des Unternehmens sind daher sogenannte dynamische Fähigkeiten, die es ermöglichen, auf Veränderungen des Umfelds schnell zu reagieren und sich daran anzupassen.

Dynamische Fähigkeiten beinhalten „das Vermögen eines Unternehmens zur Integration, zum Aufbau und zur Rekonfiguration von internen und externen Ressourcen als Antwort auf sich verändernde Unternehmensumwelten" (vgl. Grant und Nippa 2006, S. 217). Es ist allerdings nicht so einfach, dynamisch zu sein. Dies ist daran zu erkennen, dass im Falle eines radikalen Technologiewechsels in einer Branche oder bei der Ausnutzung neuer Chancen neue Unternehmen erfolgreicher sind als langjährig bestehende.

Dies hat folgende Ursache: Neue Unternehmen müssen sich zwar neue Fähigkeiten aneignen, etablierte Unternehmen müssen jedoch zusätzlich auch die bereits vorhandenen, aber nicht mehr zeitgemäßen Fähigkeiten anpassen oder „demontieren", was insgesamt betrachtet einen längeren Zeitraum in Anspruch nimmt (vgl. Grant und Nippa 2006, S. 218).

Im Jahr 2007 wurde bspw. der kostenlose Shopping-Klub „brands4friends.de" gegründet. Die innovative Idee bestand in dem Ein- und Verkauf von Markenwaren für Community-Mitglieder. Ein Jahr nach der Gründung war das Unternehmen bereits Deutschlands führender Onlineshopping-Klub und nach 22 Monaten zählte es von seiner Größe schon zur Kategorie der mittleren Betriebe (vgl. Groh 2011). Bestehende Unternehmen der Handelsbranche konnten oftmals nicht nachziehen. Dies ist darauf zurückzuführen, dass ihnen z. B. das technische Know-how für den Onlinevertrieb fehlte und es problematisch war, den bereits bestehenden Vertrieb auf das Onlinegeschäft zu übertragen.

Die Kommunikation innerhalb von mittelständischen Unternehmen funktioniert im Allgemeinen gut und schnell. So kann binnen kurzer Zeit auf Änderungen reagiert werden. Die Kommunikation wird zumeist offen und direkt gestaltet, sodass es zu weniger Fehlern durch unzureichende Verständigung kommt. Auch findet eine direkte Kommunikation zwischen Unternehmensleitung und Mitarbeitern statt (vgl. Spielkamp und Rammer 2006, S. 17).

7.1.3 Beziehung zwischen Ressourcen und Fähigkeiten

Über die Zusammenhänge zwischen Ressourcen und Fähigkeiten ist nur wenig bekannt. Vielfach wird vermutet, dass eine Verbindung zwischen finanziellen Ressourcen und dem Unternehmenserfolg existiert. Allerdings besteht diese Verbindung nicht immer. So sind Unternehmen mit geringeren finanziellen Ressourcen teilweise erfolgreicher als Unternehmen mit Millionenausgaben für F&E (vgl. Grant und Nippa 2006, S. 212). Start-up-Unternehmen sind mit innovativen Ideen oft sehr erfolgreich. Auf der Internetseite des Unternehmens „mymuesli.de", gegründet im Jahr 2007, kann sich jeder Kunde sein individuelles Müsli aus über 75 verschiedenen Zutaten zusammenstellen. Im ersten Geschäftsjahr erwirtschaftete das Jungunternehmen bereits einen Millionenumsatz (vgl. mymuesli 2008). Die finanziellen Ressourcen des Unternehmens waren dabei eher beschränkt. Es ist nicht die Größe der Ressourcenbasis, die den Erfolg des Unternehmens ausmacht, sondern die effiziente Verbindung der im Unternehmen vorhandenen Ressourcen und Fähigkeiten.

Mittelständische Betriebe sollten ihre Ressourcen bündeln und sich auf ihre Prioritäten fokussieren. Weiterhin ist es besonders für KMU mit einer geringen Ressourcenbasis wichtig, durch Kooperationen oder Outsourcing zusätzliche Ressourcen zu erlangen. Bei der Ergänzung von Ressourcen sollte darauf geachtet werden, Ressourcen oder Fähigkeiten zu erlangen, welche die vorhandenen unterstützen und ergänzen. Fehlende Marketingfähigkeiten verringern bspw. die Effektivität von ausgeprägten Produktdesignfähigkeiten, da die Vorzüge der neuen Designs nicht erfolgreich im Markt kommuniziert werden können. Zuletzt ist auch die Erhaltung der Ressourcen und Fähigkeiten nicht zu vernachlässigen. Dies wird durch deren vollständige Nutzung und Wiederverwertung in unterschiedlichen Produkten, Märkten und Produktgenerationen gewährleistet (vgl. Grant und Nippa 2006, S. 215).

Die Abb. 7.1 gibt abschließend noch einmal einen Überblick über die dargestellten Zusammenhänge zwischen Ressourcen, Fähigkeiten und Wettbewerbsvorteilen.

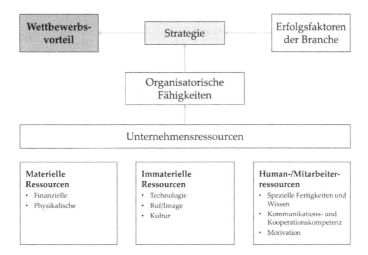

Abb. 7.1 Die Zusammenhänge zwischen Ressourcen, Fähigkeiten und Wettbewerbsvorteilen (eigene Darstellung in Anlehnung an Grant und Nippa 2006, S. 183)

7.2 Innovationsaudit

Unter einem Audit wird i. d. R. ein Untersuchungsverfahren verstanden, „in dem Prozesse bezüglich ihrer Anforderungserfüllung beurteilt werden" (Kaschny und Hürth 2010, S. 22). Nach einer Definition des Fraunhofer-Instituts für Arbeitswirtschaft und Organisation (Fraunhofer IAO) ist das Innovationsaudit „eine umfassende systematische Analyse der Innovationsfähigkeit des Unternehmens, mit dem vorrangigen Ziel, diese zu verbessern. Es befähigt sowohl kleine und mittelständische Unternehmen als auch große Unternehmen, das eigene Innovationsverhalten richtig einzuordnen, spezifische Verbesserungspotenziale zu erkennen sowie Entwicklungsmaßnahmen gezielt und effizient umzusetzen." (Kaschny und Hürth 2010, S. 23). Ein Audit ist somit eine Ist-Analyse, die Probleme erkennt, Verbesserungspotenziale aufdeckt und schließlich Handlungsempfehlungen ausspricht.

Warum und wofür wird ein solches Innovationsaudit benötigt? Ein Grund liegt nahe und ist recht einfach: Praktisch jedes Unternehmen verfügt über eine Buchhaltung, eine Kostenrechnung, eine GuV und erstellt eine Bilanz. Diese liefern jeweils wichtige Informationen für die Geschäftsentwicklung. Bei der Beurteilung der Innovationsfähigkeit eines Unternehmens kann jedoch i. d. R. nicht auf ein entsprechend umfangreiches Zahlenwerk zurückgegriffen werden, um die eigene Innovationsfähigkeit zielgerichtet weiterzuentwickeln.

Ein weiterer Grund, warum KMU sich ausführlicher mit den bereits verfügbaren Zahlen bzw. Kennzahlen und weniger mit ihrer Innovationsfähigkeit beschäftigen, ist: In dem Moment, in dem ein Kredit benötigt wird, verlangen die Banken alle zur Verfügung stehenden kaufmännischen Unterlagen. Mit diesen Daten wird eine individuelle Bewertung

Abb. 7.2 Mögliche Ziele von Innovationsaudits aus Unternehmenssicht (eigene Darstellung in Anlehnung an Herstatt et al. 2007, S. 5)

des Unternehmens erstellt und entschieden, ob und zu welchen Konditionen ein Kredit vergeben wird. Zunehmend interessieren sich Banken aber für die Zukunftsfähigkeit des Unternehmens, wozu auch die Innovationsaktivitäten gehören. Nur existieren bis dato kein einheitliches Vorgehen und keine einheitlichen Methoden zur Ermittlung der unternehmensbezogenen und vergleichbar bewerteten Zukunftsfähigkeit, sodass jede Bank über ihr eigenes Bewertungssystem und eigene Bewertungskriterien verfügt.

Ein Innovationsaudit ist für Unternehmen, unabhängig von deren jeweiliger Größe, eine Möglichkeit, die eigene Innovationsfähigkeit zu analysieren bzw. zu bewerten. Darauf aufbauend lassen sich geeignete Maßnahmen ableiten, um die Innovationsfähigkeit zu verbessern. Einen zusammenfassenden Überblick über die Ziele von Innovationsaudits liefert hierzu Abb. 7.2.

7.2.1 Kennzeichen von Innovationsaudits

Innovationsaudits haben bestimmte Anforderungen zu erfüllen. Da sowohl die finanziellen als auch die personellen, räumlichen und zeitlichen Ressourcen begrenzt sind, ist auf ein angemessenes Kosten-Nutzen-Verhältnis zu achten. Die Durchführung ist dann sinnvoll, wenn allen Beteiligten bewusst ist, dass genügend personelle Ressourcen für die Befragung, Durchführung sowie Analyse zur Verfügung gestellt werden müssen. Ohne ausreichenden Ressourceneinsatz ist ein solches Audit nur eine „Alibi-Veranstaltung", die zu keinen konkret umsetzbaren Maßnahmen führt. Des Weiteren sollte vor der Durchführung eines solchen Audits ein Mindestmaß an Innovationsmanagement vorhanden sein, da sich die Fragen auf die Innovationsziele, -strategie, -prozesse, Organisation und Ressourcen sowie Innovationskultur beziehen.

Wichtig ist die Verfügbarkeit der benötigten Informationen für den Auditor. Dies beinhaltet zum einen die Offenlegung relevanter Daten und zum anderen die Sensibilisierung der Mitarbeiter. Daten dürfen weder zurückgehalten noch verfälscht werden. Ist die Kommunikation zwischen Auditor und Mitarbeitern gestört, ist das Audit nicht durchführbar bzw. sind die Ergebnisse nicht aussagekräftig und damit nicht umsetzbar. Dieser Aspekt hebt die Wichtigkeit der Mitarbeiter hervor. Die Innovationsbemühungen der Organisation können noch so hoch sein, ohne die Akzeptanz und Motivation der Mitarbeiter sind diese nahezu wertlos.

Neben dem Personal bedarf es auch der Unterstützung des Audits durch die Unternehmensleitung. Ohne deren Vermittlung der Notwendigkeit des Projekts kann die nötige Akzeptanz im Unternehmen nicht erreicht werden. Unvermeidbar ist aber auch die lückenlose Dokumentation des gesamten Audits, damit keine Informationen verloren gehen oder unbeachtet bleiben (vgl. Löbel et al. 2005, S. 67).

Innovationsaudits sind deshalb von so großer Bedeutung für Unternehmen, weil die Innovationsfähigkeit in den betrieblichen Aufgabenfeldern immer weiter in den Vordergrund rückt. Um die Fähigkeiten steigern zu können, muss das Unternehmen zunächst bewerten, wie innovativ die Abläufe und Produkte bzw. Dienstleistungen bereits sind. Dabei wird die schon vorhandene Innovationsfähigkeit des Unternehmens überprüft und es werden so mögliche Ansatzpunkte aufgedeckt. Mithilfe des Innovationsaudits wird ein individueller Maßnahmenplan für das Unternehmen aufgestellt, sodass nicht unnötig jene Bereiche des Innovationsmanagements verbessert werden, die schon gut aufgestellt sind. Aber auch nach bereits erfolgter Umsetzung von Maßnahmen macht eine erneute Durchführung eines Audits Sinn, um festzustellen, ob die eingeleiteten Maßnahmen auch greifen.

Das Innovationsaudit ist für KMU geeignet, da es in den verschiedensten Formen und Ausprägungsgraden durchführbar ist. Es existieren Audits, die nur geringe Kosten verursachen, ebenso wie solche, die wenig personelle Ressourcen beanspruchen. Jedes Unternehmen kann das Innovationsaudit in gewissem Maße an die individuelle Ressourcenlage anpassen.

7.2.2   Formen und Ablauf von Innovationsaudits

Ein Innovationsaudit kann sowohl als Selbstaudit als auch als externes geführtes Audit durchgeführt werden. Beide Varianten haben für KMU Vor- und Nachteile. So bietet das Selbstaudit durch standardisierte Fragebögen eine hohe Vergleichbarkeit bei einem verhältnismäßig geringen Kosten- und Zeitaufwand. Aufgrund der standardisierten Fragen wird dies erkauft durch eine eingeschränkte Berücksichtigung der spezifischen Unternehmenssituation. Ein Selbstaudit birgt des Weiteren die Gefahr, dass die notwendige

Selbsteinschätzung durch eine Art Betriebsblindheit und fehlendes Expertenwissen verfälscht wird.

Demgegenüber steht das extern geführte Audit. Durch eine neutrale Betrachtung aus verschiedenen Perspektiven sowie die individuelle Anpassungsmöglichkeit an das jeweilige Unternehmen besitzt ein solches zumeist einen höheren Aussagewert. Verbunden sind damit aber auch höhere Kosten und ein größerer Zeitaufwand.

Selbstaudit

Bei einem von Unternehmen selbst durchgeführten Innovationsaudit obliegt die Interpretation der Ergebnisse und die Ableitung von Verbesserungsmaßnahmen allein dem Unternehmen.

Die benötigten Werkzeuge, wie Fragebögen, Interviewleitfäden oder Online-Tools, können bei externen Anbietern eingekauft werden. Die Preise sind abhängig vom Anbieter und vom Umfang des Audits. Die Durchführung erfolgt durch eigene Mitarbeiter. Eine Zertifizierung ist nicht möglich bzw. nur von geringer Aussagekraft (vgl. Herstatt et al. 2007, S. 9).

Die Datenerhebung erfolgt mittels schriftlicher Befragung, Interviewleitfaden oder Online-Tool. Eine schriftliche Befragung kann u. U. auch selbst entwickelt werden. Bei einer solchen internen individuellen Lösung muss darauf geachtet werden, die Schwerpunkte richtig zu setzen, ferner dass die nötigen zeitlichen, personellen und finanziellen Ressourcen zur Verfügung stehen.

Bei der Anwendung eines Interviewleitfadens muss zunächst entschieden werden, wer befragt wird und was genau Ziel und Gegenstand des Interviews sein sollen. Abweichend vom Fragebogen, der schriftlich von den Mitarbeitern ausgefüllt werden kann, ist zu klaren, welche und wie viele Personen die Interviews leiten. Eine Befragung mit Leitfaden stellt durchaus hohe Anforderungen an den entsprechenden Interviewer, sodass dieser entsprechend geschult sein sollte. Darüber hinaus ist die Anforderung an eine ausgeprägte sprachliche und soziale Kompetenz seitens des Befragten und an dessen Bereitschaft zur Mitarbeit nicht zu unterschätzen. Im Vergleich zur standardisierten Befragung nimmt das Interview mehr Zeit in Anspruch. Auch können Befragte u. U. leichter durch den Interviewer beeinflusst werden, was zu einer Verzerrung der Ergebnisse führen kann (vgl. Atteslander 2010, S. 142).

Als dritte Variante, neben der schriftlichen Befragung und der Anwendung von Interviewleitfäden, existieren entsprechende Online-Tools. Die Bewertung über das Online-Tool verläuft ähnlich einer Befragung mittels externer Fragebögen, wobei die Auswertung hier sowohl intern als auch extern erfolgen kann. Das Innovationsaudit ergibt sich auf diese Weise schnell und unkompliziert, da es zeitlich und örtlich ungebunden ist. Gerade für KMU ist diese Lösung die ressourcenschonendste. Durch die Standardisierung lassen die Ergebnisse Vergleiche mit anderen Unternehmen oder auch Branchenvergleiche zu. Auch hier bestehen die gleichen Nachteile wie bei der schriftlichen Befragung mittels Fragebogen.

Geführtes Audit

Die Anbieter von geführten Audits sind häufig Unternehmensberatungen, Institute und Lehrstühle. Geführte Audits bestehen meist aus vier Phasen (vgl. Kaschny und Hürth 2010, S. 58):

1. Vorbereitung und Priorisierung,
2. Interviews und Datenerfassung,
3. Auswertung und Analyse,
3. Präsentation und Diskussion.

In Phase 1 werden gemeinsam mit dem Unternehmen die Analyseziele sowie der Umfang des Audits festgelegt. Dabei werden Interviewpartner ausgewählt und erste Vorabinformationen zum Unternehmen zusammengetragen. In Phase 2 werden durch geführte Interviews anhand eines Leitfadens alle benötigten Informationen gesammelt. Die Daten ergeben sich aus den Interviews, aus Beobachtungen und aus Dokumenten. Nach der Erfassung und Strukturierung erfolgt Phase 3, in der die gesammelten Daten durch den Dienstleister analysiert und ausgewertet werden. Die Ergebnisse und Handlungsvorschläge werden dem auditierten Unternehmen in Phase 4 präsentiert. Zum Schluss kann das Audit je nach Anbieter noch zertifiziert werden.

In einer optionalen fünften Phase können aus den Ergebnissen mögliche Maßnahmen abgeleitet werden. Nach einem gewissen Zeitraum, z. B. nach zwölf Monaten, kann der Prozess wiederholt werden, um eine kontinuierliche Verbesserung der Innovationsfähigkeiten zu gewährleisten.

Mischform

Es existieren auch Mischformen zwischen Selbstaudit und geführtem Audit. Bei diesen Mischformen wird häufig zu Beginn ein Selbstaudit durchgeführt, welches dann die Grundlage für einen sich anschließenden Workshop oder eine Ergebnisdiskussion mit externen Beratern bildet.

7.2.3 Inhalte von Innovationsaudits

Die Probleme und Hemmnisse bei der Generierung und Umsetzung von innovativen Ideen sind vielfältig, angefangen bei Quantität und Qualität des Personals, über fehlende Strategien, unzureichende technische Ressourcen, fehlende finanzielle Mittel, suboptimale Prozesse bis hin zu einer innovationskritischen Unternehmenskultur, die wenig offen ist für Neuerungen und in welcher Fehler nicht auch als Chancen gesehen werden (vgl. Kaschny und Hürth 2010, S. 116 ff). Eben diese Themen sollten folglich in einem Innovationsaudit behandelt werden.

Im Wesentlichen sind vier Themenschwerpunkte abzudecken: die Strategie, die Portfolioentwicklung, das Budget für Innovationen und als wichtigsten Aspekt die Mitarbeiter (vgl. Nolden 2011).

Im Bereich der Strategie sollten die folgenden Fragestellungen untersucht werden:

Fragen zur Strategie

- Wie sieht der relevante Markt aus und wer sind die Kunden?
- Mit welchem (Innovations-)Portfolio sollen Markt und Kunden adressiert werden?
- Welche Innovationsstrategie wird verfolgt und welche Ziele werden daraus abgeleitet?
- Wie wird die Strategie umgesetzt und wie wird die Umsetzung kontrolliert bzw. gemessen?

In Bezug auf die Portfolioentwicklung sind folgende Aspekte zu betrachten:

Fragen zur Portfolioentwicklung

- Wie werden Ideen generiert und wie werden diese bewertet?
- Wie sieht die Produktplanung im Detail aus und werden Produktanforderungen aktiv gemanagt?
- Existiert ein definierter und gelebter (Produkt-)Entwicklungsprozess und gibt es ein Produktcontrolling?
- Ebenfalls sehr wichtig: Werden Synergien mit anderen Geschäftseinheiten, Partnern und Kunden identifiziert und genutzt?

Bei der Entscheidung über das Budget für Innovationen stellen sich folgende Fragen:

Fragen zum Budget für Innovationen

- Gibt es ein dediziertes Budget für Innovationen?
- Ist die Höhe des Budgets angemessen?
- Wird das Budget nach einem definierten Prozess geplant?
- Wird die Wirksamkeit des Budgets kontrolliert?

Im Bereich der Mitarbeiter sollten folgende Schwerpunkte untersucht werden:

Fragen hinsichtlich der Mitarbeiter

- Wie sieht es mit der betrieblichen Innovationskultur aus – ist diese definiert und kommuniziert, werden Veränderungen aktiv vorangetrieben?
- Wird aktiv internes und externes Wissen gesammelt und genutzt?
- Wie sieht es mit den vorhandenen Kompetenzen aus – passen diese zur Geschäftsstrategie und sind die Schulungsaktivitäten ausreichend?
- Passt die Motivation im Unternehmen? Engagiert sich das Management aktiv für Innovationen und gibt es eine offene Einstellung gegenüber Fehlern und Risiken?

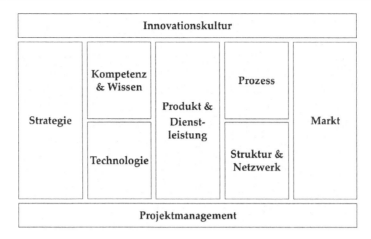

Abb. 7.3 Gestaltungsfelder für die Bewertung der Innovationsfähigkeit (eigene Darstellung in Anlehnung an Slama 2007)

Um einen ganzheitlichen Überblick über die Innovationsfähigkeit des Unternehmens zu erhalten, sollten alle diese Fragestellungen im Detail untersucht werden. Nur dann lässt sich eine fundierte Standortbestimmung gewährleisten, auf deren Basis entsprechende zukunftsorientierte Zieldefinitionen und geeignete Maßnahmen abgeleitet werden (vgl. Nolden 2011, S. 33).

Im Rahmen des Fraunhofer Projekts „InnoKMU" (vgl. Fraunhofer ISI) wird eine Struktur charakteristischer Gestaltungsfelder angeboten, wie in Abb. 7.3 dargestellt. Für jedes Gestaltungsfeld sollen kritische Erfolgsfaktoren und Indikatoren identifiziert und passend für das eigene Unternehmen ausgewertet werden. Das Fraunhofer-Institut stellt hierzu unterschiedliche Fallstudien und Vergleichswerte verschiedener Branchen zur Verfügung, um den „Inno-Score", also den Wert der Innovationsfähigkeit, zu ermitteln.

Je umfassender die Untersuchung ist, umso mehr Punkte werden aufgedeckt, an denen angesetzt werden kann. Viele kleine Veränderungen können bekanntermaßen Entscheidendes bewirken.

Diverse Anbieter von Innovationsaudits bieten nach erfolgreich durchgeführtem Audit auch eine Zertifizierung an, die u. a. zur Kommunikation mit Kunden, Lieferanten und Kapitalgebern genutzt werden kann (vgl. Kaschny und Hürth 2010, S. 103). So lässt sich gegebenenfalls die Bonität verbessern, falls die Bank diese Zertifizierung anerkennt. Dadurch wird die Finanzierung von Innovationen erleichtert (vgl. Slama 2007).

7.2.4 Umsetzung der Ergebnisse des Innovationsaudits

Unabhängig von der gewählten Form des Innovationsaudits sollten anhand der jeweiligen Erkenntnisse Handlungsempfehlungen abgeleitet und entsprechende Maßnahmen umgesetzt werden, um die spezifische Innovationsfähigkeit zu verbessern. Ist mithilfe des Abschlussberichtes geklärt, in welchen Bereichen Handlungsbedarf besteht, müssen Maßnahmen abgeleitet werden, die die Situation des Unternehmens verbessern. Diese Maßnahmen müssen auf die spezifische Situation des Unternehmens angepasst sein und sollten schriftlich fixiert werden, um die Umsetzung der Maßnahmen auch kontrollieren zu können.

Es gilt jedoch zunächst einige wichtige Voraussetzungen zu prüfen:

- Das Audit sollte qualitativ hochwertig und aussagefähig sein. Aussagen wie „Ihre Innovationsfähigkeit liegt bei 60 %." oder „Sie sollten sich mehr mit Ihren Kunden beschäftigen." helfen nicht weiter.
- Die Ergebnisse sollten objektiv und für externe Dritte nachvollziehbar sowie für das Unternehmen praktisch anwendbar sein, ohne den finanziellen, personellen oder zeitlichen Rahmen zu sprengen. Demzufolge sollten Gründe und Beispiele genannt werden, warum etwas gut funktioniert oder warum Handlungsbedarf besteht.
- Vorteilhaft ist die Akzeptanz des Audits durch die Mitarbeiter und die Führungsebene. Dies wird erreicht, wenn die Mitarbeiter aktiv in die Befragungen eingebunden und abweichende Resultate mit allen Beteiligten hinreichend diskutiert wurden.
- Die Daten, die im Innovationsaudit verwendet werden, obliegen der Vertraulichkeit (vgl. Herstatt et al. 2007, S. 14).
- Zuletzt sollten bei Bedarf Referenzgrößen wie Erfahrungswerte, strategische Unternehmensziele, Branchenwerte etc. herangezogen werden (vgl. Hauschild und Salomo 2007, S. 536 ff.).

Einige Innovationsaudits liefern aufgrund ihrer Methodik direkt Vorschläge für Maßnahmen, bei anderen Audits müssen diese erst in Form eines Maßnahmenplans erarbeitet werden. Für den zu erstellenden Maßnahmenplan ist Folgendes zu beachten:

- lang-, mittel- und kurzfristige Ausrichtung,
- Berücksichtigung quantitativer und qualitativer Aspekte,
- Beinhaltung möglichst exakt messbarer Kennzahlen der Zielerreichung,
- Praxistauglichkeit,
- Sicherstellung der Vereinbarkeit der Maßnahmen,
- Priorisierung der Maßnahmen,
- Benennung der für die einzelnen Maßnahmen zur Verfügung stehenden Ressourcen (vgl. Löbel et al. 2005, S. 110).

Bei der Priorisierung bietet es sich z. B. an, alle Maßnahmen in eine Matrix einzuordnen. Auf der einen Achse wird dabei gewertet, wie hoch die vermutete Auswirkung der Maßnahme auf die Innovationsfähigkeit des Unternehmens ist, auf der anderen Achse, wie hoch die geschätzten Aufwände für die Implementierung der Maßnahmen sind. Danach lassen sich dann diejenigen Maßnahmen priorisieren, die bei vergleichsweise geringem

Aufwand hohe Auswirkungen nach sich ziehen, sofern solche Maßnahmen vorhanden sind.

7.3 Personalstrategien für innovative Unternehmen

Innovative Unternehmen benötigen innovative Strategien. Grundvoraussetzung ist, dass die Unternehmensstrategie innovationsorientiert aufgesetzt wird. Dies muss sich auch in der Personalstrategie fortsetzen, indem diese einen starken Innovationsbezug aufweist. Große Unternehmen beschäftigen sich ausgiebig mit der Erstellung einer geeigneten Personalstrategie, KMU hingegen verwenden bisher nicht allzu viel Zeit darauf.

Die Personalstrategie umfasst alle Aktivitäten, die sich mit dem Ausbau, der Pflege und der Nutzung der Mitarbeiterpotenziale im Unternehmen beschäftigen. Die Aktivitäten sind eng an die strategischen Ziele des Unternehmens geknüpft und zeichnen sich vor allem durch die Merkmale Langfristigkeit und Ganzheitlichkeit aus (vgl. Deutsche Gesellschaft für Personalführung).

Folgende Aspekte werden i. d. R. im Rahmen einer Personalstrategie behandelt:

- Sicherung von Kernkompetenzen im Unternehmen,
- Steigerung von Mitarbeiterbindung und Identifikation mit dem Unternehmen,
- Gewinnung und Bindung von Leistungsträgern für das Unternehmen
- Gehaltsentwicklung von guten Arbeitnehmern, die i. d. R. mehr Auswahlmöglichkeiten in Bezug auf ihren Arbeitgeber haben,
- Steigerung der Arbeitgeberattraktivität,
- Weiterentwicklung der Führungskräfte,
- Sicherung der Leistungsfähigkeit von älteren Arbeitnehmern,
- Know-how-Transfer im Unternehmen, gerade wenn ältere Mitarbeiter in den Ruhestand gehen (vgl. Porten 2011, o. S.).

Es ist wichtig, das Personal und dessen Management für mittelständische Betriebe gesondert zu betrachten. KMU verfügen nur über begrenzte Ressourcen, daher können nicht alle o. g. Aufgaben vollumfänglich ausgeführt werden. Aufgrund der beschränkten finanziellen Mittel fehlt oft das Kapital für wichtige Personalentwicklungsmaßnahmen und für Weiterbildungen. Oftmals ist eine eigene Personalabteilung gar nicht vorhanden, sodass nur einige oder auch nur ein einziger Mitarbeiter, meist neben der alltäglichen Arbeit, für das Personal zuständig ist. Hier fehlt es möglicherweise an notwendigen Ressourcen (vgl. Meyer 2012, S. 3).

Im Bereich der Personalvergütung schneiden KMU aus Arbeitnehmersicht tendenziell schlechter ab als Großunternehmen. Infolgedessen und aufgrund der geringeren Bekanntheit ist die Personalbeschaffung daher häufig problematischer. Sie konkurrieren mit Großunternehmen um Bewerber und müssen spezifische Anreize bieten, um konkurrenzfähig bleiben zu können. Das Thema „Personalbeschaffung" wird in Abschn. 7.3.2 noch ausführlicher behandelt.

Rahmenbedingungen für Innovationen

Für die Innovationsfähigkeit der Mitarbeiter ist wichtig, dass sie sich nicht nur mit ihrem Fachgebiet auseinandersetzen, sondern ebenso mit betrieblichen und marktbezogenen Inhalten, die für das Unternehmen relevant sind. Kennen sich die Mitarbeiter nicht mit der unternehmensspezifischen Situation aus, können sie zwar innovative Ideen entwickeln, diese passen dann aber u. U. nicht zu der Unternehmensstrategie oder den Marktanforderungen und können somit nicht ökonomisch verwertet werden (vgl. Weidmann und Armutat 2008, S. 40).

Ein weiterer Aspekt ist das Vertrauen und die Wertschätzung gegenüber den Mitarbeitern. 56 % der Mitarbeiter im mittleren Management gaben bei einer Befragung der Beratungsgesellschaft Accenture an, keine Wertschätzung ihrer beruflichen Leistung zu erfahren (vgl. Accenture 2007). Jedoch sind Unternehmen, deren Mitarbeiter sich mit den Unternehmenszielen identifizieren, nachweislich erfolgreicher (vgl. Buckingham und Coffman 1999). Mangelnde Wertschätzung hat somit einen direkten Einfluss auf die Wertschöpfung und auch auf die Innovationsfähigkeit eines Unternehmens.

Innovationsfähigkeit setzt zudem eine Unternehmenskultur voraus, in der die Mitarbeiter Vertrauen erfahren und in der ihnen zum einen Freiräume sowie Autonomie zugestanden werden und zum anderen Lernprozesse und eine offene Kommunikation unterstützt werden (vgl. Reick et al. 2007). Auch eine ausgewogene Work-Life-Balance kann die Innovationsfähigkeit fördern. Die Mitarbeiter sind zufriedener und stellen dem Unternehmen gerne ihre Arbeitskraft zur Verfügung, wenn sie im Gegenzug Privat- und Berufsleben besser koordinieren können.

In vielen KMU sind diese vertrauensbasierten und freiheitsorientierten Unternehmensstrukturen bereits vorhanden, sodass die Voraussetzungen für die Kreativität und Innovationsfähigkeit in diesem Aspekt grundsätzlich gegeben sind.

7.3.1 Verknüpfung der Unternehmensstrategie mit der Personalstrategie

Eine innovative Unternehmensstrategie beinhaltet eine innovative Personalstrategie. Das gesamte Personalmanagement richtet sich nach der Personalstrategie und ist somit mit der Unternehmensstrategie verknüpft.

Genau wie die Unternehmensstrategie gibt auch die Personalstrategie eine bestimmte Richtung vor. Sie konkretisiert die Ziele und den grundsätzlichen Weg dorthin. Außerdem zeigt sie auf, wie sich das Personalmanagement entwickelt und wie es gestaltet werden soll.

In der Praxis sind Personalstrategie und Unternehmensstrategie nicht immer miteinander verbunden. Generell können im Zusammenspiel dieser beiden Strategien drei verschiedene Fälle unterschieden werden (vgl. Scholz 2011, S. 42):

1. Fall: Die Personalstrategie folgt der Unternehmensstrategie oder ist integraler Bestandteil dieser. Hierbei wird der Normalfall der betrieblichen Praxis beschrieben. Die Personalstrategie leitet sich aus der Unternehmensstrategie ab und verfolgt somit die definierten Unternehmensziele.
2. Fall: Die Unternehmensstrategie folgt der Personalstrategie. Dies ist nur selten der Fall. Er tritt dann auf, wenn eine ausgeprägte Strategie zum Umgang mit den Mitarbeitern existiert, die so stark ist, dass sie die Unternehmensstrategie beeinflusst.
3. Fall: Personal- und Unternehmensstrategie sind völlig unabhängig voneinander. Das bedeutet, dass eine Personalstrategie vorhanden ist, diese aber in keinem Zusammenhang mit der Unternehmensstrategie steht. Eine solche Situation ist nicht wünschenswert, da es zu Unstimmigkeiten und Fehlentwicklungen innerhalb des Unternehmens kommen kann.

Erstellung einer flexiblen Personalstrategie

Eine innovative Unternehmensstrategie erfordert eine flexible Personalstrategie. Flexibilität kann heißen, dass auch Leiharbeit und die Zusammenarbeit mit Zeitarbeitsfirmen immer häufiger ein Bestandteil einer innovativen Personalstrategie wird (vgl. Schmitz 2001, S. 172). In schnelllebigen Branchen, wie z. B. Branchen mit hohem Technologiebezug, nutzen hochqualifizierte Fachkräfte beispielsweise in den USA gerne den regelmäßigen Arbeitsplatzwechsel zur Erweiterung und Aktualisierung ihrer Qualifikation (vgl. Carnoy et al. 1997, S. 29). Dieser häufige Arbeitsplatzwechsel kann die Flexibilität und Kreativität der Mitarbeiter steigern und sollte auch in Deutschland vermehrt genutzt werden. Zu beachten sind allerdings die Fluktuationskosten, die für die Unternehmen bei einer flexiblen Personalpolitik entstehen. Dazu zählen Kosten der Personalsuche (Personalberater, Stellenanzeige etc.), Auswahlkosten (Sichtung der Bewerbungsunterlagen, Bewerbungsgespräche, Test- und Auswahlverfahren), Einarbeitungskosten einschließlich notwendiger Qualifizierungen und Kosten für verringerte Arbeitsproduktivität in der Anfangszeit (vgl. Flato und Reinbold-Scheible 2008, S. 76). Bei einer innovativen Personalstrategie ist es wichtig, eine gute Balance zwischen Flexibilität und Mitarbeiterbindung zu erzielen, um das Kosten-Nutzen-Verhältnis ausgeglichen zu halten.

Die Entwicklung einer Personalstrategie sollte sinnvollerweise in aufeinander abgestimmten und konsistenten Schritten erfolgen. Ein Beispiel hierfür liefert Abb. 7.4. Hier basiert die Entwicklung einer Personalstrategie auf neun Schritten, die im Folgenden erläutert und innovationsorientiert konkretisiert werden (vgl. Scholz 2011, S. 44 f.).

1. Schritt: Formulierung von personalpolitischen Grundsätzen

Zunächst sind personalpolitische Grundsätze zu formulieren, die angeben, in welcher Form Personalarbeit grundsätzlich im Unternehmen durchgeführt wird. Es werden ab-

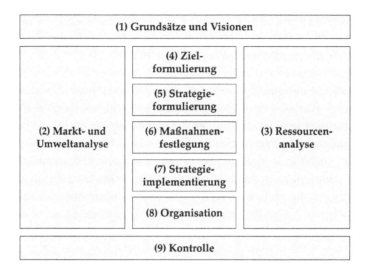

Abb. 7.4 Entwicklung der Personalstrategie (eigene Darstellung in Anlehnung an Scholz 2011, S. 46)

strakte und zentrale Wertvorstellungen festgelegt. Hier sollte das Ziel einer innovativen Personalstrategie festgelegt werden.

2. Schritt: Markt- und Umweltanalyse
Hierbei wird das Umfeld der Personalarbeit analysiert. Dazu gehören neben dem Arbeitsmarkt die Konsequenzen aus der Unternehmensstrategie sowie Chancen und Risiken in Bezug auf die Personalarbeit. Dieser Schritt zeigt, dass im Normalfall die Personalstrategie der Unternehmensstrategie folgt. Aus der Markt- und Umweltanalyse ergibt sich idealerweise, welche Anforderungen von außen an die Personalarbeit gestellt werden.

3. Schritt: Ressourcenanalyse
Die Kernkompetenzen des Unternehmens werden identifiziert und einer Stärken-Schwächen-Analyse unterzogen. Schritt 3 orientiert sich im Gegensatz zu Schritt 2 nicht an der Unternehmensumwelt, sondern an den Fähigkeiten des Unternehmens. In diesem Schritt empfiehlt es sich, auch die Innovationsfähigkeit der Mitarbeiter mithilfe eines schon erwähnten Innovationsaudits zu bewerten.

4. Schritt: Konkrete Ziele formulieren
Die aus den Anforderungen aus Schritt 1 und 2 sowie den Gegebenheiten aus Schritt 3 generisch beschriebenen Ziele müssen in diesem Schritt konkret formuliert werden.

5. Schritt: Strategieformulierung mithilfe der Ziele
Die in Schritt 4 definierten Ziele werden in einer Strategie zusammengefasst, die der Zielerreichung dienen soll.

6. Schritt: Maßnahmenfestlegung

Im Rahmen der Maßnahmenfestlegung wird konkretisiert, wie der Personalumbau durch Personalbeschaffung, -qualifikation oder -freisetzung durchgeführt werden soll. Ist die Steigerung der Innovationsfähigkeit in der Strategie und den Zielen verankert, wird nun festgelegt, wie dies geschehen soll. Entweder durch die konsequente Beschaffung von innovativen Mitarbeitern, durch die Entwicklung der Innovationsfähigkeit der bestehenden Mitarbeiter oder durch die Freisetzung innovationshemmender Mitarbeiter. Auch flexible Arbeitszeitmodelle können hier konkretisiert werden.

7. Schritt: Implementierung der Personalstrategie

Hier entstehen Vorgaben, wie Aktivitäten auf operativer Ebene umgesetzt werden. Dabei wird bspw. festgelegt, mithilfe welcher Beschaffungs- und Anreizmethoden innovatives Personal gewonnen werden kann.

8. Schritt: Organisation der Personalarbeit

Bei der Organisation der Personalarbeit ist die Aufgabenverteilung zwischen Unternehmensleitung, Personalabteilung und Abteilungsleitung zu beachten. Teilweise wird auf diesen Schritt verzichtet, dennoch sollten hier die Verantwortlichkeiten geklärt werden. Dies gilt besonders in KMU, in denen häufig keine Personalabteilung vorhanden ist.

9. Schritt: Kontrolle der Personalstrategie

Es müssen Zielvereinbarungen getroffen werden, die der Kontrolle der Zielerreichung dienen. Es sollte ein angestrebtes Innovationslevel oder eine bestimmte Anzahl an Mitarbeitervorschlägen zur Verbesserung der Produkte bzw. Dienstleistungen sowie der Unternehmensprozesse festgelegt werden.

Als Beispiel für eine flexible und innovationsorientierte Personalstrategie kann die Kooperationsinitiative Maschinenbau, kurz KIM, gelten.

KMU-Praxisbeispiel

Flexible und innovationsorientierte Personalstrategie bei der Kooperationsinitiative Maschinenbau Braunschweig

Die „KIM Kooperationsinitiative Maschinenbau e. V. ist ein Zusammenschluss von zurzeit 26 mittelständischen Unternehmen aus dem Bereich Maschinen- und Anlagenbau zu einem leistungsstarken Netzwerk im Großraum Braunschweig" (Kooperationsinitiative Maschinenbau e. V.).

Die maßgeblichen Beweggründe dieser Initiative sind der Erhalt und der Ausbau der Wettbewerbsfähigkeit der ansässigen Betriebe.

Eines der Hauptanliegen dieser Initiative ist der flexible Austausch von Arbeitskräften. Somit soll unterschiedlichen Auftragslagen flexibel begegnet und zugleich Kurzarbeit und Entlassungen von Mitarbeitern vermieden werden (vgl. Braunschweigische Landessparkasse 2009, S. 4).

Befürchtungen der Arbeitgeber, dass durch diesen Austausch möglicherweise Know-how abfließt und Arbeitnehmer in der Entleihfirma evtl. schlechter gestellt werden, wurde mit einem Katalog von „Spielregeln" erfolgreich begegnet (vgl. Braunschweigische Landessparkasse 2009, S. 4). Diese Spielregeln vermeiden auch, dass entliehene Arbeitnehmer vom entleihenden Betrieb abgeworben werden.

Auswirkungen der Wettbewerbsstrategie auf die Personalstrategie

Neben der Unternehmensstrategie hat auch die Wettbewerbsstrategie einen großen Einfluss auf die Personalstrategie. Betrachtet man die drei Strategien von Michael E. Porter: Kostenführerschaft, Differenzierung und Nischenstrategie (vgl. Porter 1999), ergeben sich daraus verschiedene Implikationen für das Personalmanagement und somit für die Personalstrategie (vgl. Holtbrügge 2007, S. 75 f.).

Kostenführerschaft

Zielt die Unternehmensstrategie auf Kostenführerschaft ab, so wird angestrebt, durch möglichst standardisierte Produkte bzw. Dienstleistungen niedrige Preise zu erzielen und dadurch eine dominierende Marktstellung zu erlangen. Dies bedeutet für die Personalstrategie, dass auch hier niedrige Kosten im Vordergrund stehen. Das Personalmanagement erfolgt mit geringem Aufwand, um Kosten zu reduzieren. Die Personalbeschaffung erfolgt über kostengünstige Kanäle wie das Internet oder die Arbeitsagentur. Die Beschaffungszeit sollte dabei möglichst kurz sein, um zusätzlich Kosten einzusparen. Ebenso ist das Entgeltniveau eher niedrig anzusetzen und die Personalentlohnung leistungsorientiert durchzuführen. Die Bindung der Mitarbeiter an das Unternehmen steht nicht im Vordergrund und erfolgt durch kostengünstige, nichtmonetäre Bindungsmethoden wie z. B. verbale Anerkennung. Auch die Personalentwicklung wird nur in geringem Maße durchgeführt, da die Ausgaben für Entwicklungsmaßnahmen häufig sehr hoch sind. Kostengünstige Seminare oder der Bezug von Fachzeitschriften sind preiswerte Alternativen. Durch die Vorgabe, Ausgaben einzusparen, kann es häufiger zu Personalfreisetzungen kommen sowie zu der Nutzung von Degressionseffekten beim Personaleinsatz. Der Führungsstil ist sehr aufgabenorientiert. Insgesamt ist die Personalstrategie auf die Einsparung von Kosten und weitreichende Standardisierung ausgerichtet.

Differenzierungsstrategie

Setzt das Unternehmen auf eine Differenzierungsstrategie, steht das Angebot qualitativ hochwertiger Produkte bzw. Dienstleistungen im Vordergrund. Zu diesem Zweck wird qualifiziertes Personal benötigt, dessen Beschaffung und Entwicklung im Fokus der Personalstrategie stehen sollte. Der Personaleinsatz verläuft hierbei sehr flexibel und die Entlohnung erfolgt erfolgs- und qualifikationsorientiert. Die Beschaffung geeigneter Mitarbeiter wird über Internetportale oder Printmedien durchgeführt, mit deren Hilfe gezielt bestimmte Gruppen von Arbeitnehmern angesprochen werden können. Die Beschaffung gestaltet sich aufwendiger als bei der Strategie der Kostenführerschaft, denn Ziel ist es, Mitarbeiter mit hoher Qualifikation zu rekrutieren. Dafür sind auch spezielle Maßnahmen des Personalmarketings notwendig. Die qualifizierten Mitarbeiter sollen möglichst im Unternehmen gehalten werden, weshalb der Einsatz eines geeigneten Personalbindungsmanagements zu empfehlen ist. Auch die Personalentwicklung ist sehr ausgeprägt, um das hohe Qualifikationsniveau im Unternehmen halten zu können. Der Führungsstil muss mitarbeiterorientiert sein, da das Personal weniger als Kostenfaktor, sondern vielmehr als Wettbewerbsvorteil angesehen wird. Die gesamte Personalstrategie ist dabei weniger auf Kostensenkung und mehr auf Mitarbeiterqualifikation ausgerichtet.

Nischenstrategie

Bei der Nischenstrategie sind alle Unternehmensabläufe auf ein bestimmtes Marktsegment ausgerichtet. Das Personal und somit das Personalmanagement muss „qualitativ und quantitativ [...] auf die Anforderungen dieser Marktnische zugeschnitten" (Scholz 2000, S. 489) sein. Im Rahmen der entsprechenden Personalstrategie sind Aspekte wie die Anforderungen an die Mitarbeiter oder die Fortbildung der Mitarbeiter hierauf auszurichten.

7.3.2 Beschaffung von innovativen Mitarbeitern

Eine wichtige Aufgabe des Personalmanagements in innovativen KMU ist die Personalbeschaffung. Sie umfasst alle Aktivitäten, „die der bedarfsgerechten Gewinnung von Mitarbeitern dienen" (Holtbrügge 2007, S. 95). Typisch für KMU ist eine kurzfristige, bedarfsorientierte Personalbeschaffung. Eine systematische Personalplanung fehlt oft (vgl. Jopp 2013, S. 49). Innovative und qualifizierte Mitarbeiter zu rekrutieren fällt i. d. R. leichter, wenn ein hinreichender Bekanntheitsgrad des Unternehmens und ein gutes Arbeitgeberimage vorhanden sind. Dafür ist wiederum eine detaillierte sowie kurz-, mittel- und langfristig ausgerichtete Personalbedarfsplanung von Vorteil. Diese sollte Bestandteil der Personalstrategie sein (vgl. Armstrong 2006, S. 90). Anhand der Daten aus der Personalbedarfsplanung ergibt sich der Personalbedarf. Diesen gilt es, mit den vorhandenen personellen Ressourcen des Unternehmens abzugleichen. Zu unterscheiden sind dabei die interne und die externe Personalbeschaffung.

Interne Personalbeschaffung

Bei der internen Personalbeschaffung werden offene Stellen durch bereits im Unternehmen vorhandene Mitarbeiter besetzt. Dabei kann die Bereitstellung des Personals mit oder ohne Änderung bestehender Arbeitsverhältnisse erfolgen (vgl. Bröckermann 2009, S. 50 ff.). Die interne Personalbeschaffung ohne Änderung der Arbeitsverhältnisse beinhaltet Mehrarbeit, Urlaubsverschiebung oder die Erhöhung des Qualifikationsniveaus. Bei der internen Personalbeschaffung mit Änderung der Arbeitsverhältnisse handelt es sich häufig um innerbetriebliche Stellenausschreibungen. Dazu gehören auch eine Versetzung, eine Umwandlung von Teilzeit in Vollzeit oder von befristeten in unbefristete Arbeitsverhältnisse sowie die Übernahme von Auszubildenden (vgl. Huber 2010, S. 84).

An dieser Stelle wird bei der internen Personalbeschaffung jedoch ausschließlich die innerbetriebliche Stellenausschreibung betrachtet. Die interne Besetzung hat dabei folgende Vorteile:

- Zunächst sind die geringeren Kosten sowie der geringere Zeitaufwand aufzuführen.
- Auch das Auswahlrisiko wird durch die interne Personalrekrutierung gesenkt. Die Personalabteilung hat die Möglichkeit, den potenziellen Kandidaten langfristig bei der Arbeit zu beobachten und zu beurteilen (vgl. Oechsler 2011, S. 216). Der Bewerber kennt den Betrieb und besitzt bereits unternehmensspezifische Qualifikationen. Die Mitarbeiter werden durch die hierüber vermittelten Karriereperspektiven motiviert, wodurch die Fluktuation sinkt. Die Personalstruktur ist dadurch insgesamt stabiler (vgl. Holtbrügge 2007, S. 96).

Allerdings bringt die interne Stellenbesetzung auch Nachteile mit sich:

- Die Auswahlmöglichkeiten sind gerade in KMU nur sehr begrenzt. Möglicherweise entstehen auch hohe Fortbildungskosten, sodass die interne Besetzung nicht mehr günstiger ist als die externe Personalbeschaffung.
- Auch eine Korrektur bei Fehlbesetzungen kann problematisch werden (vgl. Oechsler 2011, S. 217). Weiterhin kann eine mögliche Betriebsblindheit des Mitarbeiters Innovationen und Veränderungen behindern.
- Zuletzt kann die interne Personalbeschaffung den qualitativen Bedarf zwar decken, nicht jedoch den quantitativen (vgl. Nicolai 2006, S. 58 ff.).

Externe Personalbeschaffung

Für innovative Unternehmen kann es wichtig sein, externes Personal zu akquirieren. Durch dessen Rekrutierung können neue Methoden, Werkzeuge und Wissen ins Unternehmen gelangen. Außerdem sind externe Bewerber nicht betriebsblind, insbesondere hinsichtlich potenzieller Schwachstellen im Unternehmen.

Die Auswahl ist möglicherweise aufgrund der höheren Bewerberanzahl größer und der Weiterbildungsaufwand ist möglicherweise, je nach Qualifikation, geringer. Weiterhin gewinnt das Unternehmen u. U. Informationen über andere eventuell konkurrierende Unternehmen. Intern wird der Wettbewerb gesteigert, da Beförderungsautomatismen und die Bildung von Seilschaften verhindert werden. Die Personalstruktur bleibt flexibel, was für innovative Unternehmen wichtig ist.

Es könnte der Eindruck entstehen, der einfachste Weg zu einem innovativeren Unternehmen liegt in der Beschaffung von innovativem Personal. Aber, kreative Mitarbeiter, die Innovationen vorantreiben, suchen Unternehmen, die ihre Kreativität fördern. Somit können sich KMU einen Vorteil gegenüber Großunternehmen im Wettstreit um innovative Mitarbeiter verschaffen, da diese Unternehmen ein hohes Maß an Toleranz und Egalität aufweisen und genügend Raum für Spontaneität bieten (vgl. Grant und Nippa 2006, S. 450). Dies muss aber im Unternehmen gewährleistet sein. Sonst wandert das innovative Personal auch schnell wieder ab.

Passende Bewerber können auf ihr Innovationspotenzial hin überprüft werden. Bei innovativen Menschen sind einige Merkmale oder Eigenschaften oft ausgeprägter als bei anderen. Ihre Gedanken sind flüssiger und unkonventionell. Auch die Reflexion des vorhandenen Wissens und ihrer Stärken ist ausgeprägter, sodass sie sich selbstkritisch betrachten und unvoreingenommen mit Problemen umgehen können. Weiterhin verfügen innovative Menschen über eine hohe Motivation, Probleme zu lösen. Sind sie überzeugt, die Lösung finden zu können, lassen sie sich selten davon abbringen (vgl. Weidmann und Armutat 2008, S. 17 ff.; Schlegl und Kaschny 2014, S. 83–88).

Es ist davon auszugehen, dass kreative und innovative Mitarbeiter – wie auch Mitarbeiter ganz generell – in Zukunft eher über soziale Netzwerke zu finden sein werden. Daher sollten auch KMU verstärkt in die Personalbeschaffung über Social-Media-Anwendungen investieren.

Bezüglich der Steigerung der Innovationsfähigkeit des Unternehmens durch die Beschaffung von Personal sind sowohl die interne Personalbeschaffung wie auch die externe Personalrekrutierung geeignet. Bei der internen Personalbeschaffung entwickeln sich die Mitarbeiter durch neue Aufgaben weiter. Durch externe Personalrekrutierung kommen neues Wissen und neue Ideen ins Unternehmen.

Die wohl größte Herausforderung bei der Beschaffung von Mitarbeitern liegt für KMU im Aufbau einer starken Arbeitgebermarke. Um in der zunehmend internationalen Konkurrenz um die besten Arbeitskräfte bestehen zu können, muss das Unternehmen bekannt sein und auf sich aufmerksam machen. Auch hierbei können Social-Media-Anwendungen hilfreich sein. Ein starkes Personalmarketing ist in diesem Zusammenhang wichtig und muss sich mit den Fachabteilungen abstimmen, um die passenden Kandidaten zu werben.

7.3.3 Personalbindung

Im Rahmen der Aktivitäten zur Personalbindung geht es darum, geeignete, in diesem Fall innovative Mitarbeiter im Unternehmen zu halten. Gerade in mittelständischen Betrieben beeinflussen einzelne Mitarbeiter den Erfolg des gesamten Unternehmens wesentlich öfter als in Großunternehmen (vgl. Ewerlin und Süß 2012, S. 279 f.). KMU sind viel abhängiger vom Wissen einzelner Mitarbeiter. Da sie zudem auch eher vom Fach- und Führungskräftemangel betroffen sind, sollte das Bestreben sein, gerade solche qualifizierten Mitarbeiter über Personalbindungsinstrumente im Unternehmen zu halten.

Ausschlaggebend für die Verbundenheit zum Unternehmen sind das Image und die Unternehmenskultur eines Betriebes (vgl. Hunziger und Biele 2002, S. 47–52). Außerdem sind das Führungsverständnis, die Vergütung sowie die Arbeitszeiten von Bedeutung. Interessanterweise ist allerdings für viele Mitarbeiter auch die Personalentwicklung für den Verbleib im Unternehmen wichtig. Im Folgenden werden monetäre und nichtmonetäre Bindungsinstrumente näher erläutert.

Monetäre Personalbindungsinstrumente

Zu den wichtigsten Bindungsinstrumenten gehören nach wie vor die Entgeltsysteme bzw.
-elemente. Hierzu zählen das vertraglich fixierte Grundentgelt inklusive Zusatzleistungen,
wie Weihnachtsgeld und Urlaubsgeld, sowie variable Entlohnungsbestandteile und monetäre Zusatzleistungen (vgl. Wühr 2011, S. 145 ff.). Mitarbeiterbindung mithilfe eines –
entsprechend hohen – fixen Grundentgeltes ist in KMU allerdings zumeist schwierig umzusetzen (vgl. Vincentz 1974, S. 604). Hier wird eher mit variablen Vergütungselementen
gearbeitet, die zusätzlich auch der Leistungssteigerung dienen (vgl. Elias 2000, S. 44).
Dazu zählen Umsatz- oder Abschlussprovisionen, Erfolgsprämien, Boni, Sonderzahlun-
gen etc. Hierbei sollte mit Zielvereinbarungen gearbeitet werden, die gemeinsam mit den
Mitarbeitern getroffen werden. Durch die Einbindung der Mitarbeiter steigt gleichzeitig
deren Motivation (vgl. Genser und Schmoll 2004, S. 4).

Eine Variante der variablen Entlohnung besteht in einer materiellen Mitarbeiterbeteiligung. Sie beinhaltet neben der Kapitalbeteiligung auch eine betriebliche Erfolgsbe-
teiligung. Eine Kapitalbeteiligung findet in mittelständischen Betrieben „aufgrund der
fehlenden Fungibilität der Anteile" (vgl. Wühr 2011, S. 146 f.) eher selten Anwendung.
In KMU, in denen man einen hohen Bedarf an kostenaufwendigen Mitarbeitern hat, kann
dieser Aspekt ein Grund für den Wechsel zu der Rechtsform der kleinen Aktiengesellschaft sein.

Zusätzliche Entgeltelemente im weiteren Sinne sind die monetären Zusatzleistungen.
Sie sind „nicht unmittelbar an die Arbeitsleistung gebunden und können sowohl in Form
von Geld- oder Sachwerten, Dienstleistungen oder Nutzungsmöglichkeiten gewährt werden" (vgl. Wühr 2011, S. 149 ff.). Dazu gehören unter anderem die Gestellung eines
Firmenwagens, die Überreichung von kleinen Geschenken als Anerkennung für Leistung
und/oder Zugehörigkeit, die Rabattierung von firmeneigenen Produkten oder Dienstleistungen etc. Diese Zusatzleistungen können sowohl allen als auch nur ausgewählten Mitarbeitern gewährt werden.

Zu den monetären Zusatzleistungen zählt aber auch die Gewährung von Mitarbeiterdarlehen. Das häufigste Darlehen besteht in der Vorfinanzierung von Weiterbildungsmaßnahmen. Die Kosten sind vergleichsweise gering und der Nutzen für das Unternehmen
ist hoch (vgl. Grüner 2001, S. 130 f.). Mitarbeiterdarlehen können jedoch auch herkömmliche zinsfreie Darlehen darstellen. Diese können sowohl zweckgebunden als auch nicht
zweckgebunden sein. Die Gewährung einer Förderung zum Erwerb eines Hauses könnte
zum Beispiel das Ziel haben, den Mitarbeiter regional zu binden. Der Bindungscharakter
des Darlehens liegt im Zinsvorteil, den der Arbeitnehmer im Falle eines Wechsels kompensieren müsste, sowie in einem Verpflichtungsgefühl gegenüber dem Arbeitgeber (vgl.
Burkard und Schwaab 2004, S. 412). Da jedoch die Stärke der Bindung vermutlich mit
der Höhe des Darlehens einhergeht, kann dieses Instrument zur Bindung von Mitarbeitern
einen erheblichen finanziellen Aufwand für das Unternehmen, insbesondere für ein KMU,
bedeuten (vgl. Wühr 2011, S. 151).

Weitere personalbindungsrelevante Instrumente sind z. B. die Bonuszahlung zum Firmenjubiläum, Projektabschlussboni oder der Zuschuss zur betrieblichen Altersversorgung.

Nichtmonetäre Personalbindungsinstrumente

Zu der nichtmonetären Mitarbeiterbindung zählt bspw. Training on the Job sowie Training off the Job, wobei dem Mitarbeiter im Rahmen der Tätigkeiten am Arbeitsplatz oder außerhalb des Arbeitsplatzes zusätzliche Qualifikationen und zusätzliches Wissen vermittelt werden. Ein Aspekt, der aufgrund des Wertewandels immer weiter in den Vordergrund rückt, ist die Work-Life-Balance (vgl. Wühr 2011, S. 201). Für einen wachsenden Teil der Mitarbeiter steht ein Gleichgewicht zwischen Privatleben und Berufsleben im Vordergrund. Beruf, Familie und Privatleben sollen besser vereinbar sein (vgl. Gemeinnützige Hertie-Stiftung 2003). Dabei werden die Arbeitnehmer bei der täglichen Koordination von Berufs- und Privatleben entlastet und verbesserte berufliche Entwicklungsperspektiven ermöglicht. Auch das Unternehmen profitiert, da durch eine mitarbeiter- und familienorientierte Personalpolitik Wettbewerbsvorteile und Kosteneinsparungen realisiert werden können (vgl. Wühr 2011, S. 201).

Zur Arbeitszeitflexibilisierung zählen zudem Jahresarbeitszeitkonten, Lebensarbeitszeitkonten, Sabbatical und Vertrauensarbeitszeit. Auch dies sind Instrumente, die der Mitarbeiterbindung dienen.

Alle diese Maßnahmen, ob nun monetär oder nichtmonetär, richtig und individuell eingesetzt, erhöhen nicht nur die Personalbindung, sondern auch die Mitarbeitermotivation; unmotivierte Mitarbeiter werden nur selten gute und verwertbare Ideen entwickeln und diese preisgeben.

7.3.4 Personalentwicklung

Der Personalentwicklung kommt heute eine zentrale Rolle bei der Steigerung der Innovationsfähigkeit des Unternehmens zu. Sie beschäftigt sich im Kern mit der Aufgabe, alle Mitarbeiter qualifikatorisch zu befähigen, um aktuelle und – in diesem Zusammenhang besonders wichtig – zukünftige Aufgaben bestens ausführen zu können. Die Personalentwicklung ist heute der Schlüssel zur Steigerung von Fähigkeiten der Mitarbeiter. Sie sollen sich entwickeln und in der Organisation lernen, sich relativ friktionslos und mit geringer Reaktionszeit an neue Situationen und Gegebenheiten anzupassen oder diese Situationen und Gegebenheiten zu antizipieren (vgl. Stiefel 1988, S. 2).

Gerade durch die immer schneller voranschreitenden Veränderungen der Umwelt müssen die Unternehmen zunehmend in die Qualifizierung und somit in die Entwicklung der Mitarbeiter investieren.

Eine kurze und einfache Definition ist: „Personalentwicklung ist die Gesamtheit aller betrieblichen Maßnahmen zur Veränderung und Sicherung des betrieblichen Qualifikationspotenzials." (vgl. Hören 1998, S. 45 f.). Hierbei liegt der Fokus auf der Sicherung der bestehenden Qualifikation, da sich diese durch das Ausscheiden von Mitarbeitern oder veränderten Anforderungen ständig ändert. Somit sollte zumindest das vorhandene Qualifikationsniveau im Unternehmen gehalten werden.

Bei innovationsorientierter Personalentwicklung wird die Definition um „die Potenzialförderung bei Mitarbeitern, die Innovationen auslösen und stützen können", (vgl. Meier 1991, S. 7) erweitert.

Die Ziele der Personalentwicklung bestehen in

- der Sicherung des notwendigen Qualifikationspotenzials,
- der Entwicklung der Qualifikation einzelner Mitarbeiter,
- der Anpassung des Qualifikationsniveaus an Änderungen,
- der Vermittlung von Zusatzqualifikationen zur Erhöhung der Flexibilität und der Steigerung einer Arbeitsmarktunabhängigkeit für das Unternehmen sowie
- der Anpassung der Qualifikation der Mitarbeiter an veränderte Arbeitsanforderungen (vgl. Meier 1991, S. 8).

„Personalentwicklung ist ein organisierter Lernprozess, der im sozialen Umfeld des Unternehmens stattfindet und von ihm ausgelöst, gestaltet und gesteuert wird." (vgl. Meier 1991, S. 6). Der Lernprozess zielt auf „die Veränderung des Leistungspotenzials der Mitarbeiter oder einer Organisationseinheit ab, d. h. auf alle planenden, durchführenden und kontrollierenden Instrumente, Ergebnisse und Prozesse" (vgl. Meier 1991, S. 6).

Qualifikation beschreibt dabei die „Gesamtheit der subjektiv-individuellen Fähigkeiten, Kenntnisse und Verhaltensmuster, die es dem Einzelnen erlauben, die Anforderungen in bestimmten Arbeitsfunktionen auf Dauer zu erfüllen" (vgl. Gabler Wirtschaftslexikon). Qualifikation bezieht sich also auf spezifische, gezielte Anforderungen im Berufsleben. Kenntnisse, Fähigkeiten und Fertigkeiten sind immer auf eine ganz bestimmte Tätigkeit bezogen.

Bei einer innovationsorientierten Personalentwicklung geht es insbesondere auch darum, die Potenzialförderung bei Mitarbeitern, die Innovationen auslösen und stützen können, zu erweitern (vgl. Meier 1991, S. 7). Ein innovationsorientiertes Personalentwicklungsprogramm trägt außerdem dazu bei, das Unternehmens- und Arbeitgeberimage zu steigern (vgl. Holtbrügge 2007, S. 114).

Die entsprechenden Maßnahmen der Personalentwicklung sind auf die Deckung des quantitativen und insbesondere des qualitativen Personalbedarfs ausgerichtet (vgl. Meier 1991, S. 7). Mit der Personalentwicklung muss somit eine genaue Planung einhergehen, da andernfalls eventuell Fähigkeiten entwickelt werden, die nie benötigt werden.

Zu den klassischen Maßnahmen der Personalentwicklung zählen:

Klassische Maßnahmen der Personalentwicklung

- Maßnahmen into-the-job (berufliche Erstausbildung, Praktika, Traineeprogramme, Einführung neuer Mitarbeiter [z. B. durch Patenschaften])
- Maßnahmen on-the-job (Jobrotation, Job Enlargement, Job Enrichment, betriebliche/aufgabenbezogene Gruppenarbeiten, Projektgruppen, Taskforces, teilautonome Arbeitsgruppen, Coaching, Mentorenschaft, Aufwärtsbeurteilung)
- Maßnahmen near-the-job (betriebliche Lern- und Problemlösegruppen, Qualitätszirkel, Werkstattzirkel, Innovationszirkel, Lernstatt, Projektarbeit)
- Maßnahmen off-the-job (Fortbildung mit anerkannten Abschlüssen, Seminare, Workshops, Übungsfirmen, Assessment-Center, Förderkreise, Erfahrungsaustauschgruppen, Selbsterfahrungsgruppen, Therapie)

Insbesondere bei eng begrenztem Budget für Personalentwicklungsmaßnahmen müssen diese sorgfältig geplant werden. Sie sollten allerdings auf jeden Fall auf die Entwicklung wesentlicher Schlüsselqualifikationen und strategischer Erfolgsfaktoren ausgerichtet sein (vgl. Meier 1991, S. 49). Dies kann bei bestimmten Mitarbeitergruppen (Meister, Führungskräfte, Mitarbeiter mit großem Innovationspotenzial), in ausgewählten betrieblichen Funktionsbereichen, wie F&E, Vertrieb, Produktion oder im Bereich von Schlüsselqualifikationen gegeben sein, die besondere Bedeutung für die Sicherung und Entwicklung des Unternehmens haben.

Im Bereich der Personalentwicklung existieren zahlreiche spezifische Instrumente und Methoden. Im Folgenden werden einige für KMU geeignete Maßnahmen vorgestellt und erläutert.

Berufsvorbereitende Personalentwicklung

Mittelständische Unternehmen sind im Bereich der berufsvorbereitenden Personalentwicklung in Deutschland sehr engagiert (vgl. Dubbert 1990). Mehr als 80 % der Auszubildenden werden hier durch KMU ausgebildet, (vgl. Bundesministerium für Wirtschaft und Technologie 2006, S. 22) verlassen das Unternehmen danach jedoch häufig. Nur knapp über 50 % der Auszubildenden werden von den ausbildenden Unternehmen übernommen (vgl. König 2003, S. 60). Die anderen finden meist einen Platz in einem Großunternehmen oder schlagen einen weiteren Bildungsweg ein. Nicht selten verlassen hier engagierte und gut ausgebildete Mitarbeiter das Unternehmen.

Berufsbegleitende Personalentwicklung

Gerade bei KMU ist es sinnvoll und auch möglich, den Entwicklungsbedarf für jeden Mitarbeiter individuell, beispielsweise im Rahmen von Mitarbeitergesprächen, zu bestimmen (vgl. Steinert 2002, S. 128). Die Einbeziehung des Mitarbeiters in die Planung steigert die Motivation, erfolgreich an den Entwicklungsmaßnahmen teilzunehmen. Eine interessante Variante zur Ermittlung des Entwicklungsbedarfs ist ein entsprechender Gruppenworkshop. Bei kleineren Unternehmen kann so an einem einzigen Tag das gesamte Unternehmen betrachtet werden. Bei mehr als 50 Mitarbeitern sollte der Workshop – z. B. nach Unternehmensbereichen – aufgeteilt werden (vgl. Balbierz und Hoffmann 2000, S. 62).

Häufig werden externe Maßnahmen wie Fachlehrgänge, Workshops und Seminare in Anspruch genommen. Anbieter sind Fachverbände, gemeinnützige Vereine, Kammern, privatwirtschaftliche Managementinstitute, freiberufliche Trainer/Berater oder Betreiber von entwicklungsorientierten Internetplattformen (vgl. Meier 1991, S. 152). Besonders im Hinblick auf die Innovationsfähigkeit des Unternehmens sollte bei Weiterbildungsmaßnahmen auf deren Innovationsorientierung geachtet werden.

Was macht ein innovatives Training aus? Allgemein hat ein Seminar das Potenzial, innovationsfördernd für den Mitarbeiter zu sein, wenn es in mehrere Phasen aufgeteilt ist (vgl. Stiefel 1988, S. 39). Ein solches Seminar sollte mit einer Vorbereitungsphase beginnen, in der Teilnehmer motiviert werden und die Bereitschaft für die Implementierung von Innovationen generiert wird. In der darauf folgenden Lehr- und Lernphase werden die neuen Qualifikationen und Fähigkeiten erworben. In der wichtigen Nachbereitungsphase werden Seminarteilnehmer bei der Einführung der Neuerung im Unternehmen unterstützt. Einige Seminare bieten zusätzlich eine Problemerklärungs- und Problemlösungsstufe an, durch die eine direkte Beziehung zu den Problemen am Arbeitsplatz geschaffen wird. Weiterhin ist es wichtig, den Prozess der Innovationseinführung am Arbeitsplatz im Seminar zu trainieren.

Entscheidet sich das Unternehmen für ein unternehmensinternes Training als Instrument der Innovationsförderung, müssen auch hier gewisse Voraussetzungen erfüllt sein. Das Training sollte sich an den konkreten Problemen der Teilnehmer orientieren, wobei auch erörtert werden muss, warum die Fragen nicht ohne Seminar gelöst werden können und was bereits zur Problemlösung unternommen wurde. Weiterhin sollte sich das Training an den Lernvoraussetzungen der Teilnehmer orientieren, damit der Lerninhalt entsprechend der Lernstärke dosiert werden kann.

Besonders wichtig für eine Innovationsförderung ist das Verhalten der Führungskräfte. Durch sie soll vermittelt werden, dass Entwicklung, Veränderung und experimentierfreudiges Verhalten für die Wettbewerbsfähigkeit des Unternehmens wichtig sind. Dies wird auch als symbolische Führung bezeichnet. Darunter versteht man bspw. auch die Unternehmenskommunikation. Im Unternehmen sollte der Mensch im Mittelpunkt stehen. Die investierte Zeit des Vorgesetzten in Trainings, Personalauslese und in Zweiergespräche mit Mitarbeitern gibt Hinweise darauf, ob der Mensch als strategischer Erfolgsfaktor gesehen wird oder nicht (vgl. Stiefel 1988, S. 85).

Durch folgendes Verhalten von Führungskräften kann die innovationsfördernde Personalentwicklung im Unternehmen gesteigert werden:

- Praktizierung eines entwicklungsorientierten Führungsstils,
- Mitarbeit oberer Führungskräfte durch Bereitstellung von Bedarfsvorgaben,
- Mitwirkung oberer Führungskräfte bei operativen Personalentwicklungsmaßnahmen,
- Demonstration der Wertschätzung der Personalentwicklung durch Übernahme einer hauptamtlichen Personalentwicklungsaufgabe durch obere Führungskräfte,
- Definieren von Bedingungen erfolgreicher Personalentwicklungsarbeit,
- Übereinstimmung der Personalentwicklungsprojekte mit den strategischen Grundhaltungen im Unternehmen,
- Mitwirkung im Personalentwicklungsmarketing,
- Gegebenenfalls Mitwirkung in einem Personalentwicklungsbeirat (bei größeren KMU) (vgl. Stiefel 1988, S. 88).

Oft sind externe Personalentwicklungsmaßnahmen für KMU schwieriger zu bewältigen als interne Trainings. Für das externe Training müssen Mitarbeiter einen oder mehrere Tage freigestellt werden, was bei kleinen und mittleren Unternehmen aufgrund der begrenzten Mitarbeiteranzahl nicht uneingeschränkt machbar ist und sich auf das Arbeitsvolumen der übrigen Mitarbeiter auswirken kann (vgl. Stiefel 1988, S. 7). Begrenzte finanzielle Ressourcen schränken den Umfang externer Maßnahmen ein. Neben den Kosten für das Training entstehen zusätzliche Opportunitätskosten für die fehlende Arbeitskraft sowie evtl. Reise- und Übernachtungskosten (vgl. Mugler 1995, S. 343).

Kooperationen

Um Kosten für Weiterbildungsmaßnahmen zu sparen, lassen sich teilweise Kooperationen mit anderen Unternehmen bilden. Auf diese Weise kommt eine ausreichende Teilnehmeranzahl für Schulungen zusammen (vgl. Ackermann und Blumenstock 1993, S. 62). Beispiele für Kooperationen sind die Gründung einer Ausbildungsgesellschaft oder einer Personalentwicklungsakademie. Um Kooperationen eingehen zu können, müssen in den beteiligten Unternehmen die Personalentwicklungsstrategien angepasst werden (vgl. Claaßen 2008, S. 72).

Projektlernen als Personalentwicklungsmaßnahme

Aufgrund der stark begrenzten zeitlichen Ressourcen in KMU ist es wichtig, Lernen und Arbeit möglichst effizient miteinander zu verbinden. Das Gelernte sollte so schnell wie möglich umgesetzt werden. Das Projektlernen ist ein Training on the Job und wird neben der täglich anfallenden Arbeit erledigt. Somit ist es für die Personalentwicklung in KMU gut geeignet. Die wichtigste Form des Projektlernens ist das im Folgenden erläuterte Action Learning.

> Action Learning ist eine spezifische Form des handlungsorientierten Lernens, in dem sich ein Teilnehmer mit einem Ausschnitt aus der Realität beschäftigt und diesen Ausschnitt aus der Realität als Entwicklungsmöglichkeit für sich bearbeitet (vgl. Stiefel 1988, S. 112).

Beim Action Learning werden häufig für den Teilnehmer neuartige Aufgaben in einem neuen Umfeld (anderer Geschäftsbereich oder anderes Unternehmen) bearbeitet. Diese Projekte sind klassische Projekte für die Entwicklung von unternehmerischen Fähigkeiten.

Hier müssen spezielle Anforderungen erfüllt sein, um einen Lernerfolg zu erzielen:

- Bewirkung wesentlicher Veränderungen durch das Projekt,
- Zeitliche und qualifikationsbedingte Durchführbarkeit durch den Teilnehmer,
- Hinreichend hohe Risiken des Scheiterns, um stimulierend, aber nicht bedrohend zu wirken,
- Gewisse Komplexität und Mehrschichtigkeit des Problems, sodass neue kreative Lösungen entstehen,
- Neue Bedingungen und Denkrichtungen für den Teilnehmer,
- Zuständigkeit des Teilnehmers bez. der Implementierung des Projekterfolgs.

Bearbeitet werden die Projekte zwar von jedem Teilnehmer selbst, dies geschieht jedoch in Gruppenarbeit mit anderen Teilnehmern. Dies ist kein Widerspruch. Verantwortlich für das Ergebnis ist jeder Teilnehmer selbst. Diese Gruppenarbeit ist wichtig, da sie bei der Lösung der Probleme hilft und der Teilnehmer psychologisch von der Gruppe unterstützt und ermutigt wird.

Vorteile des Action Learning bestehen in der hohen Wirksamkeit des Lernens für den Einzelnen und in der hohen Innovationsförderung für das Unternehmen. Für KMU ist das Projektlernen gut geeignet, da es natürliche Personalentwicklungsprozesse in Gang setzt und die Vernetzung bzw. die Zusammenarbeit im Unternehmen fördert (vgl. Stiefel 1988, S. 120).

7.3.5 Demografischer Wandel

Eine Volkswirtschaft kann nur wachsen, wenn schlaue Köpfe neue Produkte erfinden, innovative Dienstleistungen anbieten oder dazu beitragen, dass Güter effizienter bzw. preiswerter gefertigt werden können. So wird in den nächsten Jahren „der Bedarf an Akademikern allein schon aufgrund des Innovationsdrucks und des Beschäftigungsstrukturwandels weiter steigen" (vgl. Bundesministerium für Bildung und Forschung 2005). Dies spiegelt sich in den immer anspruchsvolleren Anforderungsprofilen wider. Die Verteilung des Arbeitskräftebedarfs für Hochschulabsolventen steigt von 18,3 % im Jahr 2003 auf 23,6 % im Jahr 2020 (vgl. Burkert 2008).

Hinzu kommt, dass die Altersgruppe der über 60-Jährigen von einem Viertel auf mehr als ein Drittel ansteigt, wodurch auch das Durchschnittsalter der erwerbstätigen Personen in Deutschland wächst. Dieser Anstieg hat Auswirkungen auf die Unternehmen. Durch das steigende Durchschnittsalter verringert sich zudem absolut sowie relativ der Anteil der 20- bis 34-Jährigen.

Hierdurch und durch den Fachkräftemangel entsteht in den deutschen Unternehmen der sog. War for Talents, der Kampf um die Besten (vgl. Michaels et al. 2006, S. 1). Die Wettbewerbs- und Innovationsfähigkeit kann infolgedessen sinken. Im Vordergrund der Personalarbeit sollte deshalb die Erhaltung und Entwicklung der Arbeitsfähigkeit stehen, insbesondere der älteren Mitarbeiter. KMU müssen sich als attraktiver Arbeitgeber positionieren, um junge und qualifizierte Arbeitskräfte anzulocken. Der Arbeitsplatz muss entsprechend des steigenden Durchschnittsalters so gestaltet werden, dass die Gesundheit und Leistungsfähigkeit der älteren Mitarbeiter gefördert werden (vgl. Deller et al. 2008, S. 10 ff.).

Diese Maßnahmen sind notwendig, da die physische und psychische Gesundheit der Arbeitnehmer essenziell für den langfristigen Erhalt der Arbeitsfähigkeit ist (vgl. Christiani 2008). Ähnlich wie bei Hochleistungssportlern muss ein ausgeglichenes Verhältnis zwischen Erholung und Arbeit bestehen. Durch eine flexible und altersgerechte Arbeitsgestaltung, die die physische und psychische Regeneration beinhaltet, erzielen Unternehmen neben einem höheren Arbeitseinsatz auch eine steigende Produktivität (vgl. Schwartz und Loehr 2003, S. 43 ff.). Beispiele dafür sind ergonomische Arbeitsplätze, ein häufiger Wechsel zwischen Tätigkeiten und Projekten sowie gezielte Personaleinsatzplanung. Eventuell können auch Schonarbeitsplätze für ältere Mitarbeiter mit Funktionsschwächen geschaffen werden (vgl. Espig und Geithner 2012). Um die Qualifikation der Älteren im Unternehmen halten zu können, sollten Unternehmen darauf achten, altersgemischte Teamarbeit und regelmäßige Jobrotation einzuführen. Somit können erfahrene Mitarbeiter ihr Wissen an die jüngere Generation weitergeben, was letztendlich zu einem wechselseitigen Wissens- und Erfahrungstransfer führt. Dadurch können Synergieeffekte und kreative Ideen entstehen, die die Innovationsfähigkeit des Unternehmens steigern.

7.4 Zusammenfassung, Checklisten und Tipps

Die Mitarbeiter und deren Fähigkeiten sind ein zentraler Aspekt im Innovationsmanagement. Ideen und deren Umsetzung geschehen nicht durch Maschinen, sondern hängen im Wesentlichen davon ab, ob geeignete Mitarbeiter überhaupt vorhanden sind, Mitarbeiter motiviert und qualifiziert sind sowie diese ausreichend Freiräume besitzen, um sich Neuem zu öffnen.

Bei der Innovationsfähigkeit wurde aufgezeigt, dass diese stark von den Ressourcen und den Fähigkeiten der Mitarbeiter abhängt. Welche Ressourcen dabei Innovationen fördern und welche sie hemmen, wird in Tab. 7.1 nochmals zusammengefasst.

Nicht nur die finanzielle Basis ist ausschlaggebend, sondern auch die Motivation der Mitarbeiter, sich Neuem zu öffnen. Sind sie bereit, sich einzubringen und mehr zu leisten, oder machen sie nur „Dienst nach Vorschrift"? Diese Einstellung wird nicht durch eine finanzielle Basis erreicht, sondern durch die Unternehmenskultur, die von den Führungskräften vorgelebt werden muss. Somit können KMU die Auswirkungen ihrer oft

Tab. 7.1 Innovationsfördernde und -hemmende Ressourcen in KMU (eigene Darstellung in Anlehnung an Dömötör 2011, S. 9 ff.)

Innovationsfördernd	Innovationshemmend
Ausreichend finanzielle Mittel zur Förderung der Innovationsaktivitäten	Angespannte oder schlechte finanzielle Ressourcenbasis
Investitionen in Forschung und Entwicklung	Wenig bis keine Forschung und Entwicklung
Motivierte Mitarbeiter, die sich dem Unternehmen verbunden fühlen	Fehlende Sicherheiten für die Kapitalbeschaffung
Mitarbeiter, die bereit sind, mehr in ihre Arbeit zu investieren	Technische Ressourcen sind nicht auf dem neuesten Stand und nur in geringer Anzahl vorhanden
	Beschränkte Anzahl personeller Ressourcen

Tab. 7.2 Innovationsfördernde und -hemmende Fähigkeiten in KMU (eigene Darstellung in Anlehnung an Dömötör 2011, S. 9 ff.)

Innovationsfördernd	Innovationshemmend
Höhere Flexibilität und Anpassungsfähigkeit durch: – Flache Hierarchien – Kurze und direkte Kommunikationswege – Schnelle, unbürokratische Entscheidungen	Geringe Transparenz und Verzögerungen, bedingt durch: – Fehlende Regeln und Standards bezüglich der Kommunikation – Fehlende Routinen, um Zeit zu sparen – Oft fehlende Transparenz in Bezug auf Entscheidungen
Dynamische Fähigkeiten, mit denen schnell auf Veränderungen im Umfeld reagiert werden kann	Fehlende Nutzung neuer Chancen im Umfeld radikaler Innovationen

angespannten finanziellen Basis durch eine entsprechende Unternehmenskultur zumindest teilweise kompensieren.

Neben den Ressourcen sind die Fähigkeiten ausschlaggebend. Innovationsfördernde und -hemmende Fähigkeiten werden in Tab. 7.2 zusammengefasst.

Auch hier lässt sich erkennen, dass sowohl innovationsfördernde als auch innovationshemmende Fähigkeiten mit der Unternehmens- und Führungskultur zusammenhängen. Diese prägen die Innovationskultur und haben direkten Einfluss darauf, ob sich die Fähigkeiten im Unternehmen entfalten können oder eher gehemmt werden. Besonders die Flexibilität der KMU ist ein entscheidender Wettbewerbsvorteil gegenüber Großunternehmen.

Wie kann aber bewertet werden, ob die Ressourcen und Fähigkeiten, als auch die benötigten Prozesse und Abläufe in ausreichendem Maße zur Verfügung stehen? Und wie lassen sich diese gezielt und an den richtigen Stellen weiterentwickeln? Im vorangehenden Kapitel wurde aufgezeigt, dass mithilfe eines Innovationsaudits die Ausgangsbasis geschaffen werden kann, um gezielt und strukturiert Verbesserungen zu initiieren.

Tab. 7.3 Vor- und Nachteile der verschiedenen Auditformen (eigene Darstellung in Anlehnung an Kaschny und Hürth 2010, S. 6)

	PRO	CONTRA
Selbstaudit	– Hohe Vergleichbarkeit durch Standardisierung (bei Verwendung von vorgegebenem Fragenkatalog) – Geringerer Zeitaufwand – Geringerer Kostenaufwand	– Durch hohe Standardisierung nur geringe Berücksichtigung der individuellen Unternehmenssituation – Die notwendige Selbsteinschätzung birgt die Gefahr der Betriebsblindheit, neutrales Expertenwissen steht nicht zur Verfügung – Geringe Überprüfbarkeit der Ergebnisse
Geführtes Audit	– Höherer Aussagewert – Neutrale Betrachtung aus verschiedenen Perspektiven durch Nutzung von Expertenwissen – Individuell an das Unternehmen anpassbar – Betreuung/Herleitung von Verbesserungsmaßnahmen	– Höherer Kostenaufwand – Höherer Zeitaufwand – Aufgrund der Individualisierung nur geringe Vergleichbarkeit

Ein solches Audit kann als Selbstaudit oder als geführtes Audit durchgeführt werden. Wie Audits durchgeführt werden, wurde bereits beschrieben. Die Vor- und Nachteile des Selbstaudits gegenüber dem geführten Audit sind in Tab. 7.3 zusammengefasst.

Bei einem Selbstaudit existieren wiederum verschiedene Ansätze. In der Regel kommen hier entweder standardisierte Fragebögen oder Interviewleitfäden zum Einsatz. Die Fragebögen werden von den Teilnehmern im Regelfall selbständig ausgefüllt, wogegen im Interview mittels des vorgegebenen Leitfadens die relevanten Themen mündlich ab- und möglicherweise auch hinterfragt werden. Beide Varianten haben Vor- und Nachteile, wie Tab. 7.4 zeigt.

Unabhängig davon, ob nun ein Selbstaudit oder ein geführtes Audit durchgeführt wird, sind die vorab festzulegenden Ziele, die mit einem solchen Audit erreicht werden sollen, stets zu berücksichtigen:

- Steigerung der Innovationsfähigkeit durch Bewertung der Aktivitäten und Ermittlung sowie Durchführung von Handlungsempfehlungen,
- Benchmarking erlaubt den Vergleich mit Mitbewerbern,
- Rating der Innovationsfähigkeit als ergänzender Baustein im Bankenrating,
  - zur Innovationsfinanzierung,
  - zur Bonitätsprüfung,
  - zur Beurteilung der Zukunftsfähigkeit,
- Zuliefererbewertung, erweitert um den Aspekt der Innovationsfähigkeit (Selbstauskunft, Auditierung) (vgl. Slama 2007).

Tab. 7.4 Vor- und Nachteile der schriftlichen und mündlichen Befragung (eigene Darstellung in Anlehnung an Homburg und Krohmer 2009, S. 260)

Vorteile	Nachteile
Schriftliche Befragung bzw. Online-Tool	
Relativ günstige Kostenstruktur Kein Vorliegen einer Beeinflussung durch den Interviewer Möglichkeit für die Befragten, in Ruhe über eine Antwort nachzudenken Möglichkeit, mehr Mitarbeiter zu befragen	Evtl. relativ geringe Rücklaufquoten Keine Möglichkeit für Verständnisfragen Gefahr, die Situation besser darzustellen, als sie ist
Interview	
Möglichkeit zur Erklärung komplizierter Sachverhalte durch den Interviewer Möglichkeit von Rückfragen der Befragten bei Verständnisproblemen Möglichkeit zur Illustration der Fragen durch ergänzende Materialien Reduktion der Verweigerungsquote durch geschultes Verhalten des Interviewers	Beeinflussung des Befragten durch den Interviewer kann die Ergebnisse verzerren Höhere Kosten der Durchführung Interviewer muss gut geschult sein

Tab. 7.5 Wettbewerbsstrategien und daraus folgende Implikationen für die Personalstrategie (eigene Darstellung in Anlehnung an Holtbrügge 2007, S. 76)

	Kostenführerschaft	Differenzierungsstrategie	Nischenstrategie
Beschaffung	Kostengünstige Beschaffung, schnelle Einstellung	Gezielte Beschaffung qualifizierter Mitarbeiter	Differenzierte Personalauswahl
Personaleinsatz	Hoher Spezialisierungsgrad	Flexibler Personaleinsatz	Sehr unternehmensspezifisch
Personalentlohnung	Leistungsorientierte Entlohnung, niedriges Entgeltniveau	Erfolgs- und qualifikationsorientierte Entlohnung, hohes Entgeltniveau	Anforderungs- und erfolgsorientierte Entlohnung, mittleres Entgeltniveau
Mitarbeiterbindung	Standardisiert	Differenzierte Bindung qualifizierter Mitarbeiter, Retention Management	Differenzierte Bindung der zum Unternehmen und der Nische passenden Mitarbeiter
Personalentwicklung	Gering ausgeprägt, da es sich um einen Kostenfaktor handelt	Sehr ausgeprägt, um ein hohes Qualifikationsniveau zu halten	Individuell auf Mitarbeiter abgestimmte Entwicklungsmaßnahmen
Personalfreisetzung	Häufige Freisetzungen	Seltene Personalfreisetzungen	Seltene Personalfreisetzungen
Personalführung	Aufgabenorientierter Führungsstil	Mitarbeiterorientierter Führungsstil	Aufgabenorientierter Führungsstil

Tab. 7.6 Vor- und Nachteile der internen und externen Personalbeschaffung (eigene Darstellung in Anlehnung an DataCubis 2013)

Vorteile	Nachteile
Innerbetriebliche Personalbeschaffung	
Kennen des Mitarbeiters und seines Könnens	Geringe Auswahlmöglichkeiten
Geringere Beschaffungskosten	Keine neuen zusätzlichen Impulse (Be-
Motivation durch Aufstiegsmöglichkeiten	triebsblindheit), gerade in Bezug auf die
Kürzere Einarbeitungszeiten	Innovationsfähigkeit des Unternehmens
(Kenntnisse über Betrieb, Mitarbeiter, Abläufe	Enttäuschung bei Kollegen, die die Stelle nicht
usw.)	bekommen
Schnellere Stellenbesetzungsmöglichkeiten	Akzeptanz als Führungskraft (kollegiale Bin-
Anfangsstellen für Nachwuchs	dungen)
	Beförderungsautomatik als Demotivation
	(Beförderung nach Alter, betrieblicher Zuge-
	hörigkeit, Beziehungen)
Außerbetriebliche Personalbeschaffung	
Breite Auswahlmöglichkeit	Höhere Beschaffungskosten
Neue Impulse für das Unternehmen	Höheres Risiko (den „Richtigen" ausgewählt
Anerkennung des Externen	zu haben)
	Demotivation der eigenen Mitarbeiter („Hier
	kann man nichts werden")
	Fehlende Betriebskenntnisse (daher zeitauf-
	wendigere Stellenbesetzung)

In Bezug auf die Ergebnisse des Audits muss dabei auf Folgendes geachtet werden:

- Das Audit sollte qualitativ hochwertig und aussagefähig sein.
- Die Ergebnisse sollten objektiv und für externe Dritte nachvollziehbar sowie für das Unternehmen praktisch anwendbar sein.
- Das Audit und die Ergebnisse sollten durch die Mitarbeiter und die Führungsebene Akzeptanz finden.
- Die Daten, die im Innovationsaudit verwendet werden, sind vertraulich.
- Referenzgrößen, wie Erfahrungswerte, strategische Unternehmensziele, Branchenwerte etc. sollten bei Bedarf herangezogen werden.

Demzufolge wurde aufgezeigt, welchen Einfluss Ressourcen und Fähigkeiten auf die Innovationsfähigkeit eines Unternehmens haben und wie deren Ausprägungen untersucht werden können, um diese Einflussfaktoren gezielt weiterzuentwickeln. Infolge ist die Personalstrategie abzuleiten, welche dafür sorgt, dass die richtigen Fähigkeiten zur Verfügung stehen und entsprechend weiterentwickelt werden.

Die Ausprägung der Personalstrategie hängt u. a. von der gewählten Wettbewerbsstrategie ab, wie in Tab. 7.5 aufgezeigt wird.

Erst wenn eine Personalstrategie entwickelt wurde, wie in Abschn. 7.3.1 beschrieben, ist es sinnvoll, sich mit der Personalbeschaffung und Personalentwicklung systematisch

Tab. 7.7 Innovative Eigenschaften potenzieller Mitarbeiter (eigene Darstellung in Anlehnung an Nütten und Sauermann 1988, S. 149 ff.)

Merkmal	Aufgabenbeispiel
Unkonventionelles Denken	Was kann man mit einem bestimmten Gegenstand (z. B. Büroklammer oder leere Konservendose) anfangen?
Divergentes Denken	Sie werden auf eine unbewohnte Insel verbannt. Welche fünf Gegenstände nehmen Sie außer Ihrer Kleidung mit?
Gedankenflüssigkeit	Begründen Sie in möglichst wenigen Sätzen, warum Kreativitätstraining Schulfach werden sollte
Originalität	Welche drei Maschinen, die es noch nicht gibt, sollten schnellstens erfunden werden?
Problem aufspüren	Dem Bewerber wird eine Aufgabe gestellt (z. B. Neueinführung eines Produktes). Er hat selbst zu entscheiden, welche notwendigen Informationen er nachfragen kann
Elaboration	Dem Bewerber wird eine Zeichnung mit äußerst unvollständigen Elementen vorgelegt, die gerade noch erkennen lassen, was dargestellt werden soll. Der Proband soll die Zeichnung vervollständigen
Reicher Wortschatz	Der Proband soll in drei Sätzen den Hausmeister von der Notwendigkeit überzeugen, weiches Toilettenpapier zu beschaffen
Konzentrationsfähigkeit	Hier eignen sich Aufgabentypen, die den gebräuchlichen Konzentrationstests entsprechen
Redefinition	Ein Haus verfügt über Wasser-, Elektrizitäts-, Gas- und Telefonanschluss sowie folgende Geräte: Gasheizung, Gasherd, Kühl- und Gefrierschrank, Waschmaschine, Spülmaschine sowie diverse elektrische Kleingeräte. Zwei Anschlüsse sollen beseitigt werden; der Proband hat zu wählen, welche dafür in Betracht kommen
Realitätskontrolle	Der Proband erhält eine kurze Kriminalstory vorgelegt und soll durch die Analyse der Aussagen aller Beteiligten den Täter ermitteln
Organisationsfähigkeit	Der Bewerber bekommt einen Stadtplan vorgelegt, in dem auch die Lage einiger Geschäfte eingezeichnet ist. Er soll die günstigste Route zum Abfahren dieser Geschäfte ermitteln

zu beschäftigen. Durch gezielten Ausbau der Ressourcen und Fähigkeiten lässt sich die Innovationsfähigkeit des Unternehmens weiterentwickeln.

Vor dem Hintergrund des demografischen Wandels sollte das Personalmanagement zumindest die folgenden drei Ziele verfolgen:

- Bindung der jüngeren Mitarbeiter an das Unternehmen,
- Erhalt der Arbeitsfähigkeit der älteren Mitarbeiter,
- Aufbau einer generationsübergreifenden Unternehmenskultur (vgl. Hans Böckler Stiftung 2003).

Sobald die Personalstrategie formuliert ist, kann mittels Soll-Ist-Abgleich der vorhandenen Ressourcen und Fähigkeiten, z. B. mithilfe eines Kompetenzplanprozesses, festgestellt werden, in welchen Bereichen Personal fehlt oder weiterentwickelt werden muss.

Die dann folgende Personalbeschaffung kann intern oder extern erfolgen, wobei beide Varianten sowohl Vor- als auch Nachteile aufweisen (s. Tab. 7.6).

Diese Aspekte müssen, gerade in Bezug auf die Wirkung und Bedeutung im Unternehmen und im Zusammenhang mit den Zielen der Personalstrategie, abgewägt werden.

Wichtig ist aber auch, die „richtigen", sprich die innovativen Mitarbeiter zu rekrutieren. Aber wie können diese Mitarbeiter erkannt werden? Merkmale und Beispiele, wie diese für die Innovationsfähigkeit relevanten Eigenschaften schon im Vorstellungsgespräch erfragt werden können, werden in Tab. 7.7 aufgezeigt.

Sind alle benötigten Mitarbeiter akquiriert, gilt es diese ans Unternehmen zu binden. In den vorangehenden Abschnitten wurden einige Aspekte der Personalbindung bereits aufgezeigt, sowohl monetäre als auch nichtmonetäre. Weitere Werkzeuge und Ideen zur Bindung von Mitarbeitern findet man z. B. im Internet. So existiert eine Liste mit 180 Ideen, wie die Arbeitgeberattraktivität gesteigert und die ungewollte Fluktuation verhindert werden kann (vgl. I.O. Business: Checkliste Mitarbeiterbindung: 180 Ideen). Auch hier muss das Unternehmen entscheiden, welche dieser Ideen zur Personalstrategie und zur Unternehmenskultur passen.

Literatur

Buchquellen

Ackermann, Karl Friedrich, und Horst Blumenstock. 1993. *Personalmanagement in mittelständischen Unternehmen*. Stuttgart: Schäffer-Poeschel.

Armstrong, und Michael. 2006. *A Handbook of Human Resource Management Practice*. London: Kogan Page Publishers.

Atteslander, Peter 2010. *Methoden der empirischen Sozialforschung*. Berlin: Erich Schmidt.

Balbierz, Silke, und Thomas Hoffmann. 2000. *Personalentwicklung in kleinen Unternehmen*. Eschborn: RKW.

Buckingham, Marcus, und Curt Coffman. 1999. *First, Break All The Rules: What The Worlds Greatest Managers Do Differently*. New York: Simon & Schuster.

Bröckermann, Reiner 2009. *Personalwirtschaft: Lehr- und Übungsbuch für Human-Resource-Management*. Stuttgart: Schäffer-Poeschel.

Burkard, Brigitte, und Markus Oliver Schwaab. 2004. Best-Practice-Personalbindungsstrategien in Dienstleistungsunternehmen. In *Personalbindung*, Hrsg. Reiner Bröckermann, Werner Pepels Berlin: Erich Schmidt.

Burr, Wolfgang 2004. *Innovationen in Organisationen*. Stuttgart: Kohlhammer.

Claaßen, N. 2008. *Handbuch des Personalmanagements in kleinen und mittleren Unternehmen*. Bremen: Salzwasser.

Deller, Jürgen, Stefanie Kern, Esther Hausmann, und Yvonne Diederichs. 2008. *Personalmanagement im demographischen Wandel: Ein Handbuch für den Veränderungsprozess.* Heidelberg: Springer.

Dömötör, Rudolf 2011. *Erfolgsfaktoren der Innovativität von kleinen und mittleren Unternehmen.* Wiesbaden: Gabler.

Dubbert, Michael 1990. *Personalwesen. In: Pfohl, Hans-Christian.: Betriebswirtschaftslehre der Mittel- und Kleinbetriebe.* Berlin: Erich Schmidt.

Elias, S. 2000. *Incentives und ihre Wirkung auf die Mitarbeiter.* Berlin: VWF.

Espig, Susan, und Silke Geithner. 2012. „Die Letzten machen geschlossen das Licht aus . . . " – Ostdeutsche KMU in der demographischen Falle?. In *Personalmanagement in kleinen und mittleren Unternehmen, Jahrbuch der KMU-Forschung und -Praxis*, Hrsg. Jörn Axel Meyer. Lohmar: Josef Eul.

Ewerlin, Denise, und Stefan Süß. 2012. Talent Management in KMU und Großunternehmen im Vergleich, Ergebnisse einer empirischen Untersuchung. In *Personalmanagement in kleinen und mittleren Unternehmen, Jahrbuch der KMU-Forschung und -Praxis 2012 in der Edition „kleine und mittlere Unternehmen",* Hrsg. Jörn Axel Meyer Lohmar: Josef Eul.

Flato, Ehrhard, und Silke Reinbold-Scheible. 2008. *Zukunftsweisendes Personalmanagement – Herausforderung demographischer Wandel – Fachkräfte gewinnen, Talente halten, Erfahrung nutzen.* München: FinanzBuch.

Grant, Robert M., und Michael Nippa. 2006. *Strategisches Management: Analyse, Entwicklung und Implementierung von Unternehmensstrategien.* München/Boston: Pearson Studium.

Hauschild, Jürgen, und Sören Salomo. 2007. *Innovationsmanagement.* München: Vahlen.

Holtbrügge, Dirk 2007. *Personalmanagement.* Berlin: Springer.

Homburg, Christian, und Harley Krohmer. 2009. *Marketingmanagement.* Wiesbaden: Gabler.

Huber, Andreas 2010. *Personalmanagement.* München: Vahlen.

Hungenberg, Harald 2004. *Strategisches Management in Unternehmen: Ziele – Prozesse – Verfahren.* Wiesbaden: Gabler.

Jopp, Heike 2013. *Employer Branding – Innovative Ansätze für den Mittelstand: Eine empirische Untersuchung anhand von Chemielaboranten.* Hamburg: Diplomica.

Kaschny, Martin, und Nadine Hürth. 2010. *Innovationsaudit: Chancen erkennen – Wettbewerbsvorteile sichern.* Berlin: Erich Schmidt.

Kell, Thomas. 2005. *Die Kunst der Führung: Verhalten entwickeln, Führungspotenzial erweitern.* Wiesbaden: Gabler.

König, Susanne 2003. *Personalauswahl.* Frankfurt: Bund-Verlag.

Löbel, Jürgen, Heinz Albert Schröger, und Heiko Closhen. 2005. *Nachhaltige Managementsysteme: sustainable development durch ganzheitliche Führungs- und Organisationssysteme – Vorgehensmodell und Prüflisten.* Berlin: Erich Schmidt.

Manger, D. 1962. *Die personelle Situation mittelständischer Unternehmungen.* Köln: Wasmund.

Meier, Harald 1991. *Personalentwicklung: Konzept, Leitfaden und Checklisten für Klein- und Mittelbetriebe.* Wiesbaden: Gabler.

Meyer, Jörn Axel 2012. *Personalmanagement in kleinen und mittleren Unternehmen, Jahrbuch der KMU-Forschung und -Praxis 2012 in der Edition „kleine und mittlere Unternehmen".* Lohmar: Josef Eul.

Michaels, E., H. Handfiled-Jones, und B. Axelrod (Hrsg.). 2006. *The War for Talent*. Boston: Harvard Business Press.

Mugler, Josef 1995. *Betriebswirtschaftslehre der Klein- und Mittelbetriebe*. Wien/New York: Springer.

Müller-Philipps, Herbert. 1976. *Determinanten der Innovationsfähigkeit: Versuch einer empirischen Überprüfung*. Universität Stuttgart (Technische Hochschule), Dissertation.

Nicolai, C. 2006. *Personalmanagement*. Stuttgart: Lucius und Lucius.

Nütten, Ingeborg, und Peter Sauermann. 1988. *Die anonymen Kreativen: Instrumente einer erfolgsorientierten Unternehmenskultur*. Wiesbaden: Gabler.

Oechsler, Walter A. 2011. *Personal und Arbeit: Grundlagen des Human-Resource-Management und der Arbeitgeber-Arbeitnehmer-Beziehungen*. München: Oldenbourg.

Porter, Michael E. 1999. *Wettbewerbsstrategie – Methoden zur Analyse von Branchen und Konkurrenten*. Frankfurt am Main/New York: Campus.

Reick, Christine, Alexander Weiser, und Michael Kastner. 2007. Innovationsförderung durch Vertrauen als Ausdruck von Wertschätzung. In *Innovationsfähigkeit in einer modernen Arbeitswelt: Personalentwicklung – Organisationsentwicklung – Kompetenzentwicklung, Beiträge der Tagung des BMBF (Bundesministerium für Bildung und Forschung)*, Hrsg. Deryk Streich, Dorothee Wahl Frankfurt am Main/New York: Campus.

Schmitz, Frieder 2001. *Beschäftigungseffekte von Unternehmensgründungen: ein Beitrag zur Erklärung des Zusammenhangs zwischen der Unternehmens- und Beschäftigungsfluktuation*. Berlin: Duncker & Humblot.

Scholz, Christian 2011. *Grundzüge des Personalmanagements*. München: Vahlen.

Scholz, Christian 2000. *Personalmanagement – Informationsorientierte und verhaltenstheoretische Grundlagen*. München: Vahlen.

Schwartz, Tony, und Jim Loehr. 2003. *Die Disziplin des Erfolgs. Von Spitzensportlern lernen – Energie richtig managen*. Düsseldorf: Econ.

Steinert, Carsten 2002. *Gestaltung der Weiterbildung in kleinen und mittleren Unternehmen: Situationsanalyse und Entwicklungsmöglichkeiten*. Wiesbaden: Deutscher Universitäts-Verlag.

Vincentz, Lothar 1974. *Personalwirtschaft im Mittelbetrieb*. Berlin: Erich Schmidt.

Weidmann, Reiner, und Sascha Armutat. 2008. *Gedankenblitz und Kreativität – Ideen für ein innovationsförderndes Personalmanagement*. Bielefeld: Bertelsmann.

Wühr, Ernst 2011. *Retention-Management von High-Potentials in KMU: eine Analyse mit Anreiz-Beitragstheoretischem Hintergrund*. Hamburg: Kovač.

Zeitschriften/Schriften

Beaver, Graham, und Christopher Prince. 2002. Innovation, Entrepreneurship and Competitive Advantage in the Entrepreneurial Venture. *Journal of Small Business and Enterprise Development* 9(1): 28–37.

Birchall, David, Jean Jacques Chanaron, und Klas Soderquist. 1996. Managing innovation in SMEs: A comparison of companies in the UK, France and Portugal. *International Journal of Technology Management* 12(3): 291–305.

Carnoy, Martin, Manuel Castells, und Chris Benner. 1997. Labour Markets and Employment Practices in the Age of Flexibility: A Case Study of Silicon Valley. *International Labour Review* 136: 27–48.

Christiani, Alexander 2008. So erhalten Sie die Arbeitsfähigkeit, Arbeitsfreude und Arbeitsplatz. *HR Today* 9.08: 37.

Gemeinnützige Hertie-Stiftung (Hrsg.). 2003. *Strategien einer familienbewußten Unternehmenspolitik*. Bonn: Europressedienst.

Genser, E., und Anton Schmoll. 2004. Firmenkundengeschäft – Zielvereinbarungen und leistungsorientierte Anreizsysteme. *Betriebswirtschaftliche Blätter* (8): 387.

Grüner, Herbert 2001. Mittelständische Unternehmen als Akteure in der Wissensgesellschaft. *Internationales Gewerbearchiv* 49(2): 120–134.

Herstatt, Cornelius, Stephan Buse, Sören Trapp, und Christoph Stockstrom. 2007. *Leistungsmerkmale eines KMU-gerechten Innovationsaudits; Beitrag zur Erarbeitung eines Hamburger Innovationsaudits*. Hamburg: Technische Universität Hamburg-Harburg, Institut für Technologie- und Innovationsmanagement.

Hören, Martin von 1998. Karrierechancen und Gehälter von Führungskräften. *Personal* (2): 66–69.

Hunziger, Anke, und Guido Biele. 2002. Retention-Management – Wie Unternehmen Mitarbeiter binden können, 2002. *Wirtschaftspsychologie* (2): 47–52.

Leonard-Barton, Dorothy 1992. Core Capabilities and Core Rigidity. A Paradox in Managing New Product Development. *Strategic Management Journal* 13: 111–126.

Nolden, Matthias 2011. Unternehmerisches Wachstum – aber wie?. *HR Performance* (2): 32–34.

Schlegl, Lara, und Martin Kaschny. 2014. Auswahl innovativer Mitarbeiter. *Ideen- und Innovationsmanagement* 40(3): . Hrsg.: Deutsches Institut für Betriebswirtschaft GmbH, Erich Schmidt, Berlin, 2014, S. 83–88.

Schmidt, Jochen 1987. Von der Organisationsentwicklung zur Selbstorganisation: Prozessbeschreibung und pragmatische Konsequenzen. *Zeitschrift für Organisationsentwicklung* 6(4): 43–61.

Spielkamp, Alfred, und Christian Rammer. 2006. Balanceakt Innovation. In *Innovationsmanagement kleiner und mittlerer Unternehmen* ZEW Dokumentation, Bd. 06-04

Stiefel, Rolf 1988. Führung im lernenden Unternehmen. *MAO* (3): 2.

Internetquellen
Accenture 2007. *Weltweite Unzufriedenheit beim mittleren Management*. http://www.accenture.com/de-de/company/newsroom-germany/Pages/weltweite-management.aspx. Zugegriffen: 1.12.2013

Braunschweigische Landessparkasse. 2009. (Personal-)Strategien im demographischen Wandel, https://www.blsk.de/firmenkunden/gut_informiert/profits/pdf/strategien.pdf. Zugegriffen: 28.12.2013.

Bundesministerium für Bildung und Forschung 2005. *Steigender Akademikerbedarf selbst in der Rezession*. http://www.bmbf.de/pubRD/Zusammenfassung_TLF-Bericht2005.pdf. Zugegriffen: 24.09.2013.

Bundesministerium für Wirtschaft und Technologie. 2006. *Jahreswirtschaftsbericht*. http://www.bmwi.de/BMWi/Redaktion/PDF/B/br-jahreswirtschaftsbericht-2006,property=pdf,bereich=bmwi2012,sprache= de,rwb=true.pdf. Zugegriffen: 27.12.2013

Burkert, C. 2008. *Anforderungen des Arbeitsmarktes an das Arbeitskräftepotential*. http://www.forschungsnetzwerk.at/downloadpub/mum10_forum2_praesentation_burkert.pdf. Zugegriffen: 24.09.2013.

DataCubis – Analysen, Checklisten, Planungsrechnungen. http://www.beratersoftware.de/2006/content/data/unternfuehrung/chkpersonal/chkeinstellung/personalbeschaffung.pdf. Zugegriffen: 25.09.2013.

Fleischer, Jürgen. 2006. Geschäftsprozesse optimieren ist der Feinschliff im Maschinenbau. http://files.vogel.de/vogelonline/vogelonline/files/24.pdf. Zugegriffen: 28.11.2013.

Fraunhofer ISI. Verfahren zur Bewertung und Steuerung der Innovationsfähigkeit produzierender KMU (InnoKMU). http://www.isi.fraunhofer.de/isi-de/i/projekte/innokmu.php. Zugegriffen: 01.12.2013.

Gabler Wirtschaftslexikon. Fähigkeit, http://wirtschaftslexikon.gabler.de/Definition/faehigkeit.html. Zugegriffen: 28.11.2013.

Gabler Wirtschaftslexikon. Qualifikation. http://wirtschaftslexikon.gabler.de/Definition/qualifikation.html. Zugegriffen: 23.09.2013.

Groh, Carina. 2011. Wie Macher ihren Weg finden. http://www.manager-magazin.de/unternehmen/it/a-753824.html. Zugegriffen: 01.12.2013.

Hans Böckler Stiftung. 2003. Projekt Netzwerk Mitbestimmte Personalarbeit. http://www.boeckler.de/pdf/mb_checkliste%20personalstrategie.pdf. Zugegriffen: 25.09.2013.

I.O. Business. Checkliste Mitarbeiterbindung: 180 Ideen. http://io-business.de/wp-content/uploads/2010/10/10_09_28_Mitarbeiterbindung_180_Ideen.pdf. Zugegriffen: 25.09.2013.

Kooperationsinitiative Maschinenbau e. V. Made in Braunschweig. http://www.made-in-braunschweig.de/startseite/. Zugegriffen: 28.12.2013.

Mymuesli Pressemitteilung. 2008. 566 Billiarden Müslis – und ein Millionen-Umsatz! http://www.mymuesli.com/presse/mymuesli/566-billiarden-muslis-%e2%80%93-und-ein-millionen-umsatz/. Zugegriffen: 01.12.2013.

Onpulson – Wissen für Unternehmer und Manager: Kernkompetenz. http://www.onpulson.de/lexikon/2488/kernkompetenz/. Zugegriffen: 01.12.2013.

Porten, Mario. 2011. Personalarbeit der nächsten Dekade. http://www.unternehmer.de/management-people-skills/126855-personalarbeit-der-naechsten-dekade-teil-ii-die-personalstrategie. Zugegriffen: 16.09.2014.

Slama, Alexander. 2007. Fit für Innovation: Instrument zur Selbstbewertung der Innovationsfähigkeit von KMU, Fraunhofer IAO, InnoKMU. http://www.din.de/sixcms_upload/media/1345/InnoKMU_HMI_20070417_v9.pdf. Zugegriffen: 01.12.2013.

Unterstützende Methoden und Informationssysteme

Wissen ist der einzige Rohstoff, der auf unserer Erde unbeschränkt zur Verfügung steht und der sich durch Gebrauch nicht abnutzt, sondern sogar vermehrt (Horst Köhler).

In den vorstehenden Kapiteln wurden Strategien und Geschäftsmodelle entwickelt sowie Prozesse beschrieben. Rollen und Verantwortlichkeiten wurden geklärt, sinnvolle Strukturen erläutert und Fähigkeiten definiert. Nun gilt es das Innovationsmanagement durch den Einsatz von prozessunterstützenden Methoden und die Bereitstellung von geeigneten Informationssystemen im Hinblick auf ein effizientes und effektives Arbeiten zu unterstützen.

Kreativitätstechniken helfen dabei, eingefahrene Denkmuster zu verlassen und neue Ideen zu entwickeln. Hierzu bedarf es Wissen und Erfahrungen, die in einem gelebten Wissensmanagement innerhalb von KMU weitergegeben werden bzw. mit dessen Hilfe externes Wissen gesammelt und verteilt werden kann.

Bei all dem kann der Einsatz von neuen Medien, wie Social Media, Wikis und Blogs, helfen, zumal diese bereits vorhanden sind bzw. eine Implementierung auch für KMU ohne größere Investitionen möglich ist.

Aber nicht nur bei der Ideengenerierung können diese Medien helfen. Sie unterstützen auch bei der Bewertung dieser Ideen und können zur Marktbeobachtung beitragen, um daraus wiederum weitere Impulse für das Innovationsmanagement zu geben.

Zielsetzung des Kapitels

In Abschn. 4.3 wurde das Ideenmanagement beschrieben. Dazu gehören die Generierung, die Bewertung und die Auswahl von Ideen. Aber wie kommen Unternehmen und ihre Mitarbeiter an Ideen? Hier können unterschiedliche Methoden helfen, Ideen zielgerichtet und effizient zu generieren und weiterzuentwickeln. Diese Techniken und ihre Anwendung sollen im Folgenden näher vorgestellt werden.

Wissen wird häufig als vierter volkswirtschaftlicher Produktionsfaktor bezeichnet (vgl. Mertins und Seidel 2009, S. 1), denn Wissen ist Grundlage für jeden Fortschritt. Viele

© Springer Fachmedien Wiesbaden 2015

M. Kaschny et al., *Innovationsmanagement im Mittelstand*,
DOI 10.1007/978-3-658-02545-8_8

Unternehmen haben dies erkannt und versuchen Maßnahmen des Wissensmanagements im Unternehmen zu integrieren. Sie sind sich darüber bewusst, dass ihre Wettbewerbsfähigkeit vom Wissen über Märkte, Kunden oder der Konkurrenz abhängt und erfolgreiche Innovationen nur auf Grundlage dieses Wissens entwickelt werden können.

Durch mehrere Studien wurde nachgewiesen, dass ein Zusammenhang zwischen praktiziertem Wissensmanagement und Innovationskraft besteht. So schreibt das Fraunhofer IAO in ihrer Trendstudie „Wissensmanagement 2.0" Folgendes: „Das Management von Wissen ist entscheidend für die wirtschaftliche Zukunft von Unternehmen. Sie müssen das Wissen ihrer Mitarbeiter, Kunden und Leistungspartner nutzen und miteinander verknüpfen, um Innovationen zu schaffen." (vgl. Spath und Günther 2010)

Da Wissen jedoch an einen Wissensträger, bspw. eine Person, gebunden ist, muss für die Bereithaltung des Wissens auch für andere Personen eine Speicherung der zugrunde liegenden Informationen erfolgen. Dafür müssen Unternehmen adäquate Informationssysteme etablieren. Diese stellen Informationen dort im Unternehmen bereit, wo sie nachgefragt und benötigt werden. Gleichwohl sind für viele mittelständische Unternehmen klassische Softwarelösungen für Wissensmanagement, wie Dokumentenmanagement-, Archivierungs- und Datenbanksysteme (z. B. Data Warehouse und Mind Manager) häufig überdimensioniert, mit unverhältnismäßig hohen Kosten verbunden und nur schwer zu handhaben. Neben klassischen Softwarelösungen kommen auch die neuen Medien zum Management des Wissens in KMU zum Einsatz: Web 2.0-Anwendungen wie Wikis, Foren oder Blogs bieten die Möglichkeit, Informationen einfach, kostengünstig und vor allem zielgerichtet zu handhaben und so ein effektives und effizientes Wissensmanagement im Unternehmen zu ermöglichen.

Dieses Kapitel hat daher zum Ziel, zunächst die Bedeutung des Wissens bzw. des Wissensmanagements im Unternehmen darzulegen und Möglichkeiten zu dessen Handhabung aufzuzeigen. Zudem sollen die Informationssysteme, die insbesondere für KMU von Bedeutung sind, näher erläutert werden.

Nicht nur das Wissen soll gesammelt und strukturiert werden, gleichzeitig müssen auch die Ideen in geeigneter Form dargestellt und aufbereitet werden, um sie für alle Beteiligten verwertbar zu machen. Daher werden in diesem Kapitel auch Systeme zum Sammeln und Bewerten von Ideen vorgestellt.

Auch kann es hilfreich sein, den Markt und die Konkurrenz zu beobachten. Hierbei geht es in erster Linie nicht darum, bestehende Ideen und Vorgehensweisen zu kopieren oder nachzuahmen, sondern eigene Ideen zu generieren bzw. Verbesserungspotenziale zu erkennen. Wichtig ist hierbei, das Verhalten der Konkurrenz zu verfolgen. Unterstützen können dabei Methoden zur Markt- und Konkurrenzbeobachtung im Internet.

8.1 Kreativitätstechniken

Kreativitätstechniken sind Methoden und Werkzeuge, die den Prozess der Problemlösung bzw. Ideengenerierung unter Einhaltung bestimmter Regeln unterstützen. Sie sollen es

Tab. 8.1 Intuitive und systematische Methoden (eigene Darstellung in Anlehnung an Völker et al. 2012, S. 76 f.; Stern und Jaberg 2010, S. 138)

Intuitive Methoden	Systematische Methoden
Spontan	**Strukturiert**
Das heißt offen, losgelöst von bestehendem Problemwissen	Das heißt aufbauend auf bestehendem Problemwissen
Ziel:	Ziel:
Neue (technische) Lösungsansätze, neue Märkte oder neue Verwendungsformen	Neugestaltung oder alternative Lösungsansätze für bekannte oder verwandte Märkte, basierend auf bekanntem (technologischem) Wissen
Beispiel:	Beispiel:
Brainstorming	Morphologischer Kasten

ermöglichen, in vergleichsweise kurzer Zeit zahlreiche Ideen zu sammeln und dadurch den Unternehmenserfolg zu steigern.

Das Ziel dieses Kapitels ist nicht, einzelne Kreativitätstechniken im Detail zu erklären. Vielmehr soll dargestellt werden, welche Kreativitätstechniken im Hinblick auf die spezifischen Besonderheiten in KMU besonders geeignet sind.

Es existierten zahlreiche Methoden, die durch ihre unterschiedlichen Vorgehensweisen bzw. Denk- und Verhaltensregeln zu neuen Ideen anregen sollen (vgl. Geschka und Lantelme 2005, S. 288). Diese werden auch Ideenfindungstechniken genannt. Sie lassen sich in systematische und intuitive Methoden einteilen (s. Tab. 8.1).

8.1.1 Kreativität

Der Ursprung des Begriffes „Kreativität" geht auf das lateinische Verb „creare" zurück, welches übersetzt „erschaffen, ins Leben rufen, ernennen und auswählen" bedeutet. Das Wort ist eng verwandt mit „crescere", das als „werden, wachsen lassen" übersetzt wird. Daraus lässt sich ableiten, dass zwei Aspekte der Kreativität von großer Bedeutung sind: das Schaffen von Neuem und die Weiterentwicklung von Vorhandenem (vgl. Holm-Hadulla 2007, S. 22).

Nach Kreativitätsforscher Helmut Schlicksupp ist Kreativität „die hervorragende Denkfähigkeit zur Lösung schlecht strukturierter und schlecht definierter Probleme wie Such-, Analyse- und Auswahlproblemen" (vgl. Backerra et al. 2002, S. 8).

Der Zusammenhang zwischen Kreativität und Innovationsfähigkeit kann vereinfacht verdeutlicht werden (s. Abb. 8.1).

Mithilfe der Kreativitätstechniken wird die Kreativität gefördert. Dies ist natürlich eine stark vereinfachte Darstellung. Was Innovationsfähigkeit genau ausmacht, wurde bereits in Abschn. 7.1 beschrieben.

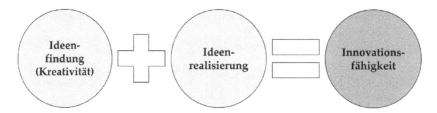

Abb. 8.1 Zusammenhang zwischen Kreativität und Innovationsfähigkeit (eigene Darstellung in Anlehnung an Backerra et al. 2002, S. 5)

Bevor einzelne Kreativitätstechniken, die für mittelständische Unternehmen geeignet sind, dargestellt werden, soll zunächst ein Überblick über die Gestaltung, die Voraussetzungen und Hindernisse für den Einsatz der Kreativitätstechniken aufgezeigt werden. Zu diesem Zweck werden die vier Gegenstandsbereiche der Kreativität, die „zu den wichtigsten Erkenntniszielen der Kreativitätsforschung" (vgl. Schlicksupp 2004, S. 33) gehören, näher beschrieben. Die vier Bereiche, auch als die 4 P der Kreativität bezeichnet (vgl. Gaubinger et al. 2009, S. 77), sind die kreative Person, der kreative Prozess, das kreative Produkt und das kreative Umfeld (Press).

Kreative Person
Kreative Personen weisen bestimmte Persönlichkeitsmerkmale auf, die größtenteils empirisch bestätigt worden sind. Nach Gregory J. Feist machen Persönlichkeitsfaktoren wie Offenheit, Normzweifel, Selbstbewusstsein, Dominanz und Impulsivität eine kreative Person aus (vgl. Feist 1998, S. 290–309). Allerdings ist das kreative Potenzial des Menschen nicht konstant, sondern beeinflussbar (vgl. Schlicksupp 2004, S. 33 ff.). In den meisten Publikationen über Kreativität wird auf die unterschiedlich funktionierenden Gehirnhälften des Menschen und der gegensätzlichen Denkweise der linken und rechten Gehirnhälfte verwiesen.

Nach Matthias Nölke ist das Modell zu den beiden Gehirnhälften „eine grobe, kaum noch zulässige Vereinfachung" (vgl. Nölke 2002, S. 16 ff.). Zusammenfassend führen unterschiedliche Veröffentlichungen zu dem Ergebnis, dass Kreativität, zu einem gewissen Grade, erlernbar ist (vgl. Winkelhofer 2006, S. 20 f.). Wie bereits erwähnt, kann die Kreativität mithilfe von Kreativitätstechniken gefördert werden (vgl. Knieß 2006, S. 4). Dabei spielen aber auch die Rahmenbedingungen eine große Rolle, auf die etwas später im Punkt „Kreatives Umfeld" näher eingegangen wird.

KMU-Praxisbeispiel
Kreativität von Artur Fischer und Carl Ludwig Nottebohm
Artur Fischer, Gründer der Firma fischer Befestigungstechnik, meldete über 5000 Schutzrechte an. Das bekannteste Patent ist sein grauer Spreizdübel aus Kunststoff (fischer-Dübel), den es seit 1958 in zahlreichen Ausführungen gibt (vgl. Deutsches Patent- und Markenamt).

Ein weiteres Beispiel ist Vileda: 1936 bot der Chemiker Carl Ludwig Nottebohm dem Unternehmen von Carl Freudenberg ein Verfahren zur Herstellung von synthetischem Leder an. Er entwickelte schließlich ein neuartiges Vlies – seine Forschungsarbeit führt schließlich zur Gründung der Marke Vileda. Diese kreativen Menschen waren Kern von den damals noch mittelständischen Unternehmen. Vieles spricht dafür, dass die Kreativität und die Fähigkeit, neue Produkte zu entwickeln, der Grund für das starke Wachstum der Unternehmen waren, sodass sie heute keine KMU mehr sind (vgl. Vileda Homepage).

Kreativer Prozess
Unter dem kreativen Prozess wird der strukturierte Ablauf verschiedener Phasen zur Ideenfindung verstanden. Zu der Aufteilung der Phasen existieren verschiedene Auffassungen. Um die Phasen an einem Beispiel zu erläutern, wurde das Vier-Phasen-Modell von Helmut Schlicksupp ausgewählt: (vgl. Schlicksupp 2004, S. 39 f.)

Phase 1: Vorbereitungsphase
In dieser Phase entsteht das Problembewusstsein. Das Problem wird analysiert und die Zusammenhänge werden transparent gemacht.

Phase 2: Inkubation
In dieser Phase arbeitet das Unterbewusstsein. Problembezogenes Wissen wird mit Erfahrungswissen kombiniert.

Phase 3: Erleuchtung
In dieser Phase wird das Ergebnis des unterbewussten Denkens in Form eines plötzlichen Bewusstwerdens der Idee erzielt.

Phase 4: Verifikation
In dieser Phase werden die Ideen im Hinblick auf die Anforderungen an die Problemsituation überprüft (vgl. Schlicksupp 2004, S. 39 f.).

Das Modell verdeutlicht, dass verschiedene Phasen ablaufen, bevor die eigentliche Idee geäußert wird. Die Kenntnis dieses Prozesses ist aus folgenden Gründen von Bedeutung: Werden einzelne Phasen des Kreativitätsprozesses betrachtet, ist erkennbar, wie weniger kreative Persönlichkeiten durch den Einsatz der Kreativitätstechniken zu kreativen Leistungen angeregt werden können. Zudem sollten äußere Bedingungen geschaffen werden, die kreative Tätigkeiten begünstigen. In der ersten Phase soll also zur Ideenfindung animiert werden. Dies kann bspw. durch ein Brainstorming geschehen, worauf später näher eingegangen wird. Manchen Individuen reicht bereits eine kleine Veränderung am Arbeitsplatz. Bei der Phase der Inkubation werden die gesammelten Informationen im Unterbewusstsein verankert und verarbeitet, bis die Erleuchtung der dritten Phase auftritt. Ein langersehnter Lösungsansatz kann hierbei durch gewisse Situationen auftauchen. In der vierten Phase werden diese Lösungsansätze präsentiert, diskutiert und auf ihre Machbarkeit getestet (vgl. Schlicksupp 2004, S. 40 f.). Außerdem wird ersichtlich, dass ein problembezogenes Wissen vorhanden sein muss, d. h., die Teilnehmer sollten ausführlich über den Sachverhalt informiert werden.

Andere Modelle splitten die Phase 1 noch mal in die Entstehung des Problems und die intensive Problembearbeitung auf. Das Prinzip bzw. der Ablauf bleibt aber das bzw. der Gleiche. (vgl. Becker et al. 2006, S. 398)

Kreatives Produkt

Das Ergebnis des kreativen Prozesses wird als kreatives Produkt bzw. als Idee bezeichnet. Eine Idee oder Lösung wird erst dann als kreativ bezeichnet, wenn sie neuartig ist bzw. neue Elemente enthält. Die Schwierigkeit, den Grad der Neuartigkeit zu beurteilen, liegt darin, dass Neuheit unterschiedlich definiert werden kann. Sie kann objektiv (allgemeingültig neu), subjektiv (für eine Person), relativ (für den Sachverhalt) oder absolut (z. B. technische Erfindung) neuartig sein. Aus Unternehmenssicht ist das entscheidende Kriterium, dass das Produkt auch wirtschaftlich nutzbar ist (vgl. Knieß 2006, S. 3 f.). Auch hier lässt sich der fischer-Dübel als perfektes Beispiel anführen. Die Spreiztechnik aus Kunststoff war eine komplett neue Erfindung und hat die Zukunft des Unternehmens fischer geprägt (vgl. Deutsches Patent- und Markenamt). Auch das Unternehmen Bionade sei hier erwähnt, das seit 2005 seine Rohstoffe aus der Region bezieht und die Produkte zu 100 % naturbelassen herstellt, ohne Farb- und Konservierungsstoffe. Die Verbundenheit zur Region und Natürlichkeit ist ein neuartiges und innovatives Konzept, was zum Erfolg des Unternehmens beigetragen hat (vgl. Bionade).

Kreatives Umfeld

Dieser Abschnitt beschäftigt sich mit dem Umfeld eines Menschen, welches einen großen Einfluss bei der Ideenfindung hat. Dieses Umfeld sollte im kreativen Prozess kein Hindernis darstellen. Darunter fallen das menschliche und räumliche Umfeld, Produkte, Prozesse sowie die Umwelt.

Voraussetzung für die freie Entfaltung von Ideen ist eine aktivierende und motivierende Atmosphäre sowie eine kreativitätsfördernde Unternehmensorganisation (vgl. Knieß 2006, S. 11 f.). Dabei spielen kreativitätsfördernde Prozesse sowie eine offene Kommunikation und Führungsstil eine große Rolle.

Zusätzlich seien hier kurz auch mögliche kreativitätshemmende Faktoren dargestellt, die das kreative Denken und somit die Ideengenerierung negativ beeinflussen bzw. die schöpferische Fähigkeit blockieren können. Allein die Kenntnis dieser Kreativitätsbarrieren kann schon deren Überwindung erleichtern und Führungskräften die Möglichkeit geben, sinnvolle Gegenmaßnahmen zu ergreifen.

In der folgenden Aufzählung wurden die Besonderheiten von KMU in Bezug auf Kreativitätstechniken berücksichtigt und seltener zutreffende Blockaden, wie bspw. bürokratische Starrheit, Anonymität, strenge Instanzenwege etc., vernachlässigt. Im Allgemeinen wird zwischen soziologischen und psychologischen Kreativitätsblockaden unterschieden. Soziologische Blockaden werden von außen gebildet. Zu solchen Blockaden zählen:

- mangelnde Kooperationsbereitschaft und Vertrauen sowie Konflikte unter Mitarbeitern,
- mangelnde Akzeptanz des Nutzens der Kreativitätstechniken,
- mangelnde Anerkennung neuer Ideen,
- mangelnde Objektivität durch Interessenkonflikte,
- mangelnde Unterstützung bei der Ideenrealisierung durch die Geschäftsleitung,
- starker Leistungsdruck,
- autoritärer Führungsstil,
- Kritik und Zweifel durch Dritte,
- zu viele Routinearbeiten (dadurch wenig Zeit für kreative Prozesse).

Neben den soziologischen Blockaden existieren auch psychologische Hindernisse:

- emotionale Blockaden wie Desinteresse, Furcht vor Fehlern und Misserfolg usw.,
- kulturelle Blockaden wie Klischeedenken, Drang nach Vernunft und Logik, persönliches Wertesystem usw.,
- Informationsdefizite/Hemmnisse sich zu äußern,
- mangelnde Kooperationsfähigkeit (vgl. Knieß 2006, S. 15 ff.).

Eine hemmende Wirkung haben auch Äußerungen, die als „Killerphrasen" bezeichnet werden, z. B. Begrifflichkeiten wie „Geht nicht!", „Zu teuer!", „Gibt es schon!", „Haben wir noch nie so gemacht!" etc (vgl. Schaude 2000, S. 77).

Wie in Abb. 8.2 zu sehen ist, entstehen 34 % der Ideen am Arbeitsplatz oder auf der Fahrt dorthin und lediglich 1 % mithilfe von Kreativitätstechniken.

Eine mögliche Erklärung hierfür ist, dass nach wie vor vielen Mitarbeitern nicht bekannt ist, wie Kreativitätstechniken wirksam einzusetzen sind (vgl. Backerra et al. 2002, S. 30). Dies wird durch eine empirische Untersuchung von Meyer in über 300 KMU bestätigt. Gleichwohl zeigt sich, dass im Vergleich zu früheren Untersuchungen einfache Methoden wie Brainstorming (bekannteste Methode) öfters eingesetzt werden als komplexere Methoden, die weniger bekannt sind (vgl. Meyer 2001, S. 182 ff.).

Der immer noch seltene Einsatz von Kreativitätstechniken deutet außerdem darauf hin, dass viele Unternehmen die Kreativität ihrer Mitarbeiter nicht aktiv fördern. Hier ist noch einmal auf die Rolle der Führungskraft aufmerksam zu machen, die für ein innovationsförderndes Betriebsklima verantwortlich ist.

KMU-Praxisbeispiel

Kreatives Umfeld bei der easySoft GmbH

Die easySoft GmbH mit Sitz in St. Johann bei Reutlingen bietet Produkte und Dienstleistungen im Bildungsmanagement und in der Personalentwicklung an. Derzeit beschäftigt easySoft 44 Mitarbeiter (vgl. easySoft).

Der Geschäftsführer Andreas Nau bietet seinen Mitarbeitern u. a. die Nutzung von Tischkickern und einer Kletterwand während der Arbeitszeit, frisches, kostenloses Obst und diverse Fitnessprogramme und möchte damit vermeiden, dass seine Arbeitskräfte in einen ermüdeten Arbeitstrott verfallen. Zur Motivation der Belegschaft wurde

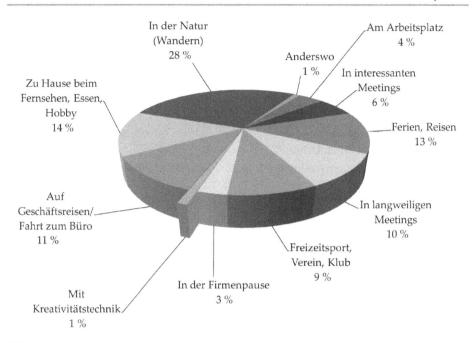

Abb. 8.2 Wo Ideen entstehen (eigene Darstellung in Anlehnung an Fueglistaller et al. 2012, S. 147)

die sogenannte „easySoft-Time" eingeführt: Jeder Mitarbeiter hat an einem Tag im Monat die Möglichkeit, Dinge in Angriff zu nehmen, die fernab aller Routine liegen – die eigenen Arbeitsabläufe zu reflektieren, neue Projekte und Innovationen zu skizzieren und alte Zöpfe abzuschneiden. Dies befreit den Kopf, bringt frische Ideen und verleiht neuen Schwung. Auch gehen positive Rückmeldungen zufriedener Kunden nicht verloren, sondern werden im Intranet als tägliche „Erfolgsgeschichten" publiziert und die verantwortlichen Mitarbeiter namentlich genannt. Beim Erreichen der materiellen Jahresziele erhält das gesamte Team zusätzlich am Jahresende zu gleichen Teilen eine Überschussbeteiligung. Mit der Schaffung eines kreativen Arbeitsumfeldes konnte die easySoft GmbH in den letzten Jahren nicht nur die Mitarbeiterzufriedenheit, sondern auch den Kundennutzen durch neue, innovative Lösungen deutlich steigern (vgl. Interview mit Andreas Nau von easySoft GmbH am 23.10.2014).

8.1.2 Einsatzmöglichkeiten von Kreativitätstechniken

Die Einsatzmöglichkeiten der Kreativitätstechniken sind vielfältig. Um Innovationen in Gang zu setzen, werden diese oftmals in allen Unternehmensbereichen benötigt (vgl. Biermann und Dehr 1997, S. 1). Einige der Methoden können zudem auch zur Entscheidungsfindung angewandt werden (vgl. Fischer und Breisig 2000, S. 63). Im Folgenden wird erläutert, wo Kreativitätstechniken eingesetzt werden können.

Problemanalyse und Problemlösung

Probleme können unterschiedlich bewältigt werden. Bei manchen Problemen ist der Lösungsweg bekannt oder sie lassen sich mit Wissen, Erfahrung oder Fertigkeiten lösen. Bei der Suche nach neuen Lösungen ist die kreative Fähigkeit, Neues zu denken, gefordert (vgl. Nölke 2002, S. 7 ff.).

Das Ausmaß an Kreativität, das für die Lösung eines Problems benötigt wird, hat Einfluss auf die Art und Weise, wie Kreativitätstechniken angewandt werden. Generell ist zu erwähnen, dass die Anwendung der Kreativitätstechniken bei komplexeren Problemlösungsprozessen anspruchsvoller ist, da diese aus mehreren Phasen bestehen. Dadurch ist eine detaillierte Analysephase der Probleme notwendig. Innerhalb der einzelnen Phasen kommen dann geeignete Kreativitätstechniken zum Einsatz (vgl. Schlicksupp 2004, S. 148 ff.).

Um die Komplexität zu reduzieren, ist es sinnvoll, das Problem nicht nur in Phasen zu bearbeiten, sondern auch in Teilprobleme zu zerlegen (vgl. Hungenberg 2010, S. 12 ff.). Für Problemlösungssitzungen bieten sich Kreativworkshops an, die je nach Komplexität des Problems über mehrere Tage andauern können (vgl. Geschka und Lantelme 2005, S. 302). Aus Zeit- und Kostengründen sollten daher komplexere Problemlösungen mithilfe von Kreativitätstechniken in KMU überdacht werden.

Ideengenerierung

Der Schwerpunkt der Kreativitätstechniken liegt in der Ideengenerierung. Jedoch sind die Einsatzbereiche „Problemlösung" und „Ideenfindung" nicht strikt zu trennen, sondern gehen fließend ineinander über.

Es ist wichtig, das interne Potenzial zu erkennen und zielgerecht einzusetzen. Mitarbeiter stellen ein erhebliches kreatives Potenzial eines Unternehmens dar und gehören zu den wichtigsten internen Informations- und Ideenquellen (vgl. Gaubinger et al. 2009, S. 64).

Aufgrund der Nähe zu ihren Kunden sind in KMU deren Bedürfnisse leichter zu erschließen und das Kundenverhalten oftmals leichter zu beobachten. Auch können sich im Gespräch mit dem Kunden – beispielsweise im Beschwerdemanagement – ganz unerwartet Anregungen ergeben. Dies kann gewinnbringend genutzt werden, denn: „Produkt- und Dienstleistungsentwicklung erfolgt am besten mit dem Kunden" (vgl. Bretschneider 2009, S. 58).

Kreativitätstechniken können in Einzelarbeit oder in Gruppenarbeit eingesetzt werden, wobei nicht alle Kreativitätstechniken sich in Einzelarbeit einsetzen lassen. Tabelle 8.2 soll Vor- und Nachteile von Gruppenarbeit aufzeigen. Dieses Wissen lässt sich durchaus bei der Ideenfindung und generell bei allen Innovationstätigkeiten nutzen.

Tab. 8.2 Vor- und Nachteile einer Gruppenarbeit (eigene Darstellung in Anlehnung an Scherer 2009, S. 18; Roth 2011, S. 11; Fischer und Breisig 2000, S. 61 f.)

Vorteile der Gruppenarbeit	Nachteile der Gruppenarbeit
– Das kollektive Wissen einer Gruppe ist größer als das eines Einzelnen (Quantität und Qualität) – Bei Weiterentwicklung von Ideen fällt das Gruppenergebnis besser aus – Risiken werden in einer Gruppe fundierter bewertet – Eine Idee wird besser akzeptiert, wenn die involvierten Personen an der Ideenfindung beteiligt waren – Eine Gruppe deckt ein breiteres Suchfeld ab – Gegenseitige Motivation, Inspiration – Gemeinsame Überwindung typischer Denkblockaden möglich – Erarbeitete Resultate werden auch in der Umsetzung gemeinsam getragen – Lernsituation: Wie nähern sich andere einem Problem? – Solidarisches Einsetzen für entwickelte Idee – Synergieeffekt (Schwächen eines Teilnehmers können durch Stärken der anderen ausgeglichen werden) – Größeres Interesse durch Gruppenmitgliedschaft	– Eine Gruppe benötigt mehr Zeit, um zu einem Ergebnis zu gelangen – Vorgesetzte oder starke Persönlichkeiten können die Gruppe dominieren – Gruppendruck kann ungewöhnliche Denkansätze verhindern – Innovative Ideen können abgeschwächt werden oder in einem Kompromiss versinken – Teilnehmer können sich gehemmt fühlen, Ideen zu äußern – Keine ruhige Entwicklung von Ideen möglich – Kein gezieltes Verfolgen einer persönlichen Strategie/Linie – Soziologische und psychologische Blockaden möglich – Bei der Lösungssuche können nicht eigene Präferenzen gesetzt werden

Die Rolle der Führungskraft

Der Führungskraft kommt beim Einsatz der Kreativitätstechniken eine besondere Rolle zu. Nach Helmut Schlicksupp müssen Führungskräfte Kreativität vorleben und auf ihre Mitarbeiter übertragen (vgl. Schlicksupp 1995, S. 122). Dazu sollte zunächst die Führungskraft Methoden und Techniken beherrschen und die Vorgehensweise sollte bekannt sein.

Um die Kreativität der Mitarbeiter zu wecken bzw. zu steigern, sind kreativitätsfördernde Maßnahmen erforderlich. Beispiele hierfür sind in Abschn. 8.4 in der Tab. 8.5 aufgeführt. Kreativitätsfördernde Maßnahmen entstehen bereits in der Verbesserung des Arbeitsklimas durch das Schaffen einer Atmosphäre, die Mut zu ungewöhnlichem Denken macht. Förderlich ist auch die Überwindung psychologischer und soziologischer Blockaden, die u. a. durch den Abbau von Angst vor Fehlern und Misserfolg dazu beitragen, die Kreativität zu steigern.

Das Führungsverhalten ist für die Änderungsbereitschaft ebenso von Bedeutung. Der in manchen KMU dominierende autoritärere Führungsstil (vgl. dazu Tabelle Charakteristika von KMU in Abschn. 1.4) ist dabei weitestgehend zu vermeiden. Stattdessen sind Führungsmodelle wie Führung durch Aufgabenübertragung (Management by Delegation) oder Führung durch Zielvereinbarung (Management by Objectives) zu bevorzugen.

Durch die Delegation von Entscheidungsfreiheit und Verantwortung an Mitarbeiter wird die Unabhängigkeit gefördert (vgl. Knieß 2006, S. 19 ff.).

Mitarbeiter sind kreativer und motivierter, wenn sie ausreichend Handlungsspielraum und anspruchsvolle Aufgaben haben, wobei hierzu ein ausreichendes Wissen über die Tätigkeit notwendig ist. Dies wiederum setzt eine offene Kommunikation voraus. Hierzu zählt nicht nur der Informationsaustausch oder die Problembesprechung, sondern auch der Ideenaustausch untereinander. Dabei kommt es auch auf das Führungsverhalten an. Nach Sandra Ohly halten Mitarbeiter bei unterstützenden Vorgesetzten, die Ideen schätzen und unabhängig vom Resultat fair behandeln, weniger Ideen zurück (vgl. Ohly 2009, S. 55 ff.).

KMU-Praxisbeispiel

Kreativer Spielraum bei der geobra Brandstätter GmbH & Co. KG

Die geobra Brandstätter GmbH & Co. KG, oft auch als Brandstätter-Gruppe bezeichnet, mit Sitz in Zirndorf beschäftigt heute mehr als 4000 Mitarbeiter weltweit. Angefangen hat alles 1876 mit sechs Mitarbeitern. Heute ist die Brandstätter-Gruppe bekannt für das Playmobil-Spielzeugsortiment.

Horst Brandstätter, heutiger Besitzer der Firma geobra Brandstätter, richtete Anfang der 1970er-Jahre im Zuge ökonomischen Drucks durch die Ölkrise sein Unternehmen neu aus. Unter der Prämisse minimierten Ressourcenaufwands bei höchstmöglichem Spielwert entwickelte der Entwicklungsleiter Hans Beck das erweiterungsfähige Systemspielzeug Playmobil. Das damals noch mittelständische Unternehmen schaffte es durch diese Innovation, innerhalb von nur drei Jahren die Umsätze auf über 100 Mio. DM zu steigern. Bereits wenige Jahre später wurde die komplette Produktpalette auf Playmobil ausgerichtet und prägte die erfolgreiche Zukunft des Unternehmens (vgl. Playmobil).

8.1.3 Kreativitätstechniken für KMU

Es existieren weltweit über 100 Kreativitätstechniken, die zur Ideenfindung eingesetzt werden können, wobei sich die Methoden teilweise nur durch kleinere Abwandlungen unterscheiden (vgl. Knieß 2006, S. 47).

In diesem Kapitel soll eine Auswahl geeigneter Kreativitätstechniken für KMU aufgezeigt werden, die sich im Rahmen einer entsprechenden Eignungsanalyse für KMU als relevant erwiesen haben. Ausgangspunkt dieser Analyse bilden eigene Erfahrungen und verschiedene Literaturhinweise wie bspw. „Die Hauptmethoden der Ideenfindung" (vgl. Schlicksupp 2004, S. 59), „Die wichtigsten Verfahren zur Ideenproduktion" (vgl. Bruhn 2012, S. 133), „Die acht erprobtesten Techniken" (vgl. Roth 2011, S. 7) und „Die bekanntesten Kreativitätstechniken" (vgl. Geschka und Lantelme 2005, S. 296).

Für die Gegenüberstellung wurden drei Kriterien festgelegt: Schwierigkeitsgrad, Zeitaufwand und Materialaufwand. Außerdem wurden Techniken mit hohem Kostenaufwand und externen Teilnehmern von der Betrachtung ausgeschlossen. Die Teilnehmerzahl war dabei kein Kriterium, da die Anzahl der teilnehmenden Personen von der eingesetzten Kreativitätstechnik abhängig und begrenzt ist. Auffällig bei dieser Analyse war, dass einige Techniken bei gleicher Vorgehensweise unter verschiedenen Namen bekannt sind (z. B. Sechs-Hüte-Methode und Hutwechsel-Methode) (vgl. Winkelhofer 2006, S. 96 f.).

Bei wenig Erfahrung mit Kreativitätstechniken empfiehlt es sich, mit Techniken wie dem Brainstorming, der 635-Methode oder der Reizwortanalyse zu beginnen (vgl. Backerra et al. 2002, S. 52). Je häufiger Kreativitätstechniken angewandt werden, desto qualitativer werden die erzielten Ergebnisse. Die regelmäßige Anwendung dieser Techniken fördert die Entwicklung der kreativen Denkfähigkeit und kann so, im positiven Sinn, zur Routine werden (vgl. Schlicksupp 2004, S. 100).

Brainstorming

Brainstorming ist eine Methode des schöpferischen Denkens und zur Lösungsfindung nahezu aller Problemarten einsetzbar. Zur Lösung des Problems wird das Wissen mehrerer Personen genutzt, sodass hier Synergieeffekte entstehen.

Begonnen wird mit der Problemanalyse, aus der eine Fragestellung abgeleitet wird. Denkpsychologische Blockaden werden abgeschaltet und das Unterbewusstsein wird aktiviert, damit sich Fantasien frei entwickeln können. Nach einer ersten Sammlung wird das „Rohprotokoll" gemeinsam überarbeitet, Ideen werden konkretisiert und unrealistische Ideen aussortiert. Mit der Umsetzung wird die Gruppenarbeit beendet.

Optimal sind fünf bis sieben Teilnehmer mit unterschiedlichen Kenntnissen und Erfahrungen. Zur Einhaltung von Rahmenbedingungen und Sicherstellung, dass nicht über das Thema hinaus gearbeitet wird, ist ein Moderator hilfreich. An einer Sitzung sollten möglichst keine Vorgesetzten teilnehmen, da diese den freien Lauf der Ideen, bewusst oder unbewusst, beeinflussen oder gar blockieren können.

635-Methode

Bei der 635-Methode werden Ideen anderer Teilnehmer aufgegriffen und weiterentwickelt. Dies führt zu einer Verbesserung der Ideenqualität. Der Einsatzbereich ist nahezu uneingeschränkt und besonders geeignet für klar abgegrenzte Fragestellungen. Das Synergiepotenzial ist besonders hoch, da der Schwerpunkt bei der Weiterentwicklung anderer Ideen liegt.

Begonnen wird damit, dass sechs Personen auf Formularen mit drei Spalten und sechs Zeilen innerhalb von fünf Minuten Ideen zum gesuchten Problem notieren (daher 635-Methode). Danach werden die Formulare im Uhrzeigersinn weitergereicht. In jeweils fünf Minuten ergänzt jeder die Vorgängeridee bzw. variiert diese. Nach 30 Minuten ist der Durchgang abgeschlossen und die Ideen können von den Teilnehmern gemeinsam bewertet werden, wodurch eine Reduktion auf die am besten geeigneten Ideen vorgenommen werden kann.

Die (Soll-)Teilnehmerzahl dieser Methode liegt bei sechs Teilnehmern. Sie lässt sich in modifizierter Form jedoch auch mit fünf oder sieben durchführen.

Mindmapping

Mindmapping aktiviert das bildlich-räumliche Denkvermögen und ermöglicht somit eine neue Sichtweise einer Problemstellung. Das Thema wird in einer Struktur abgebildet und kann beliebig neu strukturiert werden. Wesentliche Punkte werden herausgearbeitet, neue Verbindungen hergestellt und Nebenaspekte beleuchtet. Die Struktur bleibt dabei offen und kann somit jederzeit ergänzt werden.

Als Arbeitsmaterialien werden nur ein großer Bogen Papier und verschiedenfarbige Stifte benötigt. Der zentrale Begriff wird in die Blattmitte geschrieben und neue Ideen bilden Wege und Assoziationsketten, die strahlenförmig um den Ausgangsgedanken in der Mitte angeordnet werden und sich ausbreiten. Hierdurch werden Zusammenhänge ersichtlich, die mit anderen diskutiert und priorisiert werden können.

Mindmapping erfolgt in der Regel als Einzelarbeit, es kann aber auch in einer kleinen Gruppe, z. B. an einem Flipchart, entwickelt werden.

Denkhüte nach de Bono (Six Thinking Hats)

Eine weitere Möglichkeit, die zur Verbesserung von Besprechungen und zur Strukturierung von Denkvorgängen dient, ist die Sechs-Hüte-Methode (vgl. Novak 2001, S. 40). Bei dieser Methode werden Hüte eingesetzt, wobei jeder Hut eine andere Farbe besitzt, die jeweils für eine bestimmte Rolle steht:

- Weiß: Analytisches Denken – Konzentration auf Tatsachen und Anforderungen, erreichen von Zielen
- Rot: Emotionales Denken und Empfinden – Konzentration auf Gefühle und Meinungen, harmoniebedürftig
- Schwarz: Kritisches Denken – Sorge um die Zukunft, ängstlich, sucht Probleme und negative Aspekte
- Gelb: Optimistisches Denken – Was ist das Best-Case-Szenario? Gegenpol zum schwarzen Hut
- Grün: Kreatives, innovatives und unkonventionelles Denken – neue Ideen, Kreativität, Praxis steht im Vordergrund
- Blau: Ordnendes, moderierendes Denken – bewahrt Überblick über die Prozesse und versteht sich als Moderator (vgl. Sechs-Hüte-Methode, Rollenverteilung)

Die Teilnehmer nehmen abwechselnd alle zuvor genannten Rollen ein, argumentieren und äußern ihre Ideen entsprechend der jeweiligen Rolle. Dadurch setzt ein paralleles Denken ein, bei dem Konflikte dadurch vermieden werden, dass jeder Teilnehmer jede Rolle einnimmt und trotzdem alle Positionen berücksichtigt werden.

Denkstühle

Eine weitere Möglichkeit ist die Walt-Disney-Methode der Denkstühle. Diese Technik besteht, bei gleicher Vorgehensweise wie bei der Sechs-Hüte-Methode, aus drei Rollen:

- Der Träumer: denkt in Bildern, subjektiv orientiert und enthusiastisch, ist offen für Visionen anderer und lässt sich nicht durch Regeln einschränken.
- Der Realisierer: nimmt einen pragmatisch-praktischen Standpunkt ein, überlegt, was zu tun ist und was dafür benötigt wird. Er probiert die Ideen des Träumers aus, bevor sie kritisiert werden.
- Der Kritiker: fordert heraus und prüft Vorgaben der anderen, Ziel ist konstruktive und positive Kritik, fragt, was übersehen wurde und wo die Risiken liegen (vgl. Walt-Disney-Methode, Die Methode).

Durch Hineinversetzen in eine Situation, Person oder Rolle wird ein Problem aus unterschiedlichen Perspektiven durchdacht. Dadurch entstehen ein spielerischer Umgang mit Ideen und eine Erweiterung des Ideenradius durch Projektion auf bestimmte Rollen oder Standpunkte.

Sowohl die Methode der Denkhüte als auch die der Denkstühle bieten folgenden Nutzen:

- Schaffen von Distanz zum Problem,
- Erfassen mehrerer Perspektiven,
- Lösen von Spannungen, Verhindern von Positionskämpfen und Konfrontationen durch Anonymität,
- hohe Akzeptanz des Ergebnisses (vgl. Schawel und Billing 2011, S. 200 f.).

Es existieren noch viele weitere Techniken, die in der einschlägigen Literatur ausführlich vorgestellt und behandelt werden, an dieser Stelle aber über den Rahmen des Buches hinausgehen würden.

Als ein wichtiges Thema in Bezug auf Kreativitätssitzungen sei abschließend noch auf die Mitschrift hingewiesen. Diese ist ein wesentliches Element für die erfolgreiche Sammlung von Ideen. Ungeschicktes oder fehlendes Protokollieren kann sich sowohl auf die Motivation der Teilnehmer als auch auf die Bewertung der Ideen negativ auswirken. Daher gilt es, folgende Punkte zu beachten:

- Das Protokoll ist öffentlich zu führen, alle Ideen sollen am Flipchart mitgeschrieben, in Form von Karten sichtbar gemacht oder mit Laptop und Beamer visualisiert werden.
- Durch Verkürzung oder durch falsche Interpretation der Ideen können sich Fehler einschleichen. Daher sollte bei Niederschrift eine Zustimmung zur Formulierung durch den Ideengeber erfolgen.
- Bei der Zusammenfassung zu einem Oberbegriff besteht die Gefahr, dass originelle Ideen verloren gehen. Die konkrete Ideenkennzeichnung darf durch eine stichwortartige Protokollierung nicht leiden.
- Es müssen alle Ideen mitgeschrieben werden, es darf keine Filterung oder Bewertung durch den Protokollanten bzw. Moderator erfolgen (vgl. Geschka und General 2006, S. 411).

8.2   Wissensmanagement – Instrumente und Maßnahmen

Wissen ist die Kenntnis und Fähigkeit einer Person zur Lösung von Problemen (vgl. Gabler Wirtschaftslexikon, Wissen). Wissen entsteht durch die Verknüpfung von allgemein zur Verfügung stehenden Informationen und Daten (vgl. Mertins und Seidel 2009, S. 11). Diese Fähigkeit oder Kompetenz ist von den Erfahrungen, Erwartungen und der Bildung einer Person abhängig (vgl. North 2011, S. 37 ff.). Aus den gleichen Grundinformationen kann so unterschiedliches Wissen entstehen (vgl. Jacob 2012, S. 32).

Damit durch Wissen Probleme gelöst werden können, ist ein hinreichendes Maß an Können, Dürfen und Wollen erforderlich: Für ein Unternehmen zeigt sich der Wert des Wissens der einzelnen Mitarbeiter erst, wenn dieses in Handlungen umgesetzt wird (Können). Dafür muss der Mitarbeiter einerseits den nötigen Freiraum erhalten (Dürfen) und andererseits die Motivation (Wollen) mitbringen, um Wissen anzuwenden. Wettbewerbsvorteile aus dem vorhandenen Wissen im Unternehmen zu generieren, ist das Managementziel einer wissensorientierten Unternehmensführung (vgl. North 2011, S. 35 ff.). Dies kann sehr anspruchsvoll sein. Je nach Fragestellung sind zahlreiche Aspekte aus den Bereichen Technik, Kultur, Recht etc. zu berücksichtigen (vgl. Mertins und Seidel 2009, S. 9).

Hier ist das Wissensmanagement (WM) hilfreich: Als Wissensmanagement werden alle Tätigkeiten bezeichnet, die einen optimalen und systematischen Umgang mit der Ressource Wissen zum Ziel haben, bspw. um Kosten und Zeit einzusparen, die Qualität zu steigern oder einen Wettbewerbsvorteil, bspw. durch Innovationen, zu erlangen.

Obwohl das Wissensmanagement oftmals als eine Führungsaufgabe angesehen wird, findet es im Unternehmen auf verschiedenen Ebenen statt. Der einfache Arbeiter, der über Wissen im Bereich der Produktion verfügt, wird davon ebenso berührt wie die Unternehmensleitung (vgl. Jacob 2012, S. 77 ff.).

In der Praxis wird das Wissensmanagement in Unternehmen unterschiedlich gelebt. Einige Unternehmen sehen das Wissensmanagement als Wissenstransfer innerhalb des Unternehmens oder als Wissenstransfer in das Unternehmen hinein. Andere Unternehmen verankern das Wissensmanagement in Forschung und Entwicklung. Wiederum andere sehen das Wissensmanagement unter dem Aspekt des Managements des intellektuellen Kapitals (vgl. North 2011, S. 177). Fakt ist, dass durch ein zielgerichtetes Wissensmanagement Wettbewerbsvorteile im Unternehmen erlangt werden können.

Hat ein Unternehmen gegenüber seinen Wettbewerbern Vorsprünge in Form von Wissen und Informationen, können Marktchancen eher erkannt und genutzt werden. So kann das Unternehmen sich durch Innovationen erfolgreich von anderen Unternehmen abgrenzen und Kunden gewinnen. Aufgrund der hohen Marktdynamik können diese Wettbewerbsvorteile jedoch auch wieder verloren gehen oder sogar neue Informations- und Wissensvorsprünge aufseiten der Konkurrenz entstehen lassen. Dauerhaftes Ziel sollte es daher sein, schneller als die Wettbewerber zu agieren. Anhaltende Differenzierung bzw. Einzigartigkeit der Leistungen und damit einhergehende Wettbewerbsvorteile können Unternehmen langfristig von Wettbewerbern abheben (vgl. North 2011, S. 62).

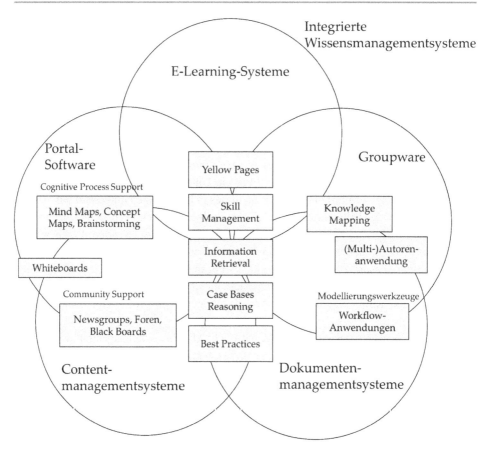

Abb. 8.3 Tools für Wissensmanagementsysteme (eigene Darstellung in Anlehnung an North 2011, S. 316)

Die Kunst besteht aber nicht darin zu erkennen, dass Wissensmanagement wichtig ist, sondern darin, dieses im Unternehmen konsequent umzusetzen.

Eine traditionelle Facette des Wissensmanagements sind inner- oder außerbetriebliche Weiterbildungsprogramme. Hierdurch entstehen Wissensvorsprünge, die z. B. in einer gesteigerten Innovationsfähigkeit resultieren (vgl. Welge und Al-Laham 2012, S. 103 f.).

Für ein effizientes Wissensmanagement bietet die Informations- und Kommunikationstechnik inzwischen eine Reihe von Möglichkeiten. Informationen können so besonders leicht innerbetrieblich gespeichert, bereitgestellt und verteilt werden. Dadurch können diese an unterschiedlichen Stellen des Unternehmens abgerufen und in Wissen transferiert werden (vgl. North 2011, S. 39). Abbildung 8.3 zeigt verschiedene IT-Systeme zur Unterstützung des Wissensmanagements im Unternehmen.

Es existieren zahlreiche Systeme wie Eurospider, Knowledge Base, Infonea, die für KMU geeignet sind, jedoch sind häufig keine teuren Dokumentenmanagementsysteme

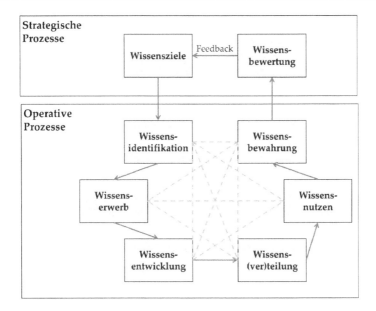

Abb. 8.4 Bausteine des Wissensmanagements nach dem Bausteinmodell (eigene Darstellung in Anlehnung an North 2011, S. 185)

notwendig. Stattdessen können vorhandene IT-Systeme angepasst oder kostenfreie Möglichkeiten, wie bspw. Wikis, genutzt werden.

8.2.1 Bausteine des Wissensmanagements

Modelle des Wissensmanagements gibt es viele, das Bekannteste unter ihnen ist das sog. Bausteinmodell. Es wurde von Probst, Raub und Romhardt gemeinsam mit den Unternehmen der Geneva Knowledge Group entwickelt und basiert auf dem klassischen Managementprozess: (vgl. North 2011, S. 184)

Das Modell besteht, wie in Abb. 8.4 dargestellt, aus einem äußeren Kreislauf (strategische Steuerungsaufgaben) und einem inneren Kreislauf (operative Aufgaben) (vgl. Jacob 2012, S. 77), der die Kernprozesse des Wissensmanagements in sechs Bausteinen darstellt (vgl. Warta 2011, S. 34). Die Bausteine des inneren Kreislaufs müssen nicht in der vorgegebenen Reihenfolge genutzt werden. Sie stellen die Vorgänge dar, die zur Erreichung der Ziele im Wissensmanagement notwendig sind:

- Wissensidentifikation: Ziel ist es, Transparenz über das vorhandene Wissen im Unternehmen zu schaffen.
- Wissenserwerb: Der Wissenserwerb bezeichnet den externen Einkauf von Wissen und beinhaltet Beziehungen zu Kunden, Lieferanten, Konkurrenten, Partnern in Allian-

zen oder neuen Mitarbeitern. Durch den Wissenserwerb können Kompetenzen oftmals schneller erlangt werden, als es durch die eigene Entwicklung geschehen kann.

- Wissensentwicklung: Ziel ist das Erlangen neuer Fähigkeiten, Produkte, Ideen und leistungsfähigerer Prozesse. Die Wissensentwicklung basiert im Gegensatz zum Erwerb auf bereits vorhandenem Wissen.

- Wissensverteilung: Ziel ist, das richtige Wissen zum richtigen Zeitpunkt am richtigen Ort bereitzustellen, sodass vorhandenes Wissen nicht nutzlos wird. Die Wissensverteilung ist daher eine notwendige Voraussetzung für ein erfolgreiches Wissensmanagement. Da in Unternehmen nicht jeder jede Information erhalten darf, muss der Prozess vorsichtig gestaltet werden. Auch muss berücksichtigt werden, dass zu viel bzw. fehlplatziertes Wissen Ressourcen verschwendet und kontraproduktiv wirken kann, da die Mitarbeiter möglicherweise eher überfordert werden, als dass ihnen ein Nutzen entsteht.

- Wissensnutzung: Ziel ist der produktive Einsatz von Wissen. Dies ist der zentrale Punkt im Bausteinmodell, da alle anderen Bausteine die Nutzung nicht garantieren. Die Mitarbeiter müssen hierfür die Einstellung haben, ihr Wissen zu teilen sowie das Wissen anderer Mitarbeiter zu nutzen.

- Wissensbewahrung: Ziel ist hier, einen Wissensverlust zu vermeiden, bspw. als Folge von Umstrukturierungen im Unternehmen. Dabei sind vier Grundprozesse essenziell: das Selektieren (d. h. zukünftig relevantes Wissen herausfiltern), das Speichern (durch moderne Medien, aber auch in den Köpfen der Mitarbeiter), das Aktualisieren und das Schützen von vorhandenem Wissen. Es sollte dabei nie nur ein einzelner Mitarbeiter über wertvolles Wissen verfügen, da bei seinem Ausscheiden dieses ansonsten unwiderruflich verloren gehen würde. In der Praxis wird dieser Baustein oft vernachlässigt. Lösungsbeispiele hierfür werden an späterer Stelle weiter aufgeführt. Zudem hat insbesondere die Verhinderung des Zugriffs Dritter auf unternehmensinterne Daten durch Datenspionage in den letzten Jahren zunehmend an Bedeutung gewonnen. Spätestens seit dem NSA-Überwachungsskandal aus dem Jahr 2013 und den auch für Fachleute erstaunlichen „Erfolgen" von Hackern ist diese Gefahr auch auf Managementebene präsent und fordert die Unternehmen dazu heraus, Sicherheitsstandards und -richtlinien zu überdenken und anzupassen (vgl. Müller 2014, S. 378.

- Wissensbewertung: Ziel ist es, Methoden zur Messung von normativen, strategischen und operativen Wissenszielen zu erstellen, damit der Erfolg des Wissensmanagements beurteilt werden kann. Hierfür kann bspw. eine Wissensbilanz verwendet oder Wissenscontrolling eingeführt werden (vgl. Abschn. 8.2.3) (vgl. Jacob 2012, S. 76 ff.)

- Weitere Informationen zu IT-Sicherheit sind beim Bundeskriminalamt und dem BMWi erhältlich).

KMU-Praxisbeispiel

Datensicherheit bei der Picotronic GmbH

Die Picotronic GmbH, mit Sitz in Koblenz, ist ein Unternehmen aus dem Bereich der Lasertechnik, welches sich auf die Produktion von Lasermodulen und -baugruppen,

Nachtsichtgeräten sowie 3D-Scanning spezialisiert hat. Gegründet wurde das Unternehmen 2005 mit zunächst drei Mitarbeitern. Durch ein stetiges, stufenweises Wachstum ist die Anzahl der Mitarbeiter innerhalb von nun neun Jahren auf momentan 35 Angestellte angestiegen. Neben dem Hauptsitz in Koblenz verfügt das Unternehmen über weitere Standorte in Braunschweig, Köln, Ochsenfurt und Stuttgart.

Picotronic vertreibt ihre Produkte weltweit in Zusammenarbeit mit Vertriebspartnern in über 60 Ländern. Ziel der Picotronic GmbH ist es, „kundenspezifisch angepasste Lasermodule ab dem ersten Stück ohne Mehrkosten anbieten zu können". Dieses Ziel ist nur aufgrund des hohen Automatisierungsgrades und der damit einhergehenden ständigen Systempflege und Optimierung der Prozessketten zu erreichen. Durch diese Prozessnähe ergibt sich für die Picotronic GmbH ein Wettbewerbsvorteil in Form eines mehr als konkurrenzfähigen Preis-Leistungs-Verhältnisses.

Aufgrund des hohen Automatisierungsgrades und der Vielzahl an individuellen Produkten ergibt sich eine hohe Anforderung an IT-Infrastruktur. Daraus resultiert eine hohe Anzahl an Servern und Diensten. Für die Umsetzung der Unternehmensprozesse muss eine dauerhafte Verfügbarkeit gewährleistet werden. Die Daten- und IT-Sicherheit ist für die Picotronic GmbH existenziell wichtig.

Die Sicherheitsmaßnahmen lassen sich in technische und organisatorische Sicherheitsvorkehrungen unterteilen: (vgl. Interview mit David Heckner und Jonas Mitschang von der Picotronic GmbH am 14.10.2014)

Technische Sicherheitsvorkehrungen

- Kontinuierliche Kameraüberwachung des Firmengeländes und der Geschäfts- bzw. Produktionsräume.
- Transpondergesicherte Schließanlage, die neben den Eingangstüren auch die Bürotüren sichert und Zugänge protokolliert.
- Notstromaggregate fahren alle Server im Falle eines Stromausfalls ordentlich, ohne Datenverlust, herunter.
- Eine mehrschichtige Firewall trennt öffentlich erreichbare und interne Dienste und schützt die Server vor Angriffen (Demilitarized Zone).
- Eine Alarmanlage ergänzt den mechanischen Schutz und meldet Einbrüche und technische Alarme (z. B. Brand) an einen Sicherheitsdienst.
- Das Netzwerk wird auf mehreren Schichten überwacht. Nicht registrierte Geräte können so auf der Sicherungsschicht (OSI-Modell) identifiziert werden. Der Datenverkehr wird verhindert und der Administrator wird benachrichtigt. Auf höheren Schichten (3–7) wird der Traffic analysiert und der Client bei verdächtigem Verhalten (z. B. Portscans, Brute-Force-Attacke, DOS-Attacks) gesperrt.
- Nicht registrierte Netzwerkgeräte, die in das Unternehmensnetzwerk eingreifen, lösen automatisch Alarm aus.
- Alle Daten werden auf mehreren unabhängigen Servern verschlüsselt redundant gespeichert und regelmäßig auf Festplatten gesichert, die in einem physikalisch getrennt aufgestellten Tresor eingeschlossen werden.

- Als Hauptbetriebssystem der Server und Rechner wird Linux verwendet. Dieses bietet dem Nutzer den höchsten Sicherheitsstandard, da Sicherheitslücken umgehend nach dem Bekanntwerden behoben werden (Open-Source-Software). Die Abhängigkeit von externen Softwareunternehmen wird reduziert und die Vertraulichkeit, Integrität und Verfügbarkeit der Daten kann gewährleistet werden.

Organisatorische Sicherheitsvorkehrungen

- Regelmäßige Mitarbeiterschulungen und Kontrollen.
- Räume werden ihrem Schutzniveau entsprechend gesichert. Nur berechtigte Mitarbeiter erhalten Zugang zu den entsprechenden Bereichen.
- Mitarbeiter erhalten nur auf die benötigten Daten Zugriff.
- Gäste werden von den jeweiligen Mitarbeitern direkt zu den Gesprächspartnern begleitet und können sich nicht frei im Gebäude bewegen.
- Mitarbeiter müssen bei Verlassen des Arbeitsplatzes den Computer sperren.
- Klare Regelung zum Umgang mit externen Datenspeichern (z. B. Verschlüsselung). Freigabe von Software durch IT-Administration.
- Softwareaktualität wird automatisch überwacht. Updates werden zentral eingespielt.

KMU-Praxisbeispiel

Wissensmanagement bei der Akotherm GmbH

Das in Bendorf, Rheinland-Pfalz, ansässige Unternehmen entwickelt und produziert seit ca. 50 Jahren mit derzeit etwa 80 Mitarbeitern Aluminium-Profilsysteme für Fenster, Türen, Fassaden und Wintergärten. Das Unternehmen war 2011 Preisträger des Innovationspreises Rheinland-Pfalz in der Kategorie „Unternehmen", 2013 Preisträger des großen Preises des Mittelstands.

Durch den engen Dialog mit den über 400 nationalen und internationalen festen Systempartnern ist Akotherm in der Lage, schnell auf die aktuellen Marktbedürfnisse zu reagieren und entsprechende Innovationen den Kundenwünschen anzupassen. Maßgebliches, relevantes Wissen für die vielen Produktinnovationen der vergangenen Jahre ist im Entwicklungsbereich konzentriert. Hier hat Akotherm 2012 bis 2013 für die Produktentwickler und Konstrukteure eine elektronische Wissensbasis geschaffen, die langjährige Erfahrungen mit zahlreichen Produktentwicklungen sammelt, aufbereitet und für Neuentwicklungen bereitstellt (vgl. Akotherm).

KMU-Praxisbeispiel

Wissensbasis bei der Bikoma GmbH

Die Bikoma GmbH in Mayen/Eifel ist seit 1961 Hersteller von Spezialmaschinen für die Hygiene- und Papierindustrie. Mit ca. 70 Mitarbeitern sind immer wieder komplexe produkt- und materialspezifische Besonderheiten bei der Entwicklung modernster Sondermaschinen zu berücksichtigen.

Hier ist relevantes Wissen über Werkzeug-/Werkstoffkombinationen über lange Jahre projektbezogen generiert worden. Dies wird seit 2012 in einem Wissensportal auf Microsoft SharePoint-Basis direkt von den Monteuren oder der Versuchsabteilung gespeichert, sodass die Entwickler neuer Produkte auch Jahre später auf entsprechende positive wie negative Erkenntnisse zurückgreifen können (vgl. Bikoma).

8.2.2 Typische Anwendungsfälle im Wissensmanagement

Die Vielfältigkeit der mittelständischen Unternehmen bringt eine große Bandbreite an Fragestellungen bzw. Anwendungsfällen im Umgang mit Wissen mit sich. Trotz unterschiedlicher Anforderungen an das Wissensmanagement treten einige Probleme von KMU unabhängig von Branche und Größe des Unternehmens auf.

KMU haben häufig das Problem, dass das Fachwissen an wenige Experten gebunden und das Unternehmen so in gewisser Weise von diesen Mitarbeitern abhängig ist (vgl. North 2011, S. 212 ff.). Durch den Aufbau von Anreizsystemen und die Eröffnung von neuen Karrierewegen kann das Abwandern von qualifizierten Mitarbeitern jedoch oftmals verhindert werden. Scheiden Mitarbeiter aus, darf ihr Wissen nicht verloren gehen und es müssen Maßnahmen zur Sicherung ergriffen werden. Dafür eignen sich Modelle wie die gleitende Übergabe. Hier wird ein neuer Mitarbeiter vom ausscheidenden Mitarbeiter eingearbeitet. Auch Mitarbeiter-Coachings oder die Bindung dieser Mitarbeiter als Berater oder Trainer stellen eine mögliche Lösung dar. Doch dort, wo die Gefahr des Wissensverlustes besteht, gibt es auch die Möglichkeit des Wissenszuwachses, denn ein Ausscheiden von Mitarbeitern führt zum Eintritt neuer Mitarbeiter – und damit neuen Wissens – in das Unternehmen. Hier fehlt es jedoch häufig an einer Strategie, das Wissen neuer Mitarbeiter effektiv in das Unternehmen einzubringen (vgl. Mertins und Seidel 2009, S. 9).

Gutes Wissensmanagement kann auch einem der essenziellsten Herausforderungen von KMU begegnen: der Generationennachfolge. Häufig stellt dies mittelständische Unternehmen vor existenzielle Fragen. Durch das Wissensmanagement kann der Abfluss des Wissens des Übergebers eingedämmt werden.

Eine weitere Fragestellung bildet das Problem der Verzeichnisstruktur. Mitarbeiter verbringen einen Großteil ihrer Arbeitszeit mit der Informationssuche (vgl. Mertins und Seidel 2009, S. 69 ff.). Zwar kann diese durch Dokumentenmanagementsysteme oder Enterprise-Information-Portale[1] verringert werden, jedoch bergen diese Systeme z. T. hohe Kosten für den Integrationsaufwand, Lizenzen, Wartung und Beratung. Stattdessen können KMU durch eine Vereinheitlichung der bestehenden Ordner- bzw. Verzeichnisstrukturen und Benennungsregeln für Dateien diesem Problem kostengünstig begegnen. Der Dateiname sollte mit dem höchsten Informationsgehalt beginnen und bestimmte Me-

---

[1] Enterprise-Information-Portale sind Suchmaschinen, ähnlich wie Google oder Yahoo, durchsuchen aber nicht das Internet, sondern die unternehmensinternen Informationen.

Abb. 8.5 Standardisierte Dateibenennung und Verzeichnisstruktur bei Terrawatt (eigene Darstellung in Anlehnung an Mertins und Seidel 2009, S. 253 ff.)

tadaten, wie Inhalt, Autor, Bezug oder Aktualität, enthalten. Wichtige Dateien können mit einer Ordnungsnummer beginnen.

KMU-Praxisbeispiel

Dateibenennung bei Terrawatt Planungsgesellschaft mbH

Die Terrawatt Planungsgesellschaft mbH in Grimma, welche 14 Mitarbeiter beschäftigt, plant, berät und errichtet Anlagen zur Nutzung regenerativer Energien (vgl. Terrawatt Planungs GmbH, Unternehmen).

Terrawatt standardisierte die Dateibenennung für interne und externe Dateien durch Kurzbeschreibung des Inhalts, (z. B. BR = Brief, RE = Rechnung), Ersteller und Erstellungsdatum. Dies forderte auch eine Vereinheitlichung der Grundstruktur der Dateiablage. Details sind in Abb. 8.5 zu finden.

Unternehmen mit großem Projektwissen und hoher Innovationsfähigkeit befinden sich meist in dynamischen Märkten, wie z. B. der Internetbranche. Die schnelle Reaktions- und Innovationsfähigkeit sind für diese Unternehmen entscheidende Wettbewerbsfaktoren. Hierdurch können aber auch Nachteile entstehen: durch schnelle Expansion und Reorganisation sind Wissensbestände nicht immer transparent und Wissenslücken können entstehen (vgl. North 2011, S. 218 f.).

Zudem wird das in Projekten erworbene Wissen häufig nicht gesichert und kann daher nicht weiter genutzt werden. Dies führt zu Doppelarbeiten, Wiederholungsfehlern, Ineffizienzen und Zeitverlusten. Workshops zur Erfahrungssicherung dienen dazu, den Erfahrungstransfer zu verbessern. Dabei werden Erfahrungen aufgearbeitet und zukünftigen Projekten zur Verfügung gestellt (vgl. Mertins und Seidel 2009, S. 61). Die Einführung von Projektdatenbanken und Projektmanagementsoftware binden das durch Erfahrung erlangte Wissen.

Unternehmen, die ihre Produkte nach Kundenvorgaben fertigen, zeichnen sich durch ihre Geschäftsprozessorientierung aus. Sie richten ihre Produktforschung und -entwicklung auf ihre Kunden aus. Hierbei ist es notwendig, einen Pool an relevantem Wissen über die Produktionsanlagen, -prozesse sowie Instandhaltungsarbeiten aufzubauen, da mögliche Ausfälle von Maschinen die größte Bedrohung darstellen. Fehlendes Wissen führt zu erhöhten Reparatur- und Instandhaltungskosten, aber auch zu höheren Durchlaufzeiten und zu qualitativ minderwertigen Produkten. Dokumentationen zur Instandhaltung der Maschinen, bspw. in Datenbanken oder Wartungsplänen, sind hier eine naheliegende Lösung.

Unternehmen, für welche die Kundenbetreuung der entscheidende Wettbewerbsfaktor ist, sind bspw. Finanzdienstleister, Architekturbüros, Internet- & Telekommunikationsdienstleister oder Wartungsdienstleister. Das Lernen aus Beschwerden und Reklamationen ist für diese Unternehmen essenziell. Wissensprobleme bestehen hier aufgrund einer mangelnden Aufarbeitung und Verwertung dieser Daten, da ein Zugriff auf diese Daten meist nicht systematisiert ist und die Wünsche und Probleme der Kunden oftmals nicht an die zuständigen Abteilungen weitergeleitet werden. Auch die Neugewinnung und Aktualisierung von Kunden- und Branchenwissen stellt KMU vor neue Herausforderungen. Ein Lösungsansatz kann bspw. die Einrichtung einer Servicestelle sein, die Serviceleistungen, Erfahrungswissen und Wissen aus Konstruktionen dokumentiert und Kunden einen qualifizierten After-Sales-Service bietet.

8.2.3 Wissensbilanz und Wissenscontrolling

Zur Ermittlung des Marktwertes eines Unternehmens sollte neben dem Finanzkapital auch das intellektuelle Kapital berücksichtigt werden. Das intellektuelle Kapital gliedert sich in Humankapital (z. B. Kompetenzen, Motivationen und Wertvorstellungen des Mitarbeiters), Organisations- und Strukturkapital (welches die Prozesse und Strukturen umfasst, die zur Wertschöpfung und Absicherung der Wettbewerbsfähigkeit notwendig sind) (vgl. North 2011, S. 55) sowie das Beziehungskapital (Beziehungen zu Externen, die in der Geschäftstätigkeit genutzt werden können).

Die Bewertung des intellektuellen Kapitals sowie Maßnahmen zu dessen Entwicklung können in einer sog. Wissensbilanz verzeichnet werden. Diese bewertet ferner den Wertschöpfungsbeitrag von immateriellen Ressourcen und die Auswirkung von Wissen auf den Geschäftserfolg. So ermöglicht die Wissensbilanz eine Übersicht darüber, welchen Beitrag das Wissensmanagement tatsächlich zum Unternehmenserfolg leistet (vgl. Mertins und Seidel 2009, S. 91 ff.). Der Zusammenhang lässt sich anhand Abb. 8.6 verdeutlichen.

Wissen zu bewerten ist jedoch nicht einfach. Denkbar wäre eine Messung nach den Faktoren Knappheit und Wertschöpfungspotenzial. Naheliegend ist jedoch, Wissen nach den Kosten zu bewerten, die erbracht werden mussten, um das Wissen zu erwerben. Inter-

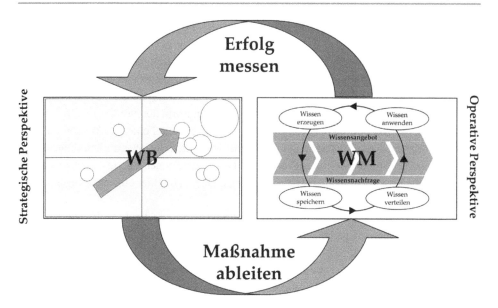

Abb. 8.6 Zusammenspiel von Wissensbilanz und Wissensmanagement (eigene Darstellung in Anlehnung an Mertins und Seidel 2009, S. 92)

ne Kosten, wie z. B. Ausbildungskosten, sind jedoch schwer zu erfassen und mit dem Problem verbunden, dass das Wissen aufgrund ineffizienter Aus- und Weiterbildungsmaßnahmen differieren kann. Darüber hinaus besteht das Problem, dass Wissen schnell veraltet und nicht mehr dem aktuellen Stand entspricht (vgl. North 2011, S. 57 ff.).

Durch die Wissensbilanzierung kann das Unternehmen zum einen nach außen, bspw. für Kapitalgeber oder Kunden, den wahren Unternehmenswert zeigen, zum anderen aber auch nach innen, z. B. für die eigene Belegschaft, einen Zusammenhang zwischen dem eigenen Wissen und dem Geschäftserfolg darstellen.

Da eine Wissensbilanz insbesondere der Unternehmensleitung die Möglichkeit gibt, einen Zusammenhang zwischen der Wissensentwicklung und dem Unternehmenserfolg herzustellen, sollten wissensorientierte Kennzahlen im Unternehmenscontrolling etabliert werden. So wird eine systematische Steuerung von immateriellem Wertetreiben möglich und es entsteht eine fundierte Entscheidungsgrundlage (vgl. Mertins und Seidel 2009, S. 93). Auch die Innovationsfähigkeit des Unternehmens kann als eine Kennzahl im Wissenscontrolling fungieren. Dabei lässt sich bspw. das Verhältnis von Innovationen zu Mitarbeitern oder Ideen zu tatsächlich durchgeführten Innovationen betrachten.

ID	Name	Quantität		Qualität		Systematik	
HK-1	Fachkompetenz	90 %	☺	80 %	☺	90 %	☺
HK-2	Führungskompetenz	90 %	☺	80 %	☺	80 %	☺
HK-3	Soziale Kompetenz	90 %	☺	90 %	☺	85 %	☺
HK-4	Motivation und Engage-ment	90 %	☺	90 %	☺	80 %	☺

Tabelle 4: QQS-Bewertungen Humankapital

ID	Name	Quantität		Qualität		Systematik	
SK-1	Zusammenarbeit und Informationsfluss	90 %	☺	85 %	☺	85 %	☺
SK-2	Informationstechnik und Dokumentation	85 %	☺	85 %	☺	75 %	☺
SK-3	Entwicklung der Dienst-leistungen	90 %	☺	85 %	☺	90 %	☺
SK-4	Prozessoptimierung	85 %	☺	85 %	☺	85 %	☺

Tabelle 5: QQS-Bewertungen Strukturkapital

ID	Name	Quantität		Qualität		Systematik	
BK-1	Beziehungen zu Adres-saten	90 %	☺	85 %	☺	70 %	☺
BK-2	Beziehungen zu den Leistungsträgern	90 %	☺	90 %	☺	85 %	☺
BK-3	Beziehungen zu Koope-rationspartnern	90 %	☺	85 %	☺	85 %	☺
BK-4	Beziehungen zu Förde-rem	45 %	☺	65 %	☺	30 %	☺
BK-5	Beziehungen zur Öffent-lichkeit	70 %	☺	75 %	☺	60 %	☺

Tabelle 6: QQS-Bewertungen Beziehungskapital

Abb. 8.7 Auszug aus der Wissensbilanz der Diakonie Rosenheim e. V. (Candan 2011, S. 36)

KMU-Praxisbeispiel

Wissensbilanz beim Diakonischen Werk Rosenheim e. V.

Das Diakonische Werk Rosenheim bietet soziale Dienste in den Bereichen Sucht-krankenhilfe, Wohnungslosenhilfe, Straffälligenhilfe, Arbeitsprojekte (vgl. Diakonie Rosenheim, Soziale Dienste).

Das Diakonische Werk Rosenheim erstellt seit 2009 jährlich eine Wissensbilanz. Dabei wird versucht, die ausschlaggebenden Erfolgsfaktoren des Unternehmens im immateriellen Wissens- und Beziehungskapital zu suchen. Abbildung 8.7 gibt einen Überblick über die Bewertungen des Human-, Struktur- und Beziehungskapitals der Diakonie Rosenheim e. V.

Die Abb. 8.7 ist ein Auszug einer umfangreichen Wissensbilanz und stellt für Mitar-beiter, Kunden, aber auch Kapitalgeber übersichtlich dar, wie das intellektuelle Kapital bewertet wird.

8.2.4 Wissen generieren und speichern

Es gibt zahlreiche Methoden, um Wissen im Unternehmen zu generieren und zu speichern. Im Folgenden sollen daher nur die wesentlichen Aspekte dieses Bereichs näher erläutert werden.

Benchmarking

Eine Methode, Wissen zu generieren, ist Benchmarking. Als Benchmarking wird der strukturierte Vergleich der eigenen Produkte, Dienstleistungen und Prozesse mit denen des jeweils Branchenbesten, evtl. auch außerhalb der Branche, bezeichnet. Ziel dabei ist, Unterschiede herauszufiltern und Verbesserungspotenziale aufzudecken (vgl. Gabler Wirtschaftslexikon, Benchmarking).

Durch den Vergleich mit den Erfolgreichsten werden, durch „Abkupfern" oder das „Sich-inspirieren-lassen", die eigenen Lernprozesse beschleunigt. Zudem entsteht ein gewisser Veränderungsdruck. Benchmarking gilt daher als ein unverzichtbarer Teil des Wissenstransfers. Wird Benchmarking periodisch und kontinuierlich durchgeführt, kann das Augenmerk auch immer mehr auf feinere Kriterien gelegt werden. Die Ergebnisse einer Benchmarking-Analyse sollten auch intern im Unternehmen veröffentlicht und als Best-Practice herausgestellt werden (vgl. North 2011, S. 300 ff.). Die Grenzen des Benchmarkings liegen darin, dass es auf den aktuellen Ist-Zustand begrenzt ist. Wirklich innovative Lösungen werden eher durch neuartige Ziele generiert, welche z. B. in Expertenworkshops erreicht werden können.

Lessons Learned

Unternehmen, die sich auf Projektmanagement spezialisiert haben, sollten das neu erworbene Wissen, welches Projektarbeit zumeist mit sich bringt, speichern und für andere bereitstellen. Dafür sollte das Gelernte nach Projektabschluss in die Organisation überführt und nutzbar gemacht werden. Die Überführung kann durch eine systematische Projektdokumentation, Lessons-Learned-Berichte oder durch ein Debriefing geschehen. Das Festhalten von kritischen Erfahrungen im Rahmen einer Selbstreflektion kann aus unterschiedlichen Sichtweisen erfolgen. Ziel der Lessons Learned ist daher, u. a. sowohl aus Fehlern als auch aus Erfolgen zu lernen. Die Dokumentation im Rahmen der Lessons Learned ist in Abb. 8.8 näher beschrieben.

Die häufigsten Gründe für eine fehlende Aufarbeitung von Gelerntem oder erlangtem Wissen sind andere Prioritäten und eine mangelnde Bereitschaft der Beteiligten.

Debriefing

Das Debriefing stellt eine weitere Methode zur einfachen, strukturierten Erfassung und Dokumentation von Erfahrungswissen dar. Hier hält ein neutraler Dritter (Debriefer) das Wissen der Mitarbeiter fest, bspw. durch Interviews oder Workshops. Wichtig ist, dass der Debriefer geschult ist, um auch bei konfliktreichen Themen das Interview oder den Workshop zielgerichtet durchführen zu können. Das Debriefing sollte auf wenige Stun-

Abb. 8.8 Dokumentation von Lessons Learned (eigene Darstellung in Anlehnung an North 2011, S. 305)

Titel des Projektes bzw. Vorhabens
Gegenstand
Beschreibung der Erfahrung
Was ist gut gelaufen?
Was ist schlecht gelaufen?
Welche Lehren können gezogen werden?

den angesetzt sein. Umfangreichere Themen sollten in mehreren Debriefings behandelt werden (vgl. North 2011, S. 305 ff.).

Kompetenznetzwerke

Um Wissen aufzubauen, zu entwickeln und neues Wissen zu erwerben, eignet sich die Zusammenarbeit in Netzwerken, Marketingteams, Arbeitskreisen oder Fachteams. Solche Kompetenznetzwerke können bspw. coachen, operative Projekte durchführen, Datenbanken pflegen und Diskussionsforen führen oder einfache Anlaufstelle für Fragen sein. Sie verfügen, je nach Größe, über eine Leitungsperson oder ein Vollzeitsupportteam. Doch nur wenn Netzwerke erfolgreich sind, was z. B. anhand der Kundenzufriedenheit zu messen ist, bleiben sie bestehen und werden nicht aufgelöst. Der Erfolg sollte dabei stets ergebnisorientiert gemessen werden. Entscheidend ist letztlich, ob die Ergebnisse von Kunden genutzt werden können und aus Sicht des eigenen Unternehmens erfolgswirksam sind (vgl. North 2011, S. 307 ff.).

KMU-Praxisbeispiel

Kompetenznetzwerk für Angewandte und Transferorientierte Forschung (KAT)

Das KAT ist ein transferorientiertes Netzwerk der Hochschulen und Universitäten des Landes Sachsen-Anhalt und ist als Partner für F&E tätig. Es gibt KMU-wirksame Hilfestellungen und entwickelt Lösungen. Ziel ist es, Unternehmen durch Wissens- und Technologietransfer zu stärken und nachhaltige Kooperationen aufzubauen (vgl. KAT-Netzwerk, Was ist KAT?).

KMU-Praxisbeispiel

Kompetenzzentrum für Wissensmanagement an der Hochschule Koblenz

Das Kompetenzzentrum für Wissensmanagement am RheinMoselCampus der Hochschule Koblenz ist in Kooperation mit der Wirtschaftsförderungsgesellschaft am Mittelrhein mbH Ansprechpartner für kleine und mittlere Unternehmen bei Fragestellungen in Sachen Wissensmanagement. Seit 2010 wurden hier mehr als 30 einzelbetriebliche Vorhaben begleitet und ein intensiver Erfahrungsaustausch zwischen den Unternehmen moderiert.

Darüber hinaus konnten bereits drei themenbasierte Netzwerke gebildet und begleitet werden, in denen die Teilnehmer aus gemeinsamen Problemstellungen auch konkrete und wirksame Lösungen entwickelt haben. So beispielsweise im Themenbereich des Unterweisungsmanagements oder auch des Beauftragtenwesens. Das aktuelle Netzwerk beschäftigt sich mit der Wissensidentifizierung und -bewahrung im Unternehmen (vgl. Kompetenzzentrum für Wissensmanagement).

Wissensgemeinschaften
Wissensgemeinschaften (Communities of Practice) eignen sich auch ohne spezifischen Auftrag gemeinsam Wissen an, tauschen Erfahrungen aus und schaffen es, ohne feste Strukturen, Grenzen von Hierarchien und Organisationseinheiten zu überwinden. Sie bestehen über einen längeren Zeitraum aus Personengruppen, die gemeinsame Themen haben, Wissen aufbauen und austauschen wollen. Daher bietet es sich auch an, neue Mitarbeiter durch Wissensgemeinschaften anzulernen und ihnen dadurch Erfahrungen weiterzugeben. Der Vorteil von Wissensgemeinschaften besteht darin, dass sie neue Kompetenzen entwickeln und in die Organisationen hineintragen. In flachen Hierarchien bilden Wissensgemeinschaften ein Experimentier- und Lernfeld, in dem Mitarbeiter ihre Ideen offen miteinander austauschen können (vgl. North 2011, S. 162 ff.).

KMU-Praxisbeispiel
Wissensgemeinschaften durch Erfa-Gruppen
Erfa-Gruppen (Abk. für Erfahrungsaustauschgruppen) im Handwerk sind hervorragende Beispiele für Wissensgemeinschaften. Branchenspezifische Gemeinschaften aus Industrie und Handwerk treffen sich regelmäßig, meist abwechselnd in den jeweiligen Örtlichkeiten der einzelnen Unternehmen. Hierbei werden Abläufe wie Auftragsabwicklung, Angebotswesen, Marketing, aber auch Lagerwesen, Fuhrpark etc. genauestens untersucht. Der Erfahrungsaustausch gibt den Unternehmen neue Impulse, um sich im Wettbewerb besser zu behaupten. Anschließend wird das neue Wissen gemeinsam zusammengetragen.[2]

Wissensallianzen
Eine Wissensallianz ist das Ergebnis einer langfristigen Zusammenarbeit von Organisationen oder unabhängigen Geschäftseinheiten eines Unternehmens mit dem Ziel, gemeinsam Wissen und Innovationen zu entwickeln und zu nutzen.

So bieten Allianzen die Möglichkeit, das Marktwissen von lokalen Unternehmen zu nutzen und/oder die lokale Fertigung von Produkten zu fördern. Fällt ein Partner der

---

[2] Auf Anfrage informiert die zuständige Handwerkskammer ihre Mitglieder über bestehende Erfa-Gruppen.

Allianz jedoch aus, besteht die Gefahr, dass die gesamte Wertschöpfungskette zusammenbricht, da es i. d. R. keine Dokumentation von allianzübergreifendem Wissen gibt. Ob eine Allianz Erfolg hat, hängt insbesondere von der Fähigkeit zur Integration von hoch qualifizierten Spezialisten aller beteiligten Unternehmen, einem funktionierenden Team und von offenen Kooperationen im Rahmen der Allianz ab (vgl. North 2011, S. 108 ff.). Als Wissensallianz können beispielsweise Joint Ventures betrachtet werden. Joint Ventures sind Gemeinschaftsunternehmen, bei denen sich zwei oder mehrere Unternehmen zusammenschließen, um ihr Wissen zu bündeln und gemeinsam am Markt besser zu bestehen.

KMU-Praxisbeispiel
Wissensallianz Rhein-Waal 2020
Unter dem Stichwort „Wissensallianz Rhein-Waal 2020" haben sich Forschungs- und Bildungseinrichtungen aus dem Gebiet der Euregio Rhein-Waal mit den zuständigen wirtschaftsnahen Institutionen vernetzt. Ziel ist dabei, das in der Euregio Rhein-Waal vorhandene Innovationspotenzial zu bündeln und langfristig zu nutzen (vgl. Hochschule Rhein-Waal 2020).

Im Rahmen der Wissensallianz Rhein-Waal 2020 erhalten Unternehmer folgende Unterstützung:

- Finanzielle Unterstützung (bis zu 70 % Fördermittel)
- Beratung und Unterstützung durch Experten
- „InnovationLAB"-Aktivitäten
- Ein grenzüberschreitendes innovatives Netzwerk (vgl. Wissensallianz Rhein-Waal)

8.3 Informationssysteme

Auf allen Unternehmensebenen werden ständig Entscheidungen getroffen. Die Qualität einer Entscheidung hängt dabei maßgeblich von der Qualität der Informationen ab, die ihr zugrunde liegen. Zudem spielen die Qualität der Informationsaufnahme, der Informationsspeicherung und der Informationsverarbeitung eine wichtige Rolle (vgl. Link 2011, S. 167).

In großen Konzernen kann bei Entscheidungen oft auf Informationen zurückgegriffen werden, die auf modernen, computergestützten Systemen basieren. Typische Beispiele sind SAP, Cognos TM1, Business Warehouse oder anderweitig basierte Datenbanken. Lange Zeit sah der Mittelstand keinen Bedarf an derartigen Systemen. Die Unternehmensleitung, oftmals bestehend aus der Inhaberfamilie, war i. d. R. vor Ort und die Strukturen waren zentralistisch geprägt. Durch die Internationalisierung werden im Mittelstand jedoch vermehrt Führungs- und Steuerungssysteme eingeführt, um den organisatorischen und kulturell unterschiedlichen Anforderungen nachzukommen (vgl. Blommen und Bothe 2007, S. 69 f.).

Heute sind in fast jedem mittelständischen Unternehmen entsprechende Informationssysteme integriert. Je nach Bedarf und Größe sind diese verschieden stark ausgeprägt und i. d. R. heterogen. Eine Untersuchung hat ergeben, dass nur 34 % der befragten Unternehmen eine zentrale Datengrundlage besitzen, mehr als die Hälfte betreiben zwei bis drei Systeme. Mehr als fünf Systeme nutzt jedoch nur ein geringer Anteil von 3 % (vgl. Seufert und Martin 2008, S. 2).

Informationssysteme können auch zu einer Veränderung in der Aufbauorganisation führen. Aufgaben ändern sich oder entfallen, neue Aufgaben entstehen. Auch bewirken Informationssysteme Machtverschiebungen, bspw. wenn Informationen, die früher nur wenigen Mitarbeitern zugänglich waren, jetzt vielen Mitarbeitern zur Verfügung stehen (vgl. Alpar 2011, S. 36 f.).

In den letzten Jahren ist der Trend zu beobachten, dass neben der direkten persönlichen Kommunikation von Angesicht zu Angesicht und herkömmlichen Medien wie Telefonie, E-Mail, Intranet, Dokumentenmanagement- oder CRM-Systemen, vermehrt Web 2.0-Anwendungen Einsatz in Unternehmen finden. Es werden bspw. zunehmend Wikis, Blogs, Foren oder Chats genutzt (vgl. Warta 2011, S. 101).

Neben diesen bestehen viele weitere Möglichkeiten im Bereich der Social-Media-Anwendungen. Als Social Media werden alle digitalen Medien, Technologien und Anwendungen bezeichnet, die Internetnutzern einen Meinungs-, Erfahrungs-, Informations- und Wissensaustausch ermöglichen (vgl. Jacob 2012, S. 39 f.).

Doch nicht alle Anwendungen eignen sich auch für das Innovationsmanagement der KMU. Es sollte vor Einsatz einer Anwendung geprüft werden, ob das jeweilige System auch für das Unternehmen nützlich ist, wo die Vor- und Nachteile liegen und ob das anvisierte Ziel dadurch erreicht werden kann.

In der Wirtschaft ist heutzutage die kooperative Zusammenarbeit eng mit dem Begriff Crowdsourcing verbunden, also dem „Einbinden der Masse in den Innovationsprozess" (vgl. Warta 2011, S. 39 ff.). Neue Produkte und Dienstleistungen von wissensintensiven Branchen werden dabei nicht nur in der eigenen Forschung oder in Zusammenarbeit mit anderen Unternehmen entwickelt, sondern in der Zusammenarbeit mit einer Gruppe freiwilliger Nutzer.

Eine Umfrage aus dem Jahr 2012 ergab, dass neben der Nutzung von sozialen Netzwerken und Videoplattformen vor allem Wikis, Blogs, Microblogs (wie z. B. Twitter) und Communites die am häufigsten genutzten Social-Media-Anwendungen im Mittelstand sind (s. Abb. 8.9).

Doch nicht nur im Außenauftritt sind diese Anwendungen für ein Unternehmen von Bedeutung. Netzwerke werden auch für die Mitarbeiter immer wichtiger, da diese eine Hilfestellung bei der Problemlösung und Ideenfindung darstellen.

Informell ist dabei alles, was außerhalb von formal geregelten Abläufen, wie z. B. Organisationsplänen, geschieht. Insbesondere in KMU überwiegt die informell geprägte Kommunikationskultur, da hier häufig „auf Zuruf" die gemeinsame Arbeit koordiniert wird. Lücken, die in der formellen Struktur bestehen, können, wie Studien belegen, durch gute informelle Beziehungen dabei häufig geschlossen werden.

Verbreitung von Social-Media-Plattformen und -Instrumenten
– nach Unternehmensgröße in Mitarbeiterzahl

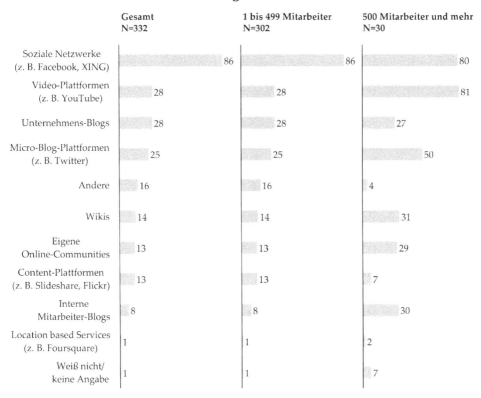

Basis: 332 Unternehmen (Mehrfachnennungen möglich)   Angaben in Prozent

Frage: „Welche Social-Media-Plattformen/-Instrumente setzt Ihr Unternehmen ein?"

Abb. 8.9   Verbreitung von Social-Media-Anwendungen (eigene Darstellung in Anlehnung an Hintz 2012)

Welche Einsatzmöglichkeiten und welche wesentlichen Vor- und Nachteile die am häufigsten genutzten Social-Media-Anwendungen haben, zeigt Abb. 8.10.

8.3.1   Social Media

Im September 2013 waren 54,2 Mio. Menschen in Deutschland online (vgl. ARD-ZDF-Onlinestudie 2013). Davon besitzen 46 % ein Profil in einer privaten Community. In der Altersgruppe von 14 bis 19 Jahren sind es sogar 87 %. Facebook hat in Deutschland mittlerweile über 23 Mio. aktive Mitglieder, d. h. 89 % aller Communitynutzer besitzen ein

	Facebook	Xing	Twitter	Youtube	LinkedIn	flickr	Wikipedia
Definition	Weltgrößtes soziales Netzwerk für Privates und Geschäftliches	Plattform für geschäftliches Networking	Mikro-Blog mit Kurznachrichten	Internet-Videoportal	Plattform zur Mitarbeitersuche	Netzwerk für Fotos, Videos	Online-Enzyklopädie mit User Generated Content
Einsatz-möglichkeiten	Man kann Profile und Fansites einstellen	Premium-Mitglieder haben E-Mail-Account, erhalten Statistiken und können Xing-Foren nutzen	Kommunikation, Marktforschung, Promotion, Mitarbeitersuche	Man kann eigene Videos kostenfrei einstellen und hohe Reichweiten erzielen	Business-Profil, Online-Reputation, Mitarbeitersuche	Fotos können kommentiert und mit eigenen Tags versehen werden	Nachschlagewerk und Wissens-management
Vorteile	Internet-affine Zielgruppe, schnelle, günstige flexible Marketingaktionen, Facebook-Mitglieder können mithilfe des „Gefällt mit"-Buttons die Seite ihren Freunden weiterempfehlen, direkter Kundenkontakt	Geschäftliche Kontakte pflegen, Networking und fachlicher Austausch in Foren	Übersichtlicher und gut strukturierter Microblogingdienst mit rasantem Wachstum, Kunden können Tweets weiterempfehlen. Durch die Möglichkeit Fragen in Echtzeit zu stellen für Kundendienst sehr interessant	Einfaches und zielgruppen-orientiertes Werben dank Ad-Sense und detaillierte Statistiken	Finden von Mitarbeitern, Geschäftspartnern und Kunden	Hohe und schnelle Werbewirkung für Trends oder Produkte	Hohes Maß an Informationen weltweit in 260 Sprachen mit hoher Qualität
Nachteile	Datenschutz-richtlinien werden immer wieder kritisch diskutiert, Mitglieder erwarten inzwischen einen ähnlich schnellen und qualitativ hochwertigeren Kundendienst, wie z. B. über die Telefon-Hotline	Datenschutz gefährdet, da personenbezogene Daten öffentlich gemacht werden	Vokabular wie „Tweets" verstehen und Prägnanz der Meldungen	Man muss die Grundlagen des Videoportals beachten	Schwerpunkt liegt im englischen Sprachraum	Man kann nur ein Video einspielen, Yahoo beschränkte die Suchoptionen für Deutschland	Jeder Nutzer darf an der Wikipedia mitwirken, das kann Fehlinformationen oder Manipulation bewirken

Abb. 8.10 Beispiel für Social-Media-Anwendungen und ihre Vor- und Nachteile (eigene Darstellung in Anlehnung an Hilker 2010, S. 55; Innovation.mfg 2013)

Facebook-Profil (vgl. Media Perspektiven, Ergebnisse der ARD/ZDF-Onlinestudie 2013, S. 391 f.). Weitere bedeutende soziale Netzwerke mit hohen Mitgliederzahlen sind Twitter und XING. Demzufolge gibt es in Deutschland eine große Anzahl an Nutzern, die sich in sozialen Netzwerken organisieren und sich dort u. a. über Produkte, Dienstleistungen und Firmen austauschen.

Die Contact-Center-Branche war eine der ersten, die dieses Potenzial für sich erkannt hat. Die Zeiten, in denen soziale Netzwerke einen rein privaten Charakter hatten, sind vorbei. Zunehmend engagieren sich Firmen und Konzerne in Netzwerken und nutzen diese u. a. für Werbung und Recruiting. Die Unternehmen haben erkannt, dass soziale Netzwerke die Möglichkeit eröffnen, mit Kunden und Interessenten täglich in Kontakt zu treten. Social Media kann eine wesentliche Rolle spielen, um zu erfahren, welche Themen aktuell diskutiert werden und welche Meinungen kursieren. Es besteht darüber hinaus die Möglichkeit, an Diskussionen aktiv teilzunehmen und sich zu positionieren. Dadurch steht das Unternehmen in direktem Kontakt mit der Zielgruppe, was die Kundenwahrnehmung extrem schärft und zu positiven Entwicklungseffekten führen kann.

Nutzer äußern sich i. d. R. nicht nur darüber, wie zufrieden sie mit Produkten sind, sondern geben auch Auskunft über negative bzw. mangelhafte Produkt- und Dienstleistungserlebnisse und Funktionalitäten, die sie vermissen. Werden diese Informationen systematisch aus dem Internet herausgefiltert und untersucht (vgl. Nolden 2012, S. 64), bieten sie eine Quelle zahlreicher Ideen und Anregungen zur Optimierung und Invention eigener auf die Kundenwünsche angepasste Produkte und Dienstleistungen.

Solche Ideen werden oft mit großem finanziellen Aufwand von Trendscouts oder in Idea-Workshops beschafft, um sie in den Prozess der Ideengenerierung des Innovationsprozesses einfließen zu lassen. In sozialen Medien erhalten sie diese Anregungen kostenlos, und das täglich immer wieder neu. Es können Kontakte zu potenziellen Testprobanden hergestellt werden, über welche sich erstklassige Informationen gewinnen lassen. Die Komponente des Social Networking eröffnet weiterhin die Möglichkeit, sehr zeitnah auf Markt- und Branchentrends zu reagieren.

Aber wie kommen Unternehmen systematisch an diese Informationen, ohne immer wieder in den sozialen Netzwerken jeden einzelnen Foreneintrag durchforsten zu müssen? Das Stichwort lautet hier: Web Monitoring. Im Wesentlichen wird zwischen drei Formen des Web Monitoring unterschieden:

- Social Media Listening: Hier wird i. d. R. nach klassischen Schlüsselwörtern (Keywords) gesucht. Diese Technik ist auch in anderen Bereichen bekannt und ähnelt denen der Alerts. Alerts sammeln kontinuierlich neue Informationen zu einem vorgegebenen Stichwort und melden diese als Zusammenfassung oder Verweis an den Benutzer.
- Social Media Analyzing: Hierbei geht es nicht nur um das reine Zuhören, sondern auch um das Analysieren der gefundenen Inhalte. Mithilfe von empirischen Ansätzen lassen sich somit innovative Formen der klassischen Marktumfrage erstellen.
- Social Media Interaction: Diese wohl anspruchsvollste Form der Social-Media-Integration basiert nicht nur auf einer reinen Analysefunktion, sondern erlaubt die vollständige Einbindung der Social-Media-Aktivitäten in die Multi-Channel-Strategie eines Unternehmens, also der zweiseitigen Kommunikation mit dem Kunden über verschiedene Medien, wie bspw. Telefon und E-Mail (vgl. Klug, Social Media).

Welche dieser Formen die geeignetste Variante darstellt, hängt einerseits davon ab, wie viel Zeit und Geld aufgewendet werden soll und andererseits, welche Ziele mit den Social-Media-Aktivitäten verfolgt werden sollen. Hierbei können Überblicke der Berichterstattung in sozialen Netzwerken über Unternehmen und Produkte, Kundendialoge und Image als auch Ideen neuer Produkte oder Dienstleistungen gewonnen werden.

Demzufolge lässt sich ein Innovationsprozess sowohl zu Beginn, also bei der Ideengenerierung, als auch zum Ende, also bei der Erfolgskontrolle, sehr gut über soziale Netzwerke und Web 2.0 ergänzen bzw. unterstützen.

8.3.2 Wikis

Ein Wiki ist eine online verfügbare Wissensdatenbank, in die jeder Benutzer Informationen einstellen und bestehende Einträge ändern kann (vgl. Schieb und Müller 2008, S. 87). Viele Unternehmen nutzen Wikis in ihrem Intranet. Sie eignen sich dazu, kollektiv neu Wissen zu entwickeln, dieses schriftlich zu dokumentieren und den jeweiligen Zielgruppen innovativ unter Einsatz von Fotos oder Videos etc. zu kommunizieren. Angemessen eingesetzt sind sie jedoch auch in der Lage, externes Wissen zu speichern und zu steigern. Die Zusammenarbeit impliziert auch die Bereitschaft, für das Wissen anderer offen zu sein und das eigene Wissen zu teilen (vgl. Warta 2011, S. 33 ff.).

Bevor ein Wiki in einem Unternehmen implementiert wird, ist zunächst zu prüfen, ob es sich als Kommunikationskanal passend in die bestehende oder avisierte Kommunikationslandschaft des Unternehmens eingliedert. Ein Wiki kann auch in einem klassischen Content-Management-System (CMS) eingebaut werden (vgl. Friedmann 2007, S. 643 f.). Ein Content-Management-System ist eine Software zur gemeinschaftlichen Verwaltung von Inhalten. Diese Systeme werden für die Organisation und das Management von Inhalten genutzt und haben sich zu komplexen Redaktionssystemen entwickelt. Sie ermöglichen die Erstellung, Bearbeitung und allgemeine Verwaltung von Onlineinhalten wie Texten, Bildern, News, Werbebannern etc. und werden für Webseiten wie z. B. Onlinezeitungen, Informationsportale, Firmenportale oder Intranets eingesetzt (vgl. E-teaching.org, Content Management Systeme).

Wenngleich auch zahlreiche Großunternehmen, wie Bayer, BMW, SAP oder Continental, Wikis hausintern nutzen, eignen sie sich ebenso für KMU. Ein wesentliches Charakteristikum ist hierbei, dass Wikis branchenunabhängig sind (vgl. Warta 2011, S. 63 f.).

KMU-Praxisbeispiel

Wiki-Nutzung bei der sowatech Softwaretechnik GmbH

Die sowatech Softwaretechnik GmbH aus Koblenz, welche sieben Mitarbeiter beschäftigt, konzipiert und entwickelt individuelle Software- und Datenbanklösungen für kaufmännische und technische Anwendungen und bietet Webdesign sowie individuelle Webprogrammierung auf Basis von Microsoft.Net. Des Weiteren nutzt das Unternehmen ein eigenes Wiki. Geschäftsführer Peter Kaiser erläutert einige Aspekte, die es dabei zu beachten gibt:

„Als Kommunikationsmedium kann ein Wiki durch das Teilen von Bildern, Videos etc. einen Nutzen im Unternehmen stiften." Für Kommunikation im Sinne von Kollaboration hält er ein klassisches Wiki jedoch für völlig ungeeignet. Ein Wiki ist per se nicht dafür gedacht, Themen zu diskutieren, Aufgaben zu verteilen oder Entscheidungen zu treffen. Ein Wiki stellt nur abrufbare Ergebnisse dar. Es findet eher selten eine gemeinschaftliche Zusammenarbeit statt. Das trifft allenfalls auf sehr große Nutzergruppen zu (Beispiel Wikipedia), dass Experten sich hier „verwirklichen" und in „gemeinschaftlichem Eifer" etwas bearbeiten. Die Realität sieht doch eher so aus, dass im Tagesgeschäft eines normalen Unternehmens eigentlich keine Zeit für solches ist. Dokumentation von Wissen hat hier eher den Status eines „notwendigen Übels" und wird in dem Umfang betrieben wie es durch die Rahmenbedingungen (z. B. festgelegte Dokumentationspflichten) gegeben ist und muss nicht selten „von oben" kontrolliert und forciert werden, damit sie auch wirklich in geeigneter Weise stattfindet. Alle Prozesse müssen gepflegt werden, was eine hohe Disziplin mit sich bringt. Jeder Mitarbeiter muss seinen Beitrag dazu leisten und entscheiden, welche Inhalte wirklich sinnvoll sind, um diese in ein Wiki einzutragen.

Das mag in großen Organisationen anders sein, insbesondere, wenn bestimmte Mitarbeiter als Hauptaufgabe solche Wissensdokumentation haben. In KMU ist es jedoch sehr schwierig umzusetzen (Interview mit Peter Kaiser von sowatech Softwaretechnik GmbH).

Weitere Einsatzmöglichkeiten für Wikis sind bspw. das Dokumentieren von Arbeitsanweisungen oder Handbüchern, von wichtigen Fragen (FAQ), die Aufstellung von Checklisten, aber auch die Bereitstellung wichtiger Mitteilungen oder Termine. Ebenso können Schulungsunterlagen und E-Learning-Dokumente hier bereitgestellt werden. Das Wiki kann ferner nützliche Informationen, wie die Unternehmensgeschichte, Aufbau- und Ablauforganisationen, Mitarbeiterverzeichnisse oder gemeinsame Definitionen und Glossare enthalten. Das Wiki kann auch als Ideenpool (z. B. für Verbesserungsvorschläge) genutzt werden (vgl. Mertins und Seidel 2009, S. 77).

KMU-Praxisbeispiel
Wiki-Nutzung bei der AUCOTEAM GmbH
Die AUCOTEAM GmbH Berlin mit 140 Mitarbeitern entwickelt kundenspezifische Lösungen in Automation und Software und arbeitet darüber hinaus weltweit als zertifizierter Prüfdienstleister (vgl. Aucoteam).

Bei AUCOTEAM wurde ein Wiki implementiert, das neben Marketingzwecken auch zur Bearbeitung von Kundenanfragen und zur Abgabe von Angeboten dient. Das Wiki bietet ferner eine Übersicht über das technologische Wissen sowie gelöste und zu lösende Problemstellungen. Daneben unterstützt es bei Fragestellungen laufender Projekte, bei denen zusätzliches Expertenwissen auch von außerhalb eingesetzt werden muss. Somit werden Know-how-Lücken der Mitarbeiter durch die Unternehmensführung mittels Wiki schnell identifiziert und können infolge behoben werden (vgl. Mertins und Seidel 2009, S. 120).

8.3.3 Blog

Als Weblog (kurz: Blog) wird ein Webauftritt in Form eines Tagebuchs bezeichnet (vgl. Friedmann 2007, S. 656), der von einzelnen oder mehreren Bloggern (Betreiber eines Blogs oder Verfasser von Beiträgen) mit Beiträgen in Form von Texten, Fotos oder Videos gepflegt wird. Blogs ermöglichen eine massenmediale Kommunikation, da sie sich an eine unbegrenzte Zahl von Rezipienten wenden (vgl. Peters 2011, S. 90). Da alle Besucher Kommentare zu den Beiträgen eines Autors verfassen können, sind Blogs zugleich Diskussionsforen (vgl. Warta 2011, S. 65) und fördern die Pflege von privaten und geschäftlichen Kontakten. I. d. R. enthalten Blogs Alltagsereignisse, deren Inhalte persönlich geprägt sind. Bei aktuellen Ereignissen sind Blogs oft aktueller als andere Onlineportale oder Onlineausgaben diverser Zeitungen.

Aufgrund dieser Aktualität und Änderungsgeschwindigkeit können Besucher mittels News Feeds automatisch über Änderungen informiert werden (vgl. Lange 2007, S. 283 ff.). Der Schreibstil im Blog ist geprägt durch eine hohe Authentizität, Subjektivität und einer umgangssprachlichen Ausdrucksform, wie dem Gebrauch der Ich-Form, keine Trennung zwischen Nachricht und Meinung und der Themengewichtung nach Interesse des Bloggers (vgl. Peters 2011, S. 90).

Im deutschsprachigen Raum existieren nach Schätzungen mehr als 3500 Blogs verschiedener Marken und Unternehmen (vgl. Müller 2011, Die 10 besten Blogs von Mittelständlern). Blogs sind insbesondere für mittelständische Unternehmen geeignet, da der Zugang zur Technik kostenlos ist und bereits vorhandene Layoutvorlagen genutzt werden können. So kann ein eigener professioneller Auftritt generiert werden, ohne dass ein Informatiker oder Webdesigner notwendig ist (vgl. Wolff 2007, S. 16 f.). Untereinander sind Blogs i. d. R durch Hyperlinks mit thematisch passenden Beiträgen anderer Blogs vernetzt. Durch diese Verlinkungen entsteht eine höhere Position in der Trefferliste einer Suchmaschine (vgl. Lange 2007, S. 283). Neue Blogs sollten daher auf eine hohe Verlinkung achten, da daraus für das Unternehmen wirtschaftliche Vorteile und Imagegewinne resultieren können.

Bekannte Echtzeit-Suchmaschinen, die Blogs entsprechend der Link-Popularität einstufen, sind bspw. www.technorati.com oder blogsearch.google.com. Zwar brauchen Blogs eine gewisse Anlaufzeit, dann sind die Auswirkungen jedoch unmittelbar im Tagesgeschäft zu spüren.

KMU-Praxisbeispiel

Saftblog der Saftkelterei Walther

Die Saftkelterei Walther mit 15 Mitarbeitern keltert Fruchtsäfte und -weine vorwiegend aus heimischem Obst und Gemüse (vgl. Kelterei Walther, Geschichte der Walthers). 2006 hat die Kelterei einen inzwischen sehr bekannten Saftblog eingeführt. Altbekannte sowie auch neue Produkte werden auf diesem Wege einer breiten Öffentlichkeit bekannt gemacht (vgl. Kelterei Walther, Saftblog). Innerhalb von vier Jahren haben sich daraufhin die Umsätze verdreifacht. Dies ist nach Einschätzungen des Unternehmens dem offenen Austausch mit Kunden und dem transparenten Umgang mit Veränderungen und Fehlern geschuldet, der durch Blogs ermöglicht wird (vgl. Müller 2011).

Durch ihre Eigenschaft, viele Nutzer anzusprechen, können Blogs für Unternehmen auch innovationsfördernd sein. Unternehmen erfahren aus erster Hand, was sich eine spezielle Zielgruppe wünscht, wo Verbesserungspotenzial für Produkte besteht oder können im Sinne von gemeinschaftlichen Entwicklungen (sog. Crowdsourcing, Open Innovation) neue Produkte kreieren. Durch die Einbindung von Mitarbeitern in den Blog können diese ihre eigene Sichtweise kommunizieren, aber auch ein besseres Verständnis für Kundenwünsche entwickeln. Fraglich ist jedoch, wie mit kritischen oder unqualifizierten Äußerungen der Mitarbeiter umgegangen werden soll (vgl. Wolff 2007, S. 15 f.).

Sofern kein eigener Blog eingerichtet wird, können Unternehmen sich auch öffentlichen Ideen- oder Innovationsblogs anschließen. Beispiele hierfür sind z. B. www.innovationsblog.net oder www.blog.openinnovation.net. Hierdurch wird eine größere Basis erreicht, oft auch Nicht-Kunden bzw. Kunden des Wettbewerbs. Auf der anderen Seite wird in diesen Blogs über viele Ideen und Themen diskutiert, und ob dann gerade das eigene Thema für die Blogger von Interesse ist, bleibt abzuwarten.

Werden Blogs öffentlich zugänglich gemacht, muss damit gerechnet werden, dass Kritik am Unternehmen aus diversen Gründen geäußert werden kann. Daher sollte im Vorhinein festgelegt werden, wie mit kritischen Kommentaren umgegangen wird. Kritik kann toleriert, ignoriert, aber auch vermieden werden, indem sich Kunden bspw. registrieren müssen (vgl. Wolff 2007, S. 49). Von der Zensur kritischer Beiträge und Kommentare ist jedoch abzuraten, da Blogs von der Natürlichkeit leben (vgl. Warta 2011, S. 66) und sich Nutzer sonst schnell von der aktiven Nutzung des Blogs abwenden. Im schlimmsten Falle können Unternehmen so schnell den Zorn der Nutzer auf sich ziehen (sog. Shitstorm). Unternehmen sollten daher geäußerte Kritik ernst nehmen sowie offen und zeitnah auf diese reagieren (vgl. Bakir 2013).

8.3.4 Systeme zum Sammeln und Bewerten von Ideen

Es existiert ein großes Angebot an Standardsoftware für das Ideenmanagement. Der jeweilige Funktionsumfang ist vielseitig. So unterstützen Softwareprodukte i. d. R. den gesamten Ideenbearbeitungsprozess von der Einreichung einer Idee, über ihre Bewertung bis hin zu ihrer Umsetzung. Bekannte Softwarelösungen sind bspw. trideo der Brainstorm GmbH, id-Force® der Ibykus AG für Informationstechnologie und HLP Ideenmanagement der HLP GmbH.

Wie beinahe alle Softwarepakete haben auch diese den Nachteil, dass sie teilweise kostenintensiv sind und für KMU häufig den gewünschten Anwendungsbereich übersteigen. Nicht nur die Anschaffungskosten, auch Wartungskosten oder Einarbeitungszeiten der Mitarbeiter müssen berücksichtigt werden. Daher nutzen viele mittelständische Unternehmen Microsoft Office-Anwendungen zum Sammeln ihrer Ideen. In einfachen Excel-Files oder Word-Dokumenten können Listen angelegt werden, auf welche die Mitarbeiter zugreifen können. So kann ohne weitere Kosten und Schulungen der Mitarbeiter ein Ideenpool entstehen. Problematisch hierbei ist jedoch, dass Änderungen je nach Einstellungsoptionen nicht nachverfolgt werden können und es beim Löschen des Dokumentes häufig keine Möglichkeit gibt, dieses wiederherzustellen. Daher sollten als Ideenpool auch Lösungen wie z. B. Wikis in Erwägung gezogen werden.

Bei der Auswahl eines geeigneten Tools oder als Anregung für die Entwicklung eigener Listen kann man sich in erster Linie über das Internet eine Übersicht verschaffen. So beschäftigt sich bspw. eine Webseite allein mit der Sammlung und Auswertung von Ideenmanagement-Software (vgl. ideenmanagement-software.info, Die Marktübersicht zu Ideenmanagement-Software). Hier werden Kriterien für den Vergleich der an-

Tab. 8.3 Bewertungskriterien für Ideenmanagement-Software (eigene Darstellung in Anlehnung an: ideenmanagement-software.info)

Bewertung von Ideen	– Durch Gutachter – Durch andere User – Gruppenbewertung – Einfaches Ja/Nein-Rating – Komplexes Rating nach Kriterien
Typus/Anwendung	– Betriebliches Vorschlagswesen – Problemlösung – Ideenkampagnen
Features	– Einbindung externer Nutzer – Nutzerprofile – Diskussionsforum – Newsletter – Blogs – Vergleich von Ideen – Terminüberwachung – Volltextsuche
Prämierung	– Punktekonto – Prämienshop – Tombola – Geldprämien
Einreichung	– Gruppenvorschläge – Anonyme Einreichung – Dateianhänge

gebotenen Tools aufgeführt, die einerseits die Auswahl einer richtigen Lösung für das Unternehmen unterstützen, andererseits aber auch aufzeigen, welche Funktionen und Besonderheiten z. B. in eine eigenentwickelte Excel-Liste einfließen können.

Tabelle 8.3 zeigt eine Auswahl der Kriterien, die bei der Wahl eines geeigneten Tools überdacht werden sollten, um die passende Lösung für das Unternehmen zu finden.

Der Auszug zeigt, dass eine passende Software recht umfangreich ausfallen kann. Diese Funktionen können i. d. R. nicht mit wenigen Mausklicks in Excel nachgebildet werden. Für den Einstieg in das Themengebiet des Ideenmanagements ist zu Beginn oftmals die Nutzung eines „Minitools" mit einigen wenigen Funktionen am effektivsten und einfachsten. Dieses Tool kann dann mit der Zeit um die gemachten Erfahrungen erweitert werden.

8.3.5 Markt- und Konkurrenzbeobachtung im WWW

Aufgrund eines immer größer werdenden Wettbewerbsdrucks innerhalb der einzelnen Branchen und dem schnellen Wechsel von Produkten und Mitbewerbern müssen sich Unternehmen immer gezielter Wettbewerbsvorteile halten und erarbeiten. Hierzu ist eine genaue Beobachtung der Konkurrenz unabdingbar geworden. Strategieentwicklung bzw. Unternehmensentwicklung sowie zahlreiche weitere taktische Entscheidungen in verschiedenen Unternehmensbereichen stützen sich unmittelbar auf die Erkenntnisse der Konkurrenzbeobachtung (vgl. Michaeli 2006, S. 3). Um Informationen über Wettbewerber auf den Märkten sowie über neue Technologien zu gewinnen, bedienen sich Unternehmen sowohl der klassischen Marktforschung als auch der Wettbewerbsbeobachtung im Internet. Dieses Vorgehen wird oft als „Competitive Intelligence" bezeichnet.

Im Wesentlichen existieren drei Methoden zur Datenerhebung: Observationen, HUMINT[3] und das Internet, welches sich dank seiner Aktualität zur führenden Informationsquelle entwickelt hat. Etwa 80 % des Datenvolumens stammen aus dem Internet (vgl. Michaeli 2006, S. 217).

Die aus dem Internet gewonnenen Informationen sollten jedoch kritisch hinterfragt werden bezüglich ihrer Exklusivität, Nutzbarkeit und vor allem ihrer Glaubwürdigkeit. Ein weiterer wichtiger Gesichtspunkt ist der Kosten/Nutzen-Faktor, denn vergleicht man die Gesamtkosten der Suche (davon sind 90 % Personalkosten) mit den gewonnenen „Hits" (d. h. brauchbare Informationen), können diese in eine exorbitante Höhe steigen. Aus diesem Grund wird mit der Hilfe von Software ein hoher Automatisierungsgrad bei der Informationssuche angestrebt. Wer glaubt, das Problem sei mit einer guten Suchmaschine gelöst, unterliegt einem Trugschluss. Denn dynamische Webseiten, gekennzeichnete Seiten und Seiten, die eine Benutzeranmeldung erfordern, werden von den Suchrobotern nicht erfasst (vgl. Michaeli 2006, S. 219 f.).

Es stellt sich somit die Frage, wie und mit welchen Hilfsmitteln eine gute Internetrecherche erfolgen kann.

Monitoring

Beim Monitoring werden relevante Internetseiten, z. B. von Wettbewerbern, Zulieferern oder Kunden, mithilfe von Monitoring-Software kontinuierlich überwacht. Veränderungen auf den Seiten werden gespeichert und ausgewertet. Ein verwandter Begriff ist das Technologiemonitoring. Im Mittelpunkt liegen Auswertungen von Universitäten, Forschungszentralen, Konferenzen usw (vgl. Michaeli 2006, S. 223 f.). Dadurch wird versucht, den Wettbewerbsvorteil der Konkurrenten durch neue Verfahren oder Technologien aufzuholen.

Internetscouting

Es reicht nicht aus, seine schon bekannten Wettbewerber im Auge zu behalten. Vielmehr ist es wichtig, frühzeitig neue Akteure und Technologien bzw. Innovationen auf dem Markt zu erkennen. Dies geschieht durch das Internetscouting. Hier wird das Netz auf neue Anbieter und neue Produkte durchsucht. Werden neue Webseiten bei der Recherche, etwa in Netzwerken, Publikationen oder industriespezifischen Portalen, gefunden, werden sie dem Monitoring-Pool zugefügt. Das Scouting dient als eine Art Frühwarnsystem für sich verändernde Rahmenbedingungen auf dem Markt.

---

[3] HUMINT ist die Abkürzung von HUMAN INTELLIGENCE und steht für die Informationsgewinnung durch menschliche Quellen. Vgl. hierzu auch BND (Informationsgewinnung).

News Feeds

Sogenannte Clipping Services ermöglichen es dem Unternehmen, wichtige Themen früh zu erkennen. Diese suchen täglich nach vorher festgelegten Schlagworten im Internet. Die relevanten Meldungen werden, ähnlich wie in einem Newsletter, zusammengefasst und können intern in ein Portal eingestellt und kommentiert werden. Anhand der Ausbreitungsgeschwindigkeit einer Meldung können auch Rückschlüsse auf die Relevanz eines Themas gezogen werden (vgl. Michaeli 2006, S. 225).

Ein universelles Tool für diese Aufgaben gibt es leider noch nicht, sodass für jede spezielle Anforderung auch ein spezielles Tool nötig ist. Diese sind z. T. kostenlos, bei professionellem Einsatz oft aber kostenpflichtig. Sie bestehen i. d. R. aus einer Metasuchmaschine, die eine Suchanfrage an mehrere Suchmaschinen gleichzeitig weitergibt. Hinzu kommen Optionen, die z. B. Texte automatisch nach einer vorher festgelegten Liste von Schlüsselkompetenzen auf den gewünschten Zusammenfassungsgrad bringen. Die Verwendung unterschiedlicher Sprachen sowie die Zusammenfassung in Echtzeit bei Onlinerecherchen können ebenfalls problemlos realisiert werden (vgl. Michaeli 2006, S. 229).

Diese Art von Wettbewerbsbeobachtung ist ethisch und moralisch bedenkenlos, da alle gewonnenen Informationen aus öffentlich frei zugänglichen Quellen stammen. Im Gegensatz zur Wirtschaftsspionage werden bei der Informationsbeschaffung keine geltenden Gesetze gebrochen, da sich nur mit legalen und datenschutzkonformen sowie ethisch vertretbaren Informationen über Wettbewerber befasst wird. Der Erfolg der Wettbewerbsbeobachtung liegt in der intelligenten Auswertung und Einschätzung der beschafften Daten. Somit wird hier nicht spioniert, sondern nur aufmerksam mitgelesen.

8.4 Zusammenfassung, Checklisten und Tipps

Wir haben nun gesehen, wie Methoden und Informationssysteme das Innovationsmanagement unterstützen können.

Mithilfe von Kreativitätstechniken lassen sich Ideen generieren, die anschließend zu Innovationen weiterentwickelt werden können. Diese Techniken lassen sich in unterschiedlicher Weise anwenden: allein, in Gruppen, im Team. Sie sind unterschiedlich bez. ihrer Komplexität, benötigen z. T. Methodenwissen und sind mehr oder weniger komplex.

In Tab. 8.4 findet sich eine Übersicht ausgewählter Kreativitätstechniken, die für den Einsatz bei kleinen und mittleren Unternehmen als geeignet erachtet werden.

Diese Gegenüberstellung bietet eine erste Hilfestellung bei der Auswahl geeigneter Kreativitätstechniken. Welche dieser Techniken in einem Unternehmen die besten Ergebnisse erzielt, müssen Sie selbst ausprobieren. Hier existieren keine Pauschalempfehlungen.

Fallstudien haben gezeigt, dass erfolgreiche kreative Unternehmen nicht nur eine Maßnahme zur Kreativitätssteigerung nutzen, sondern einen Mix von Maßnahmen einsetzen, wozu auch Trainingskurse für Kreativitätstechniken gehören (vgl. Geschka und General 2006, S. 403). Was zeichnet aber ein kreatives Unternehmen aus?

Tab. 8.4 Ausgewählte Kreativitätstechniken für KMU (eigene Darstellung in Anlehnung an Schlicksupp 2004, S. 160 ff.; Andler 2013, S. 5 ff.; Lautenbacher 2011, S. 171; Backerra et al. 2002, S. 51 ff.)

	Schwierig-keitsgrad	Vorkennt-nisse	Moderation	Teil-nehmer	Zeit-aufwand	Material-aufwand
Intuitive Methoden						
Brainstorming	2	1	2	5–12	20–45 min	1
635-Methode	1	1	1	6	30 min	1
Mindmapping	2	1	3	1–3	1/2–3 h	1–2
Reizwortanalyse	1	1	3	4–8	2–3 h	2
Visuelle Synek-tik	2	2	2	4–10	1/2–1 h	3
Synektik-Sitzung	3	2	3	4–10	2–4 h	1
Kartentechnik	1	1	1	4–10	30 min	1
Imaginäres Brainstorming	2	2	3	5–12	1/2–2 h	1
Semantische Intuition	1	2	2	1–8	1 h	2
Systematische Methoden						
Morphologischer Kasten	3	2	3	1–10	2–8 h	2
Morphologische Matrix	2	2	2	1–10	1–8 h	2
Progressive Ab-straktion	3	2	3	1–8	2–3 h	1
Osborn-Checklist	1–2	2	3	1–12	3/4–3 h	1
TILMAG-Methode	2	2	2	5–10	2–3 h	2
Legende:	1 = leicht, 3 = schwierig	1 = wenig, 2 = mittlere Erfahrung	1 = kaum nötig, 3 = besondere Anforderung	Personen	Dauer	1 = kaum, 3 = viel Material

- Offenheit und Orientierungskompetenz: offen nach innen und außen, Veränderungen im Umfeld erkennen und sich ständig neu ausrichten
- Originalität und Kreationskompetenz: permanenter Strom von Ideen, kreative Mitarbeiter, Einsatz von entsprechenden Techniken
- Flexibilität und Veränderungskompetenz: finanzielle und personelle Spielräume, Fähigkeiten, Strukturen und Prozesse anpassen oder neu gestalten

Tab. 8.5 Verhaltensweisen der Führung, die Kreativität von Mitarbeitern fördert (eigene Darstellung in Anlehnung an Geschka und General 2006, S. 408)

Aufgabenstellung:
– Aufgaben mit herausforderndem Charakter stellen, ohne zu überfordern
– Zwei oder drei Aufgaben gleichzeitig zur Bearbeitung geben
– Bei der Aufgabenzuteilung persönliche Interessen und Neigungen berücksichtigen
– Knappe Bearbeitungszeiten vorgeben, um gewissen Stress zu erzeugen
– Gemeinsame Zielsetzung und Identifikation mit der Aufgabe unterstützen
Aufgabenbearbeitung:
– Zur Verfolgung ungewöhnlicher Wege ermuntern
– Gestaltungsspielräume einräumen
– Gefühl geben, dass man den Mitarbeitern etwas zutraut
– Interesse am Arbeitsfortschritt zeigen und zuhören
Nach Abschluss der Aufgabe:
– Feedback geben
– Anerkennung für die wirklichen Bearbeiter
– Materielle oder immaterielle Belohnung
– Entwicklungsmöglichkeiten aufzeigen

- Präsenz und Überzeugungskraft: Reputation als kreativer Problemlöser, Fähigkeit, Kunden mit kreativen Leistungen zu überzeugen (vgl. Geschka und General 2006, S. 404)

KMU-Praxisbeispiel

Kreativität und Unternehmenskultur bei Vaisala

Die Vaisala-Gruppe mit Hauptsitz in Finnland hat heute weltweit 1300 Mitarbeiter, von denen nur ein Bruchteil in Deutschland ansässig ist (vgl. Vaisala, Mitarbeiter). Die feste Verankerung der Kreativität in der Unternehmenskultur machte aus dem ehemaligen KMU den heutigen Marktführer auf dem Gebiet der Umwelt- und Industriemesstechnik (vgl. Vaisala, Organisation). Bei Vaisala stehen stetige Produktinnovationen und zukunftsweisende Geschäftsideen im Fokus der kreativen Unternehmensphilosophie, was die folgenden Leitsätze zeigen:

- „Creativity Joy" als Leitsatz,
- Verpflichtung der Mitarbeiter zu Innovationen,
- „When there is a little bit of disorder, the organization is effective!",
- Ermunterung zu Kreativität als fester Bestandteil des Führungsstils,
- Die kreativen Mitarbeiter sind die „Helden" des Unternehmens (vgl. Geschka und General 2006, S. 405).

In diesem Zusammenhang spielt auch der Führungsstil eine entscheidende Rolle, da gewisse Verhaltensweisen kreativitätsfördernd bzw. -hemmend wirken können (s. Tab. 8.5).

Als weitere Methodik, die das Innovationsmanagement unterstützt, wurde das Wissensmanagement vorgestellt. Wissensmanagement unterstützt Unternehmen in dem Vorhaben, dass das Wissen, welches in wenigen „Köpfen" im Unternehmen vorhanden ist, für alle Mitarbeiter nutzbar wird (und somit auch für den Innovationsprozess genutzt werden kann). Ferner soll das Wissen, welches mit Mitarbeitern, die den Betrieb z. B. aus Altersgründen verlassen, nicht verloren gehen. Eine spannende Frage, die sich hierbei stellt, ist, wie Wissensmanagement in ein Unternehmen eingegliedert werden kann.

Die Einführung von Wissensmanagement in KMU ist für diese mit großen Herausforderungen verbunden: knappe Ressourcen, das Tagesgeschäft und bereits laufende Prozesse. Insbesondere fehlt es häufig an Zeit, womit auch die fehlende Bereitschaft für den Mehraufwand, die neue Methoden und Verfahren mit sich bringen, einhergeht.

Viele Unternehmen scheitern in der Umsetzungsphase, da diese besonders zeitintensiv und aufwendig ist, während vorhergehende Analysen noch kurz und aufschlussreich sind. Für Mitarbeiter ist zum einen der Nutzen nicht deutlich, zum anderen werden ihnen die Prioritäten nicht deutlich aufgezeigt, sodass das Tagesgeschäft häufig vorgeht. Daher müssen die Verantwortlichen bereits im Anfangsstadium das Thema sensibilisieren, die Mitarbeiter motivieren und eine stetige Kommunikation betreiben (vgl. Mertins und Seidel 2009, S. 23 ff.). In dieser Einführungsphase gemachte Fehler können später nur schwer korrigiert werden, führen zu falschen Erwartungen im Unternehmen oder zerstören gar die Akzeptanz des Themas.

In fünf Schritten lässt sich Wissensmanagement effektiv einführen:

Phasen zur Einführung von Wissensmanagement

1. Phase: Initialisierung und Strategie
In dieser Phase werden auf der Führungsebene konkrete Ziele festgelegt, bspw. der Einsatz einer Wissensbilanz. Der Nutzen, mögliche Ergebnisse sowie Barrieren und Risiken werden abgewogen und eine Entscheidung für oder gegen die Einführung getroffen. Bei einer positiven Entscheidung sollten Multiplikatoren identifiziert und angesprochen werden. Bei Multiplikatoren handelt es sich um Personen, die das Vorhaben befürworten und im Unternehmen stark vernetzt sind (Meinungsführer).

2. Phase: Analyse – Erhebung und Ergebnisrückmeldung
Diese Phase beginnt mit der Erhebung des Handlungsbedarfs, bspw. anhand von Interviews oder Fragebögen in Kombination mit der Beschreibung von Geschäftsprozessen. Anschließend werden Handlungsfelder mit konkretem Verbesserungsbedarf im Umgang mit Wissen identifiziert. Entscheidend ist, dass Mitarbeiter ein Ergebnis zurückmelden und bereits hier auf die Motivation und Akzeptanz der Mitarbeiter geachtet wird.

3. Phase: Ziele und Lösung

Festgelegte Ziele müssen mit möglichst nachvollziehbaren Messkriterien hinterlegt werden. Auf Basis der Zielsetzung werden Lösungskonzepte erstellt, die auf Machbarkeit geprüft und bewertet werden. Ein passendes Lösungskonzept wird mithilfe der Kosten-Nutzen-Relation ausgewählt.

4. Phase: Umsetzung

Während der Umsetzung des Lösungskonzeptes müssen Mitarbeiter kontinuierlich über den Fortschritt und Erfolg des Projektes informiert werden. Begleitend erfolgt eine Qualifizierung für bestimmte Lösungen und die technische Implementierung. Die Umsetzungsphase ist die am längsten andauernde Phase.

5. Phase: Bewertung und Transfer

Nach der Umsetzung und Konsolidierung der Aktivitäten wird der Erfolg anhand von Indikatoren überprüft. Auf Basis der Ergebnisse können Maßnahmen angepasst oder neue Maßnahmen beschlossen werden.

Bei der Einführung von Wissensmanagement sollte auch stets berücksichtigt werden, dass innovative Gedanken häufig erst durch zwischenmenschliche Kommunikation entstehen. Der Schweizer Hörgerätehersteller Phonak hält aus diesem Grund bspw. Besprechungen im Betriebsrestaurant ab, da hier möglichst viele Menschen zusammentreffen. Japanische Großunternehmen haben für ihre Vorstände häufig keine separaten Büros, sondern weitgehend offene Vorstandsetagen. Automobilunternehmen, wie bspw. BMW, haben in ihren neuen Werken die Betriebs- und Fertigungsingenieure häufig örtlich nahe an der Produktion platziert, die Büros sind nur durch Glasfenster getrennt (vgl. North 2011, S. 323). In Anbetracht der wissensorientierten Unternehmensführung sollten Büro- und Sozialräume sowie Verkehrsflächen daher so gestaltet werden, dass eine funktionsübergreifende Zusammenarbeit möglich ist und sich Mitarbeiter überraschend treffen und miteinander kommunizieren können.

Für einen abteilungsübergreifenden Wissenstransfer müssen striktes Abteilungs- und Bereichsdenken durchbrochen werden und Brücken zwischen den Wissensinseln entstehen. Dies erleichtert die direkte Kommunikation und damit auch die Übertragung von personengebundenem Erfahrungswissen.

Neben diversen Methoden wurden auch passende Tools und Kommunikationskanäle betrachtet, die das Innovationsmanagement unterstützen. Die beiden wesentlichen Kommunikationskanäle sind in diesem Zusammenhang Social Media und Wikis. Es existieren darüber hinaus Tools, welche sowohl die Sammlung und Bewertung von Ideen als auch die Markt- und Konkurrenzbeobachtung im WWW unterstützen. Diese spielen aber im Mittelstand eher eine untergeordnete Rolle.

In Bezug auf Social Media wurde aufgezeigt, dass bereits heute intensiv über Produkte und Dienstleistungen im Internet diskutiert wird. Aus diesen Diskussionen lassen sich

Ideen für Verbesserungen an bestehenden Produkten oder gar für neue Produkte ableiten, die andernfalls vielleicht nur mühsam mit herkömmlichen, aufwendigeren Mitteln
(Trendscouts, Workshops, Fokusgruppen etc) generiert worden wären.

Es existieren heute vielfältige Lösungen für das Social-Media-Monitoring. Neben der
unterschiedlichen Funktionalität ist der Preis ein wesentliches Unterscheidungskriterium.
Einige Tools sind kostenlos, bei anderen gilt „Pay per use" und wieder andere bieten eine
Flatrate.

Es würde an dieser Stelle zu weit führen, alle Tools im Detail vorzustellen. Daher folgt
an dieser Stelle lediglich eine kurze Aufzählung kostenloser Tools:

- Social Mention: Real-time social media search and analysis (www.socialmention.com),
- Twazzup: Real-time news (www.twazzup.com),
- Addictomatic: Inhale the web (www.addictomatic.com),
- HowSociable: Brand visibility metrics (www.howsociable.com).

Typische Funktionen, die von solchen Tools zur Verfügung gestellt werden, sind:

- Social Search: Suche nach Schlüsselwörtern und Formulierungen,
- Content Analytics: Häufigkeit und Zusammenhänge von Schlüsselwörtern, Einfluss,
  Anzahl Kontakte, Stimmungen,
- Alerting: Benachrichtigung über E-Mail oder andere Techniken.

Wikis stellen eine effiziente Möglichkeit dar, vorhandenes Wissen effizient und effektiv zu sammeln und zu verteilen. Aber anders als bei klassischen Content-Management-
Systemen, bei denen nur eine begrenzte und vorher definierte Anzahl an Benutzern das
Recht haben, Inhalte einzustellen und zu verändern, können dies bei einem Wiki alle re-
gistrierten Nutzer. Somit können Inhalte schnell und einfach eingestellt werden und sind
bereits nach kürzester Zeit für alle Benutzer sichtbar.

Auch hier stellt sich die Frage nach der Einführung eines Wikis im Unternehmen.
Unternehmens-Wikis werden in vier Phasen eingeführt: (vgl. Mertins und Seidel 2009)

Phasen zur Einführung von Unternehmens-Wikis

Phase 1: **Ist-Analyse**
          Hier sind u. a. folgende Fragen zu beantworten:
          - Wie und in welchen Abteilungen soll ein Wiki eingesetzt werden?
          - Wie sieht der aktuelle Zustand zum Thema „Wissenssammlung und
            Nutzung im Unternehmen" aus?
          - Wie sind die Arbeitsabläufe in den ausgewählten Abteilungen struk-
            turiert?
          - Welche Ideen haben die Mitarbeiter zum Thema „Wiki"?

Phase 2: Soll-Konzept

Wesentliche Fragen sind hier:

- Welche Ziele sollen mit dem Einsatz eines Wikis erreicht werden?
- Welche Funktionalität soll das Wiki haben und welches Wiki erfüllt diese Unternehmensanforderungen am besten?
- Wie sehen Gliederung und Details aus?

Phase 3: Gestaltungs- und Anpassungsphase

Hier geht es im Wesentlichen um die Umsetzung:

- Die Software muss beschafft und installiert werden.
- Optische Anpassungen müssen vorgenommen werden (z. B. Einbindung von Firmenlogos, Anpassen der Farbgestaltung an das Unternehmens-CI etc).
- Inhaltliche Strukturen, die in Phase 2 ausgearbeitet wurden, müssen nun angelegt werden.

Phase 4: Einführung und Betrieb

Nun existiert ein Unternehmens-Wiki, und niemand weiß davon. Was ist zu tun?

- Unternehmensinterne Bekanntmachung des Wikis,
- Erläuterung der Ziele und Beweggründe für das Wiki,
- Kurze Einweisung in die Nutzung des Wikis,
- Und natürlich ständige Weiterentwicklung unter Einbindung der Mitarbeiter.

Es darf dabei nicht vergessen werden, dass der Einsatz eines Unternehmens-Wikis noch lange nicht bedeutet, dass zukünftig erfolgreich Wissensmanagement betrieben wird. Gelebtes Wissensmanagement stützt sich im Wesentlichen auf folgende Hauptaufgaben:

- Sensibilisierung für dieses Thema (durch Vorträge und Seminare),
- Wissen sammeln bzw. identifizieren von internem und externem Wissen,
- Wissen aufbereiten (strukturieren, einheitliche Darstellung),
- Wissen bewerten (Wofür ist das Wissen geeignet, wie aktuell ist es?),
- Wissensnutzung (Bereitstellung für die tägliche Arbeit, Mehrwert aufzeigen, Überwindung des „Not-Invented-Here"-Syndroms).

Begleitet werden muss dies durch einen Change-Prozess (Bereitschaft, Wissen zur Verfügung zu stellen und fremdes Wissen zu nutzen) sowie Schulung und Coaching von innerbetrieblichen Multiplikatoren. Ziel ist es, das Wissensmanagement durch Einsatz eines Wikis niemals als ein abgeschlossenes Projekt angesehen wird, sondern auch nach Projektabschluss weiter gelebt wird.

Literatur

Buchquellen

Alpar, Paul 2011. *Anwendungsorientierte Wirtschaftsinformatik*. Wiesbaden: Vieweg.

Andler, Nicolai 2013. *Tools für Projektmanagement, Workshops und Consulting*. Berlin: Publicis Publishing.

Backerra, Hendrik, Christian Malorny, und Wolfgang Schwarz. 2002. *Kreativitätstechniken: Kreative Prozesse anstoßen – Innovationen fördern*. München: Hanser.

Becker, Lutz, Johannes Ehrhardt, und Walter Gora. 2006. *Führungskonzepte und Führungskompetenz*. Düsseldorf: Symposion Publishing.

Biermann, Thomas, und Gunter Dehr. 1997. *Innovation mit System – Erneuerungsstrategien für mittelständische Unternehmen*. Heidelberg: Springer.

Blommen, Daniel, und Bernd Bothe. 2007. *Die Stars im Mittelstand. Führung und Umsetzung entscheiden*. Frankfurt: Frankfurter Allgemeine Buch.

Bruhn, M. 2012. *Marketing – Grundlagen für Studium und Praxis*. Wiesbaden: Gabler.

Fischer, Ulrich, und Thomas Breisig. 2000. *Ideenmanagement – Förderung der Mitarbeiterkreativität als Erfolgsfaktor im Unternehmen*. Frankfurt am Main: Bund-Verlag.

Friedmann, V. 2007. *Praxisbuch Web 2.0 – Moderne Webseiten programmieren und gestalten*. Bonn: Galileo Press.

Fueglistaller, Ursula, Christoph Müller, Susan Müller, und Thierry Volery. 2012. *Entrepreneurship – Modelle – Umsetzung – Perspektiven – Mit Fallbeispielen aus Deutschland, Österreich und der Schweiz*. Wiesbaden: Gabler.

Gaubinger, Kurt, Thomas Werani, und Michael Rabl. 2009. *Praxisorientiertes Innovations- und Produktmanagement – Grundlagen und Fallstudien aus B-to-B-Märkten*. Wiesbaden: Gabler.

Geschka, Horst, und Gudrun Lantelme. 2005. *Kreativitätstechniken. In: Albers, Sönke/Gassmann, Oliver: Handbuch Technologie- und Innovationsmanagement: Strategie – Umsetzung – Controlling*. Wiesbaden: Gabler.

Geschka, Horst, und Sabine General. 2006. *Kreatives Führen. In: Becker, Lutz/Ehrhardt, Johannes, Gora, Walter: Führungskonzepte und Führungskompetenz*. Düsseldorf: Symposion Publishing.

Hilker, Claudia 2010. *Social Media für Unternehmer*. Wien: Linde.

Holm-Hadulla, Rainer M. 2007. *Kreativität: Konzept und Lebensstil*. Göttingen: Vandenhoeck & Ruprecht.

Hungenberg, Harald 2010. *Problemlösung und Kommunikation im Management – Vorgehensweise und Techniken*. München: Oldenbourg.

Jacob, M. 2012. *Informationsorientiertes Management*. Wiesbaden: Gabler.

Knieß, Michael 2006. *Kreativitätstechniken: Methoden und Übungen*. München: dtv.

Lange, Christoph 2007. *Wikis und Blogs – Planen, Einrichten, Verwalten*. Böblingen: Computer & Literatur.

Lautenbacher, Tom 2011. *Die Entwicklung von Geschäftsideen*. Saarbrücken: VDM.

Link, Jörg 2011. *Führungssysteme: Strategische Herausforderung für Organisation, Controlling und Personalwesen*. München: Vahlen.

Mertins, Kai, und Holger Seidel. 2009. *Wissensmanagement im Mittelstand; Grundlagen – Lösungen – Praxisbeispiele*. Berlin: Springer.

Meyer, Jörn Axel 2001. Bekanntheit und Einsatz von Innovationsmethoden in jungen KMU. In *Innovationsmanagement in kleinen und mittleren Unternehmen – Jahrbuch der KMU-Forschung*, Hrsg. Jörn Axel Meyer München: Vahlen.

Michaeli, Rainer 2006. *Competitive Intelligence*. Berlin: Springer.

Müller, Klaus Rainer 2014. *IT-Sicherheit mit System – Integratives IT-Sicherheits-, Kontinuitäts- und Risikomanagement – Sichere Anwendungen – Standards und Practices*. Wiesbaden: Springer Vieweg.

Nölke, Matthias 2002. *Kreativitätstechniken*. München: Rudolf Haufe.

North, Klaus 2011. *Wissensorientierte Unternehmensführung*. Wiesbaden: Gabler.

Novak, A. 2001. Schöpferisch mit System – Kreativitätstechniken nach Edward de Bono. In *Arbeitshefte Führungspsychologie*, Bd. 39, Hrsg. Ekkehard Crisand Heidelberg: Sauer-Verlag.

Peters, Paul 2011. *Reputationsmanagement im Social Web – Risiken und Chancen von Social Media für Unternehmen, Reputation und Kommunikation*. Köln: Social Media.

Roth, Susanne 2011. *Kreativitätstechniken – Ideen produzieren, Probleme lösen – allein oder im Team*. Bonn: Orgenda.

Schaude, Götz 2000. Traditionelle Instrumente der Kreativitätstechniken. In *Innovationsmanagement für mittelständische Betriebe*, Hrsg. Edelbert Dold, Peter Gentsch Neuwied: Luchterhand.

Schawel, Christian, und Fabian Billing. 2011. *Top 100 Management Tools – Das wichtigste Buch eines Managers*. Wiesbaden: Gabler.

Scherer, J. 2009. *Kreativitätstechniken – In 10 Schritten Ideen finden, bewerten, umsetzen*. Offenbach: GABAL.

Schieb, Jörg, und Mirko Müller. 2008. *PC konkret Homepage, Blog & Wiki*. Berlin: Stiftung Warentest.

Schlicksupp, Helmut 1995. *Führung zu kreativer Leistung – So fördert man die schöpferischen Fähigkeiten seiner Mitarbeiter*. Renningen: expert.

Schlicksupp, Helmut 2004. *Innovation, Kreativität und Ideenfindung*. Würzburg: Vogel.

Stern, Thomas, und Helmut Jaberg. 2010. *Erfolgreiches Innovationsmanagement: Erfolgsfaktor – Grundmuster – Fallbeispiele*. Wiesbaden: Gabler.

Völker, Rainer, Christoph Thome, und Holger Schaaf. 2012. *Innovationsmanagement: Bestandteile – Theorien – Methoden*. Stuttgart: Kohlhammer.

Warta, Alexander 2011. *Kollaboratives Wissensmanagement in Unternehmen: Indikatoren für Erfolg und Akzeptanz am Beispiel von Wikis*. Glückstadt: Hülsbusch.

Welge, Martin, und Andreas Al-Laham. 2012. *Strategisches Management*. Wiesbaden: Gabler.

Winkelhofer, Georg 2006. *Kreativ managen – Ein Leitfaden für Unternehmer, Manager und Projektleiter*. Heidelberg: Springer.

Wolff, Peter 2007. *Die Macht der Blogs: Chancen, Risiken, rechtliche Grundlagen*. Frechen: Datakontext.

Zeitschriften/Schriften

Bretschneider, Rudolf 2009. *Innovationskultur mit den Kunden. In: Zeitschrift für Vorschlagswesen und Verbesserungsprozesse – Ideenmanagement* Bd. 2. Berlin: Erich Schmidt. Deutsches Institut für Betriebswirtschaft GmbH

Nolden, Matthias 2012. Kommunikationsnetzwerke als Quelle für Innovationen. *Die Bank* 6: 64.

Ohly, Sandra 2009. *Motivation zur Ideenkommunikation: Ansätze aus der Arbeits- und Organisationspsychologie. In: Zeitschrift für Vorschlagswesen und Verbesserungsprozesse – Ideenmanagement* Bd. 2. Berlin: Erich Schmidt. Deutsches Institut für Betriebswirtschaft GmbH

Onyemah, Vincent, Martha Rivera Pesquera, und Abdul Ali. 2013. Der Weg zum Kunden. *Harvard Business Manager* Juli: 6.

Internetquellen

Sechs-Hüte-Methode. Rollenverteilung. http://kreativitaetstechnik.com/methoden/6-huete-methode/. Zugegriffen: 21.01.2014.

Akotherm. http://www.akotherm.de/. Zugegriffen: 25.09.2014.

ARD-ZDF-Onlinestudie 2013. http://www.ard-zdf-onlinestudie.de/fileadmin/Onlinestudie/PDF/PM1_ARD-ZDF-Onlinestudie_2013.pdf. Zugegriffen: 22.01.2014.

AUCOTEAM. Informationen zum Unternehmen. http://www.aucoteam.de/aucoteam/. Zugegriffen: 23.01.2014.

Bakir 2013. *Die Shitstorm Manager.* http://www.spiegel.de/karriere/berufsleben/stress-job-social-media-die-shitstorm-manager-a-881673.html. Zugegriffen: 08.07.2013.

Bikoma. http://www.bikoma.de/. Zugegriffen: 25.09.2014.

Bionade. Geschichte. http://www.bionade.de/de/ueber-uns/unternehmensgeschichte/2005/. Zugegriffen: 08.05.2014.

BND. Informationsgewinnung. http://www.bnd.bund.de/DE/Arbeitsfelder/Informationsgewinnung/HUMINT/humint_node.html. Zugegriffen: 05.02.2014.

Candan, Sabine 2011. *Wissensbilanz 2010 – Intellektuelles Kapital erfolgreich einsetzen.* http://www.prowis.net/prowis/sites/default/files/pdf/Praxisbeispiele/Sonstiges/Wissensbilanz_2010_Diakonie_Rosenheim.pdf. Zugegriffen: 22.01.2014.

Deutsches Patent- und Markenamt. Artur Fischer. http://www.dpma.de/ponline/erfindergalerie/bio_fischer.html. Zugegriffen: 22.03.2014.

Diakonie Rosenheim. Soziale Dienste. http://www.diakonie-rosenheim.de/. Zugegriffen: 23.01.2014.

easySoft. Innovation mit Begeisterung. http://www.easysoft.info/unternehmen/karriere/. Zugegriffen: 10.10.2014.

E-teaching.org. Content Management Systeme. http://www.e-teaching.org/technik/distribution/cms/. Zugegriffen: 22.01.2014.

Feist, G.J. 1998. *A Meta-Analysis of Personality in Scientific and Artistic Creativity,.* http://www.gwern.net/docs/1998-feist.pdf. Zugegriffen: 15.10.2014.

Gabler Wirtschaftslexikon. Benchmarking. http://wirtschaftslexikon.gabler.de/Archiv/2297/benchmarking-v7.html. Zugegriffen: 22.01.2014.

Gabler Wirtschaftslexikon. Wissen. http://wirtschaftslexikon.gabler.de/Archiv/75634/wissen-v4.html. Zugegriffen: 21.01.2014.

Hintz, Svenja 2012. *Deutscher Mittelstand und Social Media.* http://www.winlocal.de/blog/2012/07/stand-der-dinge-deutscher-mittelstand-und-social-media-studie-2012/. Zugegriffen: 22.01.2014.

Hochschule Rhein-Waal. Wissensallianz Rhein-Waal 2020. http://www.hochschule-rhein-waal.de/forschungszentrum/forschungs-und-drittmittelprojekte/interreg-iv-a-projekt-wissensallianz-rhein-waal-2020.html. Zugegriffen: 24.01.2014.

ideenmanagement-software.info. Die Marktübersicht zu Ideenmanagement-Software. http://ideenmanagement-software.info/. Zugegriffen: 23.01.2014.

Innovation.mfg. Durchblick im Social-Media-Dschungel, 2013. http://innovation.mfg.de/de/initiativen/ebigo-mittelstand-im-fokus/fokusthemen/durchblick-im-social-media-dschungel-1.3499. Zugegriffen: 22.01.2014.

KAT-Netzwerk. Was ist KAT?. http://www.kat-netzwerk.de/index.php?article_id=43. Zugegriffen: 23.05.2014.

Kelterei Walther. Geschichte der Walthers. http://www.walthers.de/kelterei-walther/. Zugegriffen: 23.01.2014.

Kelterei Walther. Saftblog. http://www.walthers.de/saftplausch/saftblog/. Zugegriffen: 23.01.2014.

Klug, Andreas. Social Media. http://www.contact-center-portal.de/content/social-media. Zugegriffen: 23.01.2014.

Kompetenzzentrum Wissensmanagement an der Hochschule Koblenz. www.kowm.de/hochschule/einrichtungen/forschungsinstitute/kompetenzzentrum-wissensmanagement/.   Zugegriffen: 27.04.2015

Königes, Hans 2013. *Computerwoche – Wie Mittelständler IT-Profis an sich binden*. http://www.computerwoche.de/a/wie-mittelstaendler-it-profis-an-sich-binden,2533199.

Media Perspektiven. Ergebnisse der ARD/ZDF-Onlinestudie 2013. http://www.ard-zdf-onlinestudie.de/fileadmin/Onlinestudie/PDF/Busemann.pdf. Zugegriffen: 22.01.2014.

Müller, Christian 2011. *Die 10 besten Blogs von Mittelständlern*. http://karrierebibel.de/einmal-ums-blog-die-10-besten-blogs-von-mittelstandlern/. Zugegriffen: 23.01.2014.

Playmobil. Inhaber. http://www.playmobil.de/Inhaber/HORST_BRANDSTAETTER,fr_FR,pg.html. Zugegriffen: 06.11.2014.

Playmobil. Unternehmensgeschichte. http://www.playmobil.de/on/demandware.store/Sites-DE-Site/de_DE/Page-Show?cid=CONTENT_INFO_UNTERNEHMEN_GESCHICHTE.   Zugegriffen: 23.05.2014.

Seufert, Andreas, und Martin, Wolfgang. 2008. Unternehmenssteuerung und BI im Mittelstand. http://www.i-bi.de/downloads/mittelstand-bi_2008-bulletin_final.pdf. Zugegriffen: 22.01.2014.

sowatech – Softwaretechnik. http://sowatech.de/. Zugegriffen: 15.10.2014.

Spath, Dieter, und Jochen Günther. 2010. *Trendstudie Wissensmanagement 2.0, Zusammenfassung*. http://idw-online.de/pages/de/news369526. Zugegriffen: 20.01.2014.

Terrawatt Planungs GmbH. Unternehmen. http://www.terrawatt.de/de/history.html. Zugegriffen: 23.01.2014.

Vaisala. Mitarbeiter. http://www.vaisala.de/de/corporate/organization/personnel/Pages/default.aspx. Zugegriffen: 24.01.2014..

Vaisala. Organisation. http://www.vaisala.de/de/corporate/organization/Pages/default.aspx. Zugegriffen: 24.01.2014.

Vileda. Firmenhistorie. http://www.vileda.com/de/about-vileda/brand/our-history. Zugegriffen: 22.03.2014.

Walt-Disney-Methode. Die Methode. http://www.uni-protokolle.de/Lexikon/Walt-Disney-Methode.html. Zugegriffen: 21.01.2014.

Wissensallianz Rhein-Waal. Angebot. http://www.wissensallianz.eu/angebot-der-wissensallianz-rhein-waal. Zugegriffen: 24.01.2014.

Controlling und Governance

Profit ist wichtig und für das Weiterbestehen einer Firma notwendig. Wer jedoch die Qualität eines Produktes ausschließlich über Kosten definiert, um damit den Profit zu maximieren, hat den Job nicht verstanden (Daniel Goeudevert).

Das „normale" Tagesgeschäft wird i. d. R. durch geeignete Abläufe und Tools gesteuert und kontrolliert. Dies sollte auch für alle Maßnahmen im Innovationsmanagement zutreffen.

Kleine Organisationen wie KMU sind in der Regel nicht in der Lage, ein eigenständiges und umfängliches Innovationscontrolling zur Unterstützung des Innovationsmanagements einzuführen.

Während Governance, oder besser Corporate Governance, sich mit der Einhaltung von Rechtsnormen beschäftigt und somit das Verhältnis des Unternehmens zur Außenwelt definiert, zielt das Controlling auf die Maßnahmen innerhalb des Unternehmens (vgl. Wagenhofer 2009, S. 2 f.).

Controlling wird oft mit Kontrolle gleichgesetzt. Übersetzt heißt Controlling jedoch steuern und regeln. In diesem Sinne verstehen sich die nachfolgenden Ausführungen.

Wie bei der Steuerung ganzer Unternehmen können auch beim Innovationsmanagement Kennzahlen die Planung, Steuerung und Überwachung von Innovationsvorhaben unterstützen und so die Effizienz und die Effektivität der eingesetzten Ressourcen erhöhen. Viele dieser Kennzahlen sind mit vergleichsweise geringem Aufwand zu implementieren und geben Aufschluss darüber, ob und wie erfolgreich die Innovationsbemühungen des Unternehmens sind, abseits von monetären Aspekten, die sowieso auf die eine oder andere Art erfasst werden. Auf diesem Wege lassen sich leichter Stellhebel finden, mit denen das Innovationsmanagement verbessert werden kann.

Zum Innovationscontrolling gehört es somit, regelmäßig und systematisch nach Ursachen zu suchen, die die Innovationsbemühungen stören. Nur wenn diese Innovationshemmnisse bekannt sind, lassen sich geeignete Gegenmaßnahmen initiieren.

© Springer Fachmedien Wiesbaden 2015
M. Kaschny et al., *Innovationsmanagement im Mittelstand*,
DOI 10.1007/978-3-658-02545-8_9

Letztendlich sollte mittels des Innovationscontrollings auch darauf geachtet werden, dass das geistige Eigentum des Unternehmens geschützt ist und nicht bspw. durch Datendiebstahl von fremden Unternehmen willkürlich und widerrechtlich genutzt werden kann.

Zielsetzung des Kapitels

Dieses Kapitel befasst sich mit dem Thema Innovationscontrolling. Dabei wird insbesondere auf Kennzahlen zur Erfolgsmessung der Innovationsaktivitäten eingegangen. Mit der Ausarbeitung dieses Themas soll ein Überblick über die Möglichkeiten für KMU gegeben werden, Innovationscontrolling zu betreiben.

Insbesondere soll bei der Auswahl von geeigneten Kennzahlen zur Unterstützung des Innovationsmanagements geholfen werden, um mittelständischen Unternehmen die Möglichkeit zu geben, die vorhandenen Ressourcen (möglichst) auf effektive Maßnahmen zu verteilen. Hierzu werden die bekanntesten Innovationskennzahlen und Kennzahlensysteme auf ihre Anwendbarkeit im Mittelstand überprüft. Ebenso sollen Checklisten helfen, die Voraussetzungen und Umsetzbarkeit eines Innovationscontrollings zu implementieren.

9.1   Innovation und Controlling bei KMU

KMU bieten, wie beschrieben, im Allgemeinen ein förderliches Umfeld für Innovationen. Flache Hierarchien mit kurzen Kommunikations- und Entscheidungswegen ermöglichen u. a. rasche Entscheidungen. Die zur Verfügung stehenden finanziellen und personellen Ressourcen erfordern jedoch eine regelmäßige Überprüfung und ggf. Anpassung der Leistungsprozesse, um die Ressourcen effizient und effektiv einzusetzen (vgl. Spielkamp und Rammer 2006, S. 16). Unter diesem Aspekt sollten alle Phasen des Innovationsprozesses (siehe hierzu auch Abschn. 4.2) – von der Ideengenerierung über den Prozess der Herstellung eines Prototyps bis zur Markteinführung – kontrolliert werden.

Der gesamte Innovationsprozess ist i. d. R. mit erheblichen Kosten verbunden und erfordert ein System, dass phasenübergreifend dabei helfen kann, die einzelnen Innovationsphasen zu planen und zu kontrollieren. Hier setzt das Innovationscontrolling als Querschnittsfunktion an. Ziel eines entsprechenden Innovationscontrollingsystems ist es, Informationen zur Verfügung zu stellen, um den Innovationsprozess zielgerichtet zu planen, zu steuern und zu koordinieren (vgl. Gleich et al. 2008, S. 333 f.).

Innovationscontrolling

„Innovationscontrolling wird hier als zielorientierter Einsatz von Controllinginstrumenten im Rahmen der Innovationstätigkeit verstanden, um das Innovationsmanagement bei der Aufgabenerfüllung zu unterstützen." (vgl. Möller et al. 2011, S. 8)

Durch den Einsatz des Innovationscontrollings sollen Effektivität und Effizienz von Innovationsvorhaben gesteigert werden (vgl. Littkemann 2005, S. 12). Oft werden Innovationscontrolling und F&E-Controlling synonym benutzt. In Kap. 2 wurden die Begriffe Innovation und F&E erklärt und aufgezeigt, dass und wie diese aufeinander aufbauen und sich gegenseitig bedingen. In der Literatur wird das Innovationscontrolling vom F&E-Controlling abgegrenzt, indem Letzteres bei forschungsintensiven Projekten eingesetzt wird und somit nur schwer für alle KMU anwendbar ist (vgl. Eberhardt 2006, S. 107 ff.).

Wesentliche Anforderungen an ein wirksames Innovationscontrolling sind:

- Festlegung, für welchen Bereich diese Innovation in die Kostenerfassung geht.
- Erfassung aller Kosten von Beginn an auf einer entsprechenden Kostenstelle.
- Ermittlung der tatsächlich entstandenen Kosten muss zum Projektende sichergestellt sein.

Um dies realisieren zu können, ist das Innovationscontrolling auf die Finanzdaten des Rechnungswesens angewiesen (vgl. Littkemann und Derfuß 2011, S. 578 ff.).

Aus Sicht des allgemeinen Controllings lassen sich Innovationen als Investitionen betrachten. Innovationen tragen ein hohes Risiko, sind zeitintensiv und aus dieser Perspektive immateriell, da eine Innovation zunächst kein greifbares Objekt ist (vgl. Littkemann und Derfuß 2011, S. 577).

Wie das Innovationscontrolling im Unternehmen im Detail ausgestaltet werden soll, ist von unterschiedlichen Faktoren abhängig, wie bspw. der Innovationsstrategie oder dem Innovationsgrad. Unabhängig von der Strategie können auch in den ersten Innovationsphasen Kennzahlen eingesetzt werden (vgl. Spielkamp und Rammer 2006, S. 26).

In diesem Zusammenhang ist anzumerken, dass KMU durchaus in der Lage sind, ein Innovationscontrolling umzusetzen, da ein Großteil der Daten aus der Bilanz und der Gewinn- und Verlustrechnung (GuV) entnommen werden können (vgl. Cremer 2001, S. 26).

Aufgaben und Organisation des Innovationscontrollings

Das Innovationscontrolling lässt sich in verschiedene Aufgaben untergliedern. Es dient der Information und Koordination, hilft bei der Planung und Kontrolle und liefert Daten zur beratenden Unterstützung des Innovationsmanagements. Nachfolgend werden diese Aufgaben näher erläutert.

Information und Koordination: Zu den Aufgaben unter dem Aspekt Information und Koordination gehört die Gewährleistung des Informationsflusses zwischen den Beteiligten am Innovationsprozess. Dazu müssen die erforderlichen Informationen bedürfnisgerecht und zeitnah zur Verfügung stehen, um das Management rechtzeitig über die Projektentwicklung informieren zu können. Ein weiteres Ziel ist die Überwachung der Schnittstellen zwischen den beteiligten Personen zur Vermeidung von zeitlichen, finanziellen oder personellen Engpässen und die Koordination der entsprechenden Controllinginstrumente.

Planung und Kontrolle: Dieser Aspekt beinhaltet die Erstellung von Plänen über Termine, Kosten und Qualitätsanforderungen in Zusammenarbeit mit der Fachabteilung. Projekte werden so auf deren Wirtschaftlichkeit hin überprüft. Im späteren Verlauf von Projekten können Soll-Ist-Vergleiche dazu dienen, Veränderungen und Abweichungen zu identifizieren und frühzeitig Korrekturen vorzunehmen.

Beratung: Die Aufgaben der Beratung bestehen darin, den Projektverantwortlichen in methodischen und fachlichen Fragen zum Innovationscontrolling zu assistieren. Den Verantwortlichen soll aufgezeigt werden, wie die benötigten Daten für das Innovationscontrolling zur Verfügung gestellt werden können, damit die Beurteilung einer Innovation erfolgen kann. Zusätzlich zur methodischen Beratung unterstützen Controller das Management bei Fragen zu den wirtschaftlichen Folgen einer Innovation (vgl. Littkemann 2005, S. 13; Vahs und Burmester 2005, S. 286 f.).

Die Organisation eines Innovationscontrollings kann zentral oder dezentral durch eine eigens dafür geschaffene Stelle oder durch Aufgabenteilung innerhalb des Innovationsprojekts erfolgen (vgl. Littkemann 2005, S. 42). So werden einige der Aufgaben, die oben beschrieben wurden, i. d. R. von der Projektleitung eines Innovationsvorhabens übernommen. Die Berichterstattung über das Innovationsvorhaben beginnt bei den einzelnen Prozessbeteiligten, die Informationen an die Controller weitergeben. Diese Informationen werden vom Controlling ausgewertet und anhand von Soll-Ist-Vergleichen analysiert und dokumentiert. Abweichungen von Planwerten werden über Controllingberichte an das Management gemeldet. Somit können Entscheidungen über Veränderungen des Prozesses getroffen werden (vgl. Möller et al. 2011, S. 10).

Vor- und Nachteile des Innovationscontrollings

Im Vorfeld der Einführung eines Innovationscontrollings sollten dessen Vor- und Nachteile abgewogen werden, um zu entscheiden, ob – und wenn ja, wie – ein Innovationscontrolling eingeführt werden soll. Dabei werden Kosten und Nutzen gegenübergestellt (vgl. Littkemann und Derfuß 2011, S. 585). Zur Überprüfung des Nutzens eines Innovationscontrollings können Checklisten eingesetzt werden. Darüber hinaus können diese Checklisten verwendet werden, um zu kontrollieren, ob alle erforderlichen Einzelheiten vor der Einführung des Innovationscontrollings berücksichtigt wurden. Eine derartige Liste wird im Abschn. 9.5 vorgestellt.

Die Vorteile des Innovationscontrollings liegen insbesondere bei der Erhöhung der Ressourceneffizienz und der Senkung des wirtschaftlichen Risikos. Das Innovationscontrolling kann dazu dienen, Strategien zu entwickeln, die helfen, Innovationsziele zu definieren.

Aufgrund der Festlegung von Zielen im Rahmen des Innovationscontrollings können anhand der Identifizierung von Abweichungen die operativen Aufgaben des Innovationsprozesses besser gesteuert und kontrolliert werden. Darüber hinaus kann durch die Bewertung der Innovationsphasen eine Beurteilung der Prozessbeteiligten gegeben werden. Ein entsprechendes Feedback kann Mitarbeiter motivieren. Schlussendlich bietet das Innovationscontrolling eine Datenbasis, mit der bestimmte Innovationsentscheidungen bekräftigt werden können. Prozessverantwortliche können bspw. anhand der Daten eine Weiterführung des Projekts vor dem Management begründen (vgl. Möller et al. 2011, S. 13).

Nachteile und Gründe, die einer Einführung des Innovationscontrollings entgegenstehen, existieren in Form von generellen Widerständen seitens der Beteiligten gegenüber einem Controllingprozess.

Da oft mehrere Abteilungen an einen Innovationsprojekt arbeiten und die Zuständigkeiten nicht immer eindeutig geklärt sind, ist in der Praxis die genaue Zuordnung der Kosten zu einem Innovationsprojekt eines der Hauptprobleme. Zum einen ist die Kostenzuteilung sehr komplex und zum anderen können Kosten fehlerhaft zugeteilt werden (vgl. Littkemann und Derfuß 2011, S. 584 ff.).

Ein restriktives Controlling kann bei kreativen Mitarbeitern das Gefühl einer Beschränkung der gestalterischen Freiheit entstehen lassen. Zusätzliche administrative Aufgaben wie Zeit- und Datenerfassung verstärken den negativen Effekt. Das Controlling vernachlässigt zudem technische Aspekte und betrachtet speziell ökonomische Daten. Somit kann kein technischer Erfolg gemessen werden.

Als weiteren Nachteil wird oft angeführt, dass die Neuartigkeit von Projekten den Rückgriff auf Vergangenheitsdaten verhindert. Je nach vorhandener Datengrundlage ist die Aufstellung von Prognosen nicht, oder nur mit begrenztem Aussagewert, möglich.

9.2   Kennzahlen und Kennzahlensysteme

„Kennzahlen sind quantitative Daten, die als bewusste Verdichtung der komplexen Realität über zahlenmäßig erfassbare betriebswirtschaftliche Sachverhalte informieren sollen." (vgl. Weber und Schäffer 2011, S. 171).

Kennzahlen stellen somit das Unternehmensgeschehen in komprimierter Zahlenform dar. Es wird gemessen und dargestellt, wie effizient und effektiv im Unternehmen gearbeitet wird (vgl. Janssen 2011, S. 15). Der Begriff Kennzahl kann in diesem Kontext mit dem angloamerikanischen Ausdruck Key Performance Indicator (KPI) gleichgesetzt werden. Diese Kennzahlen sind notwendig, um die Controllingfunktion ausüben zu können (vgl. Reichmann 2011, S. 12, 24).

KPI weisen drei Eigenschaften auf: Sie dienen der Information, sind quantifizierbar und ermöglichen die einfache Darstellung komplexer Prozesse (vgl. Reichmann 2011, S. 24). Dabei differenzieren diese zwischen absoluten und relativen Kennzahlen. Absolute Kennzahlen geben die quantitativen Informationen in Zahlen an, wie bspw. der durchschnittliche Deckungsbeitrag. Relative Kennzahlen geben das Verhältnis zwischen zwei Werten an, wie etwa die Eigenkapitalquote. Des Weiteren wird zwischen monetären und nichtmonetären Kennzahlen unterteilt. Monetäre Kennzahlen errechnen sich aus Finanzdaten und sind bspw. Rentabilitäts-, Erfolgs- und Liquiditätskennzahlen. Nichtmonetäre Kennzahlen beziehen sich nicht auf Geldwerte, sondern errechnen z. B. Kapazitätsauslastungen.

Wie das Controlling selbst weisen Kennzahlen verschiedene Funktionen auf:

- Kennzahlen regen dazu an, Abweichungen von Planwerten zu erkennen, um Handlungen ableiten zu können.
- Kennzahlen dienen der Konkretisierung von Unternehmenszielen und somit der Messbarkeit von deren Erreichung.
- Kennzahlen helfen in der Vorgabefunktion, Zielwerte (z. B. Höchst- oder Mindestgrenzen) zu bestimmen und deren Erreichung zu überwachen.
- Kennzahlen helfen in der Steuerungsfunktion, komplexe Prozesse zu lenken.
- Um die Einhaltung von Planzielen zu prüfen, unterstützen Kennzahlen als Kontrollfunktion diese mithilfe von Soll-Ist-Vergleichen (vgl. Weber und Schäffer 2011, S. 173).

Der folgende Abschnitt zeigt charakteristische Arten von Kennzahlen im Innovationsmanagement auf. Unterschieden wird hierbei zwischen Inputmessgrößen, Prozess-, Output- und Outcome-Kennzahlen.

Inputmessgrößen zeigen die zur Innovation eingesetzten Mittel auf, wie bspw. der Einsatz von Personal, Materialien, Informationen, Wissen oder finanzielle Ressourcen. Viele Unternehmen ermitteln die Innovationsintensität anhand der Inputmessgrößen. Beispiele für Personalinputgrößen sind die Höhe der Personalkosten in F&E oder die Anzahl der Mitarbeiter in der Forschungsabteilung. Materialinputgrößen werden in Aufwendungen für Material und Ausstattung oder auch Investitionskosten in Forschungsequipment gemessen. Die Inputgrößen „Informationen" und „Wissen" können durch die Anzahl der Ideen oder Weiterbildungskosten bemessen werden (vgl. Möller et al. 2011, S. 39 ff.). Diese Inputmessgrößen eignen sich gerade für KMU mit hohen Innovationsaktivitäten.

Prozesskennzahlen umfassen alle Aktivitäten, die dazu führen, aus Inputfaktoren ein fertiges Produkt zu entwickeln. In dieser Hinsicht kann von einem Umwandlungsprozess gesprochen werden, der auf Effizienz und Effektivität hin überprüft wird. Kennzahlen, die dabei unterstützen, sind: Anzahl erreichter Meilensteine, Anzahl beendeter Arbeitspakete, Kostenabweichungen, Entwicklungskosten der Innovation, Termintreue, Time-to-Market und Fehlerquote. Innerhalb der Prozesskennzahlen werden die Faktoren Kosten, Zeit, Projektfortschritt und Qualitätsmessungen abgedeckt.

Outputkennzahlen treten in der Phase der Ideengenerierung sowie in der Produktentwicklung auf und sind zwischen absoluten und relativen Kennzahlen zu unterscheiden. In dieser Phase stehen Patente, Erfindungen und Entdeckungen im Vordergrund. Der Output kann anhand der Anzahl neuer Ideen oder neuer Entdeckungen berechnet werden. Auch diese Outputkennzahlen unterstützen insbesondere die Unternehmen mit hohen F&E-Aktivitäten und Publikationsarbeiten.

Outcome-Kennzahlen betrachten die Wirtschaftlichkeit von Innovationen. Der Erfolg (Outcome) wird mithilfe des Umsatzes durch neue Innovationen oder der erreichten Kundenakzeptanz gemessen. Indirekt kann der Erfolg durch Umsatzeinbußen der Konkurrenz oder erhöhte Kosten für Wettbewerber (z. B. für den Erwerb von Lizenzen) eintreten (vgl. Möller et al. 2011, S. 49 ff.).

Neben der reinen Verwendung von einzelnen Kennzahlen können Kennzahlensysteme eingesetzt werden, die mehrere Kennzahlen in Beziehung zueinander setzen. „Unter Kennzahlensystemen wird im Allgemeinen eine Zusammenstellung von quantitativen Variablen verstanden, wobei die einzelnen Kennzahlen in einer sachlich sinnvollen Beziehung zueinander stehen, einander ergänzen oder erklären und insgesamt auf ein gemeinsames übergeordnetes Ziel ausgerichtet sind." (Reichmann 2011, S. 26 f.).

Kennzahlensysteme werden demnach entwickelt, um durch die Kombination verschiedener Zahlen eine erhöhte Aussagekraft zu erhalten (vgl. Weber und Schäffer 2011, S. 188). Durch ein Kennzahlensystem kann zugleich ein Überblick über die genutzten Kennzahlen gegeben werden. Kennzahlensysteme dienen nicht nur der Analyse des Unternehmens und der zugrunde liegenden Prozesse, sondern auch dem Vergleich mit anderen Unternehmen (vgl. Kraus 1993, S. 237). Weithin anerkannte Kennzahlensysteme sind das DuPont System of Financial Control und die Balanced Scorecard (BSC) (vgl. Weber und Schäffer 2011, S. 189). Eine Weiterentwicklung der Balanced Scorecard ist die Balanced Innovation Card (BIC), die noch detailliert behandelt wird.

Im Folgenden werden für KMU geeignete Kennzahlen vorgestellt. Einige lassen sich mit wenig Aufwand implementieren, da die benötigten Informationen i. d. R. zur Verfügung stehen sollten. Bei anderen Kennzahlen muss mehr Aufwand getrieben werden. Hier muss jedes Unternehmen für sich entscheiden, ob dieser Aufwand die zusätzlichen Informationen rechtfertigt.

Allgemeingültige Werte für die einzelnen Kennzahlen können nicht sinnvoll vorgegeben werden. Dafür sind KMU zu unterschiedlich. Ein gutes Vorgehen könnte so aussehen, dass zuerst der aktuelle Stand mittels der Kennzahlen ermittelt wird. Aus diesen Ist-Zahlen kann dann abgeleitet werden, wie hoch die Zielwerte liegen sollen. Diese lassen sich dann infolge durch regelmäßige Auswertung der Kennzahlen kontrollieren und bei Bedarf durch geeignete Maßnahmen unterstützen.

9.2.1 Prozessübergreifende Kennzahlen

Im Folgenden werden die für ein Innovationscontrolling geeigneten prozessübergreifenden Kennzahlen Time-to-Market, Time-to-Profit und die Innovationsrate vorgestellt und auf die Eignung für das Innovationscontrolling bei KMU hin überprüft.

Time-to-Market

Beginn Produktion oder Markteintritt − Beginn Produktentwicklung

Die Kennzahl Time-to-Market dokumentiert den Zeitverbrauch des Produkts von der Produktentwicklung bis hin zur Markteinführung und überprüft somit, ob ein Unternehmen in der Lage ist, Innovationen schnell auf dem Markt einführen zu können (vgl.

Preißler 2008, S. 94). Die Aussagekraft wird durch zwei Aspekte begrenzt. Zum einen müssen die Startpunkte der Phasen „Projektentwicklung" und „Markteinführung" festgelegt werden. Aufgrund der fließenden Phasenübergänge kann dies häufig nur willkürlich erfolgen. Zum anderen werden die Phasen und Ursachen, die den Innovationsprozess konkret verzögern, nicht einzeln betrachtet. Die Kennzahl ist grundsätzlich auch für kleinere KMU anwendbar, da die erforderlichen Daten mit wenig Aufwand generiert und dokumentiert werden können.

Time-to-Profit

Zeit von Produktentwicklung bis „Break-even"

Die Kennzahl Time-to-Profit ermittelt den Zeitraum der Amortisation der Produktentwicklung. Die Amortisationsdauer wird in Monaten oder Jahren angegeben. Der Vorteil ist die Bekanntgabe eines ungefähren Zeitpunkts des Rückflusses finanzieller Mittel. Diese Information ist für die Planung neuer, finanziellen Einsatz erfordernder Projekte relevant. Ein Nachteil ist die innovationsbezogene Erfassung von Ein- und Auszahlungen, welche nicht in jedem Unternehmen uneingeschränkt vorgenommen werden kann. Zudem setzt die Berechnung dieser Kennzahl spezielle Werkzeuge (z. B. Softwarelösungen) voraus (vgl. Krause und Arora 2010, S. 324 f.).

Innovationsrate

$$\frac{\text{Umsatz mit neu eingeführten Produkten}}{\text{Gesamtumsatz}} \times 100$$

Die Innovationsrate gibt den Anteil in Prozent an, den Innovationen am Gesamtumsatz haben. Dazu muss vorab die Dauer der Neuartigkeit sowie der Neuartigkeitsgrad festgelegt werden. Die Kennzahl beantwortet somit die Fragen, was als Innovation zählt und wie lange die Zeitspanne dieser beträgt. Diese Kennzahl zeigt das Potenzial des Unternehmens, neue Innovationen auf den Markt zu bringen und wettbewerbsfähig zu bleiben (vgl. Krause und Arora 2010, S. 318 f.). Die Ermittlung erfordert eine genaue Aufschlüsselung der jeweiligen Innovationsprodukte auf den Ausgangsrechnungen, wodurch ein signifikanter Mehraufwand für forschungsintensive Unternehmen entsteht. KMU entwickeln – absolut gesehen – in der Regel weniger Innovationen als Großkonzerne und erstellen folglich weniger Ausgangsrechnungen. Aus diesem Grund können gerade auch kleine Unternehmen eine solche Kennzahl verwenden.

9.2.2 Kennzahlen entlang des Innovationsprozesses

Kennzahlen lassen sich nicht nur für den gesamten Prozess definieren, sondern auch für die einzelnen Innovationsphasen. Im Folgenden werden die Kennzahlen für die einzelnen Phasen des bereits vorgestellten Phasenmodells nach Robert G. Cooper (Stage-Gate-Prozess, s. Abschn. 4.2.2) beschrieben.

Kennzahlen zur Phase „Ideenfindung" (Stage 0: Entdeckung)
Die Ideenfindung als Vorphase des Innovationsprozesses umfasst alle Tätigkeiten, die sich mit der Generierung von Ideen beschäftigen. In dieser Phase eignet sich besonders die Berechnung der Kennzahlen „Beteiligungsquote MA" und „Realisierungsquote".

Beteiligungsquote MA

$$\frac{\text{Anzahl der beteiligten MA}}{\text{Anzahl der Gesamtbeschäftigten}}$$

Die Beteiligungsquote ermittelt den Grad der Teilnahme der Mitarbeiter am Innovationsprozess. Da Ideen von den verschiedensten Mitarbeitern im Unternehmen entwickelt werden können, analysiert die Beteiligungsquote, inwieweit das Kreativitätspotenzial der Mitarbeiter genutzt wird. Durch die Nutzung dieser Kennzahl kann herausgefunden werden, ob sich ausreichend viele Mitarbeiter an der Ideenfindung beteiligen (vgl. Beeck 2010, S. 130). Mit dieser Quote kann jedoch keine Aussage darüber getroffen werden, ob die beteiligten Personen wirklich zur Innovation beigetragen haben. KMU können diese Kennzahl anwenden, da Mitarbeiter durch die flache Hierarchie einfacher in den Innovationsprozess eingebunden werden können. Ebenso lässt sich die Anzahl der Beteiligten leicht ermitteln.

Realisierungsquote

$$\frac{\text{Anzahl umgesetzter Ideen zum Zeitpunkt x}}{\text{Anzahl neuer Ideen zum Zeitpunkt x}} \times 100$$

Die Realisierungsquote zeigt, ähnlich wie die Beteiligungsquote, wie hoch die Unterstützung der Mitarbeiter am Innovationsprozess ist. Da hier die umgesetzten Ideen herangezogen werden, wird speziell die Qualität der eingereichten Ideen berücksichtigt und die Effektivität der eingereichten Vorschläge ermittelt (vgl. Preißler 2008, S. 211). Mittelständische Betriebe können diese Zahlen mit geringem Aufwand, z. B. anhand von Excel-Listen, erfassen und auswerten. Dies setzt allerdings eine teilweise willkürliche Festlegung des Betrachtungszeitraumes voraus.

Kennzahlen zur Phase „Konzeptentwicklung" (Stage 1: Grobanalyse)
In der Konzeptentwicklung werden alle Tätigkeiten berücksichtigt, die dabei helfen, das erste Konzept für die Innovation zu erstellen. In dieser Phase ist oft die Einbeziehung von externen Partnern oder Kunden notwendig (vgl. Stausberg 2009, S. 11). Aus diesem Grund sind die Kennzahlen „Einbeziehung externer Partner" und „Frühzeitige Kundenorientierung" geeignet.

Einbeziehung externer Partner

$$\frac{\begin{array}{c}\text{Anzahl der umgesetzten Verbesserungsvorschläge} \\ \text{aufgrund von Kooperationen bzw. mit Kunden}\end{array}}{\text{Anzahl der gesamten umgesetzten Verbesserungsvorschläge}}$$

Die Einbeziehung externer Partner ermittelt den Anteil der umgesetzten Verbesserungsvorschläge zusammen mit externen Partnern im Verhältnis zu den insgesamt umgesetzten
Verbesserungsvorschlägen. Da Kunden die Abnehmer von Innovationen sind, sollten deren Vorschläge besonders berücksichtigt werden. Dadurch lässt sich ermitteln, wie stark
die externen Partner eingebunden werden (vgl. Preißler 2008, S. 211). Eine zu enge Einbeziehung kann jedoch zu einem unerwünschten Abhängigkeitsverhältnis führen. Kooperationspartner sind oftmals wichtige Ideengeber für KMU. Durch deren überschaubare Zahl
und die einfache Erfassung und Auswertung anhand gängiger Office-Lösungen, wie bspw.
Excel-Listen oder Access-Datenbanken, ist diese Kennzahl für KMU gut anwendbar.

Frühzeitige Kundenorientierung

$$\frac{\text{Anzahl Kundengespräche vor Konzeptentwicklung}}{\text{Anzahl Kundengespräche bis Markteinführung}}$$

Mit der frühzeitigen Kundenorientierung wird versucht, die Einbeziehung der Kunden im Innovationsprozess zu beschreiben. Besonders in den ersten Innovationsphasen
unterstützen Kundengespräche die genaue Spezifizierung von Kundenbedürfnissen. An
der frühen Kundenorientierung wird jedoch das Risiko eines zu starken Abhängigkeits-
verhältnisses zu den Kunden kritisiert (vgl. Beeck 2010, S. 132 f.). Aufgrund der vielfältigen Dokumentationsmöglichkeiten der Gespräche – z. B. in Excel-Listen und Access-
Datenbanken – ist diese Kennzahl auch für KMU geeignet.

Kennzahlen zur Phase „Projektplanung" (Stage 2: Geschäftsentwicklung)

Innerhalb der Projektplanung werden erstmals Termine und Plankosten festgelegt (vgl.
Stausberg 2009, S. 45). Wichtige Kennzahlen in dieser Phase sind die „Termintreue" und
der „Anteil der Kostenabweichung".

Termintreue

$$\frac{(\text{Plandauer} - \text{Istdauer des Innovationsprozesses})}{\text{Plandauer des Innovationsprozesses}} \times 100$$

Anhand der Termintreue wird gemessen, wie zuverlässig das Unternehmen Zeitvorgaben behandelt (vgl. Preißler 2008, S. 285). Abweichungen von der Ist- zur Plandauer
führen zu Anpassungsbedarf. Die erforderlichen Daten sollten in der Regel in der jeweiligen Projektdokumentation standardmäßig erfasst werden. Diese Kennzahl erfordert keine
besonderen technischen Voraussetzungen und ist für alle KMU geeignet. Werden Abweichungen von der Plandauer ermittelt, müssen Anpassungen erfolgen.

Anteil Kostenabweichung

$$\frac{(\text{Plankosten} - \text{Istkosten})}{\text{Plankosten}} \times 100$$

Mit dem Anteil der Kostenabweichung werden Abweichungen der Ist- von den bud-
getierten Plankosten ermittelt. Der Anteil der Kostenabweichung zeigt die Einhaltung

zuvor festgelegter Planwerte (vgl. Posluschny 2010, S. 59). Die frühzeitige Ermittlung von Zielabweichungen ermöglicht es Unternehmen, rechtzeitig Gegenmaßnahmen zu ergreifen (vgl. Reichmann 2011, S. 310). Nachteile liegen in der projektbezogenen Kostenzuteilung, da zu Projektbeginn entsprechende Kostenstellen festgelegt und entsprechende Rechnungen auf diesen verbucht werden müssen. Grundsätzlich ist diese Kennzahl für KMU anwendbar.

Kennzahlen zur Phase „Produktentwicklung" (Stage 3: Entwicklung)
Die Produktentwicklung umfasst alle Aufgaben, die sowohl die Produktentwicklung selbst als auch die erste technische Umsetzung beinhalten (vgl. Stausberg 2009, S. 75). Eine wichtige Kennzahl in der Produktentwicklung ist die F&E-Investitionsquote.

F&E-Investitionsquote

$$\frac{\text{F\&E-Investitionen}}{\text{Gesamtinvestitionen}} \times 100$$

Die F&E-Investitionsquote ermittelt die Investitionsquote bezogen auf die Gesamtinvestitionen. Diese Kennzahl ist ein wichtiges Indiz für die Innovationstätigkeit eines Unternehmens (vgl. Preißler 2008, S. 92). Die Bestimmung der F&E-Investitionen erfordert eine Festlegung der Zugehörigkeit von F&E-Kosten sowie eine Erfassung der Kosten auf gesonderten Unterkonten. Diese Kennzahl ist für größere KMU geeignet, sofern diese eigene F&E-Aktivitäten betreiben.

Kennzahlen zur Phase „Test/Validierung" (Stage 4: Testphase)
In der Test- und Validierungsphase wird die Marktreife des Neuprodukts überprüft (vgl. Stausberg 2009, S. 97). Wichtige Kennzahlen dieser Phase sind die Fehlerrate, der Erfüllungsgrad und die Projektabbruchrate.

Fehlerrate

$$\frac{\text{Anzahl fehlerhafte Innovationen}}{\text{Gesamtzahl der Innovationen}} \times 100$$

Anhand der Fehlerrate wird die Qualität der Innovationen ermittelt. Dies lässt einen Rückschluss auf die Effektivität des Innovationsmanagements zu (vgl. Preißler 2008, S. 173). Allerdings trifft die Fehlerrate keine Aussage über die Ursachen der Unvollkommenheit einzelner Innovationen und erfordert weitergehende Untersuchungen dieser fehlerhaft gemeldeten Innovationen. Durch die einfache Erfassung und Auswertung, anhand von vorhandenen Office-Lösungen wie bspw. Excel-Listen oder Access-Datenbanken, können KMU diese Kennzahl anwenden.

Erfüllungsgrad

$$\frac{\text{Erreichte Leistungsdaten}}{\text{Geforderte Leistungsdaten}} \times 100$$

Der Erfüllungsgrad gibt Auskunft über die Qualität der geforderten Innovationsaufgaben. Die Einhaltung der Zeitvorgaben für Leistungsdaten ist elementar für die Realisierung von Plänen. Diese Kennzahl ist grundsätzlich für KMU geeignet, sofern quantitative Daten für entsprechende Plan-/Ist-Vergleiche bereits vorliegen, respektive mit vertretbarem Aufwand ermittelt werden können.

Projektabbruchrate

$$\frac{\text{Anzahl abgebrochener Projekte}}{\text{Anzahl in dieser Zeit begonnener Projekte}} \times 100$$

Mit dieser Kennzahl wird indirekt der Erfolg von Innovationen gemessen (vgl. Beeck 2010, S. 133). Die Projektabbruchrate gibt Auskunft über die Qualität von Projektentscheidungen und die effiziente Ressourcenverteilung. Anhand der Abbruchrate kann jedoch nicht ermittelt werden, warum Projekte abgebrochen wurden. Die Anzahl der abgebrochenen Projekte wird über das Projektmanagement, sofern vorhanden, erfasst.

Kennzahlen zur Phase „Markteinführung" (Stage 5: Markteinführung)

Unter der Markteinführung werden alle Aufgaben zusammengefasst, die für die Bereitstellung der Produkte gegenüber dem Kunden notwendig sind (vgl. Stausberg 2009, S. 121). Wichtige Kennzahlen in dieser Phase sind die Floprate, die Wertschöpfungsquote und das Return on Innovation Investment.

Floprate

$$\frac{\text{Gescheiterte Innovationen}}{\text{Gesamtzahl der Innovationen}} \times 100$$

Mit der Floprate wird der Anteil der nicht erfolgreichen Innovationen ermittelt. Ziel ist die Beurteilung der Effektivität des Innovationsmanagements bei der Einführung neuer Produkte auf dem Markt. Die Berechnung dieser Kennzahl setzt die Festlegung voraus, ab wann eine Innovation als gescheitert bezeichnet wird. An der Floprate wird die Nichtvergleichbarkeit zu anderen Unternehmen kritisiert (vgl. Krause und Arora 2010, S. 149 f.). Des Weiteren kann die Floprate erst ermittelt werden, wenn mehrere Produkte am Markt vorhanden sind. Zudem ist nicht erkennbar, warum eine einzelne Innovation gescheitert ist, wodurch weitere Untersuchungen erforderlich werden. KMU entwickeln häufig – absolut gesehen – eine geringere Anzahl von Innovationen. Somit kann diese Zahl einfach ermittelt und mit gängigen Auswertungsprogrammen (Excel, Access) errechnet werden.

Wertschöpfungsquote

$$\frac{\text{Wertschöpfung einer Innovation}}{\text{Gesamtleistung einer Innovation}} \times 100$$

Mit der Wertschöpfungsquote kann die Leistungskraft eines Unternehmens ermittelt werden. Die Wertschöpfungsquote berechnet sich aus dem Produktionswert abzüglich der

Vorleistungen. In Bezug auf Innovationen kann die Berechnung anhand der Herstellungs-kosten des Umsatzes abzüglich des Nettoumsatzes der Innovation erfolgen. Die benötigten Zahlen können aus dem Jahresabschluss und der GuV entnommen werden (vgl. Krause und Arora 2010, S. 229 f.). Bei kleineren KMU kann im Gespräch mit der Steuerberatung die Einrichtung eines Unterkontos und die Kennzeichnung der entsprechenden Belege vereinbart werden. In größeren KMU kann dies entsprechend mit der Buchhaltungsabtei-lung besprochen werden. Die Wertschöpfungsquote eignet sich insbesondere für größere KMU, da die Ermittlung der Kennzahl eine umfangreiche Datenerfassung voraussetzt.

Return on Innovation Investment

$$\frac{\text{Durch neue Innovationen generierter Profit}}{\text{Innovationskosten}}$$

Der Return on Innovation Investment ermittelt, wie erfolgreich eine Innovation ist und gibt den bereits erwirtschafteten prozentualen Gewinn dieser Innovation an (vgl. Krause und Arora 2010, S. 45 f.). Die Ermittlung dieser Kennzahl erfordert die projektbezogene Ermittlung der Innovationskosten sowie die projektbezogene Erstellung von Ausgangs-rechnungen. Aufgrund des erhöhten Aufwands für die Beschaffung der benötigen Daten ist die Kennzahl eher für größere KMU empfehlenswert.

9.2.3 Balanced-Innovation-Card-Kennzahlensystem

Die Balanced Innovation Card (BIC) ist ein Modell zur Planung und Kontrolle von Pro-jekten im Innovationsmanagement. Dieses Modell stellt eine Modifizierung der Balanced Scorecard (BSC) dar, welche bei der Strategieimplementierung und bei der Erreichung von Unternehmenszielen unterstützt (vgl. Rautenstrauch 2006, S. 5 f.).

Der Einsatz einer BIC führt zu einer ganzheitlichen Betrachtung des Innovationsma-nagements und hat die effiziente Gestaltung des gesamten Innovationsmanagements zum Ziel (vgl. Beeck 2010, S. 123). Den Rahmen für dieses Modell setzt die durch das Manage-ment festgelegte Innovations- oder Unternehmensstrategie (vgl. Möller et al. 2011, S. 29). Gleich dem Balanced-Scorecard-Ansatz bestimmen die Ursache-Wirkungs-Beziehungen auch das BIC-Modell. Dabei ist die BIC insbesondere für das Innovationsmanagement mittelständischer Unternehmen konzipiert. Der BIC-Ansatz setzt die Bestimmung von vier Perspektiven und der dafür notwendigen, vier strategischen Ziele voraus, welche aus der Strategieausrichtung abgeleitet werden (vgl. Beeck 2010, S. 125 f.). Durch die Festlegung von entsprechenden Kennzahlen wird die Messbarkeit der vorgegebenen Ziele erreicht.

Das Grundmodell einer BIC umfasst die folgenden vier Perspektiven: Innovationskul-tur, Innovationsressourcen, Innovationsprozess und Innovationsoutput. Die Perspektiven des Grundmodells können in der Praxis ausgetauscht werden, da die individuellen Ziele und Kennzahlen auf das jeweilige Unternehmen abgestimmt werden müssen. Die ver-

schiedenen strategischen Ziele innerhalb der vier Perspektiven einer BIC sowie die dazugehörigen Kennzahlen werden in Tab. 9.1 dargestellt. In der Literatur wird hauptsächlich
herausgestellt, dass sich dieses Modell für Automobilzulieferer aus dem Bereich der KMU
eignet, aber durchaus auch in anderen Branchen nutzbar ist (vgl. Beeck 2010, S. 123–134).

9.3 Innovationshemmnisse

Unter einem Innovationshemmnis werden Faktoren verstanden, die zu einer Verzögerung,
Verhinderung oder auch zu der vorzeitigen Beendigung eines Innovationsprojekts führen. Ursächlich hierfür kann das menschliche Verhalten, z. B. in Form von Ablehnung
gegenüber dem Neuen und Beharren auf alten Angewohnheiten, sein (vgl. Gabler Wirtschaftslexikon). In der Literatur werden neben dem Ausdruck des Innovationshemmnisses
auch die Begriffe Innovationsbarriere oder Innovationswiderstand verwendet. Diese werden zumeist nicht synonym angewendet.
    Hemmnisse beziehen sich unter anderem auf den Entscheidungsprozess und haben die-
selben Auswirkungen wie Barrieren (vgl. Witte 1999, S. 13). Ein Widerstand hingegen
bezieht sich nicht nur auf die beteiligten Personen, sondern auch auf den Veränderungsprozess (vgl. Rüggeberg 2009, S. 10). Widerstände entstehen, bspw. weil Individuen sich
in ihrem Leben oder ihrer Lebensqualität bedroht fühlen (vgl. Vahs und Burmester 2005,
S. 14). Im Folgenden wird nicht zwischen den verschiedenen Ausdrücken differenziert,
da alle Formen einem störungsfreien Ablauf des Innovationsprozesses entgegenwirken.
    Innovationshemmnisse lassen sich oftmals durch Veränderungen des Innovationspro-
zesses überwinden. Sie sind zudem nicht als dauerhafte Schranke anzusehen (vgl. Witte
1973, S. 6 f.). Vielmehr können Hemmnisse auch einen positiven Effekt besitzen, in dem
Sinne, dass Innovationen und geistiges Eigentum ohne entsprechende Barrieren auch externen Individuen zur freien Nutzung bereitstehen würden. Positive Hemmnisse sind in
diesem Zusammenhang Schutzrechte, Patente, Gebrauchs- oder Geschmacksmuster und
Betriebsgeheimnisse (vgl. Löhr 2013, S. 79).
    Innovationshemmnisse lassen sich grundsätzlich in personelle, organisatorische, tech-
nische und externe Barrieren gliedern.

Personell bedingte Innovationsbarrieren
Innerhalb des Innovationsprozesses können personelle Innovationshemmnisse auftreten,
die als Barrieren des Nichtwissens (Nichtkönnens), des Nichtwollens und des Risikos
bezeichnet werden.
    Die Bereitstellung neuer Produkte erfordert neue Ziel-Mittel-Kombinationen, deren
Nutzen durch Anwender intellektuell erfasst werden muss, um Sinn und Zweck der Innovation abschätzen und beurteilen zu können (vgl. Hauschildt und Salomo 2011, S. 107).
Fehlt diese Fähigkeit, entsteht die Nichtwissen-Barriere, die den intellektuellen Zustand
einer Person beschreibt. Beispiele hierfür sind Denk- oder Artikulationsschwierigkeiten
sowie Einfallslosigkeit (Kreativitätsmangel) (vgl. Thom 1980, S. 365).

Tab. 9.1 Kennzahlen der Balanced Innovation Card (eigene Darstellung in Anlehnung an Beeck 2010, S. 128–134)

Strategische Ziele „Innovationskultur"	Kennzahlen
Signalisierung der Bedeutung von Innovationen durch Führungsverhalten	Meilensteinentscheidung mit Teilnahme der Führung/Meilensteinentscheidung im Unternehmen
Förderung des innovativen Denkens der MA	Anzahl eingereichter Ideen pro MA
Förderung der internen Kommunikation	Durchschnittliche Nutzung der Informationssysteme
Förderung interdisziplinärer Projektstrukturen	Vertretene Abteilungen im Projektteam
Strategische Ziele „Innovationsressourcen"	Kennzahlen
Erhöhung der Mitarbeiterverfügbarkeit	Anzahl Beschäftige im Innovationsmanagement/Anzahl Beschäftige im Unternehmen
Verbesserung der Qualifikation der MA	Anzahl der Weiterbildungsmaßnahmen zum Thema „Innovationsmanagement pro MA"
Erhöhung des für Innovationen zur Verfügung gestellten Kapitals	Kosten des Innovationsmanagements/gesamte Kosten des Unternehmens
Intensivierung der Zusammenarbeit im Netzwerk	Anzahl der Kooperationspartner
Strategische Ziele „Innovationsprozess"	Kennzahlen
Frühzeitige Kundenorientierung	Anzahl Kundengespräche vor Konzeptentwicklung/Anzahl Kundengespräche bis Markteinführung
Reduzierung der Innovationsdauer	Durchschnittliche Projektdauer
Optimierung des Markteinführungszeitpunktes	Anzahl termingerecht beendete Arbeitspakete/Anzahl Arbeitspakete bis Markteinführung
Optimierung der Bewertungs- und Auswahlprozesse	Anzahl abgebrochener Ideen vor Konzeptumsetzung/Anzahl abgebrochener Ideen bis Markteinführung
Strategische Ziele „Innovationsoutput"	Kennzahlen
Erhöhung der Kundenzufriedenheit	Befragungsergebnis
Steigerung der Innovationseffizienz	Barwert der Umsatzerlöse mit neuen Produkten im Jahr n/Barwert der Auszahlungen für die Innovationsprojekte
Steigerung der Innovationsrate	Gewinn mit neuen Projekten im Jahr n/Unternehmensgewinn im Jahr n
Steigerung des Innovationserfolgs	Anzahl erfolgreicher Produktinnovationen/Anzahl Produktinnovationen

Neben den vorgenannten Schwächen stellt fehlende Qualifikation von Personal und Management eine weitere Barriere dar. Mitarbeiter und Manager müssen technisch qualifiziert genug sein, um eine Innovation vorantreiben und die finanziellen Folgen einer Innovation zu Beginn des Innovationsprozesses beurteilen zu können (vgl. Herstatt 2007, S. 13 f.).

Neben der technischen Qualifikation stellen fehlende Methodenkenntnisse eine weitere Barriere dar. Methodenkenntnisse sind notwendig, um ein Projektvorhaben effizient durchzuführen und einen einwandfreien Ablauf zu garantieren. Wichtig sind auch kommunikative und kooperative Fähigkeiten, um z. B. Konflikte in der Zusammenarbeit frühzeitig zu erkennen und aufzulösen.

Nichtwollen-Barrieren spiegeln sich in einer willentlichen Blockadehaltung oder auch in Gleichgültigkeit gegenüber Aufgaben, Teams oder Unternehmen sowie einer Widerstandshaltung gegenüber Veränderungen wider (vgl. Thom 1980, S. 365). Das Individuum selbst stellt in diesem Zusammenhang die größte personelle Barriere dar (vgl. Müller-Porthmann und Dörr 2011, S. 62). Hierzu kann eine Vielzahl von Ursachen genannt werden, wie bspw. persönliche, sachliche, politische oder weltanschauliche Gründe, (vgl. Hauschildt und Salomo 2011, S. 109.) z. B. in Form von Verlustängsten bez. des Einkommens oder des Arbeitsplatzes, Ängsten gegenüber den Vorgesetzen, den Kollegen oder die generelle Angst vor Blamage. Diese persönliche Abneigung gegen eine Innovation kann alle Beteiligten am Innovationsprojekt negativ beeinflussen.

Zudem besteht die Möglichkeit, dass Innovationen auch negative Auswirkungen für ein Individuum haben. Sind diese für das Individuum vorhersehbar, verstärkt sich die Blockadehaltung. Gleichsam können Faktoren wie schlechte Mitarbeiterführung, intransparente Entscheidungswege und fehlendes Vertrauen in Vorgesetzte und Kollegen dazu führen, dass sich Mitarbeiter von dem Nutzen einer Innovation nicht überzeugen lassen (vgl. Baier 2008, S. 115).

Aus Angst vor Nachteilen, immaterieller oder materieller Art, anlässlich der bevorstehenden Veränderungen, können zusätzliche Barrieren entstehen. Diese werden als Risikobarriere bezeichnet. Eine solche Barriere betrifft Manager von KMU, die aufgrund der geringeren Ressourcenausstattung eine geringere Risikobereitschaft aufweisen könnten als Manager von finanzstarken Konzernen. Viele Manager von KMU haften zudem mit dem Privatvermögen und sind infolgedessen weniger risikobereit (vgl. Herstatt 2007, S. 14–19).

Organisatorische Innovationsbarrieren

Organisatorische Barrieren beziehen sich auf die Voraussetzungen und Abhängigkeiten, den Innovationsprozess zu planen und zu steuern. Die Höhe der organisatorischen Barrieren ist von einer Vielzahl, den Innovationsprozess beeinflussenden, Faktoren abhängig. Diese Faktoren lassen sich grob in Ressourcenmangel, fehlende Organisation von Prozessen und von Prozessbeteiligten einteilen (vgl. Herstatt 2007, S. 14–19).

Dieser Ressourcenmangel bezieht sich auf finanzielle, materielle und personelle Ressourcen. Ein finanzieller Ressourcenmangel bedeutet, dass dem Unternehmen nicht genügend finanzielle Mittel – in Form von Eigen- oder Fremdkapitel – zur Verfügung stehen, um Innovationen voranzutreiben. Um diesen finanziellen Mangel auszugleichen, sind KMU häufig auf Unterstützung durch externe Kapitalgeber angewiesen. Diese Kapitalaufnahme kann durch zwei Aspekte erschwert werden. Zum einem können KMU oftmals nicht genügend Kreditsicherheiten aufbringen und zum anderen ist für externe Kapitalgeber das Risiko bzw. die Abschätzung des Erfolgs schwierig, da mittelständische Unternehmen häufig kundenspezifische Aufträge bearbeiten und sich auf Nischenmärkten bewegen. Viele Kapitalgeber verlangen aufgrund dieser Unsicherheit eine Risikoprämie und erhöhen daher für KMU die Kosten der Kapitalaufnahme. Eine andere Option ist die Möglichkeit, finanzielle Unterstützung durch den Staat zu beantragen. Bürokratische Antragsverfahren hemmen jedoch diese Art der Kapitalbeschaffung (vgl. Achatz et al. 2012, S. 167).

Ein Mangel an materiellen Ressourcen bedeutet, dass die im Unternehmen vorhandenen Materialen nicht ausreichen, um Produkte weiterentwickeln und produzieren zu können. Dieser Mangel steht in engem Zusammenhang mit der finanziellen Ausstattung, da die Materialausstattung mit Aufwendungen verbunden ist (vgl. Löhr 2013, S. 80).

Personeller Mangel an Ressourcen entsteht, wenn nicht genügend oder nicht ausreichend qualifiziertes Personal zur Entwicklung einer Innovation zur Verfügung steht. Um geeignete Mitarbeiter zu rekrutieren, kann die Standortwahl entscheidend sein. KMU sind häufig gezwungen, den Standort hinsichtlich der entstehenden Kosten zu bestimmen und wählen daher häufig z. B. Randlagen in Industriegebieten oder in ländlichen Regionen. Dieser Ort kann unattraktiv für jene Hochqualifizierte sein, die eine Anstellung in Großstädten oder in Ballungsgebieten bevorzugen (vgl. Pfäfflin 2008, S. 57 f.).

In einer unvollständigen Prozessorganisation sind Abläufe, Transparenz und Methodenkenntnisse über das Innovationsmanagement nicht oder nicht ausreichend vorhanden. Die Einführung von Handbüchern, z. B. im Rahmen einer DIN EN ISO 9001-Zertifizierung, kann dabei helfen, die benötigten Abläufe festzulegen, um dadurch Transparenz zu schaffen. Auf diese Weise kann bspw. festgestellt werden, ob Prozesse gegebenenfalls zu detailliert sind und keine kreativen Freiräume zulassen.

Mittelständische Betriebe weisen bezüglich der Dokumentation von Prozessen oft Schwächen auf, da die klassischen Planungs- und Kontrollaufgaben häufig nicht schriftlich niedergelegt sind, wodurch Projektvorhaben als chaotisch empfunden werden können (vgl. Pfäfflin 2008, S. 75).

Eine fehlende organisationale Struktur der Prozessbeteiligten betrifft die Entscheidungswege, die Kommunikation innerhalb der Projekte und die Anreizsysteme. Nicht ausreichend geregelte Entscheidungskompetenzen im Innovationsprozess, bspw. durch Regeln in Handbüchern, halten die Entscheidungsfindung und somit die Innovation selbst auf (vgl. Rüggeberg 2009, S. 13). Mangelnde organisatorische Zusammenarbeit durch fehlende Kommunikation der Kollegen innerhalb eines Projektes, die Nichtverfügbarkeit von Informationen sowie die fehlende Überzeugung und Unterstützung von Kollegen des Projektteams erhöhen diese Barrieren (vgl. Mirow 2010, S. 74). Gleiches gilt für ein fehlendes Anreizsystem. So haben Studien ergeben, dass Mitarbeiter motivierter sind, wenn ein betriebliches Vorschlagswesen besteht, welches eine Unterstützung des Innovationsprojekts honoriert (vgl. Herstatt 2007, S. 20).

Technisch bedingte Innovationsbarrieren

Zur Realisierung von Ideen werden häufig technische Hilfsmittel benötigt. Die praktische Umsetzung einer Innovation kann u. U. aufgrund von veralteter Technik, nicht zeitgemäßer Softwareprogramme oder überholter technischer Anlagen erschwert werden. Dies betrifft insbesondere KMU aufgrund finanzieller Mittelbeschränkung (vgl. Herstatt 2007, S. 20). Um ein solches technisches Ressourcendefizit zu überwinden, können Kooperationen mit Lieferanten, Hochschulinstituten u. a. geschlossen werden (vgl. Mirow 2010, S. 79). Fehlt in dieser Kooperation indes die Unterstützung durch eine hinreichende technische Ausrüstung, kann der Innovationsprozess verhindert oder verzögert werden (vgl. Müller-Porthmann und Dörr 2011, S. 62).

Neben der technischen Ausstattung zur Realisierung einer Innovation ist eine wirksame Kommunikation innerhalb des Innovationsprozesses wesentlich. Eine solche kann durch den Einsatz von technischen Hilfsmitteln unterstützt bzw. gewährleistet werden. Fehlende Ausstattung, wie z. B. das Fehlen von leistungsfähigen Computern oder Videokonferenzanlagen, hindern die Kommunikation.

Auch ein ungenügender Reifegrad einer Innovation bedeutet, dass Produkte technisch noch nicht weit genug entwickelt sind, um in Produktion zu gehen oder der Markt für eine technische Innovation noch nicht bereit ist (vgl. Löhr 2013, S. 80).

Externe Innovationsbarrieren

Externe Barrieren sind durch Probleme, die in der Zusammenarbeit mit Dritten entstehen können, gekennzeichnet. Sie beziehen sich auf Lieferanten, Kunden, andere Marktteilnehmer und den Staat. Diese Art der Barrieren stellt die größte Herausforderung für das Unternehmen dar, weil diese generell schwer überwunden werden können.

In Kontakt mit Lieferanten können neue und veränderte Kundenspezifikationen an die Produkte des Zulieferers zu Widerständen bei diesen führen, da Veränderungen an Produktspezifikationen häufig Mehrarbeit und erhöhte Kosten bedeuten. Eine enge Zusammenarbeit zwischen Lieferant und Unternehmen ist daher notwendig, (vgl. Mirow 2010, S. 76.) um ein gemeinsames Verständnis über Preisgefüge, Zeitrahmen und Angebotsqualität zu entwickeln (vgl. Rüggeberg 2009, S. 12).

Aufseiten der Endkunden können Barrieren durch gestiegene Anforderungen bei der Anwendung des neuen Produkts oder auch durch einen gestiegenen Preis entstehen. Um diesem Aufbau einer Barriere entgegenzuwirken, besteht die Notwendigkeit, dem Kunden den gestiegenen Nutzen der Innovation exakt und verständlich zu erklären (vgl. Specht und Möhrle 2002, S. 114). Die Kooperation mit Kunden kann Barrieren verstärken, wenn bspw. Kunden permanent Druck auf das Entwicklerteam ausüben. Werden Konsumenten zu früh in den Innovationsprozess eingebunden, können radikale Innovationen durch Festhalten an alten Gewohnheiten verhindert werden (vgl. Sandmaier 2011, S. 113 f.).

Darüber hinaus können Fristen seitens der Endkunden zu kurz sein. Existierende Konkurrenzprodukte oder Prozesse auf dem Markt bilden ebenfalls Barrieren, die eine einfache Marktdurchdringung verhindern. Ein fehlender Zugang zu bestehenden Vertriebswegen z. B. über den großen Einzelhandel können die Einführung einer Innovation erschweren. Neben Lieferanten und Kunden kann der Staat eine Innovation verzögern oder verhindern, wenn Genehmigungen für die Umsetzung erforderlich sind (vgl. Löhr 2013, S. 79 f.).

Überwindung der Barrieren

Barrieren sind durch den Einsatz verschiedener Mittel überwindbar. Im Folgenden wird beschrieben, wie Unternehmen mit Innovationsbarrieren umgehen können.

Zur Überwindung der Nichtwollen- und Nichtwissen-Barriere sind Mitarbeiter erforderlich, die sich durch hohen persönlichen Einsatz und Engagement für Innovationen einsetzen. Diese Personen werden (vgl. Abschn. 5.2) als Promotoren bezeichnet und finden sich entlang des Innovationsmanagementprozesses. Hierbei werden vier Arten von Promotoren unterschieden: der Machtpromotor, der Fachpromotor, der Prozesspromotor und in neueren Ansätzen der Beziehungspromotor.

Die einzelnen Promotorentypen wurden in Kap. 5 bereits beschrieben. An dieser Stelle soll aufgezeigt werden, wie diese Promotoren bei der Überwindung der Barrieren unterstützen können.

Der Machtpromotor ist eine Autoritätsperson, die durch Überzeugungskraft versucht, bestehende Ängste von Betroffenen zu reduzieren und somit die Nichtwollen-Barriere zu überwinden. Durch gerechte Arbeitsteilung und Einsatz von Führungsinstrumenten versucht der Machtpromotor zu motivieren. Zu diesem Zweck werden auch immaterielle und materielle Anreizsysteme eingesetzt.

Der Fachpromotor kennzeichnet sich durch seine Kompetenz innerhalb des Innovationsthemas aus. Auf fachlicher Ebene unterstützt der Fachpromotor das Innovationsvorhaben, indem das vorhandene Wissen weitergegeben und fehlende Kenntnisse angeeignet werden, um so die Nichtwissen-Barriere zu überwinden. Macht- und Fachpromotoren arbeiten eng zusammen.

Ein Prozesspromotor ist durch Innovationsmanagementfähigkeiten gekennzeichnet und unterstützt Innovationen auf methodischer Ebene zur Überwindung der Nichtdürfen-Barriere. Der Prozesspromotor wirkt nur indirekt auf die Innovationsfindung ein, vielmehr fördert der Prozesspromotor die Interaktion und Kommunikation der Beteiligten. Macht- und Prozesspromotoren setzen allerdings das Vorhandensein entsprechender Führungsfähigkeiten voraus (vgl. Hauschildt und Salomo 2011, S. 125 f.).

Der Beziehungspromotor löst durch sein vorhandenes Netzwerk Engpässe. So können bspw. organisatorische Mängel identifiziert und beseitigt werden. Durch die Herstellung von Kontakten zwischen den verschiedenen Promotoren arbeitet der Beziehungspromotor als Vermittler. In dieser Tätigkeit können noch fehlende Kommunikationsstrukturen aufgebaut werden, die dabei helfen, das gesetzte Innovationsziel zu erreichen (vgl. Löhr 2013, S. 45). Die Aufgabe zur Überwindung von Barrieren wird durch die Promotoren nicht als Hauptaufgabe, sondern begleitend zum Tagesgeschäft ausgeführt und erfordert ausreichende Ressourcen. Somit ist die Anerkennung der Tätigkeit durch das Management ein wichtiges Kriterium, um die Arbeit der Promotoren sicherzustellen (vgl. Thom 1980, S. 367).

Neben der Überwindung der persönlichen Barrieren können auch Ressourcendefizite beseitigt werden. Um diese Knappheit zu überwinden, sind Kooperationen mit Lieferanten, Kunden oder Hochschulen geeignet. Eine Zusammenarbeit mit Lieferanten kann dazu beitragen, Entwicklungskosten und -zeit zu reduzieren. Ein wesentliches Argument für Kooperation ist die Verminderung des Risikos. Die Kooperation mit Kunden kann dazu führen, den Anwendermarkt zu verstehen und besser auf die Kundenbedürfnisse eingehen zu können. Gerade der Mittelstand kann durch seine enge Zusammenarbeit mit Kunden und Lieferanten ein solches Vertrauen aufbauen und kommunizieren (vgl. Schewe und Nienaber 2009, S. 227). Durch eine gemeinschaftliche Entwicklung mit Hochschulen kann neues Wissen gewonnen und Synergieeffekte genutzt werden, um dadurch bspw. Kosten zu sparen oder zu verringern (vgl. Hauschildt und Salomo 2011, S. 174 f.).

Die Einführung eines Anreizsystems unterstützt die Überwindung der Barriere des Nichtwollens. Ziel der Einführung eines Belohnungssystems ist es, die Motivation zur Innovation zu erhöhen. Alle Phasen des Innovationsprozesses sind bei der Entwicklung des Belohnungssystems mit einzubeziehen (vgl. Corsten et al. 2006, S. 88).

Zur Überwindung von Barrieren sind im Vorfeld konzipierte Checklisten geeignet. Anhand dieser Checklisten kann überprüft werden, ob bspw. Innovationsstrategien und Innovationsziele bekannt sind. Die Kenntnis der zugrunde liegenden Strategie und der betrieblichen Ziele sind für den Erfolg eines Innovationsmanagements entscheidend. Die Beteiligten am Innovationsprozess können mittels Checklisten über deren notwendigen Kenntnisse befragt werden.

9.4 Produktpiraterie

Produktpiraterie ist eine „Verletzung des geistigen Eigentums" (vgl. Schaaf 2009, S. 62.) in Form von Produktion und Verkauf gefälschter Waren, die dem Originalprodukt erheblich ähneln.

Auch wenn Produktpiraterie kein neues Phänomen ist, bedroht es in zunehmendem Maße die europäische Wirtschaft. Für den deutschen Maschinenbau stellt Produktpiraterie ein Risiko dar, jedoch sind auch andere Branchen stark betroffen (vgl. Schaaf 2009, S. 62). Die Ursache für Produktpiraterie liegt überwiegend in den hohen Margen, welche Fälscher beim Verkauf des Plagiats durch die Ersparnis der hohen Kosten für F&E und Marketing erzielen können. Darüber hinaus erhöht die Produktion an Niedriglohnstandorten und die Nichteinhaltung der Qualitätsstandards des Markenherstellers die Gewinnspanne für nachgeahmte Produkte. Hinzu kommt, dass die Globalisierung der Vertriebs- und Handelswege (z. B. durch Internetplattformen wie eBay) die Vertriebskosten der Plagiatshersteller senkt

(vgl. Welser und González 2007, S. 22). Die Produktpiraterie ist bereits zu einem weltweiten Wirtschaftszweig herangewachsen.

Formen von Produktpiraterie
Im Wesentlichen existieren vier unterschiedliche Formen der Produktpiraterie, die im Folgenden kurz erläutert werden.

Plagiate bauen insbesondere auf der Kraft des Markennamens oder des Logos auf,
wobei die Produktion und der Vertrieb gegen Geschmacksmuster- und Urheberrechte
verstoßen. Bei der Herstellung von Plagiaten wird nur eine kleine Veränderung des Origi-
nalprodukts vorgenommen, sodass diese insbesondere am äußeren Erscheinungsbild des
Originals stark angelehnt sind. Die Produkte selbst können sich hierbei durchaus von der
Produktpalette des originären Unternehmens unterscheiden.

Sklavische Fälschungen versuchen das Produkt möglichst identisch – also sowohl beim
Namen, der Verpackung als auch bezüglich der Qualität und der Funktionalität – zu fäl-
schen (vgl. Stephan 2011, S. 293).

Als klassische Fälschung wird ein in minderer Qualität hergestelltes Produkt bezeichnet, welches weder in Form noch in Funktionalität mit dem Original übereinstimmen
muss.

Eine Raubkopie ist die unerlaubte Produktion und der Vertrieb von durch nationales
(z. B. UrhG) oder internationales Urheberrecht geschütztem Material.

Produktpiraterie und Mittelstand
Für KMU stellt die Produktpiraterie ein bedeutendes Risiko dar, da Informationen für
Fälscher häufig unbewusst offengelegt werden. Dies kann unterschiedliche Gründe haben:
Bei einer Expansion auf internationalen Märkten sind KMU in der Regel auf lokale Arbeitskräfte angewiesen. Um die Qualitätsstandards des eigenen Unternehmens zu halten,
werden die lokalen Arbeitskräfte durch Schulungen mit dem nötigen Know-how ausgestattet. Das offengelegte respektive von dem lokalen Mitarbeiter erlernte Wissen birgt das
Risiko, an Dritte weitergereicht zu werden. Zudem gehen mittelständische Betriebe häufig
ein Joint Venture mit einem lokalen Partner ein, da die lokalen Vorschriften dies verlangen
oder um sich einen einfacheren Markteintritt zu ermöglichen. Für diese Zusammenarbeit werden vorab vom Joint-Venture-Partner Konstruktionspläne, Zeichnungen oder auch
Qualitätsmuster verlangt. Hierbei besteht grundsätzlich das Risiko der Weiterleitung der
technischen Daten an Produktfälscher. Fehlende Kenntnisse bei KMU bezüglich ausländi-
scher Rechtssysteme sowie die begrenzte Ressourcenausstattung verhindern den Versuch,
der Produktpiraterie nachzugehen (vgl. Schaaf 2009, S. 64).

Langfristig entstehen den Unternehmen große finanzielle Schäden durch Umsatz- und
Marktanteilsverluste (vgl. Welser und González 2007, S. 48 f.). Ebenso fallen Kosten für
die Bekämpfung der Produktpiraterie an. Auf lange Sicht ist zudem das Preisniveau der
eigenen Produkte bedroht, da durch preisgünstige Imitate auf dem Markt der Zwang zu
dauerhaften Preissenkungen für das Original entstehen kann (vgl. Stephan 2011, S. 293 f.).
Neben den direkten finanziellen Auswirkungen bestehen auch rechtliche Risiken für Un-

ternehmen, deren Produkte gefälscht wurden. Kann einem Unternehmen eine nicht ausreichende Sorgfalt zum Schutz vor Produktpiraterie nachgewiesen werden, können Re-
gressansprüche aus Produkthaftungs- und Gewährleistungsverpflichtungen entstehen. Des
Weiteren kann es zu einer Entwertung der Marke kommen, wenn die Exklusivität des Produkts durch ein Überangebot von Imitaten gefährdet wird oder die geringe Qualität von
Fälschungen auf das Image des Originals wirkt (vgl. Welser und González 2007, S. 48–
51).

Als Folge werden ausländische Märkte mit hohem Risiko der Produktpiraterie nicht
betreten respektive verlassen und entsprechende Wettbewerbsnachteile, die aus der Nicht-
nutzung günstiger Produktionsstätten oder neuer Absatzmärkte resultieren könnten, in
Kauf genommen (vgl. Witte 2010, S. 81 ff.).

Strategische Grundhaltung gegenüber Produktpiraterie
KMU können unterschiedliche, unternehmensübergreifend konzipierte Schutzmaßnahmen gegen Produktpiraterie anwenden. Bereits in der Organisation des Innovationsmanagements sollten hierbei wirksame Kontrollen eingebaut werden.

Generell stehen Unternehmen vier verschiedene Basisstrategien als Reaktion auf Produktpiraterie zur Verfügung:

- Die Präventionsstrategie impliziert alle Maßnahmen, die vor Produktveröffentlichung
  getroffen werden können, mit dem Ziel, Produktpiraterie vorbeugend zu unterbinden.
  Zu den geeigneten Mitteln zählen die Registrierung von Marken- und Schutzrechten, eine enge Marktbeobachtung, spezielle Kopierschutzmechanismen oder besondere
  Verpackungen. Das Ziel ist die Nichtpreisgabe von Informationen wie auch die Streuung falscher Informationen zum Schutz des geistigen Eigentums.
- Die zweite Grundhaltung ist die Duldung einzelner Fälschungen. Es werden nicht alle Fälschungen verfolgt, sondern einige Imitate auf speziellen Märkten oder für eine
  gewisse Zeit toleriert (vgl. Stephan 2011, S. 305 f.). Diese Strategie eignet sich vor
  allem für Unternehmen mit knapper Ressourcenausstattung, um den Fokus auf den
  Schutz der Kernprodukte legen zu können (vgl. Witte 2010, S. 41). In Einzelfällen
  können durch eine Duldung von Fälschungen im Luxusgüterbereich positive Marke-
  tingeffekte entstehen. Käufer von Luxusgütern und Fälschungen befinden sich teilweise
  in unterschiedlichen Märkten, wodurch der Wert und die Marke selbst nicht unter den
  Fälschungen leiden müssen.
- Die dritte Strategie, die Kooperation, befasst sich mit der Aufklärungsarbeit von Produktpiraterie betroffenen Unternehmen. So können gemeinsame bessere Schutzmaßnahmen entwickelt und Ressourcen gestärkt werden. Eine Extremform von Kooperationen ist der Zusammenschluss mit Produktpiraten, z. B. durch Vergabe von Lizenzen
  oder der Bildung eines Joint Ventures. Ziel ist die Rückgewinnung der Kontrolle über
  das eigene Produkt durch die Überwachung des Produktpiraten.

- Die letzte und vierte Strategie, die Sanktion, umfasst die rechtliche Verfolgung von Fälschungen. Ziel ist es, durch die Erwirkung von empfindlichen Strafen den Produktfälschern den finanziellen Anreiz zu nehmen.

Welche Grundhaltung ein Unternehmen einnimmt, ist von den Produkten, der Unternehmensstrategie, der geografischen Diversifizierung und dem bestehenden Bedrohungspotenzial abhängig. Darüber hinaus können KMU weitere Schutzmaßnahmen ergreifen. In diesem Zusammenhang sind insbesondere die Schutzmaßnahmen Produktkennzeichnung, strategische Schutzmaßnahmen im Umgang mit externen Personen, Kommunikationsstrategien im Umgang mit Produktpiraterie, informationstechnische Schutzmaßnahmen und technische Schutzmaßnahmen hervorzuheben. Diese helfen dem Unternehmen, die firmeneigenen Produkte, Informationen und das Know-how zu schützen.

9.5 Zusammenfassung, Checklisten und Tipps

Die Einführung bzw. Durchführung eines Innovationscontrollings birgt gerade für mittelständische Unternehmen einen speziellen Nutzen, da hierdurch die knappen finanziellen und personellen Ressourcen effizienter eingesetzt und mittels des Controllings nachgesteuert werden können.

Beim Innovationscontrolling kommen Kennzahlen und Kennzahlensysteme zur Anwendung, die die wesentlichen Aspekte einzelner Phasen im Innovationsprozess abbilden. Dadurch lassen sich die komplexen Prozesse im Innovationsmanagement besser steuern und lenken.

Zur Einführung eines Innovationscontrollings muss keine zusätzliche Abteilung geschaffen werden, da eine Bearbeitung dieser Aufgabe neben dem Tagesgeschäft möglich ist. KMU können sowohl Inputmessgrößen, Prozess-, Output- als auch Outcome-Kennzahlen nutzen, wobei hier in erster Linie umsatzbezogene Kennzahlen zum Einsatz kommen. Durch verbreitete Standardsoftwarelösungen, wie bspw. Microsoft Excel oder Access, kann der Mittelstand mit geringem Ressourceneinsatz ein effektives Innovationscontrolling betreiben. Dabei müssen die erforderlichen Kennzahlen auf das Unternehmen und die Innovationsarten regelmäßig abgestimmt und ggf. angepasst werden.

Die Checkliste in Tab. 9.2 kann bei der Umsetzung eines umfassenden Innovationscontrollings helfen.

In Bezug auf Innovationshemmnisse oder Innovationsbarrieren wurde aufgezeigt, dass diese vielfältiger Natur sein können und sich im Wesentlichen auf vier Kategorien aufteilen lassen:

- personell bedingte Innovationsbarrieren,
- organisatorische Innovationsbarrieren,
- technisch bedingte Innovationsbarrieren,
- externe Innovationsbarrieren.

Tab. 9.2 Checkliste Innovationscontrolling (eigene Darstellung in Anlehnung an Vahs und Burmester 2005, S. 290 f.)

Checkliste: Implementieren Sie ein umfassendes Innovationscontrolling		
Frage	Ja	Nein
Gibt es ein Controlling im Unternehmen?		
Wurde eine Controllingfunktion (Planung, Information, Analyse und Kontrolle) in Bezug auf das Innovationscontrolling formuliert?		
Sind Kompetenzen, Aufgaben und Verantwortlichkeiten klar geregelt?		
Wurde ein Innovationscontrolling eingerichtet?		
Wurden Ziele für das Innovationscontrolling formuliert?		
Sind diese Ziele in der Unternehmenszielsetzung eingegliedert?		
Wurden operative Tätigkeiten des Innovationscontrollings festgelegt?		
Wurden strategische Tätigkeiten des Innovationscontrollings festgelegt?		
Wurden Kompetenzen zur Entscheidung und Weisung festgelegt?		
Arbeiten Controller und Ingenieure eng zusammen?		
Erstellen Ingenieure gemeinsam mit Controllern Pläne bezüglich Kosten, Qualität und Zeit?		
Werden die erstellten Pläne auf die Einhaltung hin kontrolliert?		
Wurden entsprechende Controllinginstrumente eingesetzt? (z. B. vorbereitete Excel-Listen zur Datenerfassung)		
Wurden unternehmensspezifische Kennzahlen festgelegt?		
Wurden Kennzahlen für die einzelnen Innovationsphasen festgelegt?		
Werden die Kosten der Innovation auf die jeweiligen Kostenstellen verbucht?		
Wurde das Budget klar einem Innovationsprojekt zugewiesen?		
Sind Informationswege zwischen den Beteiligten am Innovationsprozess klar geregelt?		
Wird das Projekt nach jeder Phase auf Weiterverfolgung überprüft?		
Werden die Daten aus dem Innovationscontrolling genutzt, um Abweichungen zu ermitteln und Anpassungen vorzunehmen?		

Diese haben unterschiedliche Ursachen und können mit unterschiedlichen Ansätzen überwunden werden. Um sich ein umfassendes Bild von möglichen Barrieren zu verschaffen, kann u. a. die Checkliste in Tab. 9.3 helfen.

Die Gefahren durch Produktpiraterie sind vielfältig. Auch oder gerade der Mittelstand ist hierdurch bedroht, da hier einerseits die Schutzmechanismen, wie sie auch im Abschn. 4.7. beschrieben wurden, nicht so ausgeprägt genutzt werden wie bei großen Unternehmen, und andererseits oft die Ressourcen fehlen, um Verstöße entsprechend ahnden zu können.

Entsprechende Reaktionsmöglichkeiten auf Produktpiraterie wurden im Abschn. 9.4 vorgestellt und ergänzend kann die Checkliste in Tab. 9.4 helfen, weiter für das Thema „Produktschutz" zu sensibilisieren.

Tab. 9.3 Checkliste Innovationsbarrieren nach Hauser (eigene Darstellung in Anlehnung Hauser 2011, S. 259 ff.)

Checkliste: Verschaffen Sie sich ein Bild über mögliche Innovationsbarrieren		
Frage	Ja	Nein
Die Innovationsstrategie ist bekannt und kommuniziert?		
Die Innovationsziele werden umgesetzt?		
Innovationsbudgets sind definiert?		
Der Innovationsprozess ist klar definiert und wird befolgt?		
Die Entscheidungsbildung bei Innovationsprojekten ist breit abgestützt?		
Verbesserungsvorschläge von Mitarbeitern werden umgesetzt und belohnt?		
Die Kommunikation zwischen Marketing und Entwicklung verläuft reibungslos?		
Die Kommunikation ist wertschätzend statt geringschätzig?		
Innovations-/Projektteams sind komplementär zusammengesetzt?		
Chancen und Risiken bei Innovationsvorhaben werden realistisch eingeschätzt?		
Teamentwicklung wird regelmäßig auditiert?		
Wissensmanagement in den Netzwerken wird bewusst umgesetzt (Internet oder externe Stellen)?		
Verantwortlichkeiten sind klar geregelt, z. B. für Projektleitung, -teams, -steuerungsgremium?		
Handlungsspielräume für Projektarbeit sind ausreichend groß?		
Führungsinterventionen bei Innovationsvorhaben sind auf Kooperation ausgerichtet?		
Methoden, Tools, EDV-Systeme unterstützen die Innovationsarbeit ziel- und zweckorientiert?		
Die Firmenkultur basiert auf Vertrauen?		

Tab. 9.4 Checkliste zur Produktpiraterie (eigene Darstellung in Anlehnung an Bundesministerium der Finanzen – Deutsche Zollverwaltung)

Checkliste: Schützen Sie Ihre Innovationen		
Frage	Ja	Nein
Erfolgt ein systematischer Schutz der Innovationen?		
Werden Innovationen als Patent angemeldet?		
Werden Innovationen als Gebrauchsmuster angemeldet?		
Werden Innovationen als Geschmacksmuster angemeldet?		
Lässt sich die Marke schützen?		
Soll der Schutz national oder international erfolgen?		
Ist der Erwerb der Rechte möglich? Sollen Rechte aktiv vermarktet werden?		
Besteht eine Verbindung zwischen dem Innovationsprozess und der Patentierung?		
Werden Patente und deren Schutzzeitraum regelmäßig überprüft?		

Literatur

Buchquellen

Achatz, Reinhold, Michael Braun, und Tom Sommerlatte. 2012. *Lexikon: Technologie- und Innovationsmanagement*. Düsseldorf: Symposion Publishing.

Baier, Peter 2008. *Praxishandbuch Controlling – Controlling-Instrumente, Unternehmensplanung und Reporting*. München: mi-Fachverlag.

Beeck, Christine 2010. Balanced Innovation Card: Instrument des strategischen Innovationsmanagements für mittelständische Automobilzulieferer. In *Bewertung von Innovationen im Mittelstand*, Hrsg. Anette von Ahsen Berlin: Springer.

Cremer, Udo 2001. *Kennzahlen für Klein- und Mittelbetriebe – Das Unternehmen effizient steuern – Risiken rechtzeitig erkennen – Chancen gezielt nutzen*. Landsberg am Lech: mvg.

Corsten, Hans, Ralf Gössinger, und Herfried Schneider. 2006. *Grundlagen des Innovationsmanagements*. München: Vahlen.

Eberhardt, Ines 2006. F&E-Controlling in hochtechnologieorientierten, mittelständischen Unternehmen unter besonderer Berücksichtigung der Technologiefrühaufklärung. In *Controllinginstrumenten im Mittelstand* Konferenz Mittelstandscontrolling, TU Kaiserslautern, 2005., Hrsg. Volker Lingnau Lohmar: Josef Eul.

Gleich, Ronald, Stefan Hofmann, und Marc Shaffu. 2008. *Innovation und Controlling. In: Picot, Gerhard: Handbuch für Familien- und Mittelstandsunternehmen*. Stuttgart: Schäffer-Poeschel.

Hauschildt, Jürgen, und Sören Salomo. 2011. *Innovationsmanagement*. München: Vahlen.

Hauser, Eduard. 2011. Fragebogen zur Messung und Beurteilung von Innovationen. In Olaf Böhme und Eduard Hauser (Hrsg.) *Innovationsmanagement. Erkennen und Überwinden von Innovationsbarrieren*. Bern: Peter Lang Verlag.

Janssen, Sebastian 2011. *Innovationssteuerung mit Kennzahlen Erfolgswirkungen und Determinanten einer konzeptionellen Kennzahlennutzung*. Göttingen: Cuvillier.

Kraus, Heinz 1993. Betriebswirtschaftliche Kennzahlen als Steuerungsinstrumente des Controllings. In *Controlling-Konzepte für den Mittelstand. Existenzsicherung durch Innovation und Flexibilität*, Hrsg. Konrad Liessmann Freiburg i. Breisgau: Haufe.

Krause, Hans Ulrich, und Dayanand Arora. 2010. *Controlling-Kennzahlen – Key Performance*. München: Oldenbourg.

Littkemann, Jörn 2005. *Innovationscontrolling*. München: Vahlen.

Littkemann, Jörn, und Klaus Derfuß. 2011. Innovationscontrolling. In *Handbuch Technologie und Innovationsmanagement*, Hrsg. Sönke Albers, Oliver Gassmann Wiesbaden: Gabler.

Löhr, Karsten 2013. *Innovationsmanagement für Wirtschaftsingenieure*. München: Oldenbourg.

Mirow, Christoph 2010. *Innovationsbarrieren*. Wiesbaden: Gabler.

Möller, Klaus, Jutta Menninger, und Diane Robers. 2011. *Innovationscontrolling – Erfolgreiche Steuerung und Bewertung von Innovationen*. Stuttgart: Schäffer-Poeschel.

Müller-Porthmann, Tobias, und Nora Dörr. 2011. *Innovationsmanagement: Strategien, Methoden und Werkzeuge für systematische Innovationsprozesse*. München: Hanser.

Pfäfflin, Heinz 2008. *Stärken und Schwächen des Innovationsverhaltens von KMU – Exemplarische Analyse und mögliche Handlungsoptionen*. Stuttgart: IMU-Institut für Medienforschung und Urbanistik.

Posluschny, Peter 2010. *Basiswissen Mittelstandscontrolling*. München: Oldenbourg.

Preißler, Peter 2008. *Betriebswirtschaftliche Kennzahlen: Formeln, Aussagekraft, Sollwerte, Ermittlungsintervalle.* München: Oldenbourg.

Rautenstrauch, Thomas 2006. Balanced Scorecard in mittelständischen Unternehmen – Empirische Ergebnisse und Implikationen. In *Einsatz von Controllinginstrumenten im Mittelstand* Konferenz Mittelstandscontrolling, TU Kaiserslautern, 2005., Hrsg. Volker Lingnau Lohmar: Josef Eul.

Reichmann, Thomas 2011. *Controlling mit Kennzahlen. Die systemgestützte Controlling-Konzeption mit Analyse- und Reportinginstrumenten.* München: Vahlen.

Sandmaier, Patricia 2011. Der Kunde als Innovationsmotor. In *Praxiswissen Innovationsmanagement: Von der Idee zum Markterfolg*, Hrsg. Oliver Gassmann, Philipp Sutter München: Hanser.

Schaaf, Christian 2009. *Industriespionage. Der große Angriff auf den Mittelstand.* Stuttgart: Richard Boorberg.

Schewe, Gerhard, und Ann Marie Nienaber. 2009. Vertrauenskommunikation und Innovationsbarrieren Theoretische Grundlagen. In *Kommunikation als Erfolgsfaktor im Innovationsmanagements. Strategien im Zeitalter von Open Innovation*, Hrsg. Ansgar Zerfaß, Kathrin M. Möslein Wiesbaden: Gabler.

Specht, Dieter, und Martin G. Möhrle. 2002. *Gabler Lexikon Technologiemanagement, Management von Innovationen und neuen Technologien im Unternehmen.* Wiesbaden: Gabler.

Stausberg, Michael 2009. *Kennzahlen im Innovationsmanagement – Entwicklungsrisiken systematisch minimieren.* Kissing: Weka Media.

Stephan, M. 2011. Schutz von Innovationen gegen Bedrohungen durch Produktpiraterie. In *Innovation im Dienste der Gesellschaft. Beiträge des 3. Zukunftsforums Innovationsfähigkeit des BMBF*, Hrsg. Sabina Jeschke Frankfurt am Main: Campus.

Thom, N. 1980. *Grundlagen des betrieblichen Innovationsmanagements.* Königstein: Peter Hanstein.

Vahs, Dietmar, und Ralf Burmester. 2005. *Innovationsmanagement: Von der Produktidee zur erfolgreichen Vermarktung.* Stuttgart: Schäffer-Poeschel.

Wagenhofer, Alfred 2009. *Controlling und Corporate Governance-Anforderungen.* Berlin: Erich-Schmidt.

Weber, Jürgen, und Utz Schäffer. 2011. *Einführung in das Controlling.* Stuttgart: Schäffer-Poeschl.

von Welser, Marcus, und Alexander González. 2007. *Marken- und Produktpiraterie.* Weinheim: Wiley.

Witte, Christina Maren 2010. Risikoeffizienz und Wirksamkeit betriebswirtschaftlicher Schutzmaßnahmen gegen Produktpiraterie. In *Managementmaßnahmen gegen Produktpiraterie und Industriespionage*, Hrsg. Carsten Fussan Wiesbaden: Gabler.

Witte, Eberhard 1999. Das Promotoren-Modell. In *Promotoren – Champions der Innovation*, Hrsg. Jürgen Hauschildt, Hans Georg Gemünden Wiesbaden: Gabler.

Witte, Eberhard 1973. *Organisation für Innovationsentscheidungen.* Göttingen: Otto Schwarz.

Internetquellen

Bundesministerium der Finanzen – Deutsche Zollverwaltung. Schutzrechte. http://www.zoll.de/DE/Fachthemen/Verbote-Beschraenkungen/Gewerblicher-Rechtsschutz/Marken-und-Produktpiraterie/Schutzrechte/schutzrechte_node.html. Zugegriffen: 24.09.2014.

Gabler Wirtschaftslexikon. Innovationsbarrieren. http://wirtschaftslexikon.gabler.de/Definition/innovationsbarrieren.html. Zugegriffen: 19.02.2014.

Herstatt, Cornelius. 2007. Innovationshemmnisse in kleinen und mittelgroßen Unternehmen. http://www.global-innovation.net/publications/PDF/RIS_Befragung_Konzeption.pdf. Zugegriffen: 19.02.2014.

Rüggeberg, Harald. 2009. Innovationswiderstände bei der Akzeptanz hochgradiger Innovationen aus kleinen und mittleren Unternehmen. http://www.mba-berlin.de/fileadmin/user_upload/MAIN-dateien/1_IMB/Working_Papers/2009/WP51_Rueggeberg_12-2009.pdf. Zugegriffen: 20.02.2014.

Spielkamp, Alfred, und Rammer, Christian. 2006. Balanceakt Innovationen – Erfolgsfaktoren im Innovationsmanagement kleiner und mittlerer Unternehmen. ftp://ftp.zew.de/pub/zew-docs/docus/dokumentation0604.pdf. Zugegriffen: 18.02.2014.

Ausgesuchte Fallbeispiele

10

Es wird immer schwieriger, anderen ein gutes Beispiel zu geben. Es fehlt an Abnehmern (Ernst Ferstl).

Bei Beispielen handelt es sich oft um typische Einzelfälle, die einen Sachverhalt, eine Erscheinung oder einen Vorgang exemplarisch erläutern. Manchmal dienen Beispiele auch als Vorbild oder Muster (vgl. Duden, Beispiel).

Beispiele liefern Anregungen, um etwas ähnlich zu machen oder das eigene Verhalten zu überdenken. In diesem Sinne sollen die folgenden Fallbeispiele betrachtet werden. Es sind Beispiele von erfolgreichen KMU, die nicht unbedingt etwas Außergewöhnliches tun, um innovativ zu sein. Vielmehr zeigen diese Beispiele, dass es sich oft um vermeintlich Alltägliches handelt, um gesunden Menschenverstand, der die Innovationsfähigkeit eines Unternehmens fördert. Damit ist aber nicht gesagt, dass das Nachahmen dieser Beispiele leicht ist. Auch ist nicht jedes dieser Beispiele für jedes KMU sinnvoll und umsetzbar.

Die Fallbeispiele berücksichtigen eine Vielzahl von Themen, die in den vorangegangenen Kapiteln besprochen wurden. Dabei wird oft nicht nur ein Aspekt behandelt, sondern direkt mehrere. Dies zeigt deutlich auf, dass es sich, wie am Buchanfang erläutert, beim Innovationsmanagement um einen Transformationsprozess handelt und viele Themen ineinandergreifen.

Diese Beispiele sollen zum Nachdenken anregen: Was davon kann im eigenen Unternehmen umgesetzt werden? Über welche Aspekte soll nachgedacht werden? Aber auch: Was würde ich in meinem Unternehmen anders machen?

10.1 Prozessinnovationen führen zu Produktinnovationen

Prozessinnovationen können, wie in Kap. 2 beschrieben, vielfältige Ausprägungen haben. Sie können Änderungen in der Abfolge von Tätigkeiten darstellen, aber auch neue Akti-

© Springer Fachmedien Wiesbaden 2015
M. Kaschny et al., *Innovationsmanagement im Mittelstand*,
DOI 10.1007/978-3-658-02545-8_10

vitäten unter Nutzung anderer Verfahren oder die Einbindung neuartiger Technologien in der Produktion, um nur einige Aspekte zu nennen.

Diese Prozessinnovationen entstehen oft aus dem Wunsch heraus, Abläufe schneller, qualitativ hochwertiger oder einfach preiswerter zu gestalten. Manchmal entstehen Prozessinnovationen auch als Voraussetzung für neue Produkte, die ohne diese Prozessinnovation gar nicht produzierbar wären. Wie so ein neues Produkt entstehen kann, zeigt das erste Fallbeispiel bei der Wilhelm Bähren GmbH in Mönchengladbach auf.

KMU-Praxisbeispiel

Prozessinnovationen bei der Wilhelm Bähren GmbH & Co. KG

Die Wilhelm Bähren GmbH & Co. KG (http://www.baehren-druck.de) ist eine mittelständische Druckerei mit 100 Mitarbeitern und spezialisiert auf Sekundärpackmittel (z. B. Beipackzettel und Etiketten) für die Pharmaindustrie.

Hauptanliegen der Geschäftsleitung ist es, ständig die Qualität der Produkte zu erhöhen und – soweit dies möglich ist – auch die Kosten zu senken. Dies erscheint auf den ersten Blick als Widerspruch, wird aber bei Bähren Druck ständig praktiziert. Qualität zu erhöhen heißt im Pharmaumfeld, absolute Sicherheit zu gewährleisten. Dazu zählen neben den richtigen Informationen auf dem Beipackzettel auch, dass diese nicht mit Packmitteln von anderen Medikamenten vertauscht werden.

Gerade im internationalen Umfeld ist es erforderlich, Informationen in verschiedenen Sprachen und für unterschiedliche Zielgruppen (Patienten, Ärzte und Apotheker) in der Medikamentenverpackung bereitzustellen. Diese werden normalerweise separat gedruckt und danach aufwendig und kamerakontrolliert konfektioniert. Bei Bähren Druck werden diese Informationen auf einem Bogen gedruckt und durch geschickte Konfiguration des Maschinenparks so gestanzt und geschnitten, dass am Ende des Produktionsprozesses ein Informationsheft mit allen Informationen herauskommt, welches der Anwender an vorgesehenen Perforationen in die gewünschten Bestandteile „zerlegen" kann. Das heißt zum Beispiel, dass ein englischsprachiger Patient nach Aufteilung des Informationsheftes nur noch die englischsprachigen Informationen in der Hand hält und die anderen Sprachvarianten beiseitelegen kann.

Die Qualitätssteigerung entsteht dadurch, dass bei der Konfektionierung der verschiedenen Sprachvarianten, die ursprünglich separat gedruckt wurden, keine Fehler bzw. Vertauschungen auftreten können. Die Kostenreduktion wird erreicht, weil alle Informationen in einem Arbeitsgang gedruckt werden (kürzere Durchlaufzeiten) und die aufwendige Konfektionierung und deren Kontrolle entfällt. Dieses spezielle Verfahren hat Bähren Druck unter dem Namen „t[w]o tear® – Zum Zerreißen gut" zum Patent angemeldet.

Darüber hinaus hat Bähren Druck sich mit diesem Vorgehen zum Forschungs- und Innovationspreis der IHK angemeldet und ist bereits unter den letzten zehn Einreichern nominiert. Weitere Anmeldungen wurden bei den Druck&Medien Awards sowie bei der PrintStars in der Rubrik „Verpackungsdrucker des Jahres" vorgenommen.

Dieses zielorientierte Innovationsmanagement wurde nicht über Nacht erlernt. Als im Jahre 2006 die Geschäfte rückläufig waren und Kunden dem Unternehmen bestätigten, dass sie zwar eine gute Qualität und Liefertreue haben, aber nur Standardprodukte lieferten und somit austauschbar wären, war dem Geschäftsführer Walter Bähren klar, dass er das Unternehmen verändern muss. Ansonsten müsste er zukünftig seine Produkte nur unter zunehmendem Preisdruck verkaufen.

Er stellte drei relativ junge Mitarbeiter ein, übertrug ihnen innerhalb des Unternehmens weitreichende Kompetenzen und baute mit ihnen den Betrieb grundlegend um. Es wurde antizyklisch in neue, modulare Maschinen investiert, der Personalbestand von damals 55 Mitarbeitern wurde sukzessive aufgestockt, neue Positionen eingeführt und Stellen mit klaren Verantwortlichkeiten beschrieben und kommuniziert. Früher wurde jede Entscheidung vom Geschäftsführer getroffen, heute entscheidet jeder Mitarbeiter im Rahmen seiner Kompetenzen und Verantwortlichkeiten, so wie sie in den Stellenbeschreibungen niedergeschrieben wurden. Somit fallen Entscheidungen schneller und jeder Mitarbeiter kann gegenüber Kunden und Lieferanten im Rahmen seiner Aufgabe kompetent antworten. Unterstützt werden diese Entscheidungen auch durch den Einsatz eines intranetbasierten Wissensmanagements und eines CRM-Systems, in welchem u. a. alle Kundentermine und Lieferantengespräche dokumentiert werden. Diese sind zudem für jeden Mitarbeiter einsehbar, sodass alle den gleichen Informationsstand im Unternehmen haben.

Dadurch, dass die Mitarbeiter mehr Freiheiten haben und in Entscheidungen einbezogen werden bzw. diese selbst treffen können, hat sich das Betriebsklima verbessert und die Mitarbeiter sind motivierter, sich im Unternehmen einzubringen. Hierdurch hat sich auch die Einstellung der Mitarbeiter gegenüber Neuem geändert. Früher hörte man: „Das haben wir schon immer so gemacht." Heute haben die Mitarbeiter „Lust auf Veränderungen" und werden dazu auch ständig von der Geschäftsleitung und den Führungskräften aufgefordert.

Diese neue Philosophie wurde auch auf die Auszubildenden übertragen, die jetzt während der Ausbildung nicht mehr alle Bereiche durchlaufen, sondern sich schon zu Beginn der Ausbildung für einen der drei Bereiche Qualitätswesen, Verkauf oder Einkauf entscheiden. Innerhalb dieses Bereiches erhalten sie feste Aufgaben und Verantwortlichkeiten und werden somit bereits in Entscheidungen eingebunden.

Innovationen entstehen bei Bähren Druck i. d. R. gemeinsam mit den Kunden. Durch einen engen Kontakt, nicht nur zum Einkauf, sondern auch zu den Technologievertretern in den Pharmaunternehmen, präsentiert sich Bähren Druck nicht mehr als reiner Produktlieferant, sondern als Dienstleister, der bei der Ideengenerierung zunehmend hinzugezogen wird. In einem eigens dafür eingerichteten Standort, dem Bähren Innovation Center, wurde ein modularer Maschinenpark aufgebaut, in dem neue Ideen direkt ausprobiert und verfeinert werden können, ohne den Produktionsprozess zu stören.

Weitere Quellen für Innovationen sind Netzwerke, die in den letzten Jahren aufgebaut wurden, z. B. zu Universitäten, Verbänden, Druckmaschinenherstellern sowie in den sozialen Medien. Auch werden in Zusammenarbeit mit der Universität Wuppertal immer wieder Abschlussarbeiten zu innovativen Prozess- und Produktideen vergeben. Dies hat nicht nur den Vorteil, dass diese Ideen von einem „Betriebsfremden" untersucht werden. Hierüber werden auch potenzielle neue Mitarbeiter rekrutiert. Diese können während der Abschlussarbeit beobachtet und objektiv beurteilt werden. Werden diese Hochschulabgänger anschließend eingestellt, kennen diese bereits das Unternehmen. Dadurch verringert sich die Einarbeitungszeit spürbar.

10.2   Produktinnovationen durch Erschließung neuer Geschäftsfelder

Die Geschäftsaktivitäten eines Unternehmens bestehen aus einem oder mehreren Geschäftsfeldern. In einem Geschäftsfeld werden Produktgruppen zusammengefasst, die entweder durch einen gleichen oder vergleichbaren Prozess erstellt werden oder an gleiche Zielgruppen vermarktet werden. Manchmal trifft auch beides zu.

Nicht immer ist es sinnvoll oder möglich, im bestehenden Kerngeschäft und somit in bestehenden Geschäftsfeldern zu wachsen. Dies hätte zwar Vorteile, da auf vorhandenes Wissen und bestehende Absatzmärkte zurückgegriffen werden kann. Aber oft sind die Wachstumspotenziale begrenzt oder der Wettbewerbsdruck zu groß. Dann gilt es, neue Geschäftsfelder zu erschließen. Dies ist aber mit Risiken verbunden, da hier erst wieder Know-how aufgebaut werden muss und „neue Spielregeln" gelten (vgl. Förderland, Erweiterung des Kerngeschäftes).

Wie sich die Hintzen GmbH aus Jüchen neue Geschäftsfelder eröffnet hat und welche Überlegungen dabei eine Rolle spielten, wird im folgenden Beispiel vorgestellt.

KMU-Praxisbeispiel
Erschließung neuer Geschäftsfelder bei der Hintzen GmbH
Die Hintzen GmbH (http://www.hintzen-gmbh.de/) mit Sitz in Jüchen (zwischen Mönchengladbach und Neuss) hat sich auf den Behälter-, Apparate- und Rohrleitungsbau, vorwiegend aus Edelstahl, spezialisiert. Dabei werden alle Produkte speziell nach Kundenwünschen konstruiert und eingebaut. Somit ist jeder Auftrag eine Sonderanfertigung.

Peter Hintzen gründete das Unternehmen 1991 und wandelte es 1995 in eine GmbH um. Derzeit sind 23 Mitarbeiter fest angestellt. Zusätzlich werden im Anlagenbau Subunternehmer beschäftigt.

Das Unternehmen legte von Anfang an großen Wert darauf, dass seine Mitarbeiter diverse Schweißzulassungen und das Unternehmen selbst die ISO-Zertifizierung erlangt. Diese Zertifikate werden auch ständig aktualisiert. Für einen relativ kleinen Betrieb sind hiermit zwar hohe Kosten verbunden, dies wird aber als Investition in die Zukunft gesehen und auch als Marketinginstrument genutzt. In jedem Angebot an die Kunden werden diese fachlichen Qualifikationen und Zertifizierungen hervorgehoben.

Darüber hinaus engagiert sich der Geschäftsführer Peter Hintzen als NRW-Landesgruppenleiter für Behälter- und Apparatebauer im Fachverband Sanitär – Heizung – Klima. Dadurch ist Peter Hintzen nach eigenen Worten „immer nah am Geschehen", erhält sehr frühzeitig Einblicke in die Entwicklung der Branche und ist jederzeit über die Preisentwicklung am Markt informiert.

Lange Zeit war die Hintzen GmbH nur für einen Auftragnehmer tätig. Als in diesem Unternehmen die Geschäftsleitung und der Einkauf ausgetauscht wurden, spürte Peter Hintzen, dass er die Abhängigkeit von einem Kunden auflösen und das eigene Unternehmen breiter aufstellen musste.

Hierbei stand er vor der Entscheidung, entweder das Breitengeschäft mit schneller, günstiger Massenfertigung anzustreben oder sich weiter auf Sonderanfertigungen zu spezialisieren. Da er hochqualifizierte, zum großen Teil selbstausgebildete Mitarbeiter beschäftigt und aus seinen Erfahrungen aus der Verbandsarbeit wusste, dass Lieferanten im Massengeschäft eher preissensibel und austauschbar sind, entschied er sich für die Spezialisierung.

Dabei beließ es Peter Hintzen aber nicht. Da Sonderanfertigungen i. d. R. keine gleichbleibende Auslastung sicherstellen, gab es Überlegungen, ein weiteres Geschäftsfeld aufzubauen. Hierzu wurde analysiert, welche Kompetenzen im Betrieb vorhanden sind, welcher Maschinenpark genutzt wird und welchen Materialien verarbeitet werden. Als ideal wurde ein Geschäftsfeld erachtet, welches gleiche Kompetenzen, Maschinen und Materialien erfordert.

Bei der Ideenfindung kamen zwei Aspekte zum Tragen. Peter Hintzen hat eine Affinität zum Design, da er ausgebildeter Kunstschmied ist. Und er ärgert sich jedes Jahr, wenn er seine Gartenmöbel neu anstreichen muss, damit das Holz nicht verwittert.

So entstanden 2007 die ersten Prototypen von Gartenmöbeln aus Edelstahl. Die Konstruktion der Gestelle war relativ einfach. Problematischer war die Entwicklung einer geeigneten Auflage für die Gartenmöbel. Diese sollte wetter- und witterungsfest sein, damit die Gartenmöbel das ganze Jahr draußen stehen konnten. Hier kam Peter Hintzen sein Hobby als Eistaucher zu Hilfe. Er ließ Bezüge wie Taucheranzüge herstellen. Das Material besteht aus strapazierfähigen Textilleder und die Nähte werden wie bei Taucheranzügen verschweißt. Somit bleiben die kritischen Stellen, nämlich die Nähte, zu 100 Prozent wasserdicht. Dieses Verfahren ließ sich Peter Hintzen patentieren und bereits nach einem Jahr wurde im Fernsehen in der Sendung „Einfach genial" über seine innovativen Gartenmöbel berichtet.

Nun galt es, die neuen Produkte zu vermarkten. Hier kamen direkt mehrere Herausforderungen auf die Hintzen GmbH zu. Sowohl das Marketing als auch der Vertrieb mussten komplett neu konzipiert werden, da die Zielgruppen für die neuen Produkte gänzlich andere sind als beim klassischen Apparate- und Rohrleitungsbau.

Beim Marketing wurde die Hilfe einer Beratung in Anspruch genommen, die Erfahrungen aus dem hochpreisigen Konsumgütermarketing beisteuerte. So entstanden neben einem separaten Internetauftritt diverse Broschüren und Flyer. Außerdem wurde eine Gartenlounge dauerhaft vor einem Hotel in Luzern aufgestellt und mit Prospektmaterial versehen. Hier verkehrt i. d. R. die Art von Kunden, die Peter Hintzen ansprechen möchte. Vergleichbares wird auch auf diversen Veranstaltungen mit entsprechendem Publikum ständig wiederholt.

Die Etablierung eines Vertriebskanals war dagegen aufwendiger. Hier wurden verschiedene Vermarktungsmodelle ausprobiert, z. B. Werbung im Internet, Vertrieb über Handelshäuser oder Vertreter. Aber alle diese Varianten waren nicht zufriedenstellend. 2013 wurde dann entschieden, den Vertrieb und die Beratung selbst zu übernehmen und sich diverser Handelsmittler zu bedienen, wie z. B. Landschaftsgärtner oder Architekten, die für die Vermittlung potenzieller Kunden Vermittlungsprovisionen erhalten.

Darüber hinaus gründete Peter Hintzen für dieses neue Geschäftsfeld ein eigenes Unternehmen und baute hierfür eine eigenständige Produktions- und Lagerhalle. Hierdurch kann er beide Geschäftsfelder transparent steuern und bilanzieren. Ein weiterer Beweggrund für die Gründung des zweiten Betriebs war aber auch das Thema „Unternehmensnachfolge". Aus seiner Verbandsarbeit wusste Peter Hintzen, dass sich bei fehlender Nachfolge größere Unternehmen aufgrund des hohen Kaufpreises schwerer verkaufen lassen als kleinere. Somit können, wenn der Zeitpunkt gekommen ist, die beiden Unternehmen einzeln veräußert werden. Außerdem besteht die Option, im Alter erst mal nur einen Betrieb zu verkaufen und den zweiten noch einige Jahre weiterzuführen.

Somit hat die Hintzen GmbH ein zweites, innovatives Geschäftsfeld aufgebaut, welches mit den gleichen Maschinen und dem gleichen Material neue Produkte herstellt. In beiden Bereichen werden Mitarbeiter ausgebildet und 90 % der derzeitigen Mitarbeiter können aufgrund ihrer Aus- und Weiterbildung in beiden Geschäftsfeldern eingesetzt werden. Somit kann eine bessere Auslastung der Mitarbeiter erzielt werden. Wenn bei den Sonderanfertigungen im Apparatebau nicht genügend Aufträge vorliegen, werden Gestelle für die Gartenmöbel produziert und umgekehrt.

10.3 Kundenideen als Instrument für Innovationen

Eine Innovation entsteht unter anderem aus Ideen. Und diese Ideen müssen generiert und gemanagt werden, wie schon in Kap. 4 beschrieben wurde.

Die Vorstufe einer Idee ist oft ein Bedürfnis oder ein Mangel, den es gilt, abzustellen. Und wer kennt seine Bedürfnisse besser als die Kunden selbst. Also macht es durchaus Sinn, seine Kunden in die Ideenfindung einzubinden, so wie es die Baral GmbH aus Gundelfingen gemacht hat.

KMU-Praxisbeispiel

Ideenmanagement bei der Baral GmbH

Die Baral GmbH (http://www.baral-gmbh.de/) ist ein inhabergeführtes Unternehmen aus dem Sanitärbereich. Das 1964 gegründete Unternehmen hat seinen Hauptsitz in

Gundelfingen im Breisgau und eine große Sanitärausstellung in Denzlingen in der Nähe von Freiburg.

Derzeit beschäftigt Baral insgesamt 14 Mitarbeiter, die sich um den Verkauf, die Planung und den Kundendienst für alle Gewerke rund um die Bereiche Bad und Heizung kümmern.

Statt in klassische Werbung, wie z. B. Anzeigen, investiert Baral in eine sehr große Bäderausstellung, die alle zwei Jahre komplett neu eingerichtet wird. Dies erfolgt gemeinsam mit den Zulieferfirmen aus der SHK-Branche (Sanitär, Heizung, Klima) sowie aus der Fliesenbranche und weiteren Zulieferern.

Im Rahmen der jährlichen Überarbeitung der Unternehmensstrategie, die seit 8 Jahren gemeinsam mit dem Büro für Marketing-Soziologie – MAKS (http://www.maks.info/) – durchgeführt wird, wurde überlegt, wie diese Bäderausstellung anlässlich des 50. Firmenjubiläums neu gestaltet werden kann.

MAKS hat sich auf lokales Marketing für KMU spezialisiert und entwickelt Botschaften, Kampagnen und Strategien, die den Unternehmen helfen, sich von Wettbewerbern abzusetzen und regional in den Köpfen ihrer Kunden zu verankern.

Bei der letzten jährlichen Strategiesitzung wurde die Idee geboren, das „Bad von morgen" nicht von Designern oder Architekten entwerfen zu lassen, sondern die Kunden beim Entwurf einzubinden.

Im Rahmen eines Wettbewerbs, anlässlich des Firmenjubiläums, konnten nicht nur Kunden der Baral GmbH, sondern auch Interessenten ihr Traumbad skizzieren und Vorschläge für das „Bad von morgen" einreichen. Dabei war es egal, in welcher Form diese Vorschläge erfolgten, ob als Zeichnung, Kollage, Aquarell oder gar als komplette CAD-Planung. Einzige Voraussetzung war, dass der Vorschlag Bestandteile beinhalten musste, die es heute so noch nicht in Bädern gab.

Als Wertschätzung gegenüber den Einreichern bzw. auch als Würdigung und Abtretung der Urheberschaft hat Baral ein Traumbad im Wert von 20.000 Euro ausgelobt, inklusive der kompletten Einrichtung des Badezimmers sowie aller erforderlichen Installateur- und Handwerksarbeiten.

Die eingereichten Vorschläge wurden von einer Jury, bestehend aus Baral, Industrie und Designexperten, bewertet. Des Weiteren ist geplant, die Vorschläge, die umgesetzt werden, in die nächste Aktualisierung der Bäderausstellung einfließen zu lassen.

Da Baral die Kosten für den Preis als vergleichsweise kleiner Handwerksbetrieb nur schwer alleine aufbringen kann, konnten alle Partner, die an der Badausstattung beteiligt sind, als Sponsoren gewonnen werden. Als Gegenleistung partizipieren diese wiederum an den Ideen, die von den Teilnehmern des Wettbewerbs eingereicht wurden.

Das Beispiel Baral zeigt, wie auf relativ einfachem Wege Kunden und Interessenten in die Ideenfindung und Gestaltung von Produkten eingebunden werden können, deren Konzepte bei Realisierung Einzug in die Bäderausstellung finden. Der Ideenwettbewerb hatte auch eine gewisse Werbewirkung. Und durch die Einbindung von Partnern, die an den Ideen ebenso interessiert sind, kann ein lukrativer Preis ausgelobt werden, der die Kreativität der Teilnehmer angemessen honoriert.

Wie im obigen Beispiel gezeigt wurde, können Kunden in die Ideengenerierung eingebunden werden. Oft endet diese Einbindung aber, wenn die Ideen gesammelt und bewertet
wurden.

Um sicherzustellen, dass eine Idee nicht auf dem Weg der Umsetzung aufgrund man-
gelnder Marktakzeptanz oder fehlender Weiterentwicklung der Idee scheitert, können
Kunden nicht nur bei der Ideenentwicklung, sondern im kompletten Prozess bis zur
Markteinführung fortlaufend eingebunden werden. Dies sollte aber im Innovationsprozess berücksichtigt werden, so wie es im Praxisbeispiel der Modix GmbH beschrieben
ist.

KMU-Praxisbeispiel

Innovationsprozess und -management bei der Modix GmbH

Die Modix GmbH (http://www.modix.de/) mit Sitz in Koblenz ist marktführender Anbieter IT-basierter Marketing- und Sales-Lösungen für die Automobilwirtschaft. Modix
bietet Autohändlern und -herstellern eine webbasierte Komplettlösung für die Fahrzeugvermarktung über alle digitalen Vertriebskanäle hinweg an, und unterstützt diese
bei der Steuerung und Optimierung ihrer digitalen Vermarktungsaktivitäten.

Das Unternehmen wurde im Jahr 2000 von Ivica Varvodic und Silvio Roguljic gegründet. Es beschäftigt mehr als 70 Mitarbeiter. Neben dem Hauptsitz in Koblenz
ist Modix auch an vier weiteren europäischen Standorten, in Antwerpen, Turin, Ma-
drid und Wien, vertreten. Modix ist seit einigen Jahren ein Tochterunternehmen des
amerikanischen Medienkonzerns Cox Enterprises aus Atlanta, Georgia. Der Geschäftsbereich Cox Automotive ist weltweit führend im Angebot von Dienstleistungen rund
um Fahrzeugvermarktung, Onlinemarketing sowie Softwarelösungen für Autohänd-
ler und Endverbraucher. Seit Anfang Oktober 2014 ist Modix zudem einer von nur
18 Premium-KMU-Partnern von Google in Deutschland.

Bei der Generierung neuer Ideen und daraus abgeleiteter Innovationen folgt Modix einem Innovationsprozess, der maßgeblich von der frühzeitigen und fortlaufenden
Einbindung der Kunden sowie der Aufdeckung von deren Bedürfnissen bestimmt wird.

Dieser Prozess teilt sich in die Phasen Ideenentwicklung und Produktumsetzung.
Schnittstelle für den Sprung von der Ideenentwicklung hin zum Prozess der Produktrea-
lisierung bildet die Bewertung der neuen Idee hinsichtlich ihrer Chancen auf Marktakzeptanz und Monetarisierung. Die Idee wird durch Einholen von Feedback möglicher
Interessenten so lange optimiert, bis sie eine Aussicht auf Erfolg verspricht. Die ursprüngliche Idee kann sich jedoch auch als nicht verwertbar herausstellen, dann würde
der Prozess mit einer anderen Idee neu beginnen. Hat die Idee aber diese Hürde über-
sprungen, wird mit der eigentlichen Entwicklung der neuen Software begonnen. Bei
der Entwicklungstätigkeit bedient sich Modix agiler Methoden für Software- und Projektmanagement, wie z. B. Scrum. Agile Methoden basieren auf der Erkenntnis, dass
die Entwicklung von Softwarelösungen sehr komplex und zu Beginn eines Projektes nicht immer komplett überschaubar ist. Der Entwicklungsprozess wird in einzelne
Teilschritte zerlegt und die Anforderungen an das Projekt bzw. die Software in enger

Abstimmung mit den potenziellen Kunden ständig angepasst und konkretisiert. Nach jedem kleinen Teilschritt werden relativ schnell greifbare Ergebnisse in Form von sog. Mock-ups (engl. Attrappe) erzeugt, die als grobe Prototypen einer Benutzeroberfläche bzw. -schnittstelle der neuen Software dienen. Im Dialog mit allen Prozessbeteiligten und gesteuert von einem Projektleiter werden diese zu ausgereifteren Prototypen weiterentwickelt, fortlaufend evaluiert und optimiert. Der Projektleiter führt das Business Requirements Document, in dem alle für die zielgerichtete Projektbearbeitung wichtigen Daten zusammengefasst sind, z. B. die Projektbeschreibung oder Datenbankmodelle. Während des Projektverlaufs werden auch Preismodelle, Berechnungen verschiedener Kennzahlen, wie ROI, oder verschiedene Business Cases erstellt, weiter konkretisiert, laufend bewertet und angepasst. Die Projektteams sind klein und schlank, sodass sie sich schnell und flexibel an wechselnde Anforderungen des Projektes anpassen können.

Die Grundgedanken dieses Vorgehensmodells entstammen der sog. Lean-Startup-Methode, die zum Ziel hat, möglichst schnell mit einer neuen Idee bzw. einem neuen Produkt marktreif zu sein – im Zweifel auch nur mit Teilfunktionalitäten. Aus dem im Markt erzielten Feedback der frühen Kunden soll die eigene Produktentwicklung überdacht und ggf. angepasst werden. Fehler sollen möglichst früh identifiziert werden, damit sie kostengünstig und ressourcenschonend korrigiert werden können. Im Idealfall gelingt es Modix damit, den Innovationsprozess von der ersten Idee bis hin zu einem marktreifen Produkt in nur sechs Wochen erfolgreich zu durchlaufen. Insbesondere für ein KMU wie Modix in einem sich schnell verändernden Marktumfeld kann das erfolgsentscheidend sein, da sich die Risiken von Fehlentscheidungen und hohen Fehlinvestitionen in nicht erfolgreiche Projekte minimieren lassen. Folgerichtig stehen mehr Mittel für die Entwicklung innovativer, Erfolg versprechender Produkte zur Verfügung, die einen Wettbewerbsvorteil erzeugen und das Unternehmen im besten Fall zu einem Innovationsführer machen. Modix ist das in ihrem Geschäftsfeld bereits mehrfach gelungen.

10.4 Guerilla-Marketing für Innovationen

Ebenfalls in Kap. 4 wurde aufgezeigt, dass die Kommunikation von Innovationen eine bedeutende Rolle bei der Vermarktung einnimmt. Der Markt und ihre Kunden müssen wissen, dass ihr Unternehmen ein neues Produkt oder eine neue Dienstleistung anbietet. Dabei reicht aber eine klassische Werbeanzeige oder ein Produktblatt oftmals nicht aus. Ihr innovatives Produkt benötigt auch ein innovatives Marketing. Und nach Möglichkeit eines, welches mit dem individuellen Budget eines KMU vereinbar ist.

Bei der Kommunikation von Innovationen sind kreative Ideen gefragt. Etwas, das überrascht, unkonventionell ist und in Erinnerung bleibt. Hier hat sich in den letzten Jahren zunehmend eine alternative Werbeform, das Guerilla-Marketing, etabliert, welches ver-

hindern soll, dass die Botschaft von der Innovation aufgrund von Reizüberflutung in der
Masse untergeht.

„Guerilla-Marketing ist die Kunst, den von Werbung übersättigten Konsumenten größtmögliche Aufmerksamkeit durch unkonventionelles bzw. originelles Marketing zu ent-
locken. Dazu ist es notwendig, dass sich der Guerilla-Marketer möglichst (aber nicht
zwingend) außerhalb der klassischen Werbekanäle und Marketingtraditionen bewegt."
(Guerilla Marketing Portal: Definition).

Wie Guerilla-Marketing aussehen kann, zeigt das nachfolgende Beispiel des Büros für
Marketing-Soziologie MAKS aus Mönchengladbach.

KMU-Praxisbeispiel

Marketing von Innovationen bei MAKS

MAKS (http://www.maks.info/) ist eine inhabergeführte Marketingagentur mit den
Schwerpunkten lokales Marketing und Guerilla-Marketing. MAKS wurde 1999 von
Thomas Patalas in Mönchengladbach gegründet und betreut Kunden im gesamten
Bundesgebiet.

Guerilla-Marketing gehört zu den alternativen Marketingformen, bei denen unge-
wöhnliche Marketingaktionen zum Einsatz kommen, die einerseits einen geringen Mit-
teleinsatz benötigen und andererseits durch unkonventionelle Maßnahmen eine große
Aufmerksamkeit und Wirkung versprechen. Somit erscheint Guerilla-Marketing sowohl für das Marketing von Innovationen als auch speziell für KMU mit kleinem
Marketingbudget als das Mittel der Wahl.

MAKS berät seine Kunden aber nicht nur im Hinblick auf Guerilla-Marketing-
Aktionen, sondern wendet diese Art von Marketing auch für sich selbst an. So hat der
Inhaber, Thomas Patalas, ein Buch mit dem Titel „Guerilla Marketing – Ideen schlagen
Budget" veröffentlicht, in dem er nicht nur beschreibt, was Guerilla-Marketing ist, son-
dern auch seine Kunden zu Wort kommen lässt. Durch die Nutzung von Kunden- bzw.
Anwendungsbeispielen lässt sich das Konzept des Guerilla-Marketings viel einfacher
erklären als in der reinen Theorie.

Dies ist bereits eine einfache Variante von Guerilla-Marketing, nämlich nicht selbst
über sein Produkt oder seine Dienstleistung zu reden, sondern dies seinen Kunden zu
überlassen und ihn somit in den Mittelpunkt seiner Marketingmaßnahmen zu stellen.
Kunden, die von den Produkten und Dienstleistungen überzeugt sind, werden auch
weitere Interessenten viel eher überzeugen als der Anbieter selbst. Eine solche Darstellung erscheint viel glaubwürdiger, transparenter und authentischer als irgendeine
Werbebotschaft.

Der Kunde ist in diesem Fall aber nicht nur ein Instrument, um eine Werbebotschaft
zu verbreiten. Ihm wird vielmehr selbst eine Marketingplattform geboten, auf der er
seine eigene innovative Rolle bzw. sein eigenes innovatives Vorgehen präsentieren kann
und somit interessanter für seine eigenen Kunden wird.

Somit wird die Meinung der Kunden zu einem neuen Produkt oder zu einer neuen
Dienstleistung in das eigene Marketing aufgenommen und bietet gleichzeitig den Kun-

den einen Mehrwert, in dem sie sich selbst präsentieren können. Dies erhöht u. a. auch die Kundenbindung und die Möglichkeit, bei diesem Kunden weitere Produkte oder Dienstleistungen zu vermarkten.

Nun muss aber bei einer Innovation nicht gleich ein Buch darüber veröffentlicht werden. Die gleiche Wirkung wird erzielt, wenn gezielt Fachpublikationen zur Innovation, angereichert mit Kundenbeispielen, bei denen dieses Produkt oder diese Dienstleistung bereits eingesetzt wurde, veröffentlicht werden. Der Aufwand hierfür ist überschaubar, da eine solche Publikation entweder selbst oder durch spezialisierte Marketingagenturen erstellt werden kann. Und die Kosten hierfür sind in der Regel niedriger als bei einer klassischen Werbeanzeige.

Eine weitere Möglichkeit stellt die Platzierung von Fachvorträgen auf hierfür geeigneten Veranstaltungen dar. Auch hier lassen sich im Vortrag Kundenbeispiele einbinden. Oder man lässt den Kunden auf der Veranstaltung direkt zu Wort kommen.

Darüber hinaus existieren auch viel ausgefallenere Möglichkeiten des Guerilla-Marketings, die u. a. im Buch von Thomas Patalas, aber auch im Internet (z. B. unter http://www.unternehmer.de/marketing-vertrieb/127729-100-guerilla-marketing-beispiele-in-5-minuten) beschrieben werden.

So hatte sich ein Tischlermeister eine besondere Werbeidee ausgedacht. Er stellte sein Firmenfahrzeug an eine Straße mit viel Fußverkehr und legte eine Suchanzeige über eine gestohlene Holztreppe in die Windschutzscheibe. Diese Aktion bescherte ihm 60 neue Kunden, die neugierig geworden waren.

Aktionen können an strategisch interessanten Orten bzw. an Orten, die durch die Zielgruppe stark frequentiert werden, regelrecht inszeniert werden. So können z. B. neue Produkte bei relevanten Veranstaltungen kostenlos bereitgestellt und mit Flyern beworben werden. Ein Beispiel hierzu wurde bereits in einem anderen Fallbeispiel (Peter Hintzen – Edelstahl in seiner schönsten Form) beschrieben.

Das sich Guerilla-Marketing für Unternehmen aller Größen eignet, zeigen die Referenzen von MAKS: Funkhaus Halle, IHK Mittlerer Niederrhein, WDR, Trurnit Gruppe, Holzland, Velux, Bundesagentur für Arbeit, Deutsche Post, Messe Frankfurt, Thomas Cook, HanseMerkur, Degussa und DATEV.

10.5 Pressearbeit und Imagebildung unterstützen die Markteinführung von Innovationen

Neben dem klassischen Marketing, wie es in Kap. 4 beschrieben wurde, ist es ebenso wichtig, die Öffentlichkeit und vor allem potenzielle Kunden über die Presse auf das Unternehmen und die Innovationen aufmerksam zu machen.

Werbung wird von der vermeintlichen Zielgruppe oft ignoriert oder als wenig glaubwürdig aufgefasst. Demgegenüber werden Informationen über ihr Produkt, welche in einem journalistischen Kontext erscheinen, als neutral und glaubwürdig gewertet. Außerdem ist Pressearbeit i. d. R. wesentlich günstiger als Werbeanzeigen und Pressemeldungen. Diese sind z. B. im Internet wesentlich länger online als eine gebuchte Werbeanzeige, die nach Ablauf der Buchungsdauer wieder aus dem Internet verschwindet.

Pressearbeit steigert den Bekanntheitsgrad des Unternehmens, ermöglicht es somit, neue Kundengruppen zu gewinnen und bestehende an das Unternehmen zu binden, bringt die Produkte und Services an die Öffentlichkeit und verbessert die Auffindbarkeit im Internet, da viele Printmedien ihre Beiträge zusätzlich auch im Internet veröffentlichen (vgl. News Aktuell, S. 1). Somit trägt Pressearbeit auch zur Imagebildung bei, wie das folgende Beispiel der KAJA Sanitär-Armaturen GmbH aus Hemer zeigt.

KMU-Praxisbeispiel

Pressearbeit und Imagebildung zur Markteinführung einer Innovation bei der KAJA Sanitär-Armaturen GmbH

KAJA Sanitär-Armaturen (http://www.kaja-armaturen.de/) wurde 1982 gegründet und wird heute in zweiter Generation von den Gesellschafter-Geschäftsführern Martin Kaut und Ulrich Janke in Hemer geführt. 44 Mitarbeiter beschäftigen sich mit der Herstellung von innovativen und wassersparenden Bad- und Küchenarmaturen.

In 2011 entwickelte KAJA eine innovative Neuheit mit Namen AQUARAIL®. Hinter dem Namen verbirgt sich ein modulares System, welches Rohrsystem und Entnahmestelle in einem ist. Das temperaturisolierte Rohrsystem wird Aufputz montiert und dient aufgrund der Gestaltung gleichzeitig als Handlauf und Handtuchhalter. Somit eignet es sich ideal für Renovierungen, Modernisierungen und Nutzungsänderungen. An beliebigen Stellen lassen sich Entnahmestellen für Waschbecken oder Duschen platzieren. Demzufolge lässt sich das System an jede Räumlichkeit und an jeden Nutzungsanspruch anpassen. Zielgruppen für dieses innovative System sind neben Architekten und Planungsbüros, die sich mit dem Thema „Generationenbad" und barrierefreier Badsanierung befassen, auch Betreiber von Pflegeeinrichtungen und Seniorenheimen sowie Wohnungsbaugesellschaften und Krankenhäuser.

Für die Entwicklung dieses Systems nutzte KAJA Sanitär-Armaturen vorhandene Fördermöglichkeiten aus. So wurde im Rahmen des Programms go-Inno (http://www.bmwi-innovationsgutscheine.de/go-inno/index.php) im Mai 2010 ein Innovationsgutschein in Höhe von 10.000 Euro entgegengenommen. Dieser Gutschein ist dafür vorgesehen, bis zu 50 % der Kosten für Realisierungskonzepte von Innovationsprojekten abzudecken. Da dies der erste Gutschein im Rahmen des Programms go-Inno war, wurde dieser seinerzeit persönlich vom damaligen Wirtschaftsminister Rainer Brüderle übergeben.

Nachdem das Innovationsprojekt gestartet war, wurde ein weiterer Zuschuss über das ZIM-Solo-Programm des BMWi (http://www.zim-bmwi.de/einzelprojekte) beantragt, welches Einzelprojekte u. a. zur Entwicklung innovativer Produkte unterstützt. Eine Förderzusage erhielt KAJA im Januar 2011.

Nun galt es, das innovative System am Markt bekanntzumachen, Ziele und Botschaften für den Markt zu definieren und in der Pressearbeit zu verankern. Zur Unterstützung für diese Aufgabe wählte das Unternehmen die Werbeagentur BLUE MOON aus Neuss (http://www.bluemoon.de/). Ausschlaggebend für die Wahl war neben der Expertise in der SHK-Branche (Sanitär, Heizung, Klima), z. B. durch Arbeiten für Kaldewei, Viega und HSK, auch der Umstand, dass BLUE MOON ein System entwickelt hatte, mit welchem sich der Erfolg von Marketing- und PR-Maßnahmen messen lässt.

Das internetbasierte Softwaretool PR-Control basiert auf einer weltweit verfügbaren Datenbank mit einer für jeden Kunden individuell zugeschnittenen Eingabemaske, mit der die Kunden jederzeit die Erfolge der Pressearbeit einsehen und auswerten können. Quantitative und qualitative Medienresonanzanalysen werden hier zu knappen und klaren Aussagen über die Qualität der Pressearbeit zusammengefasst und grafisch im Corporate Design des Kunden aufbereitet. Die Ergebnisse geben somit Aufschluss darüber, wie sich die nächsten Aktivitäten effektiv steuern lassen.

In einem Workshop mit Vertretern von BLUE MOON wurde bei KAJA das Markenimage erarbeitet, welches unter Berücksichtigung des neuen innovativen Systems speziell bei den Zielgruppen Fachhandwerker, Fachhandel sowie bei Architekten und Planern gefestigt werden sollte. Die Ergebnisse dieses Workshops flossen u. a. in zwei Pressemappen für die Beteiligung an relevanten Messen, in ein neues Unternehmensportrait und in diverse Presseartikel ein.

Mithilfe von PR-Control konnte im Nachgang festgestellt werden, dass allein die Presseartikel im Zeitraum von November 2012 bis April 2013 über 40-mal abgedruckt bzw. in über 60 Onlineportalen veröffentlicht wurden. Aufgrund der Mediadaten der entsprechenden Publikationen wurde eine Gesamtauflage (bzw. Seitenbesuche in den Onlineportalen) von über 1 Mio. ermittelt. Der Gesamtumfang der abgedruckten Beiträge betrug über 23 Seiten mit insgesamt 84 Bildern.

Da aus den Mediadaten auch die Anzeigenpreise hervorgehen, konnte ebenfalls ermittelt werden, dass eine vergleichbare Präsenz über Anzeigen Kosten in Höhe von knapp 70.000 Euro verursacht hätten. Die Kosten für die Beauftragung von BLUE MOON betrugen für KAJA aber nur ca. ein Viertel dieser Kosten, für die aber, wie oben beschrieben, nicht nur Presseartikel erstellt wurden.

Zusätzlich hat sich KAJA in 2012 auch für den Innovationspreis des Netzwerkes ZENIT e. V. (http://www.netzwerk.zenit.de/cms/) beworben, der alle zwei Jahre für besonders innovative Lösungsansätze vergeben wird. Dieser Preis wurde zwar nicht gewonnen, aber durch die Präsentation im Rahmen einer öffentlichen Veranstaltung vor breitem Publikum wurde weitere Medienpräsenz generiert.

10.6   Innovative Unternehmenskultur und Corporate Social Responsibility

In Kap. 6 wurde aufgezeigt, wie eine Unternehmenskultur etabliert werden kann, die Innovationen fördert und welche Aspekte dabei eine Rolle spielen. Hier sind Unternehmenswerte genauso wichtig wie die Unternehmensphilosophie und das Verhalten der Unternehmensführung.

Letzteres, also das Verhalten der Unternehmensführung, kann auch gesellschaftliche Verantwortung zum Ausdruck bringen. Dies wird als Corporate Social Responsibilty (CSR) bezeichnet, einer Leitidee, der aus unterschiedlichen Gründen gefolgt wird. Haupt-triebkräfte für CSR sind neue, z. T. gesetzliche Informations- und Kommunikationsbe-dingungen, Globalisierung, Vertrauensverlust in unternehmerische Aktivitäten/kritischere Öffentlichkeit sowie die Kapitalmärkte, die zunehmend nach nachhaltigen Geldanlagen fragen. Gesellschaftliche Verantwortung kann aber auch die Mitarbeiter motivieren und somit zu einer innovationsfördernden Unternehmenskultur beitragen.

Bei BEKO Technologies in Neuss wird innovatives Verhalten durch die Geschäftsfüh-rung vorgelebt. Diese Geschäftsleitung sieht sich als „Kopf" des Innovationsmanagements und will das Thema „Innovieren" nicht einfach nur delegieren.

KMU-Praxisbeispiel

Innovative Unternehmenskultur bei der BEKO Technologies GmbH

Die BEKO Technologies GmbH (http://www.beko-technologies.com) begann 1982 in einer Hinterhofgarage in Düsseldorf mit der Idee, den ersten elektronisch niveauregu-lierten Kondensatableiter BEKOMAT zu entwickeln. Mittlerweile ist BEKO Technolo-gies nach Neuss umgezogen und beschäftigt dort 231 Mitarbeiter. Insgesamt existieren weltweit 6 Fertigungsstandorte mit über 435 Mitarbeitern.

Das Familienunternehmen entwickelt, fertigt und vertreibt Komponenten und Sys-teme im Bereich der Druckluft- und Druckgastechnik. Hierzu gehören auch umfang-reiche Dienstleistungen, von der Ermittlung der benötigten Infrastruktur über die In-stallation und Inbetriebnahme bis hin zum Support der Anlagen.

Für den Geschäftsführer, Werner Koslowski, betrifft das Thema „Innovationen" ganzheitlich das gesamte Unternehmen. Dies bedeutet, dass die Geschäftsleitung ein innovatives Verhalten vorlebt und die Botschaft ins Unternehmen vermittelt, dass wirt-schaftliche Veränderung ständig erfolgen muss. Dies ist wichtig, um das Unternehmen weiterzuentwickeln und Arbeitsplätze zu sichern. Veränderungen und neuen Ideen dürfen aber nicht Selbstzweck sein, sondern müssen auch finanzierbar sein. Der Markt muss diese fordern und umgekehrt muss das Unternehmen auch den Markt fordern, sprich Märkte mitgestalten.

Somit ist der „Kopf" des Innovationsmanagements die Geschäftsführung. Bei BE-KO Technologies gibt es keinen expliziten Innovationsmanager. Nach Ansicht von Werner Koslowski hat ein Innovationsmanager eher eine Alibirolle. Man kann „inno-vieren" nicht delegieren. Innovieren gehört zu den Aufgaben einer Geschäftsführung. Diese muss Innovationen ständig anstoßen und begleiten. Dabei ist es auch wichtig, sich selbst und die Innovationen immer wieder auf den Prüfstand zu stellen und ggf. Korrekturmaßnahmen einzuleiten.

Um innovativ zu sein, ist es ebenfalls notwendig, gut zuzuhören, und das sowohl bei den Mitarbeitern wie auch bei Kunden und Partnern. Dazu finden neben den all-täglichen Kontakten zu Mitarbeitern und Kunden regelmäßige Meetings statt, wie z. B. Kundenveranstaltungen, bei denen BEKO zeigt, wie das Unternehmen arbeitet. Dies darf aber keine Einbahnstraße sein. BEKO Technologies hat eine ausgeprägte Informationspolitik. Unternehmensentscheidungen werden offen und transparent von der Geschäftsleitung in Mitarbeiterversammlungen kommuniziert und sind für alle Mitarbeiter u. a. im Intranet nachzulesen. Auch nimmt sich die Geschäftsleitung die Zeit, um die eine oder andere technische Fragestellung schon einmal mit Mitarbeitern an der Werkbank zu diskutieren. Dies wird als Kultur des Miteinanders verstanden.

Die Organisation wird immer wieder auf den Prüfstand gestellt. Werner Koslowski spricht hier von einem „lebenden Organigramm", welches sich nicht an Hierarchien und Historie orientiert, sondern an den gelebten Prozessen. Die Organisation muss die Mitarbeiter begeistern und überzeugen, mitzumachen.

Innovationsmanagement hat bei BEKO Technologies aber auch mit Corporate Social Responsibility (CSR) zu tun, also mit verantwortlichem unternehmerischen Handeln und einem Beitrag zu einer nachhaltigen Unternehmensentwicklung. So bedeutet Vorleben für die Geschäftsleitung auch, selbst CO_2-sparende Firmenwagen zu fahren und somit den gesamten Fuhrpark im Hinblick auf den CO_2-Ausstoß zu verkleinern (Downsizing). Dies wird als „gelebte Verantwortung" bei BEKO Technologies gesehen und motiviert die Mitarbeiter, sich ständig Neuem zu öffnen. Die Geschäftsleitung lebt vor und hat dabei ständig im Blick, welche Auswirkung das eigene Tun hat.

Dazu gehört auch, dass BEKO Technologies eigene Ingenieure ausbildet und somit dem Fachkräftemangel entgegenwirkt. Nicht alle dieser ausgebildeten Mitarbeiter bleiben auf Dauer bei BEKO, dies wird aber nicht als Argument gegen die weitere Ausbildung gesehen. BEKO besitzt ein eigenes Trainingscenter, in dem nicht nur Produktwissen und Fremdsprachen vermittelt werden, sondern auch sogenannte Soft Skills, wie z. B. ein Konflikttraining. Dies versteht man bei BEKO unter „ganzheitlich".

Das Resümee des Geschäftsführers Werner Koslowski lautet somit: „BEKO steht für: mit einfachen Ideen die Zukunft gestalten" und „BEKO ist deshalb so erfolgreich, weil wir uns ständig bewegen. Dies verursacht aber auch Kosten und ist nicht immer bequem."

10.7   Innovationen durch Kooperationen

Wie im Buch aufgezeigt wurde, ist das Management von Innovationen sehr komplex und nicht immer können alle Arbeiten im eigenen Unternehmen durchgeführt werden. Gerade KMU sind aufgrund von Ressourcenmangel oder Know-how-Defiziten oft darauf angewiesen, mit Partnern zusammenzuarbeiten, wie in Abschn. 6.4. ausgeführt wurde.

Partner können Hochschulen und Universitäten, Kammern, Verbände und Fördervereine, aber auch andere Unternehmen oder Unternehmensnetzwerke sein. Hier sind oft das fehlende Know-how oder benötigte Ressourcen zu finden, welche für die Realisierung der eigenen Innovation notwendig sind.

Manchmal ist es auch sinnvoll, Prototypen oder Komponenten einer Innovation in Asien bauen zu lassen, um die Kostenvorteile nutzen zu können. Dies ist aber, wie jede Kooperation, nicht nur mit Chancen, sondern auch mit Risiken verbunden. Was es bei Kooperationen mit Partnern aus Asien zu beachten gilt, wird im Beispiel der Axom GmbH aus Willich aufgezeigt.

KMU-Praxisbeispiel

Kooperation mit asiatischen Herstellern bei der Axcom GmbH

Die Axcom GmbH (http://www.axcom-battery-technology.de/) wurde 1983 gegründet. Axcom stellt Batterie- und Akkusysteme her, entwickelt und fertigt kundenspezifische Gehäuse und stellt die zugehörige Lade- und Prüftechnik bereit.

Am Standort Willich bei Mönchengladbach sind derzeit 45 Mitarbeiter beschäftigt. Die Schwerpunkte der Produktion liegen in der Fertigung von Geräte- und Funkakkus sowie in der Bereitstellung von Akkus für Notleuchten und medizinische Geräte.

Aufgrund der zunehmenden Globalisierung und dem damit einhergehenden Kosten- und Preisdruck ist auch Axcom gezwungen, nach Kooperationspartnern zu suchen, deren Fertigungskosten niedriger sind als in Deutschland und Europa. So entsteht heute ein Akkupack für entsprechende Geräte aus den Akkuzellen, viel Elektronik und erheblicher Handarbeit.

Allerdings spielt bei dem Portfolio für Akkus (Notleuchten, medizinische Kosten), welches Axcom adressiert, auch der Qualitätsaspekt eine wesentliche Rolle. Somit muss die Auswahl geeigneter Kooperationspartner gut überlegt sein.

Bei der Suche nach Partnern für die Elektronik- und Akkuentwicklung ist der asiatische Markt naheliegend. Viele der Geräte, die heutzutage angeboten werden, ob Unterhaltungselektronik, Kameras oder Mobiltelefone, kommen aus Asien. Aber oft entsteht der Eindruck, dass die Qualität dieser Produkte nicht den Erwartungen der Endkunden in Europa entspricht. Daher herrscht bei den Auftraggebern, gerade, wenn Akkupacks in China produziert werden sollen, oft Skepsis vor.

Axcom hat die Erfahrung gemacht, dass diese Skepsis nicht unbedingt berechtigt ist, wenn bei der Auswahl geeigneter Partner mit Bedacht und systematisch vorgegangen wird. Aus diesem Grund wurde eine Systematik entwickelt, um Kooperationspartner auszuwählen.

Bei dieser Systematik sind aus Sicht von Axcom folgende Punkte wichtig:

1. Persönlicher Kontakt zu den Kooperationspartnern

Kooperationspartner werden bei Axcom nicht im Internet gesucht, sondern auf einschlägigen Messen. Nach einer entsprechenden Vorauswahl der Anbieter (Passt das Portfolio und die Verwendung zu dem, was gesucht wird?) kann hier ein guter Überblick über die Kompetenz und Solidität des möglichen Partners gewonnen werden. Neben der Standgröße und den Exponaten zählen auch die Qualität der Aussagen des Standpersonals sowie die Tatsache, ob die Unternehmensleitung ebenfalls am Messestand verfügbar ist und zu einem Gespräch bereit ist.

Wichtig ist, dass, bevor weitere Schritte geplant werden, die Produktionsstätten besichtigt werden. Auf diesem Wege kann ein Einblick in die Entwicklung, die Fertigung, die Beschaffung der Rohstoffe und die konkrete Qualitätssicherung gewonnen werden. Dabei kann direkt festgestellt werden, ob sich die Produkte, für die Interesse besteht, in der Fertigung befinden oder ob es sich nur um Messemuster gehandelt hat.

Hilfreich für das Ergebnis eines solchen Besuchs ist es, vorab konkrete Projektanfragen als Vorbereitung zu stellen. Dann können vom potenziellen Kooperationspartner bereits Lösungsvorschläge und Alternativen erarbeitet oder gar ein Prototyp erstellt werden.

Ein weiterer wichtiger Aspekt ist das Thema „Referenzen". Hier ist es wichtig zu wissen, welche anderen Kunden sich bereits mit dem potenziellen Partner zusammentaten. Durch Marktrecherchen kann ermittelt werden, welche Erfahrungen hierbei gemacht wurden.

2. Mehrere Kontakte

Auch wenn viele Punkte für einen Partner sprechen, ist es wichtig, andere Hersteller in Betracht zu ziehen. Spätestens bei den Preisverhandlungen, die laut Herbert Schacht, Produktmanager bei Axcom, genauso ablaufen wie in Europa, ist es immer wichtig, Alternativen aufzeigen zu können. Auch kann es im Laufe der Zusammenarbeit zu Lieferengpässen kommen. Dann ist es ebenfalls hilfreich, eine weitere Bezugsquelle zu haben.

3. Klare Vorgaben

Gerade in Bezug auf die Qualität müssen klare Vorgaben gemacht werden. Dabei ist es wesentlich, auch eigene Erfahrungen einfließen zu lassen, da Zusagen seitens der Partner schnell gemacht werden. Oft reicht es nicht, ein Muster anzufordern, dieses zu testen und dann darauf zu hoffen, dass die Korrekturmaßnahmen in die endgültige Bestellung einfließen. Zur Absicherung ist die Vereinbarung einer kleinen Nullserie hilfreich, die bereits die Korrekturen berücksichtigt, bevor die „große" Serie bestellt wird. Dies ist wichtig, da gerade bei Lieferzeiten von zwei Monaten (i. d. R. auf dem Seeweg) eine Neulieferung bereits erhebliche Probleme verursachen kann.

4. Zusammenführung der Qualitätskontrolle

Dieser Punkt ist die wesentliche Prozessinnovation aus Sicht von Axcom. Es reicht nicht aus, bei der Qualitätskontrolle die Abläufe und die Prüfdokumentationen der Kooperationspartner zu überprüfen. Auch Stichprobentests direkt in der Produktion sind zwar hilfreich, aber nicht ausreichend. Wichtiger ist die Weitergabe von Know-how in Bezug auf die Qualitätsanforderungen. Wird zum Beispiel ein Akku von einem Kooperationspartner hergestellt, sollte diesem auch das Endgerät und die Ladeelektronik für interne Tests zur Verfügung gestellt werden. Alternativ können die Tests auch direkt mit dem Partner zusammen durchgeführt werden.

5. Kontrolle

Trotz der Qualitätssicherung am Produktionsstandort in Asien sollten auf jeden Fall noch einmal Stichprobentests im eigenen Wareneingang erfolgen. Sich auf die zugesagten Eigenschaften zu verlassen, wäre gerade aus Sicht der bereits erwähnten langen

Lieferzeiten fatal. In diesem Zusammenhang muss auch geklärt werden, wie mit Reklamationen umgegangen wird, da Rücksendungen oft unmöglich bzw. wirtschaftlich nicht sinnvoll sind.

Herbert Schacht ist sicher, dass sich der oben beschriebene Aufwand lohnt, wenn die Ansprüche an die Qualität hoch sind und die Preise solide bleiben sollen. Wer diesen Aufwand selbst scheut, kann entsprechende Agenturen in Asien beauftragen, die vor Ort ausgesuchte bzw. potenzielle Partner auditieren. Bei der Auswahl geeigneter Auditierungs-Agenturen können wiederum Referenzen helfen.

10.8   Prozess- und Kooperationsinnovationen ermöglichen Geschäftsausweitung

Wie schon im ersten Beispiel ausgeführt, können Prozessinnovationen aus Produktinnovationen hervorgehen bzw. Voraussetzung für eine solche Innovation sein. Prozessinnovationen helfen aber auch dabei, die vorhandenen Abläufe im Unternehmen derart zu verbessern, dass sich dadurch die Kosten senken oder die Produktionsmenge sich steigern lässt.

Es gibt aber auch Aufträge, die sich erst durch eine solche Prozessinnovation akquirieren und erfolgreich umsetzen lassen, da vorher entweder die Ressourcen nicht ausreichten oder die Kosten zu hoch waren. Manchmal haben KMU aber ein Problem, eine solche Prozessinnovation allein umzusetzen, weil der Implementierungsaufwand hierfür zu hoch ist bzw. sich die Aufwände für ein Unternehmen allein nicht amortisieren.

Hier könnte ein Ansatz sein, mit anderen, vielleicht auch konkurrierenden Unternehmen zu kooperieren und betroffene Bereiche mit diesen Kooperationspartnern zusammenzulegen. Das Beispiel der KALOG GmbH aus Ratingen zeigt auf, wie eine solche Kooperation funktionieren kann, wenn mehrere KMU ihren Einkauf abgeben und hierfür ein gemeinsames Unternehmen gründen.

KMU-Praxisbeispiel
Kooperations- und Prozessinnovation bei der KALOG GmbH
Die KALOG GmbH (http://www.kalog.com/) wurde 2009 von 22 Elektrogroßhändlern mit dem Ziel gegründet, die Beschaffung und Distribution von Kabel und Leitungen zu optimieren. KALOG beschäftigt derzeit 16 Mitarbeiter am Standort Ratingen und verfügt über ein Portfolio von mehr als 100.000 Artikeln.

Im Jahre 2008 entstand die Idee, den Einkauf von Kabel und Leitungen zusammenzufassen. 22 Elektrogroßhändler aus Deutschland und Österreich, die durchaus im Wettbewerb zueinander stehen, wollten die Beschaffungsprozesse verbessern, neue Prozesse entwickeln und dabei die Potenziale aller Beteiligten besser nutzen.

Nach einer ausführlichen Bestandsaufnahme und der Beschreibung von möglichen Szenarien sowie des zu erwarteten Nutzens wurde KALOG von den beteiligten Elektrogroßhändlern gegründet. Diese sind einerseits Gesellschafter der KALOG und andererseits aber auch deren einzige Kunden.

Im Fokus des Zusammenschlusses stand nicht unbedingt, nur die Einkaufskonditionen zu optimieren, sondern auch die Aufwendungen für die Beschaffung zu verringern. Darüber hinaus sollte durch den gebündelten Einkauf die Marktposition gestärkt werden. So konnten neue Einkaufsquellen besser erschlossen werden, die vorher durch den einzelnen Elektrogroßhändler aufgrund des geringeren Volumens nicht nutzbar waren.

KALOG wurde als Handelshaus so konzipiert, dass das Unternehmen beim Einkauf komplett eigenständig und unabhängig ist. Die Mitgesellschafter können, müssen aber nicht, bei KALOG die Kabel und Leitungen beziehen. Allerdings wurden bereits nach wenigen Monaten über 80 % des Bedarfs an Kabel und Leitungen über KALOG abgewickelt.

Durch die Bündelung der Einkaufsvolumina wird KALOG von Lieferanten nun auch international wahrgenommen. Somit können Einkäufe gezielter nach Warengruppen erfolgen und Lieferungen durch die Inanspruchnahme von mehreren Lieferanten besser terminlich abgesichert werden. Dies war den einzelnen Großhändlern vorher aufgrund von Mengen- und Budgetabnahmeverpflichtungen nicht möglich.

Außerdem verfügt KALOG über spezielles Know-how zu Kabel und Leitungen und kann dieses im Projektgeschäft zur Verfügung stellen. Das hat zur Folge, dass die Elektrogroßhändler jetzt in der Lage sind, Projekte anzunehmen und abzuwickeln, die vorher aufgrund von Mengen-, Termin- oder Know-how-Vorgaben wirtschaftlich nicht möglich waren.

Ein weiterer Vorteil von KALOG liegt daran, dass aufgrund der Neugründung quasi „auf der grünen Wiese" neue Prozesse, Abläufe und Organisationsstrukturen eingeführt werden konnten. Dies war bei den Elektrogroßhändlern aufgrund ihrer Historie und des vielfachen Aufwandes für die Implementierung von Neuerungen so nicht möglich.

KALOG baute eine schlanke Organisation auf, ursprünglich mit 6 Mitarbeitern, heute mit 16 Mitarbeitern, und legte den Fokus auf automatisierte Abläufe. Von Anfang an wurde dabei auf den Einsatz von EDI (Electronic Data Interchange) gesetzt. Der Vorteil dieser Technologie ist, dass der Datenaustausch, z. B. im Rahmen von Bestellungen, elektronisch zwischen den Computersystemen stattfindet, ohne oder mit minimaler Einwirkung durch Mitarbeiter. Dies bedeutet, dass die Daten zur Weiterverarbeitung nicht neu erfasst werden müssen, sondern direkt in andere Geschäftsanwendungen, wie z. B. Warenwirtschaftssysteme, einfließen. Dadurch können Geschäfte schneller und aufwandsärmer abgewickelt werden. Darüber hinaus wird die Fehlerrate erheblich reduziert, da die Daten nicht mehr neu erfasst werden müssen.

KALOG nutzt EDI sowohl für Bestellungen als auch für die Rechnungsabwicklung, und das sowohl in Richtung der Lieferanten als auch in Richtung Kunden. Seit Bestehen von KALOG wurde noch nie eine Rechnung von Hand erfasst bzw. ausgedruckt und versendet. Dies ist in der betreffenden Branche nicht unbedingt selbstverständlich.

Der Einsatz des Warenwirtschaftssystems mit der automatisierten Abwicklung über EDI erleichtert außerdem die komplette Bestelllogistik, da einerseits die Preise für Kabel und Leitungen tagesaktuell von den Metallpreisen abhängen und andererseits bei Kabeln keine Stückzahlen, sondern variierende Längen bestellt werden. Dies wäre ohne das bei KALOG eingeführte Verfahren nur mit enormen manuellen Aufwänden und vielen potenziellen Fehlerquellen möglich.

Mittlerweile hat KALOG auch ein eigenes Lager aufgebaut. Dies hat für die Gesellschafter den Vorteil, dass bei ausgewählten Warengruppen die Verfügbarkeit erheblich gesteigert wurde und auf Projektanfragen flexibler reagiert werden kann.

Insgesamt lässt sich laut Norbert Wimmers, Geschäftsführer von KALOG, festhalten, dass nicht nur die Kunden Vorteile durch die Bündelung der Einkaufsaktivitäten haben. Auch die Lieferanten haben hierdurch einen Nutzen. Neuerungen im Produktportfolio müssen nun nur noch einmal kommuniziert werden, Preisverhandlungen finden auch nur noch mit einem Partner statt. Außerdem können Verpackungseinheiten optimiert werden, was Auswirkungen auf den Lagerbestand und die Lieferlogistik hat.

Norbert Wimmers betont, dass das zugrunde liegende Konzept nicht nur für Kabel und Leitungen genutzt werden kann, sondern auch für zahlreiche andere Güter und in anderen Branchen.

10.9   Mit Open Innovation und Co-Creation zu neuen Geschäftsmodellen und neuen Produkten

Eine weitere Kooperationsform, die in Kap. 6 beschrieben wurde, ist Open Innovation. Hier wird der Innovationsprozess über die Unternehmensgrenzen hinweg nach außen geöffnet und z. B. Kunden in die Ideenfindung eingebunden. Ein entsprechendes Beispiel wurde bereits vorgestellt.

Ideen lassen sich aber nicht nur mit Kunden, sondern auch mit anderen Kooperationspartnern generieren. Gegebenenfalls besteht dabei die Möglichkeit, die Innovation gemeinsam zu entwickeln. Dieses gemeinsame Arbeiten an einer Innovation wird als Co-Creation bezeichnet. Hierdurch besteht für kleine Unternehmen oder Einzelpersonen, die zwar das benötigte Know-how besitzen, für die aber die Markteintrittsbarrieren zu hoch sind, die Möglichkeit, an der Ideenumsetzung mitzuwirken.

Bei solchen gemeinsamen Innovationen bleibt zu klären, wer die Rechte an der Idee hält, wie im Falle der Vermarktung das Geschäftsmodell aussieht und wie die Einnahmen untereinander aufgeteilt werden. Die SOLIT FINANCE GmbH aus Bergisch Gladbach praktiziert erfolgreich, wie im Folgenden beschrieben, einen solchen Ansatz und hat Antworten auf diese Fragen.

KMU-Praxisbeispiel

Open Innovation bei der SOLIT FINANCE GmbH
Die SOLIT FINANCE GmbH (http://www.solit-finance.de/) ist als mittelständisches Unternehmen als Spezialanbieter für Beratungsdienstleistungen im Bankensektor und im Umfeld von bankspezifischen und damit verbundenen IT-Prozessen etabliert.

SOLIT FINANCE wurde im Oktober 2010 gegründet und beschäftigt heute ca. 70 Mitarbeiter an den Standorten Bergisch Gladbach und Hannover.

Ursprünglich bot SOLIT FINANCE nur sogenannte Professional Services, also wissensintensive Beratungsdienstleistungen, im Bankensektor an. Aufgrund des hohen Spezialisierungsgrades und entsprechender Nachfrage am Markt konnte das Unternehmen vergleichsweise schnell ein Netzwerk von Kunden aufbauen. Allerdings besteht im Segment für IT-Dienstleistungen ein hoher Wettbewerbsdruck, auch im Umfeld von Banken. Die Leistungen sind vergleichbar und somit sehr preissensitiv.

Um sich von Wettbewerbern zu differenzieren, wurden bereits nach einem Jahr Projekte mit Festpreisgarantie angeboten. Hier haben die Beraterteams Ergebnisverantwortung und für jedes Projekt wird mit den Kunden ein Festpreis verhandelt, unabhängig vom tatsächlich geleisteten Aufwand. Im Umfeld von IT-Leistungen für Banken gibt es nur wenige Wettbewerber, die eine Festpreisgarantie geben. Und im Fokus stehen weniger der Preis und mehr das Qualitätsbewusstsein der Kunden.

Im nächsten Schritt nahm SOLIT FINANCE die Applikationsbetreuung bankenspezifischer und unternehmenskritischer Finanzanwendungen in ihr Portfolio auf. Hier wurden im Gegensatz zu den standardisierten Professional Services weitere Alleinstellungsmerkmale herausgearbeitet. Für die Betreuung von Finanzanwendungen wird Spezial-Know-how benötigt, welches am Markt nur eingeschränkt verfügbar ist. Damit wurde der Kreis der Wettbewerber zunehmend geringer. Außerdem hat die Betreuung von unternehmenskritischen Finanzanwendungen gegenüber der Erbringung von reinen Beratungsdienstleistungen bereits eine gewisse Aufmerksamkeit in den Vorstandsetagen der Banken. Hierdurch steigt die Kundenbindung.

Bis zu diesem Zeitpunkt wurde mit dem Produktportfolio überwiegend auf die Problemstellungen und Anfragen der Banken reagiert. Ziel von SOLIT FINANCE war es aber, zukünftig im Markt auch zu agieren und einen Bedarf durch das eigene Portfolio zu generieren.

Aufgrund der großen Projekterfahrung waren schnell Ideen für eigene Softwareprodukte für den Bankensektor geboren. Das Problem lag aber darin, dass SOLIT FINANCE nicht genügend eigene personelle Kapazitäten und finanzielle Mittel besaß, um eine eigene Software bis zur Marktreife zu entwickeln.

Aus diesem Grund entschied sich die Geschäftsleitung für einen Open-Innovation-Ansatz. In einer Kick-off-Veranstaltung wurden freiberufliche Berater und Partner aus dem Netzwerk von SOLIT FINANCE eingeladen, mit denen bereits auf Projektebene zusammengearbeitet wurde. In diesem Kreis wurden die vorliegenden Ideen diskutiert und verfeinert. Daraus entstanden wiederum Teams, die sich zu dem einen oder anderen Projekt zur Umsetzung einer der Ideen zusammenschlossen. Da die Teammitglieder selbst in Projekten arbeiteten, berichteten sie auch bei ihren Kunden über diese Ideen, was zur Folge hatte, dass sie weitere Anregungen erhielten bzw. immer wieder neue Mitglieder zu diesen Teams hinzustießen, die bei der Umsetzung mitwirken wollten.

Nachdem erste Softwaremodule fertiggestellt waren und die Marktreife erlangt hatten, lud SOLIT FINANCE zu einer Kundenveranstaltung ein, um die Softwareprodukte und neue themenspezifische Vorgehensmodelle vorzustellen. Hieraus entstanden dann wiederum die ersten weiterführenden Termine für Beratungs- und Verkaufsgespräche.

Die Wertschöpfung aus diesem Open-Innovation-Ansatz liegt sowohl bei den Entwicklerteams als auch bei SOLIT FINANCE selbst. Die Entwicklerteams erhalten die Erlöse aus dem Verkauf der Softwareprodukte, abzüglich ausgehandelter Vertriebsspannen. Dies ist nur fair, da sie die Entwicklung in Eigenregie und auf eigene Kosten durchgeführt haben. SOLIT FINANCE erhält das Alleinvertriebsrecht für die Produkte, da das Unternehmen die Ursprungsidee geliefert hat und die Kundenkontakte bereitstellte. Nicht zuletzt erhält der Kunde neue Produkte, die auf seine Bedürfnisse und Anforderungen zugeschnitten sind.

Somit hat sich SOLIT FINANCE von einem Breitengeschäft mit geringen Margen zu einem Anbieter von einer eigenen Spezialsoftware weiterentwickelt. In dem neuen Marktsegment ist zwar ein geringeres Marktvolumen vorhanden als bei den herkömmlichen Professional Services, dafür ist dieses aber durch weniger Wettbewerbsintensität und durch höhere Margen geprägt. In jeder dieser Entwicklungsstufen, also vom reinen Anbieter von Professional Services bis zum Anbieter eigener Software, hat SOLIT FINANCE Erfahrungen und Professionalität gesammelt, die eigene Kundenbasis weiter ausgebaut und die Kundenbindung erhöht. Auch bildet jede dieser Entwicklungsstufen die finanzielle Basis für den nächsten Schritt. Dabei wurde das ursprüngliche Dienstleistungsportfolio nicht aufgegeben, sondern parallel weiterentwickelt. Dies war auch deshalb sinnvoll, weil sich die Akquisitionsphase für neue Projekte, also die Zeit, die zur Akquise bis zum Auftrag benötigte wurde, von Stufe zu Stufe verlängert hat und die laufende Betriebstätigkeit weiter finanziert werden muss.

10.10   Innovative Personalstrategie zur Bindung von Mitarbeitern

In Kap. 7 wurde ausgeführt, dass Personal und Fähigkeiten eine wichtige Voraussetzung für die Entstehung von Innovationen sind. Damit sich die Mitarbeiterpotenziale entfalten und entwickeln können, bedarf es einer Personalstrategie, die u. a. Leistungsträger für das Unternehmen gewinnt und bindet sowie Kernkompetenzen im Unternehmen sichert.

Wichtig ist aber auch, dass der Arbeitgeber als attraktiv wahrgenommen wird. Dies gilt insbesondere an Standorten außerhalb von Ballungszentren, die für viele Fachkräfte als weniger attraktiv gelten. Weitere Aspekte, die in Zusammenhang mit der Personalstrategie die Innovationsfähigkeit fördern, sind Vertrauen und Wertschätzung gegenüber den Mitarbeitern sowie die Unterstützung einer offenen Kommunikation innerhalb des Unternehmens.

Die AS Tech Industrie- und Spannhydraulik GmbH aus Geilenkirchen hat genau diese Aspekte aufgegriffen und in ihrer Vision 2020 neben technischen und kommerziellen Aspekten auch das Thema „Personalstrategie" aufgenommen.

KMU-Praxisbeispiel

Innovative Personalstrategie bei der AS Tech Industrie- und Spannhydraulik GmbH

Die AS Tech Industrie- und Spannhydraulik GmbH (http://www.astech-hydraulik. com/) wurde 1997 in Geilenkirchen, im westlichen Nordrhein-Westfalen, gegründet und beschäftigt ca. 50 Mitarbeiter. Zwei Mitarbeiter werden in einer im Jahre 2009 gegründeten US-Tochter in Lake Zurich beschäftigt.

Das inhabergeführte Unternehmen entwickelt, projektiert und fertigt hydraulische Einrichtungen und Systeme zum Bewegen und Befestigen (Schraub- und Klemmverbindungen mit Betriebsdrücken bis zu 4000 bar) im Schwermaschinenbau. Außerdem ist AS Tech Spezialist im Bereich Hochdruckhydraulik, ein Nischensegment, in dem mit Drücken bis 4000 bar gearbeitet wird.

2007 wurde zusätzlich die GWS Tech gegründet, ein Tochterunternehmen, welches sich auf Dienstleistungen rund um die eigenen hydraulischen Produkte konzentriert. Hierzu zählen neben Inbetriebnahme, Wartung und Service der installierten Anlagen auch Schulungen und Trainings.

Im Jahr 2012 entwickelte AS Tech für ihr Unternehmen die Vision 2020 mit dem Namen „Lust auf eine spannende Zukunft". Dabei hat der Ausdruck „spannende Zukunft" bewusst eine doppelte Bedeutung, da sich das Unternehmen u. a. auch mit Spannvorrichtungen beschäftigt.

In dieser Vision 2020 werden inhaltliche Themen beschrieben, wie z. B. die technische und kommerzielle Aufstellung und Unternehmensentwicklung in den nächsten Jahren. Vor dem Hintergrund des demografischen Wandels und des zunehmenden Fachkräftemangels wurde aber auch das Ziel formuliert, Top-Arbeitgeber in der Region zu werden –, bedingt durch die Nähe zu Aachen, einem Standort, der für viele potenzielle Mitarbeiter durchaus attraktiver erscheint als die ländliche Gegend rund um Geilenkirchen, und den eigenen eingeschränkten finanziellen Möglichkeiten durchaus eine Herausforderung. In diesem Zusammenhang wurden bei AS Tech zwei Handlungsschwerpunkte im Rahmen der Vision 2020 gelegt: gute Mitarbeiter für das Unternehmen werben und Mitarbeiter im Unternehmen halten.

In Bezug auf das Anwerben neuer Mitarbeiter werden zwei Wege verfolgt: Einerseits wurde ein enger Kontakt zur Hochschule Aachen aufgebaut. Hier wird mit Professoren und Dozenten zusammengearbeitet, die Erforschung relevanter Themen unterstützt sowie Bachelor- und Masterarbeiten betreut. Dadurch entsteht ein enger Kontakt zu Studenten und somit auch zu potenziellen Kandidaten für neu zu besetzende Stellen. Dies ist umso wichtiger, da AS Tech als relativ kleines und unbekanntes Unternehmen bei der Gewinnung von Mitarbeitern in starker Konkurrenz zu namhaften Maschinenbauern steht. So kann AS Tech frühzeitig gute Absolventen auf sich aufmerksam machen.

Neben den Ingenieuren sind als zweite Zielgruppe die Facharbeiter, also Elektroinstallateure und Industrieelektroniker, von Bedeutung. Hier wurde die Erfahrung gemacht, dass sich diese am besten über Printanzeigen ansprechen lassen. AS Tech hat gegenüber klassischen Handwerksbetrieben den Vorteil, dass in der Industrie bessere Gehälter gezahlt werden. Zudem sind hier die Aufgaben oftmals vielfältiger und herausfordernder.

Dieser eher temporären Aufgabe der Mitarbeiterakquise stehen die stetigen Bemühungen gegenüber, die Mitarbeiter an das Unternehmen zu binden. Es werden vielfältige Maßnahmen umgesetzt und immer wieder nach neuen Ideen gesucht, um die Attraktivität als Arbeitgeber zu erhöhen. Teilweise erscheinen die Ideen als selbstverständlich. Gleichwohl haben diese aber oft eine nicht zu unterschätzende Wirkung bei den Mitarbeitern. Jeden Tag stehen Kaffee, Wasser und Obst zur freien Verfügung bereit. Zudem werden regelmäßig Veranstaltungen während oder nach der Arbeit durchgeführt. So wird im Sommer oft freitagnachmittags gemeinsam gegrillt oder im Winter eine Bowlingbahn gemietet. Dies verursacht nur geringe Kosten, fördert aber die Kommunikation zwischen den Mitarbeitern und das „Wir-Gefühl". Die Geschäftsleitung nimmt an diesen Veranstaltungen selbstverständlich teil.

Aber auch eher ausgefallene Ideen werden umgesetzt. So ist ein Mitarbeiter ausgebildeter Wanderführer. Daraus entstand die Idee, gelegentlich am Wochenende geführte Wanderungen im Nationalpark anzubieten. Die Resonanz, gerade bei jüngeren Mitarbeitern, ist überraschend groß. Somit können ausgefallene Fähigkeiten des Personals auch zur Mitarbeiterbindung genutzt werden.

Eine weitere Idee, die in 2013 umgesetzt wurde, ist die Beschaffung und gemeinsame Restaurierung eines Oldtimers. Die Mitarbeiter wurden bei der Auswahl eines geeigneten Objektes eingebunden und können jetzt freiwillig nach der Arbeitszeit dieses Gefährt entsprechend ihrer Fertigkeiten und Interessen restaurieren. Wenn der Oldtimer wieder fahrbereit ist, dürfen sich die Mitarbeiter diesen fürs Wochenende zu einer Ausfahrt ausleihen.

Darüber hinaus verfügen alle Monteure und Ingenieure, die zumindest zeitweise im Außendienst sind, über ein Firmenhandy, welches privat genutzt werden darf. Auch hier sind die Kosten überschaubar, die Motivation aber groß. Ebenso bei der qualitativ hochwertigen Arbeitskleidung, auf die die Mitarbeiter stolz sind und die zusätzlich ein positives Erscheinungsbild gegenüber Kunden und Partnern erzeugt.

Alle diese Maßnahmen haben dazu geführt, dass die Fluktuationsrate bei nahezu 0 % liegt. Der technische Leiter, Christoph Graf, räumt aber auch ein, dass es schwer ist abzuschätzen, welchen Beitrag diese Personalstrategie zur Innovationsfähigkeit des Unternehmens beiträgt. Er ist aber davon überzeugt, dass die Mitarbeiter dadurch motivierter sind, Verbesserungspotenziale und neue Ideen zu erkennen und diese an die Unternehmensleitung weiterzugeben. Die Mitarbeiter entdecken auch bei Kunden immer wieder selbständig neue Geschäftsmöglichkeiten und bringen diese ins Vorschlagswesen ein oder diskutieren sie direkt mit ihren Kollegen und Führungskräften.

Literatur

Duden. Beispiel. http://www.duden.de/rechtschreibung/Beispiel. Zugegriffen: 25.09.2014.

Förderland. Erweiterung des Kerngeschäftes. http://www.foerderland.de/mittelstand/ wachstumsstrategien/wachstum-organisch/erweiterung-des-kerngeschaefts/. Zugegriffen: 25.09.2014.

Guerilla Marketing Portal. Definition. http://www.guerilla-marketing-portal.de/?menuID=9. Zugegriffen: 25.09.2014.

News Aktuell. 5 Tipps zur Pressearbeit. www.newsaktuell.de/pdf/tipps_zur_pressearbeit.pdf. Zugegriffen: 26.09.2014.